KB262911

Real 실전 업

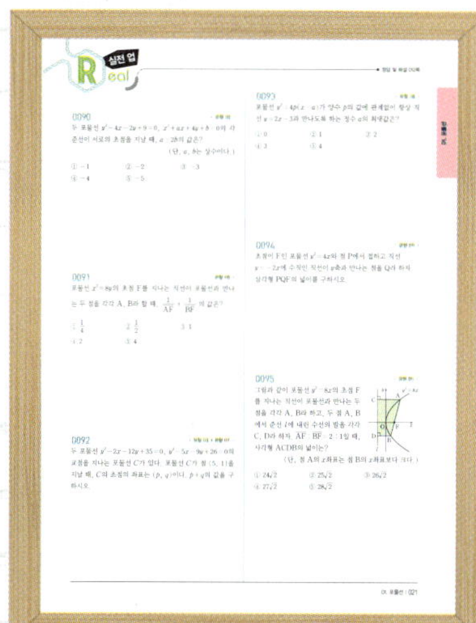

완벽한 실전 대비 문제

- 두 가지 이상의 개념을 사용하여 해결하는 문제, 고난도 문제 등을 제공하여 문제 해결 능력 및 실전 감각을 키울 수 있도록 하였습니다.
- 문항별로 해당 유형을 링크하여 어떤 유형의 문제인지 알 수 있도록 하였습니다.

창의력 + 문제

각 강당 한 문제씩 창의력+ 문제를 제공하여 학생들의 사고력 및 창의력을 극대화 시키고, 다각화된 수학 문제를 접하여 문제 해결 능력을 강화할 수 있도록 하였습니다.

서술형 문제

서술형 답안지 작성 시 꼭 써야 하는 개념 및 공식을 '핵심 개념 및 공식'으로 제시하여 서술형 답안 작성에 도움을 줄 수 있도록 하였습니다.

정답 및 해설

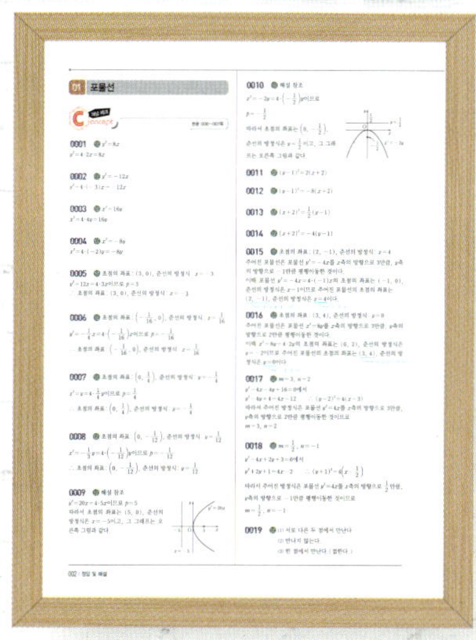

첨삭 풀이

선생님의 첨삭을 추가하여 한층 더 자세하고 친절한 풀이를 제공하였습니다.

● 다른 풀이 ●

일반적인 풀이 방법 이외에 서로 다른 아이디어를 이용한 풀이를 제공하여 문제를 다각도에서 볼 수 있게 하였습니다.

해설 속 칠판

실제 수업 시 선생님이 다루는 추가적인 내용을 '해설 속 칠판'으로 제공하여 학교 수업과 같은 친숙함을 더했습니다.

선생님 톡톡

선생님이 직접 전하는 실전에서 유용한 팁 또는 주의 사항 등을 제시하였습니다.

One Point Lesson

'Real 실전 업' 문제 풀이는 'One Point Lesson'을 제공함으로써 문제 풀이의 핵심 전략을 짚어주었습니다.

차례

메가스터디
문제기본서

기하

이 책의 구성 및 특장

Concept 개념 체크

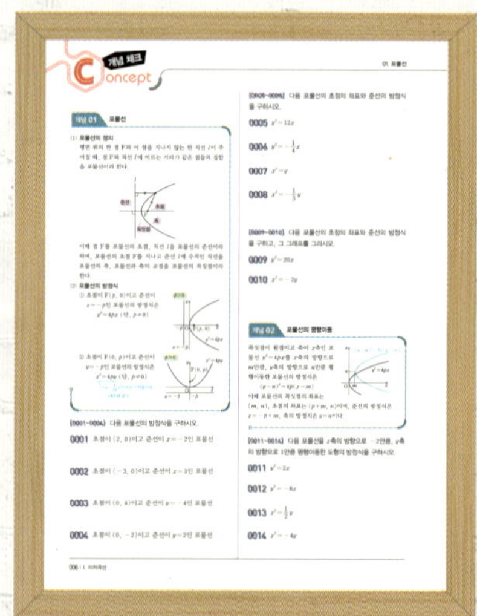

핵심 개념 정리

교과서의 핵심 개념을 분석하여 한 번에 학습할 수 있는 분량으로 나누어 제공함으로써 학습량에 대한 부담을 줄였습니다.

개념 확인 문제

개념 바로 아래에 각각의 개념을 적용하여 해결할 수 있는 확인 문제를 제공하여 개념에 대한 이해를 확인할 수 있도록 하였습니다.

Pattern 유형 마스터

교과서를 분석한 3단계 시스템

현재 교과서 흐름인 '예제 - 유제 - 변형 문제'의 3단계 체제를 도입하여 각각의 유형을 1쪽 5문제 '대표 예제 - 유제 - 변형 - 활용 1 - 활용 2'로 구성함으로써 각각의 유형을 완벽하게 마스터할 수 있도록 하였습니다.

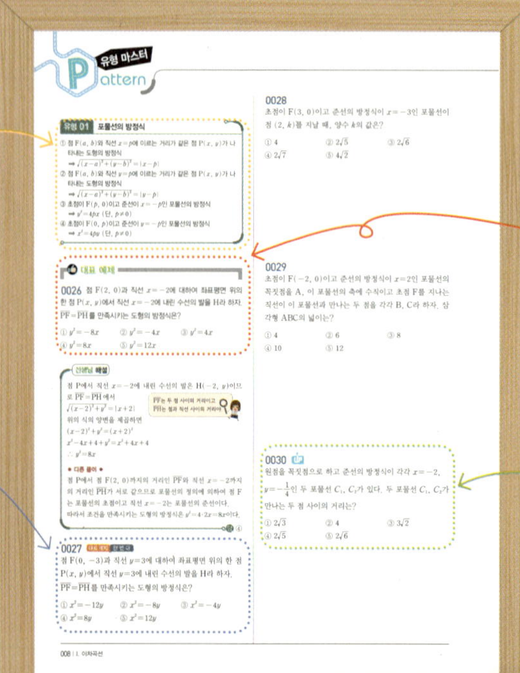

CPR만의 유형명 및 해결 전략

내용적으로 같은 개념 또는 접근성으로 유형을 분류하고, 각각의 유형에 따른 실전 풀이 방법 또는 해결 전략 등을 제시하여 유형 학습에 도움이 될 수 있도록 하였습니다.

대표 예제 한 번 더

대표 예제의 쌍둥이 문제를 한 번 더 풀어 봄으로써 유형에 대한 이해력과 문제 해결 능력을 높일 수 있도록 하였습니다.

선생님과 함께 푸는 대표 예제

현직 선생님의 첨삭과 코멘트를 포함한 대표 예제 해설을 제공하여 대표 예제의 중요성 및 출제 의도를 파악할 수 있도록 하였습니다.

UP

다소 어렵지만 자주 나오는 문제를 UP으로 나타내었습니다.

I. 이차곡선

개념 01 포물선

(1) 포물선의 정의

평면 위의 한 점 F와 이 점을 지나지 않는 한 직선 l이 주어질 때, 점 F와 직선 l에 이르는 거리가 같은 점들의 집합을 포물선이라 한다.

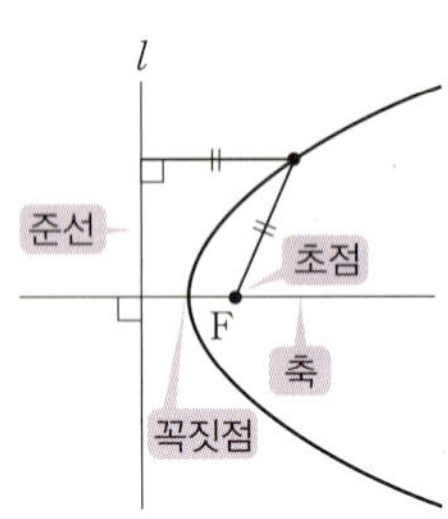

이때 점 F를 포물선의 초점, 직선 l을 포물선의 준선이라 하며, 포물선의 초점 F를 지나고 준선 l에 수직인 직선을 포물선의 축, 포물선과 축의 교점을 포물선의 꼭짓점이라 한다.

(2) 포물선의 방정식

① 초점이 $F(p, 0)$이고 준선이 $x=-p$인 포물선의 방정식은
$$y^2=4px \ (\text{단}, \ p\neq0)$$

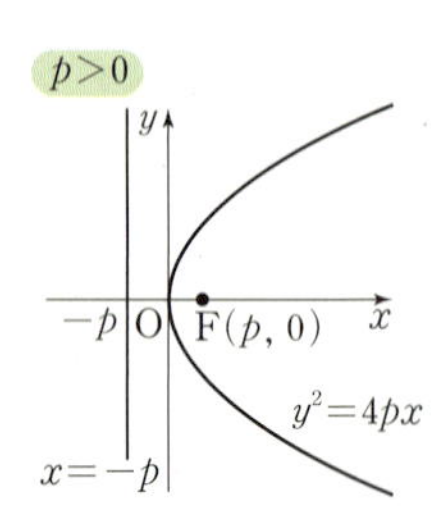

② 초점이 $F(0, p)$이고 준선이 $y=-p$인 포물선의 방정식은
$$x^2=4py \ (\text{단}, \ p\neq0)$$

$y=\dfrac{1}{4p}x^2$이므로 이차함수의 그래프와 같다.

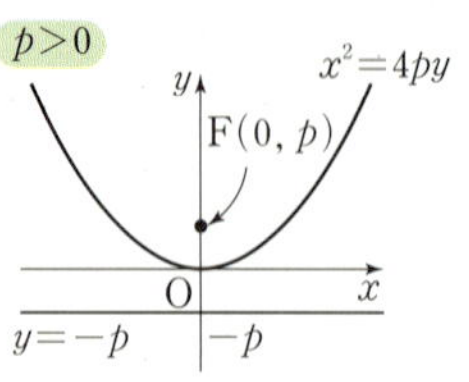

[0001~0004] 다음 포물선의 방정식을 구하시오.

0001 초점이 $(2, 0)$이고 준선이 $x=-2$인 포물선

0002 초점이 $(-3, 0)$이고 준선이 $x=3$인 포물선

0003 초점이 $(0, 4)$이고 준선이 $y=-4$인 포물선

0004 초점이 $(0, -2)$이고 준선이 $y=2$인 포물선

[0005~0008] 다음 포물선의 초점의 좌표와 준선의 방정식을 구하시오.

0005 $y^2=12x$

0006 $y^2=-\dfrac{1}{4}x$

0007 $x^2=y$

0008 $x^2=-\dfrac{1}{3}y$

[0009~0010] 다음 포물선의 초점의 좌표와 준선의 방정식을 구하고, 그 그래프를 그리시오.

0009 $y^2=20x$

0010 $x^2=-2y$

개념 02 포물선의 평행이동

꼭짓점이 원점이고 축이 x축인 포물선 $y^2=4px$를 x축의 방향으로 m만큼, y축의 방향으로 n만큼 평행이동한 포물선의 방정식은
$$(y-n)^2=4p(x-m)$$
이때 포물선의 꼭짓점의 좌표는 (m, n), 초점의 좌표는 $(p+m, n)$이며, 준선의 방정식은 $x=-p+m$, 축의 방정식은 $y=n$이다.

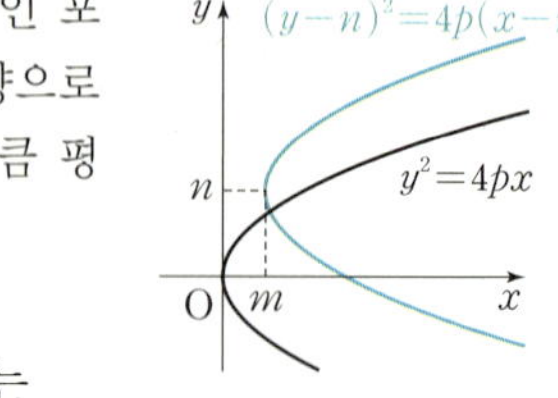

[0011~0014] 다음 포물선을 x축의 방향으로 -2만큼, y축의 방향으로 1만큼 평행이동한 도형의 방정식을 구하시오.

0011 $y^2=2x$

0012 $y^2=-8x$

0013 $x^2=\dfrac{1}{2}y$

0014 $x^2=-4y$

[0015~0016] 다음 포물선의 초점의 좌표와 준선의 방정식을 구하시오.

0015 $(y+1)^2=-4(x-3)$

0016 $(x-3)^2=8(y-2)$

[0017~0018] 포물선 $y^2=4x$를 x축의 방향으로 m만큼, y축의 방향으로 n만큼 평행이동한 도형의 방정식이 다음과 같을 때, m, n의 값을 각각 구하시오.

0017 $y^2-4x-4y+16=0$

0018 $y^2-4x+2y+3=0$

개념 03　포물선과 직선의 위치 관계

포물선의 방정식과 직선의 방정식에서 한 문자를 소거하여 얻은 이차방정식의 판별식을 D라 할 때

(1) $D>0$이면 서로 다른 두 점에서 만난다.

(2) $D=0$이면 한 점에서 만난다. (접한다.)

(3) $D<0$이면 만나지 않는다.

참고 직선 $y=mx+n$에서 $m=0$, 즉 $y=n$일 때 직선 $y=n$이 포물선과 한 점에서 만나지만 접선은 아니다.

0019 포물선 $y^2=-4x$와 다음 직선의 위치 관계를 말하시오.

(1) $y=x+7$

(2) $2x-y-5=0$

(3) $y=x-1$

0020 포물선 $y^2=8x$와 직선 $y=2x+k$의 위치 관계가 다음과 같을 때, 상수 k의 값 또는 범위를 구하시오.

(1) 서로 다른 두 점에서 만난다.

(2) 한 점에서 만난다. (접한다.)

(3) 만나지 않는다.

개념 04　포물선의 접선의 방정식

(1) **기울기가 주어진 포물선의 접선의 방정식**

　　포물선 $y^2=4px$에 접하고 기울기가 m인 직선의 방정식은
$$y=mx+\frac{p}{m}\ (단,\ m\neq0)$$

　　참고 포물선 $x^2=4py$에 접하고 기울기가 m인 직선의 방정식은
$$y=mx-m^2p$$

(2) **포물선 위의 점에서의 접선의 방정식**

　　① 포물선 $y^2=4px$ 위의 점 $(x_1,\ y_1)$에서의 접선의 방정식은
$$y_1y=2p(x+x_1)$$

　　② 포물선 $x^2=4py$ 위의 점 $(x_1,\ y_1)$에서의 접선의 방정식은
$$x_1x=2p(y+y_1)$$

(3) **포물선 밖의 점에서 그은 접선의 방정식**

　　포물선 밖의 점 $(a,\ b)$에서 포물선 $y^2=4px$에 그은 접선의 방정식은 다음과 같은 두 가지 방법으로 구할 수 있다.

　　[방법 1] 점 $(a,\ b)$를 지나고 기울기가 m인 직선의 방정식을 $y=m(x-a)+b$로 놓고, 이 식을 $y^2=4px$에 대입하여 얻은 이차방정식이 중근을 가짐을 이용한다. (판별식 $D=0$)

　　[방법 2] 포물선과 접선의 접점의 좌표를 $(x_1,\ y_1)$로 놓고, 접선 $y_1y=2p(x+x_1)$이 점 $(a,\ b)$를 지남을 이용한다.

[0021~0022] 다음을 구하시오.

0021 포물선 $y^2=6x$에 접하고 기울기가 2인 직선의 방정식

0022 포물선 $x^2=-4y$에 접하고 기울기가 -3인 직선의 방정식

[0023~0024] 다음을 구하시오.

0023 포물선 $y^2=-2x$ 위의 점 $(-2,\ 2)$에서의 접선의 방정식

0024 포물선 $x^2=8y$ 위의 점 $(-4,\ 2)$에서의 접선의 방정식

0025 점 $(-2,\ 0)$에서 포물선 $y^2=4x$에 그은 접선의 방정식을 구하려고 한다. 다음 물음에 답하시오.

(1) 포물선 $y^2=4x$ 위의 점 $(x_1,\ y_1)$에서의 접선의 방정식을 구하시오.

(2) (1)에서 구한 직선이 점 $(-2,\ 0)$을 지날 때, x_1, y_1의 값을 각각 구하시오.

(3) 점 $(-2,\ 0)$에서 포물선 $y^2=4x$에 그은 접선의 방정식을 구하시오.

① 점 $F(a, b)$와 직선 $x=p$에 이르는 거리가 같은 점 $P(x, y)$가 나타내는 도형의 방정식
→ $\sqrt{(x-a)^2+(y-b)^2}=|x-p|$
② 점 $F(a, b)$와 직선 $y=p$에 이르는 거리가 같은 점 $P(x, y)$가 나타내는 도형의 방정식
→ $\sqrt{(x-a)^2+(y-b)^2}=|y-p|$
③ 초점이 $F(p, 0)$이고 준선이 $x=-p$인 포물선의 방정식
→ $y^2=4px$ (단, $p\neq 0$)
④ 초점이 $F(0, p)$이고 준선이 $y=-p$인 포물선의 방정식
→ $x^2=4py$ (단, $p\neq 0$)

대표 예제

0026 점 $F(2, 0)$과 직선 $x=-2$에 대하여 좌표평면 위의 한 점 $P(x, y)$에서 직선 $x=-2$에 내린 수선의 발을 H라 하자. $\overline{PF}=\overline{PH}$를 만족시키는 도형의 방정식은?

① $y^2=-8x$ ② $y^2=-4x$ ③ $y^2=4x$
④ $y^2=8x$ ⑤ $y^2=12x$

선생님 해설

점 P에서 직선 $x=-2$에 내린 수선의 발은 H$(-2, y)$이므로 $\overline{PF}=\overline{PH}$에서
$\sqrt{(x-2)^2+y^2}=|x+2|$

위의 식의 양변을 제곱하면
$(x-2)^2+y^2=(x+2)^2$
$x^2-4x+4+y^2=x^2+4x+4$
∴ $y^2=8x$

● **다른 풀이** ●

점 P에서 점 $F(2, 0)$까지의 거리인 $\overline{PF}$와 직선 $x=-2$까지의 거리인 $\overline{PH}$가 서로 같으므로 포물선의 정의에 의하여 점 F는 포물선의 초점이고 직선 $x=-2$는 포물선의 준선이다.
따라서 조건을 만족시키는 도형의 방정식은 $y^2=4\cdot 2x=8x$이다.

답 ④

0027 대표 예제 한 번 더

점 $F(0, -3)$과 직선 $y=3$에 대하여 좌표평면 위의 한 점 $P(x, y)$에서 직선 $y=3$에 내린 수선의 발을 H라 하자. $\overline{PF}=\overline{PH}$를 만족시키는 도형의 방정식은?

① $x^2=-12y$ ② $x^2=-8y$ ③ $x^2=-4y$
④ $x^2=8y$ ⑤ $x^2=12y$

0028
초점이 $F(3, 0)$이고 준선의 방정식이 $x=-3$인 포물선이 점 $(2, k)$를 지날 때, 양수 k의 값은?

① 4   ② $2\sqrt{5}$ ③ $2\sqrt{6}$
④ $2\sqrt{7}$ ⑤ $4\sqrt{2}$

0029
초점이 $F(-2, 0)$이고 준선의 방정식이 $x=2$인 포물선의 꼭짓점을 A, 이 포물선의 축에 수직이고 초점 F를 지나는 직선이 이 포물선과 만나는 두 점을 각각 B, C라 하자. 삼각형 ABC의 넓이는?

① 4   ② 6   ③ 8
④ 10   ⑤ 12

0030
원점을 꼭짓점으로 하고 준선의 방정식이 각각 $x=-2$, $y=-\dfrac{1}{4}$인 두 포물선 C_1, C_2가 있다. 두 포물선 C_1, C_2가 만나는 두 점 사이의 거리는?

① $2\sqrt{3}$ ② 4   ③ $3\sqrt{2}$
④ $2\sqrt{5}$ ⑤ $2\sqrt{6}$

유형 02   포물선의 초점, 준선

① 포물선 $y^2=4px$ $(p\neq0)$의 초점은 $F(p, 0)$이고 준선의 방정식은 $x=-p$이다.

② 포물선 $x^2=4py$ $(p\neq0)$의 초점은 $F(0, p)$이고 준선의 방정식은 $y=-p$이다.

👍 대표 예제

0031 포물선 $y^2=4kx$의 초점과 준선 사이의 거리가 4일 때, 양수 k의 값은?

① $\dfrac{1}{2}$ ② 1 ③ $\dfrac{3}{2}$

④ 2 ⑤ $\dfrac{5}{2}$

선생님 해설

포물선 $y^2=4kx$의 초점의 좌표는 $(k, 0)$이고 준선의 방정식은 $x=-k$이다.

초점과 준선 사이의 거리가 4이므로

$2 \cdot k=4$ $\therefore k=2$

답 ④

0032 [대표 예제] [한 번 더]
포물선 $x^2=ky$의 초점과 준선 사이의 거리가 10일 때, 양수 k의 값은?

① 10 ② 20 ③ 30

④ 40 ⑤ 50

0033
포물선 $y^2=16x$의 초점 F에 대하여 점 F를 지나고 기울기가 1인 직선이 포물선 $y^2=16x$의 준선과 만나는 점의 좌표가 (p, q)이다. $p+q$의 값은?

① -4 ② -8 ③ -12

④ -16 ⑤ -20

0034
두 포물선 $y^2=4x$, $x^2=ay$의 초점을 각각 A, B라 하자. $\overline{AB}=2$일 때, 양수 a의 값은?

① $4\sqrt{2}$ ② $2\sqrt{10}$ ③ $4\sqrt{3}$

④ $2\sqrt{14}$ ⑤ 8

0035
두 포물선 $y^2=8x$, $x^2=-12y$의 초점을 각각 F, F′, 준선을 각각 l, m이라 하자. 두 직선 l, m의 교점을 A라 할 때, 삼각형 AF′F의 넓이는?

① 8 ② 9 ③ 10

④ 11 ⑤ 12

유형 03　포물선의 평행이동

① 포물선 $y^2=4px$를 x축의 방향으로 m만큼, y축의 방향으로 n만큼 평행이동한 포물선의 방정식은 $(y-n)^2=4p(x-m)$이다. 이 포물선의
  • 꼭짓점의 좌표: $(m,\ n)$
  • 초점의 좌표: $(p+m,\ n)$
  • 준선의 방정식: $x=-p+m$
  • 축의 방정식: $y=n$

② 포물선 $x^2=4py$를 x축의 방향으로 m만큼, y축의 방향으로 n만큼 평행이동한 포물선의 방정식은 $(x-m)^2=4p(y-n)$이다. 이 포물선의
  • 꼭짓점의 좌표: $(m,\ n)$
  • 초점의 좌표: $(m,\ p+n)$
  • 준선의 방정식: $y=-p+n$
  • 축의 방정식: $x=m$

📌 대표 예제

0036 포물선 $y^2-4x+ay-3=0$은 포물선 $y^2=4x$를 x축의 방향으로 m만큼, y축의 방향으로 -1만큼 평행이동한 것이다. $a+m$의 값은? (단, a는 상수이다.)

① 1　　　　② 2　　　　③ 3
④ 4　　　　⑤ 5

선생님 해설

포물선 $y^2=4x$를 x축의 방향으로 m만큼, y축의 방향으로 -1만큼 평행이동하면
$(y+1)^2=4(x-m)$
$\therefore y^2-4x+2y+4m+1=0$ …… ㉠
㉠이 포물선 $y^2-4x+ay-3=0$과 일치하므로
$a=2,\ 4m+1=-3$　　$\therefore m=-1$
$\therefore a+m=2+(-1)=1$

답 ①

0037 대표 예제 · 한 번 더
포물선 $x^2+ax+by+c=0$은 포물선 $x^2=8y$를 x축의 방향으로 1만큼, y축의 방향으로 a만큼 평행이동한 것이다. $a+b+c$의 값은? (단, a, b, c는 상수이다.)

① -10　　　② -15　　　③ -20
④ -25　　　⑤ -30

0038
포물선 $2y^2-x+8y+9=0$의 초점의 좌표가 $(a,\ b)$이고 준선의 방정식이 $x=c$일 때, $a+b+c$의 값은?

① -2　　　　② -1　　　　③ 0
④ 1　　　　　⑤ 2

0039
두 포물선 $x^2=-6y-12$, $x^2=8(y-k)$의 준선이 일치할 때, 상수 k의 값은?

① 1　　　　② $\dfrac{3}{2}$　　　　③ 2
④ $\dfrac{5}{2}$　　　⑤ 3

0040
포물선 $y^2+mx+2y+n=0$의 꼭짓점의 좌표가 $\left(\dfrac{3}{2},\ -1\right)$이고 초점의 좌표가 $(3,\ -1)$일 때, $m+n$의 값은?
(단, m, n은 상수이다.)

① 2　　　　② 4　　　　③ 6
④ 8　　　　⑤ 10

유형 04 포물선 위의 점이 주어질 때의 포물선의 정의의 활용

포물선 $y^2=4px$ $(p>0)$ 위의 임의의 점 $P(a, b)$에서 초점 $F(p, 0)$까지의 거리와 준선 $x=-p$까지의 거리는 서로 같다.

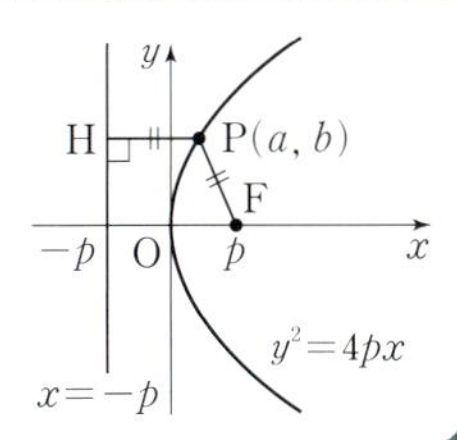

$$\Rightarrow \overline{PF}=\overline{PH}$$
$$=a+p$$

👍 대표 예제

0041 그림과 같이 포물선 $y^2=6x$ 위의 서로 다른 세 점 P, Q, R를 꼭짓점으로 하는 삼각형 PQR의 무게중심 G가 이 포물선의 초점과 일치할 때, $\overline{GP}+\overline{GQ}+\overline{GR}$의 값은?

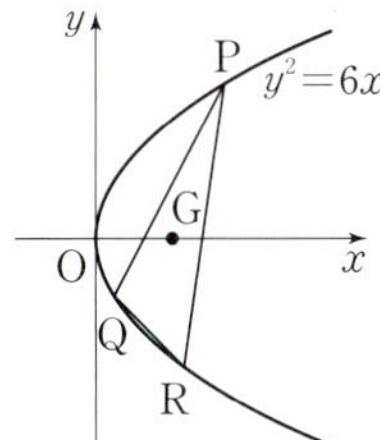

① 6 ② 7
③ 8 ④ 9
⑤ 10

선생님 해설

포물선 $y^2=6x=4\cdot\frac{3}{2}x$의 초점은 $G\left(\frac{3}{2}, 0\right)$이고 준선의 방정식은 $x=-\frac{3}{2}$이다.

세 점 P, Q, R의 x좌표를 각각 x_1, x_2, x_3이라 하면 세 점의 무게중심의 x좌표가 초점의 x좌표와 일치하므로

$$\frac{x_1+x_2+x_3}{3}=\frac{3}{2}$$

$$\therefore x_1+x_2+x_3=\frac{9}{2}$$

한편, 오른쪽 그림과 같이 세 점 P, Q, R에서 준선 $x=-\frac{3}{2}$에 내린 수선의 발을 각각 P′, Q′, R′이라 하면 포물선의 정의에 의하여

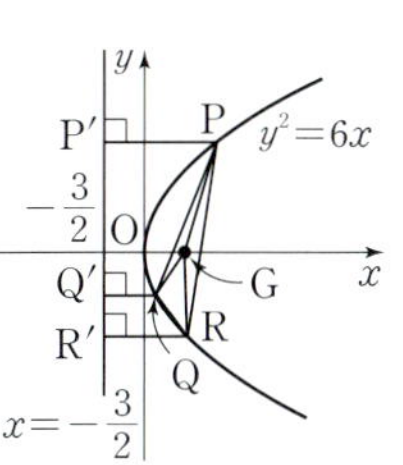

$$\overline{GP}=\overline{PP'}, \ \overline{GQ}=\overline{QQ'}, \ \overline{GR}=\overline{RR'}$$

$$\therefore \overline{GP}+\overline{GQ}+\overline{GR}=\overline{PP'}+\overline{QQ'}+\overline{RR'}$$

$$=\left(x_1+\frac{3}{2}\right)+\left(x_2+\frac{3}{2}\right)+\left(x_3+\frac{3}{2}\right)$$

$$=x_1+x_2+x_3+\frac{9}{2}$$

$$=\frac{9}{2}+\frac{9}{2}$$

$$=9$$

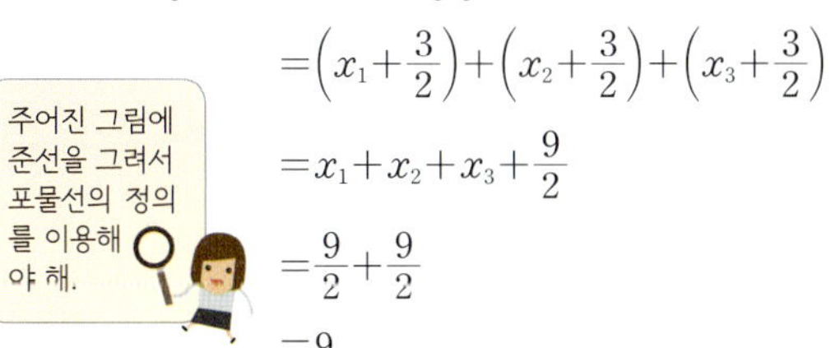

 **답** ④

0042 대표 예제 한 번 더

포물선 $y^2=-4x$ 위의 서로 다른 세 점 A, B, C를 꼭짓점으로 하는 삼각형 ABC의 무게중심의 좌표가 $\left(-2, \frac{4}{3}\right)$일 때, 이 포물선의 초점 F에 대하여 $\overline{FA}+\overline{FB}+\overline{FC}$의 값은?

① 3 ② 5 ③ 7
④ 9 ⑤ 11

0043 그림과 같이 초점이 F인 포물선 $y^2=4x$ 위의 점 P에서 x축에 내린 수선의 발을 H라 하자. 삼각형 PFH의 넓이가 6일 때, 선분 PF의 길이를 구하시오.

(단, $\overline{OF}<\overline{OH}$)

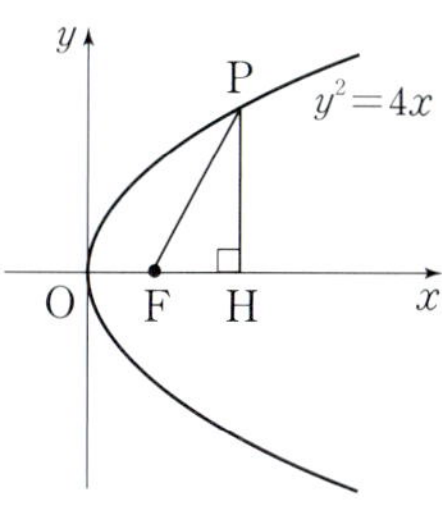

0044 그림과 같이 점 F를 초점으로 하는 포물선 $y^2=8x$ 위의 두 점을 각각 A, B라 하고, A, B에서 y축에 내린 수선의 발을 각각 C, D라 하자.

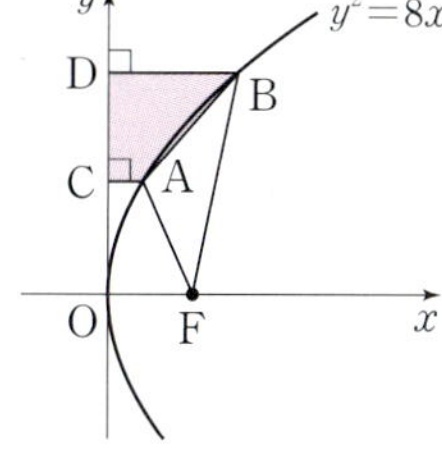

$\overline{FA}=\frac{7}{3}\overline{AC}$, $\overline{FB}=\frac{4}{3}\overline{BD}$일 때, 사각형 ABDC의 넓이는?

(단, 두 점 A, B는 제1사분면 위에 있다.)

① $7\sqrt{3}$ ② $\frac{15\sqrt{3}}{2}$ ③ $8\sqrt{3}$
④ $\frac{17\sqrt{3}}{2}$ ⑤ $9\sqrt{3}$

0045 🔼

그림과 같이 포물선 $x^2=4py$ $(p>0)$의 초점을 F, 이 포물선 위의 점 P에서 준선에 내린 수선의 발을 H라 하자.

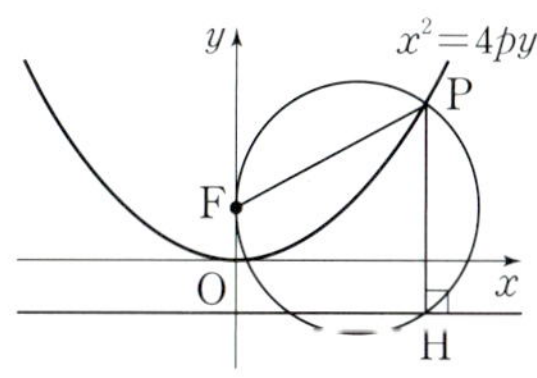

$\overline{PF}=4\sqrt{3}$일 때, 세 점 F, P, H를 지나고 y축에 접하는 원의 반지름의 길이를 구하시오.

유형 05 초점을 지나는 직선이 주어질 때의 포물선의 정의의 활용

포물선 $y^2=4px$ $(p>0)$의 초점 F를 지나는 직선이 포물선과 만나는 두 점을 각각 P, Q라 하고, P, Q에서 준선 l에 내린 수선의 발을 각각 P′, Q′이라 하면
$\Rightarrow \overline{PQ}=\overline{PF}+\overline{QF}$
$\qquad =\overline{PP'}+\overline{QQ'}$

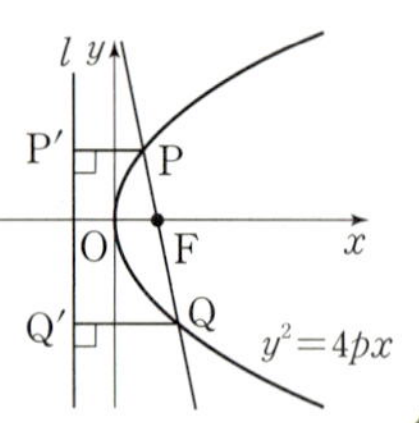

🖐 대표 예제

0046 그림과 같이 포물선 C의 초점 F를 지나는 직선이 포물선과 만나는 두 점을 각각 P, Q라 하고, P, Q에서 준선 l에 내린 수선의 발을 각각 P′, Q′이라 하자. $\overline{PQ}=8$, $\overline{P'Q'}=6$일 때, 사각형 PP′Q′Q의 넓이는?

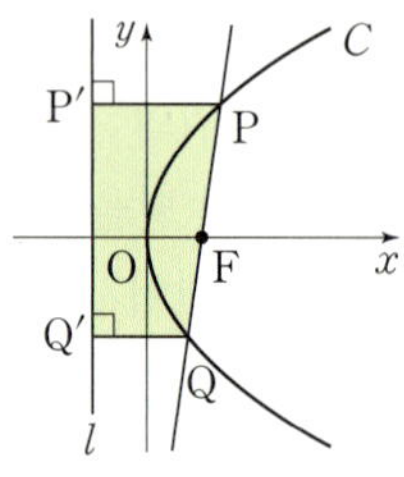

① 24   ② 30   ③ 36
④ 42   ⑤ 48

선생님 해설

초점이 F인 포물선 C 위의 두 점 P, Q에 대하여 포물선의 정의에 의하여
$\overline{PF}=\overline{PP'}$, $\overline{QF}=\overline{QQ'}$
$\therefore \overline{PQ}=\overline{PF}+\overline{QF}$
$\qquad =\overline{PP'}+\overline{QQ'}=8$
사각형 PP′Q′Q는 사다리꼴이므로 그 넓이는
$\dfrac{1}{2}\cdot(\overline{PP'}+\overline{QQ'})\cdot\overline{P'Q'}=\dfrac{1}{2}\cdot8\cdot6=24$

답 ①

0047 대표 예제 한 번 더

포물선 $x^2=4y$의 초점 F를 지나는 직선이 포물선과 만나는 두 점을 각각 P, Q라 하고, P, Q에서 x축에 내린 수선의 발을 각각 P′, Q′이라 하자. $\overline{PQ}=5$, $\overline{P'Q'}=4$일 때, 사각형 PP′Q′Q의 넓이는?

① 4   ② 5   ③ 6
④ 7   ⑤ 8

0048 그림과 같이 포물선 $x^2=4y$의 초점 F를 지나는 직선이 포물선과 만나는 두 점을 각각 P, Q라 하고, 선분 PQ의 중점을 M이라 하자. $\overline{PQ}=6$일 때, 점 M과 x축 사이의 거리를 구하시오.

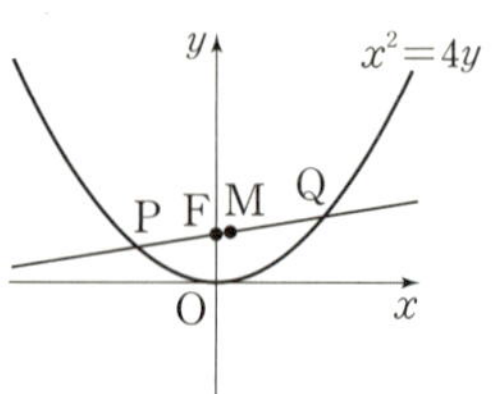

0049 그림과 같이 포물선 $y^2=-8(x-1)$의 초점 F를 지나는 직선이 포물선과 만나는 두 점을 각각 A, B라 하고, A, B에서 준선 l에 내린 수선의 발을 각각 C, D라 하자. $\overline{AF}=\dfrac{5}{2}$일 때, 선분 BD의 길이를 구하시오.
（단, 점 A는 제4사분면 위에 있다.）

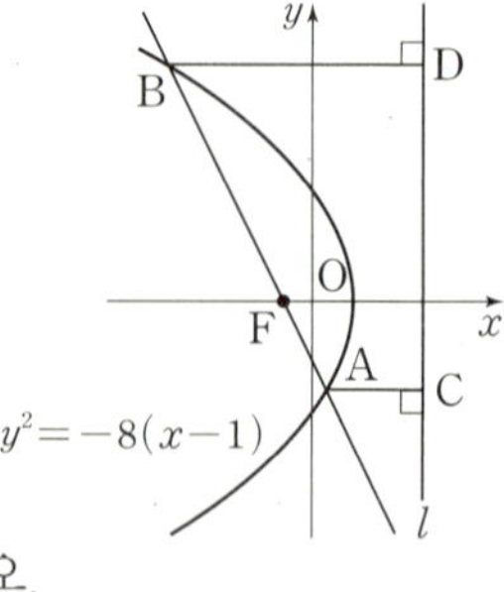

0050 그림과 같이 포물선 $y^2=4x$의 초점 F를 지나고 기울기가 $\sqrt{3}$인 직선이 포물선과 만나는 두 점을 각각 A, B라 하자. 점 A에서 준선 l에 내린 수선의 발을 C라 할 때, 삼각형 ABC의 둘레의 길이는?
（단, 점 B의 x좌표는 점 A의 x좌표보다 크다.）

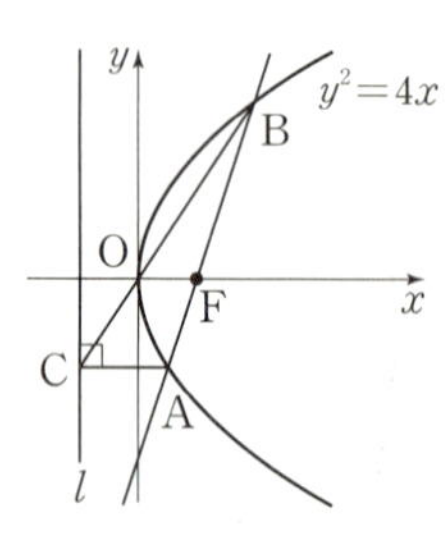

① $\dfrac{10+4\sqrt{21}}{3}$ ② $\dfrac{15+2\sqrt{21}}{3}$ ③ $\dfrac{15+4\sqrt{21}}{3}$
④ $\dfrac{20+2\sqrt{21}}{3}$ ⑤ $\dfrac{20+4\sqrt{21}}{3}$

유형 06 포물선의 정의를 활용한 선분의 길이의 합의 최소

포물선 $y^2=4px$ $(p>0)$ 위의 점 $P(a, b)$에서 준선 $x=-p$에 내린 수선의 발을 H라 할 때, 점 A에 대하여
$$\overline{PA}+\overline{PF}=\overline{PA}+\overline{PH}$$
즉, 세 점 A, P, H가 한 직선 위에 있을 때, $\overline{PA}+\overline{PF}$의 값이 최소이다.

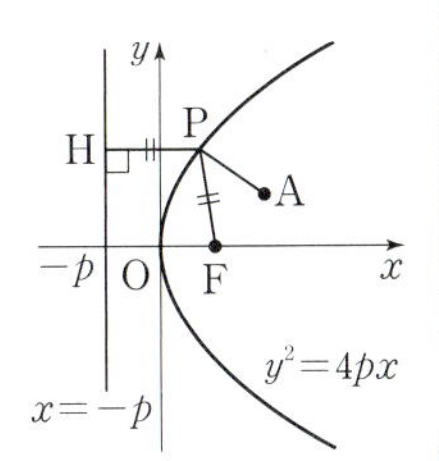

👍 대표 예제

0051 그림과 같이 초점이 F인 포물선 $y^2=4x$ 위의 임의의 점 P와 점 $A(2, 2)$에 대하여 $\overline{PA}+\overline{PF}$의 최솟값은?

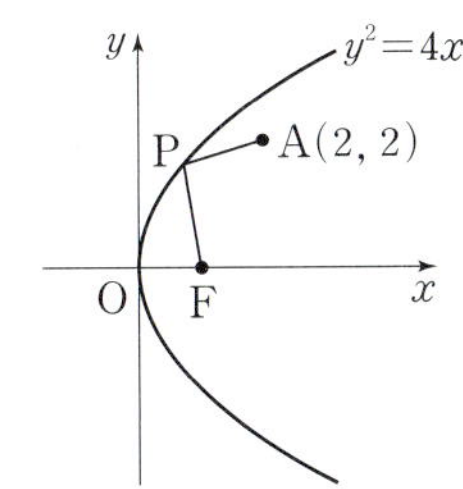

① 2 　　　② $\dfrac{5}{2}$

③ 3 　　　④ $\dfrac{7}{2}$

⑤ 4

선생님 해설

포물선 $y^2=4x$의 초점은 $F(1, 0)$이고 준선의 방정식은 $x=-1$이다.

오른쪽 그림과 같이 두 점 P, A에서 준선 $x=-1$에 내린 수선의 발을 각각 H, H′이라 하면 $\overline{PF}=\overline{PH}$이므로

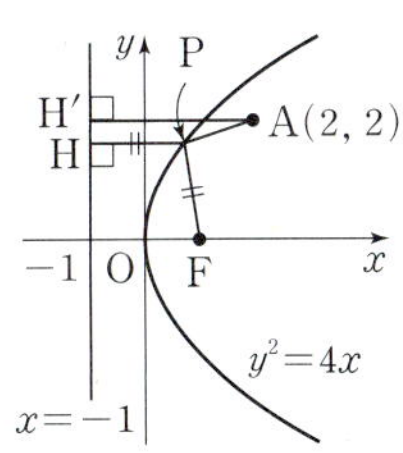

$$\overline{PA}+\overline{PF}=\overline{PA}+\overline{PH}$$
$$\geq \overline{AH'}$$
$$=2-(-1)=3$$

따라서 $\overline{PA}+\overline{PF}$의 최솟값은 3이다.

답 ③

0052 대표 예제 한 번 더

그림과 같이 초점이 F인 포물선 $x^2=10y$ 위의 임의의 점 P와 점 $A(-4, 4)$에 대하여 $\overline{PA}+\overline{PF}$의 최솟값은?

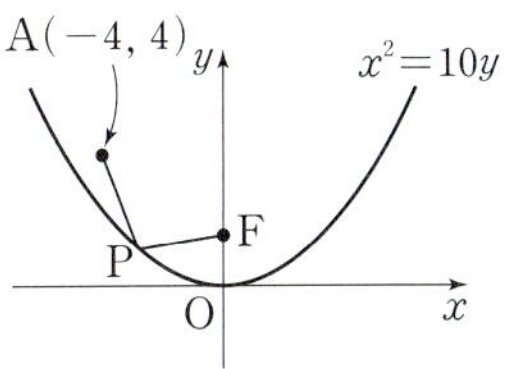

① 5 　　　② $\dfrac{11}{2}$

③ 6 　　　④ $\dfrac{13}{2}$

⑤ 7

0053

그림과 같이 포물선 $y^2=x$ 위의 임의의 점 P에서 준선 l에 내린 수선의 발을 H라 하자. 점 $A(0, 2)$에 대하여 $\overline{PA}+\overline{PH}$의 최솟값은?

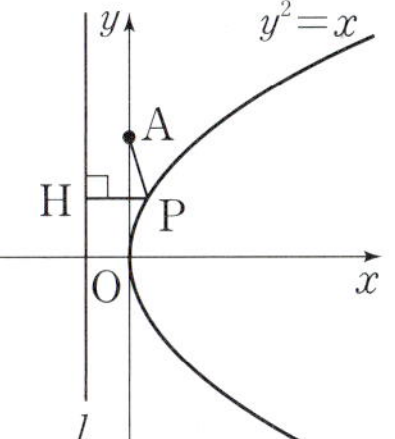

① $\dfrac{\sqrt{15}}{2}$ 　　　② $\dfrac{\sqrt{65}}{4}$

③ $\dfrac{\sqrt{17}}{2}$ 　　　④ $\sqrt{15}$

⑤ $3\sqrt{2}$

0054

초점이 F인 포물선 $(y+1)^2=12(x-2)$ 위의 임의의 점 P와 점 $A(6, 0)$에 대하여 $\overline{PA}+\overline{PF}$의 최솟값은?

① 5 　　　　② 6 　　　　③ 7

④ 8 　　　　⑤ 9

0055

좌표평면 위의 두 점 $A(0, 1)$, $B(1, 8)$과 포물선 $x^2=2y-1$ 위의 임의의 점 P에 대하여 삼각형 APB의 둘레의 길이의 최솟값이 $a+b\sqrt{2}$이다. $a+b$의 값을 구하시오. (단, a, b는 자연수이다.)

| 유형 07 | 조건을 만족시키는 점이 나타내는 도형의 방정식 |

조건을 만족시키는 점이 나타내는 도형의 방정식은 다음과 같은 순서로 구한다.
❶ 구하는 점의 좌표를 (x, y)로 놓는다.
❷ 주어진 조건을 만족시키는 x, y 사이의 관계식을 구한다.

👍 대표 예제

0056 x축에 접하고 점 $(1, 3)$을 지나는 원의 중심을 P라 할 때, 점 P가 나타내는 도형의 방정식은?

① $x^2-2x-6y+8=0$ ② $x^2-2x-6y+10=0$
③ $x^2-2x+6y+10=0$ ④ $y^2-6x-2y+8=0$
⑤ $y^2-6x-2y+10=0$

선생님 해설

점 P의 좌표를 (x, y)라 하면 점 P에서 점 $(1, 3)$까지의 거리와 x축까지의 거리가 서로 같으므로
$$\sqrt{(x-1)^2+(y-3)^2}=|y|$$
위의 식의 양변을 제곱하면
$$(x-1)^2+(y-3)^2=y^2$$
$$\therefore x^2-2x-6y+10=0$$

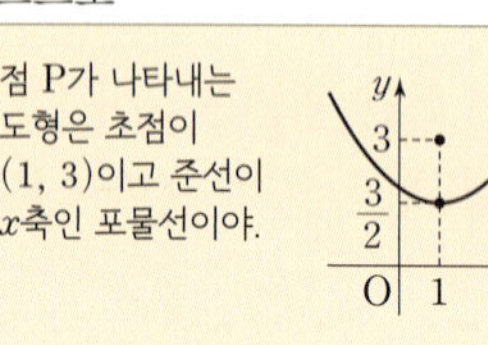

답 ②

0057 대표 예제 한 번 더
좌표평면 위의 한 점 $(-2, -1)$과 직선 $x=0$으로부터 같은 거리에 있는 점 $P(x, y)$가 나타내는 도형의 방정식은?

① $x^2+2x-4y+5=0$ ② $x^2+2x+4y+5=0$
③ $y^2-4x-2y+5=0$ ④ $y^2-4x+2y+5=0$
⑤ $y^2+4x+2y+5=0$

0058
직선 $x=-2$에 접하고 점 $(3, 4)$를 지나는 원의 중심을 P라 하자. 점 P가 나타내는 도형의 방정식이 $y^2+ax-8y+b=0$일 때, $a+b$의 값을 구하시오.
(단, a, b는 상수이다.)

0059
원 $x^2+(y+3)^2=4$에 외접하고 y축에 접하는 원의 중심을 P라 하자. 점 P가 나타내는 도형의 방정식은?
(단, 점 P는 제4사분면 위에 있다.)

① $y^2-2x+2y+3=0$ ② $y^2-2x+4y+5=0$
③ $y^2-2x+6y+7=0$ ④ $y^2-4x+4y+3=0$
⑤ $y^2-4x+6y+5=0$

0060
포물선 $x^2=4y$ 위를 움직이는 점 P와 이 포물선의 꼭짓점 A를 이은 선분 AP를 $2:1$로 내분하는 점을 Q라 하자. 점 Q가 나타내는 도형이 포물선일 때, 이 포물선의 초점의 좌표는?

① $\left(0, \dfrac{1}{3}\right)$ ② $\left(0, \dfrac{2}{3}\right)$ ③ $(0, 1)$
④ $\left(0, \dfrac{4}{3}\right)$ ⑤ $\left(0, \dfrac{5}{3}\right)$

유형 08 **포물선과 직선의 위치 관계**

포물선의 방정식과 직선의 방정식에서 한 문자를 소거하여 얻은 이차
방정식의 판별식을 D라 할 때
① 서로 다른 두 점에서 만난다. $\Longleftrightarrow D>0$
② 한 점에서 만난다. (접한다.) $\Longleftrightarrow D=0$
③ 만나지 않는다. $\Longleftrightarrow D<0$

🔵 대표 예제

0061 포물선 $4x-y^2=0$과 직선 $2x-y+a=0$이 접할 때,
상수 a의 값은?

① $\dfrac{1}{5}$ ② $\dfrac{1}{4}$ ③ $\dfrac{1}{3}$

④ $\dfrac{1}{2}$ ⑤ 1

선생님 해설

$2x-y+a=0$, 즉 $y=2x+a$를 $4x-y^2=0$에 대입하면
$4x-(2x+a)^2=0$
$\therefore 4x^2+4(a-1)x+a^2=0$
이 이차방정식의 판별식을 D라 하면
$\dfrac{D}{4}=4(a-1)^2-4a^2=0$
$-8a+4=0$ $\therefore a=\dfrac{1}{2}$

답 ④

0062 [대표 예제] [한 번 더]

포물선 $y^2=\dfrac{1}{2}x$와 직선 $y=mx+1$이 서로 다른 두 점에서
만나도록 하는 양수 m의 값의 범위는?

① $0<m<\dfrac{1}{8}$ ② $\dfrac{1}{8}<m<\dfrac{1}{4}$ ③ $\dfrac{1}{4}<m<\dfrac{1}{2}$

④ $m>\dfrac{1}{8}$ ⑤ $m>\dfrac{1}{4}$

0063

두 집합
$$A=\{(x,\,y)\,|\,x^2=y\},\ B=\{(x,\,y)\,|\,y=mx-4\}$$
에 대하여 $A\cap B=\varnothing$을 만족시키는 정수 m의 개수를 구
하시오.

0064

포물선 $x^2-8y+16=0$과 만나지 않는 직선 $x-y-2=0$
을 x축의 방향으로 k만큼 평행이동하면 포물선과 만나게
될 때, 실수 k의 최댓값은?

① -5 ② -4 ③ -3

④ -2 ⑤ -1

0065

자연수 m에 대하여 포물선 $x^2=2(y-2)$와 직선
$y=mx-m-2$가 만나는 점의 개수를 a_m이라 하자.
$a_1+a_2+a_3+\cdots+a_{10}$의 값을 구하시오.

유형 09 기울기가 주어진 포물선의 접선의 방정식

포물선 $y^2=4px$에 접하고 기울기가 m인 직선의 방정식

➡ $y=mx+\dfrac{p}{m}$ (단, $m\neq0$)

참고 포물선 $x^2=4py$에 접하고 기울기가 m인 직선의 방정식

➡ $y=mx-m^2p$

🖐 대표 예제

0066 포물선 $y^2=2x$에 접하고 기울기가 2인 직선이 점 $\left(\dfrac{1}{2},\,a\right)$를 지날 때, a의 값은?

① $\dfrac{1}{4}$ 　　　② $\dfrac{1}{2}$ 　　　③ $\dfrac{3}{4}$

④ 1 　　　⑤ $\dfrac{5}{4}$

선생님 해설

포물선 $y^2=2x=4\cdot\dfrac{1}{2}x$에 접하고 기울기가 2인 직선의 방정식은

$$y=2x+\dfrac{\dfrac{1}{2}}{2}\qquad\therefore\ y=2x+\dfrac{1}{4}$$

이 직선이 점 $\left(\dfrac{1}{2},\,a\right)$를 지나므로

$$a=2\cdot\dfrac{1}{2}+\dfrac{1}{4}=\dfrac{5}{4}$$

답 ⑤

0067 대표 예제 한 번 더

포물선 $y^2=-6x$에 접하고 직선 $y=\dfrac{1}{2}x-6$과 평행한 직선이 점 $(4,\,k)$를 지날 때, k의 값은?

① -2 　　　② -1 　　　③ 0

④ 1 　　　⑤ 2

0068

포물선 $x^2=8y$에 접하고 직선 $y=4x+6$에 수직인 직선의 y절편은?

① $-\dfrac{1}{10}$ 　　　② $-\dfrac{1}{8}$ 　　　③ $-\dfrac{1}{6}$

④ $-\dfrac{1}{4}$ 　　　⑤ $-\dfrac{1}{2}$

0069

두 포물선 $y^2=4x$, $x^2=py$에 동시에 접하는 직선이 $y=-x+k$일 때, $k+p$의 값은? (단, k, p는 상수이다.)

① 1 　　　② 2 　　　③ 3

④ 4 　　　⑤ 5

0070

포물선 $y^2=x$에 접하는 두 직선 l_1, l_2의 기울기를 각각 m_1, m_2라 하자. m_1, m_2가 이차방정식 $2x^2-3x-2=0$의 두 실근일 때, 두 직선 l_1, l_2가 만나는 점의 좌표는 $(a,\,b)$이다. $a+b$의 값은?

① $-\dfrac{1}{4}$ 　　　② $-\dfrac{3}{8}$ 　　　③ $-\dfrac{1}{2}$

④ $-\dfrac{5}{8}$ 　　　⑤ $-\dfrac{3}{4}$

유형 10 포물선 위의 점에서의 접선의 방정식

① 포물선 $y^2=4px$ 위의 점 (x_1, y_1)에서의 접선의 방정식
→ $y_1y=2p(x+x_1)$
② 포물선 $x^2=4py$ 위의 점 (x_1, y_1)에서의 접선의 방정식
→ $x_1x=2p(y+y_1)$

대표 예제

0071 포물선 $y^2=12x$ 위의 점 $(3, 6)$에서의 접선이 점 $(k, 4)$를 지날 때, k의 값은?

① $\dfrac{1}{2}$ ② 1 ③ $\dfrac{3}{2}$

④ 2 ⑤ $\dfrac{5}{2}$

선생님 해설

포물선 $y^2=12x=4\cdot3x$ 위의 점 $(3, 6)$에서의 접선의 방정식은
$6y=2\cdot3(x+3)$ ∴ $y=x+3$
이 직선이 점 $(k, 4)$를 지나므로
$4=k+3$ ∴ $k=1$

 답 ②

0072 대표 예제 한 번 더

포물선 $x^2=-6y$ 위의 점 $\left(3, -\dfrac{3}{2}\right)$에서의 접선의 y절편은?

① $\dfrac{4}{3}$ ② $\dfrac{3}{2}$ ③ $\dfrac{5}{3}$

④ $\dfrac{11}{6}$ ⑤ 2

0073
포물선 $y^2=-18x$ 위의 점 $P(-2, 6)$에서의 접선을 l, 점 P를 지나고 직선 l에 수직인 직선을 m이라 하자. 두 직선 l, m 및 x축으로 둘러싸인 도형의 넓이는?

① 31 ② 33 ③ 35

④ 37 ⑤ 39

0074
초점이 F인 포물선 $x^2=8y$ 위의 점 $(4, 2)$에서의 접선을 l이라 하자. 점 F에서 직선 l에 내린 수선의 발의 좌표가 (p, q)일 때, pq의 값을 구하시오.

0075
포물선 $y^2=8x$ 위의 점 $P(a, b)$에서의 접선이 x축과 만나는 점을 Q라 하자. $\overline{PQ}=2\sqrt{3}$일 때, 삼각형 OPQ의 넓이는? (단, O는 원점이고 $a>0$, $b>0$이다.)

① 1 ② $\sqrt{2}$ ③ $\sqrt{3}$

④ 2 ⑤ $\sqrt{5}$

유형 11 포물선 밖의 점에서 그은 접선의 방정식

포물선 밖의 점 (a, b)에서 포물선 $y^2=4px$에 그은 접선의 방정식은 다음과 같은 두 가지 방법으로 구할 수 있다.

[방법 1] 점 (a, b)를 지나고 기울기가 m인 직선의 방정식을 $y=m(x-a)+b$로 놓고, 이 식을 $y^2=4px$에 대입하여 얻은 이차방정식이 중근을 가짐을 이용한다.

[방법 2] 포물선과 접선의 접점의 좌표를 (x_1, y_1)로 놓고, 접선 $y_1y=2p(x+x_1)$이 점 (a, b)를 지남을 이용한다.

🖐 대표 예제

0076 점 $(-3, 0)$에서 포물선 $y^2=4x$에 그은 접선 중 기울기가 양수인 직선의 y절편은?

① $\dfrac{\sqrt{3}}{3}$　　② $\dfrac{\sqrt{2}}{2}$　　③ 1

④ $\sqrt{2}$　　⑤ $\sqrt{3}$

선생님 해설

점 $(-3, 0)$을 지나고 기울기가 $m\,(m>0)$인 직선의 방정식은
$y=m(x+3)$
이 식을 $y^2=4x$에 대입하면
$m^2(x+3)^2=4x$
$\therefore m^2x^2+2(3m^2-2)x+9m^2=0$
이 이차방정식이 중근을 가지므로 판별식을 D라 하면
$\dfrac{D}{4}=(3m^2-2)^2-9m^4=0$

$-12m^2+4=0$　　$\therefore m=\dfrac{\sqrt{3}}{3}\ (\because m>0)$

따라서 접선의 방정식은 $y=\dfrac{\sqrt{3}}{3}(x+3)=\dfrac{\sqrt{3}}{3}x+\sqrt{3}$이므로 y절편은 $\sqrt{3}$이다.

● **다른 풀이** ●

점 $(-3, 0)$에서 포물선 $y^2=4x$에 그은 접선의 접점의 좌표를 (x_1, y_1)이라 하면 접선의 방정식은
$y_1y=2(x+x_1)$
이 직선이 점 $(-3, 0)$을 지나므로
$0=2(x_1-3)$　　$\therefore x_1=3$　…… ㉠
점 (x_1, y_1)은 포물선 $y^2=4x$ 위에 있으므로
$y_1^2=4x_1=4\cdot3=12\,(\because ㉠)$
$\therefore y_1=-2\sqrt{3}$ 또는 $y_1=2\sqrt{3}$
$\therefore y=-\dfrac{\sqrt{3}}{3}x-\sqrt{3}$ 또는 $y=\dfrac{\sqrt{3}}{3}x+\sqrt{3}$

각각 두 점 $(3, -2\sqrt{3})$, $(3, 2\sqrt{3})$에서의 접선의 방정식이다.

따라서 기울기가 양수인 직선은 $y=\dfrac{\sqrt{3}}{3}x+\sqrt{3}$이므로 y절편은 $\sqrt{3}$이다.

답 ⑤

0077 [대표 예제] [한 번 더]

점 $(0, 2)$에서 포물선 $x^2=-y$에 그은 접선 중 기울기가 음수인 직선이 점 $(\sqrt{2}, k)$를 지날 때, k의 값은?

① -1　　② -2　　③ -3

④ -4　　⑤ -5

0078

점 $\left(-2, -\dfrac{5}{2}\right)$에서 포물선 $x^2=2y$에 그은 두 접선의 기울기의 곱은?

① -5　　② -4　　③ -3

④ -2　　⑤ -1

0079

자연수 n에 대하여 점 $(-1, 0)$에서 포물선 $y^2=nx$에 그은 접선 중 기울기가 양수인 직선의 기울기를 a_n이라 할 때, $a_2{}^2+a_4{}^2+a_6{}^2+a_8{}^2$의 값을 구하시오.

0080

그림과 같이 점 $A(-1, 4)$에서 포물선 $y^2=4x$에 그은 두 접선이 y축과 만나는 점을 각각 B, C라 하자. 삼각형 ACB의 넓이는? (단, 점 B의 y좌표는 점 C의 y좌표보다 크다.)

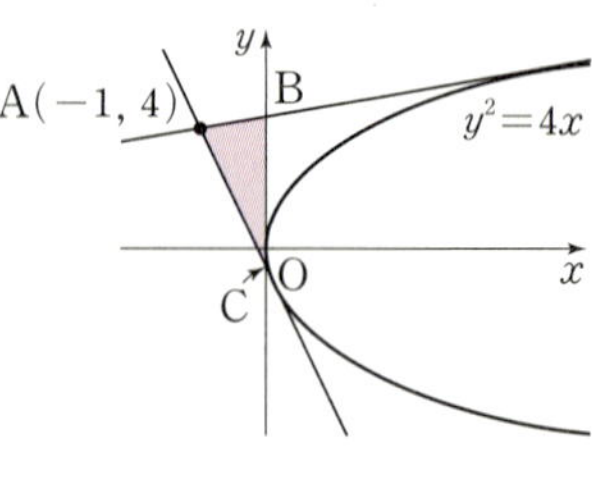

① 1　　② $\sqrt{2}$　　③ $\sqrt{3}$

④ 2　　⑤ $\sqrt{5}$

유형 12 포물선 위의 점까지의 거리의 최소

① 기울기가 m인 직선 l과 포물선 사이의 거리의 최솟값
  ➡ 기울기가 m인 포물선의 접선과 직선 l 사이의 거리와 같다.
② 좌표평면 위의 임의의 점 A와 포물선 위의 점 P 사이의 거리의 최솟값
  ➡ 포물선 위의 점 P에서의 접선과 직선 AP가 수직으로 만날 때의 선분 AP의 길이와 같다.

대표 예제

0081 포물선 $y^2=8x$ 위의 점 P와 직선 $2x-y+4=0$ 사이의 거리의 최솟값은?

① $\dfrac{2\sqrt{5}}{5}$ ② $\dfrac{3\sqrt{5}}{5}$ ③ $\dfrac{4\sqrt{5}}{5}$

④ $\sqrt{5}$ ⑤ $\dfrac{6\sqrt{5}}{5}$

선생님 해설

직선 $2x-y+4=0$, 즉 $y=2x+4$와 평행한 직선의 기울기는 2이므로 포물선 $y^2=8x=4\cdot2x$에 접하고 기울기가 2인 직선의 방정식은

$$y=2x+\dfrac{2}{2} \qquad \therefore\ y=2x+1$$

이 직선 위의 점 $(0,\ 1)$과 직선 $2x-y+4=0$ 사이의 거리는

$$\dfrac{|0-1+4|}{\sqrt{2^2+(-1)^2}}=\dfrac{3\sqrt{5}}{5}$$

따라서 구하는 거리의 최솟값은 $\dfrac{3\sqrt{5}}{5}$이다.

> 포물선 위의 점 P와 직선 l 사이의 거리가 최소가 되려면 점 P에서의 접선의 기울기가 직선 l의 기울기와 같아야 해.

답 ②

0082 대표 예제 한 번 더

포물선 $x^2=-2y$ 위의 점 P와 직선 $y=-x+2$ 사이의 거리의 최솟값은?

① $\dfrac{3\sqrt{2}}{4}$ ② $\sqrt{2}$ ③ $\dfrac{5\sqrt{2}}{4}$

④ $\dfrac{3\sqrt{2}}{2}$ ⑤ $\dfrac{7\sqrt{2}}{4}$

0083

포물선 $x^2=8y$ 위의 점 P와 직선 $y=x+k$ 사이의 거리의 최솟값이 $4\sqrt{2}$일 때, 음수 k의 값은?

① -6 ② -8 ③ -10

④ -12 ⑤ -14

0084

좌표평면 위의 점 $A(-1,\ 4)$와 포물선 $y^2=4x$ 위의 점 P 사이의 거리의 최솟값은?

① $\sqrt{2}$ ② 2 ③ $2\sqrt{2}$

④ 4 ⑤ $4\sqrt{2}$

0085

좌표평면 위의 두 점 $A(2,\ 0)$, $B(0,\ 2)$와 포물선 $y^2=-4x$ 위의 점 $P(a,\ b)$에 대하여 삼각형 ABP의 넓이가 최소일 때, $a+b$의 값은?

① -1 ② $-\dfrac{1}{2}$ ③ 0

④ $\dfrac{1}{2}$ ⑤ 1

유형 13 포물선의 실생활에의 활용

주어진 문제의 상황에서 포물선의 초점과 준선을 찾은 후 포물선의 정의와 성질을 이용한다.

👍 대표 예제

0086 그림과 같이 등대를 초점으로 하는 포물선 궤도를 따라 이동하는 배가 있다. 배가 등대로부터 400 m 떨어져 있을 때, 배와 등대를 잇는 직선이 포물선의 축과 이루는 예각의 크기는 60°이다. 배가 등대에 가장 가까워졌을 때, 배와 등대 사이의 거리는?

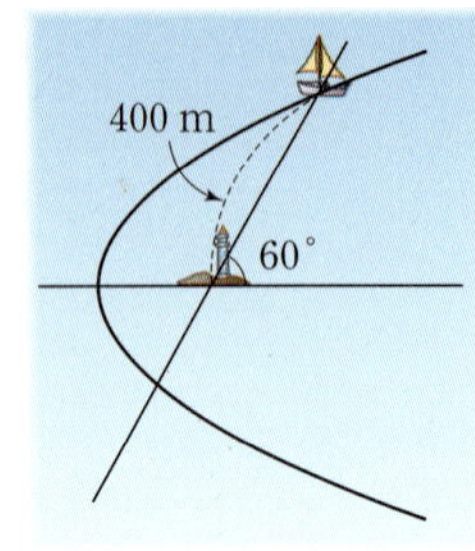

① 50 m   ② 100 m   ③ 150 m
④ 200 m   ⑤ 250 m

선생님 해설

오른쪽 그림과 같이 배의 궤도를 좌표평면 위에 놓으면 배가 포물선의 꼭짓점, 즉 원점에 있을 때 등대로부터 거리가 가장 가깝다.

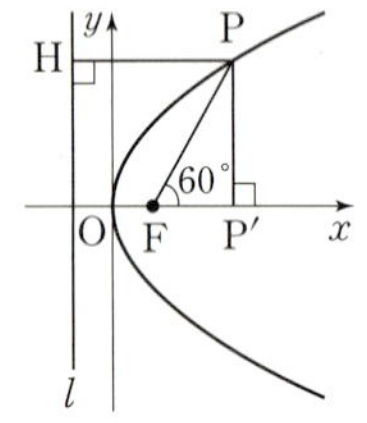

등대의 위치를 F, 배의 위치를 P라 하고, 포물선의 준선을 l이라 하자.

점 P에서 포물선의 준선 l에 내린 수선의 발을 H라 하면 포물선의 정의에 의하여

$$\overline{PF}=\overline{PH}=400\,(\text{m})$$

점 P에서 x축에 내린 수선의 발을 P′이라 하면 직각삼각형 PFP′에서

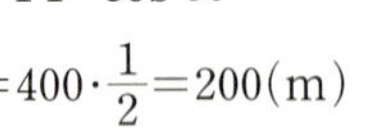

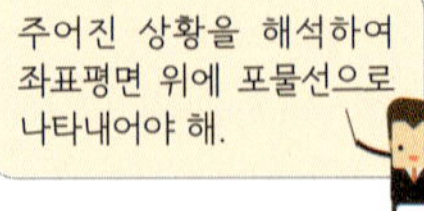

$$\overline{FP'}=\overline{PF}\cdot\cos 60°$$
$$=400\cdot\frac{1}{2}=200\,(\text{m})$$

$$\therefore \overline{OF}=\frac{1}{2}(\overline{PH}-\overline{FP'})$$
$$=\frac{1}{2}(400-200)$$
$$=\frac{1}{2}\cdot 200=100\,(\text{m})$$

따라서 배와 등대 사이의 거리는 100 m이다.

답 ②

0087 그림은 자동차 헤드라이트의 단면으로 초점이 F인 포물선 모양의 반사경으로 이루어져 있다. 초점 F에 있는 전구에서 나온 빛이 반사경 위의 두 점 Q, R에서 각각 반사된 후 포물선의 축에 수직인 직선 l 위의 두 점 P, S에 각각 닿았다고 한다.

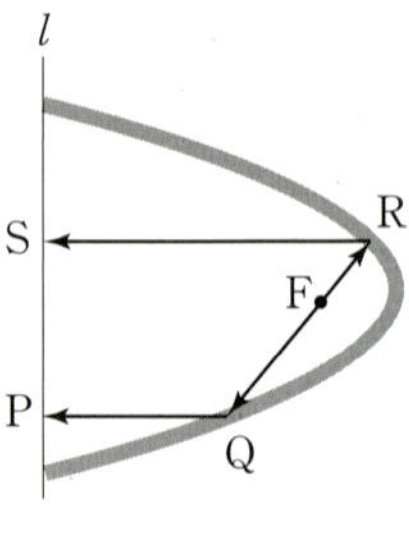

$\overline{PQ}=5$, $\overline{QF}=7$일 때, $\overline{PQ}+\overline{QR}+\overline{RS}$의 값을 구하시오.

(단, 세 점 Q, F, R는 한 직선 위에 있다.)

0088 그림과 같이 섬을 초점으로 하는 포물선 궤도를 따라 시계 방향으로 이동하는 태풍이 있다. 태풍의 눈이 섬으로부터 300 km 떨어져 있을 때, 태풍의 눈과 섬을 잇는 직선이 포물선의 축과 이루는 예각의 크기는 60°이다. 태풍의 눈과 섬 사이의 거리가 처음으로 100 km가 될 때, 태풍의 눈과 포물선의 축 사이의 거리는?

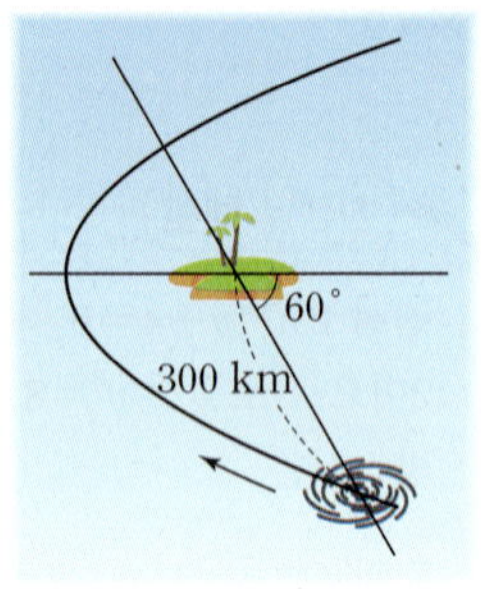

① 50 km   ② $50\sqrt{2}$ km   ③ $50\sqrt{3}$ km
④ 60 km   ⑤ $60\sqrt{3}$ km

0089 그림과 같이 A지점을 꼭짓점으로 하고, 마을 P의 위치를 초점으로 하는 포물선 모양을 따라 도로가 나 있다. 이 도로 위의 지점 A, B, C, D, E 중 한 지점에 버스 정류장을 설치하여 두 마을 P, Q까지의 거리의 합이 최소가 되도록 하려고 할 때, 버스 정류장의 위치로 가장 알맞은 지점은? (단, 두 선분 PA, QC는 서로 평행하다.)

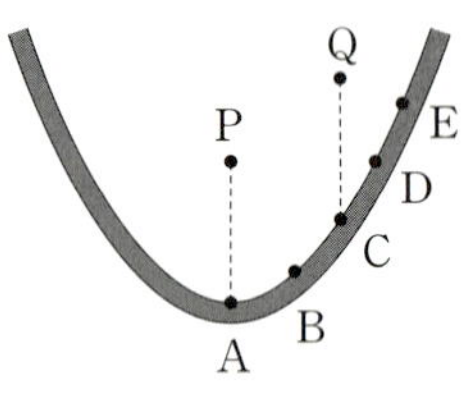

① A   ② B   ③ C
④ D   ⑤ E

0090

• 유형 03 •

두 포물선 $y^2-4x-2y+9=0$, $x^2+ax+4y+b=0$의 각 준선이 서로의 초점을 지날 때, $a-2b$의 값은?

(단, a, b는 상수이다.)

① -1 ② -2 ③ -3
④ -4 ⑤ -5

0091

• 유형 05 •

포물선 $x^2=8y$의 초점 F를 지나는 직선이 포물선과 만나는 두 점을 각각 A, B라 할 때, $\dfrac{1}{\overline{AF}}+\dfrac{1}{\overline{BF}}$의 값은?

① $\dfrac{1}{4}$ ② $\dfrac{1}{2}$ ③ 1
④ 2 ⑤ 4

0092

• 유형 03 + 유형 07 •

두 포물선 $y^2-2x-12y+35=0$, $y^2-5x-9y+26=0$의 교점을 지나는 포물선 C가 있다. 포물선 C가 점 $(5, 1)$을 지날 때, C의 초점의 좌표는 (p, q)이다. $p+q$의 값을 구하시오.

0093

• 유형 08 •

포물선 $y^2=4p(x-a)$가 양수 p의 값에 관계없이 항상 직선 $y=2x-3$과 만나도록 하는 정수 a의 최댓값은?

① 0 ② 1 ③ 2
④ 3 ⑤ 4

0094

• 유형 09 •

초점이 F인 포물선 $y^2=4x$와 점 P에서 접하고 직선 $y=-2x$에 수직인 직선이 y축과 만나는 점을 Q라 하자. 삼각형 PQF의 넓이를 구하시오.

0095

• 유형 05 •

그림과 같이 포물선 $y^2=8x$의 초점 F를 지나는 직선이 포물선과 만나는 두 점을 각각 A, B라 하고, 두 점 A, B에서 준선 l에 내린 수선의 발을 각각 C, D라 하자. $\overline{AF}:\overline{BF}=2:1$일 때, 사각형 ACDB의 넓이는?

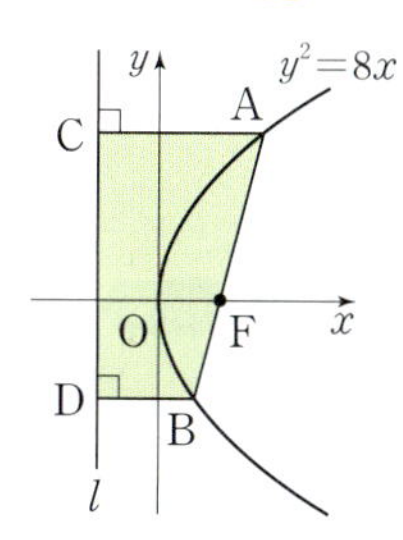

(단, 점 A의 x좌표는 점 B의 x좌표보다 크다.)

① $24\sqrt{2}$ ② $25\sqrt{2}$ ③ $26\sqrt{2}$
④ $27\sqrt{2}$ ⑤ $28\sqrt{2}$

0096

· 유형 03 + 유형 04 ·

그림과 같이 포물선 $y^2=4(x-1)$의 초점을 F라 하고, 원점을 지나고 기울기가 양수인 직선 l이 포물선과 만나는 두 점을 각각 A, B라 하자. $2\overline{AF}=\overline{BF}$일 때, 선분 AB의 길이는?

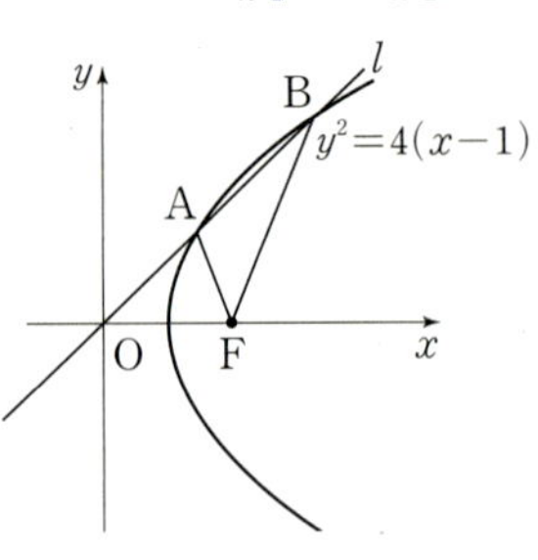

(단, 점 B의 x좌표는 점 A의 x좌표보다 크다.)

① 8
② $\dfrac{\sqrt{17}}{2}$
③ $\dfrac{3\sqrt{2}}{2}$
④ $\dfrac{\sqrt{19}}{2}$
⑤ $\sqrt{5}$

0097

· 유형 12 ·

원 $x^2+(y-9)^2=1$ 위의 점 P와 포물선 $x+2y^2=0$ 위의 점 Q 사이의 거리의 최솟값은?

① 7
② $2\sqrt{17}-1$
③ $6\sqrt{2}-1$
④ $2\sqrt{17}+1$
⑤ $6\sqrt{2}+1$

0098 사고력

· 유형 10 ·

그림과 같이 두 포물선 $y^2=4px$, $y^2=-4p(x-2a)$가 만나는 점 중 제1사분면 위의 점 P에서의 접선을 각각 l, m이라 하자. 두 직선 l, m 및 x축으로 둘러싸인 부분의 넓이가 $12\sqrt{6}$일 때, $a+p$의 값을 구하시오.

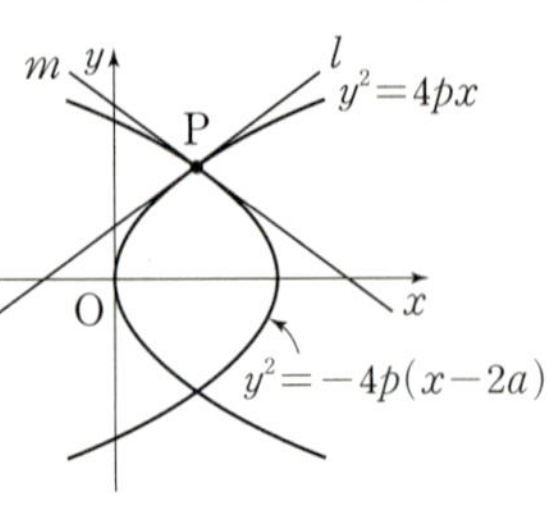

(단, a, p는 1보다 큰 자연수이다.)

0099

· 유형 06 ·

그림과 같이 포물선 $y^2=20x$ 위의 점 P에서 원 $(x-5)^2+y^2=4$에 그은 접선의 접점을 Q라 하자. 선분 PQ의 길이의 최솟값을 k라 할 때, k^2의 값을 구하시오.

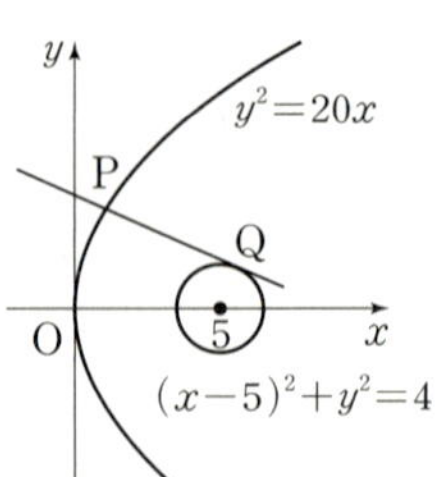

0100 사고력

· 유형 05 ·

그림과 같이 포물선 $y^2=4px$의 초점 F를 지나고 x축의 양의 방향과 이루는 각의 크기가 $60°$인 직선이 포물선과 만나는 두 점을 각각 A, B라 하자. 점 A를 지나고 x축의 양의 방향과 이루는 각의 크기가 $150°$인 직선이 x축과 만나는 점을 C라 하자. 삼각형 ABC의 넓이가 $2\sqrt{3}$일 때, 양수 p의 값은?

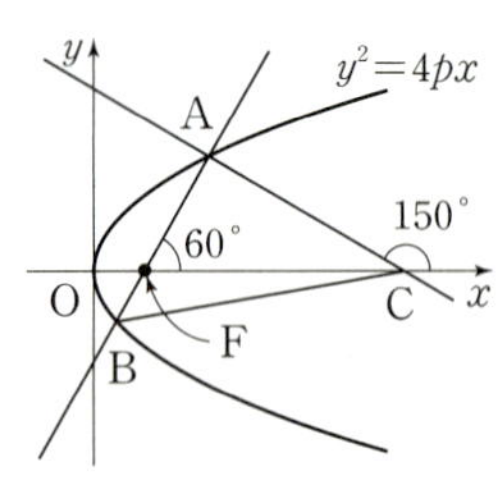

(단, 점 A의 x좌표는 점 B의 x좌표보다 크다.)

① $\dfrac{1}{4}$
② $\dfrac{\sqrt{2}}{4}$
③ $\dfrac{\sqrt{3}}{4}$
④ $\dfrac{1}{2}$
⑤ $\dfrac{\sqrt{5}}{4}$

0101 창의력 +

· 유형 03 + 유형 04 ·

그림과 같이 x축 위의 점 A를 중심으로 하고 원점을 지나는 원 C가 있다. 원점을 초점으로 하고 점 A를 꼭짓점으로 하는 포물선이 원 C와 만나는 한 점을 P라 하자. $\overline{OP}+\overline{OA}=5+\sqrt{5}$일 때, $|\overline{OP}-\overline{OA}|$의 값은? (단, O는 원점이고 점 P는 제2사분면 위에 있다.)

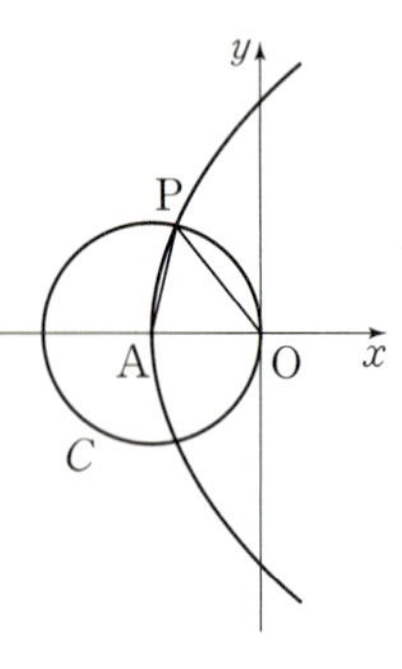

① $4-\sqrt{15}$
② $3-\sqrt{6}$
③ $2-\sqrt{2}$
④ $3-\sqrt{5}$
⑤ $4-2\sqrt{2}$

서술형 문제

0102
· 유형 01 ·

축이 x축에 수직이고 세 점 $(-1,\ 1)$, $(1,\ 0)$, $(3,\ -3)$을 지나는 포물선의 방정식을 구하시오.

0103
· 유형 11 ·

포물선 $y^2=4px$의 준선 위의 한 점에서 포물선에 그은 두 접선이 서로 수직임을 보이시오.

> ☑ **필요 개념 및 공식**
> ☐ 포물선 밖의 점에서 그은 접선의 방정식 　　☐ 이차방정식의 근과 계수의 관계

0104
· 유형 13 ·

그림과 같이 T자 모양의 자가 있다. 선분 AB와 길이가 같은 실의 양 끝을 점 P와 자의 한쪽 끝 B에 고정시킨다. 실을 팽팽하게 유지하면서 선분 AB 위를 움직이는 점 Q에 연필을 고정시킨다. 자를 직선 l을 따라 수평으로 이동시킬 때, 점 Q가 나타내는 도형이 어떤 도형인지 말하시오.

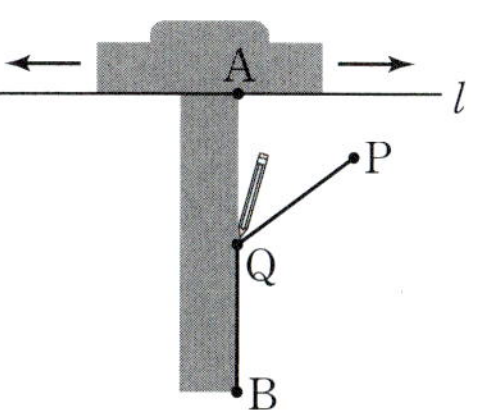

0105
· 유형 02 ·

원 $x^2+y^2=4$가 포물선 $x^2=4y$의 준선 l에 의하여 두 부분으로 나누어질 때, 포물선의 초점을 포함하는 부분의 넓이를 구하시오.

> ☑ **필요 개념 및 공식**
> ☐ 포물선의 초점, 준선 　　☐ 부채꼴의 넓이

0106
· 유형 05 ·

그림과 같이 초점이 F인 포물선 $y^2=4x$와 직선 $x=k$가 만나는 두 점 A, B에 대하여 직선 AF와 직선 OB의 교점을 $P(a,\ b)$라 하자. $\overline{AF}=\dfrac{5}{2}$일 때, $16ab^2k$의 값을 구하시오. (단, k는 상수, O는 원점이고 점 A의 y좌표는 점 B의 y좌표보다 크다.)

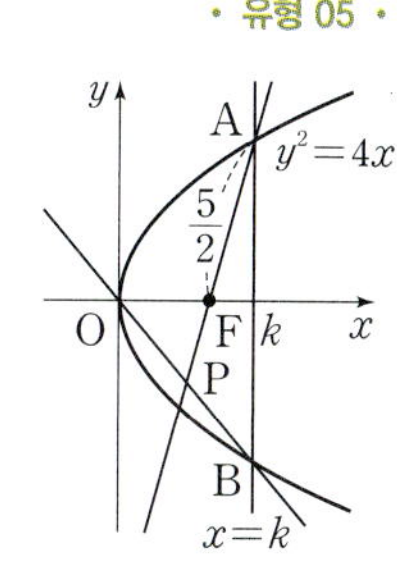

> ☑ **필요 개념 및 공식**
> ☐ 포물선의 초점, 준선 　　☐ 포물선의 정의
> ☐ 삼각형의 무게중심 　　☐ 선분의 외분점의 좌표

0107
· 유형 04 + 유형 10 ·

그림과 같이 초점이 F인 포물선 $y^2=4kx$ $(k>0)$ 위의 점 $P(p,\ q)$에서의 접선이 x축과 만나는 점을 Q라 할 때, 다음 조건을 만족시킨다.

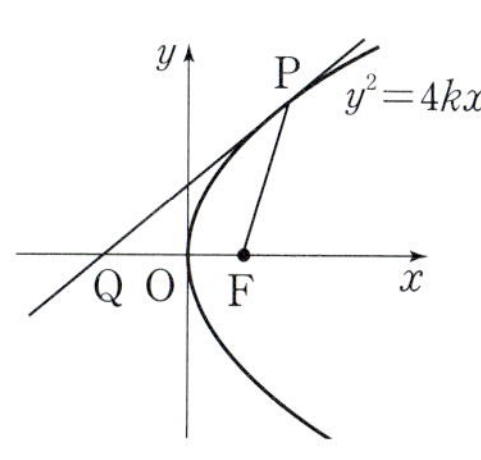

> (가) $\overline{PF}=15$
> (나) $\angle PFQ>90°$인 삼각형 PQF의 넓이는 $75\sqrt{2}$이다.

$\overline{OP}^2$의 값을 구하시오. (단, O는 원점이다.)

> ☑ **필요 개념 및 공식**
> ☐ 포물선의 초점, 준선 　　☐ 포물선 위의 점에서의 접선의 방정식
> ☐ 포물선의 정의

개념 01 타원

(1) **타원의 정의** : 평면 위의 서로 다른 두 점 F, F′에서의 거리의 합이 일정한 점들의 집합을 타원이라 하며, 두 점 F, F′을 타원의 초점이라 한다.

그림과 같이 타원의 두 초점 F, F′을 지나는 직선이 타원과 만나는 점을 각각 A, A′이라 하고, 선분 FF′의 수직이등분선이 타원과 만나는 점을 각각 B, B′이라 하자.

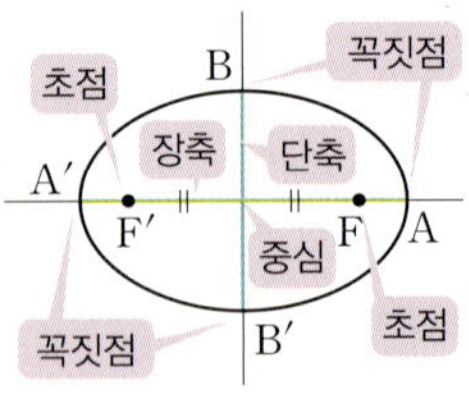

이때 네 점 A, A′, B, B′을 타원의 꼭짓점이라 하고, 선분 AA′을 타원의 장축, 선분 BB′을 타원의 단축이라 하며, 장축과 단축의 교점을 타원의 중심이라 한다.

(2) **타원의 방정식**

　　　• 선분 FF′의 중점과 같다.

① 두 초점 F$(c, 0)$, F′$(-c, 0)$에서의 거리의 합이 $2a$ $(a>c>0)$인 타원의 방정식은
$$\frac{x^2}{a^2}+\frac{y^2}{b^2}=1$$
$$(\text{단, } b^2=a^2-c^2)$$

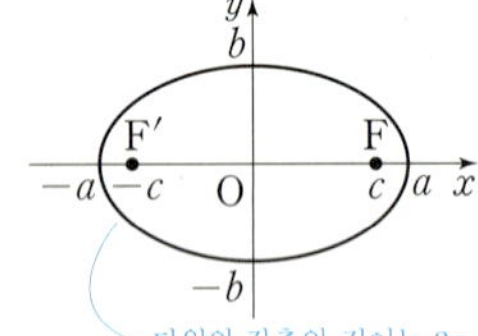

　　　• 타원의 장축의 길이는 $2a$, 단축의 길이는 $2b$이다.

② 두 초점 F$(0, c)$, F′$(0, -c)$에서의 거리의 합이 $2b$ $(b>c>0)$인 타원의 방정식은
$$\frac{x^2}{a^2}+\frac{y^2}{b^2}=1 \ (\text{단, } a^2=b^2-c^2)$$

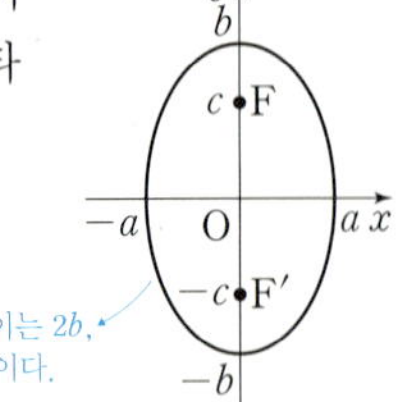

　　　• 타원의 장축의 길이는 $2b$, 단축의 길이는 $2a$이다.

[0108~0109]　다음 타원의 방정식을 구하시오.

0108　두 초점 F$(3, 0)$, F′$(-3, 0)$에서의 거리의 합이 10인 타원

0109　두 초점 F$(0, \sqrt{7})$, F′$(0, -\sqrt{7})$에서의 거리의 합이 8인 타원

[0110~0114]　다음 타원의 방정식을 구하시오.

0110　두 점 $(1, 0)$, $(-1, 0)$을 초점으로 하고 장축의 길이가 4인 타원

0111　두 점 $(0, \sqrt{2})$, $(0, -\sqrt{2})$를 초점으로 하고 장축의 길이가 8인 타원

0112　두 점 $(2, 0)$, $(-2, 0)$을 초점으로 하고 단축의 길이가 6인 타원

0113　두 점 $(0, \sqrt{3})$, $(0, -\sqrt{3})$을 초점으로 하고 단축의 길이가 4인 타원

0114　네 점 A$(3, 0)$, A′$(-3, 0)$, B$(0, 2)$, B′$(0, -2)$를 꼭짓점으로 하는 타원

[0115~0117]　다음 타원의 초점의 좌표와 장축의 길이, 단축의 길이를 구하고, 그 그래프를 그리시오.

0115　$\dfrac{x^2}{25}+\dfrac{y^2}{9}=1$

0116　$\dfrac{x^2}{4}+\dfrac{y^2}{16}=1$

0117　$x^2+2y^2=2$

개념 02 타원의 평행이동

중심이 원점인 타원 $\dfrac{x^2}{a^2}+\dfrac{y^2}{b^2}=1$ $(a>b>0)$을 x축의 방향으로 m만큼, y축의 방향으로 n만큼 평행이동한 타원의 방정식은
$$\frac{(x-m)^2}{a^2}+\frac{(y-n)^2}{b^2}=1$$

이때 타원의 중심의 좌표는 (m, n), 초점의 좌표는 $(\sqrt{a^2-b^2}+m, n)$, $(-\sqrt{a^2-b^2}+m, n)$이며, 꼭짓점의 좌표는 $(a+m, n)$, $(-a+m, n)$, $(m, b+n)$, $(m, -b+n)$이다.

참고　평행이동하여도 장축, 단축의 길이는 변하지 않는다.

[0118~0119]　다음 타원의 방정식을 구하고, 그 그래프를 그리시오.

0118　타원 $\dfrac{x^2}{4}+\dfrac{y^2}{2}=1$을 x축의 방향으로 2만큼, y축의 방향으로 -1만큼 평행이동한 타원

0119　타원 $x^2+\dfrac{y^2}{9}=1$을 x축의 방향으로 -1만큼, y축의 방향으로 3만큼 평행이동한 타원

[0120~0121] 다음 타원의 초점의 좌표와 장축의 길이, 단축의 길이를 구하고, 그 그래프를 그리시오.

0120 $\dfrac{(x-2)^2}{5}+(y+2)^2=1$

0121 $\dfrac{(x+1)^2}{4}+\dfrac{(y-2)^2}{9}=1$

[0122~0123] 다음 타원의 초점의 좌표와 장축의 길이, 단축의 길이를 구하고, 그 그래프를 그리시오.

0122 $2x^2+3y^2-4x-4=0$

0123 $2x^2+y^2-4x-4y=0$

개념 03 타원과 직선의 위치 관계

타원의 방정식과 직선의 방정식에서 한 문자를 소거하여 얻은 이차방정식의 판별식을 D라 할 때
(1) $D>0$이면 서로 다른 두 점에서 만난다.
(2) $D=0$이면 한 점에서 만난다. (접한다.)
(3) $D<0$이면 만나지 않는다.

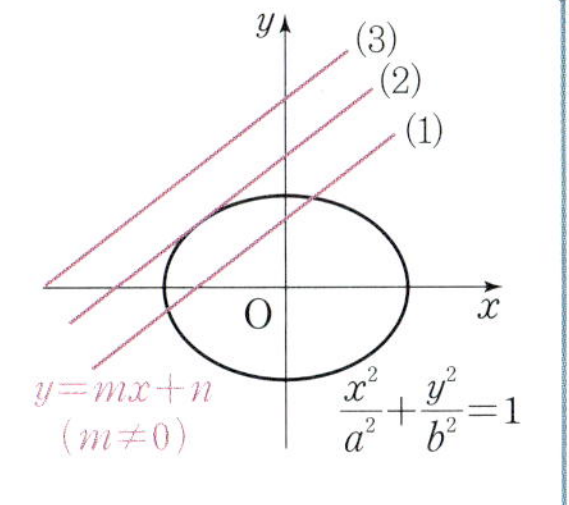

0124 타원 $x^2+\dfrac{y^2}{3}=1$과 다음 직선의 위치 관계를 말하시오.

(1) $y=-x+1$

(2) $y=x+2$

(3) $y=2x-3$

0125 타원 $\dfrac{x^2}{8}+\dfrac{y^2}{2}=1$과 직선 $y=\dfrac{1}{2}x+k$의 위치 관계가 다음과 같을 때, 상수 k의 값 또는 범위를 구하시오.

(1) 서로 다른 두 점에서 만난다.

(2) 한 점에서 만난다. (접한다.)

(3) 만나지 않는다.

개념 04 타원의 접선의 방정식

(1) **기울기가 주어진 타원의 접선의 방정식**
타원 $\dfrac{x^2}{a^2}+\dfrac{y^2}{b^2}=1$에 접하고 기울기가 m인 직선의 방정식은
$$y=mx\pm\sqrt{a^2m^2+b^2}$$

(2) **타원 위의 점에서의 접선의 방정식**
타원 $\dfrac{x^2}{a^2}+\dfrac{y^2}{b^2}=1$ 위의 점 $(x_1,\ y_1)$에서의 접선의 방정식은
$$\dfrac{x_1x}{a^2}+\dfrac{y_1y}{b^2}=1$$

[0126~0128] 다음을 구하시오.

0126 타원 $\dfrac{x^2}{5}+\dfrac{y^2}{3}=1$에 접하고 기울기가 3인 직선의 방정식

0127 타원 $\dfrac{x^2}{2}+\dfrac{y^2}{8}=1$에 접하고 기울기가 -2인 직선의 방정식

0128 타원 $\dfrac{x^2}{3}+\dfrac{y^2}{4}=1$에 접하고 기울기가 0인 직선의 방정식

[0129~0132] 다음을 구하시오.

0129 타원 $\dfrac{x^2}{4}+\dfrac{y^2}{12}=1$ 위의 점 $(1,\ 3)$에서의 접선의 방정식

0130 타원 $3x^2+5y^2=32$ 위의 점 $(2,\ 2)$에서의 접선의 방정식

0131 타원 $\dfrac{x^2}{9}+y^2=1$ 위의 점 $(-3,\ 0)$에서의 접선의 방정식

0132 타원 $\dfrac{x^2}{2}+\dfrac{y^2}{5}=1$ 위의 점 $(0,\ -\sqrt{5})$에서의 접선의 방정식

유형 01 타원의 방정식

① 두 정점 F, F′에 대하여 $\overline{PF}+\overline{PF'}=2a$ (a는 상수)인 점 P가 나타내는 도형은 장축의 길이가 $2a$인 타원이다.

② 타원 $\dfrac{x^2}{a^2}+\dfrac{y^2}{b^2}=1$ $(a>b>0)$에 대하여
- 초점의 좌표가 $(c, 0)$, $(-c, 0)$이다.
  ➡ $a^2-b^2=c^2$
- 장축의 길이가 m이다.
  ➡ $2a=m$
- 단축의 길이가 n이다.
  ➡ $2b=n$

👍 대표 예제

0133 두 점 $F(1, 0)$, $F'(-1, 0)$에 대하여 점 P가 $\overline{PF}+\overline{PF'}=6$을 만족시킬 때, 점 P가 나타내는 도형의 방정식은?

① $\dfrac{x^2}{9}+\dfrac{y^2}{8}=1$　　② $\dfrac{x^2}{9}+\dfrac{y^2}{6}=1$　　③ $\dfrac{x^2}{9}+\dfrac{y^2}{4}=1$

④ $\dfrac{x^2}{8}+\dfrac{y^2}{9}=1$　　⑤ $\dfrac{x^2}{6}+\dfrac{y^2}{9}=1$

선생님 해설

$P(x, y)$라 하면 $\overline{PF}+\overline{PF'}=6$에서

$\sqrt{(x-1)^2+y^2}+\sqrt{\{x-(-1)\}^2+y^2}=6$

$\sqrt{(x-1)^2+y^2}=6-\sqrt{(x+1)^2+y^2}$

> 근호가 2개일 경우 하나를 다른 변으로 이항한다.

위의 식의 양변을 제곱하면

$(x-1)^2+y^2=36+(x+1)^2+y^2-12\sqrt{(x+1)^2+y^2}$

$x+9=3\sqrt{(x+1)^2+y^2}$

위의 식의 양변을 제곱하면

$(x+9)^2=9\{(x+1)^2+y^2\}$

$x^2+18x+81=9x^2+18x+9+9y^2$

$8x^2+9y^2=72$　　∴ $\dfrac{x^2}{9}+\dfrac{y^2}{8}=1$

● 다른 풀이 ●

두 점 $F(1, 0)$, $F'(-1, 0)$에서 점 P까지의 거리의 합이 일정하므로 타원의 정의에 의하여 점 P가 나타내는 도형은 초점이 F, F′이고 장축의 길이가 6인 타원이다.

따라서 구하는 타원의 방정식을 $\dfrac{x^2}{a^2}+\dfrac{y^2}{b^2}=1$ $(a>b>0)$이라 하면 $2a=6$에서 $a=3$

$a^2-b^2=1^2$에서 $b^2=3^2-1^2=8$　　∴ $\dfrac{x^2}{9}+\dfrac{y^2}{8}=1$

답 ①

0134 [대표 예제] [한 번 더]
두 점 $A(0, 2)$, $B(0, -2)$에 대하여 점 P가 $\overline{PA}+\overline{PB}=2\sqrt{5}$를 만족시킬 때, 점 P가 나타내는 도형의 방정식은?

① $x^2+\dfrac{y^2}{5}=1$　　② $\dfrac{x^2}{5}+y^2=1$　　③ $\dfrac{x^2}{2}+\dfrac{y^2}{5}=1$

④ $\dfrac{x^2}{5}+\dfrac{y^2}{2}=1$　　⑤ $\dfrac{x^2}{3}+\dfrac{y^2}{5}=1$

0135 장축의 길이가 $4\sqrt{2}$이고 두 점 $(2, 0)$, $(-2, 0)$을 초점으로 하는 타원이 점 $(2, k)$를 지난다. 양수 k의 값은?

① 1　　② $\sqrt{2}$　　③ $\sqrt{3}$

④ 2　　⑤ $\sqrt{5}$

0136 좌표평면 위의 점 P와 두 점 $A(3, 0)$, $B(-3, 0)$에 대하여 삼각형 PAB의 둘레의 길이가 14이다. 점 P가 나타내는 도형이 점 $(3, k)$를 지날 때, 양수 k의 값은?

① $\dfrac{3}{2}$　　② $\dfrac{7}{4}$　　③ 2

④ $\dfrac{9}{4}$　　⑤ $\dfrac{5}{2}$

0137 두 점 $(\sqrt{3}, 0)$, $(-\sqrt{3}, 0)$을 초점으로 하고 장축의 길이와 단축의 길이의 차가 2인 타원이 있다. 이 타원과 직선 $x=\sqrt{3}$의 두 교점을 각각 A, B라 할 때, 삼각형 OAB의 넓이는? (단, O는 원점이다.)

① $\dfrac{\sqrt{3}}{8}$　　② $\dfrac{\sqrt{3}}{4}$　　③ $\dfrac{\sqrt{3}}{2}$

④ $\sqrt{3}$　　⑤ $2\sqrt{3}$

유형 02 타원의 초점, 장축, 단축

타원 $\dfrac{x^2}{a^2}+\dfrac{y^2}{b^2}=1$ $(a>0,\ b>0)$에 대하여

① $a>b$이면 장축의 길이는 $2a$, 단축의 길이는 $2b$이고
   초점의 좌표는 $(\sqrt{a^2-b^2},\ 0)$, $(-\sqrt{a^2-b^2},\ 0)$이다.
② $b>a$이면 장축의 길이는 $2b$, 단축의 길이는 $2a$이고
   초점의 좌표는 $(0,\ \sqrt{b^2-a^2})$, $(0,\ -\sqrt{b^2-a^2})$이다.

👍 대표 예제

0138 타원 $\dfrac{x^2}{a^2}+\dfrac{y^2}{b^2}=1$ $(a>b>0)$의 두 초점 사이의 거리가 2이고 장축의 길이가 4일 때, b의 값은?

① $\dfrac{\sqrt{3}}{3}$ ② $\dfrac{\sqrt{2}}{2}$ ③ 1

④ $\sqrt{2}$ ⑤ $\sqrt{3}$

선생님 해설

타원 $\dfrac{x^2}{a^2}+\dfrac{y^2}{b^2}=1$의 장축의 길이가 4이므로

$2a=4$ ∴ $a=2$ $a>b$에서 장축의 길이는 $2a$이다.

두 초점 사이의 거리가 2이므로

$2\sqrt{a^2-b^2}=2$ ∴ $a^2-b^2=1$ ……㉠

$a=2$를 ㉠에 대입하면

$b^2=2^2-1^2=3$

∴ $b=\sqrt{3}$ $(∵\ b>0)$

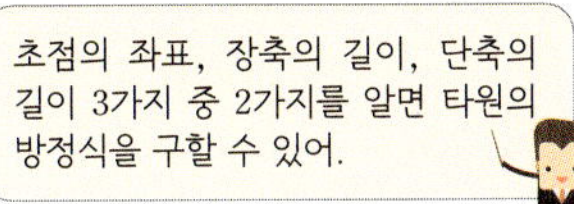

답 ⑤

0139 대표 예제 한 번 더

중심이 원점이고 점 $(0,\ -2)$를 한 초점으로 하는 타원의 단축의 길이가 6일 때, 장축의 길이는?

① $2\sqrt{10}$ ② $2\sqrt{11}$ ③ $4\sqrt{3}$

④ $2\sqrt{13}$ ⑤ $2\sqrt{14}$

0140

타원 $\dfrac{x^2}{9}+\dfrac{y^2}{25}=1$에 대한 설명으로 옳지 <u>않은</u> 것은?

① 중심의 좌표는 $(0,\ 0)$이다.
② 장축의 길이는 10이다.
③ 단축의 길이는 6이다.
④ 초점의 좌표는 $(4,\ 0)$, $(-4,\ 0)$이다.
⑤ x축과 두 점 $(3,\ 0)$, $(-3,\ 0)$에서 만난다.

0141

타원 $C_1:9x^2+14y^2=126$과 타원 C_2의 두 초점이 서로 일치하고, 타원 C_1의 단축의 길이와 타원 C_2의 장축의 길이가 서로 같다. 타원 C_2의 네 꼭짓점으로 이루어진 사각형의 넓이는?

① 12   ② 14   ③ 16

④ 18   ⑤ 20

0142

도형 $C:x^2+ky^2=k$에 대한 설명으로 |보기|에서 옳은 것만을 있는 대로 고른 것은? (단, k는 $k>0$인 상수이다.)

┤ 보기 ├

ㄱ. $k=1$이면 도형 C는 원이다.
ㄴ. $k\neq1$이면 도형 C는 장축의 길이가 $2\sqrt{k}$인 타원이다.
ㄷ. $0<k<1$이면 도형 C는 두 초점이 y축 위에 있는 타원이다.

① ㄱ   ② ㄱ, ㄴ   ③ ㄱ, ㄷ

④ ㄴ, ㄷ   ⑤ ㄱ, ㄴ, ㄷ

유형 03 타원의 평행이동

타원 $\dfrac{x^2}{a^2}+\dfrac{y^2}{b^2}=1$ $(a>b>0)$을 x축의 방향으로 m만큼, y축의 방향으로 n만큼 평행이동한 타원의 방정식은
$$\dfrac{(x-m)^2}{a^2}+\dfrac{(y-n)^2}{b^2}=1$$
이다. 이 타원의
- 중심의 좌표: $(m,\ n)$
- 초점의 좌표: $(\sqrt{a^2-b^2}+m,\ n),\ (-\sqrt{a^2-b^2}+m,\ n)$
- 꼭짓점의 좌표: $(a+m,\ n),\ (-a+m,\ n),$
  $\quad\quad\quad\quad\quad\ (m,\ b+n),\ (m,\ -b+n)$

👍 대표 예제

0143 타원 $x^2+2y^2-2x-8y+7=0$은 타원 $\dfrac{x^2}{a^2}+\dfrac{y^2}{b^2}=1$
을 x축의 방향으로 m만큼, y축의 방향으로 n만큼 평행이동한 것이다. a^2+b^2+m+n의 값은? (단, $a,\ b$는 상수이다.)

① 2　　　　② 4　　　　③ 6
④ 8　　　　⑤ 10

선생님 해설

$x^2+2y^2-2x-8y+7=0$에서
$x^2-2x+1+2(y^2-4y+4)-2=0$
$(x-1)^2+2(y-2)^2=2$
$\therefore\ \dfrac{(x-1)^2}{2}+(y-2)^2=1$

> 타원의 방정식에서 x 또는 y에 대한 일차항이 있으면 완전제곱식으로의 변형을 통해 평행이동된 타원의 방정식을 구할 수 있어.

이 타원은 타원 $\dfrac{x^2}{2}+y^2=1$을 x축의 방향으로 1만큼, y축의 방향으로 2만큼 평행이동한 것이므로
$a^2=2,\ b^2=1,\ m=1,\ n=2$
$\therefore\ a^2+b^2+m+n=2+1+1+2=6$

답 ③

0144 대표 예제 한 번 더

타원 $3x^2+2y^2+6x-12y+15=0$은 타원 $ax^2+by^2=ab$를 x축의 방향으로 m만큼, y축의 방향으로 n만큼 평행이동한 것이다. $a+b+m+n$의 값은?
(단, $a,\ b$는 상수이고 $a>0,\ b>0$이다.)

① 1　　　　② 3　　　　③ 5
④ 7　　　　⑤ 9

0145

타원 $\dfrac{(x-1)^2}{8}+\dfrac{(y-2)^2}{4}=1$의 두 초점 중 제1사분면 위의 초점의 좌표가 $(a,\ b)$일 때, $a+b$의 값은?

① 1　　　　② 2　　　　③ 3
④ 4　　　　⑤ 5

0146

타원 $\dfrac{(x-2)^2}{a^2}+\dfrac{(y-2)^2}{b^2}=1$ $(a>b>0)$은 점 $(-1,\ c)$를 한 초점으로 하고 장축의 길이가 8이다. a^2+b^2+c의 값은?
(단, $a,\ b$는 상수이다.)

① 21　　　　② 23　　　　③ 25
④ 27　　　　⑤ 29

0147 🔼

두 점 $(-1,\ 7),\ (-1,\ 1)$을 초점으로 하고 원점을 지나는 타원의 방정식이 $\dfrac{(x-m)^2}{a}+\dfrac{(y-n)^2}{b}=1$일 때, $a+b+m+n$의 값은? (단, $a,\ b,\ m,\ n$은 상수이다.)

① 26　　　　② 27　　　　③ 28
④ 29　　　　⑤ 30

유형 04 타원의 정의의 활용

타원 $\dfrac{x^2}{a^2}+\dfrac{y^2}{b^2}=1$ $(a>0,\ b>0)$ 위의 점 P와 두 초점 F, F′에 대하여

① $a>b>0$일 때, $\overline{\mathrm{PF}}+\overline{\mathrm{PF}'}=2a$

② $b>a>0$일 때, $\overline{\mathrm{PF}}+\overline{\mathrm{PF}'}=2b$

👍 대표 예제

0148 그림과 같이 두 점 F, F′을 초점으로 하는 타원 $\dfrac{x^2}{a^2}+\dfrac{y^2}{b^2}=1$이 점 F를 지나는 직선과 만나는 두 점을 각각 A, B라 하자. $\overline{\mathrm{FF}'}=2$이고 삼각형 AF′B의 둘레의 길이가 16일 때, a^2+b^2의 값을 구하시오. (단, a, b는 상수이다.)

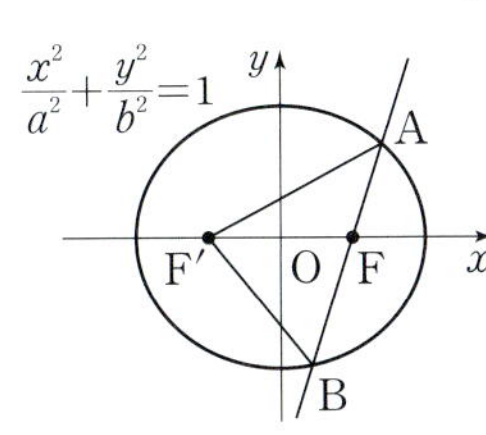

선생님 해설

초점이 F, F′인 타원 $\dfrac{x^2}{a^2}+\dfrac{y^2}{b^2}=1$ 위의 두 점 A, B에 대하여

타원의 정의에 의하여

$\overline{\mathrm{AF}}+\overline{\mathrm{AF}'}=\overline{\mathrm{BF}}+\overline{\mathrm{BF}'}=2a$

삼각형 AF′B의 둘레의 길이가 16이므로

$\overline{\mathrm{AF}'}+\overline{\mathrm{BF}'}+\overline{\mathrm{AB}}=\overline{\mathrm{AF}'}+\overline{\mathrm{BF}'}+\overline{\mathrm{AF}}+\overline{\mathrm{BF}}$
$=(\overline{\mathrm{AF}}+\overline{\mathrm{AF}'})+(\overline{\mathrm{BF}}+\overline{\mathrm{BF}'})$
$=2a+2a=4a=16$

에서 $a=4$

또한, 타원 $\dfrac{x^2}{a^2}+\dfrac{y^2}{b^2}=1$의 중심이 원점이고 $\overline{\mathrm{FF}'}=2$이므로 두 초점은 F$(1,\ 0)$, F′$(-1,\ 0)$이다.

즉, $a^2-b^2=1^2$에서 $b^2=4^2-1^2=15$

$\therefore a^2+b^2=16+15=31$

> 타원 위의 점과 초점을 양 끝 점으로 하는 선분이 나타나면 우선 타원의 정의를 활용하자.

답 31

0149 대표 예제 한 번 더

그림과 같이 두 점 F$(2,\ 0)$, F′$(-2,\ 0)$을 초점으로 하는 타원 위의 점 P에 대하여 $\overline{\mathrm{PF}}=3$, $\angle\mathrm{PFF}'=90°$일 때, 타원의 단축의 길이는? (단, 점 P는 제1사분면 위에 있다.)

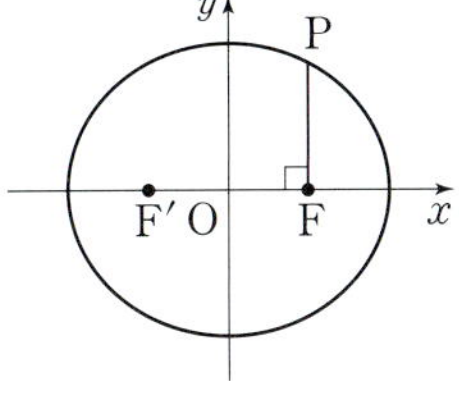

① $2\sqrt{10}$
② $4\sqrt{3}$
③ $2\sqrt{14}$
④ 8
⑤ $6\sqrt{2}$

0150

그림과 같이 두 점 F$(c,\ 0)$, F′$(-c,\ 0)$ $(c>0)$을 초점으로 하고 장축의 길이가 8인 타원 위의 점 P에 대하여 선분 PF의 중점을 M이라 하자. $\angle\mathrm{OMF}=90°$, $\overline{\mathrm{OM}}=3$일 때, c의 값은? (단, O는 원점이고 점 P는 제1사분면 위에 있다.)

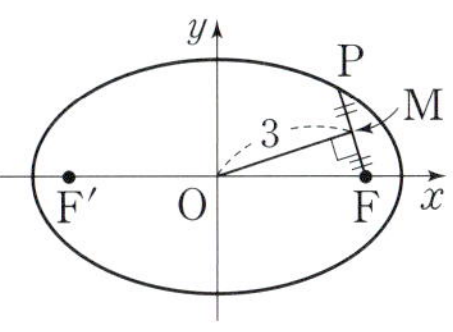

① $\sqrt{6}$
② $\sqrt{7}$
③ $2\sqrt{2}$
④ 3
⑤ $\sqrt{10}$

0151

그림과 같이 두 점 F$(2,\ 0)$, F′$(-2,\ 0)$을 초점으로 하는 타원 $\dfrac{x^2}{a^2}+\dfrac{y^2}{b^2}=1$이 있다. 점 F를 중심으로 하고 점 A$(0,\ b)$ $(b>0)$를 지나는 원에 대하여 점 A에서의 접선이 점 F′을 지날 때, a^2+b^2의 값을 구하시오. (단, a, b는 상수이다.)

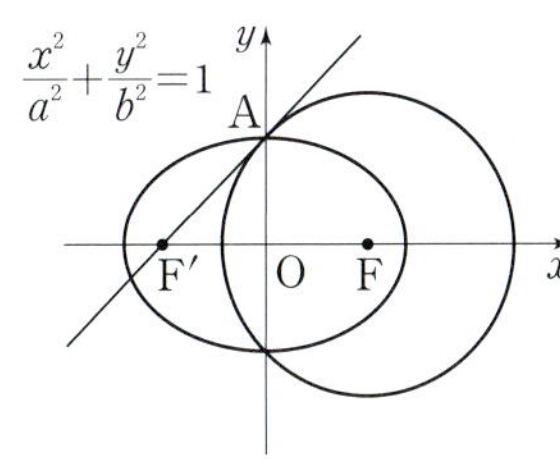

0152

그림과 같이 두 점 F$(c,\ 0)$, F′$(-c,\ 0)$ $(c>0)$을 초점으로 하고 장축의 길이가 6인 타원이 있다. 이 타원 위의 점 P에 대하여 삼각형 POF가 정삼각형일 때, c의 값은? (단, O는 원점이고 점 P는 제1사분면 위에 있다.)

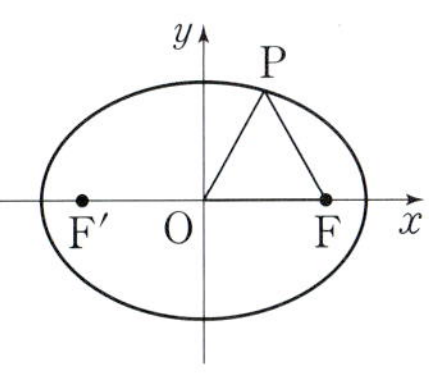

① $2\sqrt{3}-2$
② $2\sqrt{3}-3$
③ $3\sqrt{3}-2$
④ $3\sqrt{3}-3$
⑤ $4\sqrt{3}-2$

유형 05 타원의 방정식을 활용한 최대·최소

타원의 정의를 활용한 최대·최소에 대한 문제는 다음 두 가지를 이용하여 해결한다.

① 타원 $\dfrac{x^2}{a^2}+\dfrac{y^2}{b^2}=1\ (a>b>0)$ 위의 점 $P(x_1,\ y_1)$과 두 초점 F, F′에 대하여

$$\Rightarrow \dfrac{x_1^{\,2}}{a^2}+\dfrac{y_1^{\,2}}{b^2}=1,\ \overline{PF}+\overline{PF'}=2a$$

② 산술평균과 기하평균의 관계

$$\Rightarrow \dfrac{a+b}{2}\geq\sqrt{ab}\ (\text{단},\ a>0,\ b>0\text{이고, 등호는 }a=b\text{일 때 성립})$$

🖐 대표 예제

0153 두 점 F, F′을 초점으로 하고 장축의 길이가 10인 타원 위의 점 P에 대하여 $\overline{PF}\times\overline{PF'}$의 최댓값은?

① 9 ② 16 ③ 21
④ 24 ⑤ 25

선생님 해설

타원의 장축의 길이가 10이므로
$$\overline{PF}+\overline{PF'}=10 \quad\cdots\cdots\ \text{㉠}$$
이때 $\overline{PF}>0$, $\overline{PF'}>0$이므로 산술평균과 기하평균의 관계에 의하여
$$\overline{PF}+\overline{PF'}\geq 2\sqrt{\overline{PF}\times\overline{PF'}}\ (\text{단, 등호는 }\overline{PF}=\overline{PF'}\text{일 때 성립})$$
$$10\geq 2\sqrt{\overline{PF}\times\overline{PF'}}\ (\because\ \text{㉠})$$
$$5\geq\sqrt{\overline{PF}\times\overline{PF'}}\qquad\therefore\ \overline{PF}\times\overline{PF'}\leq 25$$
따라서 $\overline{PF}\times\overline{PF'}$의 최댓값은 25이다.

답 ⑤

0154 `대표 예제` `한 번 더`

두 점 F, F′을 초점으로 하고 장축의 길이가 12인 타원 위의 한 점을 P라 하자. $\overline{PF}\times\overline{PF'}$의 값이 최대일 때의 점 P에 대하여 $\overline{PF}^{\,2}+\overline{PF'}^{\,2}$의 값은?

① 63 ② 72 ③ 81
④ 90 ⑤ 99

0155

타원 $\dfrac{x^2}{16}+\dfrac{y^2}{36}=1$ 위의 점 $P(a,\ b)$에 대하여 ab의 최댓값은?

① 12 ② 14 ③ 16
④ 18 ⑤ 20

0156

점 $(3,\ 2)$를 지나는 타원 $\dfrac{x^2}{a^2}+\dfrac{y^2}{b^2}=1$의 장축의 길이와 단축의 길이의 곱이 최소일 때, 타원의 두 초점 사이의 거리는? (단, a, b는 양수이다.)

① $2\sqrt6$ ② $2\sqrt7$ ③ $4\sqrt2$
④ 6 ⑤ $2\sqrt{10}$

0157

그림과 같이 타원 $\dfrac{x^2}{32}+\dfrac{y^2}{18}=1$에 내접하고 네 변이 x축 또는 y축에 평행한 직사각형이 있다. 이 직사각형의 넓이가 최대일 때, 직사각형의 둘레의 길이는?

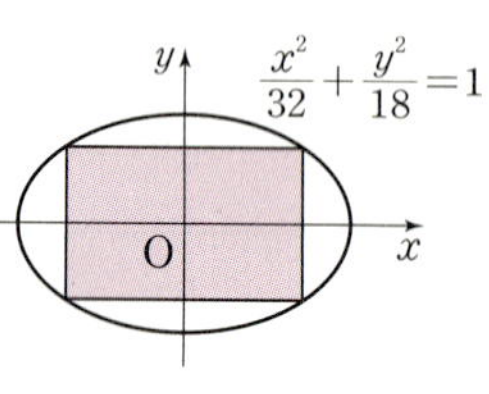

① 26 ② 28 ③ 30
④ 32 ⑤ 34

유형 06 조건을 만족시키는 점이 나타내는 도형의 방정식

조건을 만족시키는 점이 나타내는 도형의 방정식은 다음과 같은 순서로 구한다.
❶ 구하는 점의 좌표를 (x, y)로 놓는다.
❷ 주어진 조건을 만족시키는 x, y 사이의 관계식을 구한다.

 대표 예제

0158 x축 위를 움직이는 점 A와 y축 위를 움직이는 점 B에 대하여 선분 AB의 길이가 5로 일정할 때, 선분 AB를 $2:3$으로 내분하는 점 P가 나타내는 도형의 방정식은?

① $\dfrac{x^2}{4}+y^2=1$ ② $\dfrac{x^2}{9}+\dfrac{y^2}{4}=1$ ③ $\dfrac{x^2}{4}+\dfrac{y^2}{9}=1$

④ $\dfrac{x^2}{16}+\dfrac{y^2}{9}=1$ ⑤ $\dfrac{x^2}{9}+\dfrac{y^2}{16}=1$

선생님 해설

두 점 A, B를 각각 $A(a, 0)$, $B(0, b)$라 하면
$\overline{AB}=5$이므로
$\overline{AB}=\sqrt{a^2+b^2}=5$ → 주어진 조건을 식으로 나타내는 것이 중요하다.
$\therefore a^2+b^2=25$ …… ㉠
점 P의 좌표를 (x, y)라 하면 점 P는 선분 AB를 $2:3$으로 내분하는 점이므로 → x, y에 대한 방정식을 구하기 위하여
$x=\dfrac{0+3a}{2+3}=\dfrac{3}{5}a,\ y=\dfrac{2b+0}{2+3}=\dfrac{2}{5}b$
$\therefore a=\dfrac{5}{3}x,\ b=\dfrac{5}{2}y$ …… ㉡
㉡을 ㉠에 대입하면
$\left(\dfrac{5}{3}x\right)^2+\left(\dfrac{5}{2}y\right)^2=25$
$\therefore \dfrac{x^2}{9}+\dfrac{y^2}{4}=1$

이 방법으로 푸는 것이 정석이지만 타원의 정의를 활용하여 도형의 방정식을 구하는 문제도 있으니 함께 기억해두자.

답 ②

0159
점 $A(1, 0)$과 직선 $x=4$에 이르는 거리의 비가 $1:2$인 점 P가 나타내는 도형은 타원이다. 이 타원의 방정식이
$\dfrac{x^2}{a^2}+\dfrac{y^2}{b^2}=1$일 때, a^2+b^2의 값은? (단, a, b는 상수이다.)

① 6 ② 7 ③ 8
④ 9 ⑤ 10

0160
그림과 같이 원 $(x-1)^2+y^2=36$에 내접하고 점 $(-1, 0)$을 지나는 원의 중심을 P라 할 때, 점 P가 나타내는 도형의 방정식은
$\dfrac{x^2}{a^2}+\dfrac{y^2}{b^2}=1$이다. a^2+b^2의 값을 구하시오. (단, a, b는 상수이다.)

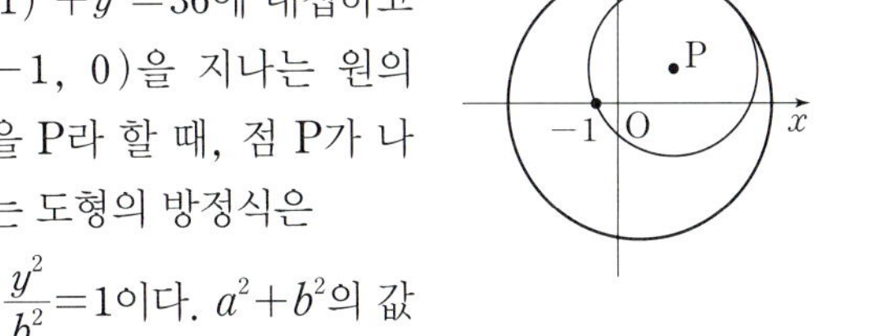

0161
그림과 같이 중심이 C인 원 $(x+3)^2+y^2=100$이 있다. 원 위를 움직이는 점 P와 점 $A(3, 0)$에 대하여 선분 AP를 수직이등분하는 직선이 선분 CP와 만나는 점을 Q라 할 때, 점 Q가 나타내는 도형의 방정식은?

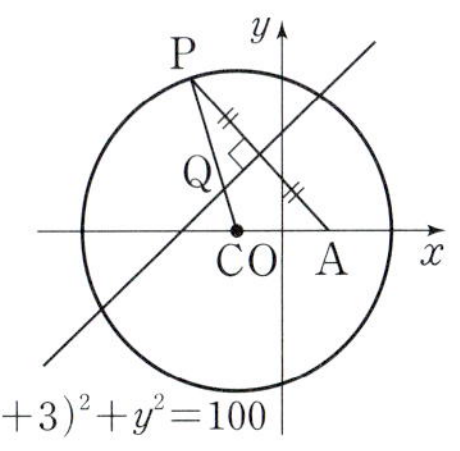

① $\dfrac{x^2}{4}+y^2=1$ ② $\dfrac{x^2}{9}+\dfrac{y^2}{4}=1$ ③ $\dfrac{x^2}{16}+\dfrac{y^2}{9}=1$

④ $\dfrac{x^2}{25}+\dfrac{y^2}{16}=1$ ⑤ $\dfrac{x^2}{36}+\dfrac{y^2}{25}=1$

0162
그림과 같이 원 $x^2+y^2=25$ 위를 움직이는 점 P에 대하여 선분 OP와 원 $x^2+y^2=9$가 만나는 점을 Q라 하자. 점 P에서 x축에 내린 수선의 발을 H, 점 Q에서 선분 PH에 내린 수선의 발을 R라 할 때, 점 R가 나타내는 도형은 타원이다. 이 타원의 두 초점 사이의 거리를 구하시오. (단, O는 원점이다.)

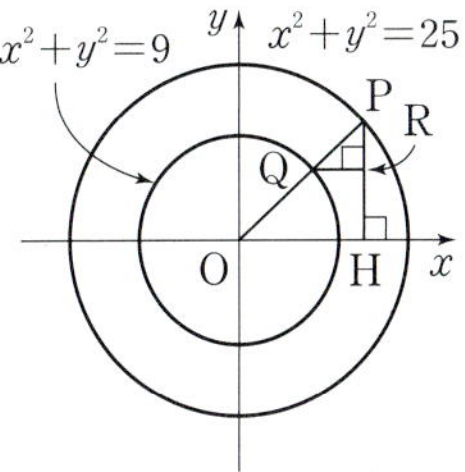

유형 07 　타원과 직선의 위치 관계

타원의 방정식과 직선의 방정식에서 한 문자를 소거하여 얻은 이차방정식의 판별식을 D라 할 때
① 서로 다른 두 점에서 만난다. $\Longleftrightarrow D>0$
② 한 점에서 만난다.(접한다.) $\Longleftrightarrow D=0$
③ 만나지 않는다. $\Longleftrightarrow D<0$

 대표 예제

0163 타원 $\dfrac{x^2}{12}+\dfrac{y^2}{4}=1$과 직선 $x-y-n=0$이 서로 다른 두 점에서 만나도록 하는 정수 n의 개수는?

① 5 　　　② 6 　　　③ 7
④ 8 　　　⑤ 9

선생님 해설

$x-y-n=0$, 즉 $y=x-n$을 $\dfrac{x^2}{12}+\dfrac{y^2}{4}=1$에 대입하여 정리하면
$4x^2-6nx+3n^2-12=0$
이 이차방정식의 판별식을 D라 하면
$\dfrac{D}{4}=(-3n)^2-4(3n^2-12)>0$
$-3n^2+48>0,\ n^2-16<0$
$(n+4)(n-4)<0 \qquad \therefore\ -4<n<4$
따라서 정수 n의 개수는 $-3,\ -2,\ -1,\ \cdots,\ 3$의 7이다.

답 ③

0164　대표 예제　한 번 더

타원 $\dfrac{x^2}{2}+\dfrac{y^2}{4}=1$과 직선 $y=\sqrt{n}\,x+4$가 만나지 않도록 하는 자연수 n의 개수는?

① 1 　　　② 3 　　　③ 5
④ 7 　　　⑤ 9

0165
두 집합
$$A=\{(x,\ y)\,|\,x^2+4y^2=8\},$$
$$B=\{(x,\ y)\,|\,x+2y+k=0\}$$
에 대하여 $n(A\cap B)=1$을 만족시키는 모든 실수 k의 값의 곱을 m이라 하자. $|m|$의 값을 구하시오.

0166
타원 $2x^2+y^2=12$와 직선 $x-y+3=0$이 서로 다른 두 점 A, B에서 만난다. 선분 AB의 길이는?

① 2 　　　② $2\sqrt{2}$ 　　　③ $2\sqrt{3}$
④ 4 　　　⑤ $2\sqrt{5}$

0167
직선 $y=x+k$가 타원 $\dfrac{(x-1)^2}{15}+\dfrac{(y-3)^2}{10}=1$에 접하도록 하는 모든 실수 k의 값의 합은?

① -4 　　　② -2 　　　③ 0
④ 2 　　　⑤ 4

유형 08 기울기가 주어진 타원의 접선의 방정식

타원 $\dfrac{x^2}{a^2}+\dfrac{y^2}{b^2}=1$에 접하고 기울기가 m인 직선의 방정식

➡ $y=mx\pm\sqrt{a^2m^2+b^2}$

 대표 예제

0168 타원 $x^2+\dfrac{y^2}{5}=1$에 접하고 기울기가 2인 직선이 점 $(1, k)$를 지날 때, 양수 k의 값은?

① 3   ② 4   ③ 5
④ 6   ⑤ 7

선생님 해설

타원 $x^2+\dfrac{y^2}{5}=1$에 접하고 기울기가 2인 직선의 방정식은

$y=2x\pm\sqrt{1\cdot2^2+5}$ ∴ $y=2x\pm3$

이 직선이 점 $(1, k)$를 지나므로

$k=2\cdot1\pm3$ ∴ $k=-1$ 또는 $k=5$

따라서 양수 k의 값은 5이다.

답 ③

0169 대표 예제 한 번 더

직선 $3x+y+2=0$과 평행하고 타원 $\dfrac{x^2}{6}+\dfrac{y^2}{2}=1$에 접하는 직선이 점 $(0, k)$를 지날 때, 양수 k의 값은?

① $2\sqrt{13}$ ② $3\sqrt{6}$ ③ $2\sqrt{14}$
④ $\sqrt{58}$ ⑤ $2\sqrt{15}$

0170

타원 $\dfrac{x^2}{12}+\dfrac{y^2}{9}=1$에 접하고 직선 $2x+3y+4=0$에 수직인 직선 중 점 $(0, a)$ $(a>0)$를 지나는 직선이 점 $(2, b)$를 지난다. $a+b$의 값은?

① 11   ② 12   ③ 13
④ 14   ⑤ 15

0171

타원 $2x^2+3y^2=12$에 접하고 기울기가 $\sqrt{2}$인 두 직선 사이의 거리는?

① $2\sqrt{3}$ ② $\dfrac{7\sqrt{3}}{3}$ ③ $\dfrac{8\sqrt{3}}{3}$
④ $3\sqrt{3}$ ⑤ $\dfrac{10\sqrt{3}}{3}$

0172

직선 $y=\sqrt{3}x+k$ $(k>0)$가 두 타원

$$\dfrac{x^2}{5}+y^2=1, \quad \dfrac{x^2}{3}+\dfrac{y^2}{b^2}=1$$

에 동시에 접할 때, $k+b^2$의 값은? (단, b는 상수이다.)

① 11   ② 13   ③ 15
④ 17   ⑤ 19

유형 09 타원 위의 점에서의 접선의 방정식

타원 $\dfrac{x^2}{a^2}+\dfrac{y^2}{b^2}=1$ 위의 점 (x_1, y_1)에서의 접선의 방정식

➡ $\dfrac{x_1 x}{a^2}+\dfrac{y_1 y}{b^2}=1$

👍 대표 예제

0173 타원 $\dfrac{x^2}{20}+\dfrac{y^2}{5}=1$ 위의 점 $P(4, a)$에서의 접선이 점 $(b, 3)$을 지날 때, $a+b$의 값은?

(단, 점 P는 제1사분면 위에 있다.)

① 3   ② 4   ③ 5

④ 6   ⑤ 7

선생님 해설

점 $P(4, a)$가 타원 $\dfrac{x^2}{20}+\dfrac{y^2}{5}=1$ 위에 있으므로

$\dfrac{4^2}{20}+\dfrac{a^2}{5}=1$, $\dfrac{a^2}{5}=\dfrac{1}{5}$

$a^2=1$ ∴ $a=1$ $(∵ a>0)$ → 점 P가 제1사분면 위에 있으므로 $a>0$

타원 $\dfrac{x^2}{20}+\dfrac{y^2}{5}=1$ 위의 점 $P(4, 1)$에서의 접선의 방정식은

$\dfrac{4x}{20}+\dfrac{y}{5}=1$ ∴ $x+y-5=0$

이 직선이 점 $(b, 3)$을 지나므로

$b+3-5=0$ ∴ $b=2$

∴ $a+b=1+2=3$

답 ①

0174 대표 예제 | 한 번 더

타원 $9x^2+4y^2=72$ 위의 점 $P(a, 3)$에서의 접선이 x축, y축과 만나는 점을 각각 $(b, 0)$, $(0, c)$라 할 때, $a+b+c$의 값은? (단, 점 P는 제1사분면 위에 있다.)

① 11   ② 12   ③ 13

④ 14   ⑤ 15

0175

타원 $\dfrac{x^2}{a^2}+\dfrac{y^2}{b^2}=1$ 위의 점 $P(1, 3)$에서의 접선이 점 $(4, 0)$을 지날 때, a^2+b^2의 값은? (단, a, b는 상수이다.)

① 16   ② 17   ③ 18

④ 19   ⑤ 20

0176

타원 $C : 4x^2+3y^2=48$의 두 초점 중 y좌표가 양수인 점을 F라 하고, 점 F를 지나고 x축에 평행한 직선이 타원 C와 제1사분면에서 만나는 점을 P라 하자. 타원 C 위의 점 P에서의 접선의 y절편은?

① 4   ② 5   ③ 6

④ 7   ⑤ 8

0177

그림과 같이 타원 $\dfrac{x^2}{12}+\dfrac{y^2}{9}=1$과 직선 $x=t$ $(t>0)$가 제1사분면에서 만나는 점을 P라 하고, 타원 위의 점 P에서의 접선이 x축과 만나는 점을 Q라 하자. 점 $A(t, 0)$에 대하여 $\overline{OA}:\overline{AQ}=1:2$일 때, t의 값을 구하시오. (단, O는 원점이다.)

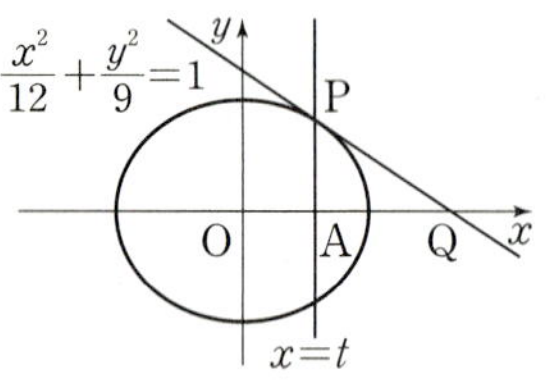

유형 10 타원 밖의 점에서 그은 접선의 방정식

타원 밖의 점 (p, q)에서 타원 $\dfrac{x^2}{a^2}+\dfrac{y^2}{b^2}=1$에 그은 접선의 방정식은 다음과 같은 두 가지 방법으로 구할 수 있다.

[방법 1] 타원과 접선의 접점의 좌표를 (x_1, y_1)로 놓고, 접선
$$\dfrac{x_1 x}{a^2}+\dfrac{y_1 y}{b^2}=1$$
이 점 (p, q)를 지남을 이용한다.

[방법 2] 구하는 접선의 기울기를 m이라 하고, 접선
$$y=mx\pm\sqrt{a^2 m^2+b^2}$$
이 점 (p, q)를 지남을 이용한다.

참고 타원 밖의 점에서 타원에 그은 접선은 항상 2개이다.

👍 대표 예제

0178 점 $(6, 0)$에서 타원 $\dfrac{x^2}{24}+\dfrac{y^2}{12}=1$에 그은 두 접선이 y축과 만나는 점의 좌표는 각각 $(0, a)$, $(0, b)$이다. $a-b$의 값을 구하시오. (단, $a>b$)

선생님 해설

점 $(6, 0)$에서 타원 $\dfrac{x^2}{24}+\dfrac{y^2}{12}=1$에 그은 접선의 접점의 좌표를 (x_1, y_1)이라 하면 타원 위의 점 (x_1, y_1)에서의 접선의 방정식은
$$\dfrac{x_1 x}{24}+\dfrac{y_1 y}{12}=1$$
이 직선이 점 $(6, 0)$을 지나므로
$$\dfrac{6x_1}{24}=1 \qquad \therefore x_1=4 \quad \cdots\cdots \text{㉠}$$
점 (x_1, y_1)은 타원 $\dfrac{x^2}{24}+\dfrac{y^2}{12}=1$ 위에 있으므로
$$\dfrac{x_1^2}{24}+\dfrac{y_1^2}{12}=1, \ \dfrac{2}{3}+\dfrac{y_1^2}{12}=1 \ (\because \text{㉠})$$
$$y_1^2=4 \qquad \therefore y_1=-2 \text{ 또는 } y_1=2$$
$$\therefore y=x-6 \text{ 또는 } y=-x+6$$
→ 각각 두 점 $(4, -2)$, $(4, 2)$에서의 접선의 방정식이다.

따라서 이 두 직선이 y축과 만나는 점의 좌표는 각각 $(0, -6)$, $(0, 6)$이므로 $a=6$, $b=-6$
$$\therefore a-b=6-(-6)=12$$

● 다른 풀이 ● → 두 접선이 모두 y축과 평행하지 않으면 m의 값은 2개가 나타나고, 접선 중 하나가 y축과 평행하면 m의 값은 1개만 나타난다.

타원 $\dfrac{x^2}{24}+\dfrac{y^2}{12}=1$에 접하고 기울기가 m인 직선의 방정식은
$$y=mx\pm\sqrt{24m^2+12} \quad \cdots\cdots \text{㉠}$$
이 직선이 점 $(6, 0)$을 지난다고 가정하면
$$0=6m\pm\sqrt{24m^2+12}, \ -6m=\pm\sqrt{24m^2+12}$$
위의 식의 양변을 제곱하면
$$36m^2=24m^2+12 \qquad \therefore m=-1 \text{ 또는 } m=1$$
$m=-1$일 때, ㉠에서 점 $(6, 0)$을 지나는 직선의 방정식은
$$y=-x+6$$
→ 두 접선 $y=-x+6$, $y=-x-6$ 중 점 $(6, 0)$을 지나는 직선을 택한다.

$m=1$일 때, ㉠에서 점 $(6, 0)$을 지나는 직선의 방정식은
$$y=x-6$$
→ 두 접선 $y=x+6$, $y=x-6$ 중 점 $(6, 0)$을 지나는 직선을 택한다.

답 12

0179 대표 예제 한 번 더

점 $(3, 5)$에서 타원 $\dfrac{x^2}{21}+\dfrac{y^2}{7}=1$에 그은 두 접선이 y축과 만나는 점의 좌표는 각각 $(0, a)$, $(0, b)$이다. ab의 값은? (단, $a>b$)

① 46 　　　② 47 　　　③ 48
④ 49 　　　⑤ 50

0180

점 $(1, 6)$에서 타원 $\dfrac{x^2}{12}+\dfrac{y^2}{16}=1$에 그은 두 접선의 기울기를 각각 m_1, m_2 $(m_1>m_2)$라 할 때, m_1-m_2의 값은?

① $\dfrac{31}{11}$ 　　　② $\dfrac{32}{11}$ 　　　③ 3
④ $\dfrac{34}{11}$ 　　　⑤ $\dfrac{35}{11}$

0181

점 $(3, a)$에서 타원 $\dfrac{x^2}{36}+\dfrac{y^2}{9}=1$에 그은 두 접선이 서로 수직일 때, 양수 a의 값을 구하시오.

0182 UP

점 $(3, 8)$에서 타원 $16x^2+9y^2=144$에 그은 두 접선이 이루는 예각의 크기는 $a°$이다. a의 값을 구하시오.

유형 11　타원 위의 점까지의 거리의 최대·최소

① 기울기가 m인 직선 l과 타원 사이의 거리의 최댓값 또는 최솟값
　➡ 기울기가 m인 타원의 두 접선과 직선 l 사이의 거리와 같다.
② 좌표평면 위의 임의의 점 A와 타원 위의 점 P 사이의 거리의 최댓값
　또는 최솟값
　➡ 타원 위의 점 P에서의 접선과 직선 AP가 수직으로 만날 때의
　　선분 AP의 길이와 같다.

🧑 대표 예제

0183 타원 $\dfrac{x^2}{10}+\dfrac{y^2}{6}=1$ 위의 점 P와 직선 $y=x+5$ 사이의 거리의 최솟값은?

① $\dfrac{\sqrt{2}}{2}$　　　② $\sqrt{2}$　　　③ $\dfrac{3\sqrt{2}}{2}$

④ $2\sqrt{2}$　　　⑤ $\dfrac{5\sqrt{2}}{2}$

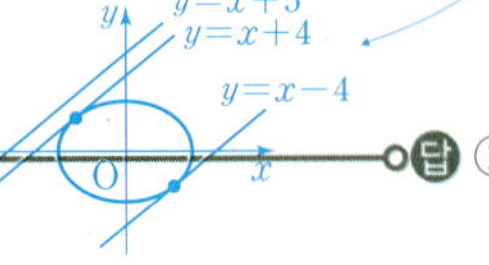 **선생님 해설**

직선 $y=x+5$를 평행이동하여 타원에 접하는 두 접선 중 직선 $y=x+5$에 더 가까운 접선의 접점과 직선 $y=x+5$ 사이의 거리가 최솟값이다.

직선 $y=x+5$와 평행한 직선의 기울기는 1이므로 타원 $\dfrac{x^2}{10}+\dfrac{y^2}{6}=1$에 접하고 기울기가 1인 직선의 방정식은
$$y=x\pm\sqrt{10\cdot1^2+6}\quad\therefore y=x\pm4$$
따라서 구하는 거리의 최솟값은 직선 $y=x+4$ 위의 점 $(0,4)$와 직선 $y=x+5$, 즉 $x-y+5=0$ 사이의 거리와 같으므로
$$\frac{|0-4+5|}{\sqrt{1^2+(-1)^2}}=\frac{\sqrt{2}}{2}$$

답 ①

0184 타원 $\dfrac{x^2}{6}+\dfrac{y^2}{27}=1$ 위의 점 P$(a,\ b)$와 직선 $3x+y-10=0$ 사이의 거리가 최소일 때, $a+b$의 값은?

① -5　　　② -1　　　③ 1
④ 5　　　⑤ 9

0185 타원 $\dfrac{x^2}{a^2}+\dfrac{y^2}{b^2}=1$ 위의 점 P와 직선 $x+2y+5=0$ 사이의 거리를 d라 하자. 점 P의 좌표가 $(2,\ 1)$일 때, d는 최댓값을 갖는다. a^2+b^2의 값은? (단, a, b는 상수이다.)

① 6　　　② 8　　　③ 10
④ 12　　　⑤ 14

0186 좌표평면 위의 점 A$(4,\ 4)$와 타원 $\dfrac{x^2}{a^2}+\dfrac{y^2}{b^2}=1$ 위의 점 P 사이의 거리를 d라 하자. 점 P의 좌표가 $(3,\ 1)$일 때, d는 최솟값을 갖는다. a^2+b^2의 값은? (단, a, b는 상수이다.)

① 16　　　② 18　　　③ 20
④ 22　　　⑤ 24

0187 그림과 같이 타원 $\dfrac{x^2}{12}+\dfrac{y^2}{16}=1$ 위의 서로 다른 세 점 A$(0,\ 4)$, B$(-3,\ -2)$, P 에 대하여 삼각형 ABP의 넓이의 최댓값을 구하시오.

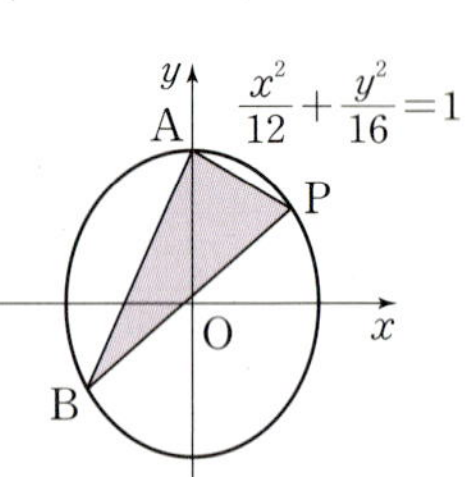

유형 12 타원과 포물선

타원과 포물선의 초점을 확인하고, 타원의 정의와 포물선의 정의를 이용하여 문제를 해결한다.

🐢 대표 예제

0188 그림과 같이 타원 $\dfrac{x^2}{9}+\dfrac{y^2}{8}=1$과 포물선 $y^2=4x$가 제1사분면에서 만나는 점을 P라 하고, 점 P에서 직선 $x=-1$에 내린 수선의 발을 H라 하자. 점 $A(-1,0)$에 대하여 $\overline{PA}+\overline{PH}$ 의 값은?

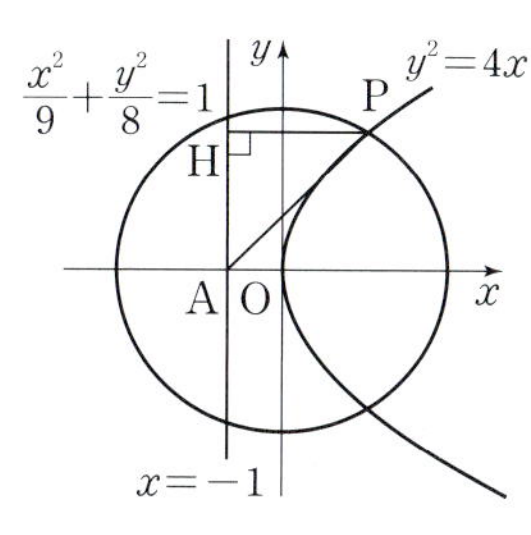

① 6   ② 7   ③ 8
④ 9   ⑤ 10

선생님 해설

타원 $\dfrac{x^2}{9}+\dfrac{y^2}{8}=1$에서 $\sqrt{9-8}=1$이므로 초점의 좌표는 $(1,0)$, $(-1,0)$이고, 포물선 $y^2=4x$의 초점을 F라 하면 $F(1,0)$이다.

즉, 두 점 A, F는 타원의 초점이므로 타원의 정의에 의하여
$$\overline{PA}+\overline{PF}=2\cdot3=6$$
포물선의 정의에 의하여
$$\overline{PF}=\overline{PH}$$

$$\therefore\ \overline{PA}+\overline{PH}=\overline{PA}+\overline{PF}=6$$

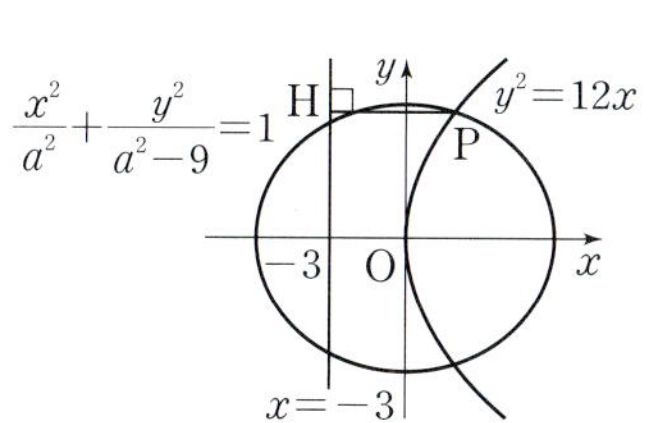

답 ①

0189 그림과 같이 포물선 $y^2=12x$와 타원 $\dfrac{x^2}{a^2}+\dfrac{y^2}{a^2-9}=1$이 제1사분면에서 만나는 점을 P라 하고, 점 P에서 직선 $x=-3$에 내린 수선의 발을 H라 하자. $\overline{PH}=5$일 때, 양수 a의 값은?

① 4   ② 5   ③ 6
④ 7   ⑤ 8

0190 그림과 같이 장축의 길이가 6인 타원의 두 초점을 $F(c,0)$, $F'(-c,0)$ $(c>0)$이라 하고, 점 F를 초점으로 하고 꼭짓점이 원점인 포물선이 타원과 제1사분면에서 만나는 점을 P라 하자. 점 P의 y좌표가 $\sqrt{6}$일 때, $|\overline{PF}-\overline{PF'}|$의 값을 구하시오.

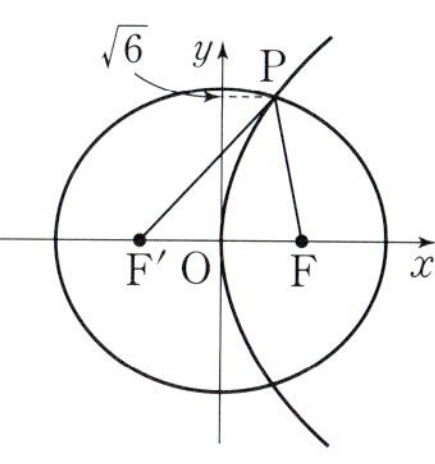

0191 포물선 $y^2=4x$와 타원 $\dfrac{x^2}{4}+\dfrac{y^2}{a}=1$이 제1사분면에서 만나는 점을 P라 하자. 포물선과 타원 위의 점 P에서의 접선이 서로 수직일 때, 상수 a의 값을 구하시오.

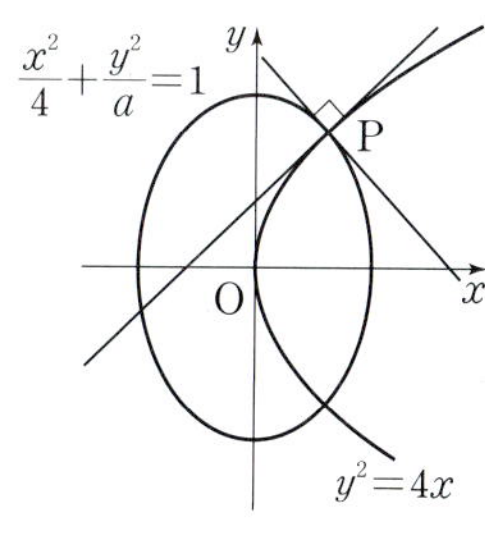

0192 그림과 같이 좌표평면 위의 두 점 $F(p,0)$, $F'(-p,0)$ $(0<p<4)$을 초점으로 하는 타원과 점 F를 초점으로 하고 직선 $x=-p$를 준선으로 하는 포물선이 있다. 타원과 포물선이 제1사분면에서 만나는 점을 A라 하고, 점 A에서 포물선의 준선 $x=-p$에 내린 수선의 발을 H라 하자. 선분 HF의 중점의 좌표가 $(0,4)$이고 삼각형 AHF의 넓이가 40일 때, 타원의 장축의 길이는?

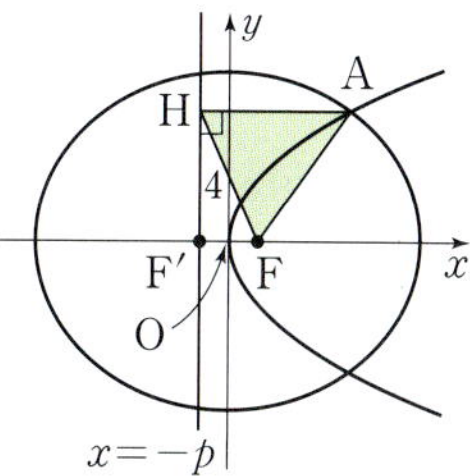

① $8+2\sqrt{21}$ ② $10+2\sqrt{21}$ ③ $8+2\sqrt{41}$
④ $10+2\sqrt{41}$ ⑤ $12+2\sqrt{41}$

유형 13 타원의 실생활에의 활용

주어진 문제의 상황에서 타원의 초점과 장축, 단축을 찾은 후 타원의 정의와 성질을 이용한다.

🖐 대표 예제

0193 타원 모양의 화단을 만들기 위하여 두 개의 말뚝을 박아 긴 끈을 묶은 후 그림과 같이 끈이 팽팽해지도록 당겨서 선을 그리려고 한다. 화단의 가장 긴 폭을 26 m, 가장 짧은 폭을 10 m로 만들려면 두 말뚝 사이의 거리는 k m이어야 한다. k의 값을 구하시오.

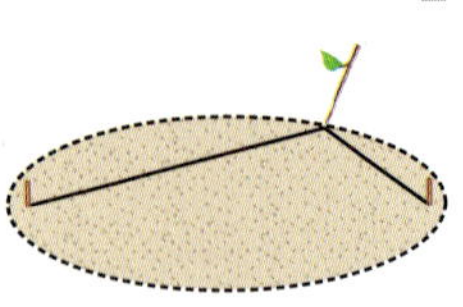

선생님 해설

오른쪽 그림과 같이 타원 모양의 화단을 중심이 좌표평면의 원점, 두 말뚝이 x축 위에 오도록 놓자.

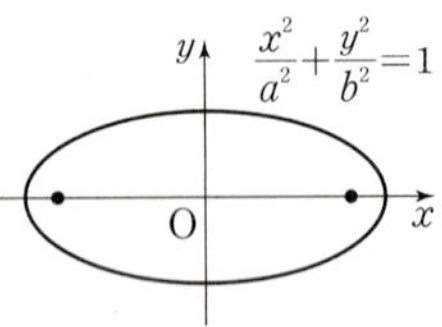

타원의 방정식을 $\dfrac{x^2}{a^2}+\dfrac{y^2}{b^2}=1$ $(a>b>0)$이라 하면 장축의 길이가 26, 단축의 길이가 10이므로

$2a=26$ $\therefore a=13$

$2b=10$ $\therefore b=5$

이때 두 말뚝은 타원의 초점이므로 두 말뚝 사이의 거리는

$2\sqrt{13^2-5^2}=2\cdot12=24\,(\text{m})$

$\therefore k=24$

답 24

0194 그림과 같이 폭이 18 m이고, 단면이 지면을 단축으로 하는 타원의 일부와 같은 터널을 만들려고 한다. 터널 내부의 벽과 지면이 닿는 지점에서 2 m 안쪽에서의 높이가 8 m일 때, 지면에서부터 가장 높은 곳까지의 높이는 k m이다. k의 값은?

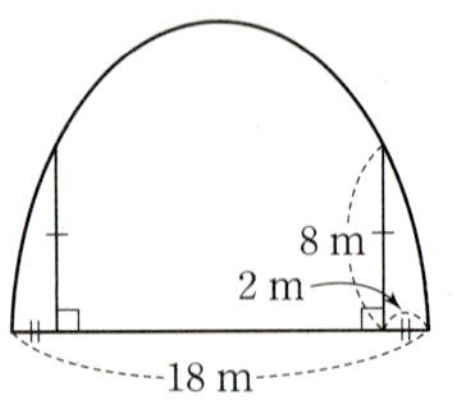

① $4\sqrt{10}$　　② $9\sqrt{2}$　　③ $2\sqrt{41}$

④ $\sqrt{166}$　　⑤ $2\sqrt{42}$

0195 그림과 같이 어떤 혜성이 태양을 한 초점으로 하는 타원 궤도를 따라 돌고 있다. 이 타원 궤도의 장축의 양 끝 점에서 태양까지의 거리가 각각 1 AU, 49 AU일 때, 타원 궤도의 단축의 길이는 k AU이다. k의 값을 구하시오.

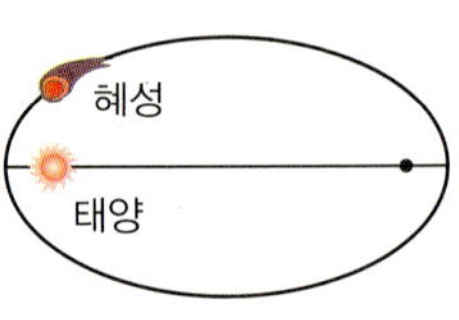

0196 타원은 한 초점에서 발생한 소리가 타원면에 반사되면 다른 초점으로 모이는 성질이 있으며, 영국 런던의 세인트 폴 대성당의 속삭이는 회랑이 이와 같은 원리를 이용하여 지어진 것으로 유명하다. 이 회랑은 그림과 같이 천장이 타원의 일부로 이루어져 있다. 지면에서부터 천장의 가장 높은 곳까지의 높이가 타원의 단축의 길이와 같고 그 높이는 3.2 m이다. 이 회랑에서 두 초점의 위치에 매달려 있는 두 스피커 사이의 거리가 6 m일 때, 이 타원의 장축의 길이는 k m이다. k의 값은?

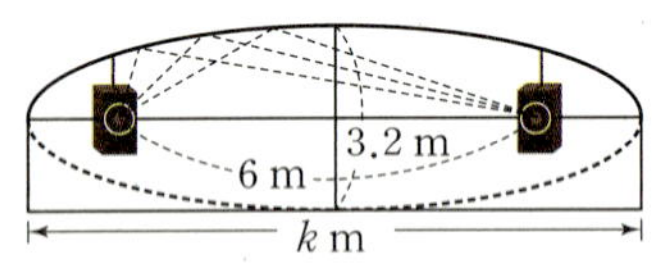

① 6.2　　② 6.4　　③ 6.6

④ 6.8　　⑤ 7

0197 그림과 같이 장축의 길이가 100 cm, 단축의 길이가 80 cm인 타원 모양의 원목이 있다. 이 원목 위에 직사각형 모양의 거울을 부착하려고 할 때, 거울의 넓이가 최대이려면 거울의 가로의 길이와 세로의 길이는 각각 p cm, q cm이어야 한다. $p+q$의 값은?

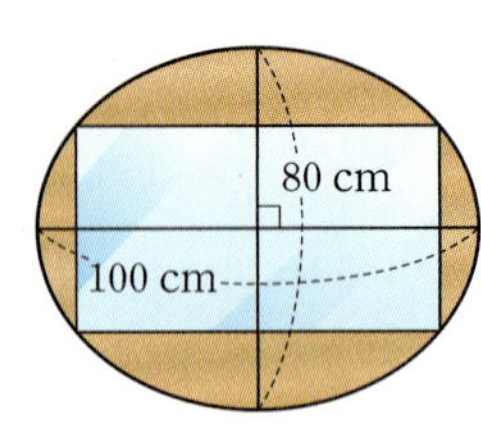

(단, 거울의 각 변은 장축 또는 단축과 평행하다.)

① $80\sqrt{2}$　　② $85\sqrt{2}$　　③ $90\sqrt{2}$

④ $95\sqrt{2}$　　⑤ $100\sqrt{2}$

0198

· 유형 08 ·

타원 $\dfrac{x^2}{a^2}+\dfrac{y^2}{b^2}=1$ $(b>a>0)$이 점 $(2, 2)$를 지나고 직선 $y=x+5$에 접할 때, ab의 값은?

① 6 ② 7 ③ 8
④ 9 ⑤ 10

0199

· 유형 01 ·

그림과 같이 $\overline{AB}=\overline{CD}$인 사다리꼴 ABCD가 있다. $\overline{AD}=4$, $\overline{BC}=6$이고 $\overline{AB}+\overline{AC}=12$일 때, 사다리꼴 ABCD의 넓이는?

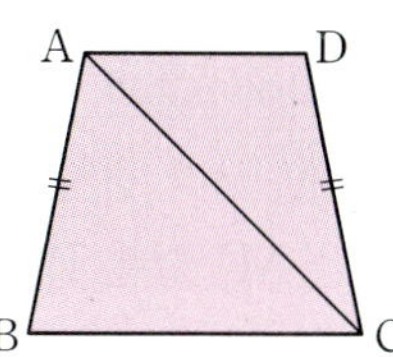

① $8\sqrt{6}$ ② $10\sqrt{6}$ ③ $12\sqrt{6}$
④ $14\sqrt{6}$ ⑤ $16\sqrt{6}$

0200

· 유형 07 ·

타원 $\dfrac{x^2}{45}+\dfrac{y^2}{36}=1$ 위의 점 $P(a, b)$에 대하여 $a+b$의 최댓값을 구하시오.

0201

· 유형 10 ·

제1사분면 위의 점 $P(a, b)$에서 타원 $\dfrac{x^2}{4}+\dfrac{y^2}{9}=1$에 그은 두 접선이 그림과 같다. 한 접선이 x축에 평행하고 두 접선이 이루는 예각의 크기 θ에 대하여 $\tan\theta=2$일 때, $a+b$의 값은?

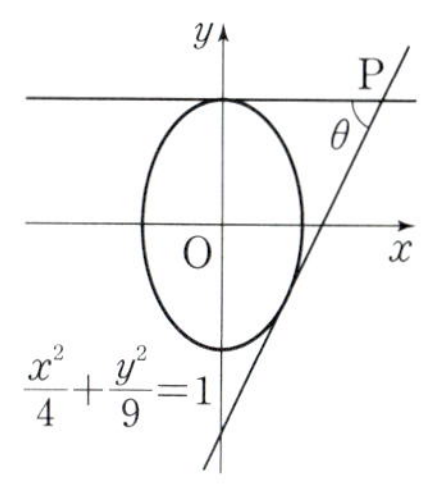

① 6 ② 7 ③ 8
④ 9 ⑤ 10

0202

· 유형 06 + 유형 10 ·

그림과 같이 타원 $\dfrac{x^2}{18}+\dfrac{y^2}{7}=1$에 접하는 두 접선이 점 P에서 수직으로 만날 때, 점 P가 나타내는 도형의 넓이는?

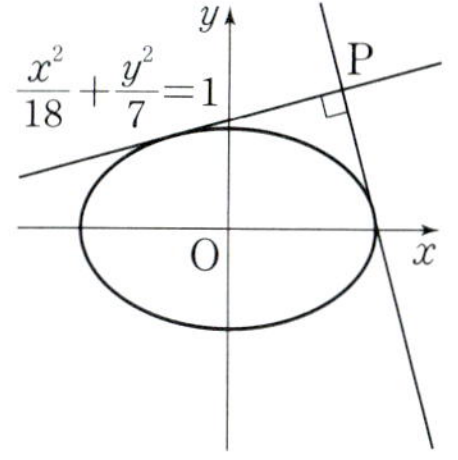

① 20π ② 25π
③ 30π ④ 35π
⑤ 40π

0203

· 유형 02 ·

$\sqrt{2}<a<3\sqrt{2}$인 실수 a에 대하여 타원 $\dfrac{x^2}{a^2}+\dfrac{y^2}{2}=1$의 두 초점을 A, B라 하고, 타원 $\dfrac{x^2}{a^2}+\dfrac{y^2}{18}=1$의 두 초점을 C, D라 하자. 네 점 A, B, C, D를 꼭짓점으로 하는 사각형의 넓이가 $4\sqrt{7}$이 되도록 하는 모든 실수 a의 값의 합을 구하시오.

0204
· 유형 04 ·

그림과 같이 두 점 $F(6, 0)$, $F'(-6, 0)$을 초점으로 하는 타원이 있다. 점 F를 중심으로 하고 원점을 지나는 원이 타원과 제1사분면에서 만나는 점을 P라 할 때, $\angle F'PF$를 이등분하는 직선이 점 $(2, 0)$을 지난다. 타원의 단축의 길이는?

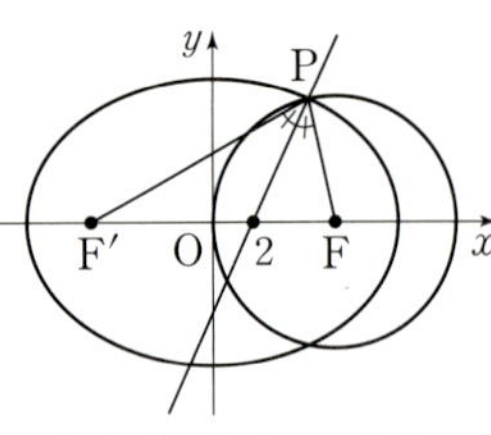

① $4\sqrt{5}$ ② $6\sqrt{5}$ ③ $8\sqrt{5}$
④ $10\sqrt{5}$ ⑤ $12\sqrt{5}$

0205
· 유형 01 + 유형 07 ·

좌표평면 위의 두 점 $A(2, 0)$, $B(-2, 0)$에 대하여 $\overline{PA}+\overline{PB}=8$을 만족시키는 직선 $x+2y+k=0$ 위의 점 P가 오직 하나 존재하도록 하는 양수 k의 값을 구하시오.

0206
· 유형 05 + 유형 09 ·

타원 $\dfrac{x^2}{32}+\dfrac{y^2}{8}=1$에 접하는 직선 $y=mx+n$ $(m>0)$이 있다. 이 직선과 x축 및 y축으로 둘러싸인 삼각형의 넓이가 최소일 때, 삼각형의 넓이를 S, 상수 m의 값을 m_1이라 하자. $S\times m_1$의 값을 구하시오.

0207
창의력 ➕
· 유형 04 ·

두 점 $F(c, 0)$, $F'(-c, 0)$ $(c>0)$을 초점으로 하는 타원 $\dfrac{x^2}{a^2}+\dfrac{y^2}{b^2}=1$ $(a>b>0)$의 두 꼭짓점 $A(0, b)$, $B(0, -b)$에 대하여 점 A를 중심으로 하고 점 B를 지나는 원 C가 두 점 F, F'을 지난다. 원 C가 y축과 만나는 점 중 점 B가 아닌 점을 C라 할 때, $\overline{CF}=6$이다. a^2+b^2의 값을 구하시오.

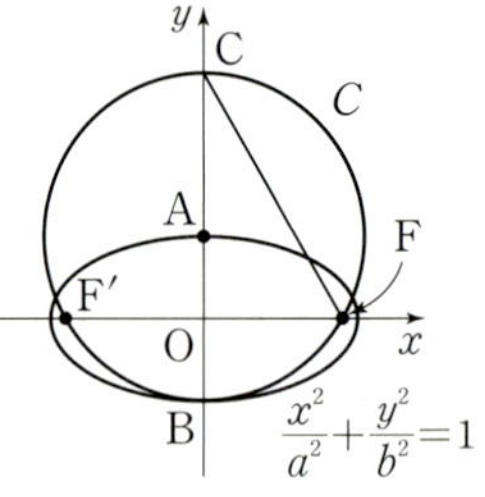

0208
사고력
· 유형 04 ·

그림과 같이 두 점 $F(c, 0)$, $F'(-c, 0)$ $(c>0)$에 대하여 점 F'을 중심으로 하고 점 F를 지나는 원이 y축과 만나는 두 점을 각각 A, B라 하자. 선분 AF'의 중점을 M, 선분 BF의 중점을 N이라 할 때, 두 점 F, F'을 초점으로 하고 장축의 길이가 12인 타원이 두 점 M, N을 지난다. 사각형 MF'NF의 넓이가 $p\sqrt{3}-q$일 때, $p+q$의 값을 구하시오.

(단, 점 A의 y좌표는 양수이고 p, q는 자연수이다.)

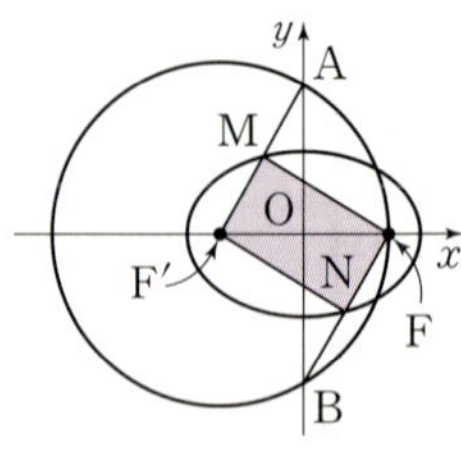

0209
· 유형 12 ·

그림과 같이 포물선 $y^2=4px$ $(p>0)$와 타원 $\dfrac{x^2}{a^2}+\dfrac{y^2}{b^2}=1$ $(b>a>0)$이 만나는 두 점을 각각 A, B라 하자. 포물선 $y^2=4px$ 위의 두 점 A, B에서의 두 접선이 만나는 점을 C, 타원 $\dfrac{x^2}{a^2}+\dfrac{y^2}{b^2}=1$ 위의 두 점 A, B에서의 두 접선이 만나는 점을 D라 할 때, 사각형 ACBD는 넓이가 32인 정사각형이다. a^2+b^2의 값을 구하시오. (단, 점 A는 제1사분면 위에 있다.)

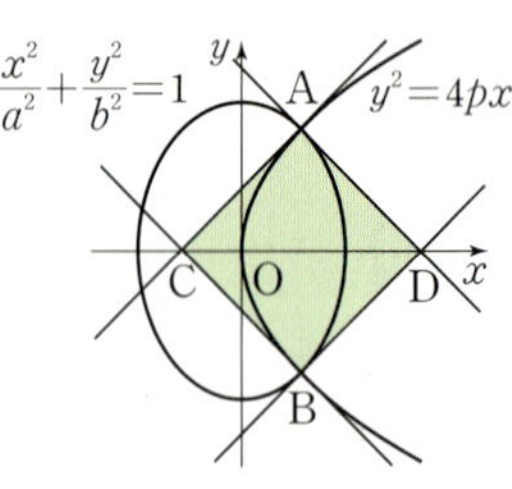

서술형 문제

0210
• 유형 10 •

점 $(6, 6)$에서 타원 $\dfrac{x^2}{36}+\dfrac{y^2}{12}=1$에 그은 접선의 방정식을 구하시오.

0211
• 유형 09 •

타원 $ax^2+by^2=ab$ 위의 점 $(-5, 2)$에서의 접선의 기울기가 2일 때, $a+b$의 값을 구하시오. (단, $a>0$, $b>0$)

0212
• 유형 08 •

타원 $7x^2+16y^2=112$에 접하고 직선 $l : 4x-3y+6=0$에 수직인 두 직선을 각각 m, n이라 하자. 직선 l과 두 직선 m, n의 교점을 각각 A, B라 할 때, 선분 AB의 길이를 구하시오.

> **✓ 필요 개념 및 공식**
> ☐ 기울기가 주어진 타원의 접선의 방정식 ☐ 점과 직선 사이의 거리

0213
• 유형 01 + 유형 05 •

두 점 $F(2, 0)$, $F'(-2, 0)$을 초점으로 하고 단축의 길이가 $4\sqrt{3}$인 타원 위의 점 P에 대하여 $\overline{PF}^2+\overline{PF'}^2$의 최솟값을 구하시오.

> **✓ 필요 개념 및 공식**
> ☐ 타원의 방정식 ☐ 타원의 초점, 장축
> ☐ 타원의 정의 ☐ 산술평균과 기하평균의 관계

0214
• 유형 09 •

그림과 같이 타원 $\dfrac{x^2}{10}+\dfrac{y^2}{12}=1$ 위의 점 P에서의 접선이 x축, y축과 만나는 점을 각각 A, B라 하고, 점 P에서 x축, y축에 내린 수선의 발을 각각 H, I라 하자. 점 P의 위치에 관계없이

$$\overline{OH}\times\overline{OA}+\overline{OI}\times\overline{OB}$$

가 일정한 값 m을 가질 때, m의 값을 구하시오.

(단, O는 원점이고 점 P는 제1사분면 위에 있다.)

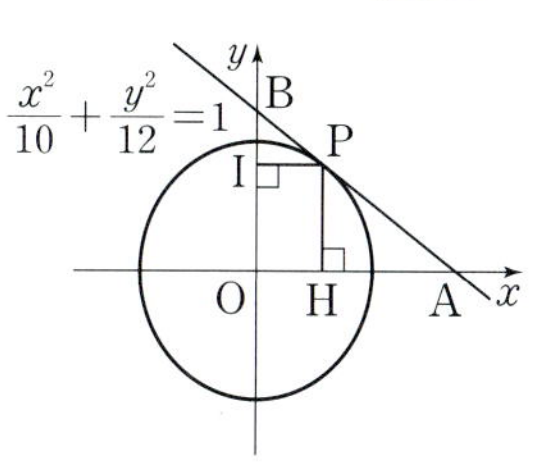

0215
• 유형 06 •

그림과 같이 원 $(x-2)^2+y^2=49$에 내접하고 원 $(x+2)^2+y^2=1$에 외접하는 원의 중심 P가 나타내는 도형은 타원이다. 이 타원의 방정식을 구하시오.

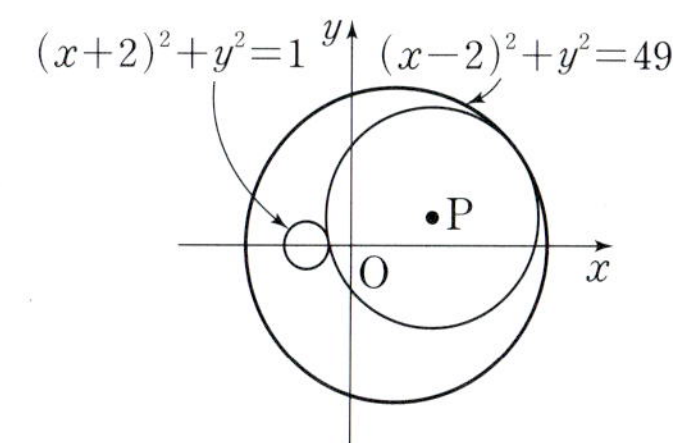

> **✓ 필요 개념 및 공식**
> ☐ 타원의 초점, 장축 ☐ 타원의 방정식

개념 01　쌍곡선

(1) **쌍곡선의 정의**: 평면 위의 서로 다른 두 점 F, F′에서의 거리의 차가 일정한 점들의 집합을 쌍곡선이라 하며, 두 점 F, F′을 쌍곡선의 초점이라 한다.

그림과 같이 쌍곡선의 두 초점 F, F′을 지나는 직선이 쌍곡선과 만나는 점을 각각 A, A′이라 하자.

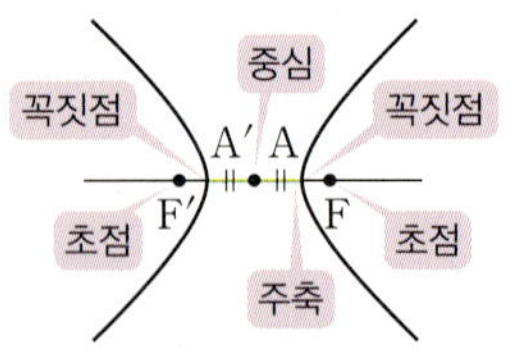

이때 두 점 A, A′을 쌍곡선의 꼭짓점이라 하며, 선분 AA′을 쌍곡선의 주축, 선분 AA′의 중점을 쌍곡선의 중심이라 한다.

(2) **쌍곡선의 방정식**

① 두 초점 $F(c, 0)$, $F′(-c, 0)$에서의 거리의 차가 $2a$ $(c>a>0)$인 쌍곡선의 방정식은
$$\frac{x^2}{a^2}-\frac{y^2}{b^2}=1 \text{ (단, } b^2=c^2-a^2)$$

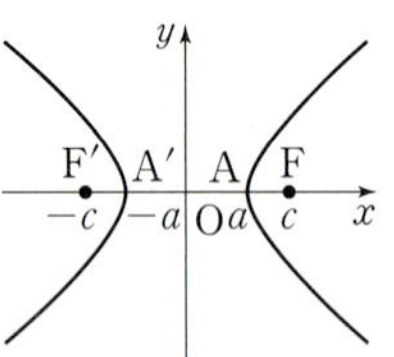

② 두 초점 $F(0, c)$, $F′(0, -c)$에서의 거리의 차가 $2b$ $(c>b>0)$인 쌍곡선의 방정식은
$$\frac{x^2}{a^2}-\frac{y^2}{b^2}=-1 \text{ (단, } a^2=c^2-b^2)$$

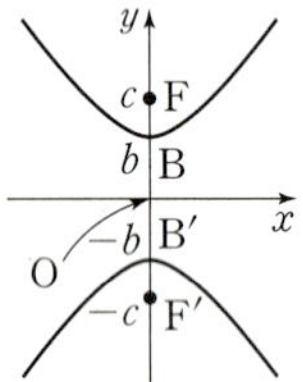

(3) **쌍곡선의 점근선**

쌍곡선 $\dfrac{x^2}{a^2}-\dfrac{y^2}{b^2}=1$과 $\dfrac{x^2}{a^2}-\dfrac{y^2}{b^2}=-1$의 점근선의 방정식은
$$y=\frac{b}{a}x, \quad y=-\frac{b}{a}x$$

[0216~0217] 다음 쌍곡선의 방정식을 구하시오.

0216 두 초점 $F(4, 0)$, $F′(-4, 0)$에서의 거리의 차가 6인 쌍곡선

0217 두 초점 $F(0, 2\sqrt{5})$, $F′(0, -2\sqrt{5})$에서의 거리의 차가 8인 쌍곡선

[0218~0219] 다음 쌍곡선의 방정식을 구하시오.

0218 두 점 $(\sqrt{13}, 0)$, $(-\sqrt{13}, 0)$을 초점으로 하고 주축의 길이가 6인 쌍곡선

0219 두 점 $(0, 6)$, $(0, -6)$을 초점으로 하고 주축의 길이가 10인 쌍곡선

[0220~0221] 다음 쌍곡선의 초점의 좌표와 꼭짓점의 좌표, 주축의 길이를 구하고, 그 그래프를 그리시오.

0220 $\dfrac{x^2}{4}-\dfrac{y^2}{5}=1$

0221 $\dfrac{x^2}{16}-\dfrac{y^2}{9}=-1$

[0222~0223] 다음 쌍곡선의 점근선의 방정식을 구하시오.

0222 $\dfrac{x^2}{25}-\dfrac{y^2}{16}=1$

0223 $9x^2-y^2=-9$

개념 02　쌍곡선의 평행이동

중심이 원점인 쌍곡선 $\dfrac{x^2}{a^2}-\dfrac{y^2}{b^2}=1$을 x축의 방향으로 m만큼, y축의 방향으로 n만큼 평행이동한 쌍곡선의 방정식은
$$\frac{(x-m)^2}{a^2}-\frac{(y-n)^2}{b^2}=1$$

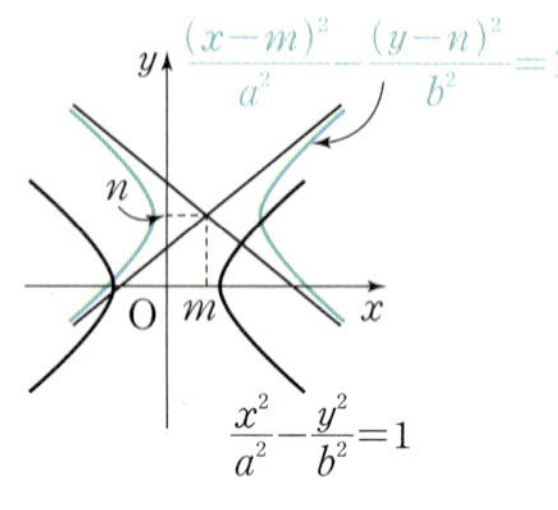

이때 쌍곡선의 중심의 좌표는 (m, n), 초점의 좌표는 $(\sqrt{a^2+b^2}+m, n)$, $(-\sqrt{a^2+b^2}+m, n)$이며, 꼭짓점의 좌표는 $(a+m, n)$, $(-a+m, n)$, 점근선의 방정식은
$$y=\frac{b}{a}(x-m)+n, \quad y=-\frac{b}{a}(x-m)+n$$이다.

> **참고** 평행이동하여도 주축의 길이는 변하지 않는다.

[0224~0225] 다음 쌍곡선의 중심의 좌표와 점근선의 방정식을 구하고, 그 그래프를 그리시오.

0224 $(x-1)^2-\dfrac{(y+2)^2}{4}=1$

0225 $\dfrac{(x-3)^2}{9}-\dfrac{(y-2)^2}{16}=-1$

[0226~0227] 다음 쌍곡선의 초점의 좌표와 꼭짓점의 좌표, 주축의 길이를 구하시오.

0226 $2x^2-y^2+4x-4=0$

0227 $9x^2-16y^2-18x-32y+137=0$

개념 03   쌍곡선과 직선의 위치 관계

쌍곡선 $\dfrac{x^2}{a^2}-\dfrac{y^2}{b^2}=1$의 방정식과 직선 $y=mx+n$의 방정식에서 한 문자를 소거하여 얻은 이차방정식의 판별식을 D라 할 때

$(a^2m^2-b^2)x^2+2a^2mnx+a^2(n^2+b^2)=0$

(1) $D>0$이면 서로 다른 두 점에서 만난다.

    $m\neq\pm\dfrac{b}{a}$인 경우

(2) $D=0$이면 한 점에서 만난다. (접한다.)

(3) $D<0$이면 만나지 않는다.

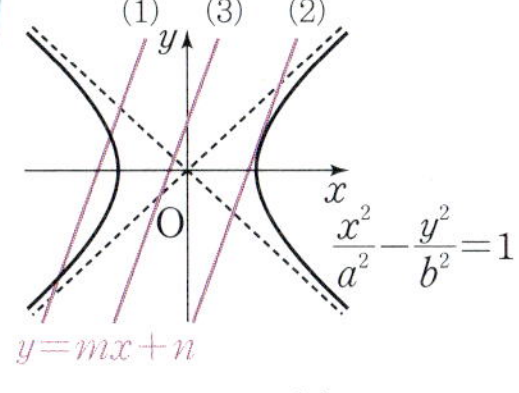
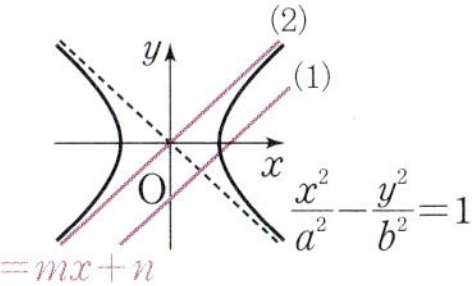

참고 $m=\pm\dfrac{b}{a}$인 경우

   (1) $n\neq0$이면 한 점에서 만난다.

   (2) $n=0$이면 만나지 않는다.

0228 쌍곡선 $\dfrac{x^2}{3}-\dfrac{y^2}{9}=1$과 다음 직선의 위치 관계를 말하시오.

(1) $y=x-2$ (2) $y=2x+\sqrt{3}$

(3) $y=3x$

0229 쌍곡선 $\dfrac{x^2}{4}-\dfrac{y^2}{2}=1$과 직선 $y=x+k$의 위치 관계가 다음과 같을 때, 상수 k의 값 또는 범위를 구하시오.

(1) 서로 다른 두 점에서 만난다.

(2) 한 점에서 만난다. (접한다.)

(3) 만나지 않는다.

개념 04   쌍곡선의 접선의 방정식

(1) **기울기가 주어진 쌍곡선의 접선의 방정식**

   ① 쌍곡선 $\dfrac{x^2}{a^2}-\dfrac{y^2}{b^2}=1$에 접하고 기울기가 m인 직선의 방정식은 $y=mx\pm\sqrt{a^2m^2-b^2}$ (단, $a^2m^2-b^2>0$)

   ② 쌍곡선 $\dfrac{x^2}{a^2}-\dfrac{y^2}{b^2}=-1$에 접하고 기울기가 m인 직선의 방정식은 $y=mx\pm\sqrt{b^2-a^2m^2}$ (단, $b^2-a^2m^2>0$)

(2) **쌍곡선 위의 점에서의 접선의 방정식**

   ① 쌍곡선 $\dfrac{x^2}{a^2}-\dfrac{y^2}{b^2}=1$ 위의 점 $(x_1,\ y_1)$에서의 접선의 방정식은 $\dfrac{x_1x}{a^2}-\dfrac{y_1y}{b^2}=1$

   ② 쌍곡선 $\dfrac{x^2}{a^2}-\dfrac{y^2}{b^2}=-1$ 위의 점 $(x_1,\ y_1)$에서의 접선의 방정식은 $\dfrac{x_1x}{a^2}-\dfrac{y_1y}{b^2}=-1$

[0230~0231] 다음을 구하시오.

0230 쌍곡선 $\dfrac{x^2}{3}-\dfrac{y^2}{5}=1$에 접하고 기울기가 2인 직선의 방정식

0231 쌍곡선 $\dfrac{x^2}{4}-\dfrac{y^2}{13}=-1$에 접하고 기울기가 -1인 직선의 방정식

[0232~0233] 다음을 구하시오.

0232 쌍곡선 $\dfrac{x^2}{6}-\dfrac{y^2}{2}=1$ 위의 점 $(-3,\ 1)$에서의 접선의 방정식

0233 쌍곡선 $5x^2-4y^2=-20$ 위의 점 $(4,\ -5)$에서의 접선의 방정식

개념 05   이차곡선

(1) **이차곡선** : 일반적으로 두 일차식의 곱으로 인수분해되지 않는 x, y에 대한 이차방정식

$$Ax^2+By^2+Cxy+Dx+Ey+F=0$$

으로 나타낼 수 있는 곡선을 이차곡선이라 한다.

참고   원, 포물선, 타원, 쌍곡선은 모두 이차곡선이다.

(2) **원뿔곡선** : 이차곡선은 공간에서 원뿔의 꼭짓점을 지나지 않는 평면으로 원뿔을 자를 때 생기는 단면이 나타내는 곡선으로, 원뿔곡선이라고도 한다.

이때 그림과 같이 원뿔을 자르는 평면의 기울기에 따라 단면은 원, 타원, 포물선, 쌍곡선을 나타낸다.

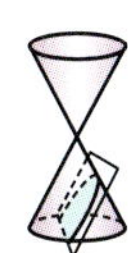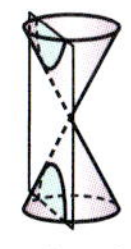

[0234~0237] 다음 방정식은 어떤 도형을 나타내는지 말하시오.

0234 $x^2+y^2+4x-5=0$

0235 $2x^2+4x-4y-9=0$

0236 $x^2+4y^2-2x-15=0$

0237 $x^2-y^2+4x+2y+4=0$

유형 01 쌍곡선의 방정식

① 두 정점 F, F′에 대하여 $|\overline{PF}-\overline{PF'}|=2a$ (a는 상수)인 점 P가 나타내는 도형은 주축의 길이가 $2a$인 쌍곡선이다.

② 쌍곡선 $\dfrac{x^2}{a^2}-\dfrac{y^2}{b^2}=1$에 대하여

- 초점의 좌표가 $(c, 0)$, $(-c, 0)$이다. ➡ $a^2+b^2=c^2$
- 주축의 길이가 m이다. ➡ $2a=m$
- 점근선의 방정식이 $y=\pm kx$이다. ➡ $\left|\dfrac{b}{a}\right|=|k|$

👍 대표 예제

0238 두 점 F$(5, 0)$, F′$(-5, 0)$에 대하여 점 P가 $|\overline{PF}-\overline{PF'}|=4$를 만족시킬 때, 점 P가 나타내는 도형의 방정식은?

① $\dfrac{x^2}{4}-\dfrac{y^2}{5}=1$ ② $\dfrac{x^2}{4}-\dfrac{y^2}{21}=1$

③ $\dfrac{x^2}{4}-\dfrac{y^2}{21}=-1$ ④ $\dfrac{x^2}{16}-\dfrac{y^2}{21}=1$

⑤ $\dfrac{x^2}{16}-\dfrac{y^2}{21}=-1$

선생님 해설

P(x, y)라 하면 $|\overline{PF}-\overline{PF'}|=4$에서

$\sqrt{(x-5)^2+y^2}-\sqrt{\{x-(-5)\}^2+y^2}=\pm4$

$\sqrt{(x-5)^2+y^2}=\pm4+\sqrt{(x+5)^2+y^2}$

위의 식의 양변을 제곱하면

$(x-5)^2+y^2=16+(x+5)^2+y^2\pm8\sqrt{(x+5)^2+y^2}$

$-5x-4=\pm2\sqrt{(x+5)^2+y^2}$

위의 식의 양변을 제곱하면

$(-5x-4)^2=4\{(x+5)^2+y^2\}$

$25x^2+40x+16=4x^2+40x+100+4y^2$

$21x^2-4y^2=84$ ∴ $\dfrac{x^2}{4}-\dfrac{y^2}{21}=1$

● 다른 풀이 ●

두 점 F$(5, 0)$, F′$(-5, 0)$에서 점 P까지의 거리의 차가 일정하므로 쌍곡선의 정의에 의하여 점 P가 나타내는 도형은 초점이 F, F′이고 주축의 길이가 4인 쌍곡선이다.

따라서 구하는 쌍곡선의 방정식을 $\dfrac{x^2}{a^2}-\dfrac{y^2}{b^2}=1$ ($a>0$, $b>0$)이라 하면

$2a=4$에서 $a=2$

$a^2+b^2=5^2$에서 $b^2=5^2-2^2=21$

∴ $\dfrac{x^2}{4}-\dfrac{y^2}{21}=1$

답 ②

0239 대표 예제 | 한 번 더

두 점 F$(0, 7)$, F′$(0, -7)$에서의 거리의 차가 6인 점 P(x, y)가 나타내는 도형의 방정식이 $\dfrac{x^2}{p}-\dfrac{y^2}{q}=-1$일 때, $p-q$의 값은? (단, $p>0$, $q>0$)

① 27 ② 28 ③ 29

④ 30 ⑤ 31

0240

중심이 원점, 점 $(3, 0)$이 한 꼭짓점이고 점근선의 방정식이 $y=\pm4x$인 쌍곡선이 점 $(3\sqrt{2}, k)$를 지날 때, 양수 k의 값은?

① 9 ② 10 ③ 11

④ 12 ⑤ 13

0241

타원 $3x^2+16y^2=48$과 두 초점을 공유하고 점 $(4, 3\sqrt{3})$을 지나는 쌍곡선의 주축의 길이를 구하시오.

0242

중심이 원점이고 점 $(2, -2\sqrt{5})$를 지나는 쌍곡선의 두 점근선이 서로 수직으로 만나고 두 초점이 y축 위에 있다. 이 쌍곡선의 방정식이 $\dfrac{x^2}{p}-\dfrac{y^2}{q}=-1$일 때, $p+q$의 값을 구하시오. (단, $p>0$, $q>0$)

유형 02 쌍곡선의 초점, 점근선

① 쌍곡선 $\dfrac{x^2}{a^2}-\dfrac{y^2}{b^2}=1$의
- 초점의 좌표: $(\sqrt{a^2+b^2},\ 0)$, $(-\sqrt{a^2+b^2},\ 0)$
- 점근선의 방정식: $y=\pm\dfrac{b}{a}x$

② 쌍곡선 $\dfrac{x^2}{a^2}-\dfrac{y^2}{b^2}=-1$의
- 초점의 좌표: $(0,\ \sqrt{a^2+b^2})$, $(0,\ -\sqrt{a^2+b^2})$
- 점근선의 방정식: $y=\pm\dfrac{b}{a}x$

👍 **대표 예제**

0243 점 $(\sqrt{2},\ 0)$을 지나는 쌍곡선 $\dfrac{x^2}{k}-\dfrac{y^2}{7}=1$의 두 초점 사이의 거리는? (단, $k>0$)

① 3　　　　② 4　　　　③ 5

④ 6　　　　⑤ 7

선생님 해설

쌍곡선 $\dfrac{x^2}{k}-\dfrac{y^2}{7}=1$이 점 $(\sqrt{2},\ 0)$을 지나므로

$\dfrac{2}{k}=1$　∴ $k=2$

즉, 쌍곡선 $\dfrac{x^2}{2}-\dfrac{y^2}{7}=1$에서 $\sqrt{2+7}=3$이므로 초점의 좌표는

$(3,\ 0)$, $(-3,\ 0)$

따라서 두 초점 사이의 거리는 $|3-(-3)|=6$이다.

답 ④

0244

주축의 길이가 $2\sqrt{11}$인 쌍곡선 $\dfrac{x^2}{5}-\dfrac{y^2}{k}=-1$의 두 초점을 지름의 양 끝 점으로 하는 원의 둘레의 길이는? (단, $k>0$)

① 4π　　　② 5π　　　③ 6π

④ 7π　　　⑤ 8π

0245

그림과 같이 쌍곡선 $\dfrac{x^2}{4}-\dfrac{y^2}{12}=1$의 두 초점 중 x좌표가 양수인 점을 F라 하자. 점 F를 지나고 x축에 수직인 직선이 쌍곡선과 만나는 두 점을 각각 A, B라 할 때, 삼각형 OAB의 넓이는? (단, O는 원점이다.)

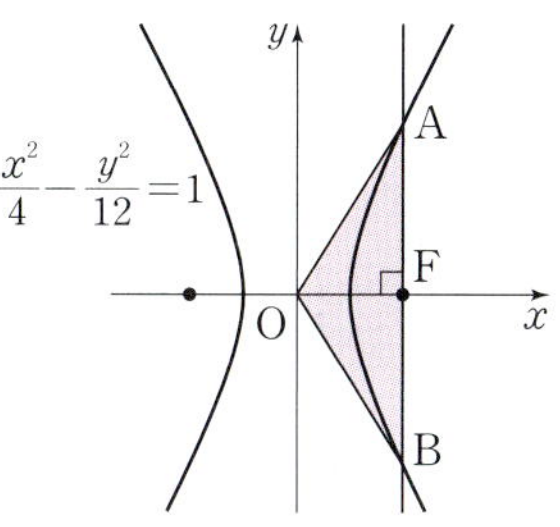

① 20　　　　② 22　　　　③ 24

④ 26　　　　⑤ 28

0246

쌍곡선 $\dfrac{x^2}{16}-\dfrac{y^2}{9}=-1$의 두 초점 중 y좌표가 양수인 점을 F, 기울기가 양수인 점근선을 l이라 하자. 점 F를 중심으로 하고 반지름의 길이가 $2\sqrt{5}$인 원이 직선 l과 만나서 생기는 현의 길이를 구하시오.

0247

그림과 같이 쌍곡선 $\dfrac{x^2}{12}-\dfrac{y^2}{3}=1$의 두 초점을 F, F′이라 하고, 제1사분면에 있는 쌍곡선 위의 한 점 P에 대하여 점 P를 지나고 x축에 평행한 직선이 쌍곡선의 두 점근선과 만나는 점을 각각 Q, R라 하자. 삼각형 PF′F의 넓이가 $\sqrt{15}$일 때, $\dfrac{\overline{PR}}{\overline{PQ}}$의 값을 구하시오.

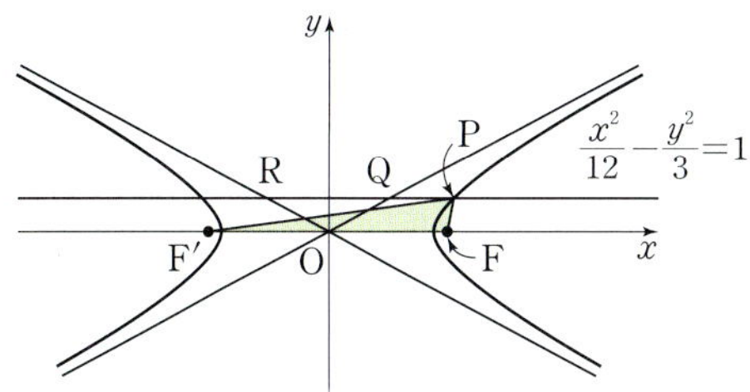

유형 03　쌍곡선의 평행이동

쌍곡선 $\dfrac{x^2}{a^2}-\dfrac{y^2}{b^2}=1$을 x축의 방향으로 m만큼, y축의 방향으로 n만큼 평행이동한 쌍곡선의 방정식은 $\dfrac{(x-m)^2}{a^2}-\dfrac{(y-n)^2}{b^2}=1$이다.

이 쌍곡선의
- 중심의 좌표: $(m,\ n)$
- 초점의 좌표: $(\sqrt{a^2+b^2}+m,\ n),\ (-\sqrt{a^2+b^2}+m,\ n)$
- 꼭짓점의 좌표: $(a+m,\ n),\ (-a+m,\ n)$
- 점근선의 방정식: $y=\dfrac{b}{a}(x-m)+n,\ y=-\dfrac{b}{a}(x-m)+n$

👍 대표 예제

0248 쌍곡선 $4x^2-5y^2-16x-ay-9=0$은 쌍곡선 $\dfrac{x^2}{5}-\dfrac{y^2}{4}=1$을 x축의 방향으로 m만큼, y축의 방향으로 -1만큼 평행이동한 것이다. $a+m$의 값은? (단, a는 상수이다.)

① 11　　　　② 12　　　　③ 13
④ 14　　　　⑤ 15

선생님 해설

쌍곡선 $\dfrac{x^2}{5}-\dfrac{y^2}{4}=1$을 x축의 방향으로 m만큼, y축의 방향으로 -1만큼 평행이동하면
$\dfrac{(x-m)^2}{5}-\dfrac{(y+1)^2}{4}=1$
$4(x-m)^2-5(y+1)^2=20$
$\therefore 4x^2-5y^2-8mx-10y+4m^2-25=0$ ······ ㉠
㉠이 쌍곡선 $4x^2-5y^2-16x-ay-9=0$과 일치하므로
$m=2,\ a=10$
$\therefore a+m=10+2=12$

답 ②

0249 [대표 예제] [한 번 더]
쌍곡선 $2x^2-7y^2+ax+by+c=0$은 쌍곡선 $\dfrac{x^2}{7}-\dfrac{y^2}{2}=-1$을 x축의 방향으로 -5만큼, y축의 방향으로 $\dfrac{a}{2}-7$만큼 평행이동한 것이다. $a+b+c$의 값은?

(단, $a,\ b,\ c$는 상수이다.)

① 63　　　　② 64　　　　③ 65
④ 66　　　　⑤ 67

0250 쌍곡선 $ax^2-4y^2+10x+24y+b=0$의 중심의 좌표가 $(-1,\ 3)$이고 한 꼭짓점의 좌표가 $(1,\ 3)$일 때, $10a+b$의 값은? (단, $a,\ b$는 상수이다.)

① -3　　　　② -1　　　　③ 1
④ 3　　　　⑤ 5

0251 쌍곡선 $\dfrac{(x-m)^2}{a^2}-\dfrac{(y-n)^2}{b^2}=-1\ (a>0,\ b>0)$의 주축의 길이가 6이고 두 점근선의 방정식이 $y=x+5$, $y=-x+1$일 때, a^2+b^2+m+n의 값은?

(단, $a,\ b,\ m,\ n$은 상수이다.)

① 18　　　　② 19　　　　③ 20
④ 21　　　　⑤ 22

0252 두 초점의 좌표가 $(5,\ 2),\ (-3,\ 2)$이고 점 $(5,\ 8)$을 지나는 쌍곡선의 주축의 길이는?

① 2　　　　② $2\sqrt{2}$　　　　③ $2\sqrt{3}$
④ 4　　　　⑤ $2\sqrt{5}$

유형 04 **쌍곡선의 정의의 활용**

쌍곡선 $\dfrac{x^2}{a^2}-\dfrac{y^2}{b^2}=1$ 위의 점 P와 두 초점 F, F′에 대하여

$$|\overline{PF}-\overline{PF'}|=2a \ (a>0)$$

👍 **대표 예제**

0253 그림과 같이 쌍곡선 $\dfrac{x^2}{9}-\dfrac{y^2}{16}=1$의 두 초점을 F, F′이라 하고, 점 F를 지나는 직선이 쌍곡선과 만나는 두 점을 각각 P, Q라 하자. $\overline{PQ}=13$일 때, 삼각형 PF′Q의 둘레의 길이는?

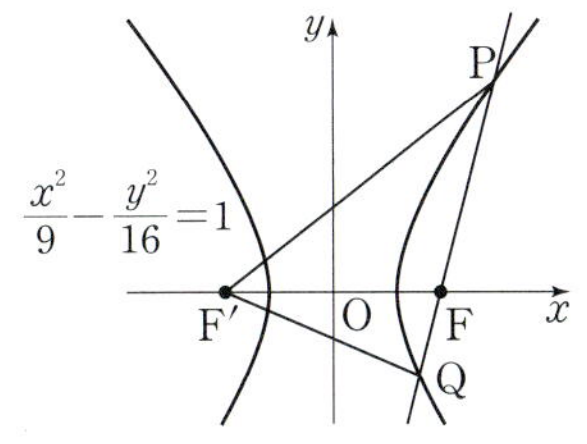

① 30   ② 32   ③ 34

④ 36   ⑤ 38

선생님 해설

쌍곡선 $\dfrac{x^2}{3^2}-\dfrac{y^2}{4^2}=1$의 주축의 길이는 $2\cdot3=6$이므로

$\overline{PF}=a \ (a>0)$, $\overline{QF}=b \ (b>0)$라 하면 쌍곡선의 정의에 의하여

$\overline{PF'}=a+6$, $\overline{QF'}=b+6$

이때 $\overline{PQ}=\overline{PF}+\overline{QF}=a+b=13$이므로 삼각형 PF′Q의 둘레의 길이는

$$\begin{aligned}\overline{PF'}+\overline{QF'}+\overline{PQ}&=\overline{PF'}+\overline{QF'}+\overline{PF}+\overline{QF}\\&=(a+6)+(b+6)+a+b\\&=2(a+b)+12\\&=2\cdot13+12=38\end{aligned}$$

답 ⑤

0254 그림과 같이 쌍곡선 $\dfrac{x^2}{4}-\dfrac{y^2}{5}=1$의 두 초점을 F, F′이라 하자. 제2사분면에 있는 쌍곡선 위의 한 점 P에 대하여 삼각형 PF′F가 $\overline{PF}=\overline{FF'}$인 이등변삼각형일 때, 삼각형 PF′F의 넓이는?

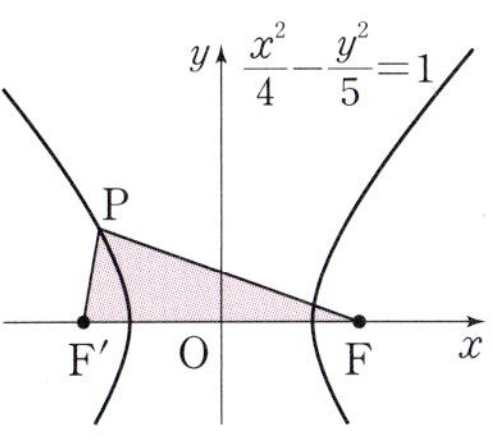

① $\sqrt{34}$ ② $\sqrt{35}$ ③ 6

④ $\sqrt{37}$ ⑤ $\sqrt{38}$

0255 그림과 같이 쌍곡선 $\dfrac{x^2}{6}-\dfrac{y^2}{4}=-1$의 두 초점 F, F′을 지름의 양 끝 점으로 하는 원이 쌍곡선과 제1사분면에서 만나는 점을 P라 할 때, $\tan(\angle PFF')$의 값을 구하시오.

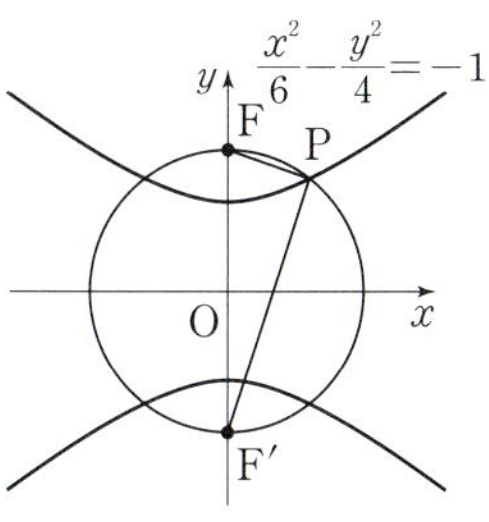

0256 x축 위의 두 점 F, F′에 대하여 원점을 중심으로 하고 두 점 F, F′을 초점으로 하는 쌍곡선과 두 점 F, F′을 지름의 양 끝 점으로 하는 원이 제1사분면에서 만나는 점을 P라 하자. 직선 PF′과 원점 사이의 거리가 3이고 쌍곡선의 주축의 길이가 2일 때, 선분 FF′의 길이를 구하시오.

(단, 점 F의 x좌표는 점 F′의 x좌표보다 크다.)

0257 그림과 같이 쌍곡선 $\dfrac{x^2}{4}-\dfrac{y^2}{8}=1$의 두 초점을 F, F′이라 하자. 제1사분면에 있는 쌍곡선 위의 점 P와 제2사분면에 있는 쌍곡선 위의 점 Q에 대하여 두 직선 QF와 PF′의 교점을 R라 하자. 두 직선 PF, QF′이 평행하고 $2\overline{PF}=\overline{QF'}$일 때, $\overline{RF'}-\overline{QF'}+\overline{RQ}$의 값은?

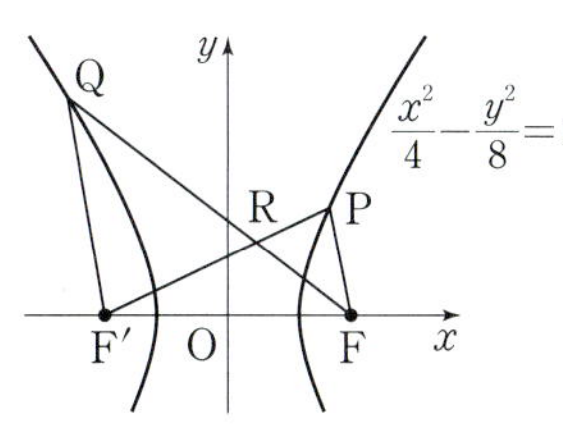

① $\dfrac{14}{3}$ ② 5   ③ $\dfrac{16}{3}$

④ $\dfrac{17}{3}$ ⑤ 6

유형 05 조건을 만족시키는 점이 나타내는 도형의 방정식

조건을 만족시키는 점이 나타내는 도형의 방정식은 다음과 같은 순서로 구한다.
❶ 구하는 점의 좌표를 (x, y)로 놓는다.
❷ 주어진 조건을 만족시키는 x, y 사이의 관계식을 구한다.

대표 예제

0258 쌍곡선 $\dfrac{x^2}{4}-\dfrac{y^2}{12}=1$ 위를 움직이는 점 P에 대하여 선분 OP를 $2 : 3$으로 외분하는 점을 Q라 할 때, 점 Q가 나타내는 도형은 쌍곡선이다. 이 쌍곡선의 두 초점 사이의 거리는?

(단, O는 원점이다.)

① 12 ② 14 ③ 16
④ 18 ⑤ 20

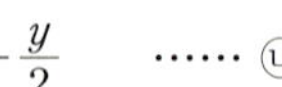
선생님 해설

쌍곡선 $\dfrac{x^2}{4}-\dfrac{y^2}{12}=1$ 위의 점 P의 좌표를 (a, b)라 하면

$$\dfrac{a^2}{4}-\dfrac{b^2}{12}=1 \qquad \cdots\cdots ㉠$$

선분 OP를 $2 : 3$으로 외분하는 점 Q의 좌표를 (x, y)라 하면

$$x=\dfrac{2a-0}{2-3}=-2a, \quad y=\dfrac{2b-0}{2-3}=-2b$$

$$\therefore a=-\dfrac{x}{2}, \ b=-\dfrac{y}{2} \qquad \cdots\cdots ㉡$$

㉡을 ㉠에 대입하면

$$\dfrac{\left(-\dfrac{x}{2}\right)^2}{4}-\dfrac{\left(-\dfrac{y}{2}\right)^2}{12}=1$$

$$\therefore \dfrac{x^2}{16}-\dfrac{y^2}{48}=1$$

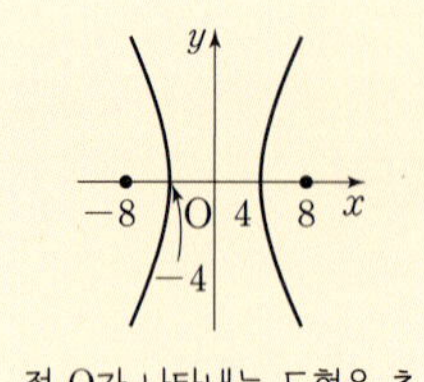

즉, 이 쌍곡선에서 $\sqrt{16+48}=8$이므로 두 초점은 $(8, 0)$, $(-8, 0)$이다.
따라서 두 초점 사이의 거리는 $|8-(-8)|=16$이다.

답 ③

0259 대표 예제 한 번 더
좌표평면 위의 점 $A(1, -2)$와 쌍곡선 $x^2-y^2=-15$ 위를 움직이는 점 P에 대하여 선분 AP의 중점을 Q라 할 때, 점 Q가 나타내는 도형의 방정식이 $ax^2+by^2+cx+dy=-1$ 이다. $a+b+c+d$의 값은? (단, a, b, c, d는 상수이다.)

① -1 ② -2 ③ -3
④ -4 ⑤ -5

0260
좌표평면 위의 임의의 점 P와 점 $A(2, 0)$ 사이의 거리를 d_1이라 하고 점 P와 직선 $x=-1$ 사이의 거리를 d_2라 하자. $d_1 : d_2=2 : 1$일 때, 점 P가 나타내는 도형은 쌍곡선이다. 이 쌍곡선의 주축의 길이는?

① 1 ② 2 ③ 4
④ 6 ⑤ 8

0261
쌍곡선 $\dfrac{(x+2)^2}{5}-\dfrac{(y-1)^2}{4}=1$을 점 $(2, 3)$에 대하여 대칭이동한 도형은 쌍곡선 $\dfrac{x^2}{5}-\dfrac{y^2}{4}=1$을 x축의 방향으로 m만큼, y축의 방향으로 n만큼 평행이동한 것과 같다. $m+n$의 값은?

① 7 ② 8 ③ 9
④ 10 ⑤ 11

0262 UP
타원 $x^2+\dfrac{y^2}{3}=1$이 x축과 만나는 두 점을 각각 $A(1, 0)$, $A'(-1, 0)$이라 하고 직선 $x=k \ (-1<k<1)$와 만나는 두 점을 각각 P, P′이라 하자. 이때 두 직선 AP′, A′P의 교점 Q가 나타내는 도형은 쌍곡선의 일부이다. 이 쌍곡선의 두 초점 사이의 거리를 구하시오.

(단, 점 P의 y좌표는 점 P′의 y좌표보다 크다.)

유형 06 쌍곡선과 직선의 위치 관계

쌍곡선 $\dfrac{x^2}{a^2}-\dfrac{y^2}{b^2}=1$과 직선 $y=mx+n$에 대하여

① $m=\pm\dfrac{b}{a}$인 경우

・ 한 점에서 만난다. $\Longleftrightarrow n\neq0$ → 직선 $y=mx+n$의 y절편이 0이 아니다.

・ 만나지 않는다. $\Longleftrightarrow n=0$ → 직선 $y=mx+n$의 y절편이 0이다.

② $m\neq\pm\dfrac{b}{a}$인 경우

쌍곡선 $\dfrac{x^2}{a^2}-\dfrac{y^2}{b^2}=1$의 방정식과 직선 $y=mx+n$의 방정식에서 한 문자를 소거하여 얻은 이차방정식 $(a^2m^2-b^2)x^2+2a^2mnx+a^2(n^2+b^2)=0$의 판별식을 D라 할 때

・ 서로 다른 두 점에서 만난다. $\Longleftrightarrow D>0$

・ 한 점에서 만난다. (접한다.) $\Longleftrightarrow D=0$

・ 만나지 않는다. $\Longleftrightarrow D<0$

🖐 대표 예제

0263 쌍곡선 $\dfrac{x^2}{2}-\dfrac{y^2}{8}=1$에 대하여 **┃보기┃**에서 옳은 것만을 있는 대로 고른 것은?

> ┃보기┃
> ㄱ. 직선 $2x+y=0$과 만나지 않는다.
> ㄴ. 직선 $2x-y+1=0$과 한 점에서 만난다.
> ㄷ. 직선 $x-2y-1=0$과 서로 다른 두 점에서 만난다.

① ㄱ   ② ㄷ   ③ ㄱ, ㄴ
④ ㄴ, ㄷ   ⑤ ㄱ, ㄴ, ㄷ

┃선생님 해설┃

ㄱ. 쌍곡선 $\dfrac{x^2}{(\sqrt{2})^2}-\dfrac{y^2}{(2\sqrt{2})^2}=1$의 점근선의 방정식은 $y=\pm2x$ 이다.

직선 $2x+y=0$, 즉 $y=-2x$는 쌍곡선의 점근선이므로 쌍곡선과 만나지 않는다. (참)

ㄴ. 직선 $2x-y+1=0$, 즉 $y=2x+1$의 기울기는 쌍곡선의 점근선의 기울기와 같다.

이때 (y절편)$=1\neq0$이므로 쌍곡선과 직선은 한 점에서 만난다. (참) → 직선 $y=2x+1$의 y절편이 0이 아니다.

ㄷ. $x-2y-1=0$에서 $x=2y+1$이므로 이를 주어진 쌍곡선에 대입하여 정리하면

$15y^2+16y-4=0$

이 이차방정식의 판별식을 D라 하면

$\dfrac{D}{4}=8^2-15\cdot(-4)>0$

즉, 쌍곡선과 직선은 서로 다른 두 점에서 만난다. (참)

따라서 옳은 것은 ㄱ, ㄴ, ㄷ이다.

답 ⑤

0264 **┃대표 예제┃ ┃한 번 더┃**

쌍곡선 $\dfrac{x^2}{4}-\dfrac{y^2}{9}=-1$에 대하여 **┃보기┃**에서 옳은 것만을 있는 대로 고른 것은?

> ┃보기┃
> ㄱ. 직선 $3x+2y-1=0$과 만나지 않는다.
> ㄴ. 직선 $x-y=0$과 한 점에서 만난다.
> ㄷ. 직선 $3x-y-2=0$과 서로 다른 두 점에서 만난다.

① ㄱ   ② ㄷ   ③ ㄱ, ㄴ
④ ㄴ, ㄷ   ⑤ ㄱ, ㄴ, ㄷ

0265

직선 $y=2x$를 x축의 방향으로 n만큼 평행이동하면 쌍곡선 $x^2-y^2=48$과 만날 때, 자연수 n의 최솟값을 구하시오.

0266

쌍곡선 $\dfrac{x^2}{4}-y^2=1$과 직선 $y=x+k$가 만나는 서로 다른 두 점을 각각 A, B라 하자. 점 A를 점 $(4, 1)$에 대하여 대칭이동한 점이 B일 때, 상수 k의 값은?

① -3 ② -4 ③ -5
④ -6 ⑤ -7

0267 **UP**

직선 $y=mx+n$이 n의 값에 관계없이 항상 쌍곡선 $\dfrac{x^2}{6}-\dfrac{y^2}{150}=1$과 교점을 갖도록 하는 정수 m의 개수를 구하시오.

유형 07 기울기가 주어진 쌍곡선의 접선의 방정식

① 쌍곡선 $\dfrac{x^2}{a^2}-\dfrac{y^2}{b^2}=1$에 접하고 기울기가 m인 직선의 방정식

➡ $y=mx\pm\sqrt{a^2m^2-b^2}$ (단, $a^2m^2-b^2>0$)

② 쌍곡선 $\dfrac{x^2}{a^2}-\dfrac{y^2}{b^2}=-1$에 접하고 기울기가 m인 직선의 방정식

➡ $y=mx\pm\sqrt{b^2-a^2m^2}$ (단, $b^2-a^2m^2>0$)

🖐 대표 예제

0268 쌍곡선 $11x^2-5y^2=55$에 접하고 직선 $y=2x$와 평행한 직선이 점 $(1, k)$를 지날 때, 양수 k의 값은?

① 1 　　　　② 3 　　　　③ 5

④ 7 　　　　⑤ 9

선생님 해설

직선 $y=2x$와 평행한 직선의 기울기는 2이므로 쌍곡선

$11x^2-5y^2=55$, 즉 $\dfrac{x^2}{5}-\dfrac{y^2}{11}=1$에 접하고 기울기가 2인 직선

의 방정식은

$y=2x\pm\sqrt{5\cdot 2^2-11}$ 　　∴ $y=2x\pm3$

이 직선이 점 $(1, k)$를 지나므로

$k=2\cdot1\pm3$ 　　∴ $k=-1$ 또는 $k=5$

따라서 양수 k의 값은 5이다.

답 ③

0269 대표 예제 한 번 더

쌍곡선 $\dfrac{x^2}{8}-\dfrac{y^2}{6}=-1$에 접하고 직선 $y=-2x$에 수직인

직선의 방정식이 $y=mx+n$일 때, $4m^2+n^2$의 값은?

(단, m, n은 상수이다.)

① 5 　　　　② 6 　　　　③ 7

④ 8 　　　　⑤ 9

0270

직선 $y=3x+2k-1$이 쌍곡선 $\dfrac{x^2}{k}-\dfrac{y^2}{2}=1$에 접할 때, 쌍

곡선의 주축의 길이는? $\left(\text{단, } k>\dfrac{1}{2}\right)$

① 2 　　　　② $2\sqrt{2}$ 　　　　③ $2\sqrt{3}$

④ 4 　　　　⑤ $2\sqrt{5}$

0271

두 점 $(1, a)$, $(-4, a-5)$를 지나는 직선이 쌍곡선

$x^2-5y^2=5$에 접할 때, 양수 a의 값은?

① $\dfrac{3}{2}$ 　　　　② 2 　　　　③ $\dfrac{5}{2}$

④ 3 　　　　⑤ $\dfrac{7}{2}$

0272

쌍곡선 $\dfrac{x^2}{3}-\dfrac{y^2}{2}=1$ 위의 점 P와 직선 $y=3x+2$ 사이의

거리의 최솟값은?

① 1 　　　　② $\dfrac{3\sqrt{10}}{10}$ 　　　　③ $\dfrac{3\sqrt{11}}{11}$

④ $\dfrac{\sqrt{3}}{2}$ 　　　　⑤ $\dfrac{3\sqrt{13}}{13}$

유형 08   쌍곡선 위의 점에서의 접선의 방정식

① 쌍곡선 $\dfrac{x^2}{a^2}-\dfrac{y^2}{b^2}=1$ 위의 점 $(x_1,\ y_1)$에서의 접선의 방정식

→ $\dfrac{x_1 x}{a^2}-\dfrac{y_1 y}{b^2}=1$

② 쌍곡선 $\dfrac{x^2}{a^2}-\dfrac{y^2}{b^2}=-1$ 위의 점 $(x_1,\ y_1)$에서의 접선의 방정식

→ $\dfrac{x_1 x}{a^2}-\dfrac{y_1 y}{b^2}=-1$

👍 대표 예제

0273 쌍곡선 $x^2-\dfrac{y^2}{2}=1$ 위의 점 $(3,\ -4)$에서의 접선과 원점 사이의 거리는?

① $\dfrac{\sqrt{10}}{10}$ ② $\dfrac{\sqrt{11}}{11}$ ③ $\dfrac{\sqrt{3}}{6}$

④ $\dfrac{\sqrt{13}}{13}$ ⑤ $\dfrac{\sqrt{14}}{14}$

선생님 해설

쌍곡선 $x^2-\dfrac{y^2}{2}=1$ 위의 점 $(3,\ -4)$에서의 접선의 방정식은

$3x-\dfrac{-4y}{2}=1$ $\therefore\ 3x+2y-1=0$

직선 $3x+2y-1=0$과 원점 사이의 거리는

$$\dfrac{|3\cdot 0+2\cdot 0-1|}{\sqrt{3^2+2^2}}=\dfrac{\sqrt{13}}{13}$$

답 ④

0274 대표 예제 | 한 번 더

쌍곡선 $5x^2-y^2=-20$ 위의 점 $(-1,\ 5)$에서의 접선과 평행하고 점 $(2,\ 4)$를 지나는 직선의 y절편은?

① 5   ② 6   ③ 7

④ 8   ⑤ 9

0275

쌍곡선 $\dfrac{x^2}{4}-\dfrac{y^2}{2}=1$ 위의 점 $(\alpha,\ \beta)$에서의 접선이 직선 $y=-\dfrac{4}{3}x$에 수직일 때, $\alpha^2+\beta^2$의 값은? (단, $\beta\neq 0$)

① 52   ② 53   ③ 54

④ 55   ⑤ 56

0276

쌍곡선 $x^2-y^2=3$ 위의 두 점 $P(2,\ 1)$, $Q(2,\ -1)$에서의 접선의 교점을 R라 할 때, 삼각형 PQR의 넓이는?

① $\dfrac{1}{2}$ ② 1   ③ $\dfrac{3}{2}$

④ 2   ⑤ $\dfrac{5}{2}$

0277

두 점 $F(5,\ 0)$, $F'(-5,\ 0)$을 초점으로 하는 쌍곡선 위의 점 $P(12,\ k)$에서의 접선이 x축과 만나는 점을 Q라 하자. 두 삼각형 PQF, PF'Q의 넓이의 비가 $2:3$일 때, k^2의 값은?

① 135   ② 137   ③ 139

④ 141   ⑤ 143

유형 09 쌍곡선 밖의 점에서 그은 접선의 방정식

쌍곡선 밖의 점 (p, q)에서 쌍곡선 $\dfrac{x^2}{a^2}-\dfrac{y^2}{b^2}=1$에 그은 접선의 방정식은 다음과 같은 두 가지 방법으로 구할 수 있다.

[방법 1] 쌍곡선과 접선의 접점의 좌표를 (x_1, y_1)로 놓고, 접선
$$\frac{x_1 x}{a^2}-\frac{y_1 y}{b^2}=1$$이 점 (p, q)를 지남을 이용한다.

[방법 2] 구하는 접선의 기울기를 m이라 하고, 접선
$$y=mx\pm\sqrt{a^2 m^2-b^2}$$이 점 (p, q)를 지남을 이용한다.

대표 예제

0278 점 $(1, 0)$에서 쌍곡선 $\dfrac{x^2}{4}-\dfrac{y^2}{3}=1$에 그은 접선 중 기울기가 양수인 직선의 y절편은?

① -5　　　　② -4　　　　③ -3

④ -2　　　　⑤ -1

선생님 해설

점 $(1, 0)$에서 쌍곡선 $\dfrac{x^2}{4}-\dfrac{y^2}{3}=1$에 그은 접선의 접점의 좌표를 (x_1, y_1)이라 하면 쌍곡선 위의 점 (x_1, y_1)에서의 접선의 방정식은 $\dfrac{x_1 x}{4}-\dfrac{y_1 y}{3}=1$

이 직선이 점 $(1, 0)$을 지나므로

$\dfrac{x_1}{4}=1$　　$\therefore x_1=4$　　…… ㉠

점 (x_1, y_1)은 쌍곡선 $\dfrac{x^2}{4}-\dfrac{y^2}{3}=1$ 위에 있으므로

$\dfrac{x_1^2}{4}-\dfrac{y_1^2}{3}=1,\ 4-\dfrac{y_1^2}{3}=1\ (\because ㉠)$

$y_1^2=9$　　$\therefore y_1=-3$ 또는 $y_1=3$

$\therefore y=-x+1$ 또는 $y=x-1$

따라서 기울기가 양수인 직선의 방정식은 $y=x-1$이므로 이 직선의 y절편은 -1이다.

● 다른 풀이 ●

쌍곡선 $\dfrac{x^2}{4}-\dfrac{y^2}{3}=1$에 접하고 기울기가 $m\ (m>0)$인 직선의 방정식은 $y=mx\pm\sqrt{4m^2-3}$

(i) 접선이 $y=mx+\sqrt{4m^2-3}$인 경우
　　이 직선이 점 $(1, 0)$을 지나므로 $m=-\sqrt{4m^2-3}$
　　그런데 $m>0$이므로 모순이다.　　양수　음수

(ii) 접선이 $y=mx-\sqrt{4m^2-3}$인 경우
　　이 직선이 점 $(1, 0)$을 지나므로 $m=\sqrt{4m^2-3}$
　　위의 식의 양변을 제곱하면 $m^2=4m^2-3$
　　$\therefore m=1\ (\because m>0)$　　$\therefore y=x-1$

(i), (ii)에서 조건을 만족시키는 직선의 방정식은 $y=x-1$이다.

답 ⑤

0279 [대표 예제] [한 번 더]

점 $\left(0, \dfrac{1}{2}\right)$에서 쌍곡선 $2x^2-y^2=2$에 그은 접선 중 기울기가 음수인 직선이 점 $(5, k)$를 지날 때, k의 값은?

① -7　　　　② -6　　　　③ -5

④ -4　　　　⑤ -3

0280 점 $\left(-\dfrac{5}{2}, 2\right)$에서 쌍곡선 $\dfrac{x^2}{4}-\dfrac{y^2}{2}=1$에 그은 두 접선의 기울기를 각각 m_1, m_2라 할 때, m_1+m_2의 값은?

① $-\dfrac{40}{9}$　　　　② $-\dfrac{38}{9}$　　　　③ -4

④ $-\dfrac{34}{9}$　　　　⑤ $-\dfrac{32}{9}$

0281 점 $(4, 4)$에서 쌍곡선 $4x^2-5y^2=4$에 그은 두 접선의 접점을 각각 P, Q라 할 때, 선분 PQ의 길이는?

① $\sqrt{38}$　　　　② $\sqrt{39}$　　　　③ $2\sqrt{10}$

④ $\sqrt{41}$　　　　⑤ $\sqrt{42}$

0282 직선 $y=x+1$ 위의 점 $P(a, b)$에서 쌍곡선 $\dfrac{x^2}{9}-\dfrac{y^2}{4}=1$에 그은 두 접선이 서로 수직일 때, $a+b$의 값을 구하시오.
(단, $0<a<3$)

유형 10 쌍곡선과 포물선, 타원

쌍곡선과 포물선 또는 타원의 초점을 확인하고, 쌍곡선의 정의와 포물선의 정의 또는 타원의 정의를 이용하여 문제를 해결한다.

🔵 대표 예제

0283 그림과 같이 두 초점 F, F′을 공유하는 타원 $\dfrac{x^2}{49}+\dfrac{y^2}{33}=1$과 쌍곡선 $3x^2-y^2=12$가 제1사분면에서 만나는 점 P에 대하여 $\overline{\text{PF}}:\overline{\text{PF}'}=m:n$이 성립한다. $m+n$의 값을 구하시오. (단, m과 n은 서로소인 자연수이다.)

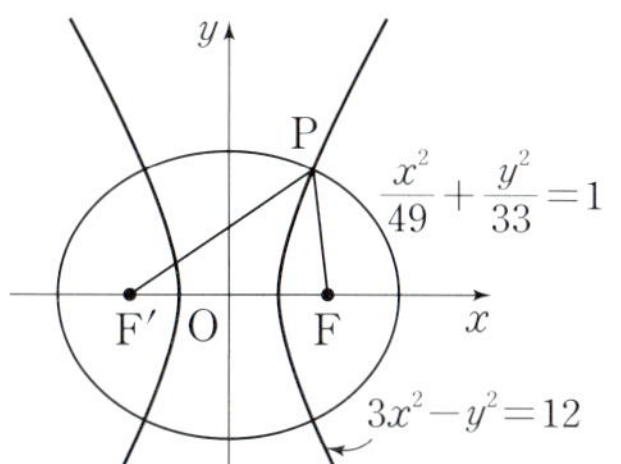

선생님 해설

$\overline{\text{PF}}=s,\ \overline{\text{PF}'}=t\ (s<t)$라 하자.

타원 $\dfrac{x^2}{49}+\dfrac{y^2}{33}=1$의 장축의 길이는 $2\cdot7=14$이므로 타원의 정의에 의하여

$s+t=14$ ······ ㉠

쌍곡선 $3x^2-y^2=12$, 즉 $\dfrac{x^2}{4}-\dfrac{y^2}{12}=1$의 주축의 길이는 $2\cdot2=4$이므로 쌍곡선의 정의에 의하여

$t-s=4$ ······ ㉡

㉠, ㉡을 연립하여 풀면 $s=5,\ t=9$

따라서 $\overline{\text{PF}}:\overline{\text{PF}'}=5:9$이므로 $m=5,\ n=9$

$\therefore\ m+n=5+9=14$

●**답** 14

0284 그림과 같이 두 점 F, F′을 초점으로 하는 쌍곡선 C_1과 원점을 꼭짓점, 점 F를 초점으로 하는 포물선 C_2가 있다. 쌍곡선과 포물선이 제1사분면에서 만나는 점을 P, 쌍곡선의 두 꼭짓점을 각각 A, B라 하자. $\overline{\text{AB}}=2,\ \overline{\text{PF}}=5$일 때, 삼각형 APB의 넓이는?

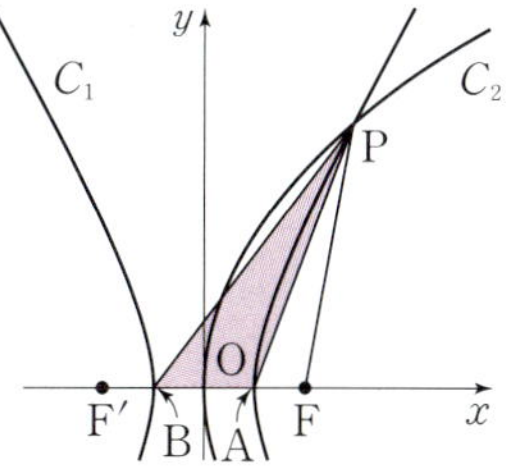

① $2\sqrt{6}$ ② 5 ③ $\sqrt{26}$

④ $3\sqrt{3}$ ⑤ $2\sqrt{7}$

0285 그림과 같이 포물선 $y^2=8x$와 쌍곡선 $x^2-\dfrac{y^2}{3}=1$이 제1사분면에서 만나는 점을 P라 하고, 점 P를 중심으로 하고 직선 $x=-2$에 접하는 원을 C라 하자. 점 A$(-2,\ 0)$에 대하여 선분 AP와 원 C의 교점을 Q라 할 때, 선분 AQ의 길이를 구하시오.

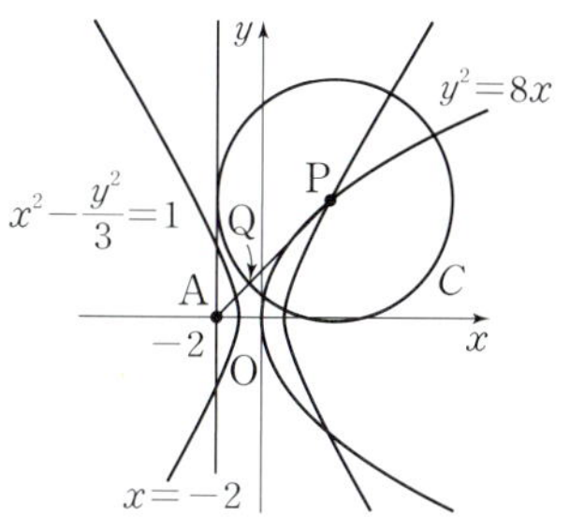

0286 그림과 같이 포물선 $y^2=16x$와 쌍곡선 $\dfrac{x^2}{a^2}-\dfrac{y^2}{b^2}=-1$이 제1사분면에서 직선 $y=mx+2$에 동시에 접한다. 쌍곡선의 두 초점 사이의 거리가 6일 때, a^2-b^2의 값은? (단, $a,\ b$는 상수이고 $m>0$이다.)

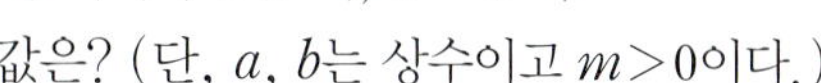

① -7 ② -4 ③ -1

④ 2 ⑤ 5

0287 그림과 같이 두 초점 F, F′을 공유하는 타원 $\dfrac{x^2}{25}+\dfrac{y^2}{a^2}=1$과 쌍곡선 $x^2-\dfrac{y^2}{b^2}=1$이 제1사분면에서 만나는 점을 P라 하자. $\overline{\text{OP}}=\sqrt{10}$일 때, b^2-a^2의 값을 구하시오.

(단, O는 원점이고 $a,\ b$는 상수이다.)

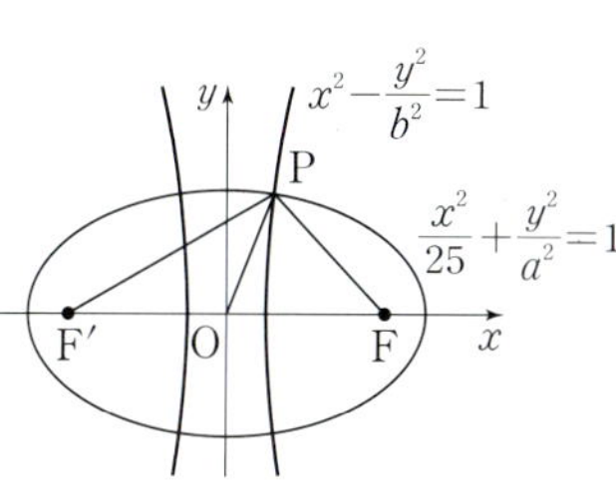

유형 11 이차곡선

이차방정식 $Ax^2+By^2+Cxy+Dx+Ey+F=0$이 나타내는 도형은 다음과 같은 순서로 파악한다.
❶ 이차방정식을 $A(x-a)^2+B(y-b)^2=c$ 꼴로 변형한다.
❷ A, B의 값과 부호에 따라 이차곡선을 분류한다.
❸ c의 값에 따라 실제로 이차곡선이 존재하는지 확인한다.

🖐 대표 예제

0288 이차방정식
$$(a-3)x^2+y^2+3x+2by+3=0$$
이 나타내는 도형이 꼭짓점이 x축 위에 있는 포물선일 때, $a+b$의 값은? (단, a, b는 상수이다.)

① 1   ② 2   ③ 3
④ 4   ⑤ 5

선생님 해설

$(a-3)x^2+y^2+3x+2by+3=0$이 나타내는 도형이 포물선이므로
$a-3=0$ $\therefore a=3$
$y^2+3x+2by+3=0$에서
$(y+b)^2=-3(x+1)+b^2$
$\therefore (y+b)^2=-3\left(x+1-\dfrac{b^2}{3}\right)$

> 포물선의 방정식은 x^2의 계수와 y^2의 계수 중 하나만 0이야.

이 포물선의 꼭짓점의 좌표는 $\left(\dfrac{b^2}{3}-1,\ -b\right)$이고, 이 점이 x축 위에 있으므로
$b=0$
$\therefore a+b=3+0=3$

답 ③

0289 이차방정식
$$x^2+2y^2-2x+8y+a=0$$
이 나타내는 도형이 타원이 되도록 하는 자연수 a의 최댓값은?

① 5   ② 6   ③ 7
④ 8   ⑤ 9

0290 이차방정식
$$2x^2+a^2y^2-ay^2-6y^2+4x-1=0$$
이 나타내는 도형이 쌍곡선이 되도록 하는 정수 a의 개수는?

① 1   ② 2   ③ 3
④ 4   ⑤ 5

0291 이차방정식
$$(a-5)x^2+ay^2+2ay+2a-1=0$$
이 나타내는 도형이 주축이 x축과 평행한 쌍곡선이 되도록 하는 자연수 a의 개수는?

① 1   ② 2   ③ 3
④ 4   ⑤ 5

0292 이차곡선
$$(a+3)(x+3)^2+(4-a)(4-y)^2=a+2$$
위의 점 $P(x,\ y)$에 대하여 x^2+y^2이 최댓값을 갖도록 하는 상수 a의 값인 것만을 **│보기│**에서 있는 대로 고른 것은?

│ 보기 │

ㄱ. -3 ㄴ. $-\dfrac{7}{5}$
ㄷ. $\dfrac{3}{2}$ ㄹ. 3

① ㄱ, ㄴ   ② ㄱ, ㄹ   ③ ㄴ, ㄷ
④ ㄷ, ㄹ   ⑤ ㄴ, ㄷ, ㄹ

0293

• 유형 01 •

원점을 중심으로 하는 쌍곡선 C에 대하여 x좌표가 양수인 초점과 꼭짓점을 각각 F, A라 하자. 점 A가 선분 OF의 중점이고 쌍곡선 C가 점 $(3, -3\sqrt{2})$를 지날 때, 쌍곡선의 주축의 길이는? (단, O는 원점이다.)

① $2\sqrt{3}$ ② $\sqrt{13}$ ③ $\sqrt{14}$
④ $\sqrt{15}$ ⑤ 4

0294

• 유형 03 •

쌍곡선 $4x^2 - a^2y^2 - 8ax + 4a^3y - 4a^4 = 0$의 두 점근선이 y축과 만나는 두 점을 각각 P, Q라 하자. 점 A$(5, 3)$에 대하여 삼각형 APQ의 넓이는? (단, $a > 0$)

① 2   ② 4   ③ 6
④ 8   ⑤ 10

0295

• 유형 02 •

그림과 같이 쌍곡선 $\dfrac{x^2}{15} - \dfrac{y^2}{5} = 1$의 두 초점을 지름의 양 끝 점으로 하는 원을 C라 하자. 원 C가 이 쌍곡선의 점근선과 제1사분면에서 만나는 점을 P, 제4사분면에서 만나는 점을 Q라 할 때, 부채꼴 POQ의 넓이는?

(단, O는 원점이다.)

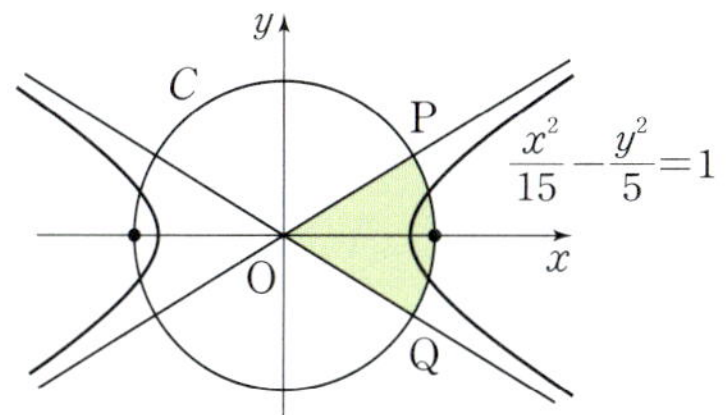

① 3π ② $\dfrac{10}{3}\pi$ ③ $\dfrac{11}{3}\pi$
④ 4π ⑤ $\dfrac{13}{4}\pi$

0296

• 유형 07 •

초점이 x축 위에 있고 점근선의 방정식이 $y = \pm 2x$인 쌍곡선에 직선 $y = \sqrt{7}x - 3$이 접한다. 쌍곡선이 점 $(2, k)$를 지날 때, 양수 k의 값은?

① 2   ② $2\sqrt{2}$ ③ $2\sqrt{3}$
④ 4   ⑤ $2\sqrt{5}$

0297

• 유형 08 •

쌍곡선 $\dfrac{x^2}{a^2} - \dfrac{y^2}{b^2} = 1$ 위의 점 $(5, 3)$에서의 접선이 x축의 양의 방향과 이루는 각의 크기가 $45°$일 때, 쌍곡선의 두 초점 사이의 거리는?

① 7   ② 8   ③ 9
④ 10   ⑤ 11

0298

• 유형 04 •

그림과 같이 쌍곡선 $\dfrac{x^2}{16} - \dfrac{y^2}{9} = 1$의 제1사분면 위의 점 P와 한 초점 F, x축 위의 점 Q에 대하여 삼각형 PFQ가 정삼각형을 이룰 때, 점 Q의 x좌표는?

(단, 두 점 F, Q의 x좌표는 양수이다.)

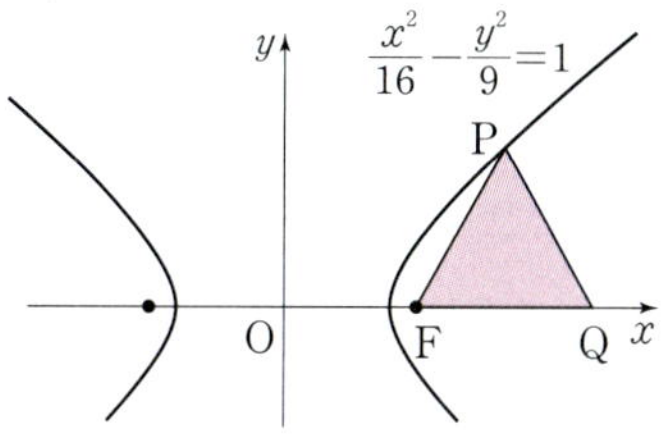

① 8   ② 9   ③ 10
④ 11   ⑤ 12

0299
· 유형 06 ·

쌍곡선 $\dfrac{x^2}{2}-y^2=1$과 직선 $y=x+k$가 서로 다른 두 점 P, Q에서 만난다. $\overline{PQ}=2\sqrt{14}$일 때, 양수 k의 값은?

① $\dfrac{\sqrt{2}}{2}$ ② $\sqrt{2}$ ③ $\dfrac{3\sqrt{2}}{2}$

④ $2\sqrt{2}$ ⑤ $\dfrac{5\sqrt{2}}{2}$

0300
· 유형 10 ·

타원 $\dfrac{x^2}{25}+\dfrac{y^2}{21}=1$의 두 초점 중 x좌표가 더 큰 점을 F_1, 쌍곡선 $\dfrac{(x-1)^2}{4}-\dfrac{y^2}{5}=1$의 두 초점 중 x좌표가 더 큰 점을 F_2라 하자. 타원과 쌍곡선이 제2사분면에서 만나는 점을 P라 할 때, 삼각형 PF_1F_2의 둘레의 길이는?

① 16 ② 17 ③ 18

④ 19 ⑤ 20

0301
· 유형 01 + 유형 02 ·

두 쌍곡선 $C_1: \dfrac{x^2}{a^2}-\dfrac{y^2}{4}=1$, $C_2: \dfrac{x^2}{4}-\dfrac{y^2}{b^2}=1$이 다음 조건을 만족시킬 때, a^2+b^2의 값은? (단, $a>0$, $b>0$)

(가) 두 쌍곡선 C_1, C_2의 점근선 중 기울기가 양수인 점근선이 서로 일치한다.
(나) 쌍곡선 C_2의 두 초점 사이의 거리는 쌍곡선 C_1의 두 초점 사이의 거리의 2배이다.

① 16 ② 17 ③ 18

④ 19 ⑤ 20

0302
· 유형 08 ·

그림과 같이 쌍곡선 $x^2-y^2=k$의 제1사분면 위의 점 $P(a, 2)$에서의 접선 l에 수직이고 원점을 지나는 직선 m이 쌍곡선과 제2사분면에서 만나는 점을 Q라 하자. $\overline{PQ}=8$일 때, $a+k$의 값은? (단, $k>0$)

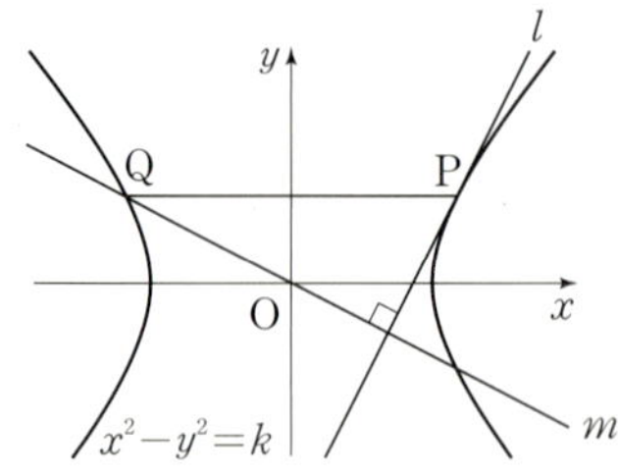

① 16 ② 17 ③ 18

④ 19 ⑤ 20

0303
사고력
· 유형 09 ·

직선 $x=1$ 위에 있는 서로 다른 두 점 P, Q에서 각각 쌍곡선 $\dfrac{x^2}{5}-\dfrac{y^2}{5}=1$에 그을 수 있는 접선이 유일할 때, 선분 PQ의 길이는?

① 1 ② $\sqrt{2}$ ③ $\sqrt{3}$

④ 2 ⑤ $\sqrt{5}$

0304
창의력 +
· 유형 02 + 유형 04 ·

두 초점이 $F(c, 0)$, $F'(-c, 0)$인 쌍곡선 $\dfrac{x^2}{12}-\dfrac{y^2}{4}=1$의 제1사분면 위의 점 P와 점 $A(8, 3)$에 대하여 $\overline{PF'}-\overline{PA}$의 최댓값이 $a+b\sqrt{3}$일 때, $a+b$의 값은?
(단, a, b는 유리수이고 c는 양수이다.)

① 6 ② 7 ③ 8

④ 9 ⑤ 10

서술형 문제

0305

• 유형 07 •

쌍곡선 $\dfrac{x^2}{a^2}-\dfrac{y^2}{b^2}=-1$에 접하고 기울기가 m인 직선의 방정식을 구하시오.

✓ 필요 개념 및 공식
☐ 이차방정식의 판별식 ☐ 기울기가 주어진 쌍곡선의 접선의 방정식

0306

• 유형 01 + 유형 02 •

쌍곡선 $x^2-y^2=-k$의 꼭짓점 중 y좌표가 양수인 점을 지나고 x축에 평행한 직선과 쌍곡선의 두 점근선으로 둘러싸인 삼각형의 넓이가 5일 때, 양수 k의 값을 구하시오.

✓ 필요 개념 및 공식
☐ 쌍곡선의 방정식 ☐ 쌍곡선의 점근선

0307

• 유형 07 + 유형 09 •

쌍곡선 $\dfrac{x^2}{7}-\dfrac{y^2}{9}=1$의 두 초점을 F, F′이라 하자. 이 쌍곡선에 접하고 기울기가 m인 직선이 선분 FF′을 1 : 3으로 내분하는 점을 지날 때, 상수 m의 값을 구하시오.

(단, 점 F의 x좌표는 양수이고 $m\neq0$이다.)

✓ 필요 개념 및 공식
☐ 쌍곡선의 초점 ☐ 선분의 내분점
☐ 기울기가 주어진 쌍곡선의 접선의 방정식 ☐ 쌍곡선 밖의 점에서 그은 접선의 방정식

0308

• 유형 01 + 유형 03 •

주축이 x축에 평행하고 중심의 x좌표가 -1인 쌍곡선이 세 점 $(1,\ 1)$, $(5,\ 5)$, $(5,\ -3)$을 지날 때, 쌍곡선의 방정식을 구하시오.

✓ 필요 개념 및 공식
☐ 쌍곡선의 방정식 ☐ 쌍곡선의 평행이동

0309

• 유형 05 •

원 $x^2+y^2=8$ 위의 점 P와 점 A$(4,\ 0)$에 대하여 선분 AP의 수직이등분선이 직선 OP와 만나는 점 Q가 나타내는 도형은 쌍곡선이다. 이 쌍곡선의 초점과 주축의 길이를 구하시오. (단, O는 원점이다.)

✓ 필요 개념 및 공식
☐ 삼각형의 합동 ☐ 쌍곡선의 정의 ☐ 쌍곡선의 초점

0310

• 유형 02 •

그림과 같이 한 초점이 F이고 한 점근선의 방정식이 $y=x$인 쌍곡선 $\dfrac{x^2}{a^2}-\dfrac{y^2}{18}=1$ 위를 움직이는 점 P가 있다. 점 F를 직선 OP에 대하여 대칭이동한 점을 X라 하자. $0°\leq\angle POF\leq30°$일 때, 점 X가 나타내는 도형의 길이를 구하시오.

(단, 점 F의 x좌표는 양수이고 O는 원점이다.)

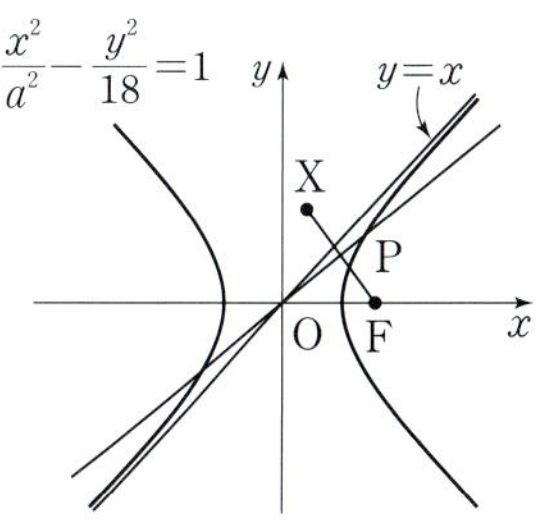

✓ 필요 개념 및 공식
☐ 쌍곡선의 점근선 ☐ 쌍곡선의 초점 ☐ 이등변삼각형의 성질
☐ 원의 정의 ☐ 부채꼴의 호의 길이

안녕 얘들아~ 서지완 선생님이야.
선생님은 기울기가 주어진 이차곡선의 접선의 방정식을 쉽게 암기하는 꿀팁을
전수해주려 해. 아쉽게도 포물선은 없으니 원, 타원, 쌍곡선의
접선의 방정식을 쉽게 구하는 방법을 함께 따라 해 볼까?

먼저 아래와 같이 $\dfrac{x^2}{\heartsuit}+\dfrac{y^2}{\bigstar}=1$ 꼴로 변형해야 해. 이때 우변은 1이어야 해!

원: $x^2+y^2=r^2 \implies \dfrac{x^2}{r^2}+\dfrac{y^2}{r^2}=1$

타원: $\dfrac{x^2}{a^2}+\dfrac{y^2}{b^2}=1 \implies$ 그대로

쌍곡선: $\dfrac{x^2}{a^2}-\dfrac{y^2}{b^2}=1 \implies \dfrac{x^2}{a^2}+\dfrac{y^2}{-b^2}=1,\ \dfrac{x^2}{a^2}-\dfrac{y^2}{b^2}=-1 \implies \dfrac{x^2}{-a^2}+\dfrac{y^2}{b^2}=1$

이렇게 변형한 이차곡선에 접하고 기울기가 m인 직선의 방정식은 모두
$$y=mx\pm\sqrt{\heartsuit x^2+\bigstar}$$
과 같아. 지금 바로 만들어 보고 앞에서 배운 공식과 비교해 봐!

안녕~ 여러분. 최승호 샘이야~
처음으로 배운 이차곡선은 어땠니?
낯선 정의, 복잡한 계산과 공식, 더 다양해진 문제들까지.
우리는 이미 CPR을 통해 낯선 문제는 있어도 우리가 풀지 못할 문제는
없다는 것을 알고 있어. 아직은 익숙하지 않은 이차곡선도 CPR과 함께
복습한다면 결국 우리에게 쉬운 문제가 될 수 있을 거야.
선생님은 여러분과 CPR을 믿고 있단다.
게다가 이차곡선은 원과 더불어 우리 생활의 많은 분야에서 실제로
활용되고 있는 곡선들이지.
안테나, 교량설계, 항법장치 등 다양한 분야에서 실제로 쓰이고 있는
포물선, 타원, 쌍곡선의 활용 사례들을 찾아본다면 이차곡선이 우리 생활의
바탕이 되고 있다는 사실을 직접 느낄 수 있을 거야.
물론 이차곡선에 대한 흥미와 관심을 높이는 좋은 보조수단이
될 것으로 생각해.
그럼 이제 벡터를 향해 나아가 볼까?

Ⅱ. 평면벡터

개념 체크 Concept

개념 01 벡터

(1) 벡터의 뜻

① 벡터 : 크기와 방향을 함께 가지는 양
　→ 화살표 방향은 벡터의 방향을 나타낸다.

② $\overrightarrow{AB}$: 방향이 점 A에서 점 B로 향하고 크기가 선분 AB의 길이와 같은 벡터

③ 시점과 종점 : $\overrightarrow{AB}$에서 점 A를 $\overrightarrow{AB}$의 시점, 점 B를 $\overrightarrow{AB}$의 종점이라 한다.

④ $|\overrightarrow{AB}|$: 벡터 $\overrightarrow{AB}$의 크기 ➡ $|\overrightarrow{AB}|=\overline{AB}$

⑤ 단위벡터 : 크기가 1인 벡터

⑥ 영벡터 : 시점과 종점이 일치하는 벡터를 영벡터라 하고, 기호로 $\vec{0}$와 같이 나타낸다. → $\overrightarrow{AA}=\overrightarrow{BB}=\vec{0}$

참고 벡터를 한 문자로 $\vec{a}$와 같이 나타낸다.

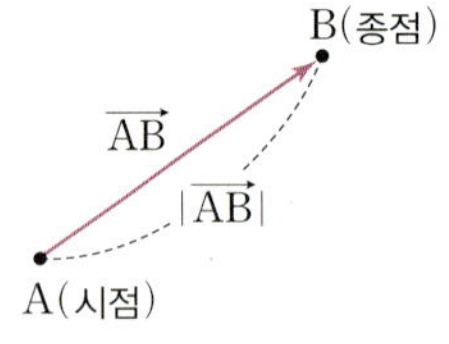

(2) 서로 같은 벡터

두 벡터 $\vec{a}$, $\vec{b}$의 크기와 방향이 각각 같을 때, 두 벡터는 서로 같다고 하고, 기호로 $\vec{a}=\vec{b}$와 같이 나타낸다.

(3) 크기가 같고 방향이 반대인 벡터

벡터 $\vec{a}$와 크기는 같지만 방향이 반대인 벡터를 기호로 $-\vec{a}$와 같이 나타낸다.

[0311~0312] 다음 벡터의 시점과 종점을 각각 구하시오.

0311 $\overrightarrow{AB}$ 　　　　 **0312** $\overrightarrow{BA}$

[0313~0314] 그림과 같은 $\overline{AB}=3$, $\overline{AD}=4$인 직사각형 ABCD에서 다음 벡터의 크기를 구하시오.

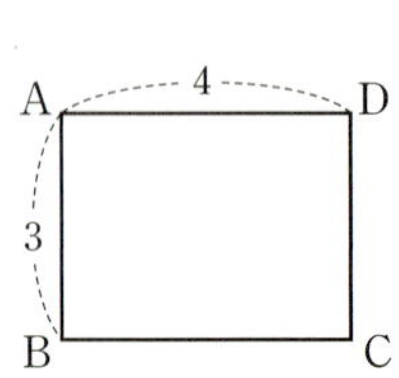

0313 $\overrightarrow{BC}$ 　　 **0314** $\overrightarrow{AC}$

[0315~0318] 그림을 보고 다음 조건을 만족시키는 벡터를 모두 구하시오.

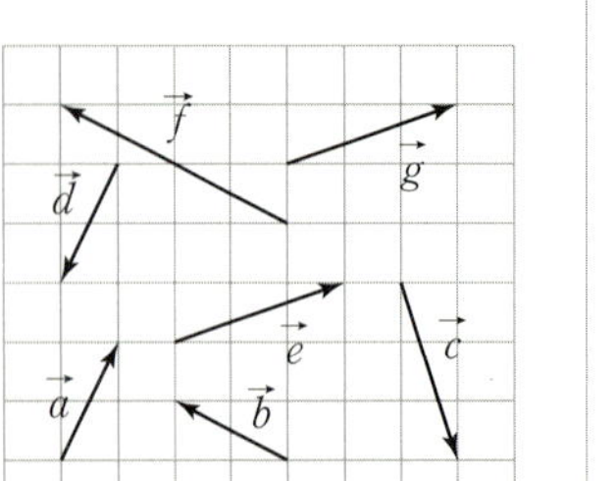

0315 크기가 같은 벡터

0316 방향이 같은 벡터

0317 서로 같은 벡터

0318 크기가 같고 방향이 반대인 벡터

개념 02 벡터의 덧셈과 뺄셈

(1) 벡터의 덧셈

① $\vec{a}=\overrightarrow{AB}$, $\vec{b}=\overrightarrow{BC}$일 때
$$\vec{a}+\vec{b}=\overrightarrow{AB}+\overrightarrow{BC}=\overrightarrow{AC}$$

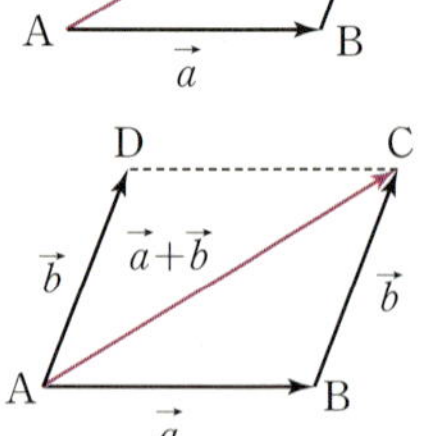

② 평행사변형 ABCD에서
$\vec{a}=\overrightarrow{AB}$, $\vec{b}=\overrightarrow{AD}$일 때
$$\vec{a}+\vec{b}=\overrightarrow{AB}+\overrightarrow{AD}=\overrightarrow{AC}$$

③ 영벡터 $\vec{0}$와 벡터 $\vec{a}$에 대하여
$$\vec{a}+\vec{0}=\vec{a},\ \vec{a}+(-\vec{a})=\vec{0}$$
가 성립한다.

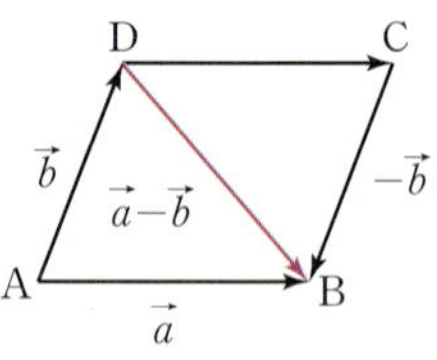

(2) 벡터의 덧셈에 대한 연산 법칙

세 벡터 $\vec{a}$, $\vec{b}$, $\vec{c}$에 대하여

① 교환법칙 : $\vec{a}+\vec{b}=\vec{b}+\vec{a}$

② 결합법칙 : $(\vec{a}+\vec{b})+\vec{c}=\vec{a}+(\vec{b}+\vec{c})$

(3) 벡터의 뺄셈

평행사변형 ABCD에서
$\vec{a}=\overrightarrow{AB}$, $\vec{b}=\overrightarrow{AD}$일 때,
$$\vec{a}-\vec{b}=\overrightarrow{AB}-\overrightarrow{AD}=\overrightarrow{DB}$$
　→ $\vec{a}+(-\vec{b})$

[0319~0320] 두 벡터 $\vec{a}$, $\vec{b}$가 그림과 같이 주어질 때, $\vec{a}+\vec{b}$를 그림으로 나타내시오.

0319 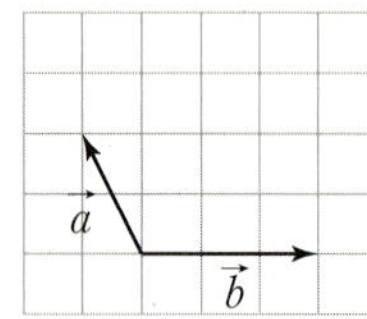 　　 **0320** 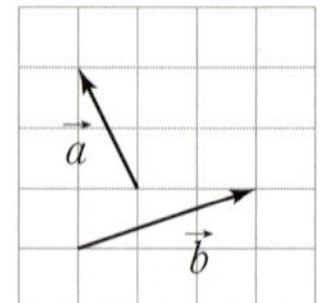

[0321~0322] 두 벡터 $\vec{a}$, $\vec{b}$가 그림과 같이 주어질 때, $\vec{a}-\vec{b}$를 그림으로 나타내시오.

0321 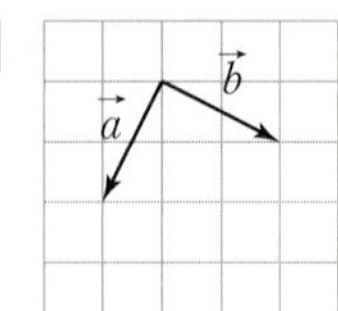 　　 **0322** 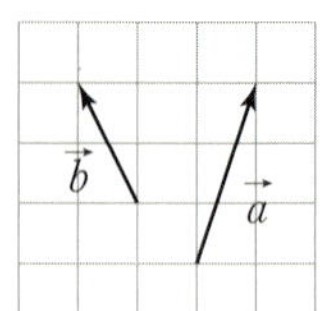

[0323~0325] 다음을 간단히 하시오.

0323 $\overrightarrow{AB}+\overrightarrow{BC}+\overrightarrow{CD}$

0324 $\overrightarrow{AD}-\overrightarrow{BD}+\overrightarrow{BC}$

0325 $\overrightarrow{BA}+\overrightarrow{CB}+\overrightarrow{DC}+\overrightarrow{AD}$

[0326~0327] 그림과 같이 마름모 ABCD의 두 대각선의 교점 O에 대하여 $\overrightarrow{OA}=\vec{a}$, $\overrightarrow{OD}=\vec{b}$라 할 때, 다음 벡터를 $\vec{a}$, $\vec{b}$로 나타내시오.

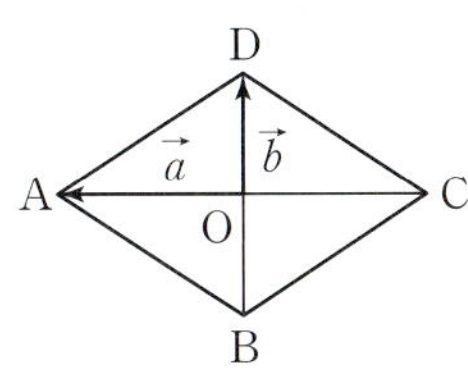

0326 $\overrightarrow{AD}$

0327 $\overrightarrow{BA}$

 벡터의 실수배

(1) **벡터의 실수배**

실수 k와 벡터 $\vec{a}$의 곱 $k\vec{a}$를 $\vec{a}$의 실수배라 한다.

① $\vec{a}\neq\vec{0}$일 때

  (i) $k>0$이면 $k\vec{a}$는 $\vec{a}$와 방향이 같고 크기가 $k|\vec{a}|$인 벡터이다.

  (ii) $k=0$이면 $k\vec{a}=\vec{0}$이다.

  (iii) $k<0$이면 $k\vec{a}$는 $\vec{a}$와 방향이 반대이고 크기가 $|k||\vec{a}|$인 벡터이다.

② $\vec{a}=\vec{0}$일 때, $k\vec{a}=\vec{0}$

참고 $\vec{a}\neq\vec{0}$일 때, $\dfrac{\vec{a}}{|\vec{a}|}$는 $\vec{a}$와 방향이 같고 크기가 1인 벡터, 즉 단위벡터이다.

(2) **벡터의 실수배에 대한 연산 법칙**

실수 k, l과 벡터 $\vec{a}$, $\vec{b}$에 대하여

① 결합법칙 : $k(l\vec{a})=(kl)\vec{a}$

② 분배법칙 : $(k+l)\vec{a}=k\vec{a}+l\vec{a}$, $k(\vec{a}+\vec{b})=k\vec{a}+k\vec{b}$

[0328~0329] 두 벡터 $\vec{a}$, $\vec{b}$가 그림과 같을 때, 다음 벡터를 점 P를 시점으로 하여 그림으로 나타내시오.

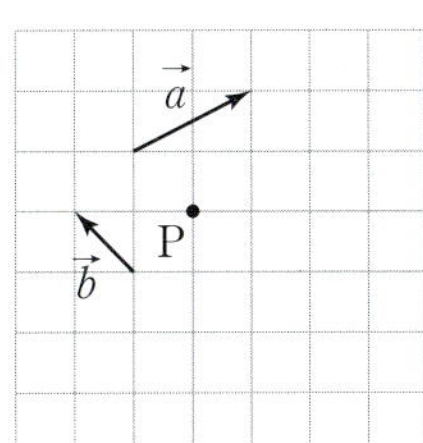

0328 $2\vec{a}$

0329 $\vec{a}-2\vec{b}$

[0330~0331] 두 벡터 $\vec{a}$, $\vec{b}$가 그림과 같을 때, 다음 벡터를 $\vec{a}$, $\vec{b}$로 나타내시오.

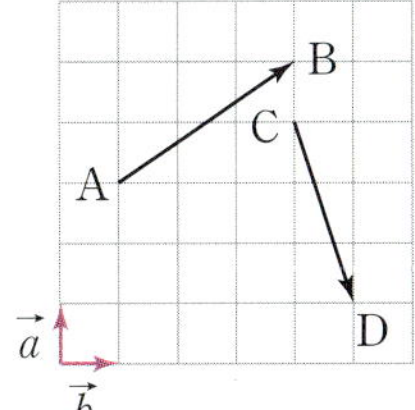

0330 $\overrightarrow{AB}$

0331 $\overrightarrow{CD}$

[0332~0333] 다음을 간단히 하시오.

0332 $2(\vec{a}+\vec{b})+3(2\vec{a}-3\vec{b})$

0333 $4(\vec{a}+\vec{b}-2\vec{c})-(2\vec{a}+3\vec{b}-5\vec{c})$

[0334~0335] 다음을 만족시키는 벡터 $\vec{x}$를 $\vec{a}$, $\vec{b}$로 나타내시오.

0334 $2\vec{a}-\vec{x}=\vec{a}+3\vec{b}$

0335 $2(\vec{a}+\vec{x})=3(\vec{b}+\vec{x})$

 벡터의 평행

(1) **벡터의 평행**

영벡터가 아닌 두 벡터 $\vec{a}$, $\vec{b}$의 방향이 같거나 반대일 때, $\vec{a}$, $\vec{b}$는 서로 평행하다고 하고, 기호로 $\vec{a}/\!/\vec{b}$와 같이 나타낸다.

(2) **두 벡터가 평행할 조건**

영벡터가 아닌 두 벡터 $\vec{a}$, $\vec{b}$에 대하여

$\vec{a}/\!/\vec{b}\Longleftrightarrow\vec{b}=k\vec{a}$ (단, k는 0이 아닌 실수)

(3) **세 점이 한 직선 위에 있을 조건**

서로 다른 세 점 A, B, C가 한 직선 위에 있다.

$\Longleftrightarrow\overrightarrow{AB}/\!/\overrightarrow{AC}$

$\Longleftrightarrow\overrightarrow{AB}=k\overrightarrow{AC}$ (단, k는 0이 아닌 실수)

0336 그림에서 네 벡터 $\vec{a}$, $\vec{b}$, $\vec{c}$, $\vec{d}$ 중 벡터 $\vec{v}$와 평행한 벡터를 말하시오.

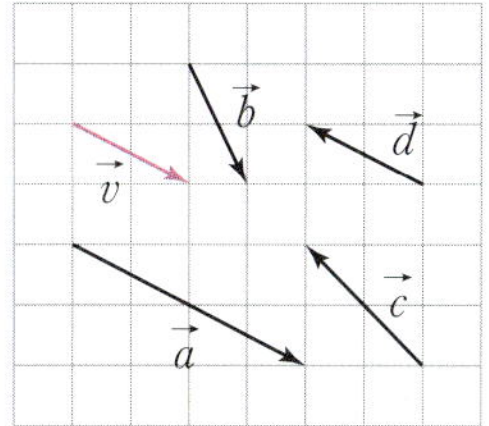

[0337~0338] 영벡터가 아닌 두 벡터 $\vec{a}$, $\vec{b}$가 서로 평행하지 않을 때, 다음을 만족시키는 실수 m, n의 값을 각각 구하시오.

0337 $(m-2)\vec{a}+(2n-3)\vec{b}=\vec{0}$

0338 $(2m-1)\vec{a}+(3n+2)\vec{b}=3\vec{a}-\vec{b}$

0339 영벡터가 아닌 두 벡터 $\vec{a}+t\vec{b}$, $3\vec{a}-9\vec{b}$가 서로 평행할 때, 실수 t의 값을 구하시오.

유형 01 벡터의 뜻

① 벡터 $\overrightarrow{AB}$의 크기는 선분 AB의 길이와 같다.
  ➡ $|\overrightarrow{AB}|=\overline{AB}$
② 단위벡터는 크기가 1인 벡터이다.

👍 대표 예제

0340 그림과 같은 등변사다
리꼴 ABCD에 대하여 다음 중
벡터 $\overrightarrow{AD}$와 방향이 같은 벡터
는?

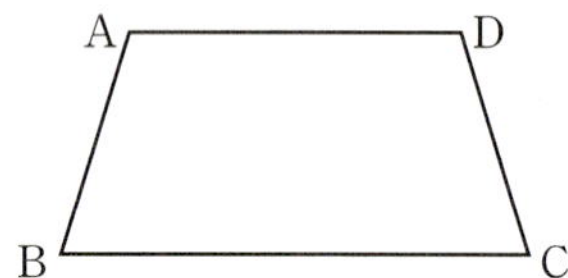

① $\overrightarrow{AB}$ ② $\overrightarrow{BA}$ ③ $\overrightarrow{BC}$
④ $\overrightarrow{CB}$ ⑤ $\overrightarrow{DA}$

선생님 해설

등변사다리꼴은 윗변과 아랫변이
서로 평행하다.
따라서 벡터 $\overrightarrow{AD}$와 방향이 같은
벡터는 $\overrightarrow{BC}$이다.

> Ⅱ. 평면벡터 단원은 사다리
> 꼴, 평행사변형, 마름모, 직
> 사각형, 정사각형 등 도형의
> 성질을 알고 있어야 해.

답 ③

0341 대표 예제 한 번 더

그림과 같이 한 변의 길이가 1인
정육각형 ABCDEF에 대하여 다
음 중 벡터 $\overrightarrow{FE}$와 방향이 같은 단
위벡터는?

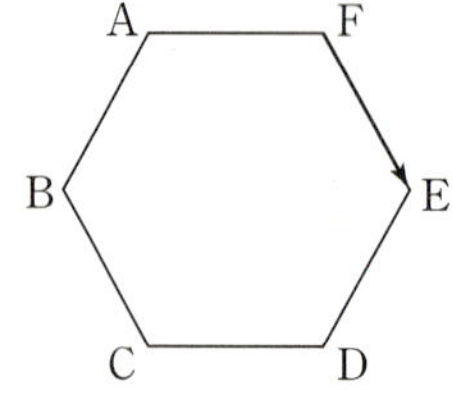

① $\overrightarrow{AD}$ ② $\overrightarrow{BC}$
③ $\overrightarrow{BE}$ ④ $\overrightarrow{CD}$
⑤ $\overrightarrow{FC}$

0342

그림과 같이 $\overline{AB}=2$, $\overline{AD}=4$
인 직사각형 ABCD의 점 A
에서 대각선 BD에 내린 수선
의 발을 H라 하자. $|\overrightarrow{AH}|$의
값은?

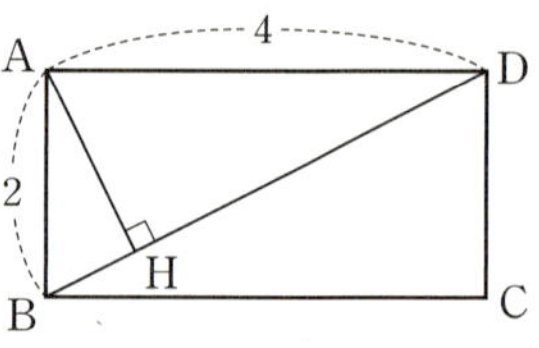

① $\dfrac{2\sqrt{5}}{5}$ ② $\dfrac{3\sqrt{5}}{5}$ ③ $\dfrac{4\sqrt{5}}{5}$

④ $\sqrt{5}$ ⑤ $\dfrac{6\sqrt{5}}{5}$

0343

그림과 같이 한 변의 길이가 1인 정삼
각형 4개를 이어 붙여 만든 도형이 있
다. 이 도형에서 6개의 꼭짓점을 시
점과 종점으로 하는 벡터의 크기를 a
라 할 때, 서로 다른 모든 a의 값의
곱은?

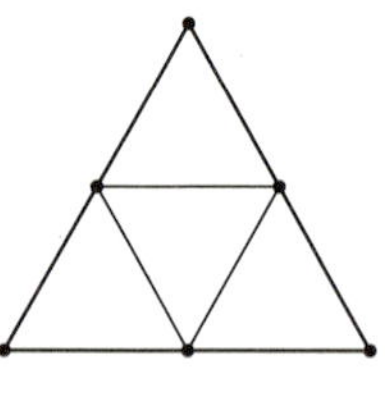

① 2   ② $2\sqrt{2}$ ③ $2\sqrt{3}$
④ 4   ⑤ $2\sqrt{5}$

0344

그림과 같이 한 변의 길이가 2인 정
육각형 ABCDEF에서 세 대각선
AD, BE, CF의 교점을 O라 할
때, **보기**에서 옳은 것만을 있는 대
로 고른 것은?

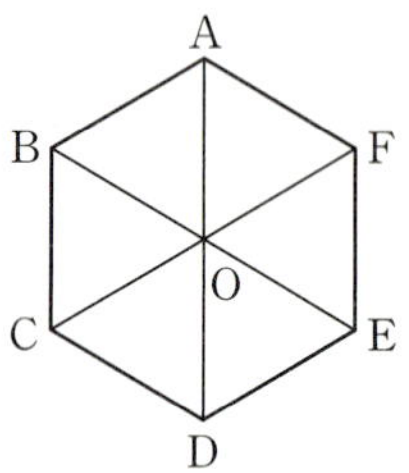

보기

ㄱ. 두 벡터 $\overrightarrow{AF}$, $\overrightarrow{BE}$는 방향이 서로 같다.
ㄴ. $|\overrightarrow{AD}|=2|\overrightarrow{OF}|$
ㄷ. $|\overrightarrow{CE}|=2\sqrt{3}$

① ㄱ   ② ㄴ   ③ ㄱ, ㄴ
④ ㄱ, ㄷ   ⑤ ㄱ, ㄴ, ㄷ

유형 02 서로 같은 벡터

① 두 벡터 $\vec{a}$, $\vec{b}$의 크기와 방향이 각각 같을 때, 두 벡터는 서로 같다.
  ➡ $\vec{a}=\vec{b}$
② 벡터 $\vec{a}$와 크기는 같고 방향이 반대인 벡터를 기호로 $-\vec{a}$와 같이
  나타낸다.

 대표 예제

0345 그림과 같은 마름모 ABCD
의 4개의 꼭짓점을 시점과 종점으로
하는 벡터에 대하여 다음 중 벡터 $\overrightarrow{AB}$
와 같은 벡터는?

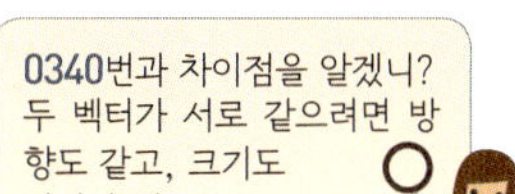

① $\overrightarrow{BC}$ ② $\overrightarrow{CD}$
③ $\overrightarrow{DA}$ ④ $\overrightarrow{CB}$
⑤ $\overrightarrow{DC}$

선생님 해설

마름모는 네 변의 길이가 같
고, 두 쌍의 대변이 각각 평행
하다.
따라서 벡터 $\overrightarrow{AB}$와 크기와 방
향이 각각 같은 벡터는 $\overrightarrow{DC}$이다.

○답 ⑤

0346 대표 예제 한 번 더
그림과 같이 합동인 정사각형 4개를
이어 붙인 도형이 있다. 다음 중 벡터
$\overrightarrow{AH}$와 같은 벡터는?

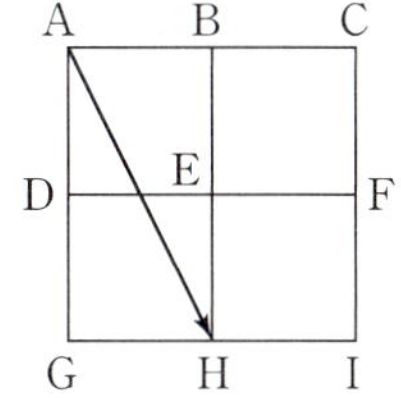

① $-\overrightarrow{AF}$ ② $-\overrightarrow{ED}$
③ $\overrightarrow{BI}$ ④ $\overrightarrow{CD}$
⑤ $\overrightarrow{IB}$

0347
그림과 같이 정삼각형 ABC의 각
변의 중점을 D, E, F라 하자. 주
어진 6개의 점 A, B, C, D, E,
F를 시점과 종점으로 하는 벡터
중 벡터 $\overrightarrow{DF}$와 서로 같은 벡터의
개수를 구하시오. (단, $\overrightarrow{DF}$는 개수에서 제외한다.)

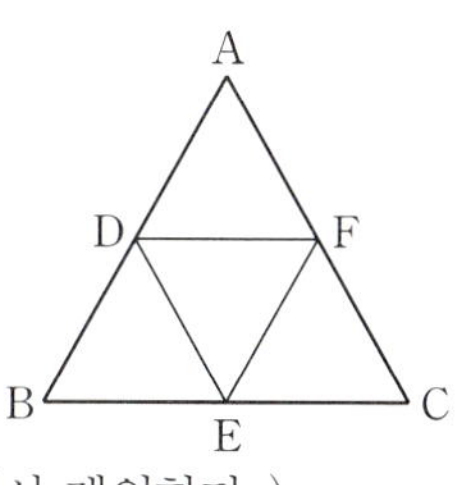

0348
그림과 같이 정육각형 ABCDEF에
서 세 대각선 AD, BE, CF의 교점
을 O라 하자. 다음 중 벡터 $\overrightarrow{OB}$와 크
기가 같고 방향이 반대인 벡터는?

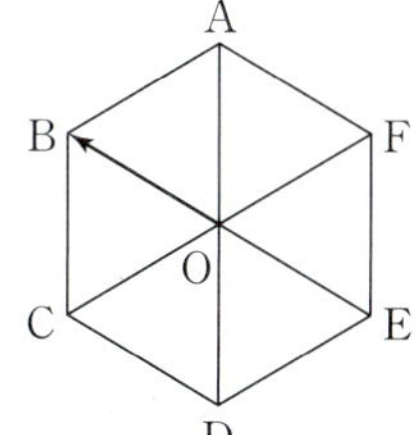

① $\overrightarrow{OA}$ ② $\overrightarrow{OF}$
③ $\overrightarrow{CD}$ ④ $\overrightarrow{EO}$
⑤ $\overrightarrow{ED}$

0349
그림과 같이 반지름의 길이가 1인
원에 내접하는 정육각형 ABCDEF
가 있다. 정육각형의 꼭짓점을 시점
과 종점으로 하는 벡터 중 서로 다른
단위벡터의 개수는?

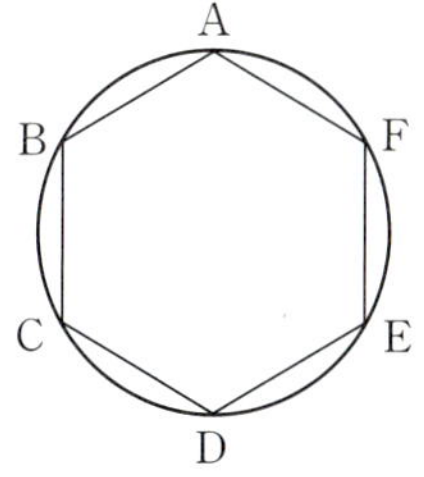

① 3   ② 4
③ 5   ④ 6
⑤ 7

유형 03 벡터의 덧셈과 뺄셈

① 벡터의 덧셈

$$\overrightarrow{AB}+\overrightarrow{BC}=\overrightarrow{AC}, \quad \overrightarrow{AB}+\overrightarrow{AD}=\overrightarrow{AC}$$

같다.

참고 $\overrightarrow{AB}+\overrightarrow{AD}=2\overrightarrow{AO}$

② 벡터의 뺄셈

$$\overrightarrow{AB}-\overrightarrow{AC}=\overrightarrow{CB}$$

같다.

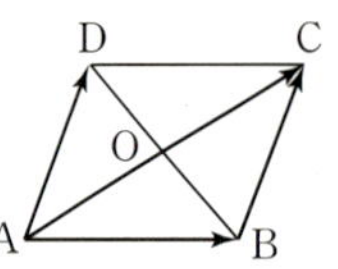

대표 예제

0350 평면 위의 서로 다른 네 점 A, B, C, D에 대하여 다음 중 $\overrightarrow{AB}+\overrightarrow{BC}-\overrightarrow{BD}+\overrightarrow{CD}$와 서로 같은 벡터는?

① $\overrightarrow{AB}$　　　② $\overrightarrow{AC}$　　　③ $\overrightarrow{BC}$
④ $\overrightarrow{CA}$　　　⑤ $\overrightarrow{DA}$

선생님 해설

$$\overrightarrow{AB}+\overrightarrow{BC}-\overrightarrow{BD}+\overrightarrow{CD}$$
$$=(\overrightarrow{AB}+\overrightarrow{BC})+\overrightarrow{DB}+\overrightarrow{CD} \quad \text{결합법칙}$$
$$=\overrightarrow{AC}+\overrightarrow{DB}+\overrightarrow{CD}$$
$$=(\overrightarrow{AC}+\overrightarrow{CD})+\overrightarrow{DB} \quad \text{교환법칙, 결합법칙}$$
$$=\overrightarrow{AD}+\overrightarrow{DB}$$
$$=\overrightarrow{AB}$$

● 다른 풀이 ●

$$\overrightarrow{AB}+(\overrightarrow{BC}-\overrightarrow{BD})+\overrightarrow{CD}$$
$$=\overrightarrow{AB}+(\overrightarrow{DC}+\overrightarrow{CD})$$
$$=\overrightarrow{AB} \quad \overrightarrow{DD}=\vec{0}$$

교환법칙과 결합법칙을 적절히 이용하여 두 벡터의 합은 한 벡터의 종점과 다른 한 벡터의 시점이 같게, 두 벡터의 차는 두 벡터의 시점을 같게 나타내어 간단히 해야 해.

답 ①

0351 대표 예제 한 번 더

평면 위의 서로 다른 네 점 A, B, C, D에 대하여 다음 중 $\overrightarrow{AB}-\overrightarrow{AD}-\overrightarrow{CB}+\overrightarrow{AC}-\overrightarrow{DC}$와 서로 같은 벡터는?

① $\overrightarrow{AB}$　　　② $\overrightarrow{AC}$　　　③ $\overrightarrow{AD}$
④ $\overrightarrow{BC}$　　　⑤ $\overrightarrow{BD}$

0352 평면 위의 서로 다른 네 점 A, B, C, D에 대하여 | 보기 |에서 옳은 것만을 있는 대로 고른 것은?

| 보기 |

ㄱ. $\overrightarrow{AB}+\overrightarrow{BA}=\vec{0}$
ㄴ. $\overrightarrow{AB}+\overrightarrow{BC}+\overrightarrow{CA}=\vec{0}$
ㄷ. $\overrightarrow{AB}-\overrightarrow{CA}+\overrightarrow{CB}+\overrightarrow{DA}-\overrightarrow{DB}=\vec{0}$

① ㄱ　　　② ㄴ　　　③ ㄱ, ㄴ
④ ㄴ, ㄷ　　　⑤ ㄱ, ㄴ, ㄷ

0353 정혁이와 준식이가 같은 지점에서 동시에 출발하여 정혁이는 북쪽으로 3 km/h의 속력으로 걸어가고, 준식이는 동쪽으로 4 km/h의 속력으로 걸어가고 있다. 정혁이가 걸어가면서 준식이를 바라볼 때 느끼는 준식이의 속력은?

① 3 km/h　　　② 4 km/h　　　③ 5 km/h
④ 6 km/h　　　⑤ 7 km/h

0354 사각형 PQRS와 임의의 점 O가 다음 조건을 만족시킨다.

(가) $\overrightarrow{OP}-\overrightarrow{OQ}+\overrightarrow{OR}-\overrightarrow{OS}=\vec{0}$
(나) $|\overrightarrow{PQ}|=|\overrightarrow{PS}|$

$|\overrightarrow{PR}|=3$, $|\overrightarrow{QS}|=6$일 때, 사각형 PQRS의 넓이는?

① 6　　　② 9　　　③ 12
④ 15　　　⑤ 18

유형 04 벡터의 실수배

실수 k와 벡터 $\vec{a}$에 대하여
① $k>0$이면 $k\vec{a}$는 $\vec{a}$와 방향이 같고 크기가 $k|\vec{a}|$인 벡터이다.
② $k=0$이면 $k\vec{a}=\vec{0}$이다.
③ $k<0$이면 $k\vec{a}$는 $\vec{a}$와 방향이 반대이고 크기가 $|k||\vec{a}|$인 벡터이다.

🖐 대표 예제

0355 두 벡터 $\vec{a}$, $\vec{b}$에 대하여 $3(\vec{x}+\vec{a})-\vec{b}=2(\vec{a}-2\vec{b})$를 만족시키는 벡터 $\vec{x}$가 있다. 두 실수 m, n에 대하여 $\vec{x}=m\vec{a}+n\vec{b}$일 때, $m+n$의 값은?

① $-\dfrac{5}{3}$ 　　② $-\dfrac{4}{3}$ 　　③ -1

④ $-\dfrac{2}{3}$ 　　⑤ $-\dfrac{1}{3}$

선생님 해설

$3(\vec{x}+\vec{a})-\vec{b}=2(\vec{a}-2\vec{b})$에서
$3\vec{x}+3\vec{a}-\vec{b}=2\vec{a}-4\vec{b}$
$3\vec{x}=-\vec{a}-3\vec{b}$
$\therefore \vec{x}=-\dfrac{1}{3}\vec{a}-\vec{b}$

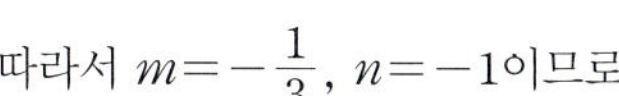

따라서 $m=-\dfrac{1}{3}$, $n=-1$이므로

$m+n=-\dfrac{1}{3}+(-1)=-\dfrac{4}{3}$

답 ②

0356 대표 예제 | 한 번 더
두 벡터 $\vec{a}$, $\vec{b}$에 대하여
$$2(\vec{x}-3\vec{a}+2\vec{b})=-(2\vec{a}-\vec{x})+5\vec{b}$$
를 만족시키는 벡터 $\vec{x}$가 있다. 두 실수 m, n에 대하여 $\vec{x}=m\vec{a}+n\vec{b}$가 성립할 때, $m-n$의 값은?

① -3 　　② -1 　　③ 0
④ 1 　　⑤ 3

0357
두 벡터 $\vec{a}$, $\vec{b}$에 대하여 $2\vec{x}+3\vec{y}=\vec{a}$, $\vec{x}+2\vec{y}=\vec{b}$일 때, 벡터 $\vec{x}-\vec{y}$를 $\vec{a}$, $\vec{b}$로 나타낸 것은?

① $\vec{a}+3\vec{b}$ 　　② $3\vec{a}-5\vec{b}$ 　　③ $3\vec{a}+5\vec{b}$
④ $5\vec{a}-\vec{b}$ 　　⑤ $5\vec{a}+3\vec{b}$

0358
세 벡터 $\vec{p}$, $\vec{q}$, $\vec{r}$에 대하여
$$\vec{x}=\vec{p}+\vec{q},\ \vec{y}=\vec{q}+\vec{r},\ \vec{z}=\vec{r}+\vec{p}$$
라 하자. 세 실수 a, b, c에 대하여 $\vec{p}=a\vec{x}+b\vec{y}+c\vec{z}$라 할 때, $a+2b+3c$의 값은?

① $\dfrac{1}{2}$ 　　② 1 　　③ $\dfrac{3}{2}$

④ 2 　　⑤ $\dfrac{5}{2}$

0359
평면 위의 서로 다른 네 점 O, P, Q, R와 두 벡터 $\vec{a}$, $\vec{b}$에 대하여 $\overrightarrow{OP}=3\vec{a}-\vec{b}$, $\overrightarrow{OQ}=-2\vec{a}+3\vec{b}$, $\overrightarrow{OR}=-2\vec{a}+\vec{b}$라 하자. 벡터 $\overrightarrow{OP}$와 방향이 같고 크기가 4배인 벡터를 $\vec{p}$, 벡터 $\overrightarrow{OQ}$와 방향이 반대이고 크기가 같은 벡터를 $\vec{q}$라 할 때, $|\vec{p}+\vec{q}|=k|\overrightarrow{OR}|$가 성립하도록 하는 양수 k의 값은?

① 6 　　② 7 　　③ 8
④ 9 　　⑤ 10

유형 05 도형에서의 벡터의 연산

벡터의 덧셈, 뺄셈, 실수배와 도형의 성질을 이용하여 주어진 식을 간단히 나타낸다.

대표 예제

0360 그림과 같은 평행사변형 ABCD에 대하여 다음 중 $\overrightarrow{AB}+\overrightarrow{AD}-\overrightarrow{BC}$ 와 서로 같은 벡터는?

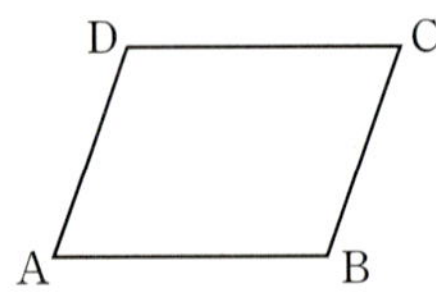

① $\overrightarrow{AB}$ 　　② $\overrightarrow{AC}$ 　　③ $\overrightarrow{AD}$

④ $\overrightarrow{BA}$ 　　⑤ $\overrightarrow{BC}$

선생님 해설

$$\overrightarrow{AB}+\overrightarrow{AD}-\overrightarrow{BC}=(\overrightarrow{AB}+\overrightarrow{AD})-\overrightarrow{BC}$$
$$=\overrightarrow{AC}-\overrightarrow{BC}$$
$$=\overrightarrow{AC}+\overrightarrow{CB}$$
$$=\overrightarrow{AB}$$

사각형 ABCD가 평행사변형이므로 $\overrightarrow{AB}+\overrightarrow{AD}=\overrightarrow{AC}$

답 ①

0361 대표 예제 한 번 더

그림과 같이 정육각형 ABCDEF에서 $\overrightarrow{AB}=\vec{a}$, $\overrightarrow{BC}=\vec{b}$, $\overrightarrow{CD}=\vec{c}$ 라 할 때, 다음 중 $\vec{a}-(\vec{b}+\vec{c})$ 와 서로 같은 벡터는?

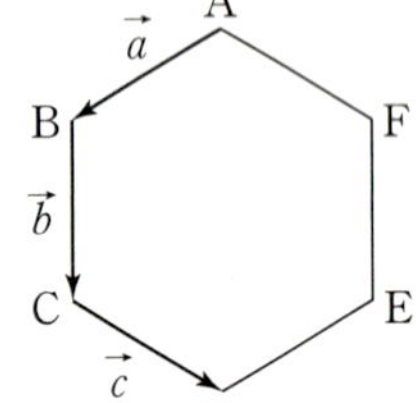

① $\overrightarrow{AD}$ 　　② $\overrightarrow{BF}$

③ $\overrightarrow{CE}$ 　　④ $\overrightarrow{EB}$

⑤ $\overrightarrow{FC}$

0362

그림과 같이 정육각형 ABCDEF에서 $\overrightarrow{AB}=\vec{a}$, $\overrightarrow{AF}=\vec{b}$ 라 하자. 두 실수 m, n에 대하여 $\overrightarrow{AC}=m\vec{a}+n\vec{b}$ 라 할 때, $m+n$의 값은?

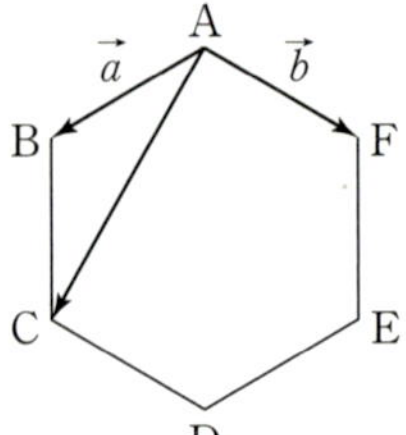

① 3 　　② 4

③ 5 　　④ 6

⑤ 7

0363

그림과 같이 정삼각형 ABC의 세 변 AB, BC, CA의 중점을 각각 D, E, F라 하자. $\vec{a}=\overrightarrow{AD}+\overrightarrow{BE}$, $\vec{b}=\overrightarrow{CE}+\overrightarrow{BF}$ 라 할 때, 다음 중 $\vec{a}-\vec{b}$ 와 같은 벡터는?

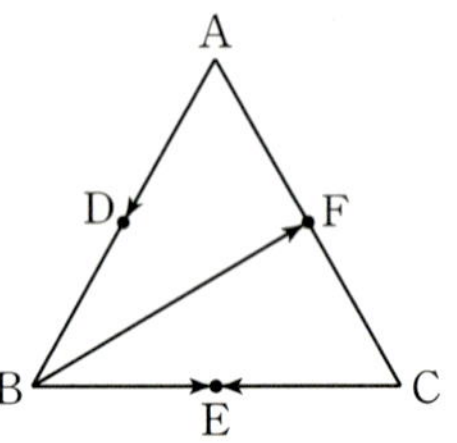

① $\overrightarrow{AC}$ 　　② $\overrightarrow{AE}$ 　　③ $\overrightarrow{BC}$

④ $\overrightarrow{BF}$ 　　⑤ $\overrightarrow{CD}$

0364

그림과 같이 합동인 정육각형을 이어 붙여 만든 도형 위에 네 점 O, A, B, P가 있다. 두 실수 m, n에 대하여 $\overrightarrow{OP}=m\overrightarrow{OA}+n\overrightarrow{OB}$ 일 때, $m+n$의 값을 구하시오.

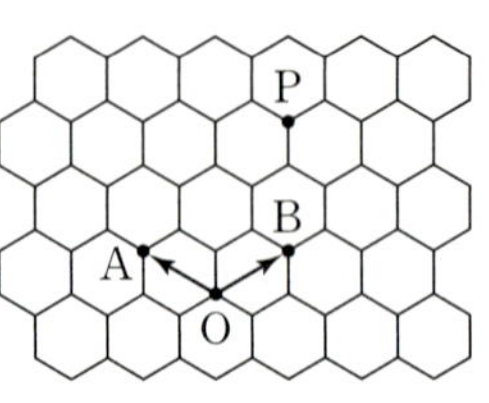

유형 06 도형에서의 벡터의 연산과 그 크기

도형에서 벡터의 크기는 다음과 같은 순서로 구한다.
❶ 벡터의 덧셈, 뺄셈, 실수배와 도형의 성질을 이용하여 주어진 식을 간단히 나타낸다.
❷ ❶에서 나타낸 벡터의 크기를 구한다.

👍 대표 예제

0365 그림과 같은 한 변의 길이가 1인 정삼각형 ABC에 대하여 $|\overrightarrow{AB}+\overrightarrow{BC}-\overrightarrow{CA}|$의 값은?

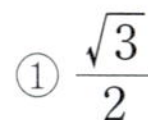

① $\dfrac{\sqrt{3}}{2}$ ② 1

③ $\sqrt{2}$ ④ $\sqrt{3}$

⑤ 2

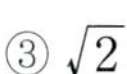

선생님 해설

$$\overrightarrow{AB}+\overrightarrow{BC}-\overrightarrow{CA}=\overrightarrow{AB}+\overrightarrow{BC}+\overrightarrow{AC}$$
$$=\overrightarrow{AC}+\overrightarrow{AC}$$
$$=2\overrightarrow{AC}$$
$$\therefore\ |\overrightarrow{AB}+\overrightarrow{BC}-\overrightarrow{CA}|=2|\overrightarrow{AC}|=2\cdot1=2$$

답 ⑤

0366 [대표 예제] [한 번 더]

그림과 같은 $\overline{AB}=3$, $\overline{AD}=4$인 직사각형 ABCD에 대하여 $\overrightarrow{AB}+\overrightarrow{AC}-\overrightarrow{AD}$의 크기는?

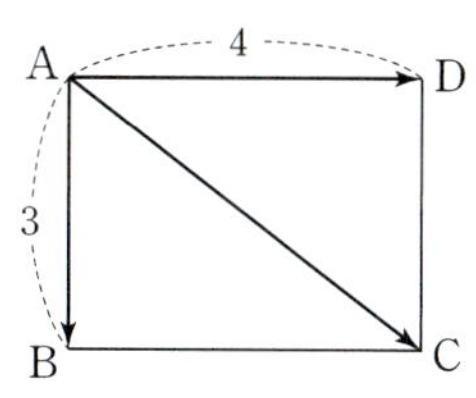

① 3 ② 4

③ 5 ④ 6

⑤ 7

0367 그림과 같이 정사각형 ABCD에서 $\overrightarrow{AB}=\vec{a}$, $\overrightarrow{AC}=\vec{b}$, $\overrightarrow{AD}=\vec{c}$라 하자. $|\vec{a}+\vec{b}-\vec{c}|=6$일 때, 정사각형 ABCD의 한 변의 길이는?

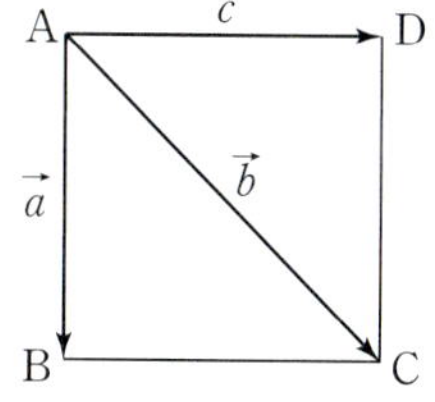

① 3 ② $3\sqrt{2}$

③ 6 ④ $6\sqrt{2}$

⑤ 12

0368 그림과 같은 $\overline{AB}=6$, $\overline{BC}=4$, $\angle B=90°$인 삼각형 ABC에서 $|\overrightarrow{AB}+\overrightarrow{AC}|$의 값은?

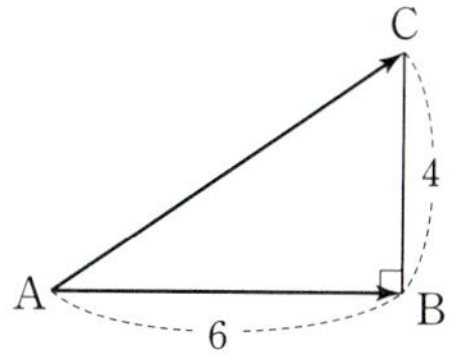

① $2\sqrt{10}$ ② $4\sqrt{5}$

③ $2\sqrt{30}$ ④ $4\sqrt{10}$

⑤ $10\sqrt{2}$

0369 그림과 같이 $\overline{AB}=4$, $\angle A=90°$, $\angle B=30°$인 직각삼각형 ABC에서 변 BC 위의 점을 P라 할 때, $|\overrightarrow{AP}+\overrightarrow{AC}|$의 최솟값은?

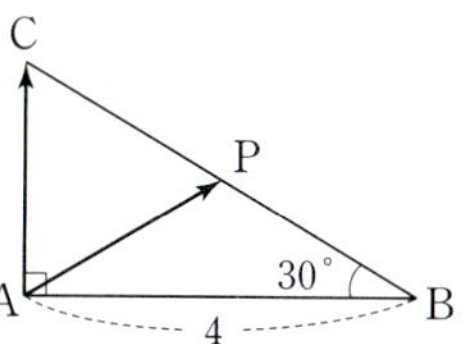

① $2\sqrt{2}$ ② 3

③ $2\sqrt{3}$ ④ 4

⑤ $3\sqrt{2}$

유형 07 벡터가 서로 같을 조건

영벡터가 아닌 두 벡터 $\vec{a}$, $\vec{b}$가 서로 평행하지 않을 때, 네 실수 x, y, z, w에 대하여 다음이 성립한다.

① $x\vec{a}+y\vec{b}=\vec{0} \iff x=y=0$

② $x\vec{a}+y\vec{b}=z\vec{a}+w\vec{b} \iff x=z,\ y=w$

👍 대표 예제

0370 영벡터가 아닌 두 벡터 $\vec{a}$, $\vec{b}$가 서로 평행하지 않을 때, $(x+2y)\vec{a}+(2x-y)\vec{b}=5\vec{a}-5\vec{b}$를 만족시키는 두 실수 x, y에 대하여 $x+y$의 값은?

① -2 ② -1 ③ 0

④ 1 ⑤ 2

선생님 해설

$(x+2y)\vec{a}+(2x-y)\vec{b}=5\vec{a}-5\vec{b}$ 에서

$x+2y=5,\ 2x-y=-5$

위의 두 식을 연립하여 풀면

$x=-1,\ y=3$

$\therefore x+y=-1+3=2$

답 ⑤

0371 대표 예제 한 번 더

영벡터가 아닌 두 벡터 $\vec{a}$, $\vec{b}$가 서로 평행하지 않을 때, $(3x-2y-6)\vec{a}+(-x+y+1)\vec{b}=\vec{0}$를 만족시키는 두 실수 x, y에 대하여 $x+y$의 값은?

① 6 ② 7 ③ 8

④ 9 ⑤ 10

0372

영벡터가 아닌 두 벡터 $\vec{a}$, $\vec{b}$가 서로 평행하지 않을 때, $(m+n)(\vec{a}+\vec{b})=3(\vec{a}-2\vec{b})-n\vec{b}$를 만족시키는 두 실수 m, n에 대하여 $m-n$의 값은?

① 17 ② 19 ③ 21

④ 23 ⑤ 25

0373

서로 평행하지 않고 영벡터가 아닌 두 벡터 $\vec{a}$, $\vec{b}$와 평면 위의 서로 다른 네 점 O, A, B, C에 대하여 $\overrightarrow{OA}=\vec{a}$, $\overrightarrow{OB}=\vec{b}$, $\overrightarrow{OC}=p\vec{a}+4\vec{b}$이고 $\overrightarrow{AC}=k\overrightarrow{BC}$일 때, kp의 값은? (단, k, p는 실수이다.)

① -5 ② -4 ③ -3

④ -2 ⑤ -1

0374

서로 평행하지 않고 영벡터가 아닌 두 벡터 $\vec{a}$, $\vec{b}$와 평면 위의 서로 다른 다섯 개의 점 P, A, B, C, D에 대하여 $\overrightarrow{PA}=(1-n)\vec{a}-m\vec{b}$, $\overrightarrow{PB}=(m+3)\vec{a}+(n+1)\vec{b}$, $\overrightarrow{PC}=7\vec{a}+2m\vec{b}$, $\overrightarrow{PD}=n\vec{a}+\vec{b}$이다. 사각형 ABCD가 평행사변형일 때, 두 실수 m, n에 대하여 m^2+n^2의 값은?

① 2 ② 5 ③ 8

④ 10 ⑤ 13

유형 08　벡터의 평행

영벡터가 아닌 두 벡터 $\vec{a}$, $\vec{b}$에 대하여
$$\vec{a} \parallel \vec{b} \Longleftrightarrow \vec{b} = k\vec{a} \quad (\text{단, } k\text{는 0이 아닌 실수})$$

🖕 대표 예제

0375 서로 평행하지 않고 영벡터가 아닌 두 벡터 $\vec{a}$, $\vec{b}$에 대하여 $\vec{p} = \vec{a} + 2\vec{b}$, $\vec{q} = 2\vec{a} - \vec{b}$, $\vec{r} = t\vec{a} + \vec{b}$이다. 두 벡터 $\vec{p} + \vec{q}$, $\vec{p} + \vec{r}$가 서로 평행하도록 하는 실수 t의 값은?

① 2　　　　　② 4　　　　　③ 6
④ 8　　　　　⑤ 10

선생님 해설

$\vec{p} + \vec{q} = (\vec{a} + 2\vec{b}) + (2\vec{a} - \vec{b}) = 3\vec{a} + \vec{b}$
$\vec{p} + \vec{r} = (\vec{a} + 2\vec{b}) + (t\vec{a} + \vec{b}) = (t+1)\vec{a} + 3\vec{b}$
이때 두 벡터 $\vec{p} + \vec{q}$와 $\vec{p} + \vec{r}$가 서로 평행하므로
$\vec{p} + \vec{q} = k(\vec{p} + \vec{r})$ (단, k는 0이 아닌 실수)라 하면
$3\vec{a} + \vec{b} = k\{(t+1)\vec{a} + 3\vec{b}\}$
　　　　　　$= k(t+1)\vec{a} + 3k\vec{b}$

▸이 식을 만족시키는 실수 $k\ (k \neq 0)$가 존재해야 한다.

에서
$3 = k(t+1)$, $1 = 3k$
따라서 $k = \dfrac{1}{3}$이므로
$3 = \dfrac{1}{3}(t+1)$, $9 = t+1$
$\therefore t = 8$

답 ④

0376 〔대표 예제〕〔한 번 더〕
서로 평행하지 않고 영벡터가 아닌 두 벡터 $\vec{a}$, $\vec{b}$에 대하여 $\vec{p} = \vec{a} - 3\vec{b}$, $\vec{q} = 2\vec{a} + \vec{b}$, $\vec{r} = t\vec{a} + 4\vec{b}$이다. 두 벡터 $\vec{p} + \vec{q}$, $\vec{q} - \vec{r}$가 서로 평행하도록 하는 실수 t의 값은?

① $-\dfrac{5}{2}$　　　② -2　　　③ $-\dfrac{3}{2}$
④ -1　　　　⑤ $-\dfrac{1}{2}$

0377
서로 평행하지 않고 영벡터가 아닌 두 벡터 $\vec{a}$, $\vec{b}$와 평면 위의 서로 다른 네 점 O, A, B, C에 대하여 $\overrightarrow{OA} = 3\vec{a} + \vec{b}$, $\overrightarrow{OB} = -\vec{a} + 3\vec{b}$, $\overrightarrow{OC} = \vec{a} + t\vec{b}$이고, 두 벡터 $\overrightarrow{AB}$, $\overrightarrow{OC}$가 서로 평행하다. 실수 t의 값은?

① -1　　　　② $-\dfrac{1}{2}$　　　③ $\dfrac{1}{2}$
④ 1　　　　⑤ $\dfrac{3}{2}$

0378
서로 평행하고 영벡터가 아닌 두 벡터 $\vec{a}$, $\vec{b}$에 대하여 $\vec{c} = \vec{a} + 2\vec{b}$라 하자. ┃보기┃에서 $\vec{b} - \vec{c}$와 평행한 벡터인 것만을 있는 대로 고른 것은?

┃보기┃

ㄱ. $\vec{a} + \vec{b}$　　　　ㄴ. $\vec{b} + \vec{c}$　　　　ㄷ. $\vec{c} + \vec{a}$

① ㄱ　　　　② ㄴ　　　　③ ㄱ, ㄷ
④ ㄴ, ㄷ　　　⑤ ㄱ, ㄴ, ㄷ

0379
영벡터가 아닌 세 벡터 $\vec{a}$, $\vec{b}$, $\vec{c}$에 대하여 두 벡터 $\vec{a}$, $\vec{b}$는 서로 평행하고, 두 벡터 $\vec{b}$, $\vec{c}$는 서로 평행하지 않다. $\vec{a} + 2\vec{c} + t(2\vec{b} - \vec{c}) = \vec{0}$일 때, $\dfrac{|\vec{a}|}{|\vec{b}|}$의 값은?

(단, t는 실수이다.)

① 3　　　　　② 4　　　　　③ 5
④ 6　　　　　⑤ 7

유형 09 세 점이 한 직선 위에 있을 조건

세 점 A, B, C가 한 직선 위에 있다.
$\iff \overrightarrow{AB} /\!/ \overrightarrow{AC}$
$\iff \overrightarrow{AC}=k\overrightarrow{AB}$ (단, k는 0이 아닌 실수)
$\iff \overrightarrow{OC}=(1-k)\overrightarrow{OA}+k\overrightarrow{OB}$
　　　　　　 (단, k는 0이 아닌 실수)

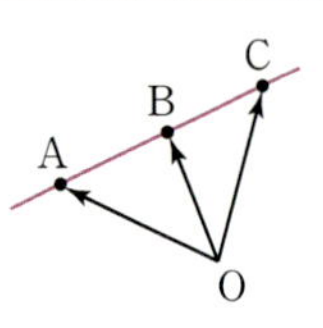

👍 대표 예제

0380 서로 평행하지 않은 두 벡터 $\vec{a}$, $\vec{b}$와 평면 위의 서로 다른 세 점 A, B, C에 대하여
$$\overrightarrow{AB}=2\vec{a}+\vec{b}, \quad \overrightarrow{AC}=(t-2)\vec{a}+5\vec{b}$$
일 때, 세 점 A, B, C가 한 직선 위에 있도록 하는 실수 t의 값은? (단, $\vec{a}\neq\vec{0}$, $\vec{b}\neq\vec{0}$)

① 6　　　　　② 8　　　　　③ 10
④ 12　　　　⑤ 14

선생님 해설

세 점 A, B, C가 한 직선 위에 있으므로
$\overrightarrow{AB}=k\overrightarrow{AC}$ (단, k는 0이 아닌 실수)라 하면
$2\vec{a}+\vec{b}=k\{(t-2)\vec{a}+5\vec{b}\}$
　　　　　$=k(t-2)\vec{a}+5k\vec{b}$
에서
$2=k(t-2), \ 1=5k$
따라서 $k=\dfrac{1}{5}$이므로
$2=\dfrac{1}{5}(t-2), \ 10=t-2$
$\therefore t=12$

> **유형 08**과 비슷하지? 벡터는 평행이동해도 크기와 방향이 변하지 않아서 두 벡터가 평행할 조건과 세 점이 한 직선 위에 있을 조건이 비슷해.

답 ④

0381 〔대표 예제〕〔한 번 더〕
서로 평행하지 않은 두 벡터 $\vec{a}$, $\vec{b}$와 평면 위의 서로 다른 세 점 A, B, C에 대하여
$$\overrightarrow{AB}=\vec{a}-3\vec{b}, \quad \overrightarrow{BC}=3\vec{a}+(2t-1)\vec{b}$$
일 때, 세 점 A, B, C가 한 직선 위에 있도록 하는 실수 t의 값은? (단, $\vec{a}\neq\vec{0}$, $\vec{b}\neq\vec{0}$)

① -5　　　　② -4　　　　③ -3
④ -2　　　　⑤ -1

0382
서로 평행하지 않은 두 벡터 $\vec{a}$, $\vec{b}$와 평면 위의 서로 다른 네 점 O, A, B, C에 대하여
$$\overrightarrow{OA}=\vec{a}+\vec{b}, \quad \overrightarrow{OB}=-\vec{a}+2\vec{b}, \quad \overrightarrow{OC}=t\vec{a}-\vec{b}$$
일 때, 세 점 A, B, C가 한 직선 위에 있도록 하는 실수 t의 값은? (단, $\vec{a}\neq\vec{0}$, $\vec{b}\neq\vec{0}$)

① 3　　　　　② 4　　　　　③ 5
④ 6　　　　　⑤ 7

0383
평면 위에 서로 다른 네 점 P, A, B, C가 있다. 서로 평행하지 않은 두 벡터 $\overrightarrow{AB}$, $\overrightarrow{AC}$에 대하여
$$\overrightarrow{AP}=m\overrightarrow{AB}+(m^2-1)\overrightarrow{AC}$$
를 만족시키는 점 P가 직선 BC 위에 있도록 하는 실수 m의 값은?

① -2　　　　② -1　　　　③ 0
④ 1　　　　　⑤ 2

0384
평면 위에 한 점 O와 한 직선 위에 있는 서로 다른 세 점 P, Q, R가 있다. 서로 평행하지 않은 두 벡터 $\vec{x}$, $\vec{y}$가
$\overrightarrow{OP}=\vec{x}$, $\overrightarrow{OQ}=2\vec{y}$, $\overrightarrow{OR}=a\vec{x}+b\vec{y}$를 만족시킬 때, ab의 최댓값은? (단, $\vec{x}\neq\vec{0}$, $\vec{y}\neq\vec{0}$이고, a, b는 실수이다.)

① $\dfrac{1}{4}$　　　　② $\dfrac{1}{2}$　　　　③ 1
④ 2　　　　　⑤ 4

0385

· 유형 01 + 유형 02 ·

그림과 같이 한 변의 길이가 2인 정삼각형 ABC의 세 변 AB, BC, CA의 중점을 각각 D, E, F라 할 때, **┃ 보기 ┃**에서 옳은 것만을 있는 대로 고른 것은?

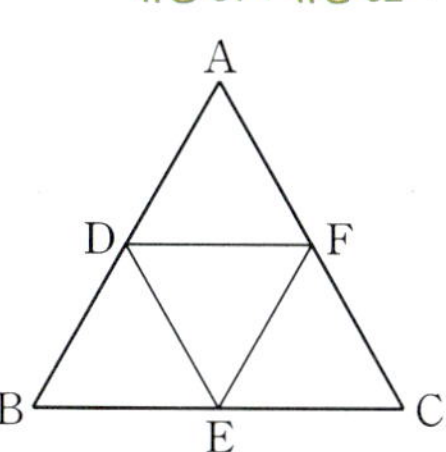

┃ 보기 ┃

ㄱ. $|\overrightarrow{AD}-\overrightarrow{FD}|=1$
ㄴ. $\overrightarrow{BC}=-2\overrightarrow{DF}$
ㄷ. $|\overrightarrow{AE}|=|\overrightarrow{CD}|$

① ㄱ   ② ㄴ   ③ ㄱ, ㄷ
④ ㄴ, ㄷ   ⑤ ㄱ, ㄴ, ㄷ

0386

· 유형 02 + 유형 05 ·

그림과 같이 평행사변형 ABCD에서 두 대각선 AC, BD의 교점을 O라 할 때, 다음 중 $\overrightarrow{AB}$와 크기가 다른 벡터는?

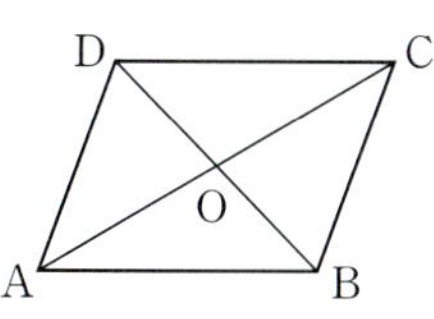

① $\overrightarrow{CD}$ ② $\overrightarrow{AD}+\overrightarrow{DB}$ ③ $\overrightarrow{OC}+\overrightarrow{DA}$
④ $\overrightarrow{AO}+\overrightarrow{DO}$ ⑤ $\overrightarrow{CO}+\overrightarrow{DO}+\overrightarrow{BD}$

0387

· 유형 08 ·

평면 위에 서로 다른 네 점 O, A, B, C가 있다. 서로 평행하지 않고 영벡터가 아닌 두 벡터 $\vec{p}$, $\vec{q}$와 두 자연수 m, n에 대하여 $\overrightarrow{OA}=\vec{p}+2\vec{q}$, $\overrightarrow{OB}=2\vec{p}+m\vec{q}$, $\overrightarrow{OC}=n\vec{p}-\vec{q}$이고, 두 벡터 $\overrightarrow{AB}$, $\overrightarrow{AC}$가 서로 평행할 때, $m+n$의 값을 구하시오.

0388

· 유형 01 ·

그림과 같이 $\overrightarrow{AB}=3$, $\overrightarrow{AC}=4$, $\angle A=90°$인 직각삼각형 ABC의 두 변 AB, AC 위에 각각 있는 두 점 P, Q가 다음 조건을 만족시킨다.

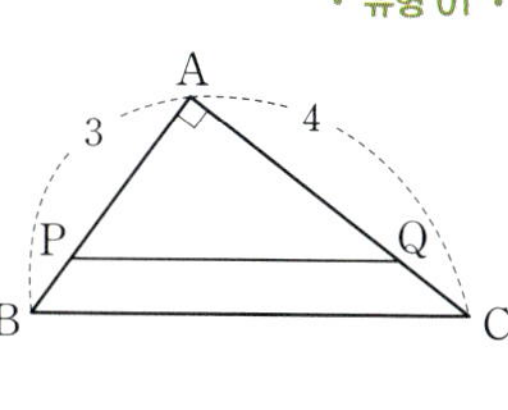

(가) 두 벡터 $\overrightarrow{AB}$, $\overrightarrow{AQ}$의 크기가 서로 같다.
(나) 두 벡터 $\overrightarrow{CB}$, $\overrightarrow{QP}$의 방향이 서로 같다.

삼각형 APQ의 넓이가 $\dfrac{q}{p}$일 때, $p+q$의 값을 구하시오.

(단, p와 q는 서로소인 자연수이다.)

0389

· 유형 09 ·

직사각형 ABCD의 내부의 점 P가
$$\overrightarrow{PA}+\overrightarrow{PB}+\overrightarrow{PC}+\overrightarrow{PD}=\overrightarrow{BD}$$
를 만족시킨다. $\overrightarrow{PB}=k\overrightarrow{PD}$일 때, 상수 k의 값은?

① $-\dfrac{1}{3}$ ② $-\dfrac{1}{2}$ ③ -1
④ 1 ⑤ $\dfrac{1}{2}$

0390 사고력

· 유형 04 ·

좌표평면에서 원 $(x+2)^2+y^2=3$ 위를 움직이는 점 P에 대하여 $\overrightarrow{OQ}=\dfrac{\overrightarrow{OP}}{|\overrightarrow{OP}|}$를 만족시키는 점 Q가 나타내는 도형의 길이는? (단, O는 원점이다.)

① $\dfrac{\pi}{6}$ ② $\dfrac{\pi}{3}$ ③ $\dfrac{\pi}{2}$
④ $\dfrac{2}{3}\pi$ ⑤ $\dfrac{5}{6}\pi$

04. 벡터의 연산

0391
· 유형 03 ·

삼각형 OAB의 두 변 OA, AB 위에 각각 있는 두 점 C, D가 다음 조건을 만족시킨다.

> (가) $\overrightarrow{OB}=\vec{p}+2\vec{q}$, $\overrightarrow{OC}=\vec{p}$
> (나) 두 벡터 $\overrightarrow{OB}$, $\overrightarrow{CD}$는 서로 평행하다.
> (다) $2|\overrightarrow{OB}|=3|\overrightarrow{CD}|$

두 실수 a, b에 대하여 $\overrightarrow{BD}=a\vec{p}+b\vec{q}$일 때, $a-2b$의 값을 구하시오.

0392
· 유형 01 ·

그림과 같이 중심이 O인 원 위의 세 점 A, B, C가 $\angle AOC=\angle BOC$를 만족시킨다. $\overrightarrow{OA}=\vec{a}$, $\overrightarrow{OB}=\vec{b}$라 할 때, 다음 중 벡터 $\overrightarrow{OC}$를 $\vec{a}$, $\vec{b}$로 나타낸 것은?

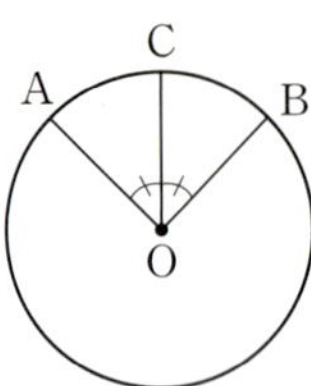

① $\dfrac{1}{|\vec{a}|}(\vec{a}+\vec{b})$ ② $\dfrac{1}{|\vec{a}|}(\vec{a}-\vec{b})$

③ $\dfrac{|\vec{a}|}{|\vec{a}+\vec{b}|}(\vec{a}+\vec{b})$ ④ $\dfrac{|\vec{a}|}{|\vec{a}+\vec{b}|}(\vec{a}-\vec{b})$

⑤ $\dfrac{|\vec{a}|}{|\vec{a}-\vec{b}|}(\vec{a}+\vec{b})$

0393 사고력
· 유형 03 ·

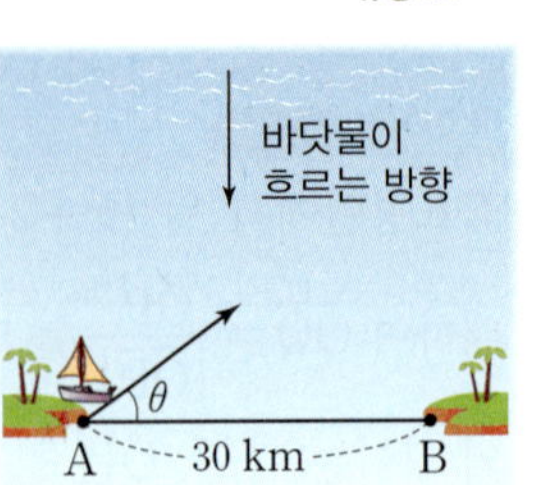

그림과 같이 30 km 떨어진 바다 위의 두 섬의 각 지점 A, B 사이로 바닷물이 5 km/h의 속도로 흐르고 있다. 배가 A 지점에서 13 km/h의 속도로 선분 AB와 θ의 각을 이루면서 출발하여 B 지점에 도착했다고 한다. 배는 A 지점을 출발한 지 몇 시간 후에 B 지점에 도착하겠는가?

① 2시간   ② 2시간 30분   ③ 3시간

④ 3시간 30분   ⑤ 4시간

0394
· 유형 05 ·

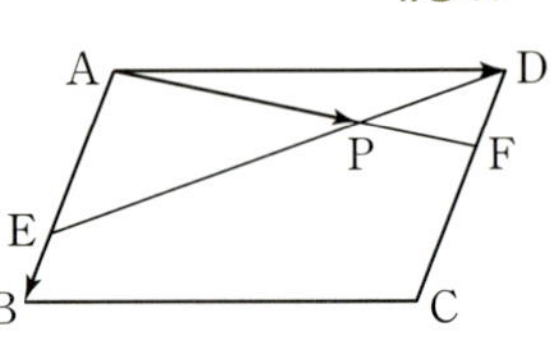

그림과 같이 평행사변형 ABCD에서 선분 AB를 3 : 1로 내분하는 점을 E, 선분 CD를 2 : 1로 내분하는 점을 F라 하자. 두 선분 AF, DE의 교점을 P라 할 때, $\overrightarrow{AP}=m\overrightarrow{AB}+n\overrightarrow{AD}$를 만족시키는 두 실수 m, n에 대하여 $m+n$의 값은?

① $\dfrac{10}{13}$ ② $\dfrac{7}{9}$ ③ $\dfrac{11}{13}$

④ $\dfrac{8}{9}$ ⑤ $\dfrac{12}{13}$

0395
· 유형 03 + 유형 04 ·

넓이가 20인 삼각형 ABC의 내부의 점 P가 $\overrightarrow{AB}+3\overrightarrow{AC}+5\overrightarrow{PA}=\vec{0}$를 만족시킬 때, 삼각형 PAB의 넓이를 구하시오.

0396 창의력+
· 유형 06 ·

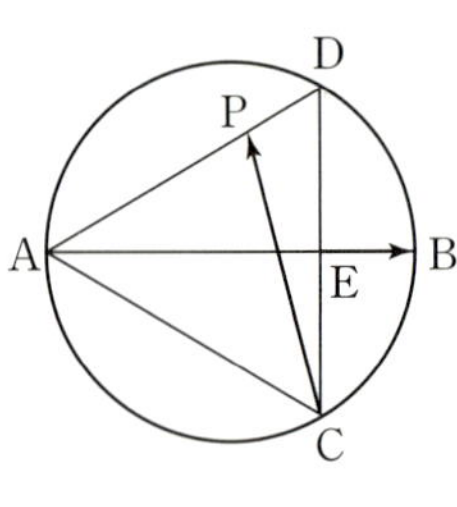

그림과 같이 길이가 4인 선분 AB를 지름으로 하는 원과 이 원에 내접하는 정삼각형 ACD가 있다. 선분 AB와 선분 CD의 교점을 E라 할 때, 변 AD 위의 점 P에 대하여 $|\overrightarrow{CP}+\overrightarrow{EB}|$의 최솟값은?

① $\dfrac{3}{2}$ ② 2 ③ $\dfrac{5}{2}$

④ 3 ⑤ $\dfrac{7}{2}$

서술형 문제

0397
· 유형 07 ·

영벡터가 아닌 두 벡터 $\vec{x}$, $\vec{y}$가 서로 평행하지 않을 때

$$(4+a)\vec{x}-2\vec{y}=b(\vec{x}+a\vec{y})$$

를 만족시키는 두 실수 a, b에 대하여 a^3-b^3의 값을 구하시오.

✓ 필요 개념 및 공식	
☐ 벡터가 서로 같을 조건	☐ 곱셈 공식의 변형

0398
· 유형 09 ·

서로 평행하지 않은 두 벡터 $\vec{a}$, $\vec{b}$와 평면 위의 서로 다른 네 점 O, A, B, C에 대하여

$$\overrightarrow{OA}=\vec{a},\ \overrightarrow{OB}=\vec{b},\ \overrightarrow{OC}=3\vec{a}-2\vec{b}$$

일 때, 세 점 A, B, C가 한 직선 위에 있음을 증명하시오.

✓ 필요 개념 및 공식
☐ 세 점이 한 직선 위에 있을 조건

0399
· 유형 03 ·

평면 위의 서로 다른 네 점 A, B, C, D가 다음 조건을 만족시킬 때, 사각형 ABCD는 어떤 사각형인지 말하시오.

> (가) $\overrightarrow{AB}+\overrightarrow{AD}=\overrightarrow{AC}$
> (나) $|\overrightarrow{AC}|=|\overrightarrow{BD}|$
> (다) $|\overrightarrow{AB}|=|\overrightarrow{AD}|$

✓ 필요 개념 및 공식		
☐ 벡터의 덧셈	☐ 벡터의 크기	☐ 사각형의 결정 조건

0400
· 유형 05 + 유형 07 ·

그림과 같이 일정한 간격으로 평행선이 서로 만나고 있고, 평행선들이 만나는 곳에 네 점 O, P, Q, R가 있다.

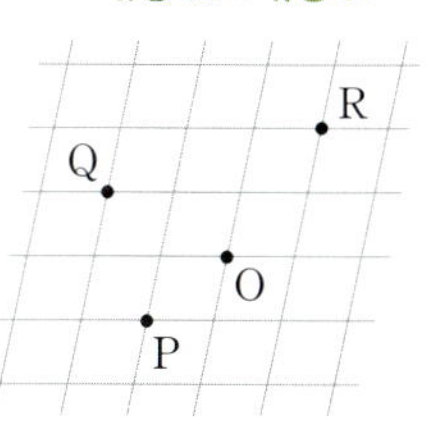

$$\overrightarrow{OP}=m\overrightarrow{OQ}+n\overrightarrow{OR}$$

를 만족시키는 실수 m, n에 대하여 $m-n$의 값을 구하시오.

✓ 필요 개념 및 공식	
☐ 벡터의 연산	☐ 벡터가 서로 같을 조건

0401
· 유형 06 ·

타원 $\dfrac{x^2}{9}+\dfrac{y^2}{4}=1$ 위의 한 점 P와 두 초점 F, F′에 대하여 $|\overrightarrow{OF}+\overrightarrow{OP}|=2$일 때, $|\overrightarrow{PF}|$의 값을 구하시오.

✓ 필요 개념 및 공식	
☐ 벡터의 덧셈	☐ 타원의 정의

0402
· 유형 09 ·

함수 $y=\sqrt{12-x^2}$의 그래프 위의 점 P와 점 $A(0,\ -2)$에 대하여 점 Q가 다음 조건을 만족시킨다.

> (가) $|\overrightarrow{AP}|$의 최댓값을 M이라 하면 $|\overrightarrow{AQ}|=M$이다.
> (나) 서로 다른 세 점 A, P, Q가 한 직선 위에 있다.

점 Q가 나타내는 도형의 길이가 $\dfrac{p+q\sqrt{3}}{3}\pi$일 때, $p+q$의 값을 구하시오. (단, p와 q는 자연수이다.)

✓ 필요 개념 및 공식	
☐ 세 점이 한 직선 위에 있을 조건	☐ 부채꼴의 호의 길이

개념 01   위치벡터

(1) 위치벡터
  ① 한 점 O를 시점으로 하는 벡터 $\overrightarrow{OP}$를 점 O에 대한 점
    P의 위치벡터라 한다.
  ② 두 점 A, B의 위치벡터를 각각 $\vec{a}$, $\vec{b}$라 하면
$$\overrightarrow{AB}=\vec{b}-\vec{a} \;\rightarrow\; \overrightarrow{OB}-\overrightarrow{OA}$$

(2) 선분의 내분점과 외분점의 위치벡터
  두 점 A, B의 위치벡터를 각각 $\vec{a}$, $\vec{b}$
  라 할 때, 선분 AB를 $m:n$
  $(m>0,\ n>0)$으로 내분하는 점 P와
  외분하는 점 Q의 위치벡터를 각각 $\vec{p}$,
  $\vec{q}$라 하면

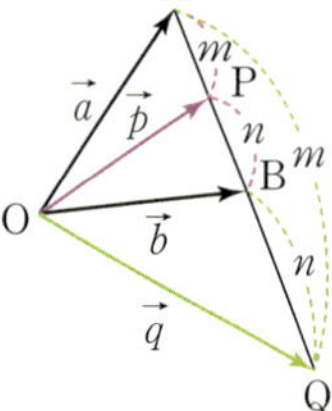

$$\vec{p}=\frac{m\vec{b}+n\vec{a}}{m+n},$$
$$\vec{q}=\frac{m\vec{b}-n\vec{a}}{m-n}\ (\text{단, } m\neq n)$$

(3) 삼각형의 무게중심의 위치벡터
  한 직선 위에 있지 않은 세 점 A, B, C의 위치벡터를 각각
  $\vec{a}$, $\vec{b}$, $\vec{c}$라 할 때, 삼각형 ABC의 무게중심 G의 위치벡터를
  $\vec{g}$라 하면
$$\vec{g}=\frac{\vec{a}+\vec{b}+\vec{c}}{3}$$

[0403~0404] 세 점 A, B, C의 위치벡터를 각각 $\vec{a}$, $\vec{b}$,
$2\vec{a}+\vec{b}$라 할 때, 다음 벡터를 $\vec{a}$, $\vec{b}$로 나타내시오.

0403 $\overrightarrow{CA}$ **0404** $\overrightarrow{BC}$

[0405~0407] 두 점 A, B의 위치벡터를 각각 $\vec{a}$, $\vec{b}$라 할 때,
다음 위치벡터를 $\vec{a}$, $\vec{b}$로 나타내시오.

0405 선분 AB를 $2:3$으로 내분하는 점 P의 위치벡터 $\vec{p}$

0406 선분 AB를 $2:1$로 외분하는 점 Q의 위치벡터 $\vec{q}$

0407 선분 AB의 중점 M의 위치벡터 $\vec{m}$

0408 세 점 A, B, C의 위치벡터를 각각 $\vec{a}$, $\vec{b}$, $\vec{a}-2\vec{b}$
라 할 때, 삼각형 ABC의 무게중심 G의 위치벡터 $\vec{g}$를 $\vec{a}$,
$\vec{b}$로 나타내시오.

개념 02   평면벡터의 성분

(1) 평면벡터의 성분
  평면벡터 $\vec{a}=(a_1,\ a_2)$, $\vec{b}=(b_1,\ b_2)$에 대하여
  ① $\vec{e_1}=(1,\ 0)$, $\vec{e_2}=(0,\ 1)$일 때
$$\vec{a}=a_1\vec{e_1}+a_2\vec{e_2}$$
  ② $\vec{a}=\vec{b}\iff a_1=b_1,\ a_2=b_2$
  ③ $|\vec{a}|=\sqrt{a_1{}^2+a_2{}^2}$

(2) 성분으로 나타낸 평면벡터의 연산
  평면벡터 $\vec{a}=(a_1,\ a_2)$, $\vec{b}=(b_1,\ b_2)$에 대하여
  ① $\vec{a}\pm\vec{b}=(a_1\pm b_1,\ a_2\pm b_2)$ (복부호동순)
  ② $k\vec{a}=(ka_1,\ ka_2)$ (단, k는 실수)

(3) 평면벡터의 성분과 크기
  두 점 $A(a_1,\ a_2)$, $B(b_1,\ b_2)$에 대하여
  ① $\overrightarrow{AB}=(b_1-a_1,\ b_2-a_2)$
  ② $|\overrightarrow{AB}|=\sqrt{(b_1-a_1)^2+(b_2-a_2)^2}\ \rightarrow\ \overrightarrow{AB}$

[0409~0412] 두 벡터 $\vec{e_1}$, $\vec{e_2}$로 나타낸 벡터는 성분으로, 성
분으로 나타낸 벡터는 $\vec{e_1}$, $\vec{e_2}$를 이용하여 나타내시오.
$$(\text{단, } \vec{e_1}=(1,\ 0),\ \vec{e_2}=(0,\ 1))$$

0409 $\vec{a}=2\vec{e_1}-3\vec{e_2}$ **0410** $\vec{b}=-\vec{e_1}+4\vec{e_2}$

0411 $\vec{c}=(3,\ 1)$ **0412** $\vec{d}=(-4,\ -3)$

[0413~0414] 다음 두 벡터 $\vec{a}$, $\vec{b}$에 대하여 $\vec{a}=\vec{b}$일 때, 두
실수 m, n의 값을 각각 구하시오.

0413 $\vec{a}=(m+1,\ 2)$, $\vec{b}=(3,\ 2n)$

0414 $\vec{a}=(m+1,\ n-1)$, $\vec{b}=(n+4,\ -3m)$

[0415~0416] 다음 벡터의 크기를 구하시오.

0415 $\vec{a}=(0,\ 4)$ **0416** $\vec{b}=(4,\ -3)$

[0417~0420] $\vec{a}=(1,\ 3)$, $\vec{b}=(-2,\ 1)$, $\vec{c}=(2,\ -1)$일
때, 다음 벡터를 성분으로 나타내시오.

0417 $\vec{a}+\vec{b}$ **0418** $2\vec{c}$

0419 $\vec{a}-2\vec{b}+\vec{c}$ **0420** $2(\vec{a}-\vec{b})-(\vec{b}+2\vec{c})$

[0421~0422] 다음 두 점 A, B에 대하여 벡터 $\overrightarrow{AB}$를 성분으로 나타내고, 그 크기를 구하시오.

0421 $A(1, 2)$, $B(3, -1)$

0422 $A(2, 4)$, $B(-6, -2)$

개념 03 평면벡터의 내적

(1) 평면벡터의 내적

① 두 벡터 $\vec{a}$, $\vec{b}$가 이루는 각의 크기를 θ라 하면

  (ⅰ) $0° \leq \theta \leq 90°$일 때

  $$\vec{a} \cdot \vec{b} = |\vec{a}||\vec{b}| \cos \theta \quad \text{•} \theta = 90°\text{이면 } \vec{a} \cdot \vec{b} = 0$$

  (ⅱ) $90° < \theta \leq 180°$일 때

  $$\vec{a} \cdot \vec{b} = -|\vec{a}||\vec{b}| \cos (180° - \theta)$$

  참고 $\vec{a} = \vec{0}$ 또는 $\vec{b} = \vec{0}$이면 $\vec{a} \cdot \vec{b} = 0$

② 두 벡터 $\vec{a} = (a_1, a_2)$, $\vec{b} = (b_1, b_2)$에 대하여

  $$\vec{a} \cdot \vec{b} = a_1 b_1 + a_2 b_2$$

③ $\vec{a} \cdot \vec{a} = |\vec{a}|^2$

(2) 평면벡터의 내적의 성질

세 평면벡터 $\vec{a}$, $\vec{b}$, $\vec{c}$에 대하여

① $\vec{a} \cdot \vec{b} = \vec{b} \cdot \vec{a}$ ← 교환법칙

② $\vec{a} \cdot (\vec{b} + \vec{c}) = \vec{a} \cdot \vec{b} + \vec{a} \cdot \vec{c}$
   $(\vec{a} + \vec{b}) \cdot \vec{c} = \vec{a} \cdot \vec{c} + \vec{b} \cdot \vec{c}$ ← 분배법칙

③ $(k\vec{a}) \cdot \vec{b} = \vec{a} \cdot (k\vec{b}) = k(\vec{a} \cdot \vec{b})$ (단, k는 실수)

(3) 두 평면벡터가 이루는 각의 크기

영벡터가 아닌 두 평면벡터 $\vec{a} = (a_1, a_2)$, $\vec{b} = (b_1, b_2)$가 이루는 각의 크기를 θ라 하면

① $\vec{a} \cdot \vec{b} \geq 0$일 때

$$\cos \theta = \frac{\vec{a} \cdot \vec{b}}{|\vec{a}||\vec{b}|}$$
$$= \frac{a_1 b_1 + a_2 b_2}{\sqrt{a_1^2 + a_2^2}\sqrt{b_1^2 + b_2^2}}$$

② $\vec{a} \cdot \vec{b} < 0$일 때

$$\cos (180° - \theta) = -\frac{\vec{a} \cdot \vec{b}}{|\vec{a}||\vec{b}|}$$
$$= -\frac{a_1 b_1 + a_2 b_2}{\sqrt{a_1^2 + a_2^2}\sqrt{b_1^2 + b_2^2}}$$

(4) 평면벡터의 내적과 수직, 평행

영벡터가 아닌 두 평면벡터 $\vec{a}$, $\vec{b}$에 대하여

① $\vec{a} \perp \vec{b} \Longleftrightarrow \vec{a} \cdot \vec{b} = 0$

② $\vec{a} \,/\!/\, \vec{b} \Longleftrightarrow \vec{a} \cdot \vec{b} = \pm|\vec{a}||\vec{b}|$

[0423~0424] $|\vec{a}| = 2$, $|\vec{b}| = 3$인 두 벡터 $\vec{a}$, $\vec{b}$가 이루는 각의 크기가 다음과 같을 때, $\vec{a} \cdot \vec{b}$를 구하시오.

0423 $60°$

0424 $135°$

[0425~0426] 다음 두 벡터 $\vec{a}$, $\vec{b}$의 내적을 구하시오.

0425 $\vec{a} = (1, 2)$, $\vec{b} = (3, -1)$

0426 $\vec{a} = (-2, 3)$, $\vec{b} = (2, 2)$

[0427~0428] 두 벡터 $\vec{a}$, $\vec{b}$에 대하여 $|\vec{a}| = 1$, $|\vec{b}| = \sqrt{3}$일 때, 다음을 구하시오.

0427 $(\vec{a} + \vec{b}) \cdot (\vec{a} - \vec{b})$

0428 $|2\vec{a} + \vec{b}|^2 - 4\vec{a} \cdot \vec{b}$

0429 두 벡터 $\vec{a}$, $\vec{b}$에 대하여 $|\vec{a}| = 3$, $|\vec{b}| = 2$, $\vec{a} \cdot \vec{b} = -4$일 때, $(\vec{a} + \vec{b}) \cdot (\vec{a} - 2\vec{b})$를 구하시오.

[0430~0431] 다음 두 벡터 $\vec{a}$, $\vec{b}$가 이루는 각의 크기를 구하시오.

0430 $\vec{a} = (2, 1)$, $\vec{b} = (1, 3)$

0431 $\vec{a} = (-2\sqrt{3}, 2)$, $\vec{b} = (\sqrt{3}, 1)$

[0432~0433] 다음 두 벡터 $\vec{a}$, $\vec{b}$가 서로 수직이 되도록 하는 x의 값을 구하시오.

0432 $\vec{a} = (2, -1)$, $\vec{b} = (x, 2)$

0433 $\vec{a} = (3, -x)$, $\vec{b} = (6, 2)$

[0434~0435] 다음 두 벡터 $\vec{a}$, $\vec{b}$가 서로 평행하도록 하는 x의 값을 구하시오.

0434 $\vec{a} = (x, 3)$, $\vec{b} = (0, 1)$

0435 $\vec{a} = (1, 3)$, $\vec{b} = (2, x)$

개념 04 직선의 방정식

(1) 직선의 방정식

좌표평면 위의 두 점 $A(x_1, y_1)$, $P(x, y)$의 위치벡터를 각각 $\vec{a}, \vec{p}$라 하자.

① 한 점과 방향벡터가 주어진 직선의 방정식

점 A를 지나고 영벡터가 아닌 벡터 $\vec{u}=(u_1, u_2)$에 평행한 직선 l의 방정식은

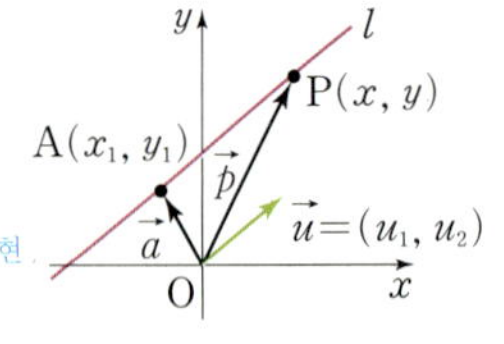

$$\vec{p}=\vec{a}+t\vec{u} \quad \text{← 벡터를 이용한 표현}$$
$$(\text{단, } t\text{는 실수})$$

또는

$$\frac{x-x_1}{u_1}=\frac{y-y_1}{u_2} \ (\text{단, } u_1 u_2 \neq 0) \quad \text{← 성분을 이용한 표현}$$

이때 벡터 $\vec{u}$를 직선 l의 방향벡터라 한다.

② 한 점과 법선벡터가 주어진 직선의 방정식

점 A를 지나고 영벡터가 아닌 벡터 $\vec{n}=(n_1, n_2)$에 수직인 직선 l의 방정식은

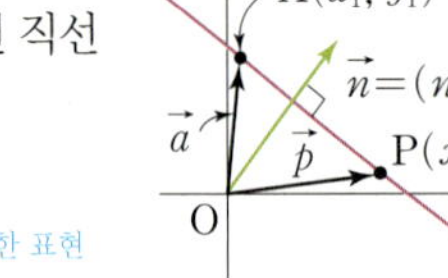

$$(\vec{p}-\vec{a})\cdot\vec{n}=0$$
$$\text{← 벡터를 이용한 표현}$$

또는

$$n_1(x-x_1)+n_2(y-y_1)=0 \quad \text{← 성분을 이용한 표현}$$

이때 벡터 $\vec{n}$을 직선 l의 법선벡터라 한다.

(2) 두 직선이 이루는 각의 크기

방향벡터가 각각 $\vec{u}=(u_1, u_2)$, $\vec{v}=(v_1, v_2)$인 두 직선 l, m이 이루는 각의 크기를 $\theta \ (0°\leq\theta\leq90°)$라 하면

$$\cos\theta=\frac{|\vec{u}\cdot\vec{v}|}{|\vec{u}||\vec{v}|}=\frac{|u_1 v_1+u_2 v_2|}{\sqrt{u_1^2+u_2^2}\sqrt{v_1^2+v_2^2}}$$

(3) 두 직선의 평행과 수직

두 직선 l, m의 방향벡터를 각각 $\vec{u}=(u_1, u_2)$, $\vec{v}=(v_1, v_2)$라 하면

① $l /\!/ m \Longleftrightarrow \vec{u} /\!/ \vec{v}$
$\qquad\qquad \Longleftrightarrow \vec{u}=k\vec{v}$
$\qquad\qquad \Longleftrightarrow u_1=kv_1, \ u_2=kv_2 \ (\text{단, } k\text{는 } 0\text{이 아닌 실수})$

② $l \perp m \Longleftrightarrow \vec{u} \perp \vec{v}$
$\qquad\qquad \Longleftrightarrow \vec{u}\cdot\vec{v}=0$
$\qquad\qquad \Longleftrightarrow u_1 v_1+u_2 v_2=0$

[0436~0437] 다음 직선의 방정식을 구하시오.

0436 점 $(1, 1)$을 지나고 벡터 $\vec{u}=(2, 1)$에 평행한 직선

0437 점 $(-3, -1)$을 지나고 방향벡터가 $\vec{u}=(1, 2)$인 직선

[0438~0439] 다음 직선의 방정식을 구하시오.

0438 점 $(2, 0)$을 지나고 벡터 $\vec{n}=(2, 3)$에 수직인 직선

0439 점 $(1, -2)$를 지나고 법선벡터가 $\vec{n}=(3, -1)$인 직선

[0440~0441] 다음 두 직선이 이루는 각의 크기를 $\theta \ (0°\leq\theta\leq90°)$라 할 때, $\cos\theta$의 값을 구하시오.

0440 $x-2=\dfrac{y+1}{3}, \ \dfrac{x+1}{2}=y$

0441 $-x=\dfrac{y+3}{7}, \ \dfrac{x+2}{3}=4-y$

[0442~0443] 두 직선 $\dfrac{x+1}{4}=\dfrac{y-2}{a}, \ \dfrac{x-3}{2}=\dfrac{1-y}{3}$의 위치 관계가 다음과 같도록 하는 실수 a의 값을 구하시오.

0442 평행하다.　　　**0443** 수직이다.

개념 05 원의 방정식

좌표평면 위의 세 점 A, B, P의 위치벡터를 각각 $\vec{a}, \vec{b}, \vec{p}$라 하자.

(1) 중심과 반지름의 길이가 주어진 원의 방정식

점 A를 중심으로 하고 반지름의 길이가 r인 원의 방정식은

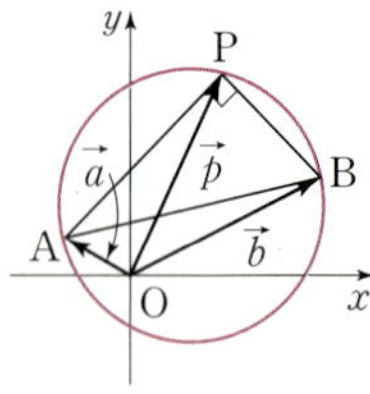

$$|\vec{p}-\vec{a}|=r$$

또는

$$(\vec{p}-\vec{a})\cdot(\vec{p}-\vec{a})=r^2$$

(2) 지름의 양 끝 점이 주어진 원의 방정식

두 점 A, B를 지름의 양 끝 점으로 하는 원의 방정식은

$$(\vec{p}-\vec{a})\cdot(\vec{p}-\vec{b})=0$$

[0444~0445] 좌표평면에서 다음 도형의 방정식을 구하시오.

0444 원점 O에 대하여 $|\overrightarrow{OP}|=2$를 만족시키는 점 P가 나타내는 도형의 방정식

0445 점 $A(1, 2)$에 대하여 $|\overrightarrow{AP}|=1$을 만족시키는 점 P가 나타내는 도형의 방정식

유형 01 위치벡터

두 점 A, B의 위치벡터를 각각 $\vec{a}$, $\vec{b}$라 하면
$$\overrightarrow{AB}=\vec{b}-\vec{a}$$

🖐 대표 예제

0446 세 점 A, B, C의 위치벡터를 각각 $\vec{a}$, $\vec{b}$, $\vec{c}$라 할 때, $2\overrightarrow{AC}+3\overrightarrow{AB}$를 $\vec{a}$, $\vec{b}$, $\vec{c}$로 나타낸 것은?

① $-5\vec{a}-3\vec{b}+2\vec{c}$ ② $-5\vec{a}+3\vec{b}+2\vec{c}$
③ $5\vec{a}-3\vec{b}+2\vec{c}$ ④ $5\vec{a}+3\vec{b}-2\vec{c}$
⑤ $5\vec{a}+3\vec{b}+2\vec{c}$

선생님 해설

$\overrightarrow{AC}=\vec{c}-\vec{a}$, $\overrightarrow{AB}=\vec{b}-\vec{a}$이므로
$$2\overrightarrow{AC}+3\overrightarrow{AB}=2(\vec{c}-\vec{a})+3(\vec{b}-\vec{a})$$
$$=2\vec{c}-2\vec{a}+3\vec{b}-3\vec{a}$$
$$=-5\vec{a}+3\vec{b}+2\vec{c}$$

> $\overrightarrow{AC}=\overrightarrow{OC}-\overrightarrow{OA}$, $\overrightarrow{AB}=\overrightarrow{OB}-\overrightarrow{OA}$라 하고,
> $\overrightarrow{OA}=\vec{a}$, $\overrightarrow{OB}=\vec{b}$, $\overrightarrow{OC}=\vec{c}$
> 라 생각하면 쉽게 풀 수 있어.

답 ②

0447 대표 예제 한 번 더
세 점 A, B, C의 위치벡터를 각각 $\vec{a}$, $\vec{b}$, $\vec{a}-2\vec{b}$라 할 때, $\overrightarrow{AB}-3\overrightarrow{BC}$를 $\vec{a}$, $\vec{b}$로 나타낸 것은?

① $-4\vec{a}+9\vec{b}$ ② $-4\vec{a}+10\vec{b}$ ③ $-3\vec{a}+9\vec{b}$
④ $-3\vec{a}+10\vec{b}$ ⑤ $-2\vec{a}+9\vec{b}$

0448
그림과 같은 직사각형 OABC에서 점 O에 대한 두 점 A, B의 위치벡터를 각각 $\vec{a}+2\vec{b}$, $2\vec{a}-\vec{b}$라 할 때, 점 O에 대한 점 C의 위치벡터를 $\vec{a}$, $\vec{b}$로 나타낸 것은?

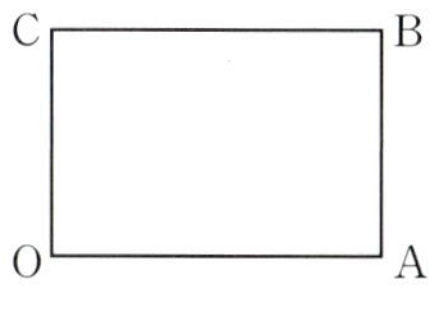

① $\vec{a}-3\vec{b}$ ② $\vec{a}-2\vec{b}$ ③ $\vec{a}-\vec{b}$
④ $\vec{a}$ ⑤ $\vec{a}+\vec{b}$

0449
그림과 같은 정육각형 OABCDE에서 점 O에 대한 두 점 A, B의 위치벡터를 각각 $\vec{a}$, $\vec{b}$라 할 때, 점 O에 대한 점 D의 위치벡터를 $\vec{a}$, $\vec{b}$로 나타낸 것은?

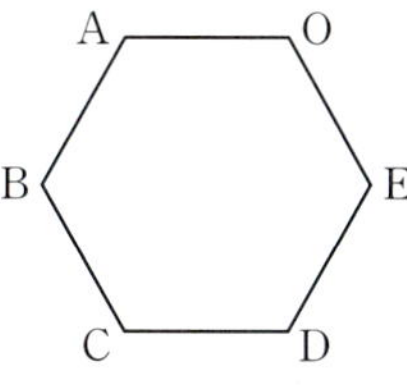

① $-3\vec{a}+\vec{b}$ ② $-3\vec{a}+2\vec{b}$ ③ $-2\vec{a}+\vec{b}$
④ $-2\vec{a}+2\vec{b}$ ⑤ $-\vec{a}+2\vec{b}$

0450
한 직선 위에 있는 세 점 O, A, B가 $3\overrightarrow{AB}=\overrightarrow{OB}$를 만족시킨다. 점 O에 대한 점 A의 위치벡터 $\vec{a}$에 대하여 점 B의 위치벡터가 $k\vec{a}$일 때, 모든 실수 k의 값의 합은?

① $\dfrac{3}{2}$ ② $\dfrac{7}{4}$ ③ 2
④ $\dfrac{9}{4}$ ⑤ $\dfrac{5}{2}$

유형 02 선분의 내분점과 외분점의 위치벡터

두 점 A, B의 위치벡터를 각각 $\vec{a}$, $\vec{b}$라 할 때, 선분 AB를
$m:n\ (m>0,\ n>0)$으로 내분하는 점 P와 외분하는 점 Q의 위치
벡터를 각각 $\vec{p}$, $\vec{q}$라 하면

$$\vec{p}=\frac{m\vec{b}+n\vec{a}}{m+n},$$

$$\vec{q}=\frac{m\vec{b}-n\vec{a}}{m-n}\ (단,\ m\neq n)$$

참고 선분 AB의 중점 M의 위치벡터를 $\vec{m}$이라 하면

$$\vec{m}=\frac{\vec{a}+\vec{b}}{2}$$

← 선분 AB를 1 : 1로 내분하는 점이다.

👍 대표 예제

0451 두 점 A, B의 위치벡터를 각각 $\vec{a}+\vec{b}$, $\vec{a}-\vec{b}$라 하
고, 선분 AB를 3 : 1로 내분하는 점 P의 위치벡터를 $\vec{p}$라 하자.
$\vec{p}=m\vec{a}+n\vec{b}$를 만족시키는 두 실수 m, n에 대하여 $m+n$의
값은?

① 0 　　　　② $\dfrac{1}{2}$ 　　　　③ 1

④ $\dfrac{3}{2}$ 　　　　⑤ 2

선생님 해설

$$\vec{p}=\frac{3\cdot(\vec{a}-\vec{b})+1\cdot(\vec{a}+\vec{b})}{3+1}$$

$$=\frac{4\vec{a}-2\vec{b}}{4}$$

$$=\vec{a}-\frac{1}{2}\vec{b}$$

따라서 $m=1$, $n=-\dfrac{1}{2}$이므로

$$m+n=1+\left(-\frac{1}{2}\right)=\frac{1}{2}$$

수직선 위의 내분점과 외분점을
구하는 방법과 비슷하지?
점의 좌표 대신 벡터로 주어졌
을 뿐이야.

답 ②

0452 대표 예제 한 번 더

두 점 A, B의 위치벡터를 각각 $2\vec{a}$, $3\vec{b}$라 하고, 선분
AB를 1 : 2로 외분하는 점 Q의 위치벡터를 $\vec{q}$라 하자.
$\vec{q}=m\vec{a}+n\vec{b}$를 만족시키는 두 실수 m, n에 대하여
$m-n$의 값은?

① 3 　　　　② 4 　　　　③ 5

④ 6 　　　　⑤ 7

0453

두 점 A, B의 위치벡터를 각각 $\vec{a}$, $\vec{a}+\vec{b}$라 할 때, 선분
AB를 m : 2로 내분하는 점 P의 위치벡터를 $\vec{p}$라 하자.
$\vec{p}=\vec{a}+\dfrac{3}{5}\vec{b}$일 때, 실수 m의 값은?

① 1 　　　　② 3 　　　　③ 5

④ 7 　　　　⑤ 9

0454

선분 AB를 오등분한 점을 점 A에서 가까운 점부터 차례
대로 C, D, E, F라 하자. 점 O에 대한 두 점 A, B의 위
치벡터를 각각 $\vec{a}$, $\vec{b}$라 할 때, $\overrightarrow{OC}+2\overrightarrow{OE}$를 $\vec{a}$, $\vec{b}$로 나타낸
것은?

① $\dfrac{4}{5}\vec{a}+\dfrac{11}{5}\vec{b}$ 　　② $\vec{a}+2\vec{b}$ 　　③ $\dfrac{6}{5}\vec{a}+\dfrac{9}{5}\vec{b}$

④ $\dfrac{7}{5}\vec{a}+\dfrac{8}{5}\vec{b}$ 　　⑤ $\dfrac{8}{5}\vec{a}+\dfrac{7}{5}\vec{b}$

0455

세 점 A, B, C의 위치벡터를 각각 $\vec{a}$, $\vec{b}$, $\vec{c}$라 할 때,
$\vec{c}=\dfrac{6}{5}\vec{a}-\dfrac{1}{5}\vec{b}$, $|\vec{b}-\vec{a}|=5$이다. 선분 AC의 길이는?

① $\dfrac{3}{5}$ 　　　　② $\dfrac{4}{5}$ 　　　　③ 1

④ $\dfrac{6}{5}$ 　　　　⑤ $\dfrac{7}{5}$

유형 03 삼각형의 무게중심의 위치벡터

한 직선 위에 있지 않은 세 점 A, B, C의 위치벡터를 각각 $\vec{a}$, $\vec{b}$, $\vec{c}$ 라 할 때, 삼각형 ABC의 무게중심 G의 위치벡터를 $\vec{g}$라 하면

$$\vec{g}=\frac{\vec{a}+\vec{b}+\vec{c}}{3}$$

참고 $\overrightarrow{GA}+\overrightarrow{GB}+\overrightarrow{GC}=\vec{0}$

👍 대표 예제

0456 세 점 A, B, C의 위치벡터를 각각 $\vec{a}-\vec{b}$, $\vec{a}+\vec{b}$, $\vec{a}+2\vec{b}$라 하고, 삼각형 ABC의 무게중심 G의 위치벡터를 $\vec{g}$ 라 하자. $\vec{g}=m\vec{a}+n\vec{b}$를 만족시키는 두 실수 m, n에 대하여 $m+n$의 값은?

① $\dfrac{1}{3}$ ② $\dfrac{2}{3}$ ③ 1

④ $\dfrac{4}{3}$ ⑤ $\dfrac{5}{3}$

선생님 해설

$$\vec{g}=\frac{(\vec{a}-\vec{b})+(\vec{a}+\vec{b})+(\vec{a}+2\vec{b})}{3}$$

$$=\frac{3\vec{a}+2\vec{b}}{3}=\vec{a}+\frac{2}{3}\vec{b}$$

따라서 $m=1$, $n=\dfrac{2}{3}$이므로

$$m+n=1+\frac{2}{3}=\frac{5}{3}$$

답 ⑤

0457 대표 예제 한 번 더

세 점 A, B, C의 위치벡터를 각각 $\vec{a}$, $\vec{b}$, $\vec{c}$라 하고, 삼각형 ABC의 무게중심을 G라 하자. 선분 AC를 2 : 1로 내분하는 점을 P라 할 때, 벡터 $\overrightarrow{GP}$를 $\vec{a}$, $\vec{b}$, $\vec{c}$로 나타낸 것은?

① $-\dfrac{2}{3}\vec{a}+\dfrac{2}{3}\vec{b}$ ② $-\dfrac{1}{3}\vec{b}+\dfrac{1}{3}\vec{c}$ ③ $\dfrac{1}{3}\vec{b}-\dfrac{1}{3}\vec{c}$

④ $-\dfrac{1}{3}\vec{a}+\dfrac{1}{3}\vec{c}$ ⑤ $\dfrac{2}{3}\vec{a}+\dfrac{2}{3}\vec{c}$

0458

두 실수 m, n에 대하여 세 점 A, B, C의 위치벡터를 각각 $2m\vec{a}-n\vec{b}$, $n\vec{a}-2m\vec{b}$, $-m\vec{a}+2n\vec{b}$라 하고, 삼각형 ABC의 무게중심을 G라 하자. 점 G의 위치벡터가 $\vec{a}-4\vec{b}$ 일 때, $m-n$의 값은?

① 3 ② 4 ③ 5

④ 6 ⑤ 7

0459

삼각형 ABC의 무게중심 G에 대하여 $\overrightarrow{GA}=\vec{a}+2\vec{b}$, $\overrightarrow{GB}=2\vec{a}-\vec{b}$라 할 때, $\overrightarrow{AC}=m\vec{a}+n\vec{b}$이다. 두 실수 m, n에 대하여 mn의 값은?

① 4 ② 6 ③ 8

④ 10 ⑤ 12

0460

세 점 A, B, C의 위치벡터를 각각 $\vec{a}$, $\vec{b}$, $2\vec{a}+\vec{b}$라 하고, 선분 AB, BC, CA를 1 : 2로 내분하는 점을 각각 P, Q, R라 하자. 삼각형 PQR의 무게중심을 G라 할 때, 점 G의 위치벡터는 $m\vec{a}+n\vec{b}$이다. 두 실수 m, n에 대하여 $m+n$의 값은?

① 1 ② $\dfrac{4}{3}$ ③ $\dfrac{5}{3}$

④ 2 ⑤ $\dfrac{7}{3}$

유형 04 선분의 내분점, 외분점과 삼각형의 무게중심을 이용한 평면도형에서의 위치벡터

삼각형의 한 꼭짓점에 대한 위치벡터들이 주어졌을 때
➡ 선분의 내분점, 외분점과 삼각형의 무게중심의 위치벡터를 이용하여 하나의 벡터를 서로 다른 두 벡터의 합으로 나타낸다.

🖐 대표 예제

0461 그림과 같이 삼각형 OAB에서 변 OA의 중점을 M, 변 AB를 $3:1$로 내분하는 점을 P라 하자. $\overrightarrow{\text{MP}}=m\overrightarrow{\text{OA}}+n\overrightarrow{\text{OB}}$를 만족시키는 두 실수 m, n에 대하여 $m-n$의 값을 구하시오.

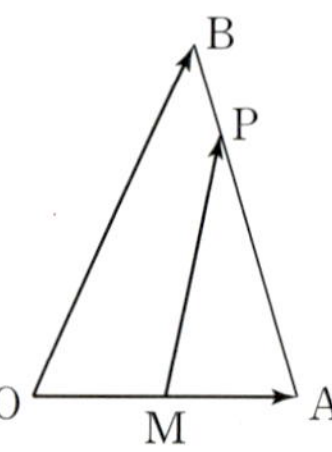

선생님 해설

점 O에 대한 두 점 A, B의 위치벡터를 각각 $\vec{a}$, $\vec{b}$라 하면
$$\overrightarrow{\text{OM}}=\frac{1}{2}\vec{a}, \quad \overrightarrow{\text{OP}}=\frac{3\cdot\vec{b}+1\cdot\vec{a}}{3+1}=\frac{\vec{a}+3\vec{b}}{4}$$
이므로
$$\overrightarrow{\text{MP}}=\overrightarrow{\text{OP}}-\overrightarrow{\text{OM}}$$
• 세 점 O, M, A가 일직선 위에 있으므로
$$=\frac{\vec{a}+3\vec{b}}{4}-\frac{1}{2}\vec{a}=-\frac{1}{4}\vec{a}+\frac{3}{4}\vec{b}$$
$$=-\frac{1}{4}\overrightarrow{\text{OA}}+\frac{3}{4}\overrightarrow{\text{OB}}$$
따라서 $m=-\frac{1}{4}$, $n=\frac{3}{4}$이므로
$$m-n=-\frac{1}{4}-\frac{3}{4}=-1$$

> 벡터 $\overrightarrow{\text{MP}}$를 시점이 O인 두 벡터 $\overrightarrow{\text{OM}}$, $\overrightarrow{\text{OP}}$로 나타낼 수 있으므로 두 벡터 $\overrightarrow{\text{OM}}$, $\overrightarrow{\text{OP}}$를 두 벡터 $\overrightarrow{\text{OA}}$, $\overrightarrow{\text{OB}}$로 나타내면 해결할 수 있어.

답 -1

0462 [대표 예제] [한 번 더]
그림과 같이 삼각형 OAB에서 변 OA를 $1:3$으로 외분하는 점을 P, 삼각형 OAB의 무게중심을 G라 하자. $\overrightarrow{\text{PG}}=m\overrightarrow{\text{OA}}+n\overrightarrow{\text{OB}}$를 만족시키는 두 실수 m, n에 대하여 $m+n$의 값은?

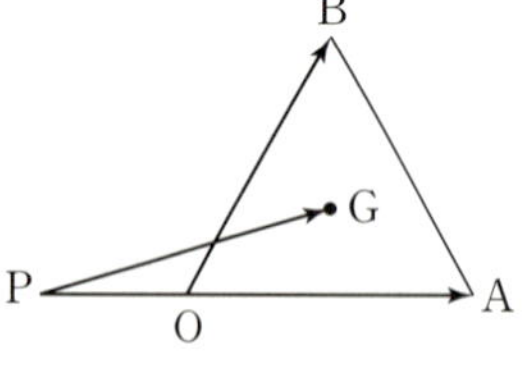

① $\frac{2}{3}$ ② $\frac{5}{6}$ ③ 1

④ $\frac{7}{6}$ ⑤ $\frac{4}{3}$

0463 그림과 같이 삼각형 OAB에서 변 OB를 $2:1$로 내분하는 점을 P, 변 AB를 $m:n$으로 내분하는 점을 Q라 하자. $\overrightarrow{\text{PQ}}=\frac{2}{3}\overrightarrow{\text{OA}}-\frac{1}{3}\overrightarrow{\text{OB}}$를 만족시키는 두 실수 m, n에 대하여 mn의 값을 구하시오.

(단, m과 n은 서로소인 자연수이다.)

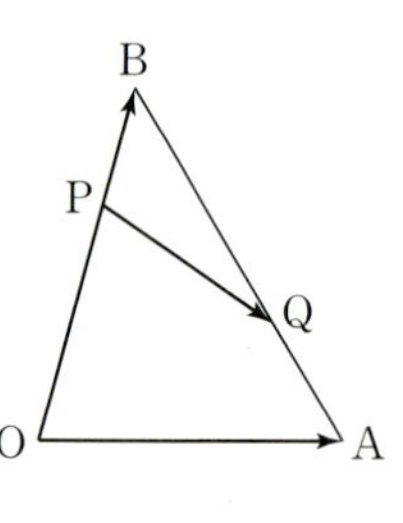

0464 그림과 같이 삼각형 ABC에서 $\angle A$의 이등분선이 변 BC와 만나는 점을 D, 삼각형 ABC의 무게중심을 G라 하자. $\overline{\text{AB}}=2$, $\overline{\text{AC}}=4$일 때, $\overrightarrow{\text{GD}}=m\overrightarrow{\text{AB}}+n\overrightarrow{\text{AC}}$를 만족시키는 두 실수 m, n에 대하여 $m-n$의 값은?

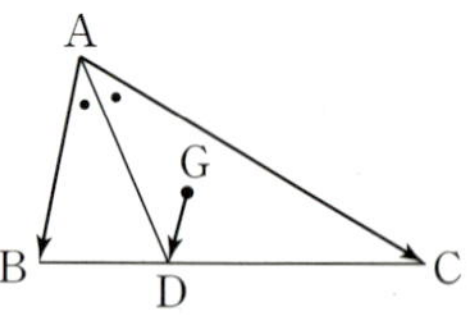

① $\frac{1}{5}$ ② $\frac{1}{4}$ ③ $\frac{1}{3}$

④ $\frac{1}{2}$ ⑤ 1

0465 그림과 같이 $\overline{\text{AD}}=\sqrt{2}$, $\overline{\text{AC}}=4$, $\angle\text{DAC}=45°$인 사각형 ABCD가 원에 내접하고 있다. 사각형 ABCD의 두 대각선 AC, BD가 서로 수직일 때, $\overrightarrow{\text{DB}}=m\overrightarrow{\text{DA}}+n\overrightarrow{\text{DC}}$가 성립한다. 두 실수 m, n에 대하여 mn의 값은?

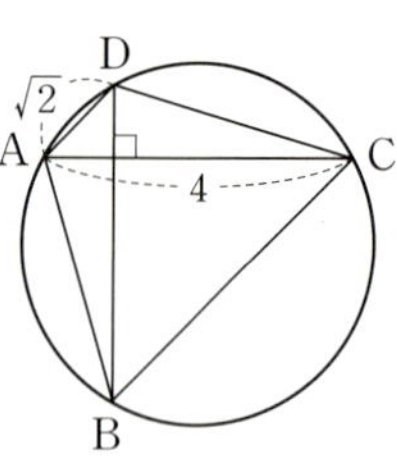

① 1 ② $\sqrt{2}$ ③ 2

④ $2\sqrt{2}$ ⑤ 3

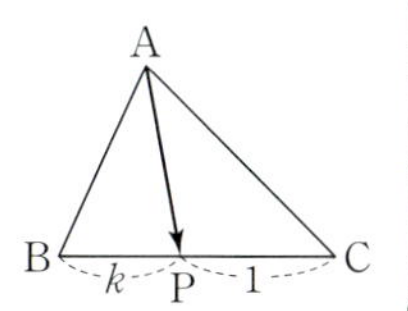

유형 05 위치벡터를 이용한 삼각형의 넓이

삼각형 ABC에서 $\overrightarrow{PB}=-k\overrightarrow{PC}\ (k>0)$이면
점 P는 선분 BC를 $k:1$로 내분하는 점이다.
➡ $\triangle ABP : \triangle ACP = k:1$

🙂 대표 예제

0466 평면 위의 점 P와 삼각형 ABC에 대하여
$$\overrightarrow{PA}+\overrightarrow{PB}+\overrightarrow{PC}=\overrightarrow{BC}$$
일 때, 두 삼각형 PAC, PBC의 넓이의 비는?

① $1:1$ ② $1:2$ ③ $2:1$
④ $2:3$ ⑤ $3:2$

선생님 **해설**

• 시점이 P인 벡터로 나타낸다.
$\overrightarrow{BC}=\overrightarrow{PC}-\overrightarrow{PB}$이므로 $\overrightarrow{PA}+\overrightarrow{PB}+\overrightarrow{PC}=\overrightarrow{BC}$에서
$\overrightarrow{PA}+\overrightarrow{PB}+\overrightarrow{PC}=\overrightarrow{PC}-\overrightarrow{PB}$
$\therefore\ \overrightarrow{PA}=-2\overrightarrow{PB}$
즉, 점 P는 선분 AB를 $2:1$로 내분하는 점이다.
따라서 두 삼각형 PAC, PBC의 넓이의 비는 $2:1$이다.

• 두 삼각형 PAC, PBC의 높이가 같으므로

● **다른 풀이** ●
$\overrightarrow{PA}+\overrightarrow{PB}+\overrightarrow{PC}=\overrightarrow{BC}$에서
$\overrightarrow{CA}-\overrightarrow{CP}+\overrightarrow{CB}-\overrightarrow{CP}-\overrightarrow{CP}=-\overrightarrow{CB}$
$\therefore\ \overrightarrow{CP}=\dfrac{2\overrightarrow{CB}+\overrightarrow{CA}}{3}$
즉, 점 P는 선분 AB를 $2:1$로 내분하는 점이다.

주어진 조건을 만족시키는 점 P의 위치를 찾아야만 해결할 수 있는 유형이야!
한 점을 고정하여 이 점에 대한 위치벡터로 모든 벡터를 나타내는
것이 문제 해결의 열쇠라고 할 수 있지.

● **답** ③

0467 대표 예제 | 한 번 더
평면 위의 점 P와 삼각형 ABC에 대하여
$$\overrightarrow{PA}+\overrightarrow{PB}+3\overrightarrow{PC}=\overrightarrow{BA}$$
이고, 삼각형 ABP의 넓이가 12일 때, 삼각형 APC의 넓이는?

① 6 ② 8 ③ 12
④ 18 ⑤ 24

0468
넓이가 18인 삼각형 ABC의 내부의 한 점 P에 대하여
$$4\overrightarrow{PA}+5\overrightarrow{PB}+6\overrightarrow{PC}=\overrightarrow{AC}$$
일 때, 삼각형 PBC의 넓이는?

① 6 ② 7 ③ 8
④ 9 ⑤ 10

0469
넓이가 S인 삼각형 ABC의 내부의 한 점 P에 대하여
$$4\overrightarrow{PA}+2\overrightarrow{PB}+2\overrightarrow{PC}=\overrightarrow{CB}$$
일 때, 삼각형 APC의 넓이는 kS이다. 실수 k의 값은?

① $\dfrac{1}{10}$ ② $\dfrac{1}{8}$ ③ $\dfrac{1}{6}$
④ $\dfrac{1}{4}$ ⑤ $\dfrac{1}{2}$

0470
평면 위의 점 P와 넓이가 k인 삼각형 ABC에 대하여
$$\overrightarrow{PA}+4\overrightarrow{PC}=\overrightarrow{PB}$$
일 때, 삼각형 PBC의 넓이가 자연수가 되도록 하는 자연
수 k의 최솟값은?

① 3 ② 4 ③ 5
④ 6 ⑤ 7

유형 06 조건을 만족시키는 점이 나타내는 도형

평면 위의 세 점 O, A, B에 대하여
$$\overrightarrow{OP}=m\overrightarrow{OA}+n\overrightarrow{OB}\ (\text{단, } m\geq0,\ n\geq0)$$
를 만족시키는 점 P가 나타내는 도형은
① $m+n=1$일 때
　　➡ 선분 AB
② $m+n\leq1$일 때
　　➡ 삼각형 OAB의 내부와 둘레
③ $m\leq1,\ n\leq1$일 때
　　➡ 두 선분 OA, OB를 이웃한 변으로 하는 평행사변형의 내부와 둘레

 대표 예제

0471　평면 위의 세 점 O, A, B에 대하여
$|\overrightarrow{OA}|=4$, $|\overrightarrow{OB}|=3$, $\angle AOB=30°$일 때,
$$\overrightarrow{OP}=m\overrightarrow{OA}+n\overrightarrow{OB}\ (\text{단, } m\geq0,\ n\geq0,\ m+n\leq1)$$
를 만족시키는 점 P가 나타내는 도형의 넓이는?

① 3　　　　② 6　　　　③ 9
④ 12　　　⑤ 15

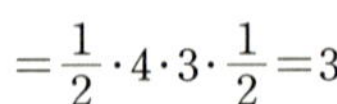 선생님 해설

점 P가 존재하는 영역은 오른쪽 그림과 같이 삼각형 OAB의 내부와 둘레이므로 구하는 도형의 넓이는
$$\frac{1}{2}|\overrightarrow{OA}||\overrightarrow{OB}|\sin30°$$
$$=\frac{1}{2}\cdot4\cdot3\cdot\frac{1}{2}=3$$

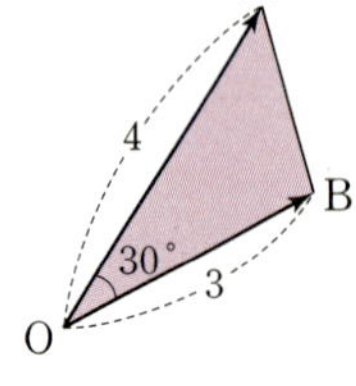

이 유형의 열쇠는 m, n의 범위와 둘 사이의 관계식에 있어. m, n의 관계를 정확히 알고, 벡터가 나타내는 도형을 알 수 있어야 해!

답 ①

0472　대표 예제 한 번 더
한 변의 길이가 4인 정삼각형 ABC에 대하여
$$\overrightarrow{AP}=m\overrightarrow{AB}+n\overrightarrow{AC}\ (\text{단, } 0\leq m\leq1,\ 0\leq n\leq1)$$
를 만족시키는 점 P가 나타내는 도형의 넓이는?

① $5\sqrt{3}$　　　② $6\sqrt{3}$　　　③ $7\sqrt{3}$
④ $8\sqrt{3}$　　　⑤ $9\sqrt{3}$

0473
평면 위의 세 점 O, A, B에 대하여 $\overline{AB}=\sqrt{5}$이다.
$$\overrightarrow{OP}=m\overrightarrow{OA}+n\overrightarrow{OB}\ (\text{단, } m\geq0,\ n\geq0,\ m+n=2)$$
를 만족시키는 점 P가 나타내는 도형의 길이는?

① $\sqrt{5}$　　　② $2\sqrt{5}$　　　③ $3\sqrt{5}$
④ $4\sqrt{5}$　　　⑤ $5\sqrt{5}$

0474
$\overline{AB}=\overline{AC}=2$, $\angle BAC=45°$인 이등변삼각형 ABC에 대하여
$$\overrightarrow{AP}=m\overrightarrow{AB}+n\overrightarrow{AC}\left(\text{단, } m\geq0,\ n\geq0,\ m+n\leq\frac{1}{2}\right)$$
를 만족시키는 점 P가 나타내는 도형의 넓이는?

① $\dfrac{\sqrt{2}}{5}$　　　② $\dfrac{\sqrt{2}}{4}$　　　③ $\dfrac{\sqrt{2}}{3}$
④ $\dfrac{\sqrt{2}}{2}$　　　⑤ $\sqrt{2}$

0475 UP
평면 위의 세 점 O, A, B에 대하여 $|\overrightarrow{OA}|=3$, $|\overrightarrow{OB}|=5$, $\overrightarrow{OA}\perp\overrightarrow{OB}$일 때
$$\overrightarrow{OP}=2m\overrightarrow{OA}+n\overrightarrow{OB}\ (\text{단, } 0\leq m\leq1,\ 0\leq n\leq k)$$
를 만족시키는 점 P가 나타내는 도형이 정사각형의 내부와 둘레가 되기 위한 실수 k의 값은?

① $\dfrac{3}{5}$　　　② $\dfrac{4}{5}$　　　③ 1
④ $\dfrac{6}{5}$　　　⑤ $\dfrac{7}{5}$

유형 07 성분으로 나타낸 평면벡터의 연산과 크기

두 벡터 $\vec{a}=(a_1,\ a_2)$, $\vec{b}=(b_1,\ b_2)$에 대하여
① $\vec{a}\pm\vec{b}=(a_1\pm b_1,\ a_2\pm b_2)$ (복부호동순)
② $k\vec{a}=(ka_1,\ ka_2)$ (단, k는 실수)
③ $|\vec{a}|=\sqrt{a_1{}^2+a_2{}^2}$

🖐 대표 예제

0476 두 벡터 $\vec{a}=(1,\ 4)$, $\vec{b}=(3,\ -2)$에 대하여
$\vec{a}+2\vec{x}=3\vec{b}$를 만족시키는 벡터 $\vec{x}$를 성분으로 나타낸 것은?

① $(3,\ -5)$ ② $(3,\ 5)$ ③ $(4,\ -5)$
④ $(4,\ 5)$ ⑤ $(5,\ -5)$

선생님 해설

$\vec{a}+2\vec{x}=3\vec{b}$에서 $\vec{x}=\dfrac{-\vec{a}+3\vec{b}}{2}$이므로

$\vec{x}=-\dfrac{1}{2}(1,\ 4)+\dfrac{3}{2}(3,\ -2)$
  $=(4,\ -5)$

답 ③

0477 대표 예제 한 번 더
세 벡터 $\vec{a}=(2,\ -1)$, $\vec{b}=(1,\ -3)$, $\vec{c}=(2,\ -1)$에 대하여 벡터 $2(\vec{a}-\vec{b}+2\vec{c})-(3\vec{a}-\vec{b}+2\vec{c})$를 성분으로 나타내면 $(m,\ n)$이다. mn의 값은?

① 2   ② 4   ③ 6
④ 8   ⑤ 10

0478
두 벡터 $\vec{a}=(2,\ -3)$, $\vec{b}=(3,\ 1)$에 대하여 $2\vec{a}+\vec{x}=\vec{b}$를 만족시키는 벡터 $\vec{x}$의 크기는?

① $\sqrt{2}$ ② $2\sqrt{2}$ ③ $3\sqrt{2}$
④ $4\sqrt{2}$ ⑤ $5\sqrt{2}$

0479
벡터 $\vec{a}=\left(3x+1,\ \dfrac{3}{5}\right)$이 단위벡터가 되도록 하는 모든 실수 x의 값의 합은?

① $-\dfrac{4}{3}$ ② $-\dfrac{2}{3}$ ③ 0
④ $\dfrac{2}{3}$ ⑤ $\dfrac{4}{3}$

0480
세 벡터 $\vec{a}=(-1,\ 2)$, $\vec{b}=(2,\ -1)$, $\vec{c}=(-2,\ 0)$에 대하여 벡터 $3\vec{a}+2\vec{b}-\vec{c}$와 방향이 같고, 크기가 10인 벡터를 $\vec{p}=(m,\ n)$이라 할 때, $m+n$의 값은?

① 10   ② 12   ③ 14
④ 16   ⑤ 18

유형 08 성분으로 나타낸 평면벡터가 서로 같을 조건

두 실수 m, n과 세 벡터 $\vec{a}=(a_1, a_2)$, $\vec{b}=(b_1, b_2)$, $\vec{c}=(c_1, c_2)$에 대하여

$$\vec{c}=m\vec{a}+n\vec{b} \Longleftrightarrow c_1=ma_1+nb_1,\ c_2=ma_2+nb_2$$

🖐 대표 예제

0481 세 벡터 $\vec{a}=(2, -1)$, $\vec{b}=(-3, 2)$, $\vec{c}=(1, 0)$에 대하여 $\vec{c}=m\vec{a}+n\vec{b}$이다. 두 실수 m, n에 대하여 $m+n$의 값은?

① -1 ② 0 ③ 1

④ 2 ⑤ 3

선생님 해설

$\vec{c}=m\vec{a}+n\vec{b}$에서
$(1, 0)=m(2, -1)+n(-3, 2)$
$\qquad=(2m-3n, -m+2n)$
이므로
$1=2m-3n,\ 0=-m+2n$
위의 두 식을 연립하여 풀면
$m=2,\ n=1$
$\therefore m+n=2+1=3$

x성분은 x성분끼리, y성분은 y성분끼리 비교하면 돼.

답 ⑤

0482 `대표 예제` `한 번 더`

세 벡터 $\vec{a}=(-2, -1)$, $\vec{b}=(4, -1)$, $\vec{c}=(5, -2)$에 대하여 $\vec{a}+m\vec{b}+n\vec{c}=\vec{0}$이다. 두 실수 m, n에 대하여 $m-n$의 값은?

① -3 ② -1 ③ 1

④ 3 ⑤ 5

0483

세 벡터 $\vec{a}=(p-2, 3)$, $\vec{b}=(2q+1, -q)$, $\vec{c}=(-5, 12)$에 대하여 $\vec{c}=2\vec{a}+3\vec{b}$일 때, $p+q$의 값은?

① -4 ② -2 ③ 0

④ 2 ⑤ 4

0484

모눈종이 위에 세 벡터 $\vec{a}$, $\vec{b}$, $\vec{c}$가 오른쪽 그림과 같이 나타내어질 때, $\vec{c}=m\vec{a}+n\vec{b}$를 만족시키는 두 실수 m, n에 대하여 m^2+n^2의 값은?

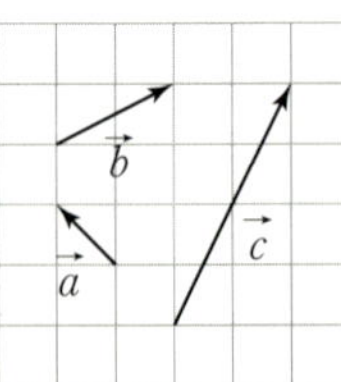

① 8 ② 9

③ 10 ④ 11

⑤ 12

0485

좌표평면 위의 세 점 A, B, C의 위치벡터를 각각 $\vec{a}$, $\vec{b}$, $\vec{c}$라 할 때, $\vec{a}=(-2p-1, p+1)$, $\vec{b}=(q-4, 2q)$, $\vec{c}=(3, -1)$이다. 점 C가 선분 AB를 $1:3$으로 내분한 점일 때, pq의 값은?

① -5 ② -4 ③ -3

④ -2 ⑤ -1

유형 09 평면벡터의 성분과 크기

두 점 $A(a_1, a_2)$, $B(b_1, b_2)$에 대하여
① $\overrightarrow{AB}=(b_1-a_1, b_2-a_2)$
② $|\overrightarrow{AB}|=\sqrt{(b_1-a_1)^2+(b_2-a_2)^2}$

🖐 대표 예제

0486 좌표평면 위의 세 점 $A(-1, 2)$, $B(2, 3)$, $C(1, 4)$에 대하여 $\overrightarrow{AB}=\overrightarrow{CD}$를 만족시키는 점 D의 좌표는?

① $(3, 4)$ ② $(4, 5)$ ③ $(5, 6)$
④ $(6, 7)$ ⑤ $(7, 8)$

선생님 해설

점 D의 좌표를 (a, b)라 하면
$\overrightarrow{AB}=(2-(-1), 3-2)=(3, 1)$, $\overrightarrow{CD}=(a-1, b-4)$
이때 $\overrightarrow{AB}=\overrightarrow{CD}$에서
$(3, 1)=(a-1, b-4)$이므로
$3=a-1$, $1=b-4$
$\therefore a=4$, $b=5$
따라서 점 D의 좌표는 $(4, 5)$이다.

답 ②

0487 대표 예제 한 번 더
좌표평면 위의 네 점 $A(2, -3)$, $B(1, 2)$, $C(-2, 4)$, $D(x, y)$에 대하여 $\overrightarrow{AC}+2\overrightarrow{BD}=\overrightarrow{AB}$일 때, $x+y$의 값은?

① 2 ② $\dfrac{5}{2}$ ③ 3
④ $\dfrac{7}{2}$ ⑤ 4

0488
좌표평면 위의 네 점 $A(2, 4)$, $B(5, 0)$, $C(p, 5)$, $D(3, p-3)$에 대하여 $|\overrightarrow{AB}|=|\overrightarrow{CD}|$를 만족시키는 모든 실수 p의 값의 곱은?

① 8 ② 12 ③ 16
④ 20 ⑤ 24

0489
세 점 $A(0, 1)$, $B(2, -2)$, $C(4, 7)$에 대하여 $\overrightarrow{PA}+\overrightarrow{PB}+\overrightarrow{PC}=3\overrightarrow{AB}$를 만족시키는 점 P의 좌표를 $P(a, b)$라 할 때, $a+b$의 값은?

① 3 ② 4 ③ 5
④ 6 ⑤ 7

0490
세 점 $A(-x-1, 1)$, $B(2, 0)$, $C(-1, x)$를 꼭짓점으로 하는 삼각형 ABC의 무게중심을 G라 하자. $|\overrightarrow{AG}|=|\overrightarrow{BG}|$를 만족시키는 모든 실수 x의 값의 합은?

① -2 ② -1 ③ 0
④ 1 ⑤ 2

유형 10 평면벡터의 평행

두 벡터 $\vec{a}=(a_1,\ a_2)$, $\vec{b}=(b_1,\ b_2)$와 0이 아닌 실수 k에 대하여
$$\vec{a}/\!/\vec{b} \iff \vec{b}=k\vec{a}$$
$$\iff b_1=ka_1,\ b_2=ka_2$$

🖐 대표 예제

0491 두 벡터 $\vec{a}=(x,\ 2)$, $\vec{b}=(3x+1,\ 4)$가 서로 평행할 때, x의 값은?

① -2 ② -1 ③ 0

④ 1   ⑤ 2

선생님 해설

두 벡터 $\vec{a}$, $\vec{b}$가 서로 평행하므로
$\vec{b}=k\vec{a}$ (단, k는 0이 아닌 실수)라 하면
$(3x+1,\ 4)=k(x,\ 2)$ → 이 식을 만족시키는 k의 값이 존재한다.
$\qquad\qquad\ \ =(kx,\ 2k)$
에서
$3x+1=kx,\ 4=2k$
따라서 $k=2$이므로
$3x+1=2x \qquad \therefore\ x=-1$

답 ②

0492 대표 예제 한 번 더
두 벡터 $\vec{a}=(2x,\ -1)$, $\vec{b}=(4,\ 1-x)$가 서로 평행할 때, 모든 x의 값의 합은?

① -3 ② -2 ③ -1

④ 0   ⑤ 1

0493
네 점 $A(4,\ x)$, $B(3,\ 1)$, $C(x-2,\ -2)$, $D(2x+1,\ 3)$에 대하여 두 벡터 $\overrightarrow{AB}$, $\overrightarrow{CD}$가 서로 평행할 때, 모든 x의 값의 곱은?

① -8 ② -4 ③ 0

④ 4   ⑤ 8

0494
세 벡터 $\vec{a}=(0,\ -1)$, $\vec{b}=(2,\ 1)$, $\vec{c}=(1,\ 0)$에 대하여 두 벡터 $\vec{a}+m\vec{b}$, $\vec{b}+m\vec{c}$가 서로 평행하도록 하는 양수 m의 값은?

① $\dfrac{2}{3}$ ② 1   ③ $\dfrac{4}{3}$

④ $\dfrac{5}{3}$ ⑤ 2

0495
좌표평면 위의 세 점 $A(1,\ 4)$, $B(-1,\ 2)$, $C(3,\ x+1)$이 한 직선 위에 있도록 하는 x의 값은?

① 3   ② 4   ③ 5

④ 6   ⑤ 7

유형 11 평면벡터의 내적

영벡터가 아닌 두 평면벡터 $\vec{a}$, $\vec{b}$가 이루는 각의 크기를 θ라 하면
① $0°\leq\theta\leq90°$일 때
$$\vec{a}\cdot\vec{b}=|\vec{a}||\vec{b}|\cos\theta$$
② $90°<\theta\leq180°$일 때
$$\vec{a}\cdot\vec{b}=-|\vec{a}||\vec{b}|\cos(180°-\theta)$$

참고 수학Ⅰ을 이수한 경우 θ의 크기와 관계없이 $\vec{a}\cdot\vec{b}=|\vec{a}||\vec{b}|\cos\theta$로 나타낼 수 있다.

👍 대표 예제

0496 그림과 같이 $\angle C=90°$인 직각삼각형 ABC에 대하여 $\overline{AC}=2$, $\overline{BC}=\sqrt{5}$일 때, $\overrightarrow{AB}\cdot\overrightarrow{AC}$의 값은?

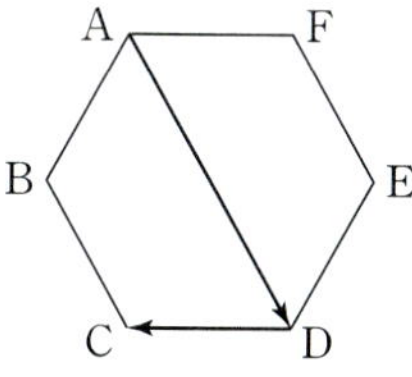

① 2   ② 3
③ 4   ④ 5
⑤ 6

선생님 해설

$\overline{AB}=\sqrt{2^2+(\sqrt{5})^2}=3$

이때 두 벡터 $\overrightarrow{AB}$, $\overrightarrow{AC}$가 이루는 각의 크기를 θ라 하면 $0°\leq\theta\leq90°$이고 $\angle C=90°$이므로

$\cos\theta=\dfrac{\overline{AC}}{\overline{AB}}=\dfrac{2}{3}$

$\therefore \overrightarrow{AB}\cdot\overrightarrow{AC}=|\overrightarrow{AB}||\overrightarrow{AC}|\cos\theta$
$$=3\times2\times\dfrac{2}{3}=4$$

답 ③

0497 대표 예제 한 번 더

그림과 같이 $\overline{AB}=\overline{AC}=4$인 이등변삼각형 ABC에 대하여 $\angle B=15°$일 때, $\overrightarrow{AB}\cdot\overrightarrow{AC}$의 값은?

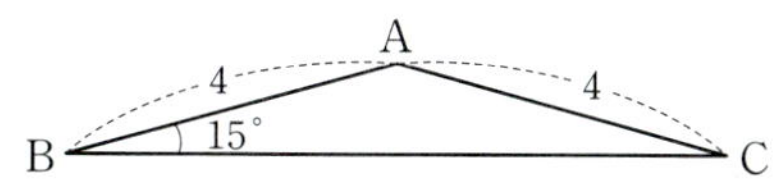

① $-12\sqrt{3}$ ② -12 ③ $-8\sqrt{3}$
④ -8 ⑤ $-6\sqrt{3}$

0498 두 벡터 $\vec{a}$, $\vec{b}$에 대하여 $|\vec{a}|=x$, $|\vec{b}|=x-2$이고 두 벡터 $\vec{a}$, $\vec{b}$가 이루는 각의 크기가 $60°$일 때, $\vec{a}\cdot\vec{b}=12$이다. 양수 x의 값은?

① 3   ② 4   ③ 5
④ 6   ⑤ 7

0499 그림과 같이 한 변의 길이가 2인 정육각형 ABCDEF가 있다. $\overrightarrow{AD}\cdot\overrightarrow{DC}$의 값은?

① -5 ② -4
③ -3 ④ -2
⑤ -1

0500 그림과 같이 선분 BC를 지름으로 하는 반원이 있다. 반원의 호 위의 한 점 A에 대하여 $\overline{AB}=2\sqrt{2}$, $\overline{AC}=2$일 때, $\overrightarrow{AB}\cdot\overrightarrow{AO}$의 값은? (단, O는 반원의 중심이다.)

① $\sqrt{10}$ ② $2\sqrt{3}$ ③ $\sqrt{14}$
④ 4   ⑤ $3\sqrt{2}$

유형 12 평면벡터의 내적과 성분

두 벡터 $\vec{a}=(a_1,\ a_2)$, $\vec{b}=(b_1,\ b_2)$에 대하여
$$\vec{a}\cdot\vec{b}=a_1b_1+a_2b_2$$

대표 예제

0501 좌표평면 위의 세 점 $A(1,\ -1)$, $B(4,\ -3)$, $C(5,\ 2)$에 대하여 점 A에 대한 두 점 B, C의 위치벡터를 각각 $\vec{a}$, $\vec{b}$라 할 때, $\vec{a}\cdot\vec{b}$의 값은?

① 3 ② 4 ③ 5
④ 6 ⑤ 7

선생님 해설

$\vec{a}=\overrightarrow{AB}=(4-1,\ -3-(-1))=(3,\ -2)$,
$\vec{b}=\overrightarrow{AC}=(5-1,\ 2-(-1))=(4,\ 3)$
이므로
$\vec{a}\cdot\vec{b}=(3,\ -2)\cdot(4,\ 3)$
$\qquad\quad=3\times4+(-2)\times3=6$

답 ④

0502 대표 예제 한 번 더
좌표평면 위의 네 점 $A(0,\ 2)$, $B(1,\ -3)$, $C(4,\ -1)$, $D(-2,\ -5)$에 대하여 $\overrightarrow{AB}\cdot\overrightarrow{CD}$의 값은?

① 12 ② 14 ③ 16
④ 18 ⑤ 20

0503
두 벡터 $\vec{a}=(x+2,\ 3)$, $\vec{b}=(x-1,\ -2)$에 대하여 $\vec{a}\cdot\vec{b}=2$일 때, 서로 다른 두 실수 x를 α, β라 하자. $\alpha^2+\beta^2$의 값은?

① 21 ② 23 ③ 25
④ 27 ⑤ 29

0504
두 벡터 $\vec{a}=(3,\ k-2)$, $\vec{b}=(-2,\ 3k-5)$에 대하여 $|\vec{a}|=\sqrt{10}$일 때, $\vec{a}\cdot\vec{b}$의 최댓값은? (단, k는 실수이다.)

① -4 ② -2 ③ 0
④ 2 ⑤ 4

0505
두 벡터 $\vec{a}=(3,\ -1)$, $\vec{b}=(-1,\ 1)$에 대하여 함수 $f(t)=(t\vec{a}+\vec{b})\cdot(\vec{a}-t\vec{b})$일 때, $f(t)$의 최솟값은?
(단, t는 실수이다.)

① -10 ② -8 ③ -6
④ -4 ⑤ -2

유형 13 평면벡터의 내적의 성질

세 평면벡터 $\vec{a}$, $\vec{b}$, $\vec{c}$에 대하여
① $\vec{a}\cdot\vec{b}=\vec{b}\cdot\vec{a}$
② $\vec{a}\cdot(\vec{b}+\vec{c})=\vec{a}\cdot\vec{b}+\vec{a}\cdot\vec{c}$, $(\vec{a}+\vec{b})\cdot\vec{c}=\vec{a}\cdot\vec{c}+\vec{b}\cdot\vec{c}$
③ $(k\vec{a})\cdot\vec{b}=\vec{a}\cdot(k\vec{b})=k(\vec{a}\cdot\vec{b})$ (단, k는 실수)
④ $|\vec{a}\pm\vec{b}|^2=|\vec{a}|^2\pm2\vec{a}\cdot\vec{b}+|\vec{b}|^2$ (복부호동순)
⑤ $(\vec{a}+\vec{b})\cdot(\vec{a}-\vec{b})=|\vec{a}|^2-|\vec{b}|^2$

👍 대표 예제

0506 두 벡터 $\vec{a}$, $\vec{b}$에 대하여 $|\vec{a}|=1$, $|\vec{b}|=2$, $|2\vec{a}-3\vec{b}|=6$일 때, $\vec{a}\cdot\vec{b}$의 값은?

① $\dfrac{1}{6}$ ② $\dfrac{1}{3}$ ③ $\dfrac{1}{2}$

④ $\dfrac{2}{3}$ ⑤ $\dfrac{5}{6}$

선생님 **해설**

$$\begin{aligned}
|2\vec{a}-3\vec{b}|^2&=4|\vec{a}|^2-12\vec{a}\cdot\vec{b}+9|\vec{b}|^2\\
&=4\times1^2-12\vec{a}\cdot\vec{b}+9\times2^2\\
&=40-12\vec{a}\cdot\vec{b}\\
&=36
\end{aligned}$$

에서
$12\vec{a}\cdot\vec{b}=4$
$\therefore\ \vec{a}\cdot\vec{b}=\dfrac{1}{3}$

○답 ②

0507 대표 예제 한 번 더

그림과 같이 한 변의 길이가 2인 정삼각형 ABC에서 $\overrightarrow{AB}=\vec{a}$, $\overrightarrow{AC}=\vec{b}$라 할 때, $|\vec{a}+2\vec{b}|$의 값은?

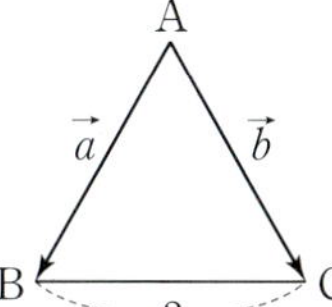

① $\sqrt{22}$ ② $2\sqrt{6}$
③ $\sqrt{26}$ ④ $2\sqrt{7}$
⑤ $\sqrt{30}$

0508

두 벡터 $\vec{a}$, $\vec{b}$에 대하여 $|\vec{a}|=2$, $\vec{a}\cdot(\vec{a}+2\vec{b})=-4$이고, 두 벡터 $\vec{a}$, $\vec{b}$가 이루는 각의 크기가 $135°$일 때, $|\vec{b}|$의 값은?

① $\sqrt{2}$ ② $2\sqrt{2}$ ③ $3\sqrt{2}$
④ $4\sqrt{2}$ ⑤ $5\sqrt{2}$

0509

두 벡터 $\vec{a}$, $\vec{b}$에 대하여 $|\vec{a}|=2$, $|\vec{b}|=\sqrt{5}$, $|\vec{a}+\vec{b}|=\sqrt{17}$일 때, $(\vec{a}+\vec{b})\cdot(\vec{a}-2\vec{b})$의 값은?

① -10 ② -8 ③ -6
④ -4 ⑤ -2

0510

두 벡터 $\vec{a}$, $\vec{b}$에 대하여 $|2\vec{a}+\vec{b}|=4$, $|\vec{a}-2\vec{b}|=3$일 때, $|\vec{a}+\vec{b}|^2+|\vec{a}-\vec{b}|^2$의 값은?

① 8 ② 10 ③ 12
④ 14 ⑤ 16

유형 14   조건을 만족시키는 도형의 방정식

좌표평면에서 조건을 만족시키는 도형의 방정식은 다음과 같은 순서로 구한다.
❶ 주어진 조건을 만족시키는 점의 좌표를 (x, y)로 놓는다.
❷ 주어진 점들의 좌표를 이용하여 벡터를 성분으로 나타낸다.
❸ 주어진 조건을 만족시키는 식을 정리하여 x, y의 관계식을 구한다.

👍 대표 예제

0511 좌표평면 위의 두 점 $A(-3, 4)$, $B(1, 2)$에 대하여 $|\overrightarrow{AP}| = |\overrightarrow{BP}|$를 만족시키는 점 P가 나타내는 도형의 방정식은?

① $x - y + 5 = 0$ ② $2x - y + 5 = 0$

③ $x + y + 5 = 0$ ④ $2x + y + 5 = 0$

⑤ $3x - y + 5 = 0$

선생님 해설

점 P의 좌표를 (x, y)라 하면
$\overrightarrow{AP} = (x+3, y-4)$, $\overrightarrow{BP} = (x-1, y-2)$
이때 $|\overrightarrow{AP}| = |\overrightarrow{BP}|$에서
$|\overrightarrow{AP}|^2 = |\overrightarrow{BP}|^2$
$(x+3)^2 + (y-4)^2 = (x-1)^2 + (y-2)^2$
$x^2 + 6x + 9 + y^2 - 8y + 16 = x^2 - 2x + 1 + y^2 - 4y + 4$
$8x - 4y + 20 = 0$
$\therefore 2x - y + 5 = 0$

$|\overrightarrow{AP}| = \overline{AP}$, $|\overrightarrow{BP}| = \overline{BP}$이므로 주어진 조건은 $\overline{AP} = \overline{BP}$와 같아. 따라서 구하는 도형의 방정식은 선분 AB를 수직이등분하는 직선의 방정식이야!

답 ②

0512 대표 예제 한 번 더

좌표평면 위의 세 점 $A(0, 1)$, $B(1, 0)$, $C(2, -1)$에 대하여 $|\overrightarrow{PA} + \overrightarrow{PB} + \overrightarrow{PC}| = 3\sqrt{6}$일 때, 점 P가 나타내는 도형의 넓이는?

① 4π ② 5π ③ 6π

④ 7π ⑤ 8π

0513

좌표평면 위의 두 점 $O(0, 0)$, $A(2, -2)$에 대하여 $\overrightarrow{OP} \cdot \overrightarrow{AP} = k$를 만족시키는 점 P가 나타내는 도형의 둘레의 길이가 8π일 때, 양수 k의 값은?

① 11   ② 12   ③ 13

④ 14   ⑤ 15

0514

좌표평면 위의 세 점 $A(1, 1)$, $B(-2, -3)$, $C(2, -6)$에 대하여 $\overrightarrow{AP} \cdot \overrightarrow{BC} = 2$를 만족시키는 점 P가 있다. 두 점 A, P 사이의 거리의 최솟값은?

① $\dfrac{1}{5}$ ② $\dfrac{2}{5}$ ③ $\dfrac{3}{5}$

④ $\dfrac{4}{5}$ ⑤ 1

0515 🆙

좌표평면 위의 두 점 $A(1, 3)$, $B(-1, 1)$에 대하여 두 점 P, Q가 각각 $\overrightarrow{AB} \cdot \overrightarrow{AP} = |\overrightarrow{OA}|^2$, $|\overrightarrow{AQ} + \overrightarrow{BQ}| = 2\sqrt{2}$를 만족시킨다. 선분 PQ의 길이의 최솟값은?

(단, O는 원점이다.)

① $\dfrac{\sqrt{2}}{4}$ ② $\dfrac{\sqrt{2}}{3}$ ③ $\dfrac{\sqrt{2}}{2}$

④ $\sqrt{2}$ ⑤ $2\sqrt{2}$

유형 15 성분으로 나타낸 두 평면벡터가 이루는 각의 크기

영벡터가 아닌 두 벡터 $\vec{a}=(a_1, a_2)$, $\vec{b}=(b_1, b_2)$가 이루는 각의 크기를 θ라 하면

① $\vec{a}\cdot\vec{b}\geq0$일 때

$$\cos\theta=\frac{a_1b_1+a_2b_2}{\sqrt{a_1{}^2+a_2{}^2}\sqrt{b_1{}^2+b_2{}^2}}$$

② $\vec{a}\cdot\vec{b}<0$일 때

$$\cos(180°-\theta)=-\frac{a_1b_1+a_2b_2}{\sqrt{a_1{}^2+a_2{}^2}\sqrt{b_1{}^2+b_2{}^2}}$$

참고 수학 I을 이수한 경우 θ의 크기와 관계없이

$\cos\theta=\dfrac{a_1b_1+a_2b_2}{\sqrt{a_1{}^2+a_2{}^2}\sqrt{b_1{}^2+b_2{}^2}}$ 로 나타낼 수 있다.

👍 대표 예제

0516 두 벡터 $\vec{a}=(4, 3)$, $\vec{b}=(2, -1)$에 대하여 두 벡터 $\vec{a}+\vec{b}$, $\vec{a}-\vec{b}$가 이루는 각의 크기는?

① 30°　　　② 45°　　　③ 60°

④ 120°　　　⑤ 135°

선생님 해설

$\vec{a}+\vec{b}=(4+2, 3+(-1))=(6, 2)$,
$\vec{a}-\vec{b}=(4-2, 3-(-1))=(2, 4)$
이므로
$(\vec{a}+\vec{b})\cdot(\vec{a}-\vec{b})=(6, 2)\cdot(2, 4)$
$\qquad\qquad\qquad=6\times2+2\times4=20\geq0$

두 벡터가 이루는 각의 크기를 구하려면 먼저 두 벡터의 내적의 부호를 확인해야 한다는 것을 잊지 마!

이때 두 벡터 $\vec{a}+\vec{b}$, $\vec{a}-\vec{b}$가 이루는 각의 크기를 θ라 하면

$\cos\theta=\dfrac{20}{\sqrt{6^2+2^2}\sqrt{2^2+4^2}}=\dfrac{20}{2\sqrt{10}\times2\sqrt{5}}=\dfrac{\sqrt{2}}{2}$

$\therefore\theta=45°$

답 ②

0517 대표 예제 한 번 더

좌표평면 위의 세 점 $O(0, 0)$, $A(1, 2)$, $B(4, 2)$에 대하여 $\angle AOB=\theta$라 할 때, $\cos\theta$의 값은?

① $\dfrac{1}{5}$　　　② $\dfrac{2}{5}$　　　③ $\dfrac{3}{5}$

④ $\dfrac{4}{5}$　　　⑤ 1

0518

두 벡터 $\vec{a}=(x, 2)$, $\vec{b}=(-5, 1)$이 이루는 각의 크기를 θ라 하자. $|\vec{a}|=\sqrt{13}$일 때, θ의 값은? (단, $90°<\theta\leq180°$)

① 120°　　　② 135°　　　③ 150°

④ 165°　　　⑤ 180°

0519

두 벡터 $\vec{a}=(x, 2-x)$, $\vec{b}=(x+2, 2)$에 대하여 $|\vec{a}-\vec{b}|=2\sqrt{2}$이다. 두 벡터 $\vec{a}$, $\vec{b}$가 이루는 각의 크기를 θ라 할 때, $\cos\theta$의 값은? (단, $x>0$)

① $\dfrac{\sqrt{5}}{5}$　　　② $\dfrac{\sqrt{10}}{5}$　　　③ $\dfrac{\sqrt{15}}{5}$

④ $\dfrac{2\sqrt{5}}{5}$　　　⑤ 1

0520

두 벡터 $\vec{a}=(x-1, -x)$, $\vec{b}=(2, 1)$이 이루는 각의 크기를 θ $(90°<\theta\leq180°)$라 할 때, $\sin(180°-\theta)=\dfrac{2\sqrt{5}}{5}$이다. x의 값을 구하시오. (단, $x>0$)

유형 16 크기가 주어진 두 평면벡터가 이루는 각의 크기

영벡터가 아닌 두 벡터 $\vec{a}$, $\vec{b}$가 이루는 각의 크기를 θ라 하면
① $0°\leq\theta\leq90°$, 즉 $\vec{a}\cdot\vec{b}\geq0$일 때
$$|\vec{a}\pm\vec{b}|^2=|\vec{a}|^2\pm2\vec{a}\cdot\vec{b}+|\vec{b}|^2$$
$$=|\vec{a}|^2\pm2|\vec{a}||\vec{b}|\cos\theta+|\vec{b}|^2 \text{ (복부호동순)}$$
② $90°<\theta\leq180°$일 때, 즉 $\vec{a}\cdot\vec{b}<0$일 때
$$|\vec{a}\pm\vec{b}|^2=|\vec{a}|^2\pm2\vec{a}\cdot\vec{b}+|\vec{b}|^2$$
$$=|\vec{a}|^2\mp2|\vec{a}||\vec{b}|\cos(180°-\theta)+|\vec{b}|^2 \text{ (복부호동순)}$$

🖐 대표 예제

0521 두 벡터 $\vec{a}$, $\vec{b}$에 대하여 $|\vec{a}|=2$, $|\vec{b}|=\sqrt{3}$, $|\vec{a}+\vec{b}|=\sqrt{13}$일 때, 두 벡터 $\vec{a}$, $\vec{b}$가 이루는 각의 크기는?

① $0°$　　　② $30°$　　　③ $45°$
④ $60°$　　　⑤ $90°$

선생님 해설

$|\vec{a}+\vec{b}|=\sqrt{13}$에서 $|\vec{a}+\vec{b}|^2=13$이므로
$|\vec{a}|^2+2\vec{a}\cdot\vec{b}+|\vec{b}|^2=13$, $2^2+2\vec{a}\cdot\vec{b}+(\sqrt{3})^2=13$
$2\vec{a}\cdot\vec{b}=6$　　$\therefore \vec{a}\cdot\vec{b}=3\geq0$
이때 두 벡터 $\vec{a}$, $\vec{b}$가 이루는 각의 크기를 θ라 하면
$\vec{a}\cdot\vec{b}=|\vec{a}||\vec{b}|\cos\theta=2\sqrt{3}\cos\theta=3$
에서 $\cos\theta=\dfrac{\sqrt{3}}{2}$  $\vec{a}\cdot\vec{b}\geq0$이므로

$\therefore \theta=30°$
따라서 구하는 각의 크기는 $30°$이다.

> **유형 13**에서 배운 것처럼 두 벡터의 합 또는 차에 대한 크기가 조건으로 주어졌을 때는 양변을 제곱하면 두 벡터의 내적을 구할 수 있어. 이와 같은 유형에서 내적을 구하는 중요한 열쇠라고 할 수 있지.

답 ②

0522 대표 예제 한 번 더
영벡터가 아닌 두 벡터 $\vec{a}$, $\vec{b}$에 대하여 $|\vec{a}+2\vec{b}|=|\vec{a}-2\vec{b}|$일 때, 두 벡터 $\vec{a}$, $\vec{b}$가 이루는 각의 크기는?

① $45°$　　　② $60°$　　　③ $90°$
④ $120°$　　　⑤ $135°$

0523 세 벡터 $\vec{a}$, $\vec{b}$, $\vec{c}$에 대하여
$$3\vec{a}-2\vec{b}+\vec{c}=\vec{0}, |\vec{a}|=1, |\vec{b}|=\sqrt{2}, |\vec{c}|=\sqrt{11}$$
일 때, 두 벡터 $\vec{a}$, $\vec{b}$가 이루는 각의 크기를 θ라 하자. $\cos\theta$의 값은? (단, $0\leq\theta\leq90°$)

① $\dfrac{1}{2}$　　　② $\dfrac{\sqrt{5}}{5}$　　　③ $\dfrac{\sqrt{6}}{6}$
④ $\dfrac{\sqrt{7}}{7}$　　　⑤ $\dfrac{\sqrt{2}}{4}$

0524 그림과 같이 삼각형 ABC에서
$\overline{AB}=2$, $\overline{AC}=3$, $\overrightarrow{AB}\cdot\overrightarrow{AC}=2\sqrt{5}$일 때, 삼각형 ABC의 넓이를 구하시오.

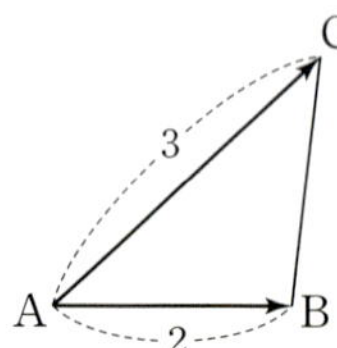

0525 두 벡터 $\vec{a}$, $\vec{b}$에 대하여
$$|\vec{a}|=4, \vec{a}\cdot\vec{b}=8, |\vec{a}+\vec{b}|^2-|\vec{a}-2\vec{b}|^2=21$$
이다. 두 벡터 $\vec{a}$, $\vec{b}$가 이루는 각의 크기를 θ라 할 때, $\cos\theta$의 값은?

① $\dfrac{1}{6}$　　　② $\dfrac{1}{3}$　　　③ $\dfrac{1}{2}$
④ $\dfrac{2}{3}$　　　⑤ $\dfrac{5}{6}$

유형 17 　두 평면벡터의 내적과 수직, 평행

영벡터가 아닌 두 평면벡터 $\vec{a}$, $\vec{b}$에 대하여

① $\vec{a} \perp \vec{b} \iff \vec{a} \cdot \vec{b} = 0$

② $\vec{a} /\!/ \vec{b} \iff$ ┌ 서로 같은 방향일 때, $\vec{a} \cdot \vec{b} = |\vec{a}||\vec{b}|$
　　　　　　　└ 서로 반대 방향일 때, $\vec{a} \cdot \vec{b} = -|\vec{a}||\vec{b}|$

🖑 대표 예제

0526 두 벡터 $\vec{a} = (2t+1,\ 1)$, $\vec{b} = \left(\dfrac{1}{t+2},\ -1\right)$이 서로 수직일 때, t의 값은?

① -1 　　② 0 　　③ 1

④ 2 　　⑤ 3

선생님 **해설**

두 벡터 $\vec{a}$, $\vec{b}$가 서로 수직이므로 $\vec{a} \cdot \vec{b} = 0$에서

$\vec{a} \cdot \vec{b} = (2t+1,\ 1) \cdot \left(\dfrac{1}{t+2},\ -1\right)$

　　$= (2t+1) \times \dfrac{1}{t+2} + 1 \times (-1)$

　　$= \dfrac{2t+1}{t+2} - 1$

　　$= 0$

에서 $\dfrac{2t+1}{t+2} = 1$

$2t+1 = t+2$

$\therefore\ t = 1$

> 쉬운 유형이지만 매우 중요한 유형이야.
> 도형에서 수직 또는 평행한 선분들을 아는 것은 유용한 정보이기 때문이지.
> 실수하지 않게 확실히 연습하자.

답 ③

0527

평행한 두 벡터 $\vec{a}$, $\vec{b}$에 대하여

　　$|\vec{a}| = x,\ |\vec{b}| = x+1,\ \vec{a} \cdot \vec{b} = 2x+2$

일 때, 양수 x의 값을 구하시오.

0528

두 벡터 $\vec{a}$, $\vec{b}$에 대하여 $|\vec{a}| = 3$, $|\vec{b}| = 2$, $|\vec{a}+\vec{b}| = \sqrt{21}$
이고, 두 벡터 $\vec{a} - k\vec{b}$, $\vec{a} + \vec{b}$가 서로 수직일 때, 실수 k의 값은?

① $\dfrac{9}{8}$ 　　② $\dfrac{11}{8}$ 　　③ $\dfrac{13}{8}$

④ $\dfrac{15}{8}$ 　　⑤ $\dfrac{17}{8}$

0529

그림과 같이 좌표평면 위의 네 점 A, B, C, D에 대하여 사각형 ABCD는 평행사변형이다.
$\overrightarrow{AB} = (x+2,\ 3)$, $|\overrightarrow{CD}| = x+3$
일 때, $\overrightarrow{AB} \cdot \overrightarrow{CD}$의 값은?

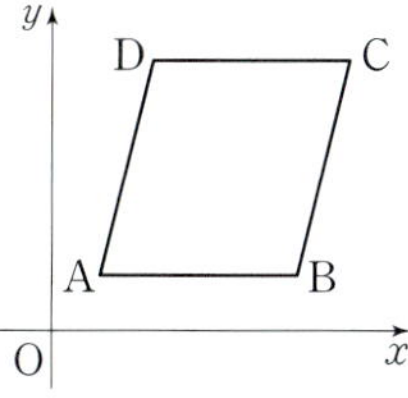

① -49 　　② -36 　　③ -25

④ -16 　　⑤ -9

0530

좌표평면 위의 세 점 A, B, C에 대하여 삼각형 ABC는 $\angle C = 90°$인 직각삼각형이다. $\overrightarrow{AB} = (p-1,\ p^2+3)$, $\overrightarrow{AC} = (3,\ 1)$일 때, 양수 p의 값은?

① 1 　　② $\dfrac{3}{2}$ 　　③ 2

④ $\dfrac{5}{2}$ 　　⑤ 3

유형 18 방향벡터를 이용한 직선의 방정식

점 $A(x_1, y_1)$을 지나고 방향벡터가 $\vec{u}=(u_1, u_2)$인 직선의 방정식은
$$\frac{x-x_1}{u_1}=\frac{y-y_1}{u_2} \text{ (단, } u_1 u_2 \neq 0)$$

대표 예제

0531 점 $(1, 2)$를 지나고 벡터 $\vec{u}=(2, -1)$에 평행한 직선이 점 $(-1, a)$를 지날 때, a의 값은?

① 3　　　　② 4　　　　③ 5
④ 6　　　　⑤ 7

선생님 해설

점 $(1, 2)$를 지나고 방향벡터가 $\vec{u}=(2, -1)$인 직선의 방정식은

→ 직선이 벡터 $\vec{u}$에 평행하므로 직선의 방향벡터를 $\vec{u}$라 할 수 있다.

$$\frac{x-1}{2}=\frac{y-2}{-1}$$

위의 직선이 점 $(-1, a)$를 지나므로

$$\frac{-1-1}{2}=\frac{a-2}{-1}$$
$$-1=-a+2 \quad \therefore a=3$$

수학(상)에서 배웠던 직선의 방정식과 원칙적으로 같아. 방향벡터가 결국은 직선의 기울기이기 때문이지. 문제에서 벡터 $\vec{u}$를 좌표평면에 그리고 직선의 기울기를 구하면 $\frac{-1}{2}=-\frac{1}{2}$임을 알 수 있을 거야!

답 ①

0532　대표 예제　한 번 더

점 $(-1, 3)$을 지나고 직선 $\frac{x+3}{2}=\frac{2-y}{3}$에 평행한 직선의 x절편, y절편을 각각 a, b라 할 때, $a-b$의 값은?

① -1　　　② $-\frac{1}{2}$　　　③ 0
④ $\frac{1}{2}$　　　⑤ 1

0533

두 점 $A(2, -3)$, $B(-1, -1)$을 지나는 직선의 방향벡터가 $\vec{u}=(-3, a+1)$이고, 이 직선은 점 $(5a, b)$를 지난다. $a+b$의 값은?

① -4　　　② -3　　　③ -2
④ -1　　　⑤ 0

0534

점 $(a+2, 3)$을 지나고 방향벡터가 $\vec{u}=(2a-1, -1)$인 직선 l과 직선 $\frac{x+1}{3a}=\frac{3-y}{2}$가 서로 평행할 때, 점 (a, a)와 직선 l 사이의 거리는? (단, $a \neq 0$)

① $\frac{\sqrt{7}}{2}$　　　② $\sqrt{2}$　　　③ $\frac{3}{2}$
④ $\frac{\sqrt{10}}{2}$　　　⑤ $\frac{\sqrt{11}}{2}$

0535

두 점 $P(p, 2)$, $O(0, 0)$과 모든 실수 t에 대하여 방향벡터가 $\overrightarrow{OP}$인 직선 l 위의 임의의 점의 좌표는 $(2t-1, t+2)$이다. 직선 l에 평행하고 점 $(p, 1)$을 지나는 직선과 x축 및 y축으로 둘러싸인 도형의 넓이를 구하시오.

유형 19 법선벡터를 이용한 직선의 방정식

점 $A(x_1, y_1)$을 지나고 법선벡터가 $\vec{n}=(n_1, n_2)$인 직선의 방정식은
$$n_1(x-x_1)+n_2(y-y_1)=0$$

👍 대표 예제

0536 점 $(-3, 5)$를 지나고 벡터 $\vec{n}=(2, -2)$에 수직인 직선이 점 $(2-3a, 2a)$를 지날 때, a의 값은?

① -4 ② -2 ③ 0
④ 2 ⑤ 4

선생님 해설

점 $(-3, 5)$를 지나고 벡터 $\vec{n}=(2, -2)$에 수직인 직선의 방정식은

직선이 벡터 $\vec{n}$에 수직이므로 직선의 법선벡터를 $\vec{n}$이라 할 수 있다.

$2(x+3)-2(y-5)=0$ $\therefore x-y+8=0$
위의 직선이 점 $(2-3a, 2a)$를 지나므로
$2-3a-2a+8=0$
$-5a+10=0$
$\therefore a=2$

답 ④

0537 대표 예제 한 번 더
두 점 $A(-1, 3)$, $B(1, 0)$에 대하여 점 A를 지나고 벡터 $\overrightarrow{AB}$에 수직인 직선이 점 $(a+1, a-1)$을 지날 때, a의 값은?

① 8 ② 10 ③ 12
④ 14 ⑤ 16

0538
점 $(0, 3)$을 지나고 직선 $\dfrac{x+1}{a}=\dfrac{y-5}{2}$에 수직인 직선 l이 있다. 직선 l과 x축 및 y축으로 둘러싸인 도형의 넓이가 3일 때, 양수 a의 값은?

① 3 ② 4 ③ 5
④ 6 ⑤ 7

0539
점 $(-1, -2)$를 지나고 방향벡터가 $\vec{u}=(-2, 1)$인 직선과 점 $(4, -1)$을 지나고 법선벡터가 $\vec{n}=(1, 3)$인 직선의 교점의 좌표가 (m, n)일 때, $m+n$의 값은?

① -11 ② -8 ③ -5
④ -2 ⑤ 1

0540
실수 m과 두 벡터 $\vec{a}=(2, 0)$, $\vec{b}=(1, 1)$에 대하여 $\vec{a}+m\vec{b}$에 수직인 직선이 두 점 $(2, -2)$, (m, m)을 지난다. 모든 m의 값의 합은?

① -2 ② -1 ③ 0
④ 1 ⑤ 2

유형 20 두 직선이 이루는 각의 크기

두 직선 l, m의 방향벡터가 각각 $\vec{u}=(u_1,\ u_2)$, $\vec{v}=(v_1,\ v_2)$이고 두 직선이 이루는 각의 크기를 θ $(0\le\theta\le 90°)$라 하면

$$\cos\theta=\frac{|\vec{u}\cdot\vec{v}|}{|\vec{u}||\vec{v}|}=\frac{|u_1v_1+u_2v_2|}{\sqrt{u_1{}^2+u_2{}^2}\sqrt{v_1{}^2+v_2{}^2}}$$

👍 대표 예제

0541 방향벡터가 각각 $\vec{u}=(k,\ 1)$, $\vec{v}=(-3,\ k)$인 두 직선 l, m이 이루는 각의 크기가 $60°$일 때, 양수 k의 값은?

① 1　　　　② $\sqrt{2}$　　　　③ $\sqrt{3}$

④ 2　　　　⑤ $\sqrt{5}$

선생님 해설

두 직선 l, m이 이루는 각의 크기가 $60°$이므로

$\dfrac{|\vec{u}\cdot\vec{v}|}{|\vec{u}||\vec{v}|}=\cos 60°$에서

$\dfrac{|-3k+k|}{\sqrt{k^2+1}\sqrt{(-3)^2+k^2}}=\dfrac{1}{2}$

$|-4k|=\sqrt{k^2+1}\sqrt{k^2+9}$

위의 식의 양변을 제곱하면

$16k^2=(k^2+1)(k^2+9)$

$16k^2=k^4+10k^2+9$

$k^4-6k^2+9=0$, $(k^2-3)^2=0$

따라서 $k^2=3$이므로

$k=\sqrt{3}$ $(\because k>0)$

> 두 직선이 이루는 각의 크기는 두 직선의 방향벡터가 결정해.

답 ③

0542 대표 예제 한 번 더

두 직선 $\dfrac{x-1}{2}=y+2$, $\dfrac{x+3}{a}=5-y$가 이루는 각의 크기가 $45°$일 때, 양수 a의 값을 구하시오.

0543

두 직선 $y=mx-2$, $y=-3x+8$이 이루는 예각의 크기를 θ라 하자. $\cos\theta=\dfrac{2\sqrt{5}}{5}$일 때, 양수 m의 값은?

① 1　　　　② 3　　　　③ 5

④ 7　　　　⑤ 9

0544

직선 $\dfrac{x-1}{5}=\dfrac{y+2}{3}$가 x축, y축과 이루는 예각의 크기를 각각 α, β라 하자. $\cos\alpha\cos\beta=\dfrac{q}{p}$라 할 때, $p+q$의 값을 구하시오. (단, p와 q는 서로소인 자연수이다.)

0545

직선 $\begin{cases}x=4t-2\\y=-3t+3\end{cases}$과 직선 $y=1$이 이루는 예각의 크기를 θ라 할 때, $\cos\theta$의 값은? (단, t는 상수이다.)

① $\dfrac{2}{5}$　　　　② $\dfrac{1}{2}$　　　　③ $\dfrac{3}{5}$

④ $\dfrac{2}{3}$　　　　⑤ $\dfrac{4}{5}$

유형 21 두 직선의 평행과 수직

두 직선 l, m의 방향벡터가 각각 $\vec{u}=(u_1,\ u_2)$, $\vec{v}=(v_1,\ v_2)$일 때
① $l /\!/ m \iff \vec{u}=k\vec{v}$
$\qquad\iff u_1=kv_1,\ u_2=kv_2$ (단, k는 0이 아닌 실수)
② $l \perp m \iff \vec{u}\cdot\vec{v}=0$
$\qquad\iff u_1v_1+u_2v_2=0$

👍 대표 예제

0546 두 점 $\mathrm{A}(1,\ 1)$, $\mathrm{B}(-1,\ 2)$를 지나는 직선과 직선 $\dfrac{x+2}{k}=\dfrac{1-y}{4}$가 서로 수직일 때, 상수 k의 값은? (단, $k\neq0$)

① -2 ② -1 ③ 1
④ 2 ⑤ 3

선생님 해설

두 점 $\mathrm{A}(1,\ 1)$, $\mathrm{B}(-1,\ 2)$를 지나는 직선의 방향벡터를 $\vec{u}$ 라 하면
$$\vec{u}=\overrightarrow{\mathrm{AB}}=(-1-1,\ 2-1)=(-2,\ 1)$$
또한, 직선 $\dfrac{x+2}{k}=\dfrac{1-y}{4}$의 방향벡터를 $\vec{v}$ 라 하면
$\vec{v}=(k,\ -4)$ 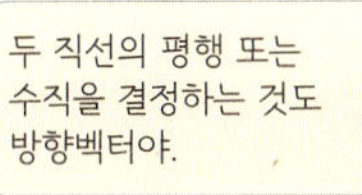$\dfrac{x+2}{k}=\dfrac{y-1}{-4}$이므로
이때 주어진 두 직선이 서로 수직이므로
$\vec{u}\cdot\vec{v}=0$에서
$(-2,\ 1)\cdot(k,\ -4)=0$
$-2k-4=0$
$\therefore\ k=-2$

답 ①

0547 [대표 예제] [한 번 더]
두 점 $\mathrm{A}(1,\ a)$, $\mathrm{B}(a,\ 3)$을 지나는 직선과 직선 $y=2x-1$이 서로 수직일 때, a의 값은?

① 3 ② 4 ③ 5
④ 6 ⑤ 7

0548
두 점 $\mathrm{A}(-2,\ 3)$, $\mathrm{B}(1,\ 5)$를 지나는 직선과 직선 $x-2=\dfrac{3-y}{t}$가 서로 평행할 때, 상수 t의 값은? (단, $t\neq0$)

① -1 ② $-\dfrac{2}{3}$ ③ $-\dfrac{1}{3}$
④ $\dfrac{1}{3}$ ⑤ $\dfrac{2}{3}$

0549
두 직선 $x=1-ty$, $-tx=8y+2$가 서로 평행하도록 하는 모든 실수 t의 값의 곱은? (단, $t\neq0$)

① -2 ② -4 ③ -6
④ -8 ⑤ -10

0550
세 직선 $l_1:x+4=\dfrac{y-2}{a}$, $l_2:\dfrac{x-3}{2}=\dfrac{y-1}{a^2}$, $l_3:3x=3-by$에 대하여 두 직선 l_1, l_2는 서로 평행하고, 두 직선 l_1, l_3은 서로 수직일 때, 두 상수 a, b에 대하여 $a+b$의 값은? (단, $ab\neq0$)

① 6 ② 8 ③ 10
④ 12 ⑤ 14

유형 22 평면벡터를 이용한 원의 방정식

① 점 A를 중심으로 하고 반지름의 길이가 r인 원 위의 한 점을 P, 두 점 A, P의 위치벡터를 각각 $\vec{a}$, $\vec{p}$라 하면
$$|\vec{p}-\vec{a}|=r \quad \text{또는} \quad (\vec{p}-\vec{a})\cdot(\vec{p}-\vec{a})=r^2$$
② 두 점 A, B를 지름의 양 끝 점으로 하는 원 위의 한 점을 P라 할 때
$$\overrightarrow{AP}\cdot\overrightarrow{BP}=0$$

🖐 대표 예제

0551 점 $A(3, 1)$에 대하여 $|\overrightarrow{AP}|=4$를 만족시키는 점 P가 나타내는 도형의 길이는?

① 2π ② 4π ③ 6π
④ 8π ⑤ 10π

선생님 해설

점 P의 좌표를 (x, y)라 하면
$$\overrightarrow{AP}=(x-3, y-1)$$
이때 $|\overrightarrow{AP}|=4$에서 $|\overrightarrow{AP}|^2=16$이므로
$$(x-3)^2+(y-1)^2=16$$
즉, 점 P가 나타내는 도형은 중심의 좌표가 $(3, 1)$이고 반지름의 길이가 4인 원이다.
따라서 구하는 도형의 길이는
$$2\pi\cdot4=8\pi$$

원의 방정식도 수학(상)에서 배웠던 원의 방정식과 원칙적으로 같아! 중심과 반지름의 길이에 대한 정보를 벡터로 준 것 뿐이야!

답 ④

0552 대표 예제 | 한 번 더

점 $A(-2, 3)$에 대하여 $|\overrightarrow{AP}|=6$을 만족시키는 점 P가 나타내는 도형이 y축과 만나서 생기는 두 점을 각각 Q, R라 하자. 선분 QR의 길이는?

① $4\sqrt{2}$ ② $5\sqrt{2}$ ③ $6\sqrt{2}$
④ $7\sqrt{2}$ ⑤ $8\sqrt{2}$

0553

두 점 $A(2, -3)$, $B(-4, 9)$에 대하여 $\overrightarrow{AP}\cdot\overrightarrow{BP}=0$을 만족시키는 점 P가 나타내는 도형은 중심의 좌표가 (a, b)이고 반지름의 길이가 r인 원이다. $a+b+r^2$의 값은?

① 43   ② 44   ③ 45
④ 46   ⑤ 47

0554

세 점 $A(-1, 1)$, $B(1, 3)$, P에 대하여 $\overrightarrow{OA}=\vec{a}$, $\overrightarrow{OB}=\vec{b}$, $\overrightarrow{OP}=\vec{p}$라 할 때
$$|\vec{p}|^2-2\vec{p}\cdot\vec{a}=|\vec{b}|^2-|\vec{a}|^2$$
을 만족시키는 점 P가 나타내는 도형의 길이는?
(단, O는 원점이다.)

① $2\sqrt{2}\pi$ ② $2\sqrt{3}\pi$ ③ $2\sqrt{5}\pi$
④ $4\sqrt{2}\pi$ ⑤ $2\sqrt{10}\,\pi$

0555

두 점 $A(-5, 3)$, $B(3, 3)$이 있다. $|\overrightarrow{AP}|=3|\overrightarrow{BP}|$를 만족시키는 점 P에 대하여 선분 OP의 길이의 최댓값은?
(단, O는 원점이다.)

① 6   ② 7   ③ 8
④ 9   ⑤ 10

유형 23 평면벡터를 이용한 도형의 방정식의 활용

문제에서 주어진 식이 직선 또는 원임을 알고, 주어진 조건을 이용하여 문제를 해결한다.

👍 대표 예제

0556 두 점 $A(0, 1)$, $B(2, 2)$에 대하여 $|\overrightarrow{AP}| = |\overrightarrow{AB}|$를 만족시키는 점 P가 나타내는 도형과 직선 $y = 2x + k$가 접할 때, 양수 k의 값은?

① 6 ② 7 ③ 8

④ 9 ⑤ 10

선생님 해설

점 P의 좌표를 (x, y)라 하면
$\overrightarrow{AP} = (x, y-1)$, $\overrightarrow{AB} = (2-0, 2-1) = (2, 1)$
이때 $|\overrightarrow{AP}| = |\overrightarrow{AB}|$에서 $|\overrightarrow{AP}|^2 = |\overrightarrow{AB}|^2$이므로
$x^2 + (y-1)^2 = 2^2 + 1^2$ ∴ $x^2 + (y-1)^2 = 5$
즉, 점 P가 나타내는 도형은 중심의 좌표가 $(0, 1)$이고 반지름의 길이가 $\sqrt{5}$인 원이다.
이때 원 $x^2 + (y-1)^2 = 5$와 직선 $y = 2x + k$가 접하므로 점 $(0, 1)$과 직선 $2x - y + k = 0$ 사이의 거리가 $\sqrt{5}$이어야 한다.
$$\frac{|-1+k|}{\sqrt{2^2 + (-1)^2}} = \sqrt{5}$$
$\quad$ (원의 중심과 직선 사이의 거리)
$\quad$ = (원의 반지름의 길이)
$|k-1| = 5$
∴ $k = 6$ ($\because k > 0$)

○**답** ①

0557 대표 예제 | 한 번 더

두 점 $A(1, -1)$, $B(1, 3)$에 대하여 $\overrightarrow{AP} \cdot \overrightarrow{BP} = 0$을 만족시키는 점 P가 직선 $\dfrac{x+k}{3} = \dfrac{3-y}{4}$ 위에 오직 하나 존재할 때, 양수 k의 값을 구하시오.

0558
좌표평면 위의 두 점 $A(-1, 2)$, $B(3, 0)$에 대하여 $|\overrightarrow{AP}| = 2$, $|\overrightarrow{BP}| = 4$를 동시에 만족시키는 점 P는 2개이다. 이 서로 다른 두 점을 각각 P_1, P_2라 할 때, 직선 P_1P_2의 방향벡터는 $\vec{u} = (a, b)$이다. $\dfrac{b}{a}$의 값을 구하시오.

0559
두 점 $A(-1, 0)$, $B(2, 0)$에 대하여 점 P가 $|\overrightarrow{PA}|^2 = 4|\overrightarrow{PB}|^2$을 만족시킬 때, 삼각형 PAB의 넓이의 최댓값은?

① 3 ② 4 ③ 5

④ 6 ⑤ 7

0560
점 $A(-3, 4)$에 대하여 $\overrightarrow{PA} \cdot \overrightarrow{PA} = 1$을 만족시키는 점 P가 나타내는 도형 위에 두 점 Q, R가 있다. 선분 QR의 길이가 최대일 때, $\overrightarrow{OQ} + \overrightarrow{OR}$의 크기는? (단, O는 원점이다.)

① 10 ② 12 ③ 14

④ 16 ⑤ 18

0561 · 유형 07 ·

실수 k와 두 벡터 $\vec{a}=(2, -1)$, $\vec{b}=(-1, 1)$에 대하여 $\vec{p}=\vec{a}+k\vec{b}$일 때, $|\vec{p}|=2k-1$을 만족시키는 실수 k의 값은?

① $\dfrac{1}{2}$　　　② 1　　　③ $\dfrac{3}{2}$

④ 2　　　⑤ $\dfrac{5}{2}$

0562 · 유형 09 ·

좌표평면 위의 두 점 $A(1, 1)$, $B(1, -3)$과 직선 $y=x+1$ 위를 움직이는 점 $P(t, t+1)$에 대하여 $|\overrightarrow{AP}+\overrightarrow{BP}|$의 최댓값은? (단, $|t| \leq 1$)

① 6　　　② 7　　　③ 8

④ 9　　　⑤ 10

0563 · 유형 18 ·

좌표평면 위의 점 $A(2, 1)$과 벡터 $\vec{u}=(1, -1)$에 대하여 직선 $l : y=mx+n$의 방향벡터는 $\vec{u}$이고, 점 A와 직선 l 사이의 거리는 $2\sqrt{2}$이다. 두 실수 m, n에 대하여 $m+n$의 값은? (단, $n>0$)

① 3　　　② 4　　　③ 5

④ 6　　　⑤ 7

0564 · 유형 02 ·

삼각형 ABC의 내부의 한 점 P에 대하여 $6\overrightarrow{AP}=3\overrightarrow{BC}+4\overrightarrow{AB}$일 때, 직선 AP와 선분 BC의 교점을 D라 하면 점 D는 선분 BC를 $m : n$으로 내분하는 점이다. $m-n$의 값을 구하시오.

(단, m과 n은 서로소인 자연수이다.)

0565 · 유형 20 ·

직선 $\dfrac{x-2}{3}=y$ 위의 두 점 A, B에서 직선 $1-x=\dfrac{y+3}{2}$에 내린 수선의 발을 각각 A′, B′이라 하자. $\overline{A'B'}=2$일 때, 선분 AB의 길이는?

① $6\sqrt{2}$　　　② $7\sqrt{2}$　　　③ $8\sqrt{2}$

④ $9\sqrt{2}$　　　⑤ $10\sqrt{2}$

0566　사고력 · 유형 11 + 유형 13 ·

한 변의 길이가 1인 정삼각형 OAB에서 점 O에 대한 두 점 A, B의 위치벡터를 각각 $\vec{a}$, $\vec{b}$라 하자. $\vec{x} \cdot \vec{a}=4$, $\vec{x} \cdot \vec{b}=5$를 만족시키는 벡터 $\vec{x}$에 대하여 $\vec{x}=m\vec{a}+n\vec{b}$일 때, 두 실수 m, n에 대하여 mn의 값은?

① 2　　　② 4　　　③ 6

④ 8　　　⑤ 10

0567
• 유형 17 •

두 벡터 $\vec{a}=(t,\ k-3)$, $\vec{b}=(t-k+3,\ -t-2k+5)$가 모든 실수 t에 대하여 서로 수직이 되지 않도록 하는 k의 값의 범위는 $\alpha<k<\beta$이다. $\alpha\beta$의 값을 구하시오.

(단, α, β는 실수이다.)

0568
• 유형 12 •

두 포물선 $y=x^2$, $4y=-x^2$ 위에 각각 점 P, Q가 있다. $\overrightarrow{OP}\cdot\overrightarrow{OQ}$의 최댓값은?

① 1 　　② $\dfrac{3}{2}$ 　　③ 2

④ $\dfrac{5}{2}$ 　　⑤ 3

0569
• 유형 06 •

삼각형 ABC에서 $\overrightarrow{PA}+3\overrightarrow{PB}+4\overrightarrow{PC}=k\overrightarrow{AB}$를 만족시키는 점 P가 삼각형 ABC의 내부 또는 둘레에 존재하도록 하는 실수 k의 최댓값과 최솟값의 합은?

① 6 　　② 7 　　③ 8

④ 9 　　⑤ 10

0570
• 유형 21 •

원 $(x-2)^2+y^2=4$ 위의 두 점 P$(3,\ \sqrt{3})$, Q$(a,\ b)$에서의 두 접선이 서로 수직일 때, $a+b$의 값은?

(단, 점 Q는 제4사분면 위에 있다.)

① $1+\sqrt{2}$ 　　② $1+\sqrt{3}$ 　　③ $1+\sqrt{5}$

④ $2+\sqrt{2}$ 　　⑤ $2+\sqrt{3}$

0571
• 유형 22 •

두 점 A$(0,\ 2)$, B$(4,\ 2)$에 대하여 $|\overrightarrow{PA}+\overrightarrow{PB}|^2=4$를 만족시키는 점 P에 대하여 $\overrightarrow{AB}\cdot\overrightarrow{AP}$의 최솟값은?

① 3 　　② 4 　　③ 5

④ 6 　　⑤ 7

0572 사고력
• 유형 17 •

그림과 같이 한 변의 길이가 1이고 $\cos(\angle BOA)=\dfrac{1}{3}$인 마름모 OACB에서 $\overrightarrow{OA}=\vec{a}$, $\overrightarrow{OB}=\vec{b}$라 하자. $\overrightarrow{OP}=2\vec{a}+\vec{b}$를 만족시키는 점 P와 직선 OC 위의 점 Q에 대하여 두 벡터 $\overrightarrow{OP}$, $\overrightarrow{AQ}$가 서로 수직일 때, 두 실수 m, n에 대하여 $\overrightarrow{PQ}=m\vec{a}+n\vec{b}$이다. $m-n$의 값은?

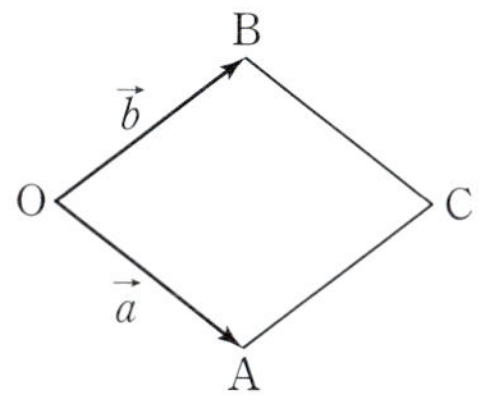

① -2 　　② -1 　　③ 0

④ 1 　　⑤ 2

0573

· 유형 12 ·

그림과 같이 $\overline{AB}=\overline{AE}=\overline{BC}=2$, $\overline{CD}=2\sqrt{3}$인 이등변삼각형 ABE와 직사각형 BCDE가 있다. 직사각형 BCDE의 두 대각선의 교점을 M이라 할 때, 점 A를 시점으로 하고 두 삼각형 BCM, DEM의 무게중심을 종점으로 하는 두 벡터를 각각 $\vec{a}$, $\vec{b}$라 하자. $\vec{a} \cdot \vec{b}$의 값은?

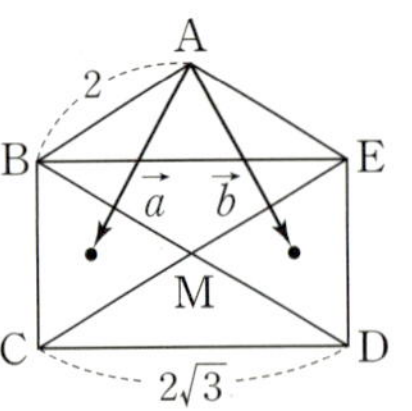

① $\dfrac{4}{3}$ ② $\dfrac{5}{3}$ ③ 2

④ $\dfrac{7}{3}$ ⑤ $\dfrac{8}{3}$

0574

· 유형 23 ·

두 점 A$(0, 4)$, B$(-4, 3)$에 대하여 점 P가

$$\overrightarrow{OP} \cdot \overrightarrow{AP} - \overrightarrow{OA} \cdot \overrightarrow{BP} = 0$$

을 만족시킬 때, $\overrightarrow{OB} \cdot \overrightarrow{OP}$의 최댓값과 최솟값의 합을 구하시오.

0575

· 유형 11 + 유형 13 ·

그림과 같이 한 변의 길이가 2인 정사각형 OABC와 중심각의 크기가 90°인 부채꼴 COA가 있다. 변 OC의 중점을 M, 호 AC 위의 한 점을 P라 할 때, $\overrightarrow{MP} \cdot \overrightarrow{PB}$의 최댓값은?

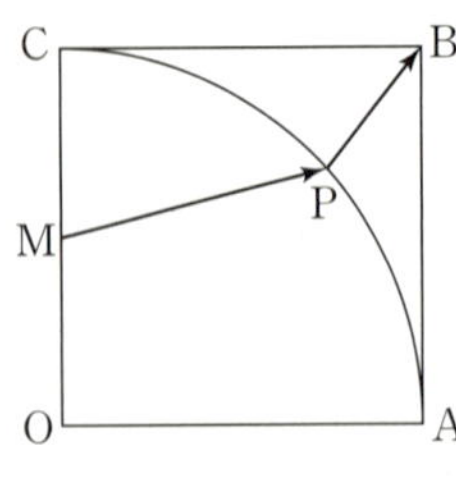

① $\sqrt{13}-6$ ② $\sqrt{13}-3$ ③ $2\sqrt{13}-6$

④ $2\sqrt{13}-3$ ⑤ $2\sqrt{13}+6$

0576

· 유형 02 + 유형 16 ·

그림과 같이 $\overline{AB}=\overline{AC}$이고 $\cos(\angle BAC)=\dfrac{3}{5}$인 이등변삼각형 ABC의 무게중심을 G, 변 BC의 사등분점 중 점 B에 가까운 점을 D, 점 C에 가까운 점을 E라 하자. 두 벡터 $\overrightarrow{GD}$, $\overrightarrow{GE}$가 이루는 각의 크기를 θ라 할 때, $\cos\theta$의 값은? (단, $0<\theta<90°$)

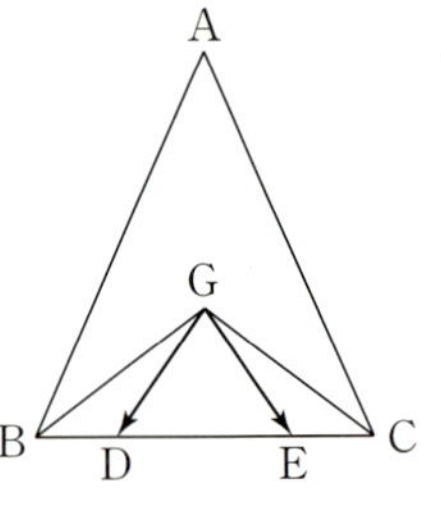

① $\dfrac{7}{25}$ ② $\dfrac{8}{25}$ ③ $\dfrac{9}{25}$

④ $\dfrac{2}{5}$ ⑤ $\dfrac{11}{25}$

0577 사고력

· 유형 01 ·

쌍곡선 $\dfrac{x^2}{4}-y^2=1$ 위의 점 P와 포물선 $y^2=x-k$ 위의 점 Q에 대하여 두 점 P, Q의 위치벡터를 각각 $\vec{p}$, $\vec{q}$라 하자. 두 점 P′, Q′의 위치벡터를 각각 $\vec{p'}$, $\vec{q'}$이라 할 때,

$$A=\left\{P' \,\middle|\, \vec{p'}=\dfrac{\vec{p}}{|\vec{p}|}\right\}, \quad B=\left\{Q' \,\middle|\, \vec{q'}=\dfrac{\vec{q}}{|\vec{q}|}\right\}$$

이고, $n(B-A)=2$이다. 실수 k의 값을 구하시오.

(단, 두 점 P, Q의 x좌표는 양수이다.)

0578 창의력 +

· 유형 13 ·

그림과 같이 한 변의 길이가 4인 정삼각형 ABC에 대하여 중심이 변 BC 위에 있고 두 변 AB, AC에 접하는 원이 있다. 변 AB와 원이 접하는 점을 D라 하고 원 위에 두 점을 X, Y라 할 때, $|\overrightarrow{AX}+\overrightarrow{DY}|^2$의 최댓값은 $p+q\sqrt{7}$이다. $p-q$의 값을 구하시오.

(단, p와 q는 유리수이다.)

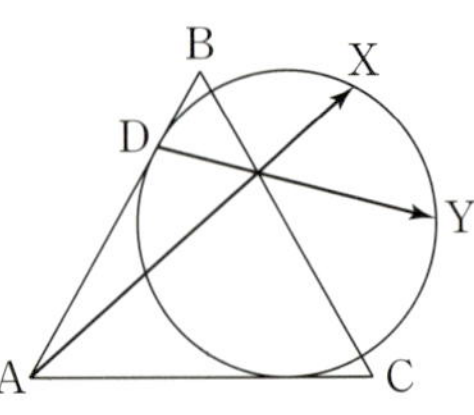

0579

· 유형 03 ·

세 점 A, B, C의 위치벡터를 각각 $\vec{a}$, $\vec{b}$, $\vec{c}$라 할 때, 삼각형 ABC의 무게중심 G의 위치벡터 $\vec{g}$는 $\vec{g}=\dfrac{\vec{a}+\vec{b}+\vec{c}}{3}$임을 증명하시오.

✔ **필요 개념 및 공식**
- [ ] 선분의 중점의 위치벡터
- [ ] 선분의 내분점의 위치벡터

0580

· 유형 22 ·

두 점 A$(2, -1)$, B$(-2, 3)$을 지름의 양 끝 점으로 하는 원의 방정식을 벡터를 이용하여 구하시오.

✔ **필요 개념 및 공식**
- [ ] 두 평면벡터의 수직
- [ ] 벡터의 성분의 내적

0581

· 유형 19 + 유형 20 ·

벡터 $\vec{u}=(1, 2)$에 평행한 직선 l과 벡터 $\vec{n}=(3, -1)$에 수직인 직선 m에 대하여 두 직선 l, m이 이루는 예각의 크기를 θ라 하자. $\cos\theta$의 값을 구하시오.

✔ **필요 개념 및 공식**
- [ ] 법선벡터를 이용한 직선의 방정식
- [ ] 두 직선이 이루는 각의 크기

0582

· 유형 14 ·

좌표평면 위의 두 점 O$(0, 0)$, A$(1, 0)$에 대하여

$$|\overrightarrow{\text{AP}}|=\overrightarrow{\text{OA}}\cdot\overrightarrow{\text{OP}}+1$$

을 만족시키는 점 P가 나타내는 도형을 구하시오.

✔ **필요 개념 및 공식**
- [ ] 벡터의 성분의 내적
- [ ] 이차곡선

0583

· 유형 23 ·

두 점 A$(2, 4)$, P에 대하여 $\overrightarrow{\text{OA}}=\vec{a}$, $\overrightarrow{\text{OP}}=\vec{p}$라 하자. $|\vec{p}-\vec{a}|=2$를 만족시키는 점 P가 나타내는 도형에 내접하는 직사각형을 EFGH라 할 때, $|\overrightarrow{\text{OE}}+\overrightarrow{\text{OF}}+\overrightarrow{\text{OG}}+\overrightarrow{\text{OH}}|$의 값을 구하시오. (단, O는 원점이다.)

✔ **필요 개념 및 공식**
- [ ] 평면벡터를 이용한 원의 방정식
- [ ] 벡터의 크기

0584

· 유형 06 ·

세 점 O$(0, 0)$, A$(3, 0)$, B$(2, 4)$에 대하여

$$\overrightarrow{\text{OP}}=t\overrightarrow{\text{OA}}+\frac{1-3t}{2}\overrightarrow{\text{OB}}\ \left(\text{단, } 0\leq t\leq\frac{1}{3}\right)$$

를 만족시키는 점 P가 나타내는 도형의 길이를 구하시오.

✔ **필요 개념 및 공식**
- [ ] 선분의 내분점

안녕? 주식 샘이야~~
벡터의 개념은 기하에서 처음 배웠는데 어렵지 않았니?
아마 벡터는 기존에 배웠던 기하적 개념과는 조금 달라 공부하기에
어려움이 있었을 것 같아.
우리는 어렵고 생소한 벡터를 왜 배울까?
주변에서 관찰할 수 있는 물리량에는 길이, 질량, 넓이, 온도 등과 같이
특정한 값으로만 표현할 수 있는 스칼라(scalar)가 있고,
바람, 속도, 힘 등과 같이 크기와 방향을 함께 가지는 벡터(vector)가 있어.
이런 벡터를 통하여 우리 주변의 현상을 해석할 수 있게 되지.
또한, 벡터는 자연과학, 공학, 의학 분야에 필요할 뿐만 아니라
경제학 및 경영학을 포함하는 사회과학 분야를 학습하는 데도 기초가 돼.
자~~ 이제 다음 단원인 공간도형과 공간좌표로 가서 3차원에서의
심오한 기하의 세계에 빠져 볼까?

여러분 안녕! 평면벡터 단원을 집필한 김한결 선생님이야.
우선 기하를 선택한 여러분들에게 손뼉을 쳐 주고 싶어!
선택한 이유가 기하 과목에 대한 흥미 때문이겠지?^^
평면벡터는 2차원에서 크기와 방향을 가지고 이야기하는 단원이야.
자연과학 분야와 밀접한 연관을 가지고 있지.
우리가 배우는 단원이 평면, 즉 2차원이라 벡터의 위력을 느끼기
힘들었을 거야.
그런데 3차원 이상에서의 직선, 평면 등을 정의할 때 벡터가 없으면 정의
할 수 없어. 어렵지? 다행히 우리는 벡터의 기초만 배운 거야.^^
그리고 벡터는 수학, 과학에서 현상이나 원리를 표현하는 도구의 역할,
조금 과장하자면 언어의 역할을 해.
자연계열 대학에 진학하길 희망하는 학생이라면 기하를 선택한 것은
정말 잘한 일이야.
여러분의 선택은 틀리지 않았으니까 조금만 더 힘내서
공간도형을 정복하러 가보자!

Ⅲ. 공간도형과 공간좌표

개념 01　공간에서의 위치 관계

(1) 평면의 결정 조건
　① 한 직선 위에 있지 않은 서로 다른 세 점
　② 한 직선과 그 위에 있지 않은 한 점
　③ 한 점에서 만나는 두 직선
　④ 평행한 두 직선

(2) 두 직선의 위치 관계
　① 한 점에서 만난다. ┐ 한 평면 위에 있다.
　② 평행하다. ┘ ┐ 만나지 않는다.
　③ 꼬인 위치에 있다. ─ 한 평면 위에 있지 않다. ┘

(3) 직선과 평면의 위치 관계
　① 포함된다.
　② 한 점에서 만난다. ┘ 만난다.
　③ 평행하다. ─ 만나지 않는다.

(4) 두 평면의 위치 관계
　① 만난다.
　② 평행하다. ─ 만나지 않는다.

[참고] 서로 다른 두 평면이 만나서 생기는 직선을 두 평면의 교선이라 한다.

[0585~0588] 그림과 같은 정사각뿔에서 다음을 구하시오.

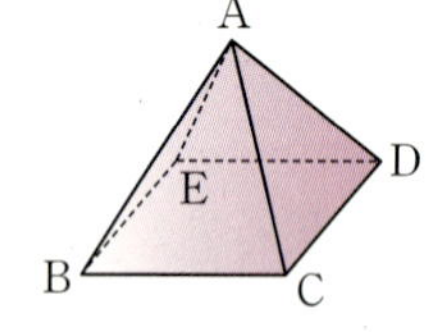

0585 5개의 꼭짓점 중 세 점으로 결정할 수 있는 서로 다른 평면의 개수

0586 모서리 AB를 포함하는 평면의 개수

0587 두 모서리 AB, CD로 결정되는 평면의 개수

0588 두 모서리 BC, DE로 결정되는 평면의 개수

[0589~0593] 그림과 같은 삼각기둥에서 다음을 구하시오.

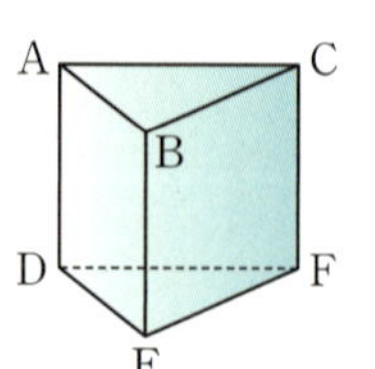

0589 모서리 AB와 한 점에서 만나는 모서리

0590 모서리 AD와 평행한 모서리

0591 모서리 AB와 꼬인 위치에 있는 모서리

0592 면 ABC와 평행한 모서리

0593 면 ABC와 평행한 면

개념 02　공간에서 두 직선이 이루는 각

(1) 두 직선이 한 점에서 만나는 경우
　한 점에서 만나는 두 직선은 한 평면을 결정하므로 그 평면 위에서 두 직선이 이루는 각을 정할 수 있다.

(2) 두 직선이 꼬인 위치에 있는 경우
　두 직선 l, m이 꼬인 위치에 있을 때, 직선 l을 직선 m과 한 점에서 만나도록 평행이동한 직선을 l'이라 하면 두 직선 l', m은 한 평면을 결정한다. 이때 두 직선 l', m이 이루는 각 중 크기가 작은 쪽의 각을 두 직선 l, m이 이루는 각이라 한다.

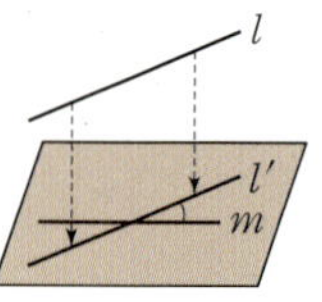

[참고] 두 직선 l, m이 이루는 각이 직각일 때, 두 직선 l, m은 서로 수직이라 하고, 기호로 $l \perp m$과 같이 나타낸다.

[0594~0595] 그림과 같은 정육면체에서 다음 두 직선이 이루는 각의 크기를 구하시오.

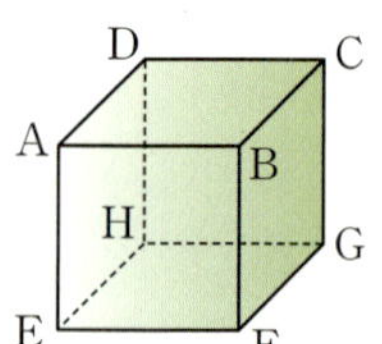

0594 직선 AH와 직선 BC

0595 직선 AF와 직선 CH

개념 03　직선과 평면의 수직 관계

직선 l이 평면 α와 한 점 O에서 만나고, 점 O를 지나는 평면 α 위의 모든 직선과 수직일 때, 직선 l과 평면 α는 수직이라 하고, 기호로 $l \perp \alpha$와 같이 나타낸다.

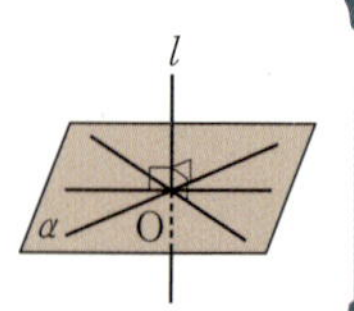

0596 다음은 그림과 같은 정사면체에서 두 직선 AB, CD가 이루는 각의 크기를 구하는 과정이다. (가), (나)에 알맞은 것을 써넣으시오.

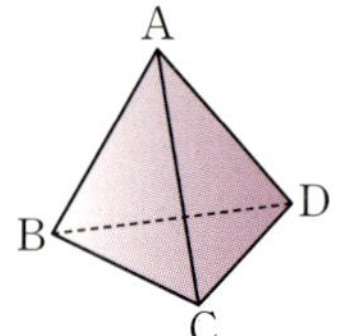

모서리 CD의 중점을 M이라 하면 $\triangle$ACD, $\triangle$BCD가 정삼각형이므로
$$\overline{CD} \perp \overline{AM},\ \overline{CD} \perp \boxed{\text{(가)}}$$
즉, $\overline{CD}$는 평면 ABM 위의 평행하지 않은 두 직선과 각각 수직이므로
$$\overline{CD} \perp (\text{평면 ABM})$$
따라서 $\overline{AB}$는 평면 ABM 위의 직선이므로
두 직선 AB, CD가 이루는 각의 크기는 $\boxed{\text{(나)}}$이다.

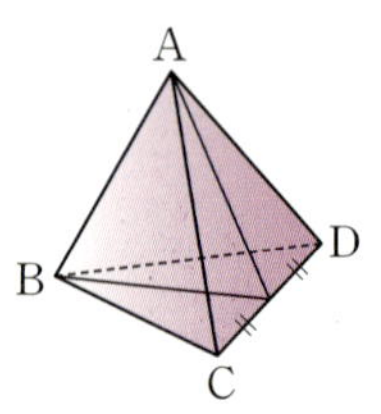

개념 04 　삼수선의 정리

평면 α 위에 있지 않은 점 P, 평면 α 위의 점 O, 점 O를 지나지 않는 평면 α 위의 직선 l, 직선 l 위의 점 H에 대하여

① $\overline{PO}\perp\alpha$, $\overline{OH}\perp l$이면 $\overline{PH}\perp l$
② $\overline{PO}\perp\alpha$, $\overline{PH}\perp l$이면 $\overline{OH}\perp l$
③ $\overline{PH}\perp l$, $\overline{OH}\perp l$, $\overline{PO}\perp\overline{OH}$이면 $\overline{PO}\perp\alpha$

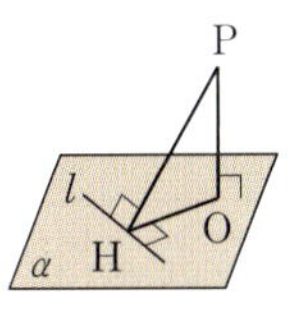

0597 다음은 삼수선의 정리에서 $\overline{PO}\perp\alpha$, $\overline{OH}\perp l$이면 $\overline{PH}\perp l$임을 증명하는 과정이다. (가), (나), (다), (라)에 알맞은 것을 써넣으시오.

$\overline{PO}\perp\alpha$이고 직선 l은 평면 α에 포함되므로

$$\overline{PO}\perp \boxed{\text{(가)}}$$

한편, $\overline{OH}\perp l$이므로 직선 l은 두 직선 $\boxed{\text{(나)}}$, $\boxed{\text{(다)}}$ 를 포함하는 평면 $\boxed{\text{(라)}}$ 에 수직이다.

이때 $\overline{PH}$는 평면 $\boxed{\text{(라)}}$ 에 포함되므로

$$\overline{PH}\perp l$$

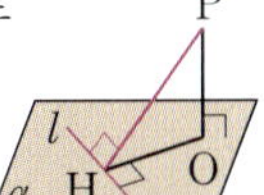

개념 05 　두 평면, 직선과 평면이 이루는 각

(1) 이면각

직선 l을 공유하는 두 반평면 α, β로 이루어진 도형을 이면각이라 하고, 직선 l을 이면각의 변, 두 반평면 α, β를 각각 이면각의 면이라 한다.

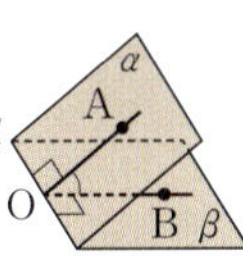

(2) 이면각의 크기

직선 l 위의 한 점 O를 지나고 l에 수직인 두 반직선 OA, OB를 두 반평면 α, β 위에 각각 그을 때, $\angle AOB$의 크기를 이면각의 크기라 한다.

(3) 두 평면이 이루는 각

서로 다른 두 평면이 만나면 네 개의 이면각이 생기는데, 이 중 크기가 작은 쪽의 각을 두 평면이 이루는 각이라 한다.

> **참고** 두 평면 α, β가 이루는 각이 직각일 때, 두 평면 α, β는 서로 수직이라 하고, 기호로 $\alpha\perp\beta$와 같이 나타낸다.

(4) 직선과 평면이 이루는 각

평면 α에 수직이 아닌 직선 l이 평면 α와 만나는 점을 O, 직선 l 위의 점 P에서 평면 α에 내린 수선의 발을 H라 할 때, $\angle POH$를 직선 l과 평면 α가 이루는 각이라 한다.

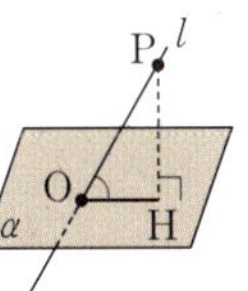

[0598~0599] 그림과 같이 평면 α 위의 점 P에서 두 평면 α, β의 교선 l에 내린 수선의 발을 A, 점 P에서 평면 β에 내린 수선의 발을 H라 하자.

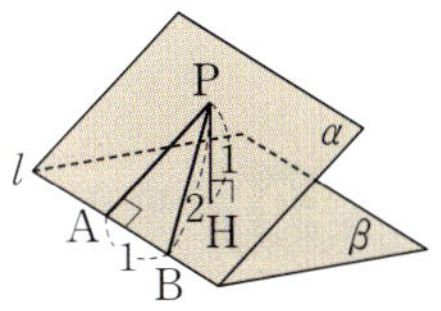

$\overline{PH}=1$이고 교선 l 위의 한 점 B에 대하여 $\overline{AB}=1$, $\overline{BP}=2$일 때, 다음을 구하시오.

0598 두 평면 α, β가 이루는 각의 크기를 θ라 할 때, $\cos\theta$의 값

0599 직선 BP와 평면 β가 이루는 각의 크기를 θ라 할 때, $\cos\theta$의 값

개념 06 　정사영

(1) 정사영

평면 α 위에 있지 않은 한 점 P에서 평면 α에 내린 수선의 발 P′을 점 P의 평면 α 위로의 정사영이라 한다. 또한, 도형 F의 각 점의 평면 α 위로의 정사영으로 이루어진 도형 F'을 도형 F의 평면 α 위로의 정사영이라 한다.

(2) 정사영의 길이

선분 AB의 평면 α 위로의 정사영을 선분 A′B′, 직선 AB와 평면 α가 이루는 각의 크기를 θ $(0°\leq\theta\leq90°)$라 하면

$$\overline{A'B'}=\overline{AB}\cos\theta$$

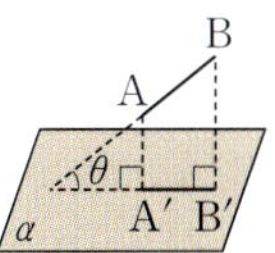

(3) 정사영의 넓이

평면 α 위에 있는 도형의 넓이를 S, 이 도형의 평면 β 위로의 정사영의 넓이를 S'이라 하고, 두 평면 α, β가 이루는 각의 크기를 θ $(0°\leq\theta\leq90°)$라 하면

$$S'=S\cos\theta$$

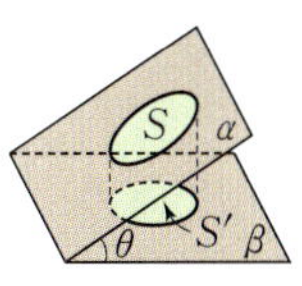

[0600~0601] 그림과 같은 정육면체에서 다음을 구하시오.

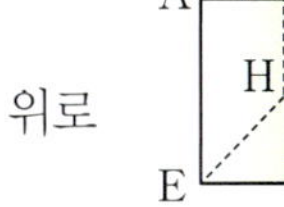

0600 선분 AG의 평면 EFGH 위로의 정사영

0601 삼각형 ABH의 평면 EFGH 위로의 정사영

0602 평면 α 위에 있는 도형의 넓이를 S, 이 도형의 평면 β 위로의 정사영의 넓이를 S'이라 하고, 두 평면 α, β가 이루는 각의 크기를 θ라 하자. $S=12$, $S'=3$일 때, $\cos\theta$의 값을 구하시오.

유형 01 평면의 결정 조건

① 한 직선 위에 있지 않은 서로 다른 세 점
② 한 직선과 그 위에 있지 않은 한 점
③ 한 점에서 만나는 두 직선
④ 평행한 두 직선

👍 대표 예제

0603 그림과 같은 정육면체에서 네 점 A, B, C, H와 두 선분 DH, EF 중 일부로 결정할 수 있는 서로 다른 평면의 개수는?

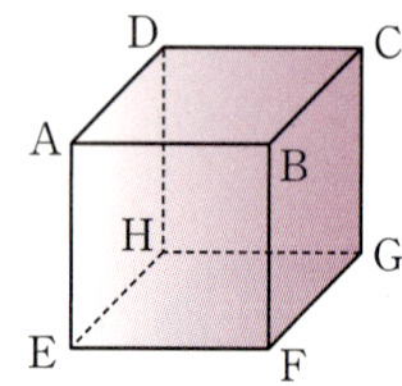

① 6 　　② 7
③ 8 　　④ 9 　　⑤ 10

선생님 해설

• 네 점 중 어떤 세 점도 한 직선 위에 있지 않으므로

(ⅰ) 네 점 A, B, C, H 중 세 점으로 결정할 수 있는 서로 다른 평면은 평면 ABC, ABH, ACH, BCH의 4개이다.

(ⅱ) 네 점 A, B, C, H 중 선분 DH와 만나지 않는 점은 세 점 A, B, C이므로 선분 DH와 세 점 A, B, C로 결정할 수 있는 서로 다른 평면은 평면 DHA, DHB, DHC의 3개이다.

(ⅲ) 선분 EF와 네 점 A, B, C, H는 만나지 않으므로 선분 EF와 네 점 A, B, C, H로 결정할 수 있는 평면은 평면 EFA, EFB, EFC, EFH의 4개이다.
이때 두 평면 EFA, EFB는 같은 평면이므로 선분 EF와 네 점 A, B, C, H로 결정할 수 있는 서로 다른 평면은 3개이다.

(ⅳ) 두 선분 DH, EF는 꼬인 위치에 있으므로 두 선분 DH, EF를 포함하는 평면은 존재하지 않는다.

(ⅰ)~(ⅳ)에서 구하는 서로 다른 평면의 개수는
$4+3+3+0=10$

답 ⑤

0604  대표 예제 한 번 더

그림과 같은 직육면체에서 네 점 A, B, C, F와 두 선분 EH, FG 중 일부로 결정할 수 있는 서로 다른 평면의 개수는?

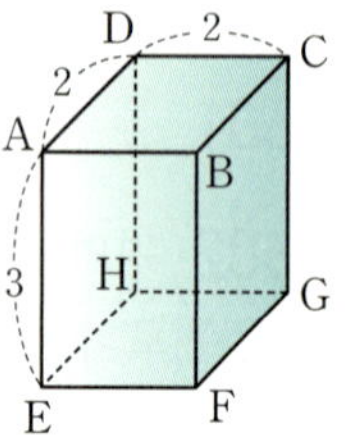

① 6 　　② 7
③ 8 　　④ 9
⑤ 10

0605

그림과 같은 사각뿔에 대하여 한 평면이 결정되는 것만을 ┃보기┃에서 있는 대로 고른 것은?

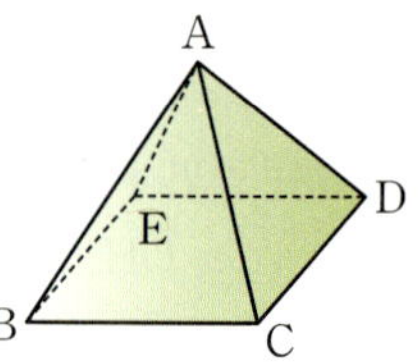

┃ 보기 ┃

ㄱ. 세 점 A, B, D
ㄴ. 점 A와 직선 CE
ㄷ. 직선 AD와 직선 BC

① ㄱ 　　② ㄱ, ㄴ 　　③ ㄱ, ㄷ
④ ㄴ, ㄷ 　　⑤ ㄱ, ㄴ, ㄷ

0606

공간에서 직선 l 위에 있는 서로 다른 3개의 점과 직선 l 위에 있지 않고 한 직선 위에 있지 않은 서로 다른 3개의 점 중 일부로 결정할 수 있는 서로 다른 평면의 최대 개수는?

① 11 　　② 13 　　③ 15
④ 17 　　⑤ 19

0607

그림과 같이 정사면체의 내부에
$$\overline{AP}=\overline{BP}=\overline{CP}=\overline{DP}$$
를 만족시키는 점 P가 있다. 이때 5개의 점 A, B, C, D, P 중 일부로 결정할 수 있는 서로 다른 평면의 개수는?

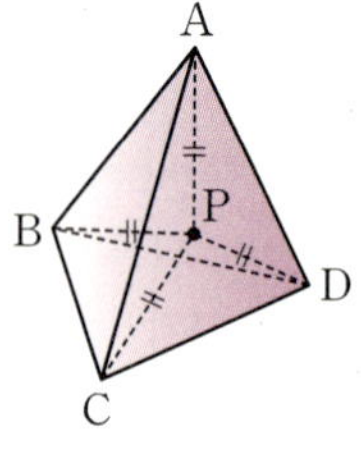

① 6 　　② 7
③ 8 　　④ 9 　　⑤ 10

유형 02 공간에서의 위치 관계

① 두 직선의 위치 관계
  • 한 점에서 만난다. ─┐ 한 평면 위에 있다.
  • 평행하다. ─────┘   ─┐ 만나지 않는다.
  • 꼬인 위치에 있다. ─ 한 평면 위에 있지 않다. ─┘
② 직선과 평면의 위치 관계
  • 포함된다. ─────┐ 만난다.
  • 한 점에서 만난다. ─┘
  • 평행하다. ───── 만나지 않는다.
③ 두 평면의 위치 관계
  • 만난다. ───── 교선이 있다.
  • 평행하다.

👍 대표 예제

0608 그림과 같은 정팔면체의 각 모서리를 연장한 직선 중 직선 AB와 평행한 직선의 개수를 a, 꼬인 위치에 있는 직선의 개수를 b라 할 때, $a+b$의 값은?

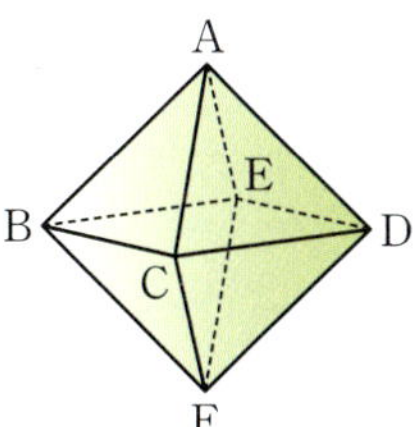

① 1 ② 2
③ 3 ④ 4 ⑤ 5

(선생님 해설)

직선 AB와 평행한 직선은 직선 AB와 만나지 않으면서 한 평면 위에 있는 직선이다.
따라서 직선 DF의 1개이므로 $a=1$
직선 AB와 꼬인 위치에 있는 직선은 직선 AB와 만나지 않으면서 한 평면 위에 있지 않은 직선이다.
따라서 직선 CD, DE, CF, EF의 4개이므로 $b=4$
∴ $a+b=1+4=5$

공간에서의 위치 관계를 판단할 때에는 정의에서 언급된 조건을 확인해야 해.
예를 들어, 두 직선이 꼬인 위치에 있는지 판단하려면 만나지 않아야 하고, 한 평면 위에 있지 않아야 해.

답 ⑤

0609 [대표 예제] [한 번 더]
그림과 같은 밑면이 정오각형인 오각기둥의 각 모서리를 연장한 직선 중 직선 AB와 꼬인 위치에 있는 직선의 개수를 a, 직선 AF와 평행한 직선의 개수를 b라 할 때, $a-b$의 값을 구하시오.

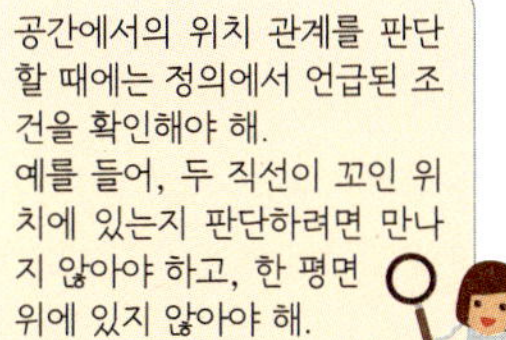

0610
그림과 같은 직육면체의 각 모서리를 연장한 직선과 각 면을 포함하는 평면 중 직선 AB와 평행한 평면의 개수를 a, 평면 ABCD와 평행한 직선의 개수를 b라 할 때, $a+b$의 값은?

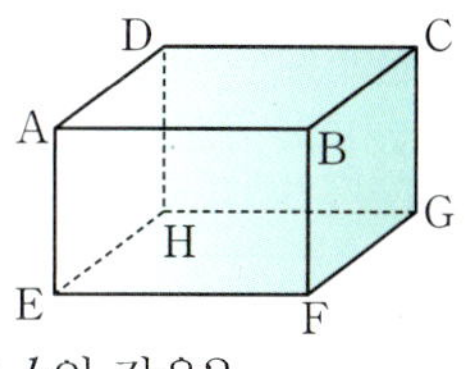

① 3 ② 4 ③ 5
④ 6 ⑤ 7

0611
그림과 같은 밑면이 정육각형인 육각기둥의 각 모서리를 연장한 직선과 각 면을 포함하는 평면에 대하여 ▎보기▎에서 옳은 것만을 있는 대로 고른 것은?

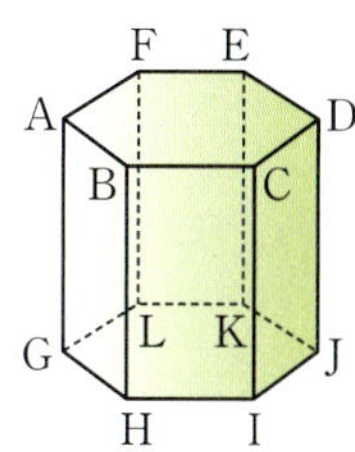

┤ 보기 ├
ㄱ. 직선 AB와 직선 CD는 한 점에서 만난다.
ㄴ. 직선 EF와 직선 HI는 평행하다.
ㄷ. 평면 DEKJ와 평행한 직선의 개수는 4이다.

① ㄱ ② ㄱ, ㄴ ③ ㄱ, ㄷ
④ ㄴ, ㄷ ⑤ ㄱ, ㄴ, ㄷ

0612
그림과 같이 정육면체 위에 정사각뿔을 꼭 맞게 붙여 놓은 입체도형이 있다. 이 입체도형의 각 모서리를 연장한 직선과 각 면을 포함하는 평면에 대한 다음 설명 중 옳지 <u>않은</u> 것은?

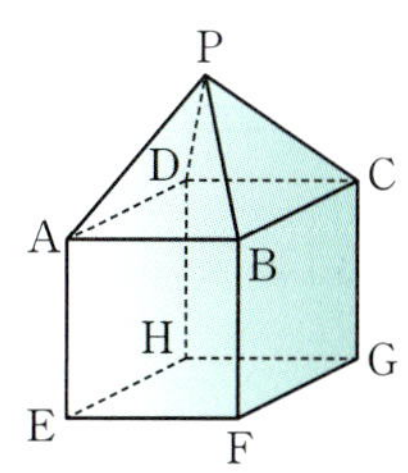

① 직선 PA는 평면 EFGH와 만난다.
② 평면 PAB는 평면 CDHG와 만난다.
③ 직선 PD와 직선 BF는 꼬인 위치에 있다.
④ 평면 PCD와 직선 GH는 평행하다.
⑤ 직선 PC와 평행한 평면은 없다.

유형 03 직선과 평면의 위치 관계에 대한 명제

직선과 평면의 위치 관계에 대한 명제는 직육면체를 이용하여 명제의 참, 거짓을 판별할 수 있다.
➡ 직육면체의 모서리는 직선, 면은 평면으로 생각한다.

👍 대표 예제

0613 서로 다른 세 직선 l, m, n과 서로 다른 두 평면 α, β에 대하여 ┃보기┃에서 옳은 것만을 있는 대로 고른 것은?

┃보기┃
ㄱ. $l \perp \alpha$, $m \perp \alpha$이면 $l /\!/ m$이다.
ㄴ. $l \perp \alpha$, $l \perp \beta$이면 $\alpha /\!/ \beta$이다.
ㄷ. $l \perp m$, $m \perp n$이면 $l /\!/ n$이다.

① ㄱ   ② ㄱ, ㄴ   ③ ㄱ, ㄷ
④ ㄴ, ㄷ   ⑤ ㄱ, ㄴ, ㄷ

선생님 해설

ㄱ. 오른쪽 그림과 같이
$l \perp \alpha$, $m \perp \alpha$이면 $l /\!/ m$이다. (참)

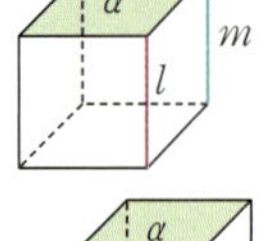

ㄴ. 오른쪽 그림과 같이
$l \perp \alpha$, $l \perp \beta$이면 $\alpha /\!/ \beta$이다. (참)

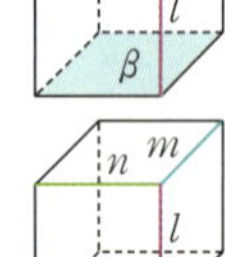

ㄷ. 오른쪽 그림과 같이
$l \perp m$, $m \perp n$이지만 두 직선 l, n은 한 점에서 만날 수도 있다. (거짓)
따라서 옳은 것은 ㄱ, ㄴ이다.

ㄱ, ㄴ의 경우, 논리적으로 명확하게 증명해야 하지만 늘 그렇게 할 수 없으므로 이와 같이 간략하게 확인하는 연습이 필요해.

답 ②

0614 [대표 예제] [한 번 더]
서로 다른 두 직선 l, m과 서로 다른 세 평면 α, β, γ에 대하여 ┃보기┃에서 옳은 것만을 있는 대로 고른 것은?

┃보기┃
ㄱ. $l \perp \alpha$, $m /\!/ \alpha$이면 $l \perp m$이다.
ㄴ. $l \perp \alpha$, $l /\!/ m$이면 $m \perp \alpha$이다.
ㄷ. $\alpha \perp \beta$, $\beta \perp \gamma$이면 $\alpha /\!/ \gamma$이다.

① ㄱ   ② ㄱ, ㄴ   ③ ㄱ, ㄷ
④ ㄴ, ㄷ   ⑤ ㄱ, ㄴ, ㄷ

0615
직선과 평면의 위치 관계에 대한 명제 중 ┃보기┃에서 옳은 것만을 있는 대로 고른 것은?

┃보기┃
ㄱ. 직선 l이 평면 α 위의 서로 다른 두 직선 m, n의 교점 O를 지나고 두 직선 m, n과 각각 수직이면 직선 l은 평면 α와 수직이다.
ㄴ. 평행한 두 평면 α, β가 평면 γ와 만날 때 생기는 두 교선을 각각 l, m이라 하면 두 직선 l, m은 평행하다.
ㄷ. 평면 α 위에 있지 않은 한 점 P를 지나고 평면 α에 평행한 두 직선 l, m을 포함하는 평면 β는 평면 α와 평행하다.

① ㄱ   ② ㄱ, ㄴ   ③ ㄱ, ㄷ
④ ㄴ, ㄷ   ⑤ ㄱ, ㄴ, ㄷ

0616
다음은 직선과 평면의 위치 관계에 대한 명제를 증명하는 과정이다.

[명제]
'직선 l과 평면 α가 평행할 때, 직선 l을 포함하는 평면 β와 평면 α의 교선 m은 직선 l과 (가) '

[증명]
직선 l과 평면 α가 평행하므로
직선 l과 평면 α는 (나)
이때 직선 m은 평면 α 위에 있으므로
두 직선 m, l은 (다)
그런데 두 직선 m, l은 모두 한 평면 β 위에 있으므로
두 직선 m, l은 (가)

위의 과정에서 (가), (나), (다)에 알맞은 것은?

	(가)	(나)	(다)
①	평행하다.	만난다.	만난다.
②	평행하다.	만나지 않는다.	만난다.
③	평행하다.	만나지 않는다.	만나지 않는다.
④	만난다.	만난다.	만나지 않는다.
⑤	만난다.	만나지 않는다.	만나지 않는다.

유형 04 **꼬인 위치에 있는 두 직선이 이루는 각**

꼬인 위치에 있는 두 직선 l, m이 이루는 각의 크기를 구할 때에는 직선 m과 한 점에서 만나도록 직선 l을 직선 l'으로 평행이동한 후, 두 직선 l', m이 이루는 각의 크기를 구한다.

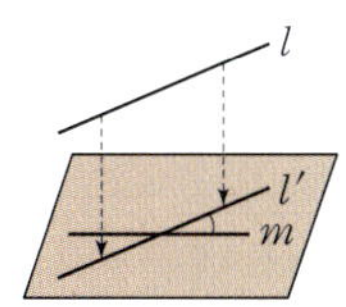

🖒 대표 예제

0617 그림과 같은 정팔면체에서 두 직선 AB, CD가 이루는 각의 크기는?

① 15°　　② 30°
③ 45°　　④ 60°
⑤ 90°

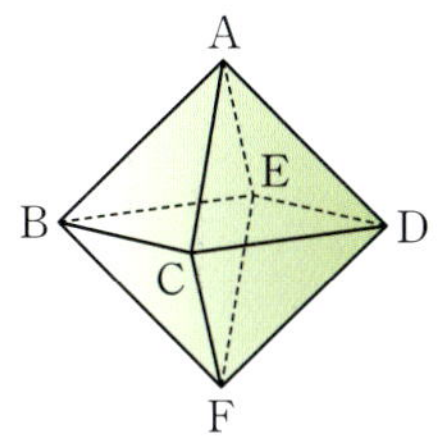

선생님 해설

사각형 BCDE는 정사각형이므로
$$\overline{CD} /\!/ \overline{BE}$$
따라서 두 직선 AB, CD가 이루는 각의 크기는 두 직선 AB, BE가 이루는 각의 크기와 같다.
이때 삼각형 ABE는 정삼각형이므로
$$\angle ABE = 60°$$
따라서 구하는 각의 크기는 60°이다.

> 꼬인 위치에 있는 두 직선의 경우 한 직선과 평행한 직선들을 먼저 찾아야 해.

○**답** ④

0618 대표 예제 한 번 더

그림과 같은 정팔면체에서 두 직선 AB, CE가 이루는 각의 크기는?

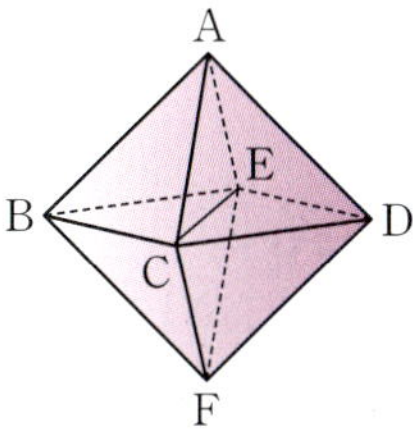

① 30°　　② 45°
③ 60°　　④ 75°
⑤ 90°

0619

그림과 같이 $\overline{AD}=2$, $\overline{CD}=2$, $\overline{AE}=3$인 직육면체에서 두 직선 AG, EF가 이루는 각의 크기를 θ라 할 때, $\cos\theta$의 값은?

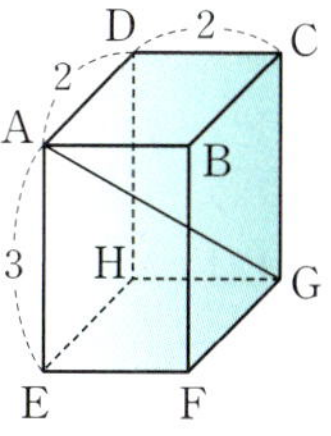

① $\dfrac{1}{17}$　　② $\dfrac{2}{17}$

③ $\dfrac{3}{17}$　　④ $\dfrac{2\sqrt{17}}{17}$　　⑤ $\dfrac{3\sqrt{17}}{17}$

0620

그림과 같은 정육면체에서 두 직선 AG, CF가 이루는 각의 크기는?

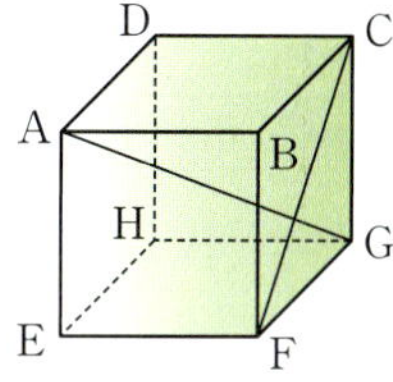

① 30°　　② 45°
③ 60°　　④ 75°
⑤ 90°

0621

그림과 같은 정사면체의 모서리 CD의 중점을 M이라 하자. 직선 AM과 직선 BC가 이루는 각의 크기를 θ라 할 때, $\cos\theta$의 값은?

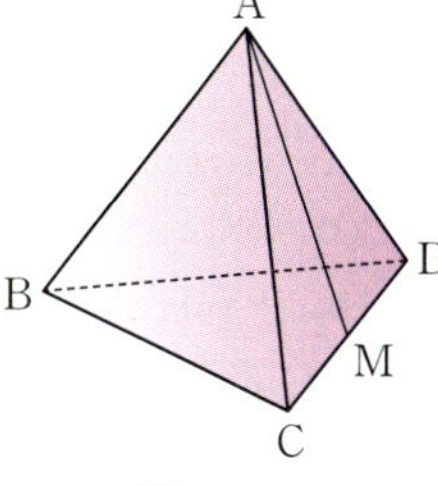

① $\dfrac{1}{6}$　　② $\dfrac{\sqrt{2}}{6}$

③ $\dfrac{\sqrt{3}}{6}$　　④ $\dfrac{1}{3}$　　⑤ $\dfrac{\sqrt{5}}{6}$

유형 05   삼수선의 정리

오른쪽 그림에서
① $\overline{PO}\perp\alpha$, $\overline{OH}\perp l$이면 $\overline{PH}\perp l$
② $\overline{PO}\perp\alpha$, $\overline{PH}\perp l$이면 $\overline{OH}\perp l$
③ $\overline{PH}\perp l$, $\overline{OH}\perp l$, $\overline{PO}\perp\overline{OH}$이면 $\overline{PO}\perp\alpha$

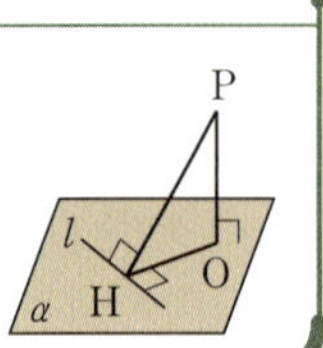

👍 대표 예제

0622 그림과 같이 평면 α 위에 있지 않은 한 점 P에서 평면 α에 내린 수선의 발을 O, 점 O에서 평면 α 위의 직선 AB에 내린 수선의 발을 H라 하자. $\overline{PO}=1$, $\overline{OH}=2$, $\overline{AH}=1$일 때, 선분 AP의 길이는?

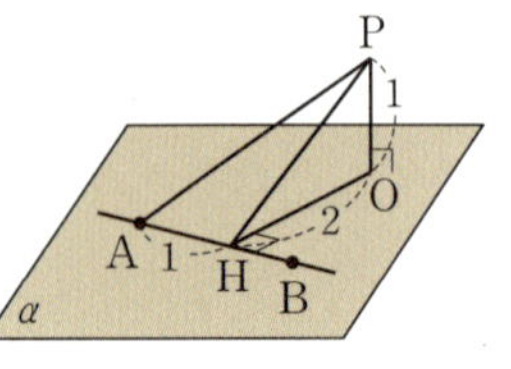

① $\sqrt{5}$　　　② $\sqrt{6}$　　　③ $\sqrt{7}$
④ $2\sqrt{2}$　　　⑤ 3

선생님 해설

직각삼각형 POH에서
$\overline{PH}=\sqrt{2^2+1^2}=\sqrt{5}$
$\overline{PO}\perp\alpha$, $\overline{OH}\perp\overline{AB}$이므로 삼수선의 정리에 의하여
$\overline{PH}\perp\overline{AB}$
따라서 삼각형 AHP가 직각삼각형이므로
$\overline{AP}=\sqrt{1^2+(\sqrt{5})^2}=\sqrt{6}$

> 삼수선의 정리의 그림을 기억해서 주어지지 않은 나머지 하나의 직각을 찾아 그 직각삼각형에서 피타고라스 정리를 이용해.

답 ②

0623 대표 예제 한 번 더

그림과 같이 평면 α 위에 있지 않은 한 점 P에서 평면 α에 내린 수선의 발을 O, 점 O에서 평면 α 위의 직선 AB에 내린 수선의 발을 H라 하자.

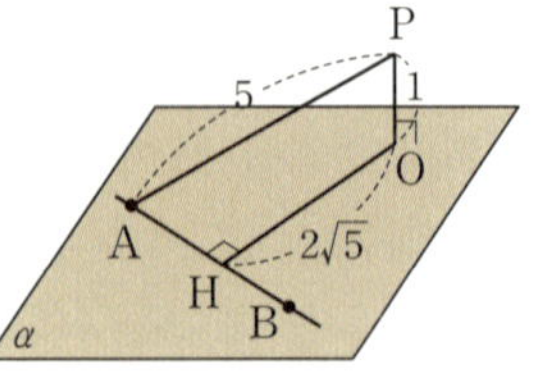

$\overline{PO}=1$, $\overline{OH}=2\sqrt{5}$, $\overline{AP}=5$일 때, 선분 AH의 길이는?

① 1　　　② $\sqrt{2}$　　　③ $\sqrt{3}$
④ 2　　　⑤ $\sqrt{5}$

0624 그림과 같이 평면 α 위에 있지 않은 한 점 P에서 평면 α에 내린 수선의 발을 O, 평면 α 위의 직선 AB에 내린 수선의 발을 H라 하자. $\overline{PO}=2$, $\overline{PA}=4$, $\overline{AH}=2$일 때, 점 O와 직선 AB 사이의 거리는?

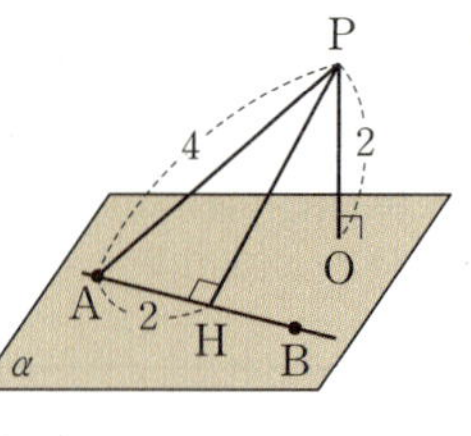

① $\sqrt{6}$　　　② $\sqrt{7}$　　　③ $2\sqrt{2}$
④ 3　　　⑤ $\sqrt{10}$

0625 그림과 같이 평면 α 위에 있지 않은 한 점 P에서 평면 α에 내린 수선의 발을 O, 평면 α 위의 직선 AB에 내린 수선의 발을 H라 하자. $\overline{PH}=3$, $\overline{OA}=2$, $\overline{AH}=1$일 때, 선분 PO의 길이는?

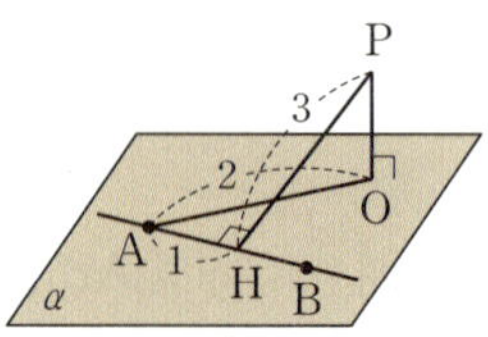

① $\sqrt{2}$　　　② $\sqrt{3}$　　　③ 2
④ $\sqrt{5}$　　　⑤ $\sqrt{6}$

0626 그림과 같이 평면 α 위에 있지 않은 한 점 P에서 평면 α에 내린 수선의 발을 O, 점 O에서 직선 AB에 내린 수선의 발을 H라 하자. $\overline{AP}=2$, $\overline{BP}=2\sqrt{3}$, $\overline{OP}=1$이고 $\angle APB=90°$일 때, 선분 OH의 길이는?

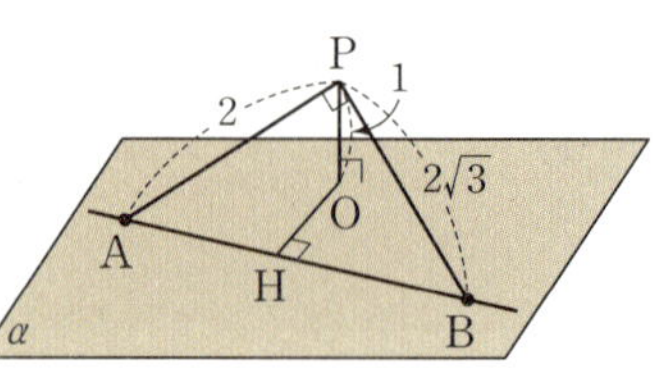

① 1　　　② $\sqrt{2}$　　　③ $\sqrt{3}$
④ 2　　　⑤ $\sqrt{5}$

유형 06 삼수선의 정리의 활용

공간에서 두 개의 수직 관계가 주어지면 보조선을 그어 삼수선의 정리를 이용하고, 한 개의 수직 관계가 주어지면 다른 수직 관계를 갖는 두 직선 또는 직선과 평면을 찾아 삼수선의 정리를 이용한다.

🖐 대표 예제

0627 그림과 같이 $\overline{AE}=3$, $\overline{AD}=3$, $\overline{CD}=4$인 직육면체의 꼭짓점 D에서 밑면의 대각선 EG에 내린 수선의 발을 I라 할 때, 선분 DI의 길이는?

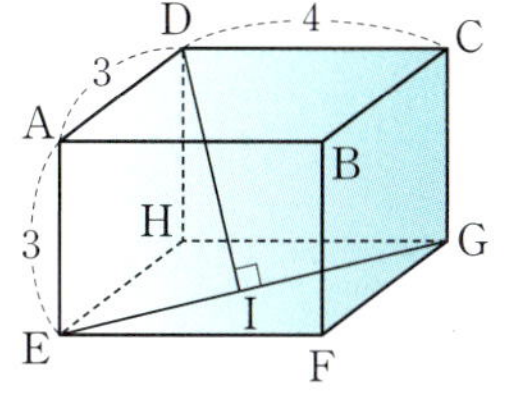

① $\dfrac{3\sqrt{38}}{5}$ ② $\dfrac{3\sqrt{39}}{5}$ ③ $\dfrac{6\sqrt{10}}{5}$

④ $\dfrac{3\sqrt{41}}{5}$ ⑤ $\dfrac{3\sqrt{42}}{5}$

선생님 해설

직각삼각형 EHG에서
$$\overline{EG}=\sqrt{3^2+4^2}=5$$

$\overline{DH}\perp$(평면 EFGH), $\overline{DI}\perp\overline{EG}$이므로 삼수선의 정리에 의하여
$$\overline{HI}\perp\overline{EG}$$

이때 직각삼각형 EHG의 넓이에서
$$\frac{1}{2}\cdot\overline{EH}\cdot\overline{HG}=\frac{1}{2}\cdot\overline{EG}\cdot\overline{HI}$$
$$\frac{1}{2}\cdot3\cdot4=\frac{1}{2}\cdot5\cdot\overline{HI}\quad\therefore\overline{HI}=\frac{12}{5}$$

따라서 직각삼각형 DHI에서
$$\overline{DI}=\sqrt{3^2+\left(\frac{12}{5}\right)^2}=\frac{3\sqrt{41}}{5}$$

> 공간에서 수선의 발을 내리는 경우에는 반드시 삼수선의 정리를 떠올리자.

답 ④

0628 〔대표 예제〕〔한 번 더〕
그림과 같이 한 모서리의 길이가 10인 정육면체에서 선분 EF의 중점을 M, 꼭짓점 D에서 직선 MG에 내린 수선의 발을 I라 할 때, 선분 DI의 길이는?

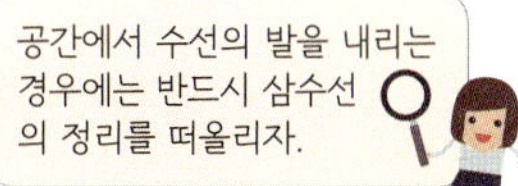

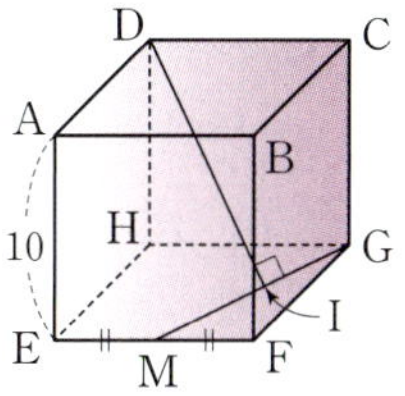

① $4\sqrt{10}$ ② $6\sqrt{5}$ ③ $10\sqrt{2}$

④ $2\sqrt{55}$ ⑤ $4\sqrt{15}$

0629
그림과 같이 건물의 입구 A에서 30 m 떨어진 직선 도로 위의 한 지점을 B, 건물 꼭대기의 한 지점을 P라 하자. 이 직선 도로 위의 한 지점 C에 대하여 $\overline{BC}=50$ m, $\angle PCB=45°$, $\angle ABC=90°$일 때, 이 건물의 높이는?

(단, 건물은 지면과 수직이다.)

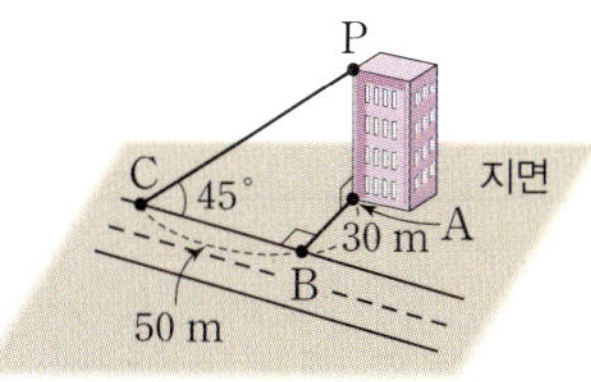

① 35 m   ② 40 m   ③ 45 m

④ 50 m   ⑤ 55 m

0630
그림과 같이 평면 α 위에 $\angle AOB=90°$이고 $\overline{AB}=4$인 직각이등변삼각형 AOB가 있다. 점 O를 지나고 평면 α에 수직인 직선 위의 점 P에 대하여 $\overline{PO}=3$일 때, 점 P와 직선 AB 사이의 거리는?

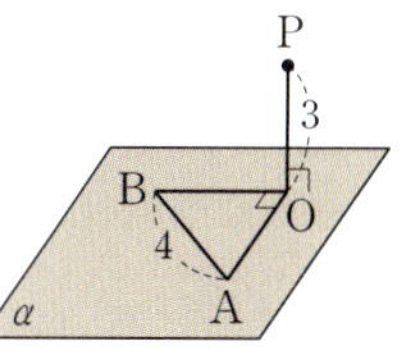

① $2\sqrt{3}$ ② $\sqrt{13}$ ③ $\sqrt{14}$

④ $\sqrt{15}$ ⑤ 4

0631
그림과 같이 $\overline{AD}=2$, $\overline{CD}=3$, $\overline{AE}=1$인 직육면체에서 삼각형 DEG의 넓이는?

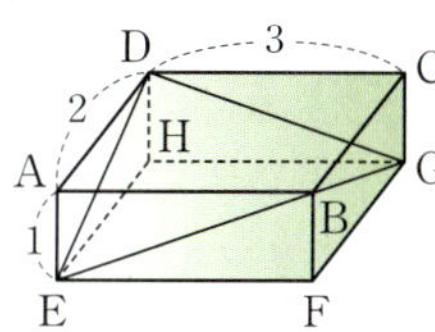

① $\dfrac{7}{2}$ ② 4

③ $\dfrac{9}{2}$ ④ 5   ⑤ $\dfrac{11}{2}$

<table>
<tr><td>

유형 07 **두 직선이 이루는 각의 크기**

삼수선의 정리를 이용하여 직각삼각형을 찾아 두 직선이 이루는 각의 크기를 구한다.

👍 **대표 예제**

0632 그림과 같이 $\overline{AE}=2$, $\overline{AD}=3$, $\overline{CD}=4$인 직육면체에서 직선 DE와 직선 EG가 이루는 각의 크기를 θ라 할 때, $\cos\theta$의 값은?

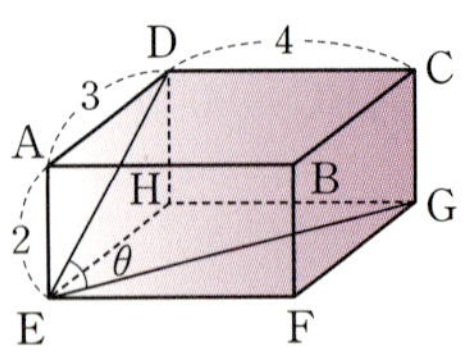

① $\dfrac{9\sqrt{11}}{65}$ ② $\dfrac{18\sqrt{3}}{65}$ ③ $\dfrac{9\sqrt{13}}{65}$

④ $\dfrac{9\sqrt{14}}{65}$ ⑤ $\dfrac{9\sqrt{15}}{65}$

선생님 해설

점 D에서 직선 EG에 내린 수선의 발을 I라 하면

$\overline{DH}\perp$ (평면 EFGH), $\overline{DI}\perp\overline{EG}$

이므로 삼수선의 정리에 의하여

$\overline{HI}\perp\overline{EG}$

직각삼각형 EHG에서

$\overline{EG}=\sqrt{3^2+4^2}=5$

이고 두 직각삼각형 EIH, EHG는 서로 닮음이므로

$\overline{EI}:\overline{EH}=\overline{EH}:\overline{EG}$

$\overline{EI}:3=3:5 \qquad \therefore \overline{EI}=\dfrac{9}{5}$

직각삼각형 EHD에서

$\overline{DE}=\sqrt{3^2+2^2}=\sqrt{13}$

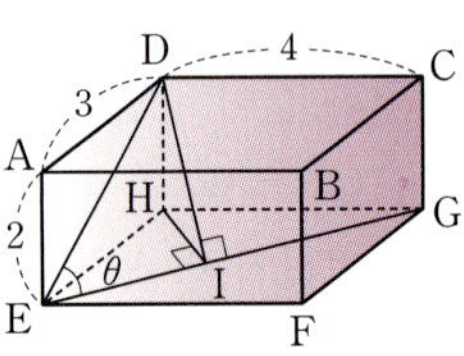

> 각의 크기에 대한 sin, cos 값을 구할 때에는 직각삼각형을 찾아 변의 길이를 구하는 것이 핵심이야. 이때 삼수선의 정리를 떠올리는 것을 잊지 말자.

$\therefore \cos\theta=\dfrac{\overline{EI}}{\overline{DE}}=\dfrac{\frac{9}{5}}{\sqrt{13}}=\dfrac{9\sqrt{13}}{65}$

답 ③

0633 대표 예제 │ 한 번 더

그림과 같은 정육면체에서 모서리 GH의 중점 M에 대하여 두 직선 DE, EM이 이루는 각의 크기를 θ라 할 때, $\cos\theta$의 값은?

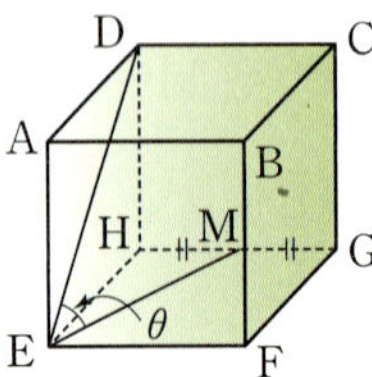

① $\dfrac{2}{5}$ ② $\dfrac{\sqrt{6}}{5}$

③ $\dfrac{2\sqrt{2}}{5}$ ④ $\dfrac{\sqrt{10}}{5}$ ⑤ $\dfrac{2\sqrt{3}}{5}$

</td><td>

0634

그림과 같이 세 모서리 OA, OB, OC가 서로 수직이고, $\overline{OA}=2$, $\overline{OB}=3$, $\overline{OC}=4$인 사면체에서 두 직선 AC, BC가 이루는 각의 크기를 θ라 할 때, $\cos\theta$의 값은?

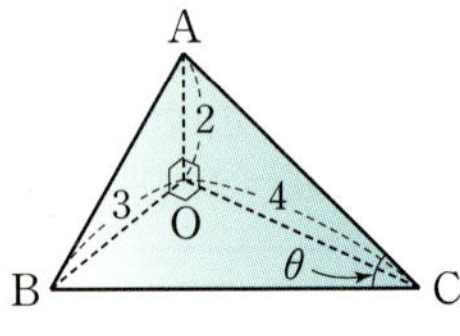

① $\dfrac{6\sqrt{5}}{25}$ ② $\dfrac{7\sqrt{5}}{25}$ ③ $\dfrac{8\sqrt{5}}{25}$

④ $\dfrac{9\sqrt{5}}{25}$ ⑤ $\dfrac{2\sqrt{5}}{5}$

0635

그림과 같이 평면 α 위에 있지 않은 한 점 P에서 평면 α에 내린 수선의 발을 O라 하자. $\overline{OP}=\overline{OA}$인 평면 α 위의 점 A를 지나고 직선 OA와 이루는 각의 크기가 60°인 직선을 l이라 하자. 직선 PA와 직선 l이 이루는 각의 크기를 θ라 할 때, $\cos\theta$의 값은?

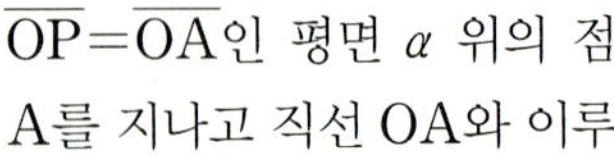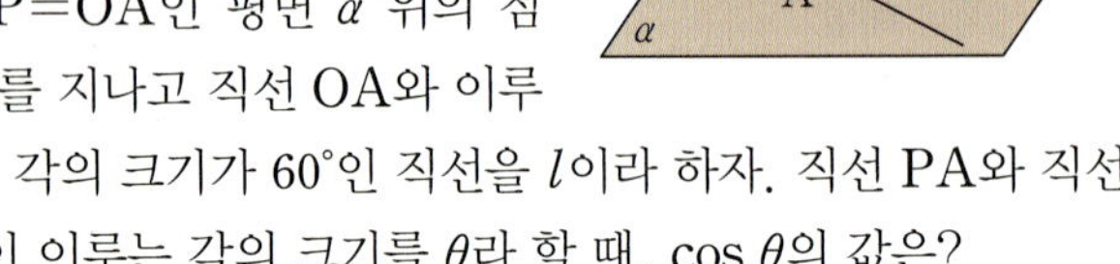

① $\dfrac{\sqrt{2}}{4}$ ② $\dfrac{\sqrt{3}}{4}$ ③ $\dfrac{1}{2}$

④ $\dfrac{\sqrt{5}}{4}$ ⑤ $\dfrac{\sqrt{6}}{4}$

0636

그림과 같이 평면 α에 수직인 평면 β에 대하여 두 평면 α, β의 교선을 m이라 하자. 두 직선 n_1, n_2는 각각 평면 α, β 위에 있고, 교선 m 위의 점 A에서 만난다. 두 직선 n_1, n_2가 교선 m과 이루는 각의 크기가 각각 30°, 60°일 때, 두 직선 n_1, n_2가 이루는 각의 크기 θ에 대하여 $\cos\theta$의 값은?

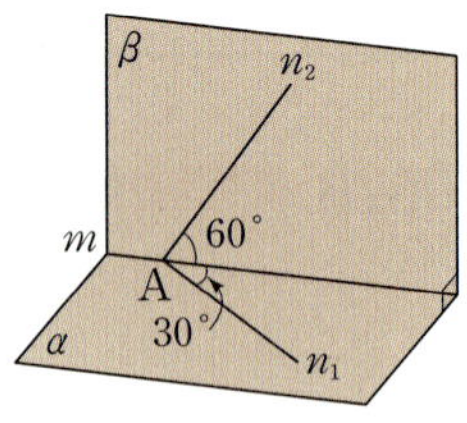

① $\dfrac{1}{4}$ ② $\dfrac{\sqrt{2}}{4}$ ③ $\dfrac{\sqrt{3}}{4}$

④ $\dfrac{1}{2}$ ⑤ $\dfrac{\sqrt{5}}{4}$

</td></tr>
</table>

유형 08 두 평면이 이루는 각의 크기

두 평면이 이루는 각의 크기는 다음과 같은 순서로 구한다.
❶ 두 평면의 교선을 찾는다.
❷ 교선 위의 한 점에서 교선과 수직이고 각각의 평면에 포함되는 두 직선을 찾는다.
❸ 직각삼각형을 찾아 두 직선이 이루는 각의 크기를 구한다.

대표 예제

0637 그림과 같이 모든 모서리의 길이가 같은 정사각뿔에서 평면 ACD와 평면 BCDE가 이루는 각의 크기를 θ라 할 때, $\cos \theta$의 값은?

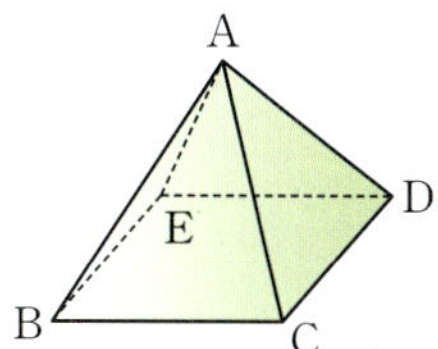

① $\dfrac{1}{3}$ ② $\dfrac{\sqrt{2}}{3}$

③ $\dfrac{\sqrt{3}}{3}$ ④ $\dfrac{2}{3}$ ⑤ $\dfrac{\sqrt{5}}{3}$

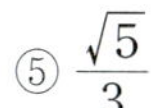 선생님 해설

모서리 CD의 중점을 M, 모서리 BE의 중점을 N이라 하면

$$\overline{AM} \perp \overline{CD}, \quad \overline{CD} \perp \overline{MN}$$

이므로

$$\theta = \angle AMN$$

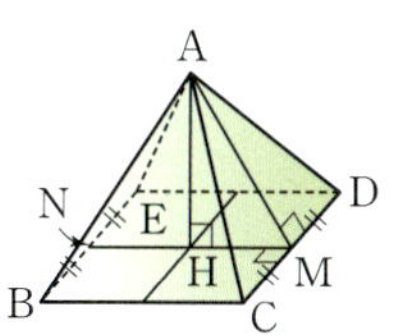

점 A에서 평면 BCDE에 내린 수선의 발을 H라 하면

$$\overline{AH} \perp (\text{평면 } BCDE), \quad \overline{AM} \perp \overline{CD}$$

이므로 삼수선의 정리에 의하여

$$\overline{HM} \perp \overline{CD}$$

따라서 점 H는 선분 MN 위에 있다.
마찬가지로 점 H는 두 모서리 BC, ED의 중점을 이은 선분 위의 점이므로 점 H는 밑면의 두 대변의 중점을 이은 두 선분의 교점이다.
정사각뿔의 한 모서리의 길이를 $2a$라 하면

$$\overline{CM} = a, \quad \overline{AC} = 2a$$

이므로 직각삼각형 AMC에서

$$\overline{AM} = \sqrt{(2a)^2 - a^2} = \sqrt{3}\,a$$

$$\therefore \cos \theta = \frac{\overline{HM}}{\overline{AM}} = \frac{a}{\sqrt{3}\,a} = \frac{\sqrt{3}}{3}$$

 답 ③

0638 대표 예제 한 번 더

그림과 같이 한 모서리의 길이가 2인 정육면체에서 두 모서리 AE, CG의 중점을 각각 M, N이라 하자. 평면 DMFN과 평면 EFGH가 이루는 각의 크기를 θ라 할 때, $\cos \theta$의 값은?

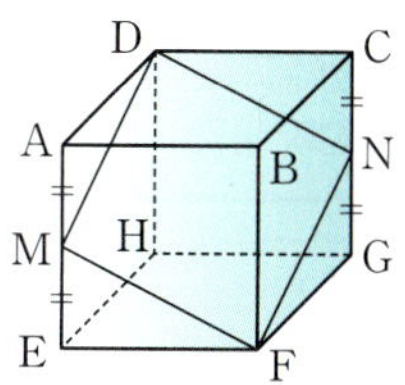

① $\dfrac{\sqrt{6}}{6}$ ② $\dfrac{\sqrt{3}}{3}$ ③ $\dfrac{\sqrt{2}}{2}$

④ $\dfrac{\sqrt{6}}{3}$ ⑤ $\dfrac{\sqrt{30}}{6}$

0639

그림과 같이 평면 α 위에 있지 않은 점 A와 평면 α 위의 두 점 B, C에 대하여 삼각형 ABC는 한 변의 길이가 4인 정삼각형이다. 평면 ABC와 평면 α가 이루는 각의 크기가 30°일 때, 점 A에서 평면 α에 내린 수선의 발 H에 대하여 선분 AH의 길이는?

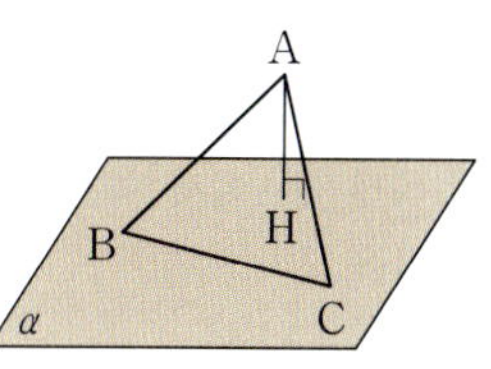

① 1 ② $\sqrt{2}$ ③ $\sqrt{3}$

④ 2 ⑤ $\sqrt{5}$

0640

그림과 같이 모든 모서리의 길이가 같은 정사각뿔에서 평면 ABC와 평면 ACD가 이루는 각의 크기를 θ라 할 때, $\cos \theta$의 값은?

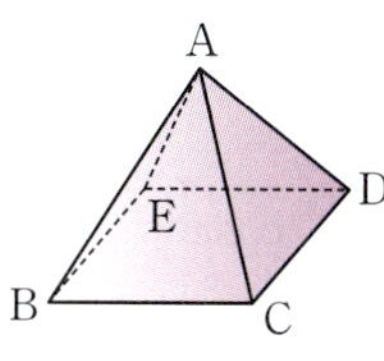

① $\dfrac{1}{6}$ ② $\dfrac{1}{4}$ ③ $\dfrac{1}{3}$

④ $\dfrac{5}{12}$ ⑤ $\dfrac{1}{2}$

유형 09 직선과 평면이 이루는 각의 크기

직선 위의 한 점에서 평면에 수선의 발을 내린 후 직각삼각형을 찾아
직선과 평면이 이루는 각의 크기를 구한다.

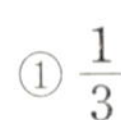 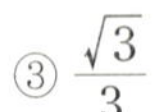 **대표 예제**

0641 그림과 같은 정사면체에서 직선
AB와 평면 BCD가 이루는 각의 크기를 θ
라 할 때, θ의 값은?

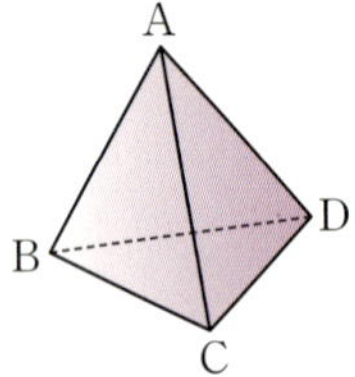

① $\dfrac{1}{3}$　　　② $\dfrac{\sqrt{2}}{3}$

③ $\dfrac{\sqrt{3}}{3}$　　　④ $\dfrac{2}{3}$

⑤ $\dfrac{\sqrt{5}}{3}$

선생님 해설

꼭짓점 A에서 평면 BCD에 내린 수선의
발을 H라 하면
$\theta=\angle ABH$
모서리 CD의 중점을 M이라 하면 두 삼
각형 ACD, BCD는 정삼각형이므로
$\overline{AM}\perp\overline{CD}$, $\overline{BM}\perp\overline{CD}$
또한, $\overline{AH}\perp($평면 BCD$)$, $\overline{AM}\perp\overline{CD}$이므로 삼수선의 정리
에 의하여
$\overline{HM}\perp\overline{CD}$
따라서 점 H는 $\overline{BM}$ 위에 있다.
마찬가지로 점 H는 꼭짓점 D에서 $\overline{BC}$에 내린 수선 위의 점이
므로 점 H는 삼각형 BCD의 무게중심이다.
정사면체의 한 모서리의 길이를 a라 하면
$\overline{AM}=\overline{BM}=\dfrac{\sqrt{3}}{2}a$

$\therefore \overline{BH}=\dfrac{2}{3}\overline{BM}=\dfrac{2}{3}\cdot\dfrac{\sqrt{3}}{2}a=\dfrac{\sqrt{3}}{3}a$

$\therefore \cos\theta=\dfrac{\overline{BH}}{\overline{AB}}=\dfrac{\frac{\sqrt{3}}{3}a}{a}=\dfrac{\sqrt{3}}{3}$

답 ③

0642 대표 예제 한 번 더

그림과 같이 모든 모서리의 길이
가 같은 정사각뿔에서 직선 AB
와 평면 BCDE가 이루는 각의 크
기를 θ라 할 때, $\cos\theta$의 값은?

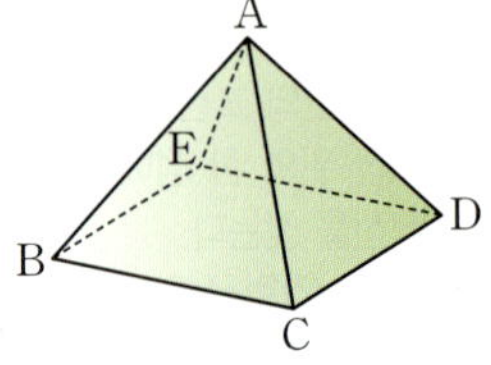

① $\dfrac{\sqrt{6}}{4}$　　　② $\dfrac{\sqrt{7}}{4}$

③ $\dfrac{\sqrt{2}}{2}$　　　④ $\dfrac{3}{4}$　　　⑤ $\dfrac{\sqrt{10}}{4}$

0643

그림과 같이 정사면체의 꼭짓점 D에
서 평면 ABC에 내린 수선의 발을
H라 하자. 직선 DH와 평면 BCD
가 이루는 각의 크기를 θ라 할 때,
$\cos\theta$의 값은?

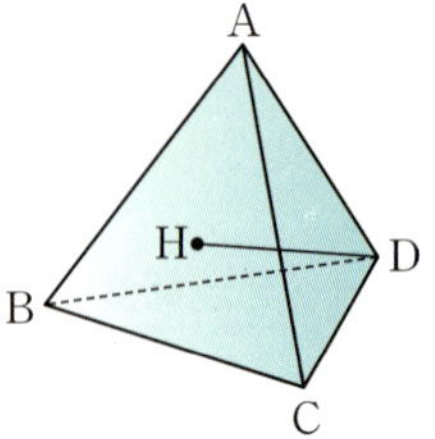

① $\dfrac{2}{3}$　　　② $\dfrac{\sqrt{5}}{3}$　　　③ $\dfrac{\sqrt{6}}{3}$

④ $\dfrac{\sqrt{7}}{3}$　　　⑤ $\dfrac{2\sqrt{2}}{3}$

0644

그림과 같이 두 평면 α, β의 교선
l 위의 점 A와 평면 α 위의 점 B
에 대하여 직선 AB와 직선 l이
이루는 각의 크기는 60°, 두 평면
α, β가 이루는 각의 크기는 30°이다. 직선 AB와 평면 β가

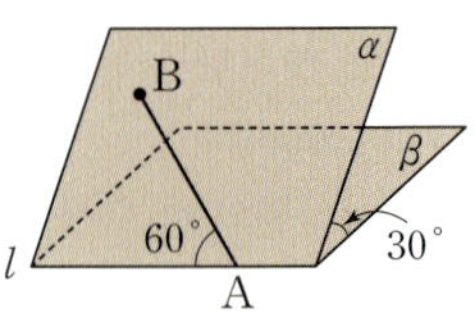

이루는 각의 크기를 θ라 할 때, $\cos\theta$의 값은?

① $\dfrac{\sqrt{11}}{4}$　　　② $\dfrac{\sqrt{3}}{2}$　　　③ $\dfrac{\sqrt{13}}{4}$

④ $\dfrac{\sqrt{14}}{4}$　　　⑤ $\dfrac{\sqrt{15}}{4}$

유형 10 정사영의 길이

선분 AB의 평면 α 위로의 정사영의 길이는
① 직선 AB와 평면 α가 이루는 각의 크기 θ와 선분 AB의 길이를 이용하여 구한다.
➡ $\overline{A'B'} = \overline{AB} \cos \theta$
② 두 점 A, B에서 평면 α에 내린 수선의 발 A′, B′을 구한 후 선분 A′B′의 길이를 구한다.

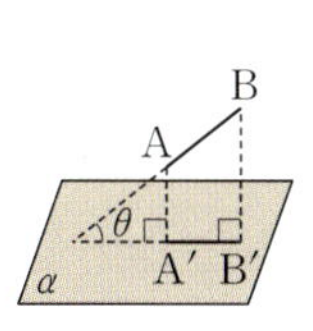

👍 대표 예제

0645 그림과 같이 평면 α 위에 한 변의 길이가 4인 정사각형 ABCD가 있다. 두 평면 α, β가 이루는 각의 크기가 60°이고 선분 BC는 두 평면 α, β의 교선과 평행할 때, 정사각형 ABCD의 평면 β 위로의 정사영의 둘레의 길이를 구하시오.

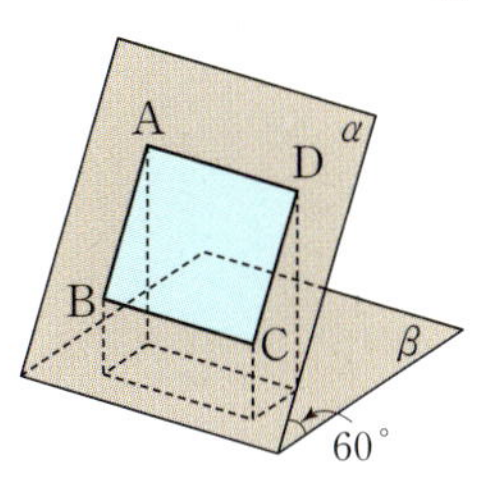

선생님 해설

정사각형 ABCD의 평면 β 위로의 정사영을 사각형 A′B′C′D′이라 하면 두 선분 AD, BC가 평면 β와 이루는 각의 크기는 0°이므로
• 두 선분 AD, BC는 평면 β와 평행하다.

$\overline{B'C'} = \overline{BC} \cos 0° = 4 \cdot 1 = 4$
$\overline{A'D'} = \overline{AD} \cos 0° = 4 \cdot 1 = 4$

두 선분 AB, CD가 평면 β와 이루는 각의 크기는 60°이므로

$\overline{A'B'} = \overline{AB} \cos 60° = 4 \cdot \dfrac{1}{2} = 2$
• 두 선분 AB, CD는 두 평면 α, β의 교선에 수직이므로 두 평면 α, β가 이루는 각의 크기와 같다.

$\overline{C'D'} = \overline{CD} \cos 60° = 4 \cdot \dfrac{1}{2} = 2$

따라서 사각형 A′B′C′D′의 둘레의 길이는
$4 \cdot 2 + 2 \cdot 2 = 12$

답 12

0646 대표 예제 한 번 더

그림과 같이 평면 α 위에 있는 직사각형 ABCD의 평면 β 위로의 정사영은 한 변의 길이가 1인 정사각형이다. 두 평면 α, β가 이루는 각의 크기가 45°이고 선분 BC는 두 평면 α, β의 교선과 평행할 때, 직사각형 ABCD의 둘레의 길이는?

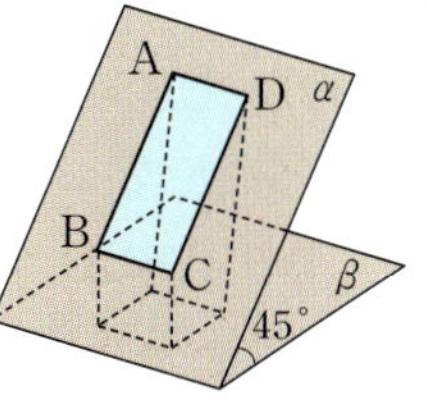

① $2 + \sqrt{2}$ ② $2 + \sqrt{3}$ ③ $2 + 2\sqrt{2}$
④ $2 + 2\sqrt{3}$ ⑤ $2 + 4\sqrt{2}$

0647

그림과 같이 한 모서리의 길이가 2인 정육면체에서 정사각형 BFGC의 두 대각선의 교점을 P라 할 때, 선분 AP의 평면 EFGH 위로의 정사영의 길이는?

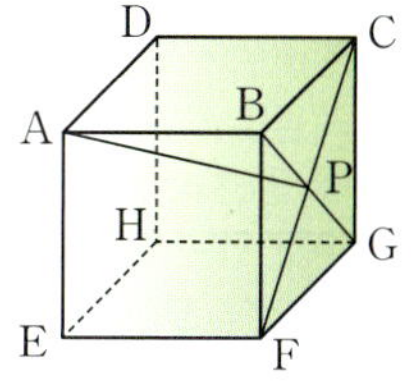

① $\sqrt{5}$ ② $\sqrt{6}$ ③ $\sqrt{7}$
④ $2\sqrt{2}$ ⑤ 3

0648

그림과 같이 한 모서리의 길이가 6인 정사면체에서 모서리 AB의 중점을 M이라 할 때, 선분 CM의 평면 BCD 위로의 정사영의 길이는?

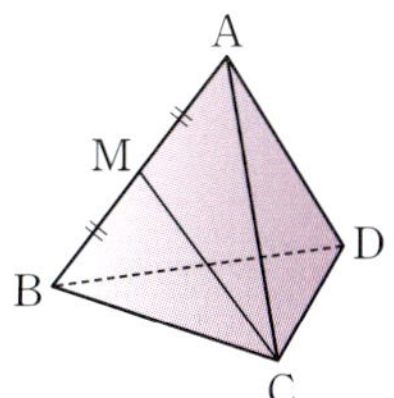

① $\sqrt{21}$ ② $\sqrt{22}$
③ $\sqrt{23}$ ④ $2\sqrt{6}$ ⑤ 5

0649

그림과 같이 두 평면 α, β의 교선 위의 두 점 A, B와 평면 α 위의 한 점 C에 대하여 삼각형 ABC는 한 변의 길이가 6인 정삼각형이다. 두 평면 α, β가 이루는 각의 크기 θ에 대하여 $\cos \theta = \dfrac{\sqrt{2}}{3}$일 때, 선분 AC의 평면 β 위로의 정사영의 길이는?

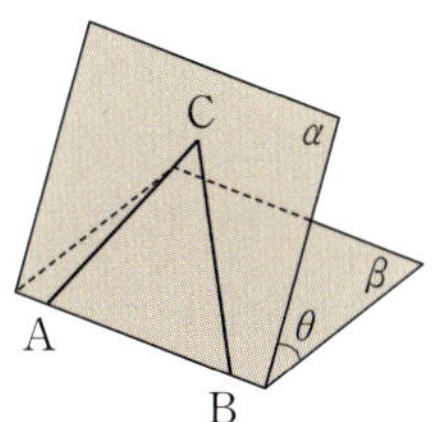

① $\sqrt{11}$ ② $2\sqrt{3}$ ③ $\sqrt{13}$
④ $\sqrt{14}$ ⑤ $\sqrt{15}$

유형 11 정사영의 넓이

평면 α 위에 있는 도형의 넓이를 S라 하면 이 도형의 평면 β 위로의 정사영의 넓이 S'은

① 두 평면 α, β가 이루는 각의 크기 θ와 평면 α 위에 있는 도형의 넓이 S를 이용하여 구한다.

➡ $S' = S \cos \theta$

② 다각형의 경우 다각형의 각 꼭짓점의 정사영을 구한 후, 정사영한 각 점을 꼭짓점으로 하는 다각형의 넓이를 구한다.

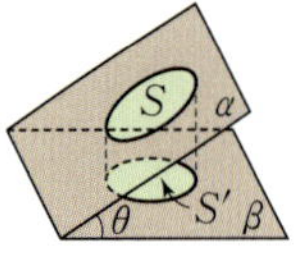

👍 **대표 예제** 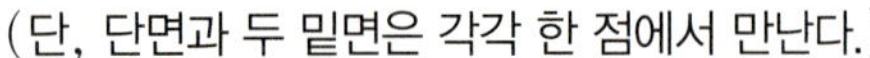 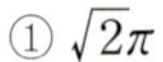

0650 그림과 같이 밑면의 반지름의 길이가 1인 원기둥을 밑면과 $60°$의 각을 이루는 평면으로 자른 단면의 넓이는?

(단, 단면과 두 밑면은 각각 한 점에서 만난다.)

① $\sqrt{2}\pi$ ② $\sqrt{3}\pi$ ③ 2π
④ $\sqrt{5}\pi$ ⑤ $\sqrt{6}\pi$

선생님 해설

잘린 단면의 넓이를 S, 원기둥의 밑면의 넓이를 S'이라 하면 잘린 단면과 밑면이 이루는 각의 크기가 $60°$이므로

$S' = S \cos 60°$

$\pi = \dfrac{1}{2} S$

$\therefore S = 2\pi$

답 ③

0651 대표 예제 한 번 더

그림과 같이 밑면의 반지름의 길이와 높이의 비가 $1 : 2$인 원기둥을 잘랐을 때 생기는 단면의 넓이가 $4\sqrt{2}\pi$일 때, 원기둥의 높이는? (단, 단면과 두 밑면은 각각 한 점에서 만난다.)

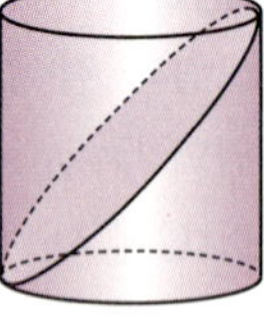

① 2 ② 3 ③ 4
④ 5 ⑤ 6

0652

그림과 같이 한 모서리의 길이가 4인 정육면체에서 모서리 CD의 중점을 M, 정사각형 BFGC의 두 대각선의 교점을 P라 할 때, 삼각형 EPM의 평면 EFGH 위로의 정사영의 넓이는?

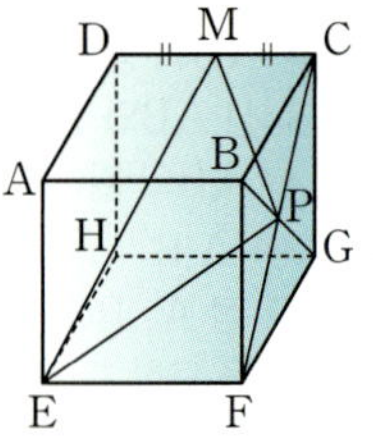

① $2\sqrt{6}$ ② $2\sqrt{7}$
③ $4\sqrt{2}$ ④ 6 ⑤ $2\sqrt{10}$

0653

그림과 같이 한 모서리의 길이가 6인 정사면체에서 모서리 AD의 중점을 M이라 할 때, 삼각형 BCM의 평면 BCD 위로의 정사영의 넓이는?

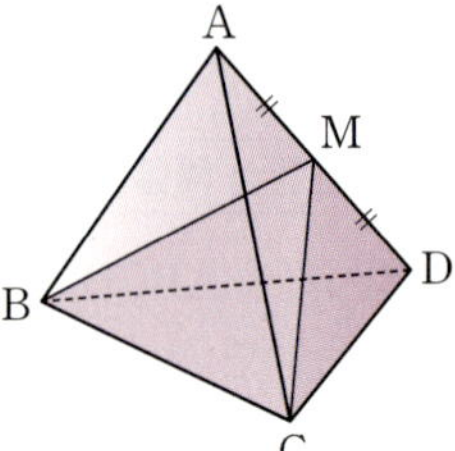

① 6 ② $6\sqrt{2}$
③ $6\sqrt{3}$ ④ 12 ⑤ $6\sqrt{5}$

0654

그림과 같이 모든 모서리의 길이가 4인 정사각뿔에서 두 모서리 OA, OB의 중점을 각각 M, N이라 할 때, 사각형 MNCD의 평면 ABCD 위로의 정사영의 넓이를 구하시오.

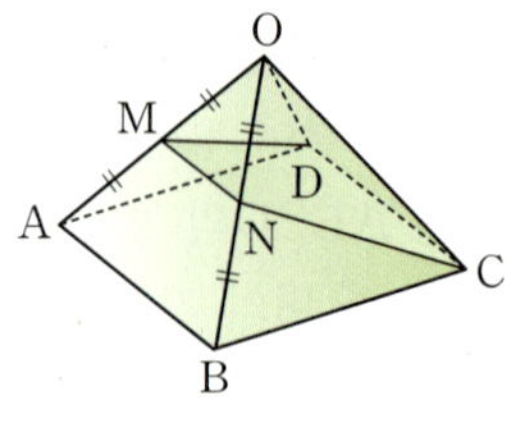

유형 12 정사영을 이용하여 각의 크기 구하기

평면 α 위에 있는 도형의 넓이를 S, 이 도형의 평면 β 위로의 정사영의 넓이를 S'이라 하면 두 평면 α, β가 이루는 각의 크기 θ에 대하여

$$\cos\theta=\frac{S'}{S}$$

또한, 직선과 평면, 직선과 직선이 이루는 각의 크기도 정사영을 이용하여 구할 수 있다.

👍 대표 예제

0655 그림과 같은 정육면체에서 삼각형 AFC와 평면 EFGH가 이루는 각의 크기를 θ라 할 때, $\cos\theta$의 값은?

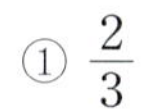

① $\dfrac{1}{3}$ 　② $\dfrac{\sqrt{2}}{3}$

③ $\dfrac{\sqrt{3}}{3}$ 　④ $\dfrac{2}{3}$ 　⑤ $\dfrac{\sqrt{5}}{3}$

선생님 해설

삼각형 AFC의 평면 EFGH 위로의 정사영은 삼각형 EFG이므로

$$\triangle EFG=\triangle AFC\cdot\cos\theta$$

정육면체의 한 모서리의 길이를 a라 하면

$$\overline{AF}=\overline{FC}=\overline{AC}=\sqrt{2}a$$

이므로 정삼각형 AFC의 넓이는

$$\frac{\sqrt{3}}{4}\cdot(\sqrt{2}a)^2=\frac{\sqrt{3}}{2}a^2$$

삼각형 EFG의 넓이는

$$\frac{1}{2}\cdot a^2=\frac{a^2}{2}$$

$$\therefore\ \cos\theta=\frac{\triangle EFG}{\triangle AFC}=\frac{\dfrac{a^2}{2}}{\dfrac{\sqrt{3}}{2}a^2}=\frac{\sqrt{3}}{3}$$

답 ③

0656 [대표 예제] [한 번 더]
그림과 같은 정육면체의 모서리 AD의 중점 M과 모서리 BC의 중점 N에 대하여 평면 MHGN과 평면 EFGH가 이루는 각의 크기를 θ라 할 때, $\cos\theta$의 값은?

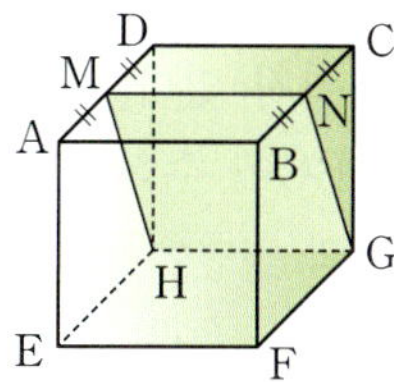

① $\dfrac{1}{5}$ 　② $\dfrac{\sqrt{2}}{5}$ 　③ $\dfrac{\sqrt{3}}{5}$

④ $\dfrac{2}{5}$ 　⑤ $\dfrac{\sqrt{5}}{5}$

0657 그림과 같은 정육면체에서 대각선 DF와 평면 EFGH가 이루는 각의 크기를 θ라 할 때, $\cos\theta$의 값은?

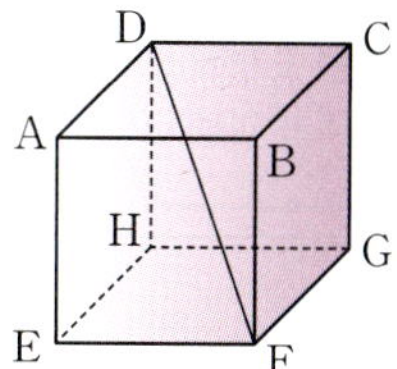

① $\dfrac{2}{3}$ 　② $\dfrac{\sqrt{5}}{3}$

③ $\dfrac{\sqrt{6}}{3}$ 　④ $\dfrac{\sqrt{7}}{3}$ 　⑤ $\dfrac{2\sqrt{2}}{3}$

0658 그림과 같이 넓이가 4인 정사각형을 밑면으로 하는 직육면체를 밑면과 이루는 각의 크기가 θ인 평면으로 자른 단면은 직사각형이다. 선분 PS와 선분 EH는 평행하고, $\overline{SQ}=3$일 때, $\cos\theta$의 값은?

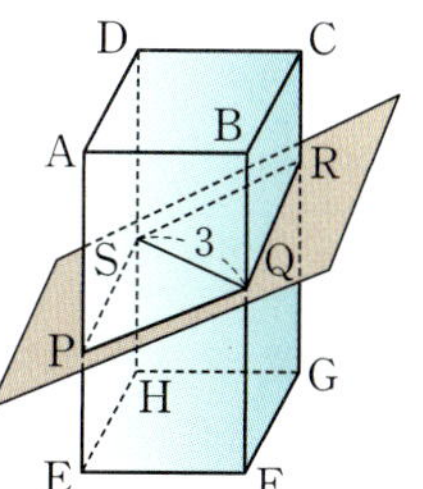

① $\dfrac{1}{5}$ 　② $\dfrac{\sqrt{3}}{5}$ 　③ $\dfrac{\sqrt{5}}{5}$

④ $\dfrac{2\sqrt{3}}{5}$ 　⑤ $\dfrac{2\sqrt{5}}{5}$

0659 그림과 같이 평면 α 위에 있는 한 변의 길이가 4인 정삼각형 ABC의 평면 β 위로의 정사영을 삼각형 A′B′C′이라 하자. 선분 AB가 두 평면 α, β의 교선과 평행하고, 삼각형 A′B′C′은 $\angle A'C'B'=90°$, $\overline{A'C'}=\overline{B'C'}$인 직각이등변삼각형이다. 두 평면 α, β가 이루는 각의 크기를 θ라 할 때, $\cos^2\theta=\dfrac{q}{p}$이다. $p+q$의 값을 구하시오. (단, p와 q는 서로소인 자연수이다.)

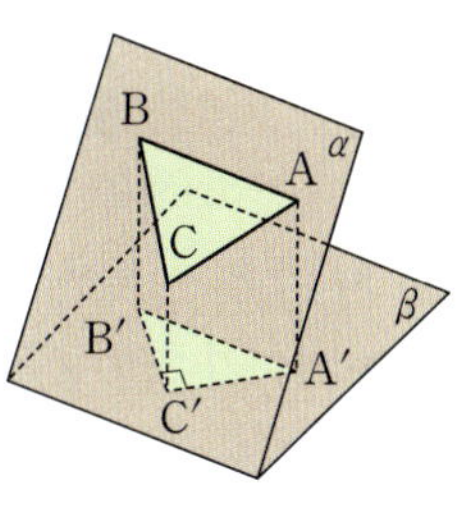

 정사영의 넓이의 활용 – 그림자의 넓이

어떤 도형에 수직으로 비추는 빛에 의하여 생기는 그림자의 넓이는 정사영을 이용하여 구한다.

✋ 대표 예제

0660 그림과 같이 한 변의 길이가 2인 정삼각형 모양의 구조물 ABC가 지면과 60°의 각을 이루면서 설치되어 있다. 태양 광선이 면 ABC에 수직으로 비출 때, 지면에 생기는 구조물의 그림자의 넓이는?

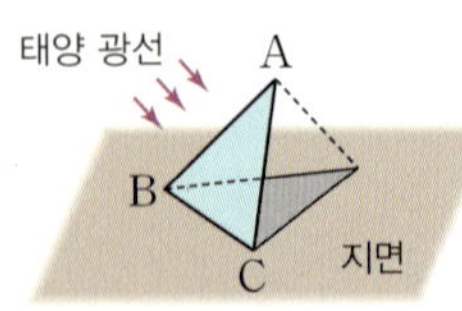

① $2\sqrt{3}$ ② $\sqrt{14}$ ③ 4

④ $3\sqrt{2}$ ⑤ $2\sqrt{5}$

선생님 해설

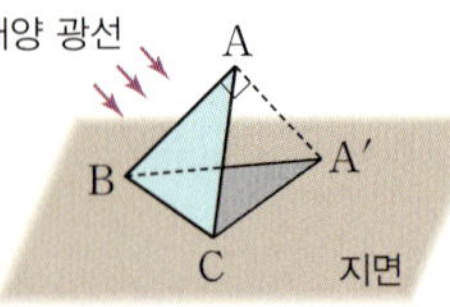

태양 광선이 삼각형 ABC에 수직으로 비추므로 그림자의 세 꼭짓점 중 B, C가 아닌 점을 A′이라 하면

$\overline{AA'} \perp$ (평면 ABC)

즉, 점 A′의 평면 ABC 위로의 정사영은 점 A이다.

따라서 지면에 나타나는 그림자의 넓이를 S, 삼각형 ABC의 넓이를 S'이라 하면 평면 ABC와 평면 A′BC가 이루는 각의 크기가 60°이므로

$S' = S\cos 60°$

$\dfrac{\sqrt{3}}{4}\cdot 2^2 = S\cdot\dfrac{1}{2}$ $\therefore S = 2\sqrt{3}$

●답 ①

0661 대표 예제 한 번 더

그림과 같이 햇빛이 지면과 60°의 각을 이루면서 반지름의 길이가 3인 공을 비출 때, 지면에 생기는 공의 그림자의 넓이는? (단, 공은 구 모양으로 생각한다.)

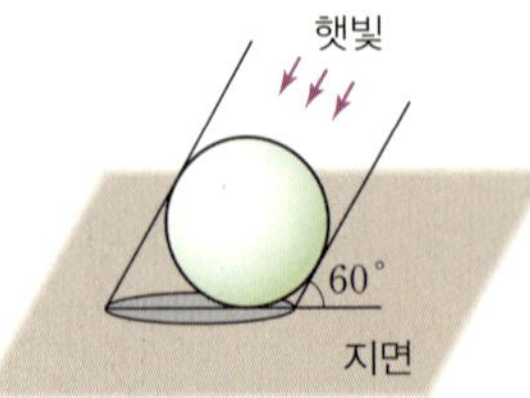

① 6π ② $6\sqrt{2}\pi$ ③ $6\sqrt{3}\pi$

④ 12π ⑤ $6\sqrt{5}\pi$

0662 그림과 같이 한 변의 길이가 6인 정사각형 모양의 전광판이 지면에 수직으로 놓여 있다. 햇빛이 지면과 60°의 각도로 전광판을 비출 때, 지면에 생기는 전광판의 그림자의 넓이는? (단, 전광판의 두 변은 지면에 수직이며, 전광판의 기둥의 그림자는 고려하지 않는다.)

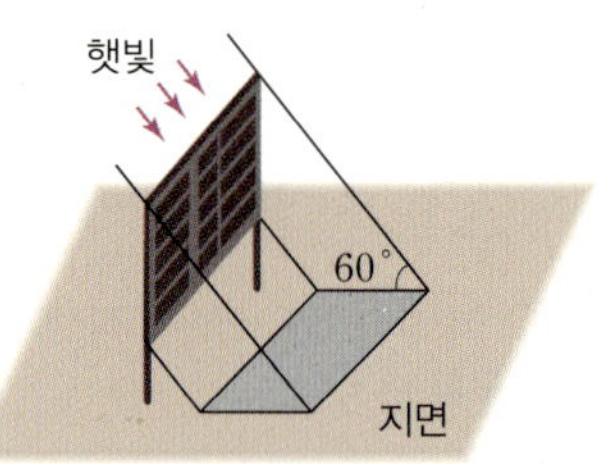

① 12   ② $12\sqrt{3}$ ③ 24

④ $24\sqrt{3}$ ⑤ 36

0663 그림과 같이 반지름의 길이가 4인 농구공이 지면과 지면에 수직인 벽면에 접하여 놓여 있다. 햇빛이 지면과 45°의 각을 이루면서 농구공을 비출 때, 지면과 벽면에 생기는 농구공의 그림자의 넓이의 합은?

① $8\sqrt{6}\pi$ ② $8\sqrt{7}\pi$ ③ $16\sqrt{2}\pi$

④ 24π ⑤ $8\sqrt{10}\pi$

0664 그림과 같이 한 변의 길이가 8인 정삼각형 모양의 구조물 ABC가 지면과 60°의 각을 이루면서 지면과 수직인 벽면에 기대어 세워져 있다. 태양 광선이 면 ABC에 수직으로 비출 때, 지면과 벽면에 생기는 구조물의 그림자의 넓이의 합은?
(단, 선분 BC와 지면과 벽면의 교선은 평행하다.)

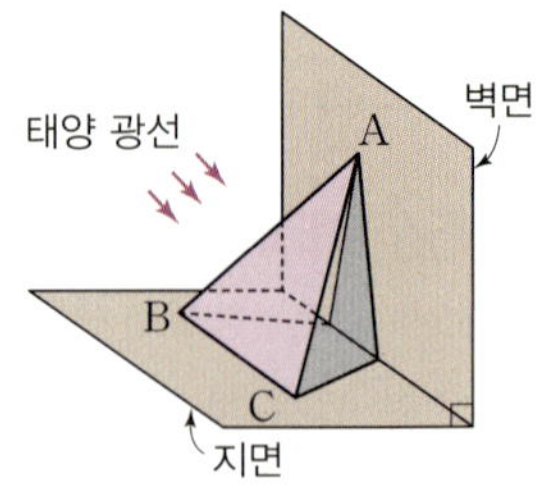

① $12\sqrt{3}+14$ ② $12\sqrt{3}+16$ ③ $12\sqrt{3}+18$

④ $14\sqrt{3}+16$ ⑤ $14\sqrt{3}+18$

0665

공간에서 꼬인 위치에 있는 두 직선 l, m과 두 직선 l, m 위에 있지 않은 서로 다른 세 점 A, B, C 중 일부로 결정할 수 있는 서로 다른 평면의 개수의 최댓값과 최솟값을 각각 M, m이라 할 때, $M-m$의 값을 구하시오.

0668

그림과 같이 한 모서리의 길이가 3인 정육면체에서 사각형 EFGH의 평면 BDE 위로의 정사영의 넓이는?

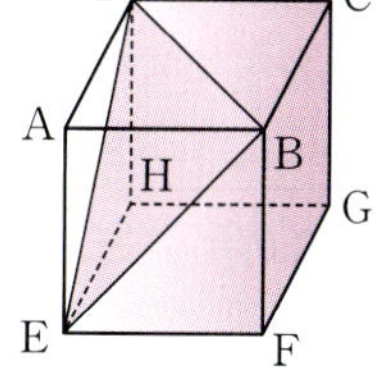

① $\dfrac{\sqrt{3}}{3}$ ② 1

③ $\sqrt{3}$ ④ 3

⑤ $3\sqrt{3}$

0666

그림과 같은 정팔면체에서 모서리 BC와 평면 ACD가 이루는 각의 크기를 θ라 할 때, $\cos \theta$의 값은?

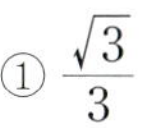

① $\dfrac{1}{3}$ ② $\dfrac{\sqrt{2}}{3}$

③ $\dfrac{\sqrt{3}}{3}$ ④ $\dfrac{2}{3}$

⑤ $\dfrac{\sqrt{5}}{3}$

0669

그림과 같이 한 모서리의 길이가 10인 정사면체를 모서리 AC, BD에 평행한 평면으로 자를 때 생기는 단면은 사각형이다. 이 사각형의 넓이의 최댓값을 구하시오.

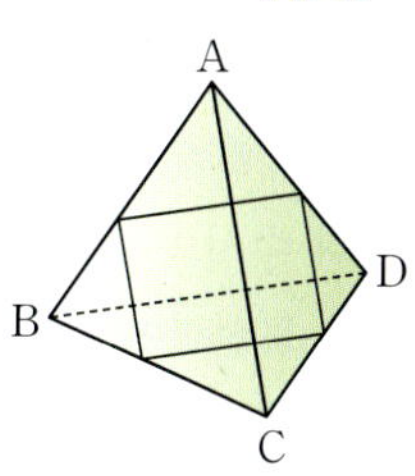

0667

그림과 같이 한 모서리의 길이가 2인 정육면체에서 모서리 FG의 중점을 M이라 하자. 직선 DF와 직선 EM이 이루는 각의 크기를 θ라 할 때, $\cos \theta$의 값은?

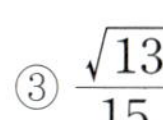

① $\dfrac{\sqrt{11}}{15}$ ② $\dfrac{2\sqrt{3}}{15}$ ③ $\dfrac{\sqrt{13}}{15}$

④ $\dfrac{\sqrt{14}}{15}$ ⑤ $\dfrac{\sqrt{15}}{15}$

0670

그림과 같이 밑면의 반지름의 길이가 6인 원기둥을 밑면과 $60°$의 각을 이루는 평면으로 자른 단면은 타원의 일부이다. 이 단면이 밑면과 만나는 두 점을 각각 A, B라 할 때, $\overline{AB}=6$이다. 잘린 단면의 넓이는?

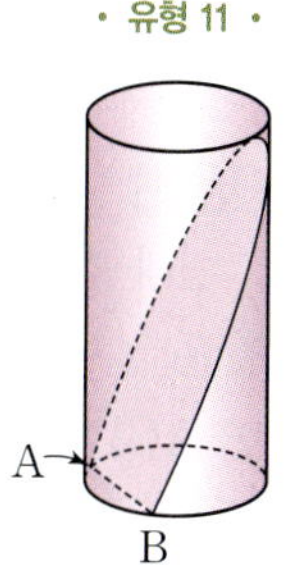

① $30\pi + 9\sqrt{3}$ ② $30\pi + 18\sqrt{3}$

③ $60\pi + 9\sqrt{3}$ ④ $60\pi + 18\sqrt{3}$

⑤ $60\pi + 27\sqrt{3}$

0671
· 유형 08 ·

그림과 같이 한 모서리의 길이가 2인 정육면체에서 평면 BHF와 평면 DHF가 이루는 각의 크기를 θ라 할 때, $\cos\theta$의 값은?

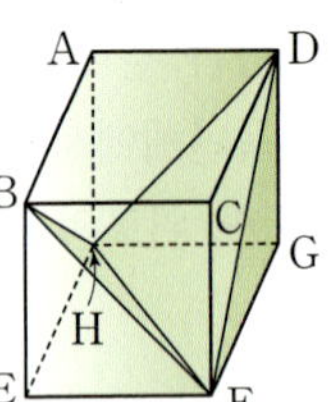

① $\dfrac{1}{6}$ ② $\dfrac{1}{3}$

③ $\dfrac{1}{2}$ ④ $\dfrac{2}{3}$ ⑤ $\dfrac{5}{6}$

0672
· 유형 09 ·

그림과 같이 평면 α 위의 점 A, C에 대하여 점 A에서 평면 β에 내린 수선의 발을 H, 두 평면 α, β의 교선 l에 내린 수선의 발을 B라 하면 $\overline{AH}=\overline{BH}$이고 두 삼각형 ABH와 ABC는 서로 합동이다. 직선 BC와 평면 β가 이루는 각의 크기 θ에 대하여 $\cos^2\theta=\dfrac{q}{p}$일 때, $p+q$의 값을 구하시오. (단, p와 q는 서로소인 자연수이다.)

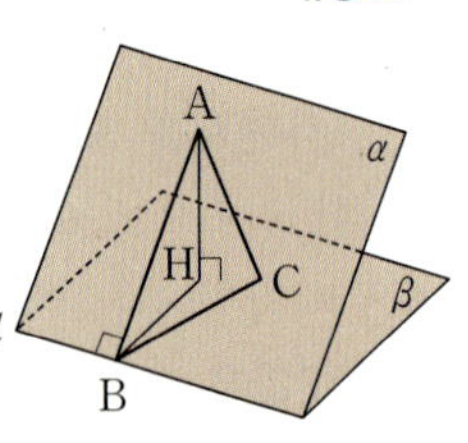

0673
· 유형 08 ·

그림과 같이 모든 모서리의 길이가 같은 정사각뿔에서 평면 ABE와 평면 ACD가 이루는 각의 크기를 θ라 할 때, $\cos\theta$의 값은?

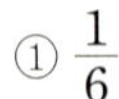

① $\dfrac{1}{6}$ ② $\dfrac{1}{4}$ ③ $\dfrac{1}{3}$

④ $\dfrac{5}{12}$ ⑤ $\dfrac{1}{2}$

0674
· 유형 12 ·

그림과 같이 한 모서리의 길이가 12인 정사면체의 모서리 AD 위의 점 P에 대하여 삼각형 BCP의 평면 BCD 위로의 정사영의 넓이가 $18\sqrt{3}$이다. 평면 BCP와 평면 BCD가 이루는 각의 크기를 θ라 할 때, $\tan^2\theta$의 값을 구하시오.

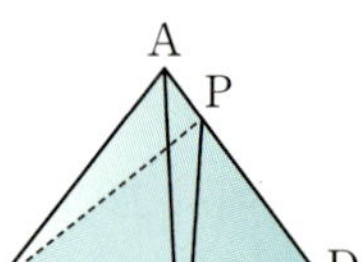

0675
· 유형 11 ·

그림과 같이 한 변의 길이가 $\sqrt{2}$인 정사각형을 밑면으로 하고 높이가 $2\sqrt{3}$인 사각기둥이 평면 α와 30°의 각을 이루면서 비스듬히 떠 있다. 밑면의 대각선 BD가 평면 α와 평행할 때, 이 사각기둥의 평면 α 위로의 정사영의 넓이를 구하시오.

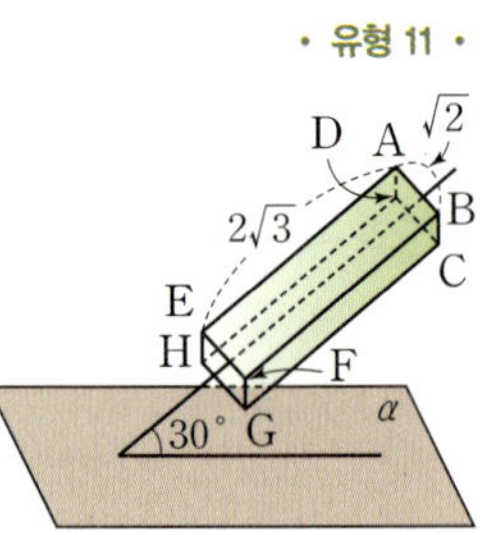

0676
· 유형 11 ·

그림과 같이 평면 α 위에 밑면의 반지름의 길이가 1이고, 높이가 2인 원기둥이 놓여 있다. 이 원기둥의 두 밑면 C_1, C_2의 중심을 각각 O_1, O_2라 하고, $\overline{O_1O_2}$의 중점을 M이라 하자. 이때 밑면 C_1의 둘레를 따라 움직이는 점 P와 밑면 C_2의 둘레를 따라 움직이는 점 Q에 대하여 평면 PMQ와 평면 α가 이루는 각의 크기를 θ라 하자. 삼각형 PMQ의 평면 α 위로의 정사영의 넓이가 최대가 되도록 하는 θ에 대하여 $\cos^2\theta=\dfrac{q}{p}$일 때, $p+q$의 값을 구하시오. (단, P, M, Q는 한 직선 위에 있지 않고, p와 q는 서로소인 자연수이다.)

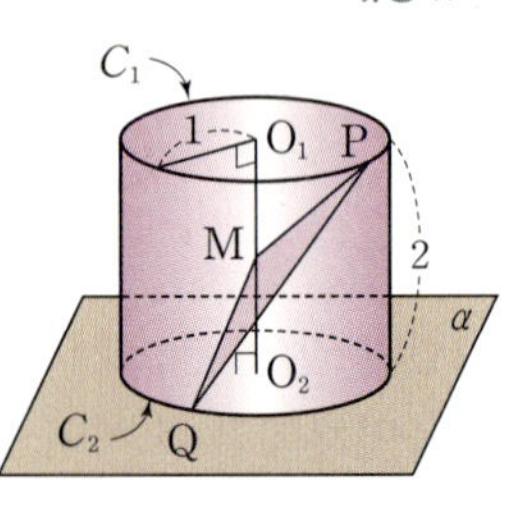

0677

· 유형 06 ·

그림과 같이 세 모서리 OA, OB, OC가 서로 수직인 사면체의 꼭짓점 C에서 선분 AB에 내린 수선의 발을 H라 하자. $\overline{OA}=2$, $\overline{OB}=1$, $\overline{CH}=1$일 때, $\overline{OC}$의 길이를 구하시오.

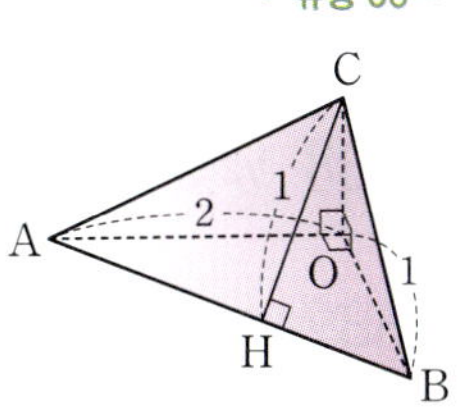

☑ **필요 개념 및 공식**
☐ 삼수선의 정리

0678

· 유형 13 ·

그림과 같이 한 변의 길이가 a인 정사각형 모양의 창이 뚫려 있는 구조물 ABCD가 지면 위에 지면과 60°의 각을 이루면서 놓여 있다. 태양 광선이 면 ABCD에 수직으로 비출 때, 이 창을 통해 들어온 태양 광선에 의하여 지면에 생기는 영역의 넓이가 8이다. a의 값을 구하시오.

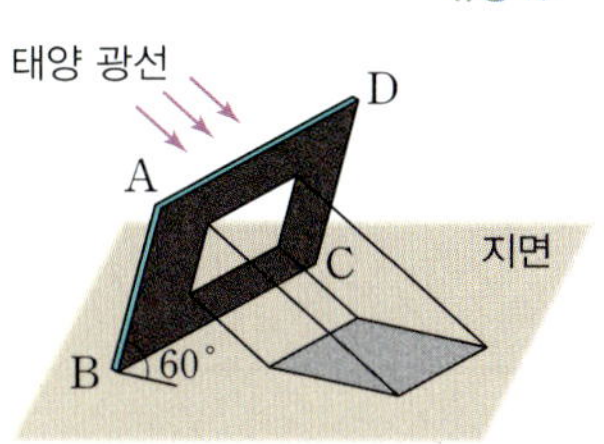

☑ **필요 개념 및 공식**
☐ 정사영의 넓이

0679

· 유형 08 ·

그림과 같이 두 평면 α, β의 교선 위의 두 점 A, B와 평면 α 위의 점 P, 평면 β 위의 점 Q에 대하여 $\angle PAB=30°$, $\angle QAB=60°$, $\overline{PB}\perp\overline{AB}$, $\overline{QB}\perp\overline{AB}$이고, $\overline{AB}=\sqrt{3}$, $\overline{PQ}=\sqrt{14}$이다. 두 평면 α, β가 이루는 각의 크기를 θ라 할 때, $\cos\theta$의 값을 구하시오.

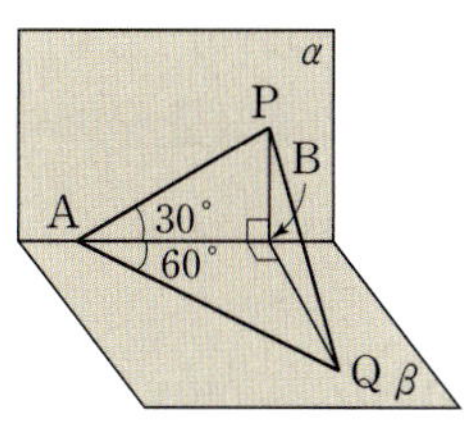

☑ **필요 개념 및 공식**
☐ 두 평면이 이루는 각의 크기

0680

· 유형 04 ·

그림과 같이 모든 모서리의 길이가 6인 정사각뿔에서 모서리 CD를 2 : 1로 내분하는 점 F에 대하여 직선 AF와 직선 BD가 이루는 각의 크기를 θ라 할 때, $\cos\theta$의 값을 구하시오.

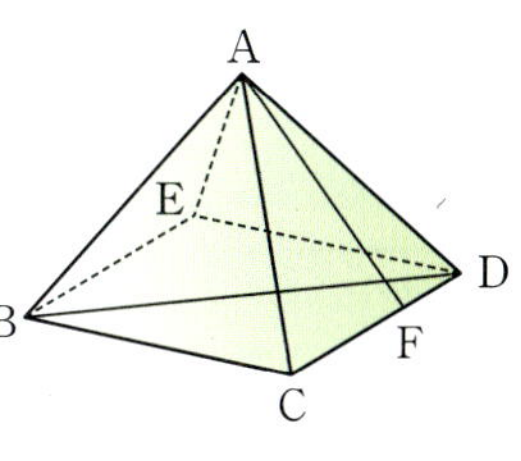

☑ **필요 개념 및 공식**
☐ 꼬인 위치에 있는 두 직선이 이루는 각의 크기   ☐ 이등변삼각형의 성질

0681

· 유형 05 + 유형 08 ·

그림과 같이 평면 α 위의 점 A에서 두 평면 α, β의 교선에 내린 수선의 발을 H, 평면 β 위의 점 B에서 두 평면 α, β의 교선에 내린 수선의 발을 I라 할 때, $\overline{AB}=6$, $\overline{AH}=5$, $\overline{BI}=1$, $\overline{HI}=3\sqrt{2}$이다. 두 평면 α, β가 이루는 각의 크기를 θ라 할 때, $\cos\theta$의 값을 구하시오.

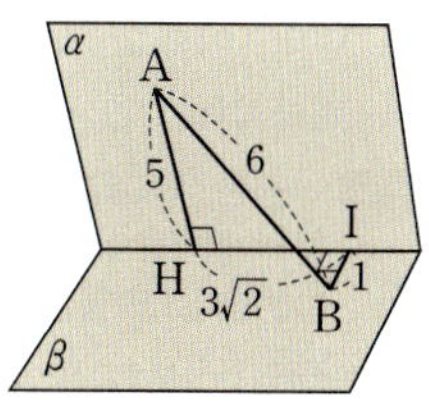

☑ **필요 개념 및 공식**
☐ 삼수선의 정리   ☐ 두 평면이 이루는 각의 크기

0682

· 유형 08 + 유형 10 ·

그림과 같이 두 평면 α, β의 교선 위의 두 점 A, B와 평면 α 위의 한 점 C에 대하여 삼각형 ABC는 한 변의 길이가 2인 정삼각형이다. 두 평면 α, β가 이루는 각의 크기가 30°이고, 평면 β 위의 점 D의 평면 α 위로의 정사영이 점 C일 때, $\overline{AD}+\overline{BD}$의 값을 구하시오.

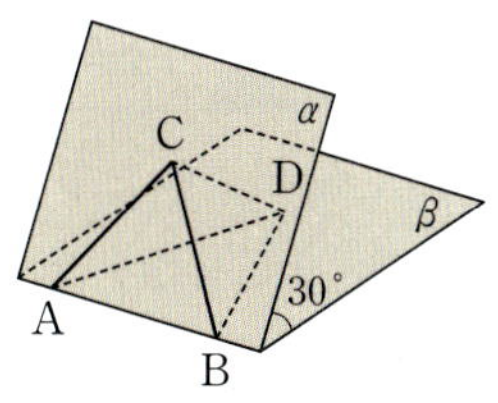

☑ **필요 개념 및 공식**
☐ 두 평면이 이루는 각의 크기   ☐ 정사영의 길이

개념 체크 **C**oncept

개념 01 공간좌표

(1) 공간의 한 점 O에서 서로 직교하는 세 수직선을 각각 x축, y축, z축이라 하고, 이들을 통틀어 좌표축이라 한다. 또한, 좌표축이 정해진 공간을 좌표공간이라 한다.

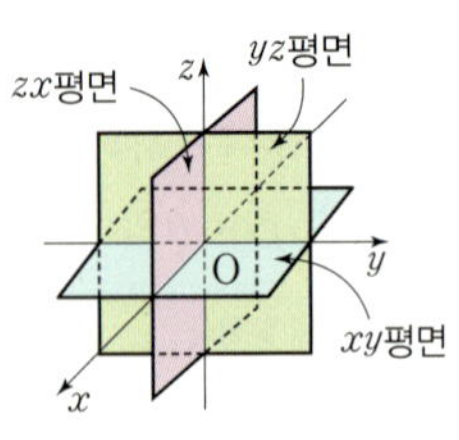

(2) x축과 y축에 의하여 결정되는 평면을 xy평면, y축과 z축에 의하여 결정되는 평면을 yz평면, z축과 x축에 의하여 결정되는 평면을 zx평면이라 하고, 이들을 통틀어 좌표평면이라 한다.

(3) 공간의 한 점 P에 대응하는 세 실수의 순서쌍 (a, b, c)를 점 P의 공간좌표라 하고, 기호로 $P(a, b, c)$와 같이 나타낸다. 이때 a, b, c를 차례대로 점 P의 x좌표, y좌표, z좌표라 한다.

참고 xy평면 위에 있는 점의 z좌표는 모두 0이므로 xy평면을 $z=0$으로 나타낼 수 있다. 마찬가지로 yz평면은 $x=0$, zx평면은 $y=0$으로 나타낼 수 있다.

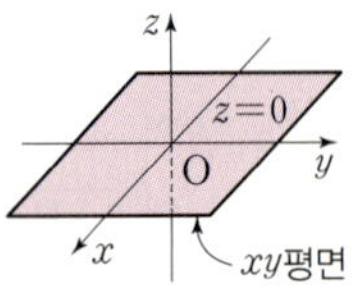

[0683~0684] 그림과 같이 좌표공간에 놓인 직육면체에 대하여 다음 점의 좌표를 구하시오.

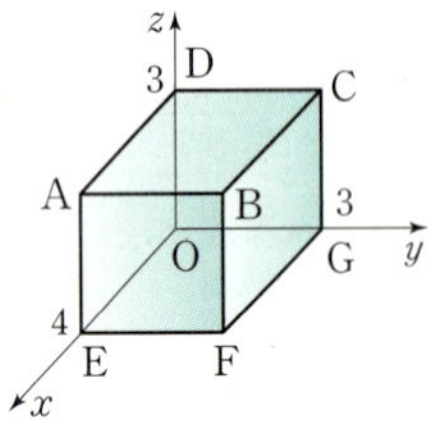

0683 점 C

0684 점 B

개념 02 수선의 발의 좌표

좌표공간의 점 $A(a, b, c)$에서
(1) x축, y축, z축에 내린 수선의 발을 각각 P, Q, R라 하면
$$P(a, 0, 0), Q(0, b, 0), R(0, 0, c)$$
(2) xy평면, yz평면, zx평면에 내린 수선의 발을 각각 P, Q, R라 하면
$$P(a, b, 0), Q(0, b, c), R(a, 0, c)$$

[0685~0686] 점 $P(3, 2, -1)$에서 다음에 내린 수선의 발의 좌표를 구하시오.

0685 x축   **0686** z축

[0687~0689] 점 $P(-1, 5, -4)$에서 다음에 내린 수선의 발의 좌표를 구하시오.

0687 xy평면

0688 yz평면

0689 zx평면

개념 03 대칭이동한 점의 좌표

좌표공간의 점 $A(a, b, c)$를
(1) x축, y축, z축에 대하여 대칭이동한 점을 각각 P, Q, R라 하면
$$P(a, -b, -c), Q(-a, b, -c), R(-a, -b, c)$$
(2) xy평면, yz평면, zx평면에 대하여 대칭이동한 점을 각각 P, Q, R라 하면
$$P(a, b, -c), Q(-a, b, c), R(a, -b, c)$$
(3) 원점에 대하여 대칭이동한 점을 P라 하면
$$P(-a, -b, -c)$$

[0690~0692] 점 $P(3, 1, -4)$를 다음에 대하여 대칭이동한 점의 좌표를 구하시오.

0690 x축

0691 y축

0692 z축

[0693~0695] 점 $P(-7, 11, 3)$을 다음에 대하여 대칭이동한 점의 좌표를 구하시오.

0693 xy평면

0694 yz평면

0695 zx평면

0696 점 $P(-2, -3, 8)$을 원점에 대하여 대칭이동한 점의 좌표를 구하시오.

개념 04 두 점 사이의 거리

좌표공간에서 두 점 $A(x_1, y_1, z_1)$, $B(x_2, y_2, z_2)$ 사이의 거리는
$$\overline{AB}=\sqrt{(x_2-x_1)^2+(y_2-y_1)^2+(z_2-z_1)^2} \quad \cdots\cdots$$
특히, 원점 O와 점 $A(x_1, y_1, z_1)$ 사이의 거리는
$$\overline{OA}=\sqrt{x_1{}^2+y_1{}^2+z_1{}^2} \rightarrow x_2=0,\ y_2=0,\ z_2=0 을 ⊙에 대입한다.$$

[0697~0698] 다음 두 점 사이의 거리를 구하시오.

0697 $A(1, -1, 5)$, $B(2, 1, 3)$

0698 $O(0, 0, 0)$, $A(3, -2, \sqrt{3})$

개념 05 선분의 내분점과 외분점

(1) **좌표공간에서 선분의 내분점과 외분점**

좌표공간에서 두 점 $A(x_1, y_1, z_1)$, $B(x_2, y_2, z_2)$에 대하여

① 선분 AB를 $m:n\ (m>0,\ n>0)$으로 내분하는 점 P는
$$P\left(\frac{mx_2+nx_1}{m+n},\ \frac{my_2+ny_1}{m+n},\ \frac{mz_2+nz_1}{m+n}\right)$$
특히, 선분 AB의 중점 M은
$$M\left(\frac{x_1+x_2}{2},\ \frac{y_1+y_2}{2},\ \frac{z_1+z_2}{2}\right) \rightarrow 선분\ AB를\ 1:1로\ 내분하는\ 점이다.$$
② 선분 AB를 $m:n\ (m>0,\ n>0,\ m\neq n)$으로 외분하는 점 Q는
$$Q\left(\frac{mx_2-nx_1}{m-n},\ \frac{my_2-ny_1}{m-n},\ \frac{mz_2-nz_1}{m-n}\right)$$

(2) **삼각형의 무게중심**

좌표공간의 세 점 $A(x_1, y_1, z_1)$, $B(x_2, y_2, z_2)$, $C(x_3, y_3, z_3)$을 꼭짓점으로 하는 삼각형 ABC의 무게중심 G는
$$G\left(\frac{x_1+x_2+x_3}{3},\ \frac{y_1+y_2+y_3}{3},\ \frac{z_1+z_2+z_3}{3}\right)$$

[0699~0701] 두 점 $A(2, -3, 5)$, $B(-8, 2, 0)$에 대하여 다음을 구하시오.

0699 선분 AB를 $2:3$으로 내분하는 점 P의 좌표

0700 선분 AB를 $1:2$로 외분하는 점 Q의 좌표

0701 선분 AB의 중점 M의 좌표

0702 세 점 $A(7, -2, -2)$, $B(5, 6, -6)$, $C(0, 2, -1)$을 꼭짓점으로 하는 삼각형 ABC의 무게중심 G의 좌표를 구하시오.

개념 06 구의 방정식

(1) **구의 방정식**

중심이 $C(a, b, c)$이고 반지름의 길이가 r인 구의 방정식은
$$(x-a)^2+(y-b)^2+(z-c)^2=r^2$$
특히, 중심이 원점이고 반지름의 길이가 r인 구의 방정식은
$$x^2+y^2+z^2=r^2$$

(2) **이차방정식 $x^2+y^2+z^2+Ax+By+Cz+D=0$이 나타내는 도형**

$A^2+B^2+C^2-4D>0$일 때, x, y, z에 대한 이차방정식
$$x^2+y^2+z^2+Ax+By+Cz+D=0$$
은 중심의 좌표가 $\left(-\dfrac{A}{2},\ -\dfrac{B}{2},\ -\dfrac{C}{2}\right)$, 반지름의 길이가
$$\frac{\sqrt{A^2+B^2+C^2-4D}}{2}$$
인 구를 나타낸다.

참고 일반적으로 구의 방정식은
$$x^2+y^2+z^2+Ax+By+Cz+D=0\ (A^2+B^2+C^2-4D>0)$$
꼴의 이차방정식으로 나타낼 수 있다.

[0703~0704] 다음 방정식이 나타내는 구의 중심의 좌표와 반지름의 길이를 각각 구하시오.

0703 $(x-2)^2+(y+3)^2+(z-1)^2=16$

0704 $(x+3)^2+(y-2)^2+z^2=9$

[0705~0706] 다음 구의 방정식을 구하시오.

0705 중심이 $C(-1, 4, 3)$이고 반지름의 길이가 1인 구

0706 중심이 $C(0, 0, 2)$이고 반지름의 길이가 $\sqrt{7}$인 구

[0707~0708] 다음 구의 방정식을 구하시오.

0707 중심이 원점이고 점 $A(2, 1, 3)$을 지나는 구

0708 두 점 $A(3, 2, 7)$, $B(5, -2, -3)$을 지름의 양 끝 점으로 하는 구

[0709~0710] 다음 방정식이 나타내는 구의 중심의 좌표와 반지름의 길이를 각각 구하시오.

0709 $x^2+y^2+z^2+4x-6y+2z-2=0$

0710 $x^2+y^2+z^2+6x-10z+9=0$

유형 01　공간에서의 점의 좌표

좌표공간의 점 (a, b, c)에 대하여

	수선의 발	대칭인 점
x축	$(a, 0, 0)$	$(a, -b, -c)$
y축	$(0, b, 0)$	$(-a, b, -c)$
z축	$(0, 0, c)$	$(-a, -b, c)$
xy평면	$(a, b, 0)$	$(a, b, -c)$
yz평면	$(0, b, c)$	$(-a, b, c)$
zx평면	$(a, 0, c)$	$(a, -b, c)$
원점		$(-a, -b, -c)$

👍 대표 예제

0711 점 $P(3, -2, 4)$에서 zx평면에 내린 수선의 발을 Q, 점 Q를 x축에 대하여 대칭이동한 점을 $R(a, b, c)$라 할 때, $a+b+c$의 값은?

① -3 　　② -1 　　③ 0
④ 1 　　⑤ 3

선생님 해설

점 $P(3, -2, 4)$에서 zx평면에 내린 수선의 발 Q는
$Q(3, 0, 4)$
이 점을 x축에 대하여 대칭이동한 점 R는
$R(3, 0, -4)$
따라서 $a=3$, $b=0$, $c=-4$이므로
$a+b+c=3+0+(-4)=-1$

> 수선의 발과 대칭인 점의 좌표를 찾는 것도 중요하지만 머릿속에서 좌표공간을 입체적으로 그려 보는 연습도 꼭 해 보자.

답 ②

0712 대표 예제 | 한 번 더
점 $P(-1, 3, 6)$을 y축에 대하여 대칭이동한 점을 Q, 점 Q를 원점에 대하여 대칭이동한 점을 R라 할 때, 점 R의 좌표는?

① $(1, 3, -6)$ 　　② $(1, -3, 6)$
③ $(1, -3, -6)$ 　　④ $(-1, 3, -6)$
⑤ $(-1, -3, 6)$

0713
점 $P(a, b, c)$에서 xy평면에 내린 수선의 발을 Q라 하자. 점 Q를 원점에 대하여 대칭이동한 점의 좌표가 $(2, 6, 0)$, 점 P에서 z축에 내린 수선의 발의 좌표가 $(0, 0, 3)$일 때, $a+b+c$의 값은?

① -8 　　② -5 　　③ -2
④ 1 　　⑤ 4

0714
그림과 같이 세 모서리가 좌표축 위에 있는 직육면체에서 두 꼭짓점 A, B의 좌표는 각각 $(0, -4, 0)$, $(3, 0, 2)$이고 점 C를 원점에 대하여 대칭이동한 점의 좌표가 (a, b, c)일 때, $a+2b+c$의 값은?

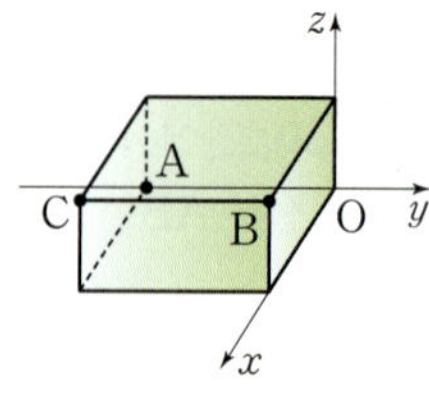

① -3 　　② -1 　　③ 0
④ 1 　　⑤ 3

0715
그림과 같은 직육면체에서 꼭짓점 A를 yz평면에 대하여 대칭이동한 점의 좌표는 $(a, 0, 3)$이고, 꼭짓점 C를 원점에 대하여 대칭이동한 점의 좌표는 $(0, -5, b)$이다. 사각형 AEOD가 정사각형일 때, a^2+b^2의 값을 구하시오.
(단, O는 원점이다.)

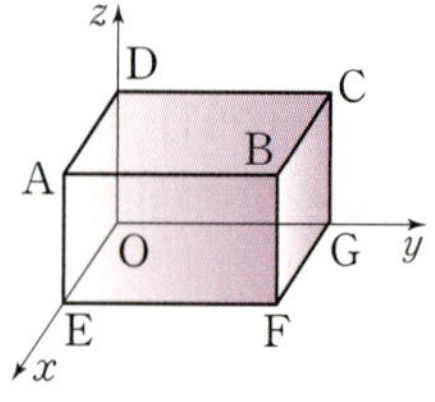

유형 02 두 점 사이의 거리

좌표공간에서 두 점 $A(x_1,\ y_1,\ z_1)$, $B(x_2,\ y_2,\ z_2)$ 사이의 거리는
$$\overline{AB}=\sqrt{(x_2-x_1)^2+(y_2-y_1)^2+(z_2-z_1)^2}$$
특히, 원점 O와 점 $A(x_1,\ y_1,\ z_1)$ 사이의 거리는
$$\overline{OA}=\sqrt{x_1{}^2+y_1{}^2+z_1{}^2}$$

👍 대표 예제

0716 점 $A(-1,\ -2,\ 2)$를 zx평면에 대하여 대칭이동한 점을 P, y축에 대하여 대칭이동한 점을 Q라 할 때, 두 점 P, Q 사이의 거리는?

① 3　　　　② 4　　　　③ 5

④ 6　　　　⑤ 7

선생님 해설

점 $A(-1,\ -2,\ 2)$를 zx평면에 대하여 대칭이동한 점 P는
$P(-1,\ 2,\ 2)$
점 $A(-1,\ -2,\ 2)$를 y축에 대하여 대칭이동한 점 Q는
$Q(1,\ -2,\ -2)$
$\therefore \overline{PQ}=\sqrt{\{1-(-1)\}^2+(-2-2)^2+(-2-2)^2}=6$

답 ④

0717 대표 예제 한 번 더

점 $A(2,\ -3,\ 4)$를 x축에 대하여 대칭이동한 점을 P, 점 P를 원점에 대하여 대칭이동한 점을 Q라 할 때, 선분 AQ 의 길이는?

① 2　　　　② 4　　　　③ 6

④ 8　　　　⑤ 10

0718

점 P를 yz평면에 대하여 대칭이동한 점을 R, 점 P에서 yz 평면에 내린 수선의 발을 Q라 할 때, $\overline{PR}=6$이고 점 Q의 좌표는 $(0,\ 4,\ 2)$이다. 이때 원점과 점 P 사이의 거리는?

① 5　　　　② $\sqrt{26}$　　　　③ $3\sqrt{3}$

④ $2\sqrt{7}$　　　　⑤ $\sqrt{29}$

0719

그림과 같이 직육면체의 면 EFGH는 xy평면 위에 있고, 면 BFGC는 zx평면에 평행하게 놓여 있다. 꼭짓점 C 의 좌표는 $(-1,\ 2,\ 4)$이고, 꼭짓점 E의 좌표는 $(2,\ -2,\ 0)$일 때, 원점 과 꼭짓점 B 사이의 거리는?

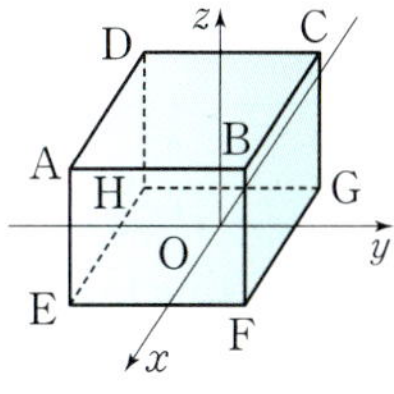

① $2\sqrt{6}$　　　　② 5　　　　③ $\sqrt{26}$

④ $3\sqrt{3}$　　　　⑤ $2\sqrt{7}$

0720

그림과 같이 밑면의 가로, 세로의 길이가 각각 5, 4이고 높이가 3인 직육면체가 있다. 선분 EH 위의 점 P와 선분 CD 위의 점 Q에 대하여 $\overline{EP}=1$, $\overline{CQ}=3$일 때, 선분 PQ의 길이는?

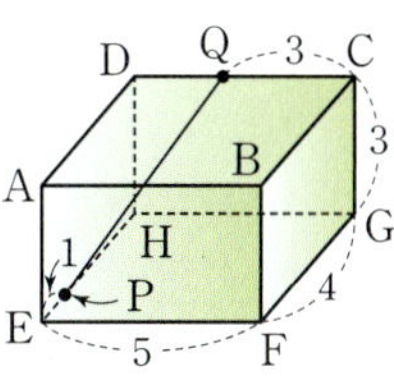

① $2\sqrt{5}$　　　　② $\sqrt{21}$　　　　③ $\sqrt{22}$

④ $\sqrt{23}$　　　　⑤ $2\sqrt{6}$

유형 03 두 점 사이의 거리를 이용하여 점의 좌표 구하기

두 점 사이의 거리 공식을 이용하여 식을 세운 후, 양변을 제곱하여 주어진 점의 좌표를 구한다.

👍 대표 예제

0721 두 점 $A(k, 4, 1)$, $B(-1, k+1, 3)$ 사이의 거리가 $2\sqrt{3}$일 때, k의 값은?

① -2 ② -1 ③ 0

④ 1 ⑤ 2

선생님 해설

$\overline{AB}=2\sqrt{3}$이므로

$\sqrt{(-1-k)^2+\{(k+1)-4\}^2+(3-1)^2}=2\sqrt{3}$

$\sqrt{2k^2-4k+14}=2\sqrt{3}$

$2k^2-4k+14=12$

$2k^2-4k+2=0,\ k^2-2k+1=0$

$(k-1)^2=0 \qquad \therefore\ k=1$

답 ④

0722 대표 예제 한 번 더

세 점 $A(-2, 3, 2)$, $B(0, 1, 3)$, $C(k, 2, 7-k)$에 대하여 $\overline{AB}=\overline{BC}$일 때, k의 값은?

① -2 ② -1 ③ 0

④ 1 ⑤ 2

0723

두 점 $A(-4, -2, 3)$, $B(1, -4, -2)$에서 같은 거리에 있는 y축 위의 점의 y좌표는?

① -4 ② -2 ③ 0

④ 2 ⑤ 4

0724

두 점 $A(1, 0, 2)$, $B(1, -1, 0)$과 x축 위의 점 P에 대하여 $\overline{AP}+\overline{BP}=3$일 때, 점 P의 x좌표는?

① 1 ② 3 ③ 5

④ 7 ⑤ 9

0725

두 점 $A(-1, 2, 3)$, $B(4, 1, \sqrt{7})$에 대하여 다음 조건을 만족시키는 점 P의 좌표를 (a, b, c)라 할 때, $a+b+c$의 값은?

> (가) 점 P는 xy평면 위에 있는 직선 $y=x+3$ 위의 점이다.
> (나) $\overline{AP}=\overline{BP}$

① 6 ② 7 ③ 8

④ 9 ⑤ 10

유형 04 두 점 사이의 거리의 활용

피타고라스 정리, 이등변삼각형의 성질 등과 같은 평면도형의 성질과
삼수선의 정리와 같은 공간도형의 성질을 이용하여 문제에서 주어진
상황에 맞게 값을 구한다.

👍 대표 예제

0726 세 점 $A(3, 2, -1)$, $B(2, 3, -1)$, $C(2, 2, 0)$을
꼭짓점으로 하는 삼각형 ABC의 넓이는?

① $\dfrac{1}{2}$　　② $\dfrac{\sqrt{2}}{2}$　　③ $\dfrac{\sqrt{3}}{2}$

④ 1　　⑤ $\dfrac{\sqrt{5}}{2}$

선생님 해설

$\overline{AB}=\sqrt{(2-3)^2+(3-2)^2+\{-1-(-1)\}^2}=\sqrt{2}$

$\overline{BC}=\sqrt{(2-2)^2+(2-3)^2+\{0-(-1)\}^2}=\sqrt{2}$

$\overline{CA}=\sqrt{(3-2)^2+(2-2)^2+(-1-0)^2}=\sqrt{2}$

이므로 주어진 삼각형 ABC는 한 변의 길이가 $\sqrt{2}$인 정삼각형
이다.

따라서 구하는 삼각형 ABC의
넓이는

$\dfrac{\sqrt{3}}{4}\cdot(\sqrt{2})^2=\dfrac{\sqrt{3}}{2}$

> 삼각형의 세 꼭짓점의 좌표
> 가 주어질 때, 먼저 삼각형
> 의 세 변의 길이를 구해 보면
> 어떤 삼각형인지 알 수
> 있어.

답 ③

0727 대표 예제 한 번 더

원점 O와 두 점 $A(4, 2, -2)$, $B(-2, 5, 1)$을 꼭짓점
으로 하는 삼각형 OAB에 대하여 원점 O에서 선분 AB에
내린 수선의 발을 H라 할 때, 선분 OH의 길이는?

① $\dfrac{\sqrt{30}}{6}$　　② $\dfrac{\sqrt{30}}{3}$　　③ $\dfrac{\sqrt{30}}{2}$

④ $\dfrac{2\sqrt{30}}{3}$　　⑤ $\dfrac{5\sqrt{30}}{6}$

0728

두 점 $A(5, 2, -2)$, $B(1, -4, 0)$과 x축 위의 점 C를 꼭
짓점으로 하는 삼각형 ABC에 대하여 점 C에서 선분 AB
에 내린 수선의 발이 선분 AB의 중점일 때, 점 C의 x좌
표는?

① -2　　② -1　　③ 0

④ 1　　⑤ 2

0729

좌표공간에서 xy평면 위에 있는 도형 $|x|+|y|=2$ 위의 점
P와 점 $A(10, 5, \sqrt{6})$ 사이의 거리의 최댓값은?

① $3\sqrt{7}$　　② $4\sqrt{7}$　　③ $5\sqrt{7}$

④ $6\sqrt{7}$　　⑤ $7\sqrt{7}$

0730 🆙

점 $P(1, -3, \sqrt{2})$를 xy평면에 대하여 대칭이동한 점을
Q, 점 P에서 xy평면 위의 직선 $l : 3x-4y+5=0$에 내린
수선의 발을 R라 할 때, 삼각형 PQR의 둘레의 길이는?

① $4\sqrt{2}$　　② $6\sqrt{2}$　　③ $8\sqrt{2}$

④ $10\sqrt{2}$　　⑤ $12\sqrt{2}$

유형 05 좌표평면 위로의 정사영

좌표공간의 세 점 A, B, C에서 좌표평면에 내린 수선의 발을 각각 A′, B′, C′이라 하면
① 직선 AB와 좌표평면이 이루는 각의 크기 θ에 대하여
  · $\overline{AB}$의 좌표평면 위로의 정사영은 $\overline{A'B'}$이다.
  · $\overline{A'B'} = \overline{AB}\cos\theta$
② 삼각형 ABC를 포함하는 평면과 좌표평면이 이루는 각의 크기 θ에 대하여
  · 삼각형 ABC의 좌표평면 위로의 정사영은 삼각형 A′B′C′이다.
  · $\triangle A'B'C' = \triangle ABC \cdot \cos\theta$

🖐 대표 예제

0731 두 점 $A(3, 4, 6)$, $B(6, 3, 2)$에 대하여 선분 AB의 xy평면 위로의 정사영의 길이는?

① $\sqrt{7}$　　② $2\sqrt{2}$　　③ 3
④ $\sqrt{10}$　　⑤ $\sqrt{11}$

선생님 해설

두 점 $A(3, 4, 6)$, $B(6, 3, 2)$의 xy평면 위로의 정사영을 각각 A′, B′이라 하면 

$A'(3, 4, 0)$, $B'(6, 3, 0)$
따라서 선분 AB의 xy평면 위로의 정사영의 길이는
$\overline{A'B'} = \sqrt{(6-3)^2 + (3-4)^2 + (0-0)^2} = \sqrt{10}$

답 ④

0732 〔대표 예제〕〔한 번 더〕
두 점 $A(6, 4, 0)$, $B(4, 3, 5)$에 대하여 삼각형 OAB의 yz평면 위로의 정사영의 넓이는? (단, O는 원점이다.)

① 9　　② 10　　③ 11
④ 12　　⑤ 13

0733
두 점 $A(2, -1, 5)$, $B(5, 4, 1)$에 대하여 직선 AB와 zx평면이 이루는 각의 크기를 θ라 할 때, $\cos\theta$의 값은?

① $\dfrac{\sqrt{2}}{4}$　　② $\dfrac{1}{2}$　　③ $\dfrac{\sqrt{6}}{4}$
④ $\dfrac{\sqrt{2}}{2}$　　⑤ $\dfrac{\sqrt{10}}{4}$

0734
그림과 같이 세 모서리가 좌표축 위에 있는 직육면체에서 꼭짓점 B의 좌표가 $(2, 4, 2)$일 때, 삼각형 BDE와 xy평면이 이루는 각의 크기를 θ라 하자. $\cos\theta$의 값은?

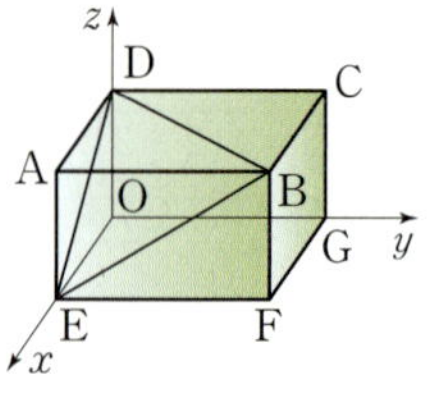

① $\dfrac{1}{6}$　　② $\dfrac{1}{3}$　　③ $\dfrac{1}{2}$
④ $\dfrac{2}{3}$　　⑤ $\dfrac{5}{6}$

0735
두 점 $A(2, -1, a)$, $B(3, -2, b)$에 대하여 직선 AB와 xy평면이 이루는 각의 크기가 $60°$일 때, 직선 AB와 yz평면이 이루는 각의 크기를 θ라 하자. $\cos\theta$의 값은?

① $\dfrac{\sqrt{10}}{4}$　　② $\dfrac{\sqrt{11}}{4}$　　③ $\dfrac{\sqrt{3}}{2}$
④ $\dfrac{\sqrt{13}}{4}$　　⑤ $\dfrac{\sqrt{14}}{4}$

유형 06 선분의 내분점과 외분점

두 점 $A(x_1, y_1, z_1)$, $B(x_2, y_2, z_2)$에 대하여 선분 AB를 $m:n\,(m>0,\ n>0)$으로 내분하는 점 P와 외분하는 점 Q는 각각

$$P\left(\frac{mx_2+nx_1}{m+n},\ \frac{my_2+ny_1}{m+n},\ \frac{mz_2+nz_1}{m+n}\right)$$

$$Q\left(\frac{mx_2-nx_1}{m-n},\ \frac{my_2-ny_1}{m-n},\ \frac{mz_2-nz_1}{m-n}\right)\ (단,\ m\neq n)$$

👆 대표 예제

0736 두 점 $A(a,\ -1,\ 7)$, $B(8,\ b,\ a+b)$에 대하여 선분 AB를 $3:2$로 내분하는 점 P의 좌표가 $(6,\ -4,\ c)$일 때, $a+b+c$의 값은?

① -2 ② -1 ③ 0
④ 1 ⑤ 2

선생님 해설

선분 AB를 $3:2$로 내분하는 점 P의 좌표는

$$\left(\frac{3\cdot 8+2\cdot a}{5},\ \frac{3\cdot b+2\cdot(-1)}{5},\ \frac{3\cdot(a+b)+2\cdot 7}{5}\right)$$

점 P의 좌표가 $(6,\ -4,\ c)$이므로

$$\frac{24+2a}{5}=6,\quad \frac{3b-2}{5}=-4$$

에서 $a=3$, $b=-6$

$a+b=-3$이므로 $\dfrac{3(a+b)+14}{5}=c$에서

$$c=\frac{3\cdot(-3)+14}{5}=1$$

$$\therefore\ a+b+c=3+(-6)+1=-2$$

답 ①

0737 대표 예제 한 번 더

두 점 $P(a,\ 5,\ -3)$, $Q(b,\ 2a,\ -1)$에 대하여 선분 PQ를 $2:3$으로 외분하는 점 R의 좌표가 $(-4,\ 7,\ c)$일 때, $a-b+c$의 값은?

① -11 ② -10 ③ -9
④ -8 ⑤ -7

0738 점 $P(a-7,\ b,\ a)$를 점 $A(-b,\ a,\ 5-b)$에 대하여 대칭이동한 점 Q가 x축 위에 있을 때, 점 Q의 x좌표는?

① -3 ② -1 ③ 1
④ 3 ⑤ 5

0739 두 점 $A(-3,\ 2,\ 5)$, $B(4,\ 1,\ 3)$에 대하여 선분 AB가 yz평면에 의하여 $m:n$으로 내분될 때, $m-n$의 값은?
(단, m과 n은 서로소인 자연수이다.)

① -2 ② -1 ③ 0
④ 1 ⑤ 2

0740 세 점 $A(2,\ -2,\ 1)$, $B(1,\ 0,\ -1)$, $C(0,\ 4,\ a)$를 꼭짓점으로 하는 삼각형 ABC에서 $\angle A$의 이등분선이 변 BC와 만나는 점 P의 좌표가 $\left(\dfrac{7}{10},\ \dfrac{6}{5},\ b\right)$일 때, $a+b$의 값은? (단, $a>0$)

① $\dfrac{5}{2}$ ② 3 ③ $\dfrac{7}{2}$
④ 4 ⑤ $\dfrac{9}{2}$

유형 07 선분의 내분점, 외분점의 사각형에의 활용

네 점 A, B, C, D를 꼭짓점으로 하는 사각형 ABCD가
① 평행사변형이면 두 선분 AC, BD의 중점은 일치한다.
② 마름모이면 두 선분 AC, BD의 중점은 일치하고 $\overline{AB}=\overline{BC}$이다.

👍 대표 예제

0741 네 점 A$(1, 5, 2)$, B$(4, 1, 2)$, C$(3, -1, 2)$, D(a, b, c)를 꼭짓점으로 하는 사각형 ABCD가 평행사변형일 때, $a+b+c$의 값은?

① -3 ② -1 ③ 1

④ 3 ⑤ 5

선생님 해설

선분 AC의 중점의 좌표는 선분 AC를 1 : 1로 내분하는 점이다.
$\left(\dfrac{1+3}{2}, \dfrac{5+(-1)}{2}, \dfrac{2+2}{2}\right)$, 즉 $(2, 2, 2)$

선분 BD의 중점의 좌표는 선분 BD를 1 : 1로 내분하는 점이다.
$\left(\dfrac{4+a}{2}, \dfrac{1+b}{2}, \dfrac{2+c}{2}\right)$

평행사변형의 두 대각선의 중점은 일치하므로
$\dfrac{4+a}{2}=2$, $\dfrac{1+b}{2}=2$, $\dfrac{2+c}{2}=2$
$\therefore a=0$, $b=3$, $c=2$
$\therefore a+b+c=0+3+2=5$

답 ⑤

0742 대표 예제 한 번 더

네 점 A$(a, 2, -3)$, B$(2, b, 3)$, C$(3, 0, c)$, D$(6, 3, 1)$에 대하여 두 선분 AB, CD가 평행하고, $\overline{AB}=\overline{CD}$일 때, $a+b+c$의 값은?

① 11 ② 12 ③ 13

④ 14 ⑤ 15

0743

네 점 A, B, C, D를 꼭짓점으로 하는 평행사변형 ABCD에서 B$(1, 1, -8)$, C$(5, 2, -2)$이고 두 대각선의 교점의 좌표가 $(2, 0, -3)$일 때, 선분 AB의 길이는?

① 5 ② $\sqrt{26}$ ③ $3\sqrt{3}$

④ $2\sqrt{7}$ ⑤ $\sqrt{29}$

0744

네 점 A, B, C, D를 꼭짓점으로 하는 마름모 ABCD에서 A$(3, 1, 4)$, B$(-2, -1, k)$이고 두 대각선의 교점의 좌표가 $(1, 2, 1)$일 때, k의 값을 구하시오.

0745

네 점 A$(0, 2, a)$, B$(-4, 2, 0)$, C$(-2, 0, b)$, D$(c, 0, 2)$에 대하여 사각형 ABCD가 마름모일 때, abc의 값은?

① -12 ② -9 ③ -6

④ -3 ⑤ 0

유형 08 삼각형의 무게중심

세 점 $A(x_1,\ y_1,\ z_1)$, $B(x_2,\ y_2,\ z_2)$, $C(x_3,\ y_3,\ z_3)$을 꼭짓점으로 하는 삼각형 ABC의 무게중심 G는
$$G\left(\frac{x_1+x_2+x_3}{3},\ \frac{y_1+y_2+y_3}{3},\ \frac{z_1+z_2+z_3}{3}\right)$$

🔰 대표 예제

0746 세 점 $A(a,\ -5,\ 1)$, $B(2,\ b,\ -2)$, $C(0,\ 8,\ c)$를 꼭짓점으로 하는 삼각형 ABC의 무게중심의 좌표가 $(2,\ 2,\ 1)$ 일 때, $a-b+c$의 값은?

① 3   ② 4   ③ 5
④ 6   ⑤ 7

선생님 해설

삼각형 ABC의 무게중심의 좌표는
$\left(\dfrac{a+2+0}{3},\ \dfrac{-5+b+8}{3},\ \dfrac{1+(-2)+c}{3}\right)$, 즉
$\left(\dfrac{a+2}{3},\ \dfrac{b+3}{3},\ \dfrac{c-1}{3}\right)$
이때 이 무게중심의 좌표가 $(2,\ 2,\ 1)$이므로
$\dfrac{a+2}{3}=2,\ \dfrac{b+3}{3}=2,\ \dfrac{c-1}{3}=1$
$\therefore\ a=4,\ b=3,\ c=4$
$\therefore\ a-b+c=4-3+4=5$

답 ③

0747 대표 예제 | 한 번 더

세 점 $A(a,\ b,\ 1)$, $B(b,\ a,\ 3)$, $C(2,\ -4,\ -1)$을 꼭짓점으로 하는 삼각형 ABC의 무게중심의 좌표가 $(4,\ 2,\ c)$ 일 때, $a+b-c$의 값은?

① 5   ② 6   ③ 7
④ 8   ⑤ 9

0748

삼각형 ABC에서 선분 BC의 중점 M의 좌표가 $(-3,\ 2,\ 5)$, 삼각형 ABC의 무게중심 G의 좌표가 $(4,\ 1,\ -2)$일 때, 점 A의 좌표는?

① $(18,\ 1,\ 16)$ ② $(18,\ 1,\ -16)$
③ $(18,\ -1,\ -16)$ ④ $(-18,\ 1,\ 16)$
⑤ $(-18,\ -1,\ 16)$

0749

그림과 같이 세 모서리가 좌표축 위에 있는 직육면체에서 꼭짓점 B의 좌표는 $(3,\ 4,\ 3)$이다. 선분 AF의 중점을 P, 선분 CF의 중점을 Q라 할 때, 두 선분 AQ, CP의 교점 R 의 x좌표는?

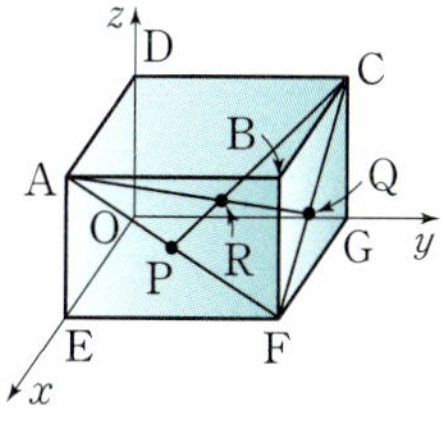

① 1   ② 2   ③ 3
④ 4   ⑤ 5

0750

세 점 $A(a,\ b,\ 1)$, $B(1,\ a,\ b)$, $C(b,\ 1,\ a)$를 꼭짓점으로 하는 삼각형 ABC의 외접원의 중심의 x좌표가 $\dfrac{2}{3}$일 때, 선분 AB의 길이의 최솟값은?

① $\dfrac{1}{2}$ ② $\dfrac{\sqrt{2}}{2}$ ③ $\dfrac{\sqrt{3}}{2}$
④ 1 ⑤ $\dfrac{\sqrt{5}}{2}$

유형 09 좌표평면 위를 움직이는 점에 대하여 선분의 길이의 합의 최솟값

두 점 A, B와 좌표평면 위를 움직이는 점 P에 대하여
① 두 점 A, B가 주어진 좌표평면을 기준으로 서로
반대쪽에 있는 경우
➡ $\overline{AP}+\overline{PB}$의 최솟값은 선분 AB의 길이

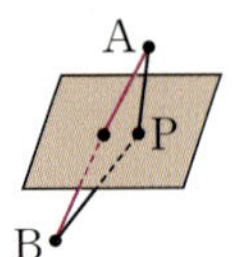

② 두 점 A, B가 주어진 좌표평면을 기준으로 같은 쪽에 있는 경우
➡ 점 A를 좌표평면에 대하여 대칭이동한 점을 A′이라 하면
$\overline{AP}+\overline{PB}$의 최솟값은 선분 A′B의 길이

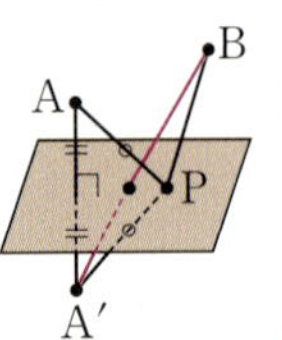

🖐 대표 예제

0751 두 점 $A(3, -1, 5)$, $B(2, -3, 2)$와 xy평면 위를 움직이는 점 P에 대하여 $\overline{AP}+\overline{PB}$의 최솟값은?

① $2\sqrt{13}$　　　② $\sqrt{53}$　　　③ $3\sqrt{6}$
④ $\sqrt{55}$　　　⑤ $2\sqrt{14}$

선생님 해설

두 점 A, B의 z좌표의 부호가 같으므로 두 점 A, B는 좌표공간에서 xy평면을 기준으로 같은 쪽에 있다.
점 A를 xy평면에 대하여 대칭이동한 점을 A′이라 하면
$A'(3, -1, -5)$
이때 $\overline{AP}=\overline{A'P}$이므로
$\overline{AP}+\overline{PB}=\overline{A'P}+\overline{PB}\geq\overline{A'B}$
따라서 $\overline{AP}+\overline{PB}$의 최솟값은 선분 A′B의 길이와 같으므로
$$\overline{A'B}=\sqrt{(2-3)^2+\{-3-(-1)\}^2+\{2-(-5)\}^2}$$
$$=3\sqrt{6}$$

답 ③

0752 대표 예제 한 번 더

두 점 $A(2, -4, -1)$, $B(-3, -1, 2)$와 zx평면 위를 움직이는 점 P에 대하여 $\overline{AP}+\overline{PB}$의 최솟값은?

① $\sqrt{55}$　　　② $2\sqrt{14}$　　　③ $\sqrt{57}$
④ $\sqrt{58}$　　　⑤ $\sqrt{59}$

0753

두 점 $A(-1, 1, -2)$, $B(-1, a, 2)$와 yz평면 위를 움직이는 점 P에 대하여 $\overline{AP}+\overline{PB}$의 최솟값이 $2\sqrt{6}$일 때, 양수 a의 값은?

① 2　　　② 3　　　③ 4
④ 5　　　⑤ 6

0754

두 점 $A(2, 1, 2)$, $B(3, -1, 1)$과 xy평면 위를 움직이는 점 P, zx평면 위를 움직이는 점 Q에 대하여
$\overline{AP}+\overline{PQ}+\overline{QB}$의 최솟값은?

① $\sqrt{10}$　　　② $\sqrt{11}$　　　③ $2\sqrt{3}$
④ $\sqrt{13}$　　　⑤ $\sqrt{14}$

0755

두 점 $A(1, -1, 2)$, $B(7, 8, 4)$와 xy평면 위를 움직이는 점 P에 대하여 $\overline{AP}+\overline{PB}$의 값이 최소가 되도록 하는 점 P의 좌표가 (a, b, c)일 때, $a+b+c$의 값은?

① 5　　　② 6　　　③ 7
④ 8　　　⑤ 9

유형 10 좌표축 위를 움직이는 점에 대하여 선분의 길이의 합의 최솟값

두 점 A, B와 좌표축 위를 움직이는 점 P에 대하여

① 세 점 A, B, P가 주어진 좌표축을 포함하는 하나의 좌표평면 위에 있는 경우 → 점 P가 움직이는 좌표축이다.

- 두 점 A, B가 좌표축을 기준으로 서로 반대쪽에 있으면
  ➡ $\overline{AP}+\overline{PB}$의 최솟값은 선분 AB의 길이
- 두 점 A, B가 좌표축을 기준으로 같은 쪽에 있으면 점 A를 좌표축에 대하여 대칭이동한 점을 A′이라 할 때
  ➡ $\overline{AP}+\overline{PB}$의 최솟값은 선분 A′B의 길이

② 세 점 A, B, P가 주어진 좌표축을 포함하는 하나의 좌표평면 위에 있지 않은 경우

❶ 주어진 좌표축을 포함하는 좌표평면 위에 다음 두 조건을 만족시키는 점 A′을 정한다.
  - 두 점 A, A′에서 좌표축까지의 거리는 서로 같다.
  - 직선 AA′은 좌표축에 수직이다.
❷ $\overline{A'P}+\overline{PB}$의 최솟값을 이용하여 $\overline{AP}+\overline{PB}$의 최솟값을 구한다.

👍 **대표 예제**

0756 두 점 $A(0, 3, 4)$, $B(0, 4, 5)$와 y축 위를 움직이는 점 P에 대하여 $\overline{AP}+\overline{PB}$의 최솟값은?

① 9　　　　② $\sqrt{82}$　　　　③ $\sqrt{83}$

④ $2\sqrt{21}$　　　　⑤ $\sqrt{85}$

선생님 해설

두 점 A, B와 y축 위를 움직이는 점 P → x좌표가 0이다.
는 모두 yz평면 위의 점이고 두 점 A, B
의 z좌표의 부호가 같으므로 y축을 기준
으로 같은 쪽에 있다. → yz평면 위에서 생각한다.

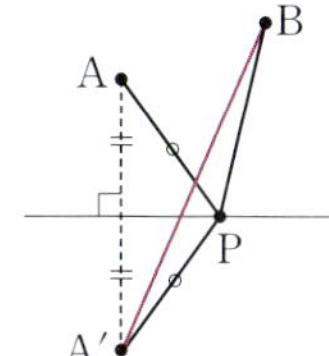

점 A를 y축에 대하여 대칭이동한 점을
A′이라 하면

$A'(0, 3, -4)$

이때 $\overline{AP}=\overline{A'P}$이므로

$\overline{AP}+\overline{PB}=\overline{A'P}+\overline{PB}\geq\overline{A'B}$

따라서 $\overline{AP}+\overline{PB}$의 최솟값은 선분 A′B의 길이와 같으므로

$\overline{A'B}=\sqrt{(0-0)^2+(4-3)^2+\{5-(-4)\}^2}$
$\quad\ =\sqrt{82}$

● **답** ②

0757  대표 예제 · 한 번 더

두 점 $A(3, 0, 3)$, $B(-1, 0, -2)$와 x축 위를 움직이는 점 P에 대하여 $\overline{AP}+\overline{PB}$의 최솟값은?

① $\sqrt{41}$　　　　② $\sqrt{42}$　　　　③ $\sqrt{43}$

④ $2\sqrt{11}$　　　　⑤ $3\sqrt{5}$

0758

두 점 $A(3, 4, 5)$, $B(4, 0, 2)$와 z축 위를 움직이는 점 P에 대하여 $\overline{AP}+\overline{PB}$의 최솟값은?

① $2\sqrt{22}$　　　　② $\sqrt{89}$　　　　③ $3\sqrt{10}$

④ $\sqrt{91}$　　　　⑤ $2\sqrt{23}$

0759

두 점 $A(2\sqrt{2}, 0, a)$, $B(-1, 1, -1)$과 z축 위를 움직이는 점 P에 대하여 $\overline{AP}+\overline{PB}$의 최솟값이 $3\sqrt{3}$일 때, 양수 a의 값을 구하시오.

0760

두 점 $A(-3, -1, 4)$, $B(-2, 2, -\sqrt{5})$와 y축 위를 움직이는 점 P에 대하여 $\overline{AP}+\overline{PB}$의 최솟값은?

① $6\sqrt{2}$　　　　② $\sqrt{73}$　　　　③ $\sqrt{74}$

④ $5\sqrt{3}$　　　　⑤ $2\sqrt{19}$

유형 11 구의 방정식

① 중심의 좌표 (a, b, c)와 반지름의 길이 r를 알 때
  ➡ 구의 방정식은 $(x-a)^2+(y-b)^2+(z-c)^2=r^2$
② 지름의 양 끝 점 A, B의 좌표를 알 때
  ➡ 중심은 선분 AB의 중점, 반지름의 길이는 $\dfrac{1}{2}\overline{AB}$임을 이용한다.
③ 구가 지나는 네 점의 좌표를 알 때
  ➡ 구의 방정식 $x^2+y^2+z^2+Ax+By+Cz+D=0$에 네 점의
    좌표를 대입하여 미정계수의 값을 구한다.

🖐 대표 예제

0761 구 $x^2+y^2+z^2+ax+by+cz+5=0$의 중심의 좌표
가 $(1, 2, -3)$이고 반지름의 길이가 r일 때, $a+b+c+r$의
값은? (단, a, b, c는 상수이다.)

① -1 ② 1 ③ 3
④ 5 ⑤ 7

선생님 해설

중심의 좌표가 $(1, 2, -3)$, 반지름의 길이가 r이므로
$(x-1)^2+(y-2)^2+(z+3)^2=r^2$
$x^2+y^2+z^2-2x-4y+6z+14-r^2=0$
$\therefore a=-2,\ b=-4,\ c=6$
$14-r^2=5$에서
$r^2=9$ $\therefore r=3\ (\because r>0)$
$\therefore a+b+c+r=-2+(-4)+6+3=3$

답 ③

0762 [대표 예제] [한 번 더]
구 $x^2+y^2+z^2+4x-6y+2kz+k=0$의 반지름의 길이가
5일 때, 양수 k의 값은?

① 3 ② 4 ③ 5
④ 6 ⑤ 7

0763
두 점 A$(2, 0, 1)$, B$(0, 4, -3)$을 지름의 양 끝 점으로
하는 구가 점 $(a, 0, -2)$를 지날 때, 양수 a의 값은?

① 3 ② 4 ③ 5
④ 6 ⑤ 7

0764
네 점 $(0, 0, 0)$, $(0, 2, 0)$, $(-4, 2, 0)$, $(-3, 3, 4)$를
지나는 구의 중심의 좌표는 (a, b, c)이고 반지름의 길이
는 r일 때, $a+b+c+r$의 값은?

① -2 ② 0 ③ 2
④ 4 ⑤ 6

0765
구 $x^2+y^2+z^2+2kx+y+z+k=0$의 부피의 최솟값은?
(단, k는 상수이다.)

① $\dfrac{\pi}{6}$ ② $\dfrac{\pi}{5}$ ③ $\dfrac{\pi}{4}$
④ $\dfrac{\pi}{3}$ ⑤ $\dfrac{\pi}{2}$

유형 12 구와 좌표평면

① 중심의 좌표가 $(a,\ b,\ c)$이고
- xy평면에 접하는 구의 방정식은
  $\Rightarrow (x-a)^2+(y-b)^2+(z-c)^2=c^2$
- yz평면에 접하는 구의 방정식은
  $\Rightarrow (x-a)^2+(y-b)^2+(z-c)^2=a^2$
- zx평면에 접하는 구의 방정식은
  $\Rightarrow (x-a)^2+(y-b)^2+(z-c)^2=b^2$

② 구 $(x-a)^2+(y-b)^2+(z-c)^2=r^2$이
- xy평면과 만나서 생기는 도형의 방정식은 $\Rightarrow z=0$을 대입
- yz평면과 만나서 생기는 도형의 방정식은 $\Rightarrow x=0$을 대입
- zx평면과 만나서 생기는 도형의 방정식은 $\Rightarrow y=0$을 대입

참고 구와 좌표평면이 만나서 생기는 도형은 원이다.

 **대표 예제**

0766 중심의 좌표가 $(1,\ 2,\ -3)$이고 xy평면에 접하는 구가 점 $(k,\ 3,\ -1)$을 지날 때, 양수 k의 값은?

① 1   ② $\dfrac{3}{2}$ ③ 2

④ $\dfrac{5}{2}$ ⑤ 3

선생님 해설

중심의 좌표가 $(1,\ 2,\ -3)$이고 xy평면에 접하는 구의 방정식은
$(x-1)^2+(y-2)^2+(z+3)^2=3^2$ → 반지름의 길이는
  |(중심의 z좌표)|이다.
이 구가 점 $(k,\ 3,\ -1)$을 지나므로
$(k-1)^2+1^2+2^2=3^2$
$k^2-2k-3=0,\ (k+1)(k-3)=0$
$\therefore k=3\ (\because k>0)$

답 ⑤

0767 대표 예제 한 번 더
구 $x^2+y^2+z^2+4x-4y-2z+k+4=0$이 zx평면에 접할 때, 상수 k의 값은?

① -2 ② -1 ③ 1

④ 2   ⑤ 4

0768
점 $(1,\ 2,\ -1)$을 지나고 xy평면, yz평면, zx평면에 동시에 접하는 구가 2개 있다. 이 두 구의 반지름의 길이의 합은?

① 4   ② 5   ③ 6

④ 7   ⑤ 8

0769
구 $(x-1)^2+(y+2)^2+(z-3)^2=10$과 yz평면이 만나서 생기는 도형의 둘레의 길이는?

① 2π ② 4π ③ 6π

④ 8π ⑤ 10π

0770
구 $(x+1)^2+(y-2)^2+(z-4)^2=25$와 xy평면이 만나서 생기는 원을 밑면으로 하고 이 구에 내접하는 원뿔의 부피의 최댓값은?

① 24π ② 27π ③ 30π

④ 33π ⑤ 36π

유형 13 구와 좌표축

① 중심의 좌표가 $(a,\ b,\ c)$이고
- x축에 접하는 구의 방정식은
  $\Rightarrow (x-a)^2+(y-b)^2+(z-c)^2=b^2+c^2$
- y축에 접하는 구의 방정식은
  $\Rightarrow (x-a)^2+(y-b)^2+(z-c)^2=a^2+c^2$
- z축에 접하는 구의 방정식은
  $\Rightarrow (x-a)^2+(y-b)^2+(z-c)^2=a^2+b^2$

② 구 $(x-a)^2+(y-b)^2+(z-c)^2=r^2$과
- x축의 교점의 x좌표는
  $\Rightarrow y=0,\ z=0$을 대입
- y축의 교점의 y좌표는
  $\Rightarrow x=0,\ z=0$을 대입
- z축의 교점의 z좌표는
  $\Rightarrow x=0,\ y=0$을 대입

🖐 대표 예제

0771 중심의 좌표가 $(3,\ 4,\ 5)$이고 x축에 접하는 구의 반지름의 길이는?

① 3 ② $\sqrt{17}$ ③ 5
④ $\sqrt{33}$ ⑤ $\sqrt{41}$

선생님 해설

중심의 좌표가 $(3,\ 4,\ 5)$이고 x축에 접하므로 구의 중심에서 x축에 내린 수선의 발의 좌표는
$(3,\ 0,\ 0)$
따라서 구의 반지름의 길이는
$\sqrt{4^2+5^2}=\sqrt{41}$

답 ⑤

0772 대표 예제 | 한 번 더

중심의 좌표가 $(-2,\ k,\ 5)$이고 z축에 접하는 구의 반지름의 길이가 3일 때, 양수 k의 값은?

① $\sqrt{2}$ ② $\sqrt{3}$ ③ 2
④ $\sqrt{5}$ ⑤ $\sqrt{6}$

0773
구 $x^2+y^2+z^2-6x+8y+2z-9=0$이 y축과 서로 다른 두 점 A, B에서 만날 때, 선분 AB의 길이는?

① 8 ② 9 ③ 10
④ 11 ⑤ 12

0774
반지름의 길이가 6인 구가 x축, y축, z축에 동시에 접할 때, 원점과 구의 중심 사이의 거리는?
(단, 구의 중심의 x좌표, y좌표, z좌표는 모두 양수이다.)

① $2\sqrt{13}$ ② $\sqrt{53}$ ③ $3\sqrt{6}$
④ $\sqrt{55}$ ⑤ $2\sqrt{14}$

0775
구 $(x-5a)^2+(y-3a)^2+(z-5)^2=125$는 x축과 서로 다른 두 점 P, Q에서 만나고, y축과 점 R에서 접한다. 삼각형 PQR의 넓이를 S라 할 때, $a+S$의 값은? (단, $a>0$)

① 50 ② 55 ③ 60
④ 65 ⑤ 70

유형 14 구에 그은 접선의 길이

구 밖의 한 점 P에서 중심이 C이고 반지름의 길이가 r인 구에 그은 접선의 접점을 Q라 하면

$$\overline{PQ}=\sqrt{\overline{PC}^2-\overline{CQ}^2}=\sqrt{\overline{PC}^2-r^2}$$

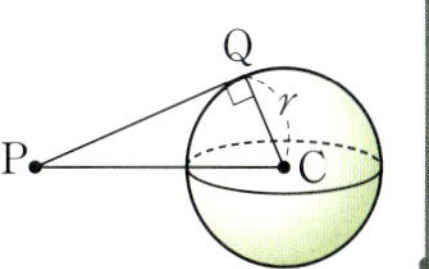

👍 대표 예제

0776 점 $P(1,\ 0,\ 2)$에서 중심이 $C(-2,\ 4,\ 0)$, 반지름의 길이가 2인 구에 그은 접선의 길이는?

① 1   ② 2   ③ 3
④ 4   ⑤ 5

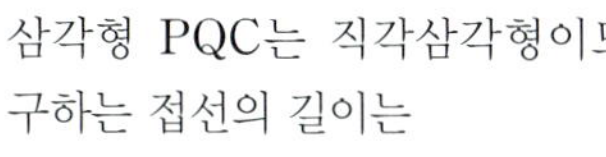

선생님 해설

주어진 구의 중심은 $C(-2,\ 4,\ 0)$이므로
$$\overline{PC}=\sqrt{(-2-1)^2+(4-0)^2+(0-2)^2}=\sqrt{29}$$
점 $P(1,\ 0,\ 2)$에서 구에 그은 접선
의 접점을 Q라 하면
삼각형 PQC는 직각삼각형이므로
구하는 접선의 길이는

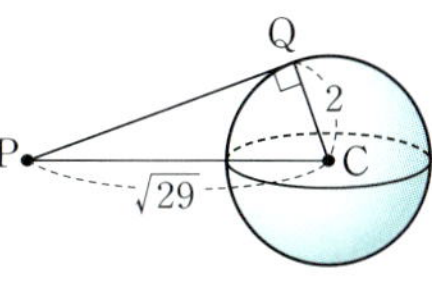

$$\overline{PQ}=\sqrt{(\sqrt{29})^2-2^2}$$
$$=\sqrt{25}=5$$

답 ⑤

0777 대표 예제 한 번 더
점 $A(6,\ 1,\ 2)$에서 구 $x^2+y^2+z^2-2x-2y+4z-3=0$에 그은 접선의 길이는?

① $\sqrt{30}$ ② $\sqrt{31}$ ③ $4\sqrt{2}$
④ $\sqrt{33}$ ⑤ $\sqrt{34}$

0778
점 $A(-3,\ -1,\ 3)$에서 구 $x^2+y^2+z^2-2x+2y+k=0$에 그은 접선의 길이가 4일 때, 상수 k의 값은?

① -8 ② -7 ③ -6
④ -5 ⑤ -4

0779
구 $x^2+y^2+z^2=8$ 밖의 한 점 $P(4,\ 0,\ -4)$에서 구에 접선을 그을 때, 접점이 나타내는 도형의 넓이는?

① 3π ② 4π ③ 5π
④ 6π ⑤ 7π

0780
그림과 같이 점 $P(0,\ 0,\ 7)$에서 나온 빛에 의하여 xy평면에 구 $x^2+y^2+(z-2)^2=4$의 그림자가 생길 때, 이 그림자의 둘레의 길이는?

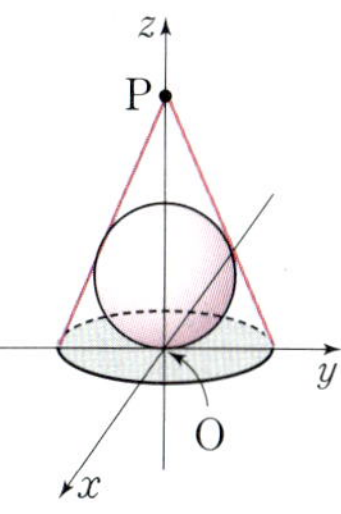

① $\dfrac{4\sqrt{21}}{3}\pi$ ② $\dfrac{5\sqrt{21}}{3}\pi$

③ $2\sqrt{21}\,\pi$ ④ $\dfrac{7\sqrt{21}}{3}\pi$

⑤ $\dfrac{8\sqrt{21}}{3}\pi$

유형 15 점과 구 사이의 거리의 최댓값, 최솟값

구 위에 있지 않은 한 점 A와 구의 중심 사이의 거리 d, 구의 반지름의 길이 r에 대하여 점 A와 구 위의 점 사이의 거리의 최댓값을 M, 최솟값을 m이라 하면

① 점 A가 구의 외부에 있는 경우 $(d>r)$
➡ $M=d+r$, $m=d-r$

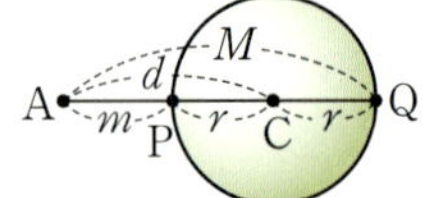

② 점 A가 구의 내부에 있는 경우 $(d<r)$
➡ $M=d+r$, $m=r-d$

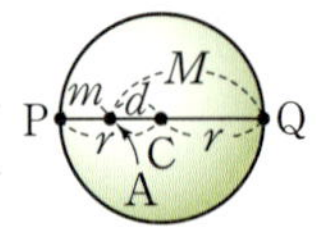

👍 **대표 예제**

0781 점 $A(4,\ 3,\ 0)$과 구 $x^2+(y+1)^2+(z-2)^2=4$ 위의 점 P에 대하여 두 점 A, P 사이의 거리의 최댓값은?

① 7 ② 8 ③ 9
④ 10 ⑤ 11

선생님 해설

주어진 구의 중심을 C라 하면
점 $C(0,\ -1,\ 2)$와 점 $A(4,\ 3,\ 0)$ 사이의 거리는
$$\overline{CA}=\sqrt{(4-0)^2+\{3-(-1)\}^2+(0-2)^2}=6$$
주어진 구의 반지름의 길이는 2이므로 두 점 A, P 사이의 거리의 최댓값은
$$6+2=8$$

답 ②

0782 대표 예제 한 번 더

점 $A(-1,\ -2,\ 5)$와 구
$x^2+y^2+z^2-2x+6y-4z+12=0$ 위의 점 P에 대하여 선분 AP의 길이의 최댓값과 최솟값의 곱은?

① 6 ② 8 ③ 10
④ 12 ⑤ 14

0783 구 $x^2+y^2+z^2-2x+2y-2z-9=0$ 위의 임의의 점 $P(x,\ y,\ z)$에 대하여 $x^2+y^2+z^2$의 최댓값과 최솟값의 합은?

① 20 ② 25 ③ 30
④ 35 ⑤ 40

0784 구 $x^2+y^2+z^2+2x-2y-6z-k+1=0$ 위의 점 Q를 지나고 점 $P(0,\ -1,\ 5)$를 중심으로 하는 구의 반지름의 길이의 최솟값이 2일 때, 양수 k의 값은?

① 13 ② 14 ③ 15
④ 16 ⑤ 17

0785 구 $x^2+y^2+z^2=4$ 위의 점 P와 구
$x^2+y^2+z^2+6x-4y+12z+33=0$ 위의 점 Q에 대하여 선분 PQ의 길이의 최댓값은?

① 10 ② 11 ③ 12
④ 13 ⑤ 14

0786

· 유형 01 ·

그림과 같이 세 모서리가 좌표축 위에 있는 직육면체가 다음 조건을 만족시킬 때, 꼭짓점 $B(a, b, c)$에 대하여 $a+b-c$의 값은?

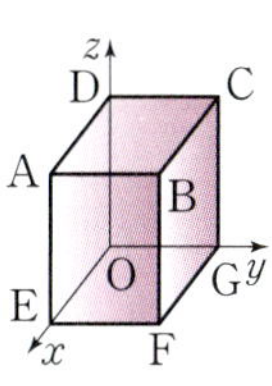

> (가) a, b는 2보다 큰 자연수이다.
> (나) 꼭짓점 B에서 z축에 내린 수선의 발의 좌표는 $(0, 0, 5)$이다.
> (다) 직육면체의 부피는 45이다.

① -1 ② 0 ③ 1
④ 2 ⑤ 3

0787

· 유형 03 ·

두 점 $A(1, 2, 3)$, $B(3, 1, 2)$에 대하여 zx평면 위의 점 $P(a, b, c)$가 $\overline{AP}=2\sqrt{2}$, $\overline{BP}=3\sqrt{2}$를 만족시킬 때, $a+b+c$의 값을 구하시오. (단, a는 정수이다.)

0788

· 유형 06 ·

두 점 $A(-3, 5, 4)$, $B(3, k, -2)$에 대하여 선분 AB가 xy평면과 만나는 점을 P라 할 때, $\overline{AP}=6$이 되도록 하는 모든 실수 k의 값의 합은?

① 10 ② 11 ③ 12
④ 13 ⑤ 14

0789

· 유형 07 ·

네 점 A, B, C, D를 꼭짓점으로 하는 마름모 ABCD에 대하여 점 A의 좌표는 $(4, 1, 5)$이고 세 점 B, C, D가 다음 조건을 만족시킨다.

> (가) 점 B에서 xy평면에 내린 수선의 발의 좌표는 $(8, -2, 0)$이다.
> (나) 점 C에서 zx평면에 내린 수선의 발의 좌표는 $(2, 0, -1)$이다.
> (다) 점 D에서 yz평면에 내린 수선의 발의 좌표는 $(0, 0, 3)$이다.

마름모 ABCD의 한 변의 길이는?

① $2\sqrt{10}$ ② $\sqrt{41}$ ③ $\sqrt{42}$
④ $\sqrt{43}$ ⑤ $2\sqrt{11}$

0790

· 유형 12 + 유형 13 ·

반지름의 길이가 5인 구가 xy평면과 z축에 동시에 접하고 점 $P(-3, 0, 2)$를 지날 때, 이 구의 중심과 원점 사이의 거리는?

① 7 ② $5\sqrt{2}$ ③ $\sqrt{51}$
④ $2\sqrt{13}$ ⑤ $\sqrt{53}$

0791

· 유형 12 + 유형 15 ·

그림과 같이 한 모서리의 길이가 2인 정육면체 3개를 이어붙였을 때, 가장 왼쪽에 있는 정육면체에 내접하는 구를 S라 하자. 꼭짓점 P와 구 S 위의 임의의 점 Q에 대하여 선분 PQ의 길이의 최솟값은?

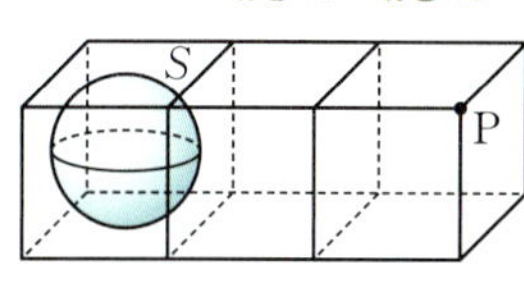

① $\sqrt{3}-1$ ② $2\sqrt{3}-1$ ③ $3\sqrt{3}-1$
④ $2\sqrt{3}-2$ ⑤ $3\sqrt{3}-2$

0792
• 유형 02 •

점 $P(a, b, c)$와 점 P에서 y축에 내린 수선의 발 Q가 다음 조건을 만족시킨다.

> (가) $|a|+|b|=a+b$
> (나) 점 P는 xy평면 위의 점이다.
> (다) 삼각형 OPQ는 빗변의 길이가 $3\sqrt{2}$인 직각이등변삼각형이다.

점 R의 좌표가 $(-2, 1, 4)$일 때, 선분 PR의 길이는?

(단, O는 원점이다.)

① $\sqrt{41}$ ② $\sqrt{42}$ ③ $\sqrt{43}$
④ $2\sqrt{11}$ ⑤ $3\sqrt{5}$

0793
• 유형 05 •

그림과 같이 세 모서리가 좌표축 위에 있는 정육면체에서 꼭짓점 B의 좌표가 $(3, 3, 3)$일 때, 삼각형 EFG의 평면 AFC 위로의 정사영의 넓이는?

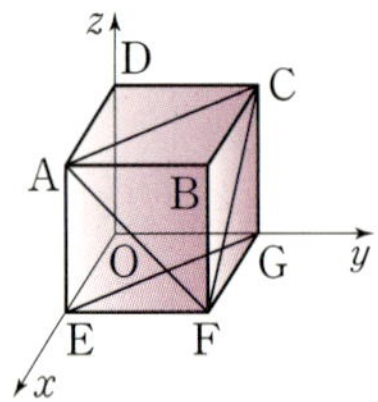

① $\dfrac{3\sqrt{3}}{2}$ ② $2\sqrt{3}$
③ $\dfrac{5\sqrt{3}}{2}$ ④ $3\sqrt{3}$ ⑤ $\dfrac{7\sqrt{3}}{2}$

0794
• 유형 14 •

점 $A(2, -1, a)$에서 구
$x^2+y^2+z^2-4x+2y+6z-11=0$에 그은 접선의 접점이 나타내는 도형과 이 구가 xy평면과 만나서 생기는 도형이 일치할 때, a의 값은?

① $\dfrac{13}{3}$ ② $\dfrac{14}{3}$ ③ 5
④ $\dfrac{16}{3}$ ⑤ $\dfrac{17}{3}$

0795
• 유형 04 •

그림과 같이 한 모서리의 길이가 2인 정육면체에서 점 P는 매초 1의 속력으로 점 D에서 출발하여 선분 DH를 따라 점 H까지 이동하고, 점 Q는 매초 2의 속력으로 점 H에서 출발하여 차례대로 선분 HE, 선분 EF를 따라 점 F까지 이동한다. 이때 선분 PQ의 길이의 최솟값은?

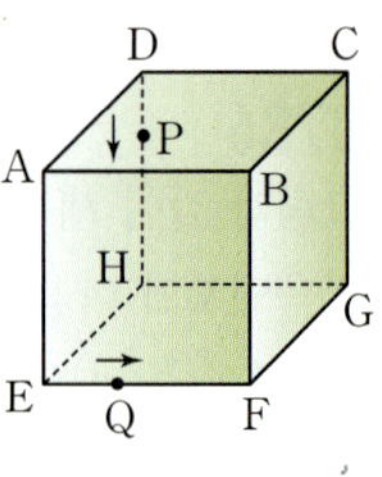

① $\dfrac{3\sqrt{5}}{5}$ ② $\dfrac{4\sqrt{5}}{5}$ ③ $\sqrt{5}$
④ $\dfrac{6\sqrt{5}}{5}$ ⑤ $\dfrac{7\sqrt{5}}{5}$

0796
• 유형 12 + 유형 15 •

구 $(x-3)^2+(y-4)^2+(z-6)^2=9$ 위의 점을 P, 구 $(x+2)^2+(y-4)^2+(z+6)^2=45$가 xy평면과 만나서 생기는 도형 위의 점을 Q라 할 때, 선분 PQ의 길이의 최댓값은?

① 13 ② 14 ③ 15
④ 16 ⑤ 17

0797   창의력+
• 유형 09 •

두 점 $A(1, 3, a)$, $B(-1, -1, b)$와 xy평면 위를 움직이는 점 P에 대하여 삼각형 APB의 둘레의 길이가 최소일 때의 삼각형 APB는 정삼각형이다. 이때 ab의 값은?

(단, $ab>0$)

① 11 ② 12 ③ 13
④ 14 ⑤ 15

서술형 문제

0798
· 유형 02 ·

세 점 $A(1,\ a,\ -2)$, $B(3,\ 0,\ 4)$, $C(5,\ 2,\ 0)$을 꼭짓점으로 하는 삼각형 ABC가 $\overline{AB}$를 빗변으로 하는 직각삼각형일 때, a의 값을 구하시오.

☑ **필요 개념 및 공식**
☐ 두 점 사이의 거리

0799
· 유형 01 + 유형 11 ·

중심에서 xy평면과 yz평면에 내린 수선의 발의 좌표가 각각 $(-1,\ 1,\ 0)$, $(0,\ 1,\ -2)$인 구가 원점을 지날 때, 이 구의 반지름의 길이를 구하시오.

☑ **필요 개념 및 공식**
☐ 수선의 발의 좌표   ☐ 구의 방정식

0800
· 유형 13 ·

구 $(x-a)^2+(y+3)^2+(z-2)^2=16$이 x축과 서로 다른 두 점 A, B에서 만나고, z축과 서로 다른 두 점 C, D에서 만난다. $\overline{AB}=\overline{CD}$일 때, 양수 a의 값을 구하시오.

☑ **필요 개념 및 공식**
☐ 구의 방정식   ☐ 구와 좌표축의 교점

0801
· 유형 06 + 유형 11 ·

구 $(x-1)^2+(y+2)^2+(z-3)^2=1$ 위의 점 P에 대하여 선분 OP를 2 : 1로 외분하는 점을 Q라 하자. 점 Q가 나타내는 도형의 방정식을 구하시오. (단, O는 원점이다.)

☑ **필요 개념 및 공식**
☐ 선분의 내분점과 외분점   ☐ 구의 방정식

0802
· 유형 08 ·

세 점 $A(x_1,\ y_1,\ z_1)$, $B(x_2,\ y_2,\ z_2)$, $C(x_3,\ y_3,\ z_3)$을 꼭짓점으로 하는 삼각형 ABC의 무게중심을 G라 하자. 삼각형 ABG의 무게중심을 P, 삼각형 BCG의 무게중심을 Q, 삼각형 ACG의 무게중심을 R라 할 때, 삼각형 PQR의 무게중심 G'의 좌표를 구하시오.

☑ **필요 개념 및 공식**
☐ 삼각형의 무게중심

0803 사고력
· 유형 10 ·

두 점 $A(4,\ 0,\ 3)$, $B(-2,\ \sqrt{2},\ \sqrt{2})$와 x축 위를 움직이는 두 점 P, Q에 대하여 $\overline{PQ}=1$일 때, $\overline{AP}+\overline{QB}$의 최솟값을 구하시오.

☑ **필요 개념 및 공식**
☐ 두 점 사이의 거리   ☐ 축 위를 움직이는 점과 선분의 길이의 합의 최소

하이~!! CPR 저자 박윤근 샘입니다.^^

드디어 기하가 끝났군요!!^^

모든 일에 있어서는 시작도 중요하지만 그 일의 끝맺음이 더 큰 의미가 있다고 생각해요.

기하를 선택하여 공부한 여러분은 진심으로 수학을 사랑하는 학생임이 틀림없습니다.

여러분들이 진학하게 될 대학에서도 수능 선택과목인 기하를 이수한 학생의

이학적 탐구 능력과 관심을 높게 평가할 게 분명해요~

기하의 마지막 단원인 공간도형과 공간좌표는 3D-Print가 집을 짓고, 드론이 하늘을 누비고,

CG-Program이 4D를 구현하는 테크놀로지의 시대를 이끌어 갈 여러분들이 필수적으로

갖춰야 할 공간인지능력과 3차원의 공간표현능력을 길러 줄 것입니다.

또한, 대학에 진학 한 후 이학계열, 건축 분야, 공학계열 등 다양한 분야의 전공 탐구에 밑거름이

될 것입니다.

모든 수학 과정을 마무리한 학생들은 이제부터 수학 공부를 어떻게 해야 할까 고민일 것입니다.

수학은 언어입니다.

수능과 수리논술 등 중요한 시험에서 평가하는 것은 바로 수학적 사고력입니다.

즉, 알고 있는 수학적 지식을 가지고 번득이는 센스와 집중력으로 문제해결력을 키워야겠죠!!

CPR의 '사고력', '창의력 +'까지 공부한 여러분은 이미 수학적 사고력이 짱!짱!짱!

CPR 저자 5명의 샘들은 CPR로 공부한 여러분의 수학적 발전을 끝까지 응원합니다!!

CPR과 함께한 많은 시간 동안 고생했고, 앞으로 더 잘 할 거고, 결국 우리 모두 다 잘 될 것을

확신합니다.

모두 모두 파이팅!!

"그 동안 고생했고, 더 잘 할 거고, 다 잘 될 거야!!"

새교육과정

메가스터디

문제기본서

C CONCEPT

P PATTERN

R REAL

CPR

기하

정답 및 해설

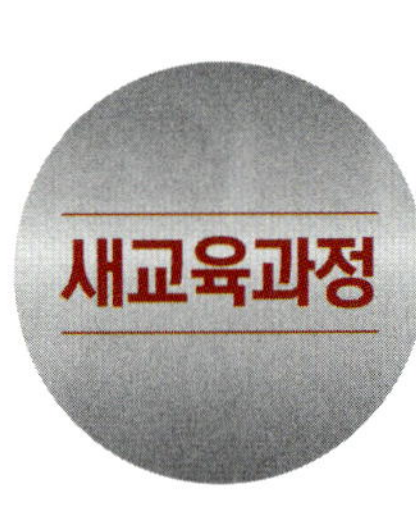

메가스터디 문제기본서
CPR
기하

메가스터디 문제기본서
CPR
기하

메가스터디 문제기본서
CPR
기하

빠른정답

Speed
Check

01 포물선

0001 $y^2=8x$ **0002** $y^2=-12x$

0003 $x^2=16y$ **0004** $x^2=-8y$

0005 초점의 좌표 : $(3,\ 0)$, 준선의 방정식 : $x=-3$

0006 초점의 좌표 : $\left(-\dfrac{1}{16},\ 0\right)$, 준선의 방정식 : $x=\dfrac{1}{16}$

0007 초점의 좌표 : $\left(0,\ \dfrac{1}{4}\right)$, 준선의 방정식 : $y=-\dfrac{1}{4}$

0008 초점의 좌표 : $\left(0,\ -\dfrac{1}{12}\right)$, 준선의 방정식 : $y=\dfrac{1}{12}$

0009 해설 참조   **0010** 해설 참조

0011 $(y-1)^2=2(x+2)$ **0012** $(y-1)^2=-8(x+2)$

0013 $(x+2)^2=\dfrac{1}{2}(y-1)$

0014 $(x+2)^2=-4(y-1)$

0015 초점의 좌표 : $(2,\ -1)$, 준선의 방정식 : $x=4$

0016 초점의 좌표 : $(3,\ 4)$, 준선의 방정식 : $y=0$

0017 $m=3,\ n=2$ **0018** $m=\dfrac{1}{2},\ n=-1$

0019 (1) 서로 다른 두 점에서 만난다.

    (2) 만나지 않는다.

    (3) 한 점에서 만난다. (접한다.)

0020 (1) $k<1$ (2) $k=1$ (3) $k>1$ **0021** $y=2x+\dfrac{3}{4}$

0022 $y=-3x+9$ **0023** $y=-\dfrac{1}{2}x+1$

0024 $y=-x-2$

0025 (1) $y_1y=2(x+x_1)$ (2) $x_1=2,\ y_1=\pm2\sqrt{2}$

    (3) $y=\pm\dfrac{\sqrt{2}}{2}(x+2)$

0026 ④	**0027** ①	**0028** ③	**0029** ③	**0030** ④
0031 ④	**0032** ②	**0033** ③	**0034** ③	**0035** ②
0036 ①	**0037** ④	**0038** ③	**0039** ②	**0040** ②
0041 ④	**0042** ④	**0043** 5	**0044** ②	**0045** 4
0046 ①	**0047** ③	**0048** 2	**0049** 10	**0050** ⑤
0051 ③	**0052** ④	**0053** ②	**0054** ③	**0055** 13
0056 ②	**0057** ⑤	**0058** 11	**0059** ⑤	**0060** ②
0061 ④	**0062** ①	**0063** 7	**0064** ④	**0065** 13
0066 ⑤	**0067** ②	**0068** ②	**0069** ③	**0070** ④
0071 ②	**0072** ②	**0073** ⑤	**0074** 0	**0075** ②
0076 ⑤	**0077** ②	**0078** ①	**0079** 5	**0080** ⑤
0081 ②	**0082** ①	**0083** ③	**0084** ③	**0085** ⑤
0086 ②	**0087** 24	**0088** ③	**0089** ③	

0090 ④	**0091** ②	**0092** 7	**0093** ②	**0094** 5
0095 ④	**0096** ②	**0097** ②	**0098** 5	**0099** 21
0100 ③	**0101** ④	**0102** $x^2+2x+4y-3=0$		

0103 해설 참조

0104 점 P를 초점으로 하고 직선 l을 준선으로 하는 포물선

0105 $\dfrac{8}{3}\pi+\sqrt{3}$ **0106** 27   **0107** 300

0585 7   0586 3   0587 0   0588 1
0589 모서리 AC, AD, BC, BE   0590 모서리 BE, CF
0591 모서리 CF, DF, EF
0592 모서리 DE, DF, EF   0593 면 DEF
0594 $45°$ 0595 $90°$ 0596 (가) $\overline{BM}$ (나) $90°$
0597 (가) l (나) PO (다) OH (라) POH
0598 $\dfrac{\sqrt{6}}{3}$ 0599 $\dfrac{\sqrt{3}}{2}$ 0600 선분 EG
0601 삼각형 EFH   0602 $\dfrac{1}{4}$

0603 ⑤   0604 ③   0605 ②   0606 ②   0607 ⑤
0608 ⑤   0609 3   0610 ④   0611 ②   0612 ③
0613 ②   0614 ②   0615 ⑤   0616 ③   0617 ④
0618 ⑤   0619 ④   0620 ⑤   0621 ②   0622 ②
0623 ④   0624 ③   0625 ⑤   0626 ②   0627 ④
0628 ②   0629 ②   0630 ②   0631 ①   0632 ③
0633 ④   0634 ③   0635 ①   0636 ②   0637 ③
0638 ④   0639 ③   0640 ③   0641 ②   0642 ③
0643 ⑤   0644 ③   0645 12   0646 ②   0647 ①
0648 ①   0649 ⑤   0650 ②   0651 ③   0652 ④
0653 ③   0654 9   0655 ③   0656 ⑤   0657 ③
0658 ⑤   0659 4   0660 ①   0661 ②   0662 ②
0663 ③   0664 ⑤

0665 5   0666 ③   0667 ⑤   0668 ⑤   0669 25
0670 ④   0671 ②   0672 7   0673 ③   0674 2
0675 7   0676 4   0677 $\dfrac{\sqrt{5}}{5}$ 0678 2   0679 $\dfrac{2}{3}$
0680 $\dfrac{\sqrt{14}}{7}$ 0681 $\dfrac{4}{5}$ 0682 $2\sqrt{5}$

0683 $(0, 3, 3)$ 0684 $(4, 3, 3)$
0685 $(3, 0, 0)$ 0686 $(0, 0, -1)$
0687 $(-1, 5, 0)$ 0688 $(0, 5, -4)$
0689 $(-1, 0, -4)$ 0690 $(3, -1, 4)$
0691 $(-3, 1, 4)$ 0692 $(-3, -1, -4)$
0693 $(-7, 11, -3)$ 0694 $(7, 11, 3)$
0695 $(-7, -11, 3)$ 0696 $(2, 3, -8)$ 0697 3
0698 4   0699 $(-2, -1, 3)$ 0700 $(12, -8, 10)$
0701 $\left(-3, -\dfrac{1}{2}, \dfrac{5}{2}\right)$ 0702 $(4, 2, -3)$
0703 중심의 좌표 : $(2, -3, 1)$, 반지름의 길이 : 4
0704 중심의 좌표 : $(-3, 2, 0)$, 반지름의 길이 : 3
0705 $(x+1)^2+(y-4)^2+(z-3)^2=1$
0706 $x^2+y^2+(z-2)^2=7$
0707 $x^2+y^2+z^2=14$
0708 $(x-4)^2+y^2+(z-2)^2=30$
0709 중심의 좌표 : $(-2, 3, -1)$, 반지름의 길이 : 4
0710 중심의 좌표 : $(-3, 0, 5)$, 반지름의 길이 : 5

0711 ②   0712 ⑤   0713 ②   0714 ⑤   0715 18
0716 ④   0717 ②   0718 ⑤   0719 ①   0720 ③
0721 ④   0722 ⑤   0723 ④   0724 ①   0725 ②
0726 ③   0727 ④   0728 ③   0729 ③   0730 ③
0731 ④   0732 ②   0733 ④   0734 ④   0735 ⑤
0736 ①   0737 ②   0738 ①   0739 ②   0740 ⑤
0741 ⑤   0742 ①   0743 ⑤   0744 2   0745 ⑤
0746 ⑤   0747 ⑤   0748 ③   0749 ②   0750 ②
0751 ③   0752 ⑤   0753 ②   0754 ⑤   0755 ①
0756 ②   0757 ①   0758 ③   0759 2   0760 ②
0761 ③   0762 ②   0763 ①   0764 ④   0765 ①
0766 ⑤   0767 ③   0768 ①   0769 ③   0770 ②
0771 ⑤   0772 ④   0773 ③   0774 ①   0775 ①
0776 ⑤   0777 ③   0778 ②   0779 ④   0780 ①
0781 ②   0782 ④   0783 ③   0784 ③   0785 ④

0786 ③   0787 2   0788 ①   0789 ②   0790 ②
0791 ③   0792 ⑤   0793 ①   0794 ④   0795 ②
0796 ①   0797 ⑤   0798 2   0799 $\sqrt{6}$ 0800 2
0801 해설 참조   0802 해설 참조   0803 $5\sqrt{2}$

04 벡터의 연산

0311 시점 : A, 종점 : B **0312** 시점 : B, 종점 : A

0313 4 **0314** 5 **0315** $\vec{a}$와 $\vec{b}$와 $\vec{d}$, $\vec{c}$와 $\vec{e}$와 $\vec{g}$

0316 $\vec{b}$와 $\vec{f}$, $\vec{e}$와 $\vec{g}$ **0317** $\vec{e}$와 $\vec{g}$ **0318** $\vec{a}$와 $\vec{d}$

0319 해설 참조 **0320** 해설 참조

0321 해설 참조 **0322** 해설 참조 **0323** $\overrightarrow{AD}$

0324 $\overrightarrow{AC}$ **0325** $\vec{0}$ **0326** $-\vec{a}+\vec{b}$ **0327** $\vec{a}+\vec{b}$

0328 해설 참조 **0329** 해설 참조

0330 $2\vec{a}+3\vec{b}$ **0331** $-3\vec{a}+\vec{b}$

0332 $8\vec{a}-7\vec{b}$ **0333** $2\vec{a}+\vec{b}-3\vec{c}$

0334 $\vec{x}=\vec{a}-3\vec{b}$ **0335** $\vec{x}=2\vec{a}-3\vec{b}$ **0336** $\vec{a}$, $\vec{d}$

0337 $m=2$, $n=\dfrac{3}{2}$ **0338** $m=2$, $n=-1$ **0339** -3

0340 ③ **0341** ② **0342** ③ **0343** ③ **0344** ⑤
0345 ⑤ **0346** ③ **0347** 2 **0348** ③ **0349** ④
0350 ① **0351** ② **0352** ③ **0353** ③ **0354** ②
0355 ② **0356** ⑤ **0357** ② **0358** ② **0359** ②
0360 ① **0361** ④ **0362** ① **0363** ② **0364** 4
0365 ⑤ **0366** ④ **0367** ① **0368** ④ **0369** ④
0370 ⑤ **0371** ② **0372** ③ **0373** ② **0374** ④
0375 ④ **0376** ① **0377** ② **0378** ③ **0379** ④
0380 ④ **0381** ② **0382** ③ **0383** ① **0384** ②

0385 ③ **0386** ③ **0387** 5 **0388** 35 **0389** ①
0390 ④ **0391** 2 **0392** ③ **0393** ② **0394** ⑤
0395 12 **0396** ③ **0397** -40 **0398** 해설 참조

0399 정사각형 **0400** $\dfrac{4}{5}$ **0401** 4 **0402** 8

05 평면벡터의 성분과 내적

0403 $-\vec{a}-\vec{b}$ **0404** $2\vec{a}$ **0405** $\vec{p}=\dfrac{3\vec{a}+2\vec{b}}{5}$

0406 $\vec{q}=-\vec{a}+2\vec{b}$ **0407** $\vec{m}=\dfrac{\vec{a}+\vec{b}}{2}$

0408 $\vec{g}=\dfrac{2\vec{a}-\vec{b}}{3}$ **0409** $(2,\ -3)$

0410 $(-1,\ 4)$ **0411** $3\vec{e_1}+\vec{e_2}$

0412 $-4\vec{e_1}-3\vec{e_2}$ **0413** $m=2$, $n=1$

0414 $m=1$, $n=-2$ **0415** 4 **0416** 5

0417 $(-1,\ 4)$ **0418** $(4,\ -2)$ **0419** $(7,\ 0)$

0420 $(4,\ 5)$ **0421** $\overrightarrow{AB}=(2,\ -3)$, $|\overrightarrow{AB}|=\sqrt{13}$

0422 $\overrightarrow{AB}=(-8,\ -6)$, $|\overrightarrow{AB}|=10$ **0423** 3 **0424** $-3\sqrt{2}$

0425 1 **0426** 2 **0427** -2 **0428** 7 **0429** 5

0430 $45°$ **0431** $120°$ **0432** 1 **0433** 9 **0434** 0

0435 6 **0436** $\dfrac{x-1}{2}=y-1$ **0437** $x+3=\dfrac{y+1}{2}$

0438 $2x+3y-4=0$ **0439** $3x-y-5=0$ **0440** $\dfrac{\sqrt{2}}{2}$

0441 $\dfrac{\sqrt{5}}{5}$ **0442** -6 **0443** $\dfrac{8}{3}$ **0444** $x^2+y^2=4$

0445 $(x-1)^2+(y-2)^2=1$

0446 ② **0447** ② **0448** ① **0449** ② **0450** ④
0451 ② **0452** ⑤ **0453** ② **0454** ⑤ **0455** ③
0456 ⑤ **0457** ② **0458** ⑤ **0459** ⑤ **0460** ②
0461 -1 **0462** ④ **0463** 2 **0464** ② **0465** ⑤
0466 ③ **0467** ② **0468** ① **0469** ② **0470** ②
0471 ① **0472** ④ **0473** ② **0474** ② **0475** ②
0476 ③ **0477** ① **0478** ⑤ **0479** ② **0480** ①
0481 ⑤ **0482** ⑤ **0483** ④ **0484** ① **0485** ③
0486 ② **0487** ④ **0488** ⑤ **0489** ② **0490** ⑤
0491 ② **0492** ⑤ **0493** ② **0494** ⑤ **0495** ③
0496 ③ **0497** ③ **0498** ④ **0499** ② **0500** ④
0501 ④ **0502** ② **0503** ① **0504** ② **0505** ②
0506 ② **0507** ④ **0508** ② **0509** ① **0510** ②
0511 ② **0512** ③ **0513** ④ **0514** ② **0515** ③
0516 ② **0517** ④ **0518** ② **0519** ④ **0520** 1
0521 ② **0522** ③ **0523** ④ **0524** 2 **0525** ④
0526 ③ **0527** 2 **0528** ③ **0529** ③ **0530** ③
0531 ① **0532** ② **0533** ① **0534** ④ **0535** 1
0536 ④ **0537** ⑤ **0538** ① **0539** ① **0540** ②
0541 ③ **0542** 3 **0543** ④ **0544** 49 **0545** ⑤
0546 ① **0547** ③ **0548** ② **0549** ④ **0550** ②
0551 ④ **0552** ⑤ **0553** ③ **0554** ⑤ **0555** ③
0556 ① **0557** 3 **0558** 2 **0559** ① **0560** ①

0561 ② **0562** ① **0563** ④ **0564** 2 **0565** ⑤
0566 ④ **0567** 8 **0568** ① **0569** ① **0570** ②
0571 ② **0572** ② **0573** ⑤ **0574** 24 **0575** ③
0576 ① **0577** 1 **0578** 21 **0579** 해설 참조

0580 $x^2+(y-1)^2=8$ **0581** $\dfrac{7\sqrt{2}}{10}$ **0582** 해설 참조

0583 $8\sqrt{5}$ **0584** 2

0108 $\dfrac{x^2}{25}+\dfrac{y^2}{16}=1$ 0109 $\dfrac{x^2}{9}+\dfrac{y^2}{16}=1$

0110 $\dfrac{x^2}{4}+\dfrac{y^2}{3}=1$ 0111 $\dfrac{x^2}{14}+\dfrac{y^2}{16}=1$

0112 $\dfrac{x^2}{13}+\dfrac{y^2}{9}=1$ 0113 $\dfrac{x^2}{4}+\dfrac{y^2}{7}=1$

0114 $\dfrac{x^2}{9}+\dfrac{y^2}{4}=1$ 0115 해설 참조

0116 해설 참조 0117 해설 참조
0118 해설 참조 0119 해설 참조
0120 해설 참조 0121 해설 참조
0122 해설 참조 0123 해설 참조
0124 (1) 서로 다른 두 점에서 만난다.
　(2) 한 점에서 만난다. (접한다.)
　(3) 만나지 않는다.
0125 (1) $-2<k<2$　(2) $k=-2$ 또는 $k=2$
　(3) $k<-2$ 또는 $k>2$
0126 $y=3x\pm4\sqrt{3}$ 0127 $y=-2x\pm4$
0128 $y=\pm2$ 0129 $x+y-4=0$
0130 $3x+5y-16=0$ 0131 $x=-3$
0132 $y=-\sqrt{5}$

0133 ① 0134 ① 0135 ② 0136 ② 0137 ③
0138 ⑤ 0139 ④ 0140 ④ 0141 ① 0142 ③
0143 ③ 0144 ④ 0145 ⑤ 0146 ③ 0147 ⑤
0148 31 0149 ② 0150 ⑤ 0151 12 0152 ④
0153 ⑤ 0154 ① 0155 ① 0156 ⑤ 0157 ①
0158 ② 0159 ② 0160 17 0161 ④ 0162 8
0163 ③ 0164 ③ 0165 16 0166 ④ 0167 ⑤
0168 ① 0169 ① 0170 ⑤ 0171 ① 0172 ①
0173 ① 0174 ② 0175 ① 0176 ⑤ 0177 2
0178 12 0179 ④ 0180 ② 0181 6 0182 45
0183 ① 0184 ④ 0185 ③ 0186 ③ 0187 18
0188 ① 0189 ③ 0190 1 0191 8 0192 ④
0193 24 0194 ② 0195 14 0196 ④ 0197 ③

0198 ⑤ 0199 ② 0200 9 0201 ② 0202 ②
0203 6 0204 ② 0205 8 0206 8 0207 15
0208 360 0209 36 0210 $x-3y+12=0$, $x=6$
0211 54 0212 $\dfrac{32}{5}$ 0213 32 0214 22
0215 $\dfrac{x^2}{16}+\dfrac{y^2}{12}=1$

0216 $\dfrac{x^2}{9}-\dfrac{y^2}{7}=1$ 0217 $\dfrac{x^2}{4}-\dfrac{y^2}{16}=-1$

0218 $\dfrac{x^2}{9}-\dfrac{y^2}{4}=1$ 0219 $\dfrac{x^2}{11}-\dfrac{y^2}{25}=-1$

0220 해설 참조 0221 해설 참조

0222 $y=\pm\dfrac{4}{5}x$ 0223 $y=\pm3x$

0224 해설 참조 0225 해설 참조
0226 초점의 좌표 : $(2,\,0)$, $(-4,\,0)$,
　꼭짓점의 좌표 : $(\sqrt{3}-1,\,0)$, $(-\sqrt{3}-1,\,0)$,
　주축의 길이 : $2\sqrt{3}$
0227 초점의 좌표 : $(1,\,4)$, $(1,\,-6)$,
　꼭짓점의 좌표 : $(1,\,2)$, $(1,\,-4)$,
　주축의 길이 : 6
0228 (1) 서로 다른 두 점에서 만난다.
　(2) 한 점에서 만난다. (접한다.)
　(3) 만나지 않는다.
0229 (1) $k<-\sqrt{2}$ 또는 $k>\sqrt{2}$
　(2) $k=-\sqrt{2}$ 또는 $k=\sqrt{2}$
　(3) $-\sqrt{2}<k<\sqrt{2}$
0230 $y=2x\pm\sqrt{7}$ 0231 $y=-x\pm3$
0232 $x+y+2=0$ 0233 $x+y+1=0$
0234 원 0235 포물선 0236 타원 0237 쌍곡선

0238 ② 0239 ⑤ 0240 ④ 0241 4 0242 32
0243 ④ 0244 ⑤ 0245 ③ 0246 4 0247 3
0248 ② 0249 ① 0250 ② 0251 ② 0252 ④
0253 ⑤ 0254 ② 0255 3 0256 10 0257 ③
0258 ③ 0259 ① 0260 ③ 0261 ⑤ 0262 4
0263 ⑤ 0264 ② 0265 6 0266 ① 0267 9
0268 ③ 0269 ① 0270 ③ 0271 ④ 0272 ②
0273 ④ 0274 ① 0275 ① 0276 ① 0277 ⑤
0278 ⑤ 0279 ① 0280 ① 0281 ④ 0282 3
0283 14 0284 ① 0285 2 0286 ① 0287 6
0288 ③ 0289 ④ 0290 ③ 0291 ③ 0292 ⑤

0293 ① 0294 ⑤ 0295 ② 0296 ① 0297 ②
0298 ④ 0299 ③ 0300 ① 0301 ② 0302 ①
0303 ④ 0304 ④ 0305 $y=mx\pm\sqrt{b^2-a^2m^2}$
0306 5 0307 $m=-\sqrt{3}$ 또는 $m=\sqrt{3}$
0308 $\dfrac{(x+1)^2}{4}-\dfrac{(y-1)^2}{2}=1$
0309 초점 : O, A, 주축의 길이 : $2\sqrt{2}$ 0310 2π

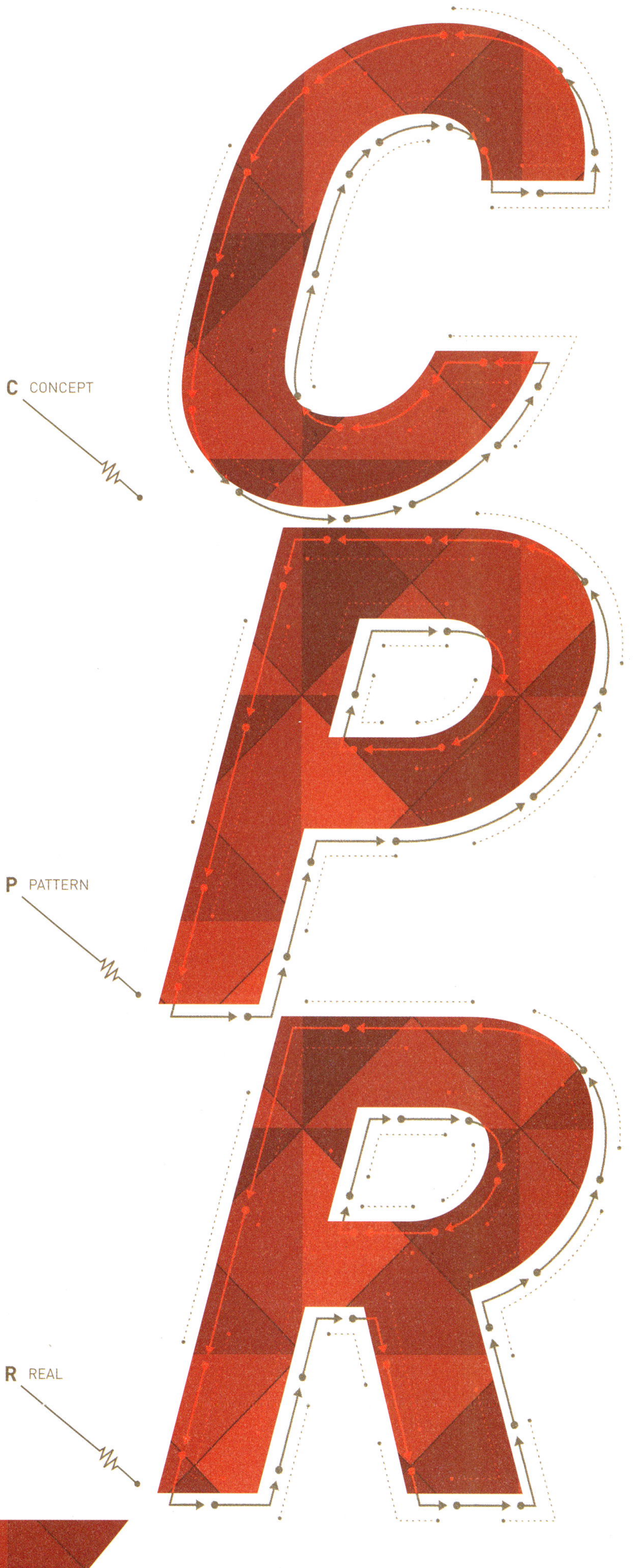

메가스터디
문제기본서

기하
정답 및 해설

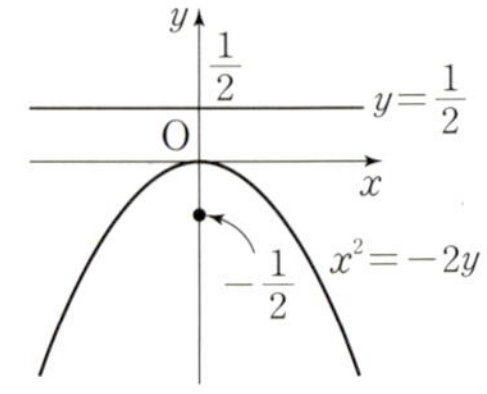

Concept 개념 체크

본문 006~007쪽

0001 답 $y^2=8x$

$y^2=4\cdot2x=8x$

0002 답 $y^2=-12x$

$y^2=4\cdot(-3)x=-12x$

0003 답 $x^2=16y$

$x^2=4\cdot4y=16y$

0004 답 $x^2=-8y$

$x^2=4\cdot(-2)y=-8y$

0005 답 초점의 좌표: $(3,\ 0)$, 준선의 방정식: $x=-3$

$y^2=12x=4\cdot3x$이므로 $p=3$

$\therefore$ 초점의 좌표: $(3,\ 0)$, 준선의 방정식: $x=-3$

0006 답 초점의 좌표: $\left(-\dfrac{1}{16},\ 0\right)$, 준선의 방정식: $x=\dfrac{1}{16}$

$y^2=-\dfrac{1}{4}x=4\cdot\left(-\dfrac{1}{16}\right)x$이므로 $p=-\dfrac{1}{16}$

$\therefore$ 초점의 좌표: $\left(-\dfrac{1}{16},\ 0\right)$, 준선의 방정식: $x=\dfrac{1}{16}$

0007 답 초점의 좌표: $\left(0,\ \dfrac{1}{4}\right)$, 준선의 방정식: $y=-\dfrac{1}{4}$

$x^2=y=4\cdot\dfrac{1}{4}y$이므로 $p=\dfrac{1}{4}$

$\therefore$ 초점의 좌표: $\left(0,\ \dfrac{1}{4}\right)$, 준선의 방정식: $y=-\dfrac{1}{4}$

0008 답 초점의 좌표: $\left(0,\ -\dfrac{1}{12}\right)$, 준선의 방정식: $y=\dfrac{1}{12}$

$x^2=-\dfrac{1}{3}y=4\cdot\left(-\dfrac{1}{12}\right)y$이므로 $p=-\dfrac{1}{12}$

$\therefore$ 초점의 좌표: $\left(0,\ -\dfrac{1}{12}\right)$, 준선의 방정식: $y=\dfrac{1}{12}$

0009 답 해설 참조

$y^2=20x=4\cdot5x$이므로 $p=5$

따라서 초점의 좌표는 $(5,\ 0)$, 준선의 방정식은 $x=-5$이고, 그래프는 오른쪽 그림과 같다.

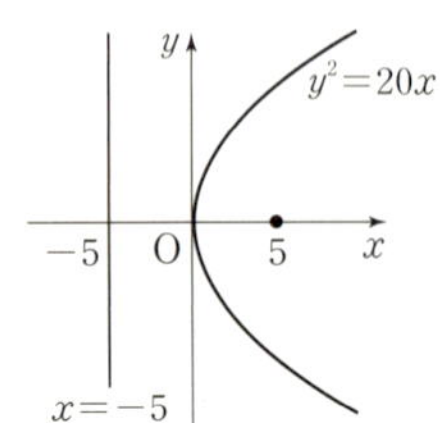

0010 답 해설 참조

$x^2=-2y=4\cdot\left(-\dfrac{1}{2}\right)y$이므로

$p=-\dfrac{1}{2}$

따라서 초점의 좌표는 $\left(0,\ -\dfrac{1}{2}\right)$,

준선의 방정식은 $y=\dfrac{1}{2}$이고, 그 그래프는 오른쪽 그림과 같다.

0011 답 $(y-1)^2=2(x+2)$

0012 답 $(y-1)^2=-8(x+2)$

0013 답 $(x+2)^2=\dfrac{1}{2}(y-1)$

0014 답 $(x+2)^2=-4(y-1)$

0015 답 초점의 좌표: $(2,\ -1)$, 준선의 방정식: $x=4$

주어진 포물선은 포물선 $y^2=-4x$를 x축의 방향으로 3만큼, y축의 방향으로 -1만큼 평행이동한 것이다.

이때 포물선 $y^2=-4x=4\cdot(-1)x$의 초점의 좌표는 $(-1,\ 0)$, 준선의 방정식은 $x=1$이므로 주어진 포물선의 초점의 좌표는 $(2,\ -1)$, 준선의 방정식은 $x=4$이다.

$\underset{\ \ \ (-1+3,\ 0-1)=(2,\ -1)}{}\qquad\underset{x=1+3=4}{}$

0016 답 초점의 좌표: $(3,\ 4)$, 준선의 방정식: $y=0$

주어진 포물선은 포물선 $x^2=8y$를 x축의 방향으로 3만큼, y축의 방향으로 2만큼 평행이동한 것이다.

이때 $x^2=8y=4\cdot2y$의 초점의 좌표는 $(0,\ 2)$, 준선의 방정식은 $y=-2$이므로 주어진 포물선의 초점의 좌표는 $(3,\ 4)$, 준선의 방정식은 $y=0$이다.

$\underset{y=-2+2=0}{}\qquad\underset{(0+3,\ 2+2)=(3,\ 4)}{}$

0017 답 $m=3,\ n=2$

$y^2-4x-4y+16=0$에서

$y^2-4y+4=4x-12$ $\quad\therefore\ (y-2)^2=4(x-3)$

따라서 주어진 방정식은 포물선 $y^2=4x$를 x축의 방향으로 3만큼, y축의 방향으로 2만큼 평행이동한 것이므로

$m=3,\ n=2$

0018 답 $m=\dfrac{1}{2},\ n=-1$

$y^2-4x+2y+3=0$에서

$y^2+2y+1=4x-2$ $\quad\therefore\ (y+1)^2=4\left(x-\dfrac{1}{2}\right)$

따라서 주어진 방정식은 포물선 $y^2=4x$를 x축의 방향으로 $\dfrac{1}{2}$만큼, y축의 방향으로 -1만큼 평행이동한 것이므로

$m=\dfrac{1}{2},\ n=-1$

0019 답 ⑴ 서로 다른 두 점에서 만난다.

⑵ 만나지 않는다.

⑶ 한 점에서 만난다. (접한다.)

(1) $y=x+7$, 즉 $x=y-7$을 $y^2=-4x$에 대입하면
$$y^2=-4(y-7) \qquad \therefore y^2+4y-28=0 \quad \cdots\cdots ㉠$$
이 이차방정식의 판별식을 D라 하면
$$\frac{D}{4}=2^2-(-28)>0 \quad \rightarrow ㉠의 \ 서로 \ 다른 \ 실근이 \ 2개, \ 즉 \ 교점이 \ 2개이다.$$
따라서 포물선과 직선은 서로 다른 두 점에서 만난다.

(2) $2x-y-5=0$, 즉 $y=2x-5$를 $y^2=-4x$에 대입하면
$$(2x-5)^2=-4x \qquad \therefore 4x^2-16x+25=0 \quad \cdots\cdots ㉠$$
이 이차방정식의 판별식을 D라 하면
$$\frac{D}{4}=(-8)^2-4\cdot25<0 \quad \rightarrow ㉠의 \ 실근이 \ 존재하지 \ 않는다, \ 즉 \ 교점이 \ 없다.$$
따라서 포물선과 직선은 만나지 않는다.

(3) $y=x-1$, 즉 $x=y+1$을 $y^2=-4x$에 대입하면
$$y^2=-4(y+1) \qquad \therefore y^2+4y+4=0 \quad \cdots\cdots ㉠$$
이 이차방정식의 판별식을 D라 하면
$$\frac{D}{4}=2^2-4=0 \quad \rightarrow ㉠의 \ 실근이 \ 오직 \ 하나, \ 즉 \ 교점이 \ 1개이다.$$
따라서 포물선과 직선은 한 점에서 만난다. (접한다.)

0020 답 (1) $k<1$ (2) $k=1$ (3) $k>1$

$y=2x+k$를 $y^2=8x$에 대입하면
$$(2x+k)^2=8x \qquad \therefore 4x^2+4(k-2)x+k^2=0$$
이 이차방정식의 판별식을 D라 하면
$$\frac{D}{4}=4(k-2)^2-4k^2=-16k+16$$
(1) $\frac{D}{4}=-16k+16>0$에서 $k<1$

(2) $\frac{D}{4}=-16k+16=0$에서 $k=1$

(3) $\frac{D}{4}=-16k+16<0$에서 $k>1$

0021 답 $y=2x+\frac{3}{4}$

$y^2=6x=4\cdot\frac{3}{2}x$에서 $p=\frac{3}{2}$이고, $m=2$이므로 접선의 방정식은
$$y=2x+\frac{\frac{3}{2}}{2} \qquad \therefore y=2x+\frac{3}{4}$$

0022 답 $y=-3x+9$

구하는 직선의 방정식을 $y=-3x+k$ (k는 상수)라 하자.
$y=-3x+k$를 $x^2=-4y$에 대입하면
$$x^2=-4(-3x+k) \qquad \therefore x^2-12x+4k=0$$
이 이차방정식의 판별식을 D라 하면
$$\frac{D}{4}=(-6)^2-4k=0$$
$$4k=36 \qquad \therefore k=9$$
따라서 접선의 방정식은
$$y=-3x+9$$

● 다른 풀이 ●

$x^2=-4y=4\cdot(-1)y$에서 $p=-1$이고, $m=-3$이므로 접선의 방정식은
$$y=-3x-(-3)^2\cdot(-1) \qquad \therefore y=-3x+9$$

0023 답 $y=-\frac{1}{2}x+1$

$y^2=-2x=4\cdot\left(-\frac{1}{2}\right)x$에서 $p=-\frac{1}{2}$이고, $x_1=-2$, $y_1=2$이므로 접선의 방정식은
$$2y=2\cdot\left(-\frac{1}{2}\right)\{x+(-2)\} \qquad \therefore y=-\frac{1}{2}x+1$$

0024 답 $y=-x-2$

$x^2=8y=4\cdot2y$에서 $p=2$이고, $x_1=-4$, $y_1=2$이므로 접선의 방정식은
$$-4x=2\cdot2(y+2) \qquad \therefore y=-x-2$$

0025 답 (1) $y_1y=2(x+x_1)$
(2) $x_1=2$, $y_1=\pm2\sqrt{2}$
(3) $y=\pm\frac{\sqrt{2}}{2}(x+2)$

(1) $y_1y=2(x+x_1)$

(2) 직선 $y_1y=2(x+x_1)$이 점 $(-2, 0)$을 지나므로
$$0=2(-2+x_1) \qquad \therefore x_1=2 \quad \cdots\cdots ㉠$$
점 (x_1, y_1)은 포물선 $y^2=4x$ 위에 있으므로
$$y_1^2=4x_1=4\cdot2=8 \ (\because ㉠)$$
$$\therefore y_1=\pm2\sqrt{2}$$

(3) $x_1=2$, $y_1=\pm2\sqrt{2}$를 $y_1y=2(x+x_1)$에 대입하면
$$\pm2\sqrt{2}y=2(x+2) \qquad \therefore y=\pm\frac{\sqrt{2}}{2}(x+2)$$

본문 008~020쪽

0026 답 ④

0027 답 ①

점 P에서 직선 $y=3$에 내린 수선의 발은 H$(x, 3)$이므로 $\overline{PF}=\overline{PH}$에서
$$\sqrt{x^2+\{y-(-3)\}^2}=|y-3|$$
위의 식의 양변을 제곱하면
$$x^2+(y+3)^2=(y-3)^2$$
$$x^2+y^2+6y+9=y^2-6y+9$$
$$\therefore x^2=-12y$$

● 다른 풀이 ●

점 P에서 점 F$(0, -3)$까지의 거리인 $\overline{PF}$와 직선 $y=3$까지의 거리인 $\overline{PH}$가 서로 같으므로 포물선의 정의에 의하여 점 F는 포물선의 초점이고 직선 $y=3$은 포물선의 준선이다.
따라서 조건을 만족시키는 도형의 방정식은 $x^2=4\cdot(-3)y=-12y$이다.

0028 답 ③

초점이 F$(3, 0)$이고 준선의 방정식이 $x=-3$이므로 포물선의 방정식은
$$y^2=4\cdot3x=12x$$

이 포물선이 점 $(2, k)$를 지나므로
$k^2=12\cdot2=24$
$\therefore k=2\sqrt{6}\ (\because k>0)$

● **다른 풀이** ●
포물선 위의 임의의 점을 $\mathrm{P}(x, y)$, 점 P에서 직선 $x=-3$에 내린 수선의 발을 H라 하면 $\overline{\mathrm{PF}}=\overline{\mathrm{PH}}$이므로
$\sqrt{(x-3)^2+y^2}=|x+3|$
위의 식의 양변을 제곱하면
$(x-3)^2+y^2=(x+3)^2$
$x^2-6x+9+y^2=x^2+6x+9$
$\therefore y^2=12x$

0029 답 ③

초점이 $\mathrm{F}(-2, 0)$이고 준선의 방정식이 $x=2$인 포물선의 방정식은
$y^2=4\cdot(-2)x=-8x$
즉, 이 포물선의 꼭짓점은 $\mathrm{A}(0, 0)$이고 축은 x축이다.
x축에 수직이고 초점 $\mathrm{F}(-2, 0)$을 지나는 직선은 $x=-2$이므로 이 직선과 포물선이 만나는 점의 y좌표는
$y^2=(-8)\cdot(-2)=16\quad\therefore y=\pm4$
따라서 두 점 B, C의 좌표가 $(-2, -4)$, $(-2, 4)$이므로 삼각형 ABC의 넓이는
$\dfrac{1}{2}\cdot\overline{\mathrm{BC}}\cdot\overline{\mathrm{AF}}=\dfrac{1}{2}\cdot\{4-(-4)\}\cdot2=8$

0030 답 ④

원점을 꼭짓점으로 하고 준선의 방정식이 $x=-2$인 포물선 C_1의 방정식은
$y^2=4\cdot2x=8x$
원점을 꼭짓점으로 하고 준선의 방정식이 $y=-\dfrac{1}{4}$인 포물선 C_2의 방정식은
$x^2=4\cdot\dfrac{1}{4}y=y$
두 포물선 C_1, C_2가 만나는 점의 x좌표는
$(x^2)^2=8x,\ x^4-8x=0$
$x(x-2)(x^2+2x+4)=0$
$\therefore x=0$ 또는 $x=2$
따라서 두 포물선 C_1, C_2가 만나는 두 점의 좌표가 $(0, 0)$, $(2, 4)$이므로 두 점 사이의 거리는
$\sqrt{2^2+4^2}=2\sqrt{5}$

0031 답 ④

0032 답 ②

포물선 $x^2=ky=4\cdot\dfrac{k}{4}y$의 초점의 좌표는 $\left(0, \dfrac{k}{4}\right)$이고 준선의 방정식은 $y=-\dfrac{k}{4}$이다.
초점과 준선 사이의 거리가 10이므로
$2\cdot\dfrac{k}{4}=10\quad\therefore k=20$

0033 답 ③

포물선 $y^2=16x=4\cdot4x$의 초점은 $\mathrm{F}(4, 0)$이고 준선의 방정식은 $x=-4$이다.
점 $\mathrm{F}(4, 0)$을 지나고 기울기가 1인 직선의 방정식은 $y=x-4$이므로 이 직선이 준선 $x=-4$와 만나는 점의 좌표는 $(-4, -8)$이다.
따라서 $p=-4$, $q=-8$이므로
$p+q=-4+(-8)=-12$

0034 답 ③

포물선 $y^2=4x$의 초점은 $\mathrm{A}(1, 0)$이고, 포물선 $x^2=ay=4\cdot\dfrac{a}{4}y$의 초점은 $\mathrm{B}\left(0, \dfrac{a}{4}\right)$이므로 $\overline{\mathrm{AB}}=2$에서
$\sqrt{(-1)^2+\left(\dfrac{a}{4}\right)^2}=2$
위의 식의 양변을 제곱하면
$1+\left(\dfrac{a}{4}\right)^2=4,\ \dfrac{a^2}{16}=3$
$a^2=48\quad\therefore a=4\sqrt{3}\ (\because a>0)$

0035 답 ②

포물선 $y^2=8x=4\cdot2x$의 초점은 $\mathrm{F}(2, 0)$이고 준선 l의 방정식은 $x=-2$이다.
포물선 $x^2=-12y=4\cdot(-3)y$의 초점은 $\mathrm{F}'(0, -3)$이고 준선 m의 방정식은 $y=3$이다.
즉, 두 직선 l, m의 교점은 $\mathrm{A}(-2, 3)$이다.
두 점 A, F를 지나는 직선의 방정식은
$y=\dfrac{3-0}{-2-2}(x-2)\quad\therefore y=-\dfrac{3}{4}x+\dfrac{3}{2}$
오른쪽 그림과 같이 이 직선이 y축과 만나는 점을 B라 하면 $\mathrm{B}\left(0, \dfrac{3}{2}\right)$이므로 삼각형 AF$'$F의 넓이는
$\triangle\mathrm{AF'F}=\triangle\mathrm{AF'B}+\triangle\mathrm{FBF'}$
$=\dfrac{1}{2}\cdot\dfrac{9}{2}\cdot2+\dfrac{1}{2}\cdot\dfrac{9}{2}\cdot2$
$=9$

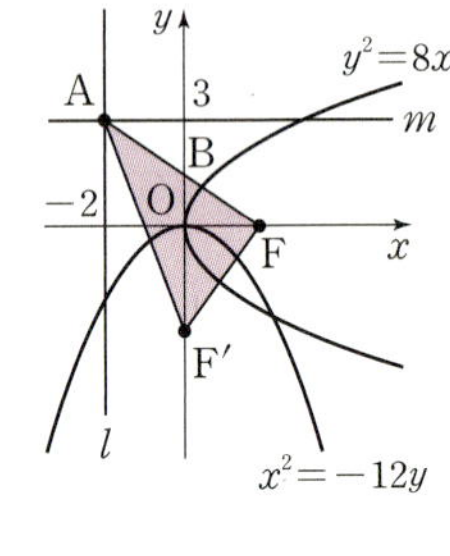

$\overline{\mathrm{BF'}}=\overline{\mathrm{BO}}+\overline{\mathrm{OF'}}$
$=\dfrac{3}{2}+3=\dfrac{9}{2}$

0036 답 ①

0037 답 ④

포물선 $x^2=8y$를 x축의 방향으로 1만큼, y축의 방향으로 a만큼 평행이동하면
$(x-1)^2=8(y-a)$
$\therefore x^2-2x-8y+8a+1=0\quad\cdots\cdots\ \bigcirc$
$\bigcirc$이 포물선 $x^2+ax+by+c=0$과 일치하므로
$a=-2$, $b=-8$, $8a+1=c\quad\therefore c=-15$
$\therefore a+b+c=-2+(-8)+(-15)=-25$

0038 답 ③

$2y^2-x+8y+9=0$에서
$2y^2+8y+8=x-1,\ 2(y+2)^2=x-1$
$\therefore (y+2)^2=4\cdot\dfrac{1}{8}(x-1)$

포물선 $y^2=4\cdot\dfrac{1}{8}x$를 x축의 방향으로 1만큼, y축의 방향으로 -2만큼 평행이동한 것이다.

따라서 주어진 포물선의 초점의 좌표는 $\left(\dfrac{1}{8}+1,\ 0-2\right)$, 즉

$\left(\dfrac{9}{8},\ -2\right)$이고 준선의 방정식은 $x=-\dfrac{1}{8}+1$, 즉 $x=\dfrac{7}{8}$이므로

$a=\dfrac{9}{8},\ b=-2,\ c=\dfrac{7}{8}$

$\therefore\ a+b+c=\dfrac{9}{8}+(-2)+\dfrac{7}{8}=0$

0039 답 ②

포물선 $x^2=-6y-12=4\cdot\left(-\dfrac{3}{2}\right)(y+2)$의 준선의 방정식은

$y=\dfrac{3}{2}-2$, 즉 $y=-\dfrac{1}{2}$

포물선 $x^2=8(y-k)=4\cdot2(y-k)$의 준선의 방정식은

$y=-2+k$

두 준선이 일치하므로

$-\dfrac{1}{2}=-2+k$ $\qquad\therefore\ k=\dfrac{3}{2}$

0040 답 ②

주어진 포물선의 꼭짓점의 좌표가 $\left(\dfrac{3}{2},\ -1\right)$이고 초점의 좌표가

$(3,\ -1)$이므로 축은 x축에 평행하다.

포물선의 초점의 y좌표가 -1이므로 포물선의 방정식을

$(y+1)^2=4k(x-a)$ $(k\neq0,\ a$는 상수$)$라 하자.

꼭짓점 $\left(\dfrac{3}{2},\ -1\right)$이 이 포물선 위에 있으므로

$0=4k\left(\dfrac{3}{2}-a\right)$ $\qquad\therefore\ a=\dfrac{3}{2}(\because\ k\neq0)$

포물선의 초점의 x좌표가 3이므로

$k+a=3$ $\qquad\cdots\cdots\ \text{㉠}$

$a=\dfrac{3}{2}$을 ㉠에 대입하면 $k=\dfrac{3}{2}$

즉, 포물선의 방정식은

$(y+1)^2=4\cdot\dfrac{3}{2}\left(x-\dfrac{3}{2}\right),\ y^2+2y+1=6\left(x-\dfrac{3}{2}\right)$

$\therefore\ y^2-6x+2y+10=0$ $\qquad\cdots\cdots\ \text{㉡}$

㉡이 포물선 $y^2+mx+2y+n=0$과 일치하므로

$m=-6,\ n=10$ $\qquad\therefore\ m+n=-6+10=4$

0041 답 ④

0042 답 ④

포물선 $y^2=-4x=4\cdot(-1)x$의 초점은 $F(-1,\ 0)$이고 준선의
방정식은 $x=1$이다.

세 점 A, B, C의 x좌표를 각각 $x_1,\ x_2,\ x_3$이라 하면 삼각형
ABC의 무게중심의 x좌표가 -2이므로

$\dfrac{x_1+x_2+x_3}{3}=-2$ $\qquad\therefore\ x_1+x_2+x_3=-6$

한편, 오른쪽 그림과 같이 세 점 A, B,
C에서 준선 $x=1$에 내린 수선의 발을 각
각 A′, B′, C′이라 하면 포물선의 정의
에 의하여

$\overline{FA}=\overline{AA'},\ \overline{FB}=\overline{BB'},\ \overline{FC}=\overline{CC'}$

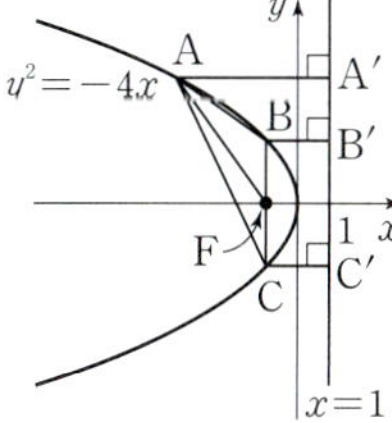

$\therefore\ \overline{FA}+\overline{FB}+\overline{FC}=\overline{AA'}+\overline{BB'}+\overline{CC'}$
$\qquad=(-x_1+1)+(-x_2+1)+(-x_3+1)$
$\qquad=3-(x_1+x_2+x_3)$
$\qquad=3-(-6)=9$

0043 답 5

포물선 $y^2=4x$의 초점은 $F(1,\ 0)$이고 준선의 방정식은 $x=-1$
이다.

오른쪽 그림과 같이 준선 $x=-1$이 x축
과 만나는 점을 A, 점 P에서 준선
$x=-1$에 내린 수선의 발을 H′이라 하
고, $\overline{PF}=a$라 하면 $\overline{PF}=\overline{PH'}$이므로

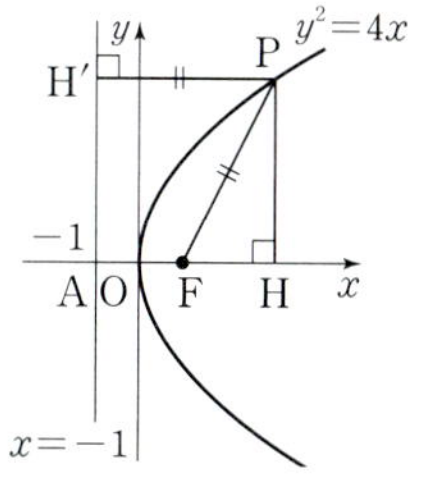

$\overline{FH}=\overline{PH'}-\overline{AF}$
$\qquad=\overline{PF}-\overline{AF}$
$\qquad=a-2$

직각삼각형 PFH에서

$\overline{PH}=\sqrt{\overline{PF}^2-\overline{FH}^2}$
$\qquad=\sqrt{a^2-(a-2)^2}$
$\qquad=\sqrt{4a-4}=2\sqrt{a-1}$

이때 삼각형 PFH의 넓이가 6이므로

$\dfrac{1}{2}\cdot(a-2)\cdot2\sqrt{a-1}=6$

$(a-2)\sqrt{a-1}=6$

위의 식의 양변을 제곱하면

$(a-2)^2(a-1)=36$

$a^3-5a^2+8a-40=0$

$(a-5)(a^2+8)=0$ $\qquad\therefore\ a=5$

따라서 선분 PF의 길이는 5이다.

0044 답 ②

포물선 $y^2=8x=4\cdot2x$의 초점은 $F(2,\ 0)$이고 준선의 방정식은
$x=-2$이다.

두 점 A, B의 x좌표를 각각 $a,\ b$라 하면

$\overline{AC}=a,\ \overline{BD}=b$

오른쪽 그림과 같이 두 점 A, B에서 준선
$x=-2$에 내린 수선의 발을 각각 A′,
B′이라 하면

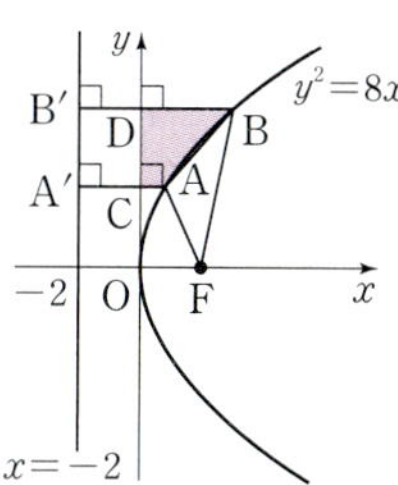

$\overline{FA}=\overline{AA'}=a+2,\ \overline{FB}=\overline{BB'}=b+2$

이때 $\overline{FA}=\dfrac{7}{3}\overline{AC}$에서

$a+2=\dfrac{7}{3}a$ $\qquad\therefore\ a=\dfrac{3}{2}$

$\overline{FB}=\dfrac{4}{3}\overline{BD}$에서

$b+2=\dfrac{4}{3}b$ $\qquad\therefore\ b=6$

따라서 $A\left(\dfrac{3}{2},\ 2\sqrt{3}\right)$, $B(6,\ 4\sqrt{3})$이므로 사각형 ABDC의 넓이는

$\dfrac{1}{2}\cdot(\overline{AC}+\overline{BD})\cdot\overline{CD}=\dfrac{1}{2}\cdot\left(\dfrac{3}{2}+6\right)\cdot(4\sqrt{3}-2\sqrt{3})$
$\qquad=\dfrac{1}{2}\cdot\dfrac{15}{2}\cdot2\sqrt{3}$
$\qquad=\dfrac{15\sqrt{3}}{2}$

0045 답 4

오른쪽 그림과 같이 세 점 F, P, H를
지나고 y축에 접하는 원의 중심을 C,
점 F에서 선분 PH에 내린 수선의 발을
A라 하면 점 C는 선분 FA 위에 있다.
또한, 원의 중심에서 현에 내린 수선의
발은 현을 수직이등분하므로

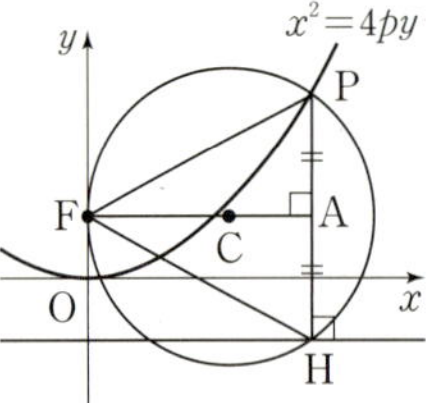

$$\overline{PA}=\overline{HA}$$

즉, 두 삼각형 PFA, HFA는 서로 합동(SAS 합동)이므로

$$\overline{PF}=\overline{HF}$$

이때 포물선의 정의에 의하여 $\overline{PF}=\overline{PH}$이므로 삼각형 PFH는 정
삼각형이다.
따라서 세 점 F, P, H를 지나는 원은 정삼각형 PFH의 외접원이
므로 원의 중심 C는 정삼각형 PFH의 무게중심과 같다.

$\angle PFA=30°$, $\overline{PF}=4\sqrt{3}$이므로

$$\overline{FA}=\overline{PF}\cdot\cos 30°=4\sqrt{3}\cdot\frac{\sqrt{3}}{2}=6$$

$\quad$ $\overline{FC}:\overline{CA}=2:1$이므로

$$\therefore\ \overline{FC}=\frac{2}{3}\cdot\overline{FA}=\frac{2}{3}\cdot 6=4$$

따라서 원의 반지름의 길이는 4이다.

0046 답 ①

0047 답 ③

포물선 $x^2=4y$의 초점은 F(0, 1)이고 준선의 방정식은 $y=-1$
이다.
오른쪽 그림과 같이 포물선
$x^2=4y$ 위의 두 점 P, Q에서 준선
$y=-1$에 내린 수선의 발을 각각 A,
B라 하면

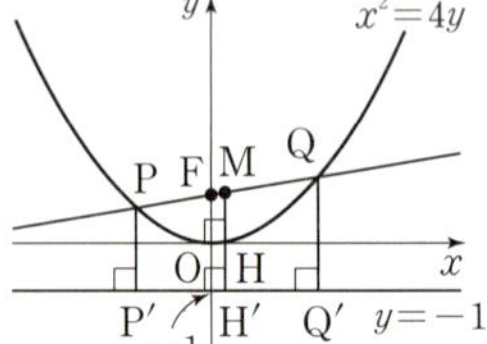

$\overline{PF}=\overline{PA}=\overline{PP'}+\overline{AP'}$에서

$$\overline{PP'}=\overline{PF}-1$$

$\overline{QF}=\overline{QB}=\overline{QQ'}+\overline{BQ'}$에서

$$\overline{QQ'}=\overline{QF}-1$$

$$\begin{aligned}
\therefore\ \overline{PP'}+\overline{QQ'}&=(\overline{PF}-1)+(\overline{QF}-1)\\
&=\overline{PF}+\overline{QF}-2\\
&=\overline{PQ}-2\\
&=5-2=3
\end{aligned}$$

사각형 PP'Q'Q는 사다리꼴이므로 그 넓이는

$$\frac{1}{2}\cdot(\overline{PP'}+\overline{QQ'})\cdot\overline{P'Q'}=\frac{1}{2}\cdot 3\cdot 4=6$$

0048 답 2

포물선 $x^2=4y$의 초점은 F(0, 1)이고 준선의 방정식은 $y=-1$
이다.
오른쪽 그림과 같이 포물선
$x^2=4y$ 위의 두 점 P, Q에서 준선
$y=-1$에 내린 수선의 발을 각각
P', Q'이라 하면 포물선의 정의에
의하여

$$\overline{PF}=\overline{PP'},\ \overline{QF}=\overline{QQ'}$$

$$\therefore\ \overline{PQ}=\overline{PF}+\overline{QF}=\overline{PP'}+\overline{QQ'}=6$$

또한, 선분 PQ의 중점 M에서 x축과 준선 $y=-1$에 내린 수선의
발을 각각 H, H'이라 하면

$$\overline{MH'}=\frac{\overline{PP'}+\overline{QQ'}}{2}=\frac{6}{2}=3$$

따라서 점 M과 x축 사이의 거리는

$$\overline{MH}=\overline{MH'}-\overline{HH'}=3-1=2$$

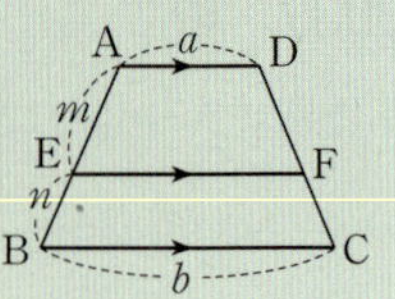

해설 속 칠판 **사다리꼴에서 평행선 사이의 선분의 길이의 비**

$\overline{AD}\ /\!/\ \overline{BC}$인 사다리꼴 ABCD에서 $\overline{EF}\ /\!/\ \overline{BC}$
이고 $\overline{AD}=a$, $\overline{BC}=b$, $\overline{AE}=m$, $\overline{EB}=n$일 때

$$\overline{EF}=\frac{an+bm}{m+n}$$

0049 답 10

포물선 $y^2=-8(x-1)=4\cdot(-2)(x-1)$의 초점은
F$(-2+1, 0)$, 즉 F$(-1, 0)$이고 준선의 방정식은 $x=2+1$,
즉 $x=3$이다.
점 F$(-1, 0)$을 지나는 직선의 방정식을 $y=m(x+1)$ $(m<0)$
이라 하자.
포물선 위의 점 A에서 준선 $x=3$에 내린 수선의 발이 C이므로
포물선의 정의에 의하여

$$\overline{AF}=\overline{AC}=\frac{5}{2}$$

즉, 점 A의 x좌표는 $3-\frac{5}{2}=\frac{1}{2}$이다.

점 A는 포물선 $y^2=-8(x-1)$ 위에 있으므로 $x=\frac{1}{2}$을 대입하면

$$y^2=-8\left(\frac{1}{2}-1\right)=4\qquad\therefore\ y=\pm 2$$

이때 점 A는 제4사분면 위에 있으므로

$$A\left(\frac{1}{2},\ -2\right)$$

또한, 점 A$\left(\frac{1}{2},\ -2\right)$가 직선 $y=m(x+1)$ 위에 있으므로

$$-2=m\left(\frac{1}{2}+1\right)\qquad\therefore\ m=-\frac{4}{3}$$

포물선 $y^2=-8(x-1)$과 직선 $y=-\frac{4}{3}(x+1)$의 교점의 x좌표는

$$\left\{-\frac{4}{3}(x+1)\right\}^2=-8(x-1)$$

$$2x^2+13x-7=0,\ (x+7)(2x-1)=0$$

$$\therefore\ x=-7\ 또는\ x=\frac{1}{2}$$

따라서 점 B의 x좌표는 -7이므로 선분 BD의 길이는

$7+3=10$ $\quad$ 점 A는 제4사분면 위에 있고 두 점 A, B는 초점 F$(-1, 0)$을 지나는
$\quad\quad\quad\quad\quad\quad$ 직선 위의 점이므로 점 B는 제2사분면 위에 있다.

0050 답 ⑤

포물선 $y^2=4x$의 초점은 F(1, 0)이고 준선의 방정식은 $x=-1$
이다.
점 F를 지나고 기울기가 $\sqrt{3}$인 직선의 방정식은

$$y=\sqrt{3}(x-1)$$

직선 $y=\sqrt{3}(x-1)$과 포물선 $y^2=4x$의 교점의 x좌표는

$$\{\sqrt{3}(x-1)\}^2=4x,\ 3x^2-10x+3=0$$

$$(3x-1)(x-3)=0\qquad\therefore\ x=\frac{1}{3}\ 또는\ x=3$$

이때 점 B의 x좌표는 점 A의 x좌표보다 크므로

$A\left(\dfrac{1}{3},\ -\dfrac{2\sqrt{3}}{3}\right)$, $B(3,\ 2\sqrt{3})$

점 A에서 준선 $x=-1$에 내린 수선의 발이 C이므로

$C\left(-1,\ -\dfrac{2\sqrt{3}}{3}\right)$

$\therefore\ \overline{AC}=\dfrac{1}{3}+1=\dfrac{4}{3}$

한편, 점 B에서 준선 $x=-1$에 내린 수
선의 발을 D라 하면

$\overline{BD}=3+1=4$

$\therefore\ \overline{AB}=\overline{AF}+\overline{BF}=\overline{AC}+\overline{BD}$

$\qquad =\dfrac{4}{3}+4=\dfrac{16}{3}$

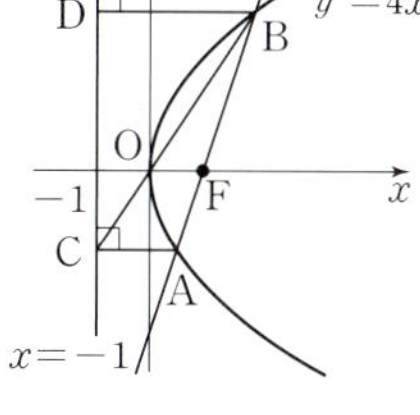

또한, 직각삼각형 BDC에서

$\overline{BC}=\sqrt{\overline{BD}^2+\overline{CD}^2}$

$\quad =\sqrt{4^2+\left(2\sqrt{3}+\dfrac{2\sqrt{3}}{3}\right)^2}$

$\quad =\dfrac{4\sqrt{21}}{3}$

따라서 삼각형 ABC의 둘레의 길이는

$\overline{AB}+\overline{BC}+\overline{AC}=\dfrac{16}{3}+\dfrac{4\sqrt{21}}{3}+\dfrac{4}{3}=\dfrac{20+4\sqrt{21}}{3}$

0051 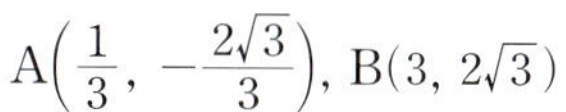 답 ③

0052 답 ④

포물선 $x^2=10y=4\cdot\dfrac{5}{2}y$의 초점은 $F\left(0,\ \dfrac{5}{2}\right)$이고 준선의 방정식

은 $y=-\dfrac{5}{2}$이다.

오른쪽 그림과 같이 두 점 P, A에서
준선 $y=-\dfrac{5}{2}$에 내린 수선의 발을
각각 H, H$'$이라 하면

$\overline{PF}=\overline{PH}$이므로

$\overline{PA}+\overline{PF}=\overline{PA}+\overline{PH}$

$\qquad\quad \geq\overline{AH'}$

$\qquad\quad =4-\left(-\dfrac{5}{2}\right)=\dfrac{13}{2}$

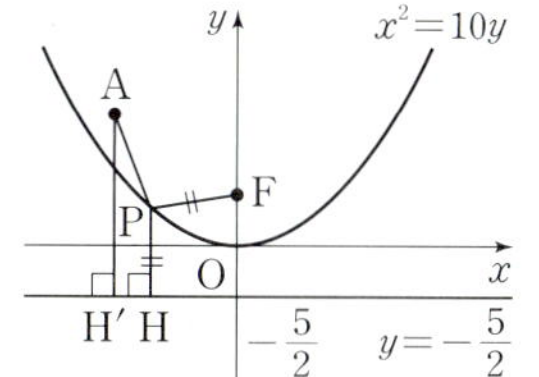

따라서 $\overline{PA}+\overline{PF}$의 최솟값은 $\dfrac{13}{2}$이다.

0053 답 ②

포물선 $y^2=x=4\cdot\dfrac{1}{4}x$의 초점을 F라 하면

$F\left(\dfrac{1}{4},\ 0\right)$

포물선의 정의에 의하여 $\overline{PF}=\overline{PH}$이므로

$\overline{PA}+\overline{PH}=\overline{PA}+\overline{PF}$

$\qquad\quad \geq\overline{AF}$

$\qquad\quad =\sqrt{\left(\dfrac{1}{4}\right)^2+(-2)^2}=\dfrac{\sqrt{65}}{4}$

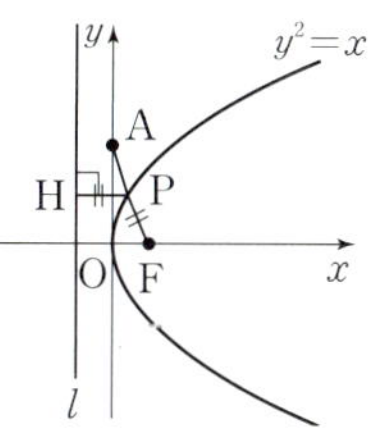

따라서 $\overline{PA}+\overline{PH}$의 최솟값은 $\dfrac{\sqrt{65}}{4}$이다.

0054 답 ③

포물선 $(y+1)^2=12(x-2)=4\cdot3(x-2)$의 초점은
$F(3+2,\ 0-1)$, 즉 $F(5,\ -1)$이고 준선의 방정식은
$x=-3+2$, 즉 $x=-1$이다.

오른쪽 그림과 같이 두 점 P, A에서
준선 $x=-1$에 내린 수선의 발을 각
각 H, H$'$이라 하면 $\overline{PF}=\overline{PH}$이므로

$\overline{PA}+\overline{PF}=\overline{PA}+\overline{PH}$

$\qquad\quad \geq\overline{AH'}$

$\qquad\quad =6-(-1)=7$

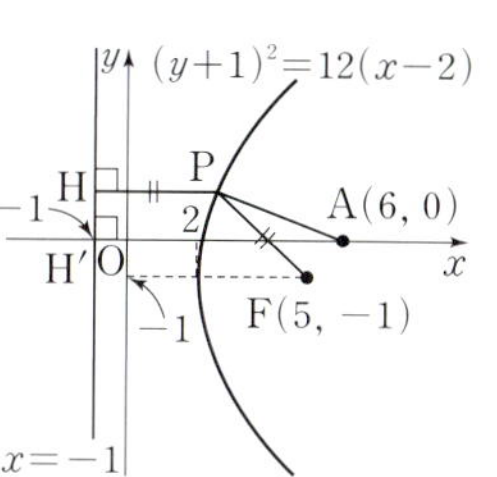

따라서 $\overline{AP}+\overline{PF}$의 최솟값은 7이다.

0055 답 13

포물선 $x^2=2y-1=4\cdot\dfrac{1}{2}\left(y-\dfrac{1}{2}\right)$의 초점의 좌표가

$\left(0,\ \dfrac{1}{2}+\dfrac{1}{2}\right)$, 즉 $(0,\ 1)$이므로 점 A는 이 포물선의 초점이고

준선의 방정식은 $y=-\dfrac{1}{2}+\dfrac{1}{2}$, 즉 $y=0$이다.

오른쪽 그림과 같이 두 점 P, B에
서 준선인 x축에 내린 수선의 발
을 각각 H, H$'$이라 하면

$\overline{PA}=\overline{PH}$이므로

$\overline{PA}+\overline{PB}=\overline{PH}+\overline{PB}$

$\qquad\quad \geq\overline{BH'}=8$

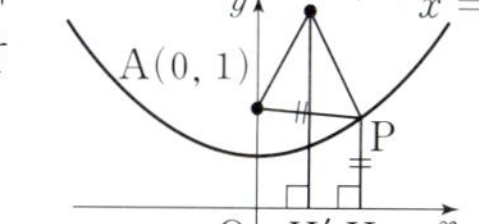

즉, 삼각형 APB의 둘레의 길이는

$\overline{AB}+\overline{PA}+\overline{PB}\geq\sqrt{1^2+7^2}+8$

$\qquad\qquad\qquad =8+5\sqrt{2}$

따라서 삼각형 APB의 둘레의 길이의 최솟값은 $8+5\sqrt{2}$이므로

$a=8$, $b=5$

$\therefore\ a+b=8+5=13$

0056 답 ②

0057 답 ⑤

점 $P(x,\ y)$에서 점 $(-2,\ -1)$까지의 거리와 y축까지의 거리가
서로 같으므로

$\sqrt{\{x-(-2)\}^2+\{y-(-1)\}^2}=|x|$

위의 식의 양변을 제곱하면

$(x+2)^2+(y+1)^2=x^2$

$\therefore\ y^2+4x+2y+5=0$

0058 답 11

점 P의 좌표를 $(x,\ y)$라 하면 점 P에서 점 $(3,\ 4)$까지의 거리와
직선 $x=-2$까지의 거리가 서로 같으므로

$\sqrt{(x-3)^2+(y-4)^2}=|x+2|$

위의 식의 양변을 제곱하면

$(x-3)^2+(y-4)^2=(x+2)^2$

$\therefore\ y^2-10x-8y+21=0$

따라서 $a=-10$, $b=21$이므로

$a+b=-10+21=11$

0059　답 ⑤

오른쪽 그림과 같이 원 $x^2+(y+3)^2=4$를
O_1이라 하고, 원 O_1에 외접하고 y축에 접
하는 원을 O_2라 하자.
원 O_2의 중심 P의 좌표를 (x, y)
$(x>0, y<0)$라 하면 원 O_2의 반지름의
길이는 x이다.

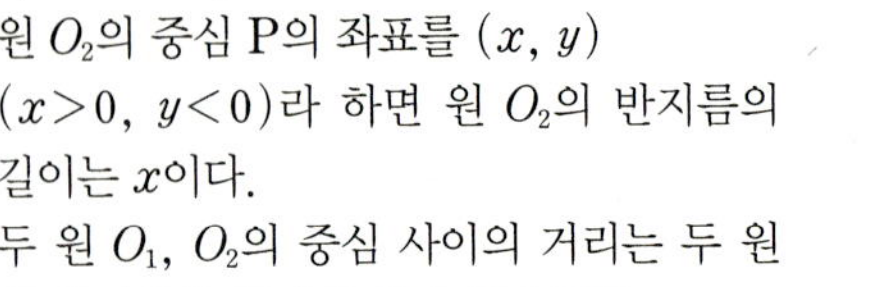

두 원 O_1, O_2의 중심 사이의 거리는 두 원
의 반지름의 길이의 합과 같으므로
$$\sqrt{x^2+\{y-(-3)\}^2}=x+2$$
위의 식의 양변을 제곱하면
$$x^2+(y+3)^2=(x+2)^2 \qquad \therefore y^2-4x+6y+5=0$$

0060　답 ②

포물선 $x^2=4y$ 위의 점 P의 좌표를 (a, b)라 하면
$$b=\frac{a^2}{4} \qquad \cdots\cdots \text{㉠}$$
포물선 $x^2=4y$의 꼭짓점은 A$(0, 0)$이고, 선분 AP를 $2:1$로 내
분하는 점 Q의 좌표를 (x, y)라 하면
$$x=\frac{2a+0}{2+1}=\frac{2}{3}a, \quad y=\frac{2b+0}{2+1}=\frac{2}{3}b$$
$$\therefore a=\frac{3}{2}x, \quad b=\frac{3}{2}y \qquad \cdots\cdots \text{㉡}$$
㉡을 ㉠에 대입하면
$$\frac{3}{2}y=\frac{\left(\frac{3}{2}x\right)^2}{4} \qquad \therefore x^2=\frac{8}{3}y$$

따라서 점 Q가 나타내는 포물선의 방정식은 $x^2=\frac{8}{3}y$이므로 포물
선 $x^2=\frac{8}{3}y=4\cdot\frac{2}{3}y$의 초점의 좌표는 $\left(0, \frac{2}{3}\right)$이다.

0061　답 ④

0062　답 ①

$y=mx+1$을 $y^2=\frac{1}{2}x$에 대입하면
$$(mx+1)^2=\frac{1}{2}x$$
$$\therefore 2m^2x^2+(4m-1)x+2=0$$
이 이차방정식의 판별식을 D라 하면
$$D=(4m-1)^2-16m^2>0$$
$$-8m+1>0 \qquad \therefore 0<m<\frac{1}{8} \ (\because m>0)$$

0063　답 7

$A\cap B=\varnothing$이므로 포물선 $x^2=y$와 직선 $y=mx-4$는 만나지 않
는다.
$y=mx-4$를 $x^2=y$에 대입하면
$$x^2=mx-4 \qquad \therefore x^2-mx+4=0$$
이 이차방정식의 판별식을 D라 하면
$$D=(-m)^2-16<0, \ (m+4)(m-4)<0$$
$$\therefore -4<m<4$$
따라서 정수 m의 개수는 $-3, -2, -1, \cdots, 3$의 7이다.

0064　답 ④

직선 $x-y-2=0$을 x축의 방향으로 k만큼 평행이동하면
$$(x-k)-y-2=0$$
$$\therefore y=x-k-2 \qquad \cdots\cdots \text{㉠}$$
포물선 $x^2-8y+16=0$과 직선 ㉠이 만나므로 ㉠을
$x^2-8y+16=0$에 대입하면
$$x^2-8(x-k-2)+16=0$$
$$\therefore x^2-8x+8k+32=0$$
이 이차방정식의 판별식을 D라 하면
$$\frac{D}{4}=(-4)^2-(8k+32)\geq0$$
$$-8k-16\geq0 \qquad \therefore k\leq-2$$
따라서 실수 k의 최댓값은 -2이다.

0065　답 13

$y=mx-m-2$를 $x^2=2(y-2)$에 대입하면
$$x^2=2(mx-m-2-2)$$
$$\therefore x^2-2mx+2m+8=0$$
이 이차방정식의 판별식을 D라 하면
$$\frac{D}{4}=(-m)^2-(2m+8)=(m+2)(m-4)$$
(ⅰ) 포물선과 직선이 서로 다른 두 점에서 만나는 경우
$$\frac{D}{4}=(m+2)(m-4)>0에서$$
$$m<-2 \ 또는 \ m>4$$
이때 m은 자연수이므로
$$a_5=a_6=a_7=\cdots=2$$
(ⅱ) 포물선과 직선이 한 점에서 만나는 경우
$$\frac{D}{4}=(m+2)(m-4)=0에서$$
$$m=-2 \ 또는 \ m=4$$
이때 m은 자연수이므로
$$a_4=1$$
(ⅲ) 포물선과 직선이 만나지 않는 경우
$$\frac{D}{4}=(m+2)(m-4)<0에서$$
$$-2<m<4$$
이때 m은 자연수이므로
$$a_1=a_2=a_3=0$$
(ⅰ), (ⅱ), (ⅲ)에서 $a_1+a_2+a_3+\cdots+a_{10}=0\cdot3+1+2\cdot6=13$

0066　답 ⑤

0067　답 ②

직선 $y=\frac{1}{2}x-6$과 평행한 직선의 기울기는 $\frac{1}{2}$이므로 포물선
$y^2=-6x=4\cdot\left(-\frac{3}{2}\right)x$에 접하고 기울기가 $\frac{1}{2}$인 직선의 방정식은
$$y=\frac{1}{2}x+\frac{-\frac{3}{2}}{\frac{1}{2}} \qquad \therefore y=\frac{1}{2}x-3$$
이 직선이 점 $(4, k)$를 지나므로
$$k=\frac{1}{2}\cdot4-3=-1$$

0068 답 ②

기울기가 m $(m\neq 0)$인 직선에 수직인 직선의 기울기는 $-\dfrac{1}{m}$이다.

직선 $y=4x+6$에 수직인 직선의 기울기는 $-\dfrac{1}{4}$이므로 이 직선의

방정식을 $y=-\dfrac{1}{4}x+k$ (k는 상수)라 하자.

직선 $y=-\dfrac{1}{4}x+k$가 포물선 $x^2=8y$에 접하므로 $y=-\dfrac{1}{4}x+k$

를 $x^2=8y$에 대입하면

$x^2=8\left(-\dfrac{1}{4}x+k\right)$ $\therefore\ x^2+2x-8k=0$

이 이차방정식의 판별식을 D라 하면

$\dfrac{D}{4}=1+8k=0$ $\therefore\ k=-\dfrac{1}{8}$

따라서 구하는 직선의 방정식은 $y=-\dfrac{1}{4}x-\dfrac{1}{8}$이므로 y절편은

$-\dfrac{1}{8}$이다.

● 다른 풀이 ●

직선 $y=4x+6$에 수직인 직선의 기울기는 $-\dfrac{1}{4}$이므로 포물선

$x^2=8y=4\cdot 2y$에 접하고 기울기가 $-\dfrac{1}{4}$인 직선의 방정식은

$y=-\dfrac{1}{4}x-\left(-\dfrac{1}{4}\right)^2\cdot 2$ $\therefore\ y=-\dfrac{1}{4}x-\dfrac{1}{8}$

0069 답 ③

포물선 $y^2=4x$에 접하고 기울기가 -1인 직선의 방정식은
$y=-x-1$이므로
$k=-1$
직선 $y=-x-1$이 포물선 $x^2=py$에 접하므로 $y=-x-1$을
$x^2=py$에 대입하면
$x^2=p(-x-1)$ $\therefore\ x^2+px+p=0$
이 이차방정식의 판별식을 D라 하면
$D=p^2-4p=0,\ p(p-4)=0$
$\therefore\ p=0$ 또는 $p=4$
이때 $p=0$이면 $x^2=py$는 포물선이 아니므로
$p=4$
$\therefore\ k+p=-1+4=3$

● 다른 풀이 ●

포물선 $y^2=4x$에 접하고 기울기가 -1인 직선의 방정식은
$y=-x-1$이므로
$k=-1$
포물선 $x^2=py=4\cdot\dfrac{p}{4}y$에 접하고 기울기가 -1인 직선의 방정식은

$y=-x-(-1)^2\cdot\dfrac{p}{4}$ $\therefore\ y=-x-\dfrac{p}{4}$

즉, $-\dfrac{p}{4}=-1$에서 $p=4$

0070 답 ④

$2x^2-3x-2=0$에서 $(2x+1)(x-2)=0$

$\therefore\ x=-\dfrac{1}{2}$ 또는 $x=2$

$m_1=-\dfrac{1}{2}$, $m_2=2$라 하면 포물선 $y^2=x=4\cdot\dfrac{1}{4}x$에 접하는 두 직

선 l_1, l_2의 방정식은

$l_1:y=-\dfrac{1}{2}x+\dfrac{\dfrac{1}{4}}{-\dfrac{1}{2}}=-\dfrac{1}{2}x-\dfrac{1}{2}$

$l_2:y=2x+\dfrac{\dfrac{1}{4}}{2}=2x+\dfrac{1}{8}$

두 직선 l_1, l_2가 만나는 점의 x좌표는

$-\dfrac{1}{2}x-\dfrac{1}{2}=2x+\dfrac{1}{8}$

$\therefore\ x=-\dfrac{1}{4}$

따라서 두 직선 l_1, l_2가 만나는 점의 좌표는 $\left(-\dfrac{1}{4},\ -\dfrac{3}{8}\right)$이므로

$a=-\dfrac{1}{4},\ b=-\dfrac{3}{8}$

$\therefore\ a+b=-\dfrac{1}{4}+\left(-\dfrac{3}{8}\right)$

$\qquad\quad=-\dfrac{5}{8}$

0071 답 ②

0072 답 ②

포물선 $x^2=-6y=4\cdot\left(-\dfrac{3}{2}\right)y$ 위의 점 $\left(3,\ -\dfrac{3}{2}\right)$에서의 접선의

방정식은

$3x=2\cdot\left(-\dfrac{3}{2}\right)\left(y-\dfrac{3}{2}\right)$ $\therefore\ y=-x+\dfrac{3}{2}$

따라서 이 직선의 y절편은 $\dfrac{3}{2}$이다.

0073 답 ⑤

포물선 $y^2=-18x=4\cdot\left(-\dfrac{9}{2}\right)x$ 위의 점 $\mathrm{P}(-2,\ 6)$에서의 접선

l의 방정식은

$6y=2\cdot\left(-\dfrac{9}{2}\right)(x-2)$ $\therefore\ y=-\dfrac{3}{2}x+3$

직선 l에 수직인 직선의 기울기는 $\dfrac{2}{3}$이므로 점 $\mathrm{P}(-2,\ 6)$을 지나

고 직선 l에 수직인 직선 m의 방정식은

$y-6=\dfrac{2}{3}(x+2)$ $\therefore\ y=\dfrac{2}{3}x+\dfrac{22}{3}$

따라서 오른쪽 그림과 같이 두 직선 l,
m 및 x축으로 둘러싸인 도형은 직각삼
각형이므로 그 넓이는

$\dfrac{1}{2}\cdot\{2-(-11)\}\cdot 6=39$

0074 답 0

포물선 $x^2=8y=4\cdot 2y$ 위의 점 $(4,\ 2)$에서의 접선 l의 방정식은
$4x=2\cdot 2(y+2)$

$\therefore\ y=x-2$ $\cdots\cdots\ \text{㉠}$

포물선 $x^2=4\cdot 2y$의 초점은 $\mathrm{F}(0,\ 2)$

이므로 점 F를 지나고 직선 l에 수
직인 직선의 방정식은

$y=-x+2$ $\cdots\cdots\ \text{㉡}$

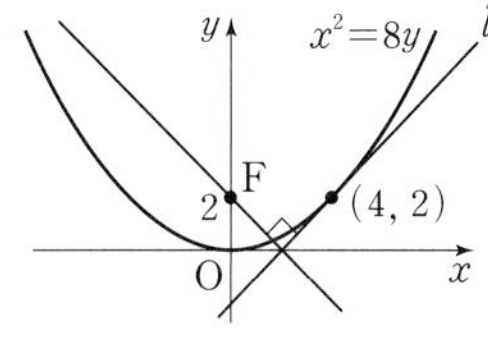

점 F에서 직선 l에 내린 수선의 발의 좌표는 두 직선 ㉠, ㉡의 교점의 좌표와 같으므로
$$x-2=-x+2 \quad \therefore x=2$$
따라서 수선의 발의 좌표는 $(2, 0)$이므로
$$p=2, q=0$$
$$\therefore pq=2 \cdot 0=0$$

0075 답 ②

포물선 $y^2=8x=4 \cdot 2x$ 위의 점 $P(a, b)$에서의 접선의 방정식은
$$by=2 \cdot 2(x+a) \quad \therefore y=\frac{4}{b}(x+a)$$
이 직선이 x축과 만나는 점은 $Q(-a, 0)$이고, $\overline{PQ}=2\sqrt{3}$이므로
$$\sqrt{\{a-(-a)\}^2+b^2}=2\sqrt{3}$$
위의 식의 양변을 제곱하면
$$4a^2+b^2=12 \quad \cdots\cdots ㉠$$
점 $P(a, b)$는 포물선 $y^2=8x$ 위에 있으므로
$$b^2=8a \quad \cdots\cdots ㉡$$
㉡을 ㉠에 대입하면
$$4a^2+8a=12, a^2+2a-3=0$$
$$(a+3)(a-1)=0$$
$$\therefore a=1 \ (\because a>0)$$
$a=1$을 ㉡에 대입하면
$$b^2=8 \quad \therefore b=2\sqrt{2} \ (\because b>0)$$
따라서 삼각형 OPQ의 넓이는
$$\frac{1}{2} \cdot 1 \cdot 2\sqrt{2}=\sqrt{2}$$

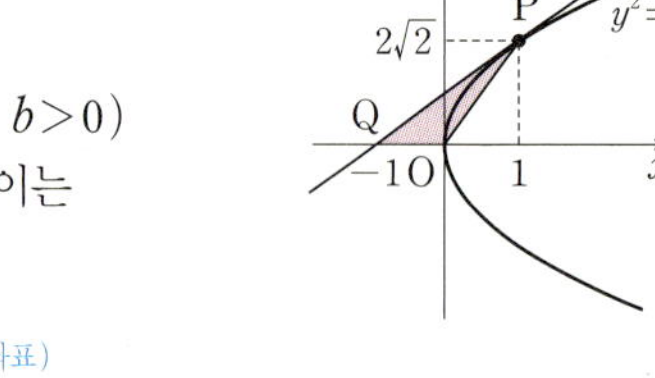

$\frac{1}{2} \cdot \overline{OQ} \cdot (점\ P의\ y좌표)$

0076 답 ⑤

0077 답 ②

점 $(0, 2)$를 지나고 기울기가 $m \ (m<0)$인 직선의 방정식은
$$y=mx+2$$
이 식을 $x^2=-y$에 대입하면
$$x^2=-(mx+2) \quad \therefore x^2+mx+2=0$$
이 이차방정식이 중근을 가지므로 판별식을 D라 하면
$$D=m^2-8=0, m^2=8$$
$$\therefore m=-2\sqrt{2} \ (\because m<0)$$
따라서 직선 $y=-2\sqrt{2}x+2$가 점 $(\sqrt{2}, k)$를 지나므로
$$k=-2\sqrt{2} \cdot \sqrt{2}+2=-2$$

● 다른 풀이 ●

점 $(0, 2)$에서 포물선 $x^2=-y=4 \cdot \left(-\frac{1}{4}\right)y$에 그은 접선의 접점의 좌표를 (x_1, y_1)이라 하면 접선의 방정식은
$$x_1 x=2 \cdot \left(-\frac{1}{4}\right)(y+y_1)$$
이 직선이 점 $(0, 2)$를 지나므로
$$0=-\frac{1}{2}(2+y_1) \quad \therefore y_1=-2 \quad \cdots\cdots ㉠$$
점 (x_1, y_1)은 포물선 $x^2=-y$ 위에 있으므로
$$x_1^2=-y_1=2 \ (\because ㉠)$$
$$\therefore x_1=-\sqrt{2} \ 또는 \ x_1=\sqrt{2}$$
$$\therefore y=2\sqrt{2}x+2 \ 또는 \ y=-2\sqrt{2}x+2$$
각각 두 점 $(-\sqrt{2}, -2)$, $(\sqrt{2}, -2)$에서의 접선의 방정식이다.
따라서 기울기가 음수인 직선은 $y=-2\sqrt{2}x+2$이다.

0078 답 ①

점 $\left(-2, -\frac{5}{2}\right)$를 지나고 기울기가 m인 직선의 방정식은
$$y=m(x+2)-\frac{5}{2} \quad \therefore y=mx+2m-\frac{5}{2}$$
이 식을 $x^2=2y$에 대입하면
$$x^2=2\left(mx+2m-\frac{5}{2}\right)$$
$$\therefore x^2-2mx-4m+5=0$$
이 이차방정식이 중근을 가지므로 판별식을 D라 하면
$$\frac{D}{4}=m^2+4m-5=0$$
이차방정식 $m^2+4m-5=0$의 두 실근이 두 접선의 기울기와 같으므로 근과 계수의 관계에 의하여 두 접선의 기울기의 곱은 -5이다.

● 다른 풀이 ●

점 $\left(-2, -\frac{5}{2}\right)$에서 포물선 $x^2=2y=4 \cdot \frac{1}{2}y$에 그은 접선의 접점의 좌표를 (x_1, y_1)이라 하면 접선의 방정식은
$$x_1 x=2 \cdot \frac{1}{2}(y+y_1) \quad \cdots\cdots ㉠$$
$x_1 x=y+y_1$
$\therefore y=x_1 x-y_1$
이 직선이 점 $\left(-2, -\frac{5}{2}\right)$를 지나므로
$$-2x_1=-\frac{5}{2}+y_1$$
$$\therefore y_1=-2x_1+\frac{5}{2} \quad \cdots\cdots ㉡$$
점 (x_1, y_1)은 포물선 $x^2=2y$ 위에 있으므로
$$x_1^2=2y_1=2\left(-2x_1+\frac{5}{2}\right) \ (\because ㉡)$$
$$=-4x_1+5$$
에서 $x_1^2+4x_1-5=0$
$$(x_1+5)(x_1-1)=0$$
$$\therefore x_1=-5 \ 또는 \ x_1=1$$
㉠에서 접선의 기울기가 x_1이므로 두 접선의 기울기의 곱은
$$(-5) \cdot 1=-5$$

0079 답 5

점 $(-1, 0)$을 지나고 기울기가 $a_n \ (a_n>0)$인 직선의 방정식은
$$y=a_n(x+1)$$
이 식을 $y^2=nx$에 대입하면
$$a_n^2(x+1)^2=nx$$
$$\therefore a_n^2 x^2+(2a_n^2-n)x+a_n^2=0$$
이 이차방정식이 중근을 가지므로 판별식을 D라 하면
$$D=(2a_n^2-n)^2-4a_n^4=0$$
$$-4na_n^2+n^2=0 \quad \therefore a_n^2=\frac{n}{4}$$
$$\therefore a_2^2+a_4^2+a_6^2+a_8^2=\frac{1}{2}+1+\frac{3}{2}+2=5$$

● 다른 풀이 ●

포물선 $y^2=nx=4 \cdot \frac{n}{4}x$에 접하고 기울기가 $a_n \ (a_n>0)$인 직선의 방정식은
$$y=a_n x+\frac{\frac{n}{4}}{a_n} \quad \therefore y=a_n x+\frac{n}{4a_n}$$

이 직선이 점 $(-1, 0)$을 지나므로

$$0 = -a_n + \frac{n}{4a_n} \qquad \therefore a_n^2 = \frac{n}{4}$$

0080 답 ⑤

점 $A(-1, 4)$를 지나고 기울기가 m인 직선의 방정식은

$$y = m(x+1) + 4$$

이 식을 $y^2 = 4x$에 대입하면

$$\{m(x+1) + 4\}^2 = 4x$$
$$m^2(x+1)^2 + 8m(x+1) + 16 = 4x$$
$$\therefore m^2 x^2 + 2(m^2 + 4m - 2)x + m^2 + 8m + 16 = 0$$

이 이차방정식이 중근을 가지므로 판별식을 D라 하면

$$\frac{D}{4} = (m^2 + 4m - 2)^2 - m^2(m^2 + 8m + 16) = 0$$
$$-4m^2 - 16m + 4 = 0, \ m^2 + 4m - 1 = 0$$
$$\therefore m = -2 \pm \sqrt{5}$$

즉, 두 접선의 방정식은

$$y = (-2-\sqrt{5})(x+1) + 4 = -(2+\sqrt{5})x + 2 - \sqrt{5},$$
$$y = (-2+\sqrt{5})(x+1) + 4 = (-2+\sqrt{5})x + 2 + \sqrt{5}$$

이므로

$$B(0, 2+\sqrt{5}), \ C(0, 2-\sqrt{5})$$

따라서 삼각형 ACB의 넓이는

$$\frac{1}{2} \cdot \{2+\sqrt{5} - (2-\sqrt{5})\} \cdot 1 = \sqrt{5}$$

$\frac{1}{2} \cdot \overline{BC} \cdot |$ 점 A의 x좌표 $|$

● 다른 풀이 ●

점 $A(-1, 4)$에서 포물선 $y^2 = 4x$에 그은 접선의 기울기를 m이라 하면 접선의 방정식은

$$y = mx + \frac{1}{m}$$

이 직선이 점 $A(-1, 4)$를 지나므로

$$4 = -m + \frac{1}{m}, \ m^2 + 4m - 1 = 0$$
$$\therefore m = -2 \pm \sqrt{5}$$

즉, 두 접선의 방정식은

$$y = -(2+\sqrt{5})x - \frac{1}{2+\sqrt{5}}, \ y = (-2+\sqrt{5})x + \frac{1}{-2+\sqrt{5}}$$

0081 답 ②

0082 답 ①

직선 $y = -x + 2$와 평행한 직선의 기울기는 -1이므로 포물선 $x^2 = -2y = 4 \cdot \left(-\frac{1}{2}\right)y$에 접하고 기울기가 -1인 직선의 방정식은

$$y = -x - (-1)^2 \cdot \left(-\frac{1}{2}\right)$$
$$\therefore y = -x + \frac{1}{2}$$

이 직선 위의 점 $\left(0, \frac{1}{2}\right)$과 직선 $y = -x + 2$, 즉 $x + y - 2 = 0$ 사이의 거리는

$$\frac{\left|0 + \frac{1}{2} - 2\right|}{\sqrt{1^2 + 1^2}} = \frac{3\sqrt{2}}{4}$$

따라서 구하는 거리의 최솟값은 $\frac{3\sqrt{2}}{4}$이다.

0083 답 ③

직선 $y = x + k$와 평행한 직선의 기울기는 1이므로 포물선 $x^2 = 8y = 4 \cdot 2y$에 접하고 기울기가 1인 직선의 방정식은

$$y = x - 2$$

이 직선 위의 점 $(0, -2)$와 직선 $y = x + k$, 즉 $x - y + k = 0$ 사이의 거리는

$$\frac{|0 - (-2) + k|}{\sqrt{1^2 + (-1)^2}} = \frac{|2+k|}{\sqrt{2}}$$
$$\frac{|2+k|}{\sqrt{2}} = 4\sqrt{2} \text{에서}$$
$$|2+k| = 8$$
$$\therefore k = -10 \ (\because k < 0)$$

0084 답 ③

포물선 $y^2 = 4x$ 위의 점 P의 좌표를 $\left(\frac{a^2}{4}, a\right)$라 하고 포물선 $y^2 = 4x$ 위의 점 $P\left(\frac{a^2}{4}, a\right)$에서의 접선을 l이라 하자.

직선 l의 방정식은

$$ay = 2\left(x + \frac{a^2}{4}\right) \qquad \therefore y = \frac{2}{a}x + \frac{a}{2}$$

선분 AP의 길이가 최소이려면 직선 AP와 직선 l이 수직으로 만나야 하므로

직선 AP의 기울기와 직선 l의 기울기의 곱은 -1이다.

$$\frac{a-4}{\frac{a^2}{4} - (-1)} \cdot \frac{2}{a} = -1$$
$$2a - 8 = -\frac{a^3}{4} - a, \ a^3 + 12a - 32 = 0$$
$$(a-2)(a^2 + 2a + 16) = 0$$
$$\therefore a = 2$$

따라서 $P(1, 2)$이므로 구하는 거리의 최솟값은

$$\overline{AP} = \sqrt{\{1 - (-1)\}^2 + (2-4)^2} = 2\sqrt{2}$$

0085 답 ⑤

삼각형 ABP의 넓이가 최소이려면 점 P와 직선 AB 사이의 거리가 최소이어야 한다.

즉, 포물선 $y^2 = -4x$ 위의 점 P에서의 접선과 직선 AB가 평행해야 한다.

포물선 $y^2 = -4x = 4 \cdot (-1)x$ 위의 점 $P(a, b)$에서의 접선의 방정식은

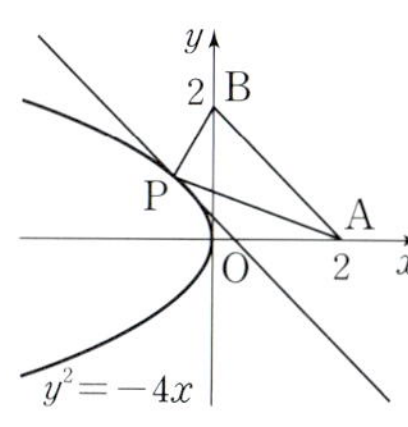

$$by = -2(x+a) \qquad \therefore y = -\frac{2}{b}x - \frac{2a}{b} \qquad \cdots\cdots \text{㉠}$$

두 점 $A(2, 0)$, $B(0, 2)$에 대하여 직선 AB의 기울기는

$$\frac{2-0}{0-2} = -1 \qquad \cdots\cdots \text{㉡}$$

㉠, ㉡에서

$$-1 = -\frac{2}{b} \qquad \therefore b = 2$$

한편, 점 $P(a, b)$가 포물선 $y^2 = -4x$ 위에 있으므로

$$b^2 = -4a$$

$b = 2$를 대입하면

$$4 = -4a \qquad \therefore a = -1$$
$$\therefore a + b = -1 + 2 = 1$$

0086 답 ②

0087 답 24

오른쪽 그림과 같이 포물선의 준선을
m이라 하고, 포물선 위의 두 점 Q, R
에서 준선 m에 내린 수선의 발을 각각
Q′, R′이라 하자.

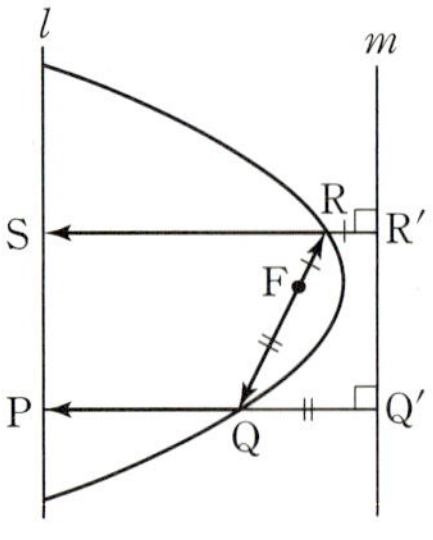

포물선의 정의에 의하여
$$\overline{QF}=\overline{QQ'}, \quad \overline{RF}=\overline{RR'}$$
이때 $\overline{PQ}=5$, $\overline{QF}=7$이므로
$$\overline{PQ'}=\overline{PQ}+\overline{QQ'}=\overline{PQ}+\overline{QF}$$
$$=5+7=12$$
$$\therefore \ \overline{PQ}+\overline{QR}+\overline{RS}=\overline{PQ}+(\overline{QF}+\overline{RF})+\overline{RS}$$
$$=(\overline{PQ}+\overline{QQ'})+(\overline{RR'}+\overline{RS})$$
$$=\overline{PQ'}+\overline{R'S}$$
$$=2\overline{PQ'}$$
$$=2\cdot12=24$$

0088 답 ③

오른쪽 그림과 같이 태풍의 궤도를 좌표
평면 위에 놓고 섬의 위치를 F, 태풍의
눈의 위치를 P라 하고, 원점을 꼭짓점,
$F(p, 0)$을 초점으로 하는 포물선을
$y^2=4px$라 하자.

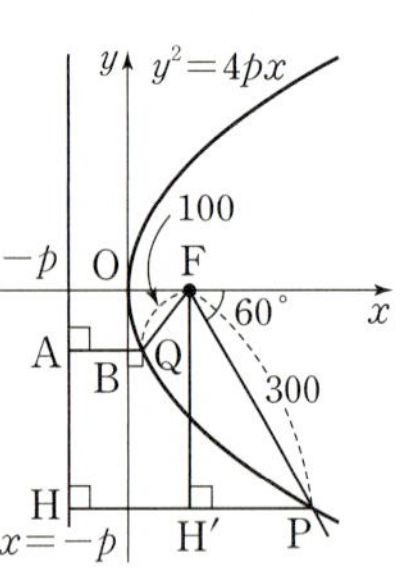

점 P에서 포물선의 준선 $x=-p$에 내린
수선의 발을 H라 하면 포물선의 정의에
의하여
$$\overline{PH}=\overline{PF}=300(km)$$
점 F에서 선분 PH에 내린 수선의 발을 H′이라 하면 직각삼각형
FH′P에서
$$\overline{PH'}=\overline{PF}\cdot\cos 60°$$
$$=300\cdot\frac{1}{2}=150$$
이때 $\overline{PH}=\overline{HH'}+\overline{PH'}$이므로
$$300=2p+150 \qquad \therefore \ p=75$$
즉, 포물선의 방정식은 $y^2=4\cdot75x=300x$이다.
한편, 태풍의 눈과 섬 사이의 거리가 처음으로 100 km가 될 때의
태풍의 눈의 위치를 Q, 점 Q에서 포물선의 준선 $x=-p$에 내린
수선의 발을 A라 하면 포물선의 정의에 의하여
$$\overline{QA}=\overline{QF}=100(km)$$
점 Q에서 y축에 내린 수선의 발을 B라 하면
$$\overline{QA}=\overline{AB}+\overline{BQ}$$이므로
$$100=75+\overline{BQ}$$
$$\therefore \ \overline{BQ}=25(km)$$
즉, 태풍의 눈과 섬 사이의 거리가 처음으로 100 km가 될 때, 태
풍의 눈과 포물선의 축 사이의 거리는 점 Q와 x축 사이의 거리와
같으므로
$$y^2=300\cdot25=7500$$
$$\therefore \ y=\pm50\sqrt{3}$$
따라서 구하는 거리는 $50\sqrt{3}$ km이다.

0089 답 ③

오른쪽 그림과 같이 포물선 모양의 도로
를 포물선의 꼭짓점 A가 좌표평면의 원
점에 오도록 놓자.

포물선의 준선을 l이라 하고 점 A, B,
C, D, E에서 준선 l에 내린 수선의 발
을 각각 A′, B′, C′, D′, E′이라 하면
포물선의 정의에 의하여

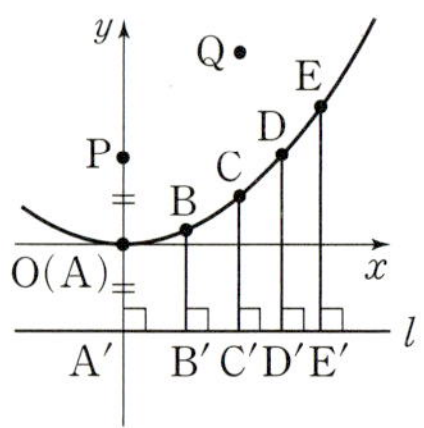

$$\overline{AP}=\overline{AA'}, \ \overline{BP}=\overline{BB'}, \ \overline{CP}=\overline{CC'}, \ \overline{DP}=\overline{DD'}, \ \overline{EP}=\overline{EE'}$$
즉, 각 점에서 두 점 P, Q까지의 거리의 합은
$$\overline{AP}+\overline{AQ}=\overline{AA'}+\overline{AQ}>\overline{QC'}$$
$$\overline{BP}+\overline{BQ}=\overline{BB'}+\overline{BQ}>\overline{QC'}$$
$$\overline{CP}+\overline{CQ}=\overline{CC'}+\overline{CQ}=\overline{QC'}$$
$$\overline{DP}+\overline{DQ}=\overline{DD'}+\overline{DQ}>\overline{QC'}$$
$$\overline{EP}+\overline{EQ}=\overline{EE'}+\overline{EQ}>\overline{QC'}$$
따라서 구하는 위치로 가장 알맞은 지점은 C이다.

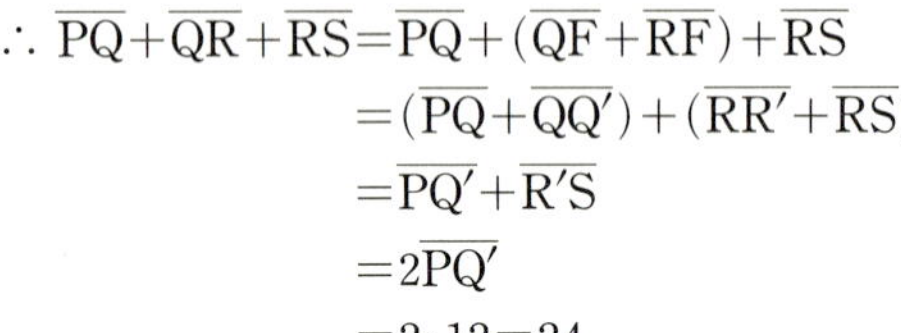

본문 021~023쪽

0090 답 ④

> **One Point Lesson**
> 포물선의 평행이동을 이용하여 두 포물선의 초점의 좌표와 준선의 방정식을
> 각각 구한다.

$y^2-4x-2y+9=0$에서
$$y^2-2y+1=4x-8$$
$$\therefore \ (y-1)^2=4(x-2) \qquad \cdots\cdots \ \text{㉠}$$
포물선 ㉠의 초점의 좌표는 $(1+2, \ 0+1)$, 즉 $(3, 1)$이고 준선
의 방정식은 $x=-1+2$, 즉 $x=1$이다.
$x^2+ax+4y+b=0$에서
$$x^2+ax+\frac{a^2}{4}=-4y-b+\frac{a^2}{4}$$
$$\therefore \ \left(x+\frac{a}{2}\right)^2=4\cdot\left\{-\left(y+\frac{b}{4}-\frac{a^2}{16}\right)\right\} \qquad \cdots\cdots \ \text{㉡}$$
포물선 ㉡의 초점의 좌표는 $\left(0-\frac{a}{2}, \ -1-\frac{b}{4}+\frac{a^2}{16}\right)$, 즉
$\left(-\frac{a}{2}, \ -1-\frac{b}{4}+\frac{a^2}{16}\right)$이고 준선의 방정식은
$y=1-\frac{b}{4}+\frac{a^2}{16}$이다.
포물선 ㉡의 초점 $\left(-\frac{a}{2}, \ -1-\frac{b}{4}+\frac{a^2}{16}\right)$이 포물선 ㉠의 준선
$x=1$ 위에 있으므로
$$-\frac{a}{2}=1 \qquad \therefore \ a=-2$$
포물선 ㉠의 초점 $(3, 1)$이 포물선 ㉡의 준선 $y=1-\frac{b}{4}+\frac{a^2}{16}$ 위
에 있으므로
$$1=1-\frac{b}{4}+\frac{1}{4} \qquad \therefore \ b=1$$
따라서 $a=-2$, $b=1$이므로
$$a-2b=-2-2\cdot1=-4$$

0091 답 ②

포물선 $x^2=8y=4\cdot2y$의 초점은 $F(0,\,2)$이고 준선의 방정식은 $y=-2$이다.

점 $F(0,\,2)$를 지나는 직선의 방정식을 $y=mx+2\ (m\neq0)$라 하자.

포물선 $x^2=8y$와 직선 $y=mx+2$가 만나므로

$$\left(\frac{y-2}{m}\right)^2=8y$$

$$\therefore\ y^2-(4+8m^2)y+4=0 \quad\cdots\cdots\ \text{㉠}$$

이때 두 점 A, B의 y좌표를 각각 y_1, y_2라 하면 이차방정식 ㉠의 두 실근이 y_1, y_2이므로 이차방정식의 근과 계수의 관계에 의하여

$$y_1+y_2=4+8m^2,\ y_1y_2=4 \quad\cdots\cdots\ \text{㉡}$$

한편, 오른쪽 그림과 같이 A, B에서 준선 $y=-2$에 내린 수선의 발을 각각 A', B'이라 하면

$$\overline{AF}=\overline{AA'}=y_1+2,$$
$$\overline{BF}=\overline{BB'}=y_2+2$$

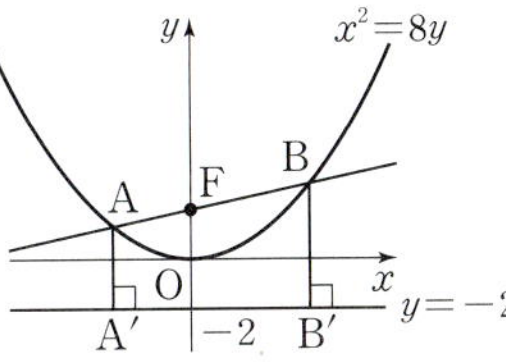

$$\therefore\ \frac{1}{\overline{AF}}+\frac{1}{\overline{BF}}=\frac{1}{y_1+2}+\frac{1}{y_2+2}$$

$$=\frac{y_1+y_2+4}{y_1y_2+2(y_1+y_2)+4}$$

$$=\frac{4+8m^2+4}{4+2(4+8m^2)+4}\ (\because\ \text{㉡})$$

$$=\frac{8m^2+8}{16m^2+16}$$

$$=\frac{1}{2}$$

0092 답 7

두 포물선 $y^2-2x-12y+35=0$, $y^2-5x-9y+26=0$의 교점을 지나는 포물선 C의 방정식은

$$(y^2-2x-12y+35)+k(y^2-5x-9y+26)=0\ (k\text{는 실수})$$
$$\cdots\cdots\ \text{㉠}$$

포물선 C가 점 $(5,\,1)$을 지나므로

$$(1-10-12+35)+k(1-25-9+26)=0$$
$$14-7k=0 \quad\therefore\ k=2$$

$k=2$를 ㉠에 대입하면

$$(y^2-2x-12y+35)+2(y^2-5x-9y+26)=0$$
$$3y^2-12x-30y+87=0,\ y^2-4x-10y+29=0$$
$$y^2-10y+25=4x-4$$
$$\therefore\ (y-5)^2=4(x-1)$$

따라서 포물선 C의 초점의 좌표는 $(1+1,\,0+5)$, 즉 $(2,\,5)$이므로

$$p=2,\ q=5$$
$$\therefore\ p+q=2+5=7$$

0093 답 ②

$y=2x-3$을 $y^2=4p(x-a)$에 대입하면

$$(2x-3)^2=4p(x-a)$$
$$\therefore\ 4x^2-4(p+3)x+4ap+9=0$$

이 이차방정식의 판별식을 D라 하면

$$\frac{D}{4}=4(p+3)^2-4(4ap+9)\geq0$$
$$p^2+6p-4ap\geq0,\ 4ap\leq p^2+6p$$

이때 $p>0$이므로

$$a\leq\frac{1}{4}p+\frac{3}{2}$$

따라서 양수 p의 값에 관계없이 주어진 조건을 만족시키는 정수 a의 최댓값은 1이다.

0094 답 5

포물선 $y^2=4x$의 초점은 $F(1,\,0)$이다.

직선 $y=-2x$에 수직인 직선의 기울기는 $\frac{1}{2}$이므로 포물선 $y^2=4x$에 접하고 기울기가 $\frac{1}{2}$인 접선의 방정식은

$$y=\frac{1}{2}x+\frac{1}{\frac{1}{2}}$$

$$\therefore\ y=\frac{1}{2}x+2$$

$y=\frac{1}{2}x+2$를 $y^2=4x$에 대입하면

$$\left(\frac{1}{2}x+2\right)^2=4x$$
$$x^2-8x+16=0$$
$$(x-4)^2=0 \quad\therefore\ x=4$$

$x=4$를 $y=\frac{1}{2}x+2$에 대입하면

$$y=\frac{1}{2}\cdot4+2=4$$

즉, 포물선 $y^2=4x$와 직선 $y=\frac{1}{2}x+2$의 접점은 $P(4,\,4)$이다.

한편, 직선 $y=\frac{1}{2}x+2$가 y축과 만나는 점은 $Q(0,\,2)$이므로

$$\overline{PQ}=\sqrt{(0-4)^2+(2-4)^2}=2\sqrt{5}$$

또한, 점 $F(1,\,0)$과 직선 $y=\frac{1}{2}x+2$, 즉 $x-2y+4=0$ 사이의 거리는

$$\frac{|1-0+4|}{\sqrt{1^2+(-2)^2}}=\sqrt{5}$$

따라서 삼각형 PQF의 넓이는

$$\frac{1}{2}\cdot2\sqrt{5}\cdot\sqrt{5}=5$$

0095 답 ④

포물선 위의 두 점 A, B의 x좌표를 각각 a, b라 하고, 선분의 내분점을 이용하여 a, b 사이의 관계식을 구한다.

포물선 $y^2=8x=4\cdot2x$의 초점은 F$(2, 0)$이고 준선 l의 방정식은 $x=-2$이다.

$\overline{AF}:\overline{BF}=2:1$이므로 점 F는 선분 AB를 $2:1$로 내분하는 점이다.

두 점 A, B의 x좌표를 각각 a, b $(a>0, b>0)$라 하면

$$\frac{2b+a}{2+1}=2$$

$\therefore a+2b=6$ …… ㉠

또한, 포물선의 정의에 의하여

$$\overline{AF}=\overline{AC}=a+2, \quad \overline{BF}=\overline{BD}=b+2$$

이고, $\overline{AF}:\overline{BF}=2:1$에서 $\overline{AF}=2\overline{BF}$이므로

$$a+2=2(b+2)$$

$\therefore a-2b=2$ …… ㉡

㉠, ㉡을 연립하여 풀면

$$a=4, \quad b=1$$

즉, $\overline{AF}=\overline{AC}=6$, $\overline{BF}=\overline{BD}=3$이므로

$$\overline{AB}=\overline{AF}+\overline{BF}=6+3=9$$

한편, 오른쪽 그림과 같이 점 B에서 선분 AC에 내린 수선의 발을 H라 하면

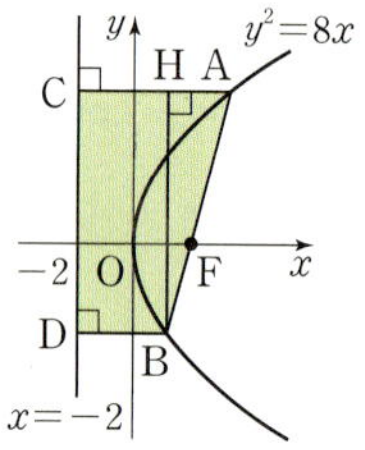

$$\overline{AH}=\overline{AC}-\overline{CH}$$
$$=\overline{AC}-\overline{BD}$$
$$=6-3=3$$

즉, 직각삼각형 AHB에서

$$\overline{BH}=\sqrt{\overline{AB}^2-\overline{AH}^2}$$
$$=\sqrt{9^2-3^2}=6\sqrt{2}$$

따라서 사다리꼴 ACDB의 넓이는

$$\frac{1}{2}\cdot(\overline{AC}+\overline{BD})\cdot\overline{BH}=\frac{1}{2}\cdot(6+3)\cdot6\sqrt{2}=27\sqrt{2}$$

● 다른 풀이 ●

포물선 $y^2=8x=4\cdot2x$의 초점은 F$(2, 0)$이고 준선 l의 방정식은 $x=-2$이다.

오른쪽 그림과 같이 초점 F에서 준선 $x=-2$에 내린 수선의 발을 E라 하자.

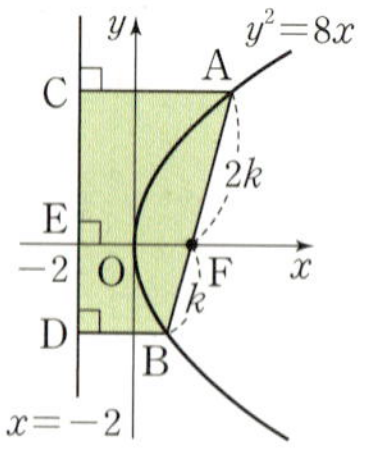

$\overline{AF}:\overline{BF}=2:1$이므로

$$\overline{AF}=\overline{AC}=2k, \quad \overline{BF}=\overline{BD}=k$$

라 하면

$$\overline{FE}=2k\cdot\frac{2}{3}=\frac{4}{3}k$$

또한, $\overline{FE}=2-(-2)=4$이므로

$\dfrac{4}{3}k=4$에서 $k=3$

$\therefore \overline{AF}=\overline{AC}=6, \quad \overline{BF}=\overline{BD}=3$

좌표평면 위의 선분의 내분점

좌표평면 위의 두 점 A(x_1, y_1), B(x_2, y_2)를 이은 선분 AB를 $m:n$ $(m>0, n>0)$으로 내분하는 점 P는

$$P\left(\frac{mx_2+nx_1}{m+n}, \frac{my_2+ny_1}{m+n}\right)$$

0096 답 ②

포물선 위의 두 점 A, B의 x좌표를 각각 a, b라 하고, 직선 l의 기울기를 이용하여 a, b 사이의 관계식을 구한다.

포물선 $y^2=4(x-1)$의 초점은 F$(1+1, 0)$, 즉 F$(2, 0)$이고 준선의 방정식은 $x=-1+1$, 즉 $x=0$이다.

오른쪽 그림과 같이 포물선 위의 두 점 A, B에서 준선 $x=0$에 내린 수선의 발을 각각 A′, B′이라 하면 포물선의 정의에 의하여

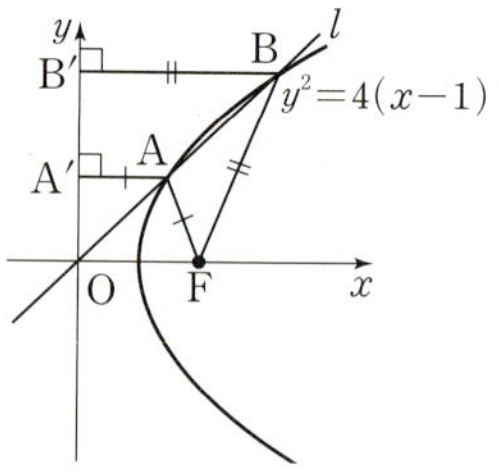

$$\overline{AF}=\overline{AA'}, \quad \overline{BF}=\overline{BB'}$$

한편, 포물선 $y^2=4(x-1)$ 위의 두 점 A, B를 각각 A$(a, 2\sqrt{a-1})$, B$(b, 2\sqrt{b-1})$ $(b>a>0)$이라 하면 $2\overline{AF}=\overline{BF}$에서

$$2\overline{AA'}=\overline{BB'}$$

$\therefore 2a=b$ …… ㉠

또한, 세 점 O, A, B는 직선 l 위의 점이므로 직선 OA의 기울기와 직선 OB의 기울기는 서로 같다. 즉,

$$\frac{2\sqrt{a-1}}{a}=\frac{2\sqrt{b-1}}{b}$$
$$b\sqrt{a-1}=a\sqrt{b-1}$$

위의 식의 양변을 제곱하면

$$b^2(a-1)=a^2(b-1)$$
$$ab^2-b^2-a^2b+a^2=0$$
$$ab(b-a)-(b-a)(b+a)=0$$
$$(b-a)(ab-b-a)=0$$

이때 $a\neq b$이므로

$$ab-b-a=0$$

$\therefore ab=a+b$ …… ㉡

㉠을 ㉡에 대입하면

$$2a^2=3a, \quad a(2a-3)=0$$

$\therefore a=\dfrac{3}{2} \ (\because a>0)$

$a=\dfrac{3}{2}$을 ㉠에 대입하면

$$b=3$$

따라서 A$\left(\dfrac{3}{2}, \sqrt{2}\right)$, B$(3, 2\sqrt{2})$이므로

$$\overline{AB}=\sqrt{\left(3-\frac{3}{2}\right)^2+(2\sqrt{2}-\sqrt{2})^2}=\frac{\sqrt{17}}{2}$$

0097 답 ②

포물선 위의 점 Q에서의 접선과 직선 PQ가 수직인 경우를 생각해 본다.

오른쪽 그림과 같이 원 $x^2+(y-9)^2=1$의 중심을 C라 하면 C$(0, 9)$이므로 선분 CQ의 길이가 최소일 때, 원 $x^2+(y-9)^2=1$ 위의 점 P와 포물선 $x+2y^2=0$ 위의 점 Q 사이의 거리가 최소이다.

즉, 포물선 위의 점 Q에서의 접선과 직선 CQ가 수직이어야 한다.

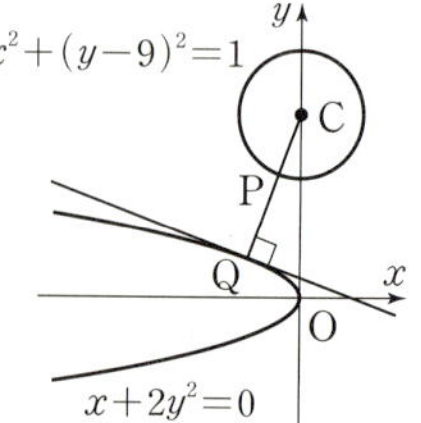

포물선 $x+2y^2=0$ 위의 점 Q의 좌표를 $(-2a^2,\ a)$라 하면 포물선
$x+2y^2=0$, 즉 $y^2=-\dfrac{1}{2}x=4\cdot\left(-\dfrac{1}{8}\right)x$ 위의 점 $Q(-2a^2,\ a)$에

서의 접선의 방정식은
$$ay=2\cdot\left(-\dfrac{1}{8}\right)(x-2a^2)$$
$$\therefore\ y=-\dfrac{1}{4a}x+\dfrac{a}{2}\qquad\cdots\cdots\ \bigcirc$$

또한, 직선 CQ의 기울기는 $\dfrac{a-9}{-2a^2}$이고, 직선 $\bigcirc$과 수직이어야 하

므로 $-\dfrac{1}{4a}\cdot\dfrac{a-9}{-2a^2}=-1$
$$8a^3+a-9=0$$
$$(a-1)(8a^2+8a+9)=0$$
$$\therefore\ a=1$$
즉, $Q(-2,\ 1)$이므로
$$\overline{CQ}=\sqrt{(-2-0)^2+(1-9)^2}=2\sqrt{17}$$
따라서 구하는 거리의 최솟값은 $2\sqrt{17}-1$이다.

0098 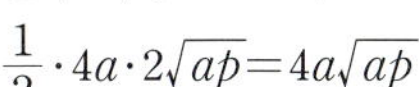 답 5

One Point Lesson

두 포물선 $y^2=4px$, $y^2=-4p(x-2a)$가 서로 대칭인 직선의 방정식을 찾는다.

포물선 $y^2=4px$를 직선 $x=a$에 대하여 대칭이동하면
$$y^2=4p(2a-x)\qquad\therefore\ y^2=-4p(x-2a)$$
즉, 두 포물선 $y^2=4px$, $y^2=-4p(x-2a)$는 서로 직선 $x=a$에
대하여 대칭이므로 두 포물선이 만나는 점 P의 x좌표는 a이다.
$x=a$를 $y^2=4px$에 대입하면
$$y^2=4pa\qquad\therefore\ y=\pm2\sqrt{pa}$$
$$\therefore\ P(a,\ 2\sqrt{ap})$$
포물선 $y^2=4px$ 위의 점 $P(a,\ 2\sqrt{ap})$에서의 접선 l의 방정식은
$2\sqrt{ap}\,y=2p(x+a)$이므로 직선 l이 x축과 만나는 점을 A라 하
면 $A(-a,\ 0)$이다.
또한, 포물선 $y^2=-4p(x-2a)$는 포물선 $y^2=4px$를 직선 $x=a$
에 대하여 대칭이동한 것이므로 포물선 $y^2=-4p(x-2a)$ 위의
점 $P(a,\ 2\sqrt{ap})$에서의 접선 m이 x축과 만나는 점을 B라 하면
$B(3a,\ 0)$이다.
즉, 오른쪽 그림과 같이 두 직선
l, m 및 x축으로 둘러싸인 부분
은 삼각형 PAB이므로 그 넓이는
$$\dfrac{1}{2}\cdot4a\cdot2\sqrt{ap}=4a\sqrt{ap}$$
이때 삼각형 PAB의 넓이가
$12\sqrt{6}$이므로
$$4a\sqrt{ap}=12\sqrt{6}$$
위의 식의 양변을 제곱하면
$$16a^3p=864,\ a^3p=54=3^3\cdot2$$
따라서 1보다 큰 두 자연수 a, p에 대하여 $a=3$, $p=2$이므로
$$a+p=3+2=5$$

해설 속 칠판 **직선 $x=a$에 대하여 대칭인 함수의 그래프**

함수 f의 정의역의 모든 원소 x에 대하여
$$f(a-x)=f(a+x)\ \text{또는}\ f(x)=f(2a-x)$$
이면 함수 $y=f(x)$의 그래프는 직선 $x=a$에 대하여 대칭이다.

0099 답 21

One Point Lesson

포물선의 정의와 직선 PQ가 원의 접선임을 이용한다.

포물선 $y^2=20x=4\cdot5x$의 초점을 F라 하면 $F(5,\ 0)$이고 준선의
방정식은 $x=-5$이다.
원 $(x-5)^2+y^2=4$의 중심의 좌표가 $(5,\ 0)$이므로 원의 중심은
포물선의 초점 F와 같다.
오른쪽 그림과 같이 점 P에서 준선
$x=-5$에 내린 수선의 발을 H라 하
면 포물선의 정의에 의하여
$$\overline{PF}=\overline{PH}$$
또한, 직선 PQ는 원의 접선이고 선분
FQ는 원의 반지름이므로
$$\overline{PQ}\perp\overline{FQ},\ \overline{FQ}=2$$
즉, 직각삼각형 PFQ에서
$$\overline{PQ}=\sqrt{\overline{PF}^2-\overline{FQ}^2}=\sqrt{\overline{PH}^2-4}$$
이므로 선분 PQ의 길이는 선분 PH의 길이가 최소일 때 최솟값을
갖는다.
선분 PH의 길이는 점 P가 원점일 때 최소이므로
$$\overline{PQ}=\sqrt{\overline{PH}^2-4}\geq\sqrt{5^2-4}=\sqrt{21}$$
따라서 선분 PQ의 길이의 최솟값은 $k=\sqrt{21}$이므로
$$k^2=(\sqrt{21})^2=21$$

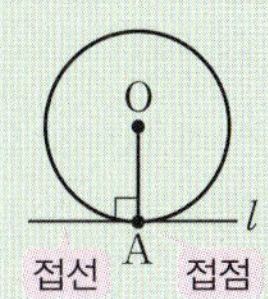

해설 속 칠판 **원의 접선과 반지름**

원의 접선은 그 접점을 지나는 반지름과 수직이다.
$$\Rightarrow\ l\perp\overline{OA}$$

0100 답 ③

One Point Lesson

두 점 A, B의 x좌표와 포물선의 정의를 이용하여 삼각형 ABC의 넓이를
p에 대한 식으로 나타낸다.

포물선 $y^2=4px$의 초점은 $F(p,\ 0)$이고 준선의 방정식은 $x=-p$
이다.
점 $F(p,\ 0)$을 지나고 x축의 양의 방향과 이루는 각의 크기가 $60°$
인 직선의 방정식은 $y=\sqrt{3}(x-p)$

직선 $y=\sqrt{3}(x-p)$와 포물선 $y^2=4px$의 교점의 x좌표는
$$\{\sqrt{3}(x-p)\}^2=4px,\ 3x^2-10px+3p^2=0$$
$$(3x-p)(x-3p)=0$$
$$\therefore\ x=\dfrac{p}{3}\ \text{또는}\ x=3p$$
이때 점 A의 x좌표는 점 B의 x좌표보다 크므로 두 점 A, B의 x
좌표는 각각 $3p$, $\dfrac{p}{3}$이다.
오른쪽 그림과 같이 포물선 위
의 두 점 A, B에서 준선
$x=-p$에 내린 수선의 발을 각
각 A′, B′이라 하면
$$\overline{AA'}=3p+p=4p$$
$$\overline{BB'}=\dfrac{p}{3}+p=\dfrac{4}{3}p$$

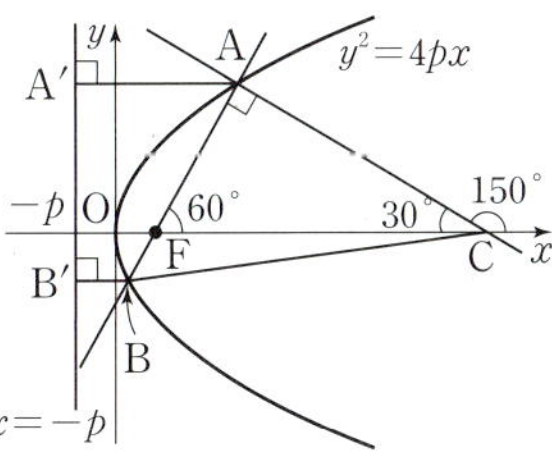

또한, 포물선의 정의에 의하여 $\overline{AF}=\overline{AA'}$, $\overline{BF}=\overline{BB'}$이므로

$$\overline{AB}=\overline{AF}+\overline{BF}=\overline{AA'}+\overline{BB'}$$
$$=4p+\frac{4}{3}p=\frac{16}{3}p$$

한편, $\angle ACF=180°-150°=30°$이므로 직각삼각형 AFC에서
$$\overline{AC}=\overline{AF}\cdot\tan 60°=4p\cdot\sqrt{3}=4\sqrt{3}\,p$$

따라서 삼각형 ABC는 직각삼각형이므로 그 넓이는
$$\frac{1}{2}\cdot\overline{AB}\cdot\overline{AC}=\frac{1}{2}\cdot\frac{16}{3}p\cdot 4\sqrt{3}\,p=\frac{32\sqrt{3}}{3}p^2$$

이때 삼각형 ABC의 넓이가 $2\sqrt{3}$이므로
$$\frac{32\sqrt{3}}{3}p^2=2\sqrt{3},\ p^2=\frac{3}{16}$$
$$\therefore p=\frac{\sqrt{3}}{4}\ (\because p>0)$$

0101　답 ④

One Point Lesson

원 C의 반지름의 길이를 r, $\overline{OP}=a$라 하고 포물선의 정의와 삼각함수를 이용하여 a, r 사이의 관계식을 구한다.

원 C의 반지름의 길이를 $r\ (r>0)$라 하면 점 A의 좌표는 $(-r,\ 0)$이다.

포물선의 준선의 방정식은 $x=-2r$이고 오른쪽 그림과 같이 포물선 위의 점 P에서 준선 $x=-2r$에 내린 수선의 발을 H라 하면 포물선의 정의에 의하여
$$\overline{OP}=\overline{PH}$$

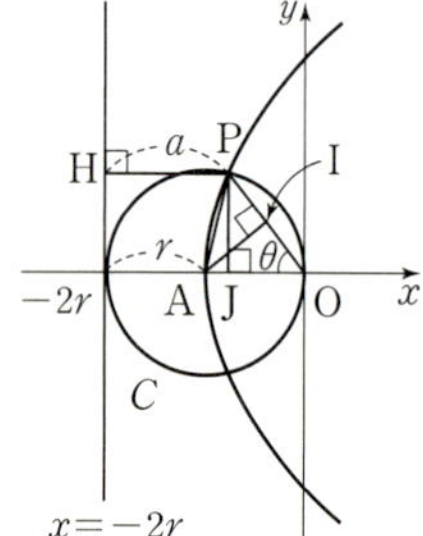

$\overline{OP}=\overline{PH}=a\ (a>0)$, $\angle POA=\theta$라 하자.

삼각형 AOP는 $\overline{PA}=\overline{OA}$인 이등변삼각형이므로 점 A에서 선분 OP에 내린 수선의 발을 I라 하면 점 I는 선분 OP의 중점이다.

즉, 직각삼각형 AOI에서
$$\cos\theta=\frac{\overline{OI}}{\overline{OA}}=\frac{\dfrac{a}{2}}{r}=\frac{a}{2r}$$

점 P에서 x축에 내린 수선의 발을 J라 하면
$$\overline{OJ}=a\cos\theta=a\cdot\frac{a}{2r}=\frac{a^2}{2r}$$

직각삼각형 OPJ에서
$\overline{OJ}=\overline{OP}\cdot\cos\theta$

이때 $\overline{OJ}+\overline{PH}=2r$이므로
$$\frac{a^2}{2r}+a=2r,\ a^2+2ra-4r^2=0$$
$$\therefore a=-r+\sqrt{r^2-(-4r^2)}\ (\because a>0)$$
$$=-r+\sqrt{5}\,r$$
$$=(\sqrt{5}-1)r\ \cdots\cdots\ \text{㉠}$$

또한, $\overline{OP}+\overline{OA}=5+\sqrt{5}$이므로
$$a+r=5+\sqrt{5}\ \cdots\cdots\ \text{㉡}$$

㉠을 ㉡에 대입하면
$$(\sqrt{5}-1)r+r=5+\sqrt{5}$$
$$\therefore r=\sqrt{5}+1$$

$r=\sqrt{5}+1$을 ㉡에 대입하면
$$a=4$$
$$\therefore |\overline{OP}-\overline{OA}|=a-r\ (\because a>r)$$
$$=4-(\sqrt{5}+1)=3-\sqrt{5}$$

0102　답 $x^2+2x+4y-3=0$

축이 x축에 수직이므로 포물선의 방정식을
$x^2+ax+by+c=0\ (a,\ b,\ c$는 상수, $b\neq0)$이라 하자.

이 포물선이 세 점 $(-1,\ 1)$, $(1,\ 0)$, $(3,\ -3)$을 지나므로 각각을 대입하면
$$1-a+b+c=0\ \cdots\cdots\ \text{㉠}$$
$$1+a+c=0\ \cdots\cdots\ \text{㉡}$$
$$9+3a-3b+c=0\ \cdots\cdots\ \text{㉢}$$

❶

㉠, ㉡, ㉢을 연립하여 풀면
$$a=2,\ b=4,\ c=-3$$

따라서 구하는 포물선의 방정식은 $x^2+2x+4y-3=0$이다.

❷

채점 기준	배점 비율
❶ 세 점을 지나는 포물선의 관계식 구하기	60%
❷ 포물선의 방정식 구하기	40%

0103　답 해설 참조

포물선 $y^2=4px$의 준선의 방정식은 $x=-p$이다.

준선 $x=-p$ 위의 한 점을 $P(-p,\ a)$라 하고, 점 P에서 포물선 $y^2=4px$에 그은 접선의 기울기를 m이라 하면 접선의 방정식은
$$y=mx+\frac{p}{m}$$

❶

이 직선이 점 $P(-p,\ a)$를 지나므로
$$a=-mp+\frac{p}{m}$$
$$\therefore pm^2+am-p=0\ \cdots\cdots\ \text{㉠}$$

❷

두 접선의 기울기를 각각 m_1, m_2라 하면 이차방정식 ㉠의 두 실근이 m_1, m_2이므로 이차방정식의 근과 계수의 관계에 의하여
$$m_1 m_2=\frac{-p}{p}=-1$$

따라서 두 접선은 서로 수직이다.

❸

채점 기준	배점 비율
❶ 준선 위의 한 점에서 포물선에 그은 접선의 방정식 구하기	40%
❷ 접선의 기울기 m에 대한 이차방정식 구하기	30%
❸ 두 접선이 서로 수직임을 보이기	30%

0104　답 점 P를 초점으로 하고 직선 l을 준선으로 하는 포물선

실의 길이가 선분 AB의 길이와 같으므로
$$\overline{PQ}=\overline{AQ}$$

❶

즉, 점 Q는 점 P와 직선 l로부터 같은 거리에 있는 점들의 집합이므로 점 Q가 나타내는 도형은 점 P를 초점으로 하고 직선 l을 준선으로 하는 포물선이다.

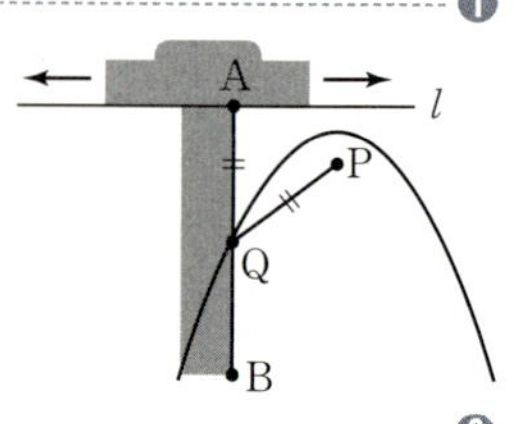

❷

채점 기준	배점 비율
❶ $\overline{PQ}=\overline{AQ}$임을 알기	40%
❷ 점 Q가 나타내는 도형이 포물선임을 알기	60%

0105 답 $\dfrac{8}{3}\pi+\sqrt{3}$

포물선 $x^2=4y$의 초점의 좌표는
$(0, 1)$이고 준선 l의 방정식은
$y=-1$이므로 원 $x^2+y^2=4$가 준
선 $y=-1$에 의하여 두 부분으로
나누어질 때, 초점을 포함하는 부분
은 오른쪽 그림에서 색칠한 부분과
같다.

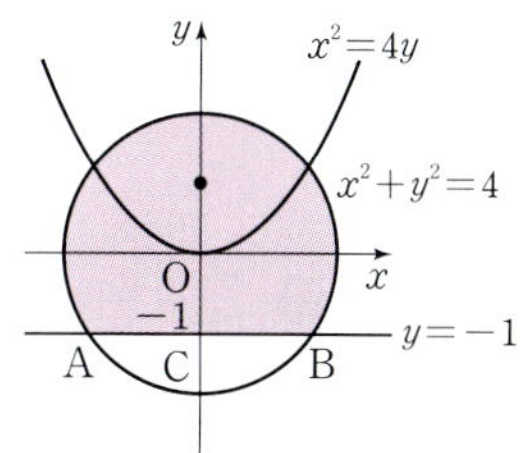

❶

원 $x^2+y^2=4$가 직선 $y=-1$과 만나는 두 점을 각각 A, B라 하
고, 원의 현 AB가 y축과 만나는 점을 C라 하자.

$\overline{OA}=2$, $\overline{OC}=1$이므로 직각삼각형 OAC에서

$$\overline{AC}=\sqrt{\overline{OA}^2-\overline{OC}^2}$$
$$=\sqrt{2^2-1^2}=\sqrt{3}$$

$\therefore \overline{AB}=2\sqrt{3}$, $\angle AOC=60°$

이때 두 삼각형 OAC, OBC가 합동이므로

$\angle AOC=\angle BOC=60°$

$\therefore \angle AOB=120°$

따라서 구하는 부분의 넓이는 오른쪽 그림과
같이 부채꼴의 넓이와 삼각형의 넓이의 합과
같으므로

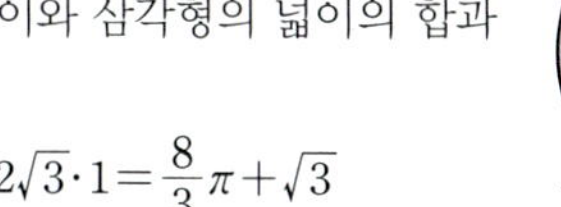

$$\pi\cdot2^2\cdot\dfrac{240}{360}+\dfrac{1}{2}\cdot2\sqrt{3}\cdot1=\dfrac{8}{3}\pi+\sqrt{3}$$

❷

채점 기준	배점 비율
❶ 구하는 부분을 그림으로 나타내기	30%
❷ 조건을 만족시키는 부분의 넓이 구하기	70%

0106 답 27

포물선 $y^2=4x$의 초점은 $F(1, 0)$이고 준선의 방정식은 $x=-1$
이다.

오른쪽 그림과 같이 점 A에서 준선
$x=-1$에 내린 수선의 발을 H라 하면 포
물선의 정의에 의하여

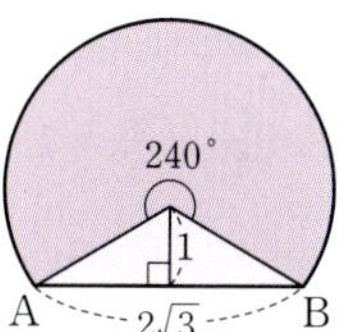

$$\overline{AH}=\overline{AF}=\dfrac{5}{2}$$

즉, 점 A의 x좌표는 $\dfrac{5}{2}-1=\dfrac{3}{2}$이므로

$$k=\dfrac{3}{2}$$

❶

이때 선분 AB의 중점을 M이라 하면 $\overline{OF}=1$, $\overline{FM}=\dfrac{1}{2}$이므로

$$\overline{OF}:\overline{FM}=1:\dfrac{1}{2}=2:1$$

즉, 점 F는 이등변삼각형 AOB의 무게중심이므로 점 P는 선분
OB의 중점이다.

$\therefore \overline{AF}:\overline{FP}=2:1$

점 P는 선분 AF를 3 : 1로 외분하는 점이므로 두 점
$A\left(\dfrac{3}{2}, \sqrt{6}\right)$, $F(1, 0)$에 대하여 점 P의 좌표는

$$\left(\dfrac{3\cdot1-1\cdot\dfrac{3}{2}}{3-1}, \dfrac{3\cdot0-1\cdot\sqrt{6}}{3-1}\right) \qquad \therefore P\left(\dfrac{3}{4}, -\dfrac{\sqrt{6}}{2}\right)$$

❷

따라서 $a=\dfrac{3}{4}$, $b=-\dfrac{\sqrt{6}}{2}$, $k=\dfrac{3}{2}$이므로

$$16ab^2k=16\cdot\dfrac{3}{4}\cdot\left(-\dfrac{\sqrt{6}}{2}\right)^2\cdot\dfrac{3}{2}=27$$

❸

채점 기준	배점 비율
❶ k의 값 구하기	35%
❷ 점 P의 좌표 구하기	45%
❸ $16ab^2k$의 값 구하기	20%

해설 속 칩판 **좌표평면 위의 선분의 외분점**

좌표평면 위의 두 점 $A(x_1, y_1)$, $B(x_2, y_2)$를 이은 선분 AB를 $m:n$
$(m>0, n>0)$으로 외분하는 점 Q는

$$Q\left(\dfrac{mx_2-nx_1}{m-n}, \dfrac{my_2-ny_1}{m-n}\right)(m\neq n)$$

0107 답 300

포물선 $y^2=4kx$의 초점은 $F(k, 0)$이고 준선의 방정식은 $x=-k$
이다.

포물선 $y^2=4kx$ 위의 점 $P(p, q)$에서의 접선의 방정식은
$qy=2k(x+p)$이므로 $Q(-p, 0)$이다.

한편, 점 $P(p, q)$에서 x축에 내린 수
선의 발을 H라 하면 $H(p, 0)$이고, 준
선 $x=-k$에 내린 수선의 발을 H'이
라 하면 조건 (가)에 의하여

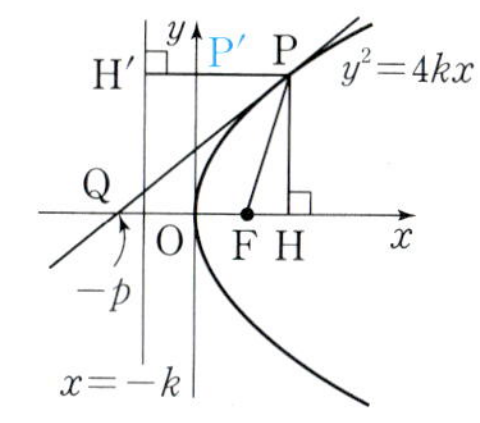

$$\overline{PH'}=\overline{PF}=p+k=15 \qquad \cdots\cdots \ominus$$

조건 (나)에서 삼각형 PQF의 넓이가
$75\sqrt{2}$이므로

$$\dfrac{1}{2}\cdot\overline{FQ}\cdot\overline{PH}=\dfrac{1}{2}\cdot(k+p)\cdot q=75\sqrt{2} \qquad \cdots\cdots \ominus\!\ominus$$

$\ominus$을 $\ominus\!\ominus$에 대입하면

$$\dfrac{1}{2}\cdot15\cdot q=75\sqrt{2} \qquad \therefore q=10\sqrt{2}$$

❶

또한, 점 $P(p, 10\sqrt{2})$는 포물선 $y^2=4kx$ 위에 있으므로

$$200=4kp \qquad \therefore kp=50 \qquad \cdots\cdots \ominus\!\ominus\!\ominus$$

$\ominus$에서 $p=15-k$이므로 이를 $\ominus\!\ominus\!\ominus$에 대입하면

$$k(15-k)=50, \ k^2-15k+50=0$$
$$(k-5)(k-10)=0$$

$\therefore k=5$ 또는 $k=10$

이때 조건 (나)에서 $\angle PFQ>90°$이므로

$k<p$

직선 PH'이 y축과 만나는 점을 P'이라 하면
$\overline{PP'}=p$, $\overline{OF}=k$이므로 $\angle PFQ>90°$를 만족시키려면 $k<p$이어야 한다.

$\therefore k=5$, $p=10$ ($\because \ominus\!\ominus\!\ominus$)

❷

따라서 포물선 $y^2=20x$ 위의 점 P는 $P(10, 10\sqrt{2})$이므로

$$\overline{OP}^2=10^2+(10\sqrt{2})^2=300$$

❸

채점 기준	배점 비율
❶ q의 값 구하기	50%
❷ k, p의 값 각각 구하기	30%
❸ $\overline{OP}^2$의 값 구하기	20%

본문 024~025쪽

0108 답 $\dfrac{x^2}{25}+\dfrac{y^2}{16}=1$

구하는 타원의 방정식을 $\dfrac{x^2}{a^2}+\dfrac{y^2}{b^2}=1\ (a>b>0)$이라 하면

$2a=10$에서 $a=5$

$a^2-b^2=3^2$에서 $b^2=5^2-3^2=16$

$\therefore\ \dfrac{x^2}{25}+\dfrac{y^2}{16}=1$

> **선생님 톡톡**
>
> 타원의 중심이 원점이고 두 초점이 x축 위에 있으면 타원의 방정식 $\dfrac{x^2}{a^2}+\dfrac{y^2}{b^2}=1$에서 $a^2>b^2$이야.
>
> 반대로, 타원의 방정식 $\dfrac{x^2}{a^2}+\dfrac{y^2}{b^2}=1$에서 $a^2>b^2$이면 타원의 중심은 원점이고 두 초점은 x축 위에 있어.

0109 답 $\dfrac{x^2}{9}+\dfrac{y^2}{16}=1$

구하는 타원의 방정식을 $\dfrac{x^2}{a^2}+\dfrac{y^2}{b^2}=1\ (b>a>0)$이라 하면

$2b=8$에서 $b=4$

$b^2-a^2=(\sqrt{7})^2$에서 $a^2=4^2-(\sqrt{7})^2=9$

$\therefore\ \dfrac{x^2}{9}+\dfrac{y^2}{16}=1$

> **선생님 톡톡**
>
> 타원의 중심이 원점이고 두 초점이 y축 위에 있으면 타원의 방정식 $\dfrac{x^2}{a^2}+\dfrac{y^2}{b^2}=1$에서 $b^2>a^2$이야.
>
> 반대로, 타원의 방정식 $\dfrac{x^2}{a^2}+\dfrac{y^2}{b^2}=1$에서 $b^2>a^2$이면 타원의 중심은 원점이고 두 초점은 y축 위에 있어.

0110 답 $\dfrac{x^2}{4}+\dfrac{y^2}{3}=1$

구하는 타원의 방정식을 $\dfrac{x^2}{a^2}+\dfrac{y^2}{b^2}=1\ (a>b>0)$이라 하면
_{중심이 원점이고 두 초점이 x축 위에 있으므로}

$2a=4$에서 $a=2$

$a^2-b^2=1^2$에서 $b^2=2^2-1^2=3$

$\therefore\ \dfrac{x^2}{4}+\dfrac{y^2}{3}=1$

> **선생님 톡톡**
>
> 초점의 좌표와 장축의 길이, 단축의 길이 등을 이용하여 타원의 방정식을 구할 때에는 우선 두 초점을 양 끝 점으로 하는 선분의 중점이 원점인지 확인하고, 두 초점을 지나는 직선이 x축과 일치하는지 y축과 일치하는지 살펴봐야 해.

0111 답 $\dfrac{x^2}{14}+\dfrac{y^2}{16}=1$

구하는 타원의 방정식을 $\dfrac{x^2}{a^2}+\dfrac{y^2}{b^2}=1\ (b>a>0)$이라 하면
_{중심이 원점이고 두 초점이 y축 위에 있으므로}

$2b=8$에서 $b=4$

$b^2-a^2=(\sqrt{2})^2$에서 $a^2=4^2-(\sqrt{2})^2=14$

$\therefore\ \dfrac{x^2}{14}+\dfrac{y^2}{16}=1$

0112 답 $\dfrac{x^2}{13}+\dfrac{y^2}{9}=1$

구하는 타원의 방정식을 $\dfrac{x^2}{a^2}+\dfrac{y^2}{b^2}=1\ (a>b>0)$이라 하면

$2b=6$에서 $b=3$

$a^2-b^2=2^2$에서 $a^2=3^2+2^2=13$

$\therefore\ \dfrac{x^2}{13}+\dfrac{y^2}{9}=1$

0113 답 $\dfrac{x^2}{4}+\dfrac{y^2}{7}=1$

구하는 타원의 방정식을 $\dfrac{x^2}{a^2}+\dfrac{y^2}{b^2}=1\ (b>a>0)$이라 하면

$2a=4$에서 $a=2$

$b^2-a^2=(\sqrt{3})^2$에서 $b^2=2^2+(\sqrt{3})^2=7$

$\therefore\ \dfrac{x^2}{4}+\dfrac{y^2}{7}=1$

0114 답 $\dfrac{x^2}{9}+\dfrac{y^2}{4}=1$

두 선분 AA', BB'의 교점이 타원의 중심이므로 타원의 중심은 원점이다.

구하는 타원의 방정식을 $\dfrac{x^2}{a^2}+\dfrac{y^2}{b^2}=1\ (a>b>0)$이라 하면
_{$\overline{AA'}>\overline{BB'}$이므로 선분 AA'이 장축이다.}

$a=3,\ b=2$이므로

$\dfrac{x^2}{9}+\dfrac{y^2}{4}=1$

> **해설 속 칠판** **타원의 꼭짓점의 좌표**
>
> 타원 $\dfrac{x^2}{a^2}+\dfrac{y^2}{b^2}=1\ (a>0,\ b>0)$의 네 꼭짓점의 좌표는 각각
> $(a,0),\ (-a,0),\ (0,b),\ (0,-b)$

0115 답 해설 참조

타원 $\dfrac{x^2}{5^2}+\dfrac{y^2}{3^2}=1$의 장축의 길이는

$2\cdot5=10$, 단축의 길이는 $2\cdot3=6$이다.

또한, $\sqrt{25-9}=4$이므로 초점의 좌표는 $(4,0)$, $(-4,0)$이고, 그 그래프는 오른쪽 그림과 같다.
_{타원의 방정식을 $\dfrac{x^2}{a^2}+\dfrac{y^2}{b^2}=1$이라 하면 $a>b$이므로 두 초점은 x축 위에 있다.}

0116 답 해설 참조

타원 $\dfrac{x^2}{2^2}+\dfrac{y^2}{4^2}=1$의 장축의 길이는

$2\cdot4=8$, 단축의 길이는 $2\cdot2=4$이다.

또한, $\sqrt{16-4}=2\sqrt{3}$이므로 초점의 좌표는 $(0,2\sqrt{3})$, $(0,-2\sqrt{3})$이고, 그 그래프는 오른쪽 그림과 같다.
_{타원의 방정식을 $\dfrac{x^2}{a^2}+\dfrac{y^2}{b^2}=1$이라 하면 $b>a$이므로 두 초점은 y축 위에 있다.}

0117 📌 해설 참조

타원 $x^2+2y^2=2$, 즉 $\dfrac{x^2}{(\sqrt{2})^2}+y^2=1$의 장축의 길이는

$2\cdot\sqrt{2}=2\sqrt{2}$, 단축의 길이는 $2\cdot1=2$이다.

또한, $\sqrt{2-1}=1$이므로 초점의 좌표는

$(1,\ 0)$, $(-1,\ 0)$이고, 그 그래프는 오른쪽 그림과 같다.

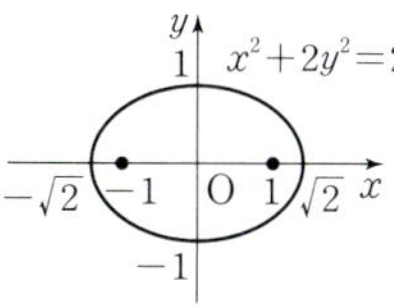

0118 📌 해설 참조

타원 $\dfrac{x^2}{4}+\dfrac{y^2}{2}=1$을 x축의 방향으로 2만큼, y축의 방향으로 -1

만큼 평행이동한 타원의 방정식은

$$\dfrac{(x-2)^2}{4}+\dfrac{(y+1)^2}{2}=1$$

이때 타원 $\dfrac{x^2}{2^2}+\dfrac{y^2}{(\sqrt{2})^2}=1$의 장축의 길이는 $2\cdot2=4$,

단축의 길이는 $2\cdot\sqrt{2}=2\sqrt{2}$이고, 중심의 좌표는 $(0,\ 0)$이므로 주어진 타원의 장축의 길이는 4, 단축의 길이는 $2\sqrt{2}$이고, 중심의 좌표는 $(2,\ -1)$이다.

즉, 그 그래프는 오른쪽 그림과 같다.

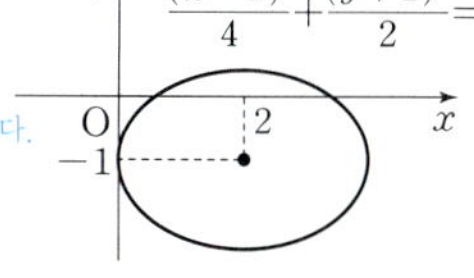

0119 📌 해설 참조

타원 $x^2+\dfrac{y^2}{9}=1$을 x축의 방향으로 -1만큼, y축의 방향으로 3만큼 평행이동한 타원의 방정식은

$$(x+1)^2+\dfrac{(y-3)^2}{9}=1$$

이때 타원 $x^2+\dfrac{y^2}{3^2}=1$의 장축의 길이는 $2\cdot3=6$,

단축의 길이는 $2\cdot1=2$이고, 중심의 좌표는 $(0,\ 0)$이므로 주어진 타원의 장축의 길이는 6, 단축의 길이는 2이고, 중심의 좌표는 $(-1,\ 3)$이다.

즉, 그 그래프는 오른쪽 그림과 같다.

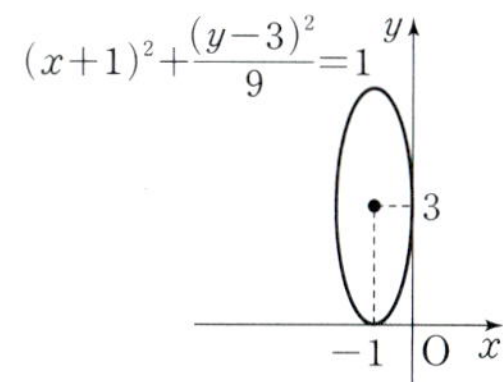

0120 📌 해설 참조

주어진 타원은 타원 $\dfrac{x^2}{5}+y^2=1$을 x축의 방향으로 2만큼, y축의 방향으로 -2만큼 평행이동한 것이다.

이때 타원 $\dfrac{x^2}{(\sqrt{5})^2}+y^2=1$의 장축의 길이는 $2\cdot\sqrt{5}=2\sqrt{5}$,

단축의 길이는 $2\cdot1=2$이고, $\sqrt{5-1}=2$이므로 초점의 좌표는 $(2,\ 0)$, $(-2,\ 0)$이다.

따라서 주어진 타원의 장축의 길이는 $2\sqrt{5}$, 단축의 길이는 2이고, 초점의 좌표는 $(4,\ -2)$, $(0,\ -2)$이다.

또한, 그 그래프는 오른쪽 그림과 같다.

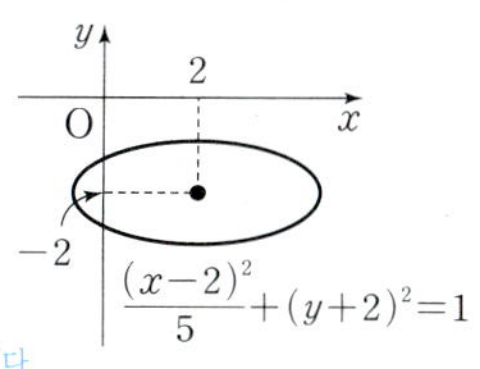

0121 📌 해설 참조

주어진 타원은 타원 $\dfrac{x^2}{4}+\dfrac{y^2}{9}=1$을 x축의 방향으로 -1만큼, y축의 방향으로 2만큼 평행이동한 것이다.

이때 타원 $\dfrac{x^2}{2^2}+\dfrac{y^2}{3^2}=1$의 장축의 길이는 $2\cdot3=6$,

단축의 길이는 $2\cdot2=4$이고, $\sqrt{9-4}=\sqrt{5}$이므로 초점의 좌표는 $(0,\ \sqrt{5})$, $(0,\ -\sqrt{5})$이다.

따라서 주어진 타원의 장축의 길이는 6, 단축의 길이는 4이고, 초점의 좌표는 $(-1,\ -\sqrt{5}+2)$, $(-1,\ \sqrt{5}+2)$이다.

또한, 그 그래프는 오른쪽 그림과 같다.

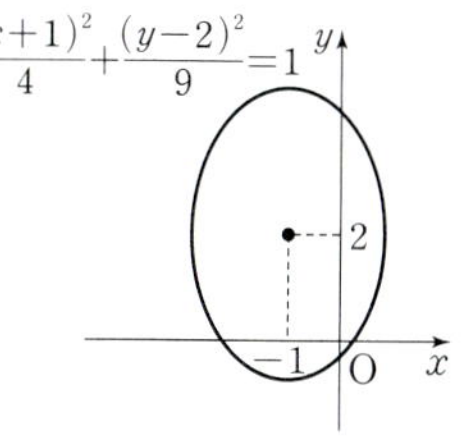

0122 📌 해설 참조

$2x^2+3y^2-4x-4=0$에서

$2(x^2-2x+1)+3y^2-6=0$

$2(x-1)^2+3y^2=6$

$\therefore \dfrac{(x-1)^2}{3}+\dfrac{y^2}{2}=1$

즉, 주어진 타원은 타원 $\dfrac{x^2}{3}+\dfrac{y^2}{2}=1$을 x축의 방향으로 1만큼 평행이동한 것이다.

이때 타원 $\dfrac{x^2}{(\sqrt{3})^2}+\dfrac{y^2}{(\sqrt{2})^2}=1$의 장축의 길이는 $2\cdot\sqrt{3}=2\sqrt{3}$,

단축의 길이는 $2\cdot\sqrt{2}=2\sqrt{2}$이고, $\sqrt{3-2}=1$이므로 초점의 좌표는 $(1,\ 0)$, $(-1,\ 0)$이다.

따라서 주어진 타원의 장축의 길이는 $2\sqrt{3}$, 단축의 길이는 $2\sqrt{2}$이고, 초점의 좌표는 $(2,\ 0)$, $(0,\ 0)$이다.

또한, 그 그래프는 오른쪽 그림과 같다.

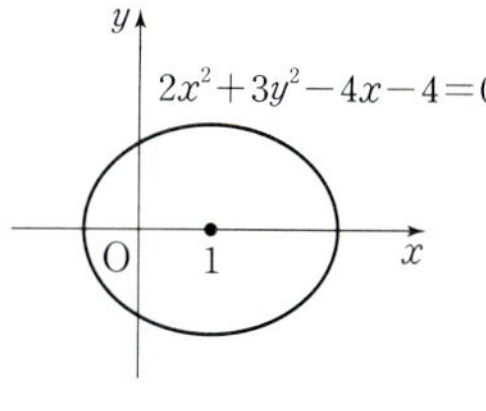

0123 📌 해설 참조

$2x^2+y^2-4x-4y=0$에서

$2(x^2-2x+1)+(y^2-4y+4)-6=0$

$2(x-1)^2+(y-2)^2=6$

$\therefore \dfrac{(x-1)^2}{3}+\dfrac{(y-2)^2}{6}=1$

즉, 주어진 타원은 타원 $\dfrac{x^2}{3}+\dfrac{y^2}{6}=1$을 x축의 방향으로 1만큼, y축의 방향으로 2만큼 평행이동한 것이다.

이때 타원 $\dfrac{x^2}{(\sqrt{3})^2}+\dfrac{y^2}{(\sqrt{6})^2}=1$의 장축의 길이는

$2\cdot\sqrt{6}=2\sqrt{6}$, 단축의 길이는 $2\cdot\sqrt{3}=2\sqrt{3}$이고, $\sqrt{6-3}=\sqrt{3}$이므로 초점의 좌표는 $(0,\ \sqrt{3})$, $(0,\ -\sqrt{3})$이다.

따라서 주어진 타원의 장축의 길이는 $2\sqrt{6}$, 단축의 길이는 $2\sqrt{3}$이고, 초점의 좌표는 $(1,\ \sqrt{3}+2)$, $(1,\ -\sqrt{3}+2)$이다.

또한, 그 그래프는 오른쪽 그림과 같다.

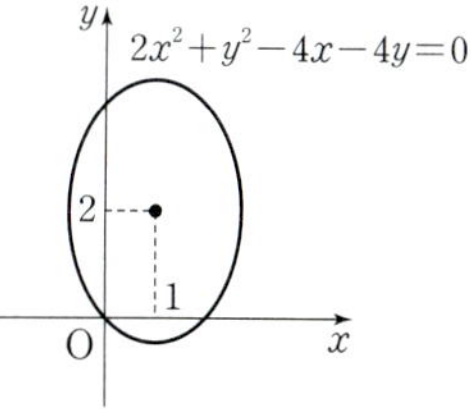

0124 📌 (1) 서로 다른 두 점에서 만난다.
(2) 한 점에서 만난다. (접한다.)
(3) 만나지 않는다.

(1) $y=-x+1$을 $x^2+\dfrac{y^2}{3}=1$에 대입하여 정리하면

$2x^2-x-1=0$ ...... ㉠

이 이차방정식의 판별식을 D라 하면

$D=(-1)^2-4\cdot2\cdot(-1)>0$ → ㉠의 서로 다른 실근이 2개, 즉 교점이 2개이다.

따라서 타원과 직선은 서로 다른 두 점에서 만난다.

(2) $y=x+2$를 $x^2+\dfrac{y^2}{3}=1$에 대입하여 정리하면

$4x^2+4x+1=0$ ...... ㉠

이 이차방정식의 판별식을 D라 하면

$\dfrac{D}{4}=2^2-4\cdot1=0$ → ㉠의 실근이 오직 하나, 즉 교점이 1개이다.

따라서 타원과 직선은 한 점에서 만난다. (접한다.)

(3) $y=2x-3$을 $x^2+\dfrac{y^2}{3}=1$에 대입하여 정리하면

$7x^2-12x+6=0$ ...... ㉠

이 이차방정식의 판별식을 D라 하면

$\dfrac{D}{4}=(-6)^2-7\cdot6<0$ → ㉠의 실근이 존재하지 않는다, 즉 교점이 없다.

따라서 타원과 직선은 만나지 않는다.

0125

답 (1) $-2<k<2$
(2) $k=-2$ 또는 $k=2$
(3) $k<-2$ 또는 $k>2$

$y=\dfrac{1}{2}x+k$를 $\dfrac{x^2}{8}+\dfrac{y^2}{2}=1$에 대입하여 정리하면

$x^2+2kx+2k^2-4=0$

이 이차방정식의 판별식을 D라 하면

$\dfrac{D}{4}=k^2-(2k^2-4)=-k^2+4$

(1) $\dfrac{D}{4}=-k^2+4>0$에서 $-2<k<2$

(2) $\dfrac{D}{4}=-k^2+4=0$에서 $k=-2$ 또는 $k=2$

(3) $\dfrac{D}{4}=-k^2+4<0$에서 $k<-2$ 또는 $k>2$

0126

답 $y=3x\pm4\sqrt{3}$

$\dfrac{x^2}{5}+\dfrac{y^2}{3}=1$에서 $a^2=5$, $b^2=3$이고, $m=3$이므로 접선의 방정식은

$y=3x\pm\sqrt{5\cdot3^2+3}$ ∴ $y=3x\pm4\sqrt{3}$

0127

답 $y=-2x\pm4$

$\dfrac{x^2}{2}+\dfrac{y^2}{8}=1$에서 $a^2=2$, $b^2=8$이고, $m=-2$이므로 접선의 방정식은

$y=-2x\pm\sqrt{2\cdot(-2)^2+8}$ ∴ $y=-2x\pm4$

0128

답 $y=\pm2$

$\dfrac{x^2}{3}+\dfrac{y^2}{4}=1$에서 $a^2=3$, $b^2=4$이고, $m=0$이므로 접선의 방정식은

$y=0\cdot x\pm\sqrt{3\cdot0^2+4}$ ∴ $y=\pm2$

> **선생님 톡톡**
> 타원 $\dfrac{x^2}{a^2}+\dfrac{x^2}{b^2}=1$ $(a>0, b>0)$에 접하고 기울기가 0인 직선은 타원의 네 꼭짓점 중 y축 위의 점 $(0, b)$, $(0, -b)$를 각각 지나는 두 직선이야.

0129

답 $x+y-4=0$

$\dfrac{1\cdot x}{4}+\dfrac{3\cdot y}{12}=1$ ∴ $x+y-4=0$

0130

답 $3x+5y-16=0$

$3\cdot2x+5\cdot2y=32$ ∴ $3x+5y-16=0$

0131

답 $x=-3$

$\dfrac{(-3)\cdot x}{9}+0\cdot y=1$ ∴ $x=-3$

> **선생님 톡톡**
> 타원 $\dfrac{x^2}{a^2}+\dfrac{y^2}{b^2}=1$ $(a>0, b>0)$ 위의 점 중 x축 위의 꼭짓점 $(a, 0)$, $(-a, 0)$에서의 접선의 방정식은 각각 $x=a$, $x=-a$야.
> 즉, 중심이 원점인 타원 위의 꼭짓점 중 x축 위의 점에서의 접선은 y축에 평행해.

0132

답 $y=-\sqrt{5}$

$\dfrac{0\cdot x}{2}+\dfrac{(-\sqrt{5})\cdot y}{5}=1$ ∴ $y=-\sqrt{5}$

> **선생님 톡톡**
> 타원 $\dfrac{x^2}{a^2}+\dfrac{y^2}{b^2}=1$ $(a>0, b>0)$ 위의 점 중 y축 위의 꼭짓점 $(0, b)$, $(0, -b)$에서의 접선의 방정식은 각각 $y=b$, $y=-b$야.
> 즉, 중심이 원점인 타원 위의 꼭짓점 중 y축 위의 점에서의 접선은 x축에 평행해.

본문 026~038쪽

0133

답 ①

0134

답 ①

$P(x, y)$라 하면 $\overline{PA}+\overline{PB}=2\sqrt{5}$에서

$\sqrt{x^2+(y-2)^2}+\sqrt{x^2+\{y-(-2)\}^2}=2\sqrt{5}$

$\sqrt{x^2+(y-2)^2}=2\sqrt{5}-\sqrt{x^2+(y+2)^2}$ → 좌변의 항 중 하나를 우변으로 이항한다.

위의 식의 양변을 제곱하면

$x^2+(y-2)^2=20+x^2+(y+2)^2-4\sqrt{5}\cdot\sqrt{x^2+(y+2)^2}$

$2y+5=\sqrt{5\{x^2+(y+2)^2\}}$

위의 식의 양변을 제곱하면

$(2y+5)^2=5\{x^2+(y+2)^2\}$

$4y^2+20y+25=5x^2+5y^2+20y+20$

$5x^2+y^2=5$ ∴ $x^2+\dfrac{y^2}{5}=1$

● **다른 풀이** ●

두 점 $A(0, 2)$, $B(0, -2)$에서 점 P까지의 거리의 합이 일정하므로 타원의 정의에 의하여 점 P가 나타내는 도형은 초점이 A, B이고 장축의 길이가 $2\sqrt{5}$인 타원이다.

따라서 구하는 타원의 방정식을 $\dfrac{x^2}{a^2}+\dfrac{y^2}{b^2}=1$ $(b>a>0)$이라 하면

$2b=2\sqrt{5}$에서 $b=\sqrt{5}$

$b^2-a^2=2^2$에서 $a^2=(\sqrt{5})^2-2^2=1$

$\therefore x^2+\dfrac{y^2}{5}=1$

0135 답 ②

구하는 타원의 방정식을 $\dfrac{x^2}{a^2}+\dfrac{y^2}{b^2}=1$ $(a>b>0)$이라 하면

$2a=4\sqrt{2}$에서 $a=2\sqrt{2}$

$a^2-b^2=2^2$에서 $b^2=(2\sqrt{2})^2-2^2=4$

$\therefore \dfrac{x^2}{8}+\dfrac{y^2}{4}=1$

이 타원이 점 $(2,\ k)$를 지나므로

$\dfrac{2^2}{8}+\dfrac{k^2}{4}=1,\ k^2=2$

$\therefore k=\sqrt{2}\ (\because k>0)$

0136 답 ②

삼각형 PAB의 둘레의 길이가 14이고 $\overline{AB}=|3-(-3)|=6$이므로

$\overline{PA}+\overline{PB}=14-6=8$

즉, 두 점 $A(3,\ 0)$, $B(-3,\ 0)$에서 점 P까지의 거리의 합이 일정하므로 타원의 정의에 의하여 점 P가 나타내는 도형은 초점이 A, B이고 장축의 길이가 8인 타원이다.

따라서 구하는 타원의 방정식을 $\dfrac{x^2}{a^2}+\dfrac{y^2}{b^2}=1$ $(a>b>0)$이라 하면

$2a=8$에서 $a=4$

$a^2-b^2=3^2$에서 $b^2=4^2-3^2=7$

$\therefore \dfrac{x^2}{16}+\dfrac{y^2}{7}=1$

이 타원이 점 $(3,\ k)$를 지나므로

$\dfrac{3^2}{16}+\dfrac{k^2}{7}=1,\ k^2=\dfrac{49}{16}$

$\therefore k=\dfrac{7}{4}\ (\because k>0)$

● 다른 풀이 ●

$P(x,\ y)$라 하면 $\overline{PA}+\overline{PB}=8$에서

$\sqrt{(x-3)^2+y^2}+\sqrt{\{x-(-3)\}^2+y^2}=8$

$\sqrt{(x-3)^2+y^2}=8-\sqrt{(x+3)^2+y^2}$

위의 식의 양변을 제곱하면

$(x-3)^2+y^2=64+(x+3)^2+y^2-16\sqrt{(x+3)^2+y^2}$

$3x+16=4\sqrt{(x+3)^2+y^2}$

위의 식의 양변을 제곱하면

$(3x+16)^2=16\{(x+3)^2+y^2\}$

$9x^2+96x+256=16x^2+96x+144+16y^2$

$7x^2+16y^2=112$　　　$\therefore \dfrac{x^2}{16}+\dfrac{y^2}{7}=1$

0137 답 ③

구하는 타원의 방정식을 $\dfrac{x^2}{a^2}+\dfrac{y^2}{b^2}=1$ $(a>b>0)$이라 하자.

장축의 길이와 단축의 길이가 각각 $2a$, $2b$이므로 $2a-2b=2$에서

$a-b=1$　　$\therefore b=a-1$　　……㉠

또한, $a^2-b^2=(\sqrt{3})^2$이므로 ㉠을 대입하면

$a^2-(a-1)^2=3,\ 2a-1=3$

$2a=4$　　$\therefore a=2$

$a=2$를 ㉠에 대입하면 $b=1$

$\therefore \dfrac{x^2}{4}+y^2=1$

이 타원이 직선 $x=\sqrt{3}$과 만나는 점의 y좌표는

$\dfrac{(\sqrt{3})^2}{4}+y^2=1,\ y^2=\dfrac{1}{4}$

$\therefore y=-\dfrac{1}{2}$ 또는 $y=\dfrac{1}{2}$

따라서 두 점 A, B의 좌표가 $\left(\sqrt{3},\ -\dfrac{1}{2}\right)$, $\left(\sqrt{3},\ \dfrac{1}{2}\right)$이므로

삼각형 OAB의 넓이는

$\dfrac{1}{2}\cdot\left\{\dfrac{1}{2}-\left(-\dfrac{1}{2}\right)\right\}\cdot\sqrt{3}=\dfrac{\sqrt{3}}{2}$

0138 답 ⑤

0139 답 ④

구하는 타원의 방정식을 $\dfrac{x^2}{a^2}+\dfrac{y^2}{b^2}=1$ $(b>a>0)$이라 하자.

이 타원의 단축의 길이가 6이므로

$2a=6$　　$\therefore a=3$

중심이 원점이고 한 초점의 좌표가 $(0,\ -2)$이므로 다른 한 초점의 좌표는 $(0,\ 2)$이다.

즉, $b^2-a^2=2^2$에서

$b^2=3^2+2^2=13$　　$\therefore b=\sqrt{13}\ (\because b>0)$

따라서 타원의 장축의 길이는 $2\cdot\sqrt{13}=2\sqrt{13}$

0140 답 ④

오른쪽 그림과 같이 타원 $\dfrac{x^2}{3^2}+\dfrac{y^2}{5^2}=1$의 중심의 좌표는 $(0,\ 0)$이고 장축의 길이는 $2\cdot 5=10$, 단축의 길이는 $2\cdot 3=6$이다.

또한, $\sqrt{25-9}=4$이므로 초점의 좌표는 $(0,\ 4)$, $(0,\ -4)$이고 x축과 두 점 $(3,\ 0)$, $(-3,\ 0)$에서 만난다.

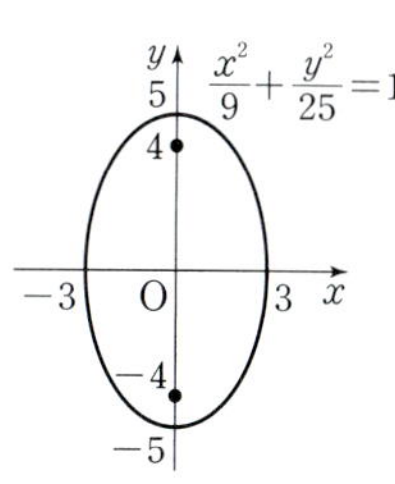

따라서 옳지 않은 것은 ④이다.

0141 답 ①

타원 $C_1 : 9x^2+14y^2=126$, 즉 $\dfrac{x^2}{(\sqrt{14})^2}+\dfrac{y^2}{3^2}=1$의 단축의 길이는 $2\cdot 3=6$이고, $\sqrt{14-9}=\sqrt{5}$이므로 초점의 좌표는 $(\sqrt{5},\ 0)$, $(-\sqrt{5},\ 0)$이다.

타원 C_2의 방정식을 $\dfrac{x^2}{a^2}+\dfrac{y^2}{b^2}=1$ $(a>b>0)$이라 하자.

이 타원의 장축의 길이가 6이므로

$2a=6$　　$\therefore a=3$

초점의 좌표가 $(\sqrt{5},\ 0)$, $(-\sqrt{5},\ 0)$이므로

$a^2-b^2=(\sqrt{5})^2$에서 $b^2=3^2-(\sqrt{5})^2=4$

즉, 타원 C_2의 방정식은 $\dfrac{x^2}{9}+\dfrac{y^2}{4}=1$이므로 네 꼭짓점을 각각 A, B, C, D라 하면

$A(3,\ 0),\ B(-3,\ 0),\ C(0,\ 2),\ D(0,\ -2)$

따라서 사각형 ACBD는 마름모이므로 그 넓이는
$$\frac{1}{2}\cdot\overline{AB}\cdot\overline{CD}=\frac{1}{2}\cdot\{3-(-3)\}\cdot\{2-(-2)\}=12$$

0142 답 ③

$x^2+ky^2=k$에서 $\dfrac{x^2}{k}+y^2=1$

이때 $k\neq1$, $k>0$이면 도형 C는 네 꼭짓점의 좌표가 각각
$(\sqrt{k},\ 0)$, $(-\sqrt{k},\ 0)$, $(0,\ 1)$, $(0,\ -1)$인 타원이다.

ㄱ. $k=1$이면 $x^2+y^2=1$이므로 도형 C는 원점을 중심으로 하고
　반지름의 길이가 1인 원이다. (참)

ㄴ. $k\neq1$이면 도형 C는 타원이고, x축 위의 두 꼭짓점 사이의 거리
　는 $2\sqrt{k}$, y축 위의 두 꼭짓점 사이의 거리는 2이다.
　그런데 $0<k<1$이면 $0<2\sqrt{k}<2$이므로 장축의 길이는 2이다.
　　　　　　　　　　　　　　　　　　　　　　　　　　　　(거짓)

ㄷ. $0<k<1$이면 도형 C는 두 초점이 y축 위에 있는 타원이다.
　　　　　　　　　　　　　　　　　　　　　　　　　　　　(참)

따라서 옳은 것은 ㄱ, ㄷ이다.

0143 답 ③

0144 답 ④

$3x^2+2y^2+6x-12y+15=0$에서
$3(x^2+2x+1)+2(y^2-6y+9)-6=0$
$3(x+1)^2+2(y-3)^2=6$
이 타원은 타원 $3x^2+2y^2=6$을 x축의 방향으로 -1만큼, y축
방향으로 3만큼 평행이동한 것이므로
$a=3$, $b=2$, $m=-1$, $n=3$
$\therefore a+b+m+n=3+2+(-1)+3=7$

0145 답 ⑤

타원 $\dfrac{(x-1)^2}{8}+\dfrac{(y-2)^2}{4}=1$은 타원 $\dfrac{x^2}{8}+\dfrac{y^2}{4}=1$을 x축의 방향
으로 1만큼, y축의 방향으로 2만큼 평행이동한 것이다.

이때 타원 $\dfrac{x^2}{(2\sqrt{2})^2}+\dfrac{y^2}{2^2}=1$에서 $\sqrt{8-4}=2$이므로 초점의 좌표는
$(2,\ 0)$, $(-2,\ 0)$이다.
즉, 주어진 타원의 초점의 좌표는 $(3,\ 2)$, $(-1,\ 2)$이므로 제1사
분면 위의 초점의 좌표는 $(3,\ 2)$이다.
따라서 $a=3$, $b=2$이므로
$a+b=3+2=5$

0146 답 ③

타원 $\dfrac{(x-2)^2}{a^2}+\dfrac{(y-2)^2}{b^2}=1$은 타원 $\dfrac{x^2}{a^2}+\dfrac{y^2}{b^2}=1$을 x축의 방향
으로 2만큼, y축의 방향으로 2만큼 평행이동한 것이다.

이때 타원 $\dfrac{x^2}{a^2}+\dfrac{y^2}{b^2}=1\ (a>b>0)$의 초점의 좌표를 각각
$(k,\ 0)$, $(-k,\ 0)$이라 하면 주어진 타원의 초점의 좌표는
$(k+2,\ 2)$, $(-k+2,\ 2)$이다.
한 초점의 좌표가 $(-1,\ c)$이므로
$k+2=-1$, $c=2$ 또는 $-k+2=-1$, $c=2$
$\therefore k=\pm3$, $c=2$

또한, 타원 $\dfrac{x^2}{a^2}+\dfrac{y^2}{b^2}=1$의 장축의 길이도 8이므로
$2a=8$　$\therefore a=4$　←평행이동하여도 장축의 길이는 변하지 않으므로
따라서 $a^2-b^2=3^2$에서　←$k=\pm3$이므로
$b^2=4^2-3^2=7$
$\therefore a^2+b^2+c=16+7+2=25$

0147 답 ⑤

두 점 $(-1,\ 7)$, $(-1,\ 1)$을 각각 A, B라 하면 선분 AB의 중점
의 좌표는 $\left(\dfrac{-1+(-1)}{2},\ \dfrac{7+1}{2}\right)$, 즉 $(-1,\ 4)$이므로 주어진 타
원의 중심의 좌표는 $(-1,\ 4)$이다.

주어진 타원은 타원 $\dfrac{x^2}{a}+\dfrac{y^2}{b}=1$을 x축의 방향으로 -1만큼, y축
의 방향으로 4만큼 평행이동한 것이므로　←타원 $\dfrac{x^2}{a}+\dfrac{y^2}{b}=1$의 중심의 좌표는 $(0,\ 0)$이므로
$m=-1$, $n=4$

또한, 타원 $\dfrac{x^2}{a}+\dfrac{y^2}{b}=1$의 초점의 좌표는 $(-1+1,\ 7-4)$,
$(-1+1,\ 1-4)$, 즉 $(0,\ 3)$, $(0,\ -3)$이다.
한편, 주어진 타원 위의 점 $O(0,\ 0)$에 대하여 장축의 길이는
$\overline{OA}+\overline{OB}=\sqrt{(-1)^2+7^2}+\sqrt{(-1)^2+1^2}$　←주어진 타원이 원점을 지난다고 했으므로
$\qquad\qquad=5\sqrt{2}+\sqrt{2}=6\sqrt{2}$

이때 타원 $\dfrac{x^2}{a}+\dfrac{y^2}{b}=1$의 장축의 길이도 $6\sqrt{2}$이므로
$2\sqrt{b}=6\sqrt{2}$, $\sqrt{b}=3\sqrt{2}$　$\therefore b=18$
따라서 $b-a=3^2$에서　←타원 $\dfrac{x^2}{a}+\dfrac{y^2}{b}=1$의 두 초점이 y축 위에 있으므로 장축의 길이는 $2\sqrt{b}$이다.
$a=18-3^2=9$
$\therefore a+b+m+n=9+18+(-1)+4=30$

0148 답 31

0149 답 ②

$\overline{FF'}=|2-(-2)|=4$이고 $\overline{PF}=3$이므로 직각삼각형 PF'F에서
$\overline{PF'}=\sqrt{\overline{PF}^2+\overline{FF'}^2}=\sqrt{3^2+4^2}=5$
타원의 정의에 의하여 장축의 길이는
$\overline{PF}+\overline{PF'}=3+5=8$
구하는 타원의 방정식을 $\dfrac{x^2}{a^2}+\dfrac{y^2}{b^2}=1\ (a>b>0)$이라 하면
$2a=8$에서 $a=4$
$a^2-b^2=2^2$에서 $b^2=4^2-2^2=12$
$\therefore b=2\sqrt{3}\ (\because b>0)$
따라서 타원의 단축의 길이는
$2\cdot2\sqrt{3}=4\sqrt{3}$

0150 답 ⑤

오른쪽 그림과 같이 $\overline{FF'}=2\overline{OF}$,
$\overline{PF}=2\overline{MF}$이므로 두 삼각형 PF'F,
MOF는 닮음비가 $2:1$인 닮은 도형이다.

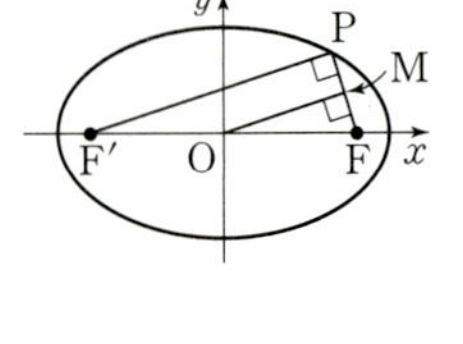

이때 $\overline{OM}=3$이므로
$\overline{PF'}=2\overline{OM}=2\cdot3=6$
타원의 장축의 길이가 8이므로 타원의 정의에 의하여
$\overline{PF}=8-\overline{PF'}=8-6=2$

즉, $\overline{MF}=\dfrac{1}{2}\overline{PF}=\dfrac{1}{2}\cdot2=1$이므로 직각삼각형 MOF에서

$\overline{OF}=\sqrt{\overline{OM}^2+\overline{MF}^2}=\sqrt{3^2+1^2}=\sqrt{10}$

$\therefore c=\sqrt{10}$

0151 답 12

점 $A(0,\ b)$는 타원 $\dfrac{x^2}{a^2}+\dfrac{y^2}{b^2}=1$의 한 꼭짓점이므로

$\overline{AF}=\overline{AF'}$

타원의 정의에 의하여 $\overline{AF}+\overline{AF'}=2a$이므로

$\overline{AF}+\overline{AF'}=2\overline{AF}=2a$

$\therefore\overline{AF}=a$

한편, 직선 AF'은 원의 접선이므로 $\overline{AF'}\perp\overline{AF}$, 즉 삼각형 AF'F는

$\overline{AF}=\overline{AF'}$인 직각이등변삼각형이다.

이때 $\overline{FF'}=|2-(-2)|=4$이므로

$a=\overline{AF}=\overline{FF'}\cdot\cos45°=4\cdot\dfrac{\sqrt{2}}{2}=2\sqrt{2}$

따라서 $a^2-b^2=2^2$에서

$b^2=(2\sqrt{2})^2-2^2=4$

$\therefore a^2+b^2=(2\sqrt{2})^2+4=12$

0152 답 ④

오른쪽 그림과 같이 $\overline{OF}=\overline{OF'}$,
$\overline{OF}=\overline{OP}$이므로 세 점 P, F, F'은 점 O
를 중심으로 하는 원 위에 있다.

즉, 삼각형 PF'F는 직각삼각형이고 삼
각형 POF는 정삼각형이므로

$\angle PFF'=60°$

이때 $\overline{PF}=\overline{OF}=c$이므로

$\overline{PF'}=\overline{PF}\cdot\tan60°=c\cdot\sqrt{3}=\sqrt{3}c$

또한, 타원의 정의에 의하여 $\overline{PF}+\overline{PF'}=6$이므로

$\overline{PF}+\overline{PF'}=c+\sqrt{3}c=(1+\sqrt{3})c=6$

▸타원의 장축의 길이가 6이므로

에서

$c=\dfrac{6}{\sqrt{3}+1}=\dfrac{6(\sqrt{3}-1)}{(\sqrt{3}+1)(\sqrt{3}-1)}=3(\sqrt{3}-1)=3\sqrt{3}-3$

0153 답 ⑤

0154 답 ②

타원의 장축의 길이가 12이므로

$\overline{PF}+\overline{PF'}=12$ ...... ㉠

이때 $\overline{PF}>0$, $\overline{PF'}>0$이므로 산술평균과 기하평균의 관계에 의하여

$\overline{PF}+\overline{PF'}\geq2\sqrt{\overline{PF}\times\overline{PF'}}$ (단, 등호는 $\overline{PF}=\overline{PF'}$일 때 성립)

$12\geq2\sqrt{\overline{PF}\times\overline{PF'}}$ ($\because$ ㉠)

$6\geq\sqrt{\overline{PF}\times\overline{PF'}}$ $\qquad\therefore\overline{PF}\times\overline{PF'}\leq36$

즉, $\overline{PF}\times\overline{PF'}$의 최댓값은 36이고 $\overline{PF}=\overline{PF'}$일 때 최대이므로

㉠에서

$\overline{PF}=\overline{PF'}=6$

$\therefore\overline{PF}^2+\overline{PF'}^2=6^2+6^2=72$

$\overline{PF}\times\overline{PF'}\leq36$이고 $\overline{PF}\times\overline{PF'}$의 값이 최대일 때

$\overline{PF}\times\overline{PF'}=36$

또한, $\overline{PF}+\overline{PF'}=12$이므로

$\overline{PF}^2+\overline{PF'}^2=(\overline{PF}+\overline{PF'})^2-2\times\overline{PF}\times\overline{PF'}$
$\qquad\qquad=12^2-2\times36=72$

0155 답 ①

점 $P(a,\ b)$는 타원 $\dfrac{x^2}{16}+\dfrac{y^2}{36}=1$ 위에 있으므로

$\dfrac{a^2}{16}+\dfrac{b^2}{36}=1$ ...... ㉠

이때 $a^2>0$, $b^2>0$이므로 산술평균과 기하평균의 관계에 의하여

$\dfrac{a^2}{16}+\dfrac{b^2}{36}\geq2\sqrt{\dfrac{a^2}{16}\cdot\dfrac{b^2}{36}}$ $\left(\text{단, 등호는 }\dfrac{a^2}{16}=\dfrac{b^2}{36}\text{일 때 성립}\right)$

$1\geq2\cdot\dfrac{|ab|}{24}$ ($\because$ ㉠)

$1\geq\dfrac{|ab|}{12}$

$\therefore -12\leq ab\leq12$

따라서 ab의 최댓값은 12이다.

0156 답 ⑤

타원 $\dfrac{x^2}{a^2}+\dfrac{y^2}{b^2}=1$이 점 $(3,\ 2)$를 지나므로

$\dfrac{9}{a^2}+\dfrac{4}{b^2}=1$ ...... ㉠

이 타원의 장축의 길이와 단축의 길이의 곱은

$2a\cdot2b=4ab$

이때 $a^2>0$, $b^2>0$이므로 산술평균과 기하평균의 관계에 의하여

$\dfrac{9}{a^2}+\dfrac{4}{b^2}\geq2\sqrt{\dfrac{9}{a^2}\cdot\dfrac{4}{b^2}}$ $\left(\text{단, 등호는 }\dfrac{9}{a^2}=\dfrac{4}{b^2}\text{일 때 성립}\right)$

$1\geq2\cdot\dfrac{6}{ab}$ ($\because$ ㉠)

$1\geq\dfrac{12}{ab}$ $\qquad\therefore 4ab\geq48$

즉, 타원의 장축의 길이와 단축의 길이의 곱의 최솟값은 48이고

$\dfrac{9}{a^2}=\dfrac{4}{b^2}$일 때 최소이므로 ㉠에서

$\dfrac{9}{a^2}+\dfrac{9}{a^2}=1,\ \dfrac{18}{a^2}=1$

$\therefore a^2=18$

$a^2=18$을 $\dfrac{9}{a^2}=\dfrac{4}{b^2}$에 대입하면

$\dfrac{1}{2}=\dfrac{4}{b^2}$ $\qquad\therefore b^2=8$

따라서 타원의 두 초점 사이의 거리는

$2\sqrt{a^2-b^2}=2\sqrt{18-8}=2\sqrt{10}$

0157 답 ②

직사각형의 네 꼭짓점 중 제1사분면 위에 있는 점을 $P(a,\ b)$라 하자.

직사각형의 가로의 길이와 세로의 길이는 각각 $2a$, $2b$이므로 넓이는

$2a\cdot2b=4ab$

또한, 점 $P(a, b)$는 타원 $\dfrac{x^2}{32} + \dfrac{y^2}{18} = 1$ 위에 있으므로

$\dfrac{a^2}{32} + \dfrac{b^2}{18} = 1$ ...... ㉠

이때 $a^2 > 0$, $b^2 > 0$이므로 산술평균과 기하평균의 관계에 의하여

$\dfrac{a^2}{32} + \dfrac{b^2}{18} \geq 2\sqrt{\dfrac{a^2}{32} \cdot \dfrac{b^2}{18}}$ $\left(\text{단, 등호는 } \dfrac{a^2}{32} = \dfrac{b^2}{18}\text{일 때 성립}\right)$

$1 \geq 2 \cdot \dfrac{ab}{24}$ $(\because$ ㉠$)$

$1 \geq \dfrac{ab}{12}$ $\therefore ab \leq 12$

즉, ab의 최댓값은 12이고 $\dfrac{a^2}{32} = \dfrac{b^2}{18}$일 때 최대이므로 ㉠에서

$\dfrac{a^2}{32} + \dfrac{a^2}{32} = 1$, $\dfrac{a^2}{16} = 1$

$a^2 = 16$ $\therefore a = 4 \ (\because a > 0)$

$a = 4$를 $\dfrac{a^2}{32} = \dfrac{b^2}{18}$에 대입하면

$\dfrac{1}{2} = \dfrac{b^2}{18}$, $b^2 = 9$ $\therefore b = 3 \ (\because b > 0)$

따라서 직사각형의 둘레의 길이는

$2(2a + 2b) = 4(a + b) = 4 \cdot (4 + 3) = 28$

0158 답 ②

0159 답 ②

점 P의 좌표를 (x, y)라 하고 오른쪽 그림과 같이 점 P에서 직선 $x = 4$에 내린 수선의 발을 H라 하면

$\overline{PA} : \overline{PH} = 1 : 2$, $2\overline{PA} = \overline{PH}$

$2\sqrt{(x-1)^2 + y^2} = |x - 4|$

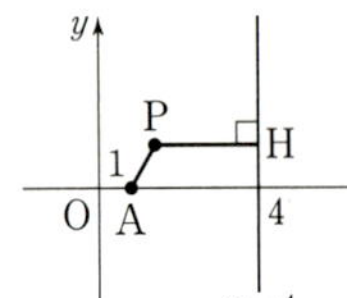

주어진 조건을 식으로 나타낸다.

위의 식의 양변을 제곱하면

$4\{(x-1)^2 + y^2\} = (x-4)^2$

$3x^2 + 4y^2 = 12$ $\therefore \dfrac{x^2}{4} + \dfrac{y^2}{3} = 1$

따라서 $a^2 = 4$, $b^2 = 3$이므로

$a^2 + b^2 = 4 + 3 = 7$

0160 답 17

오른쪽 그림과 같이 두 원의 접점을 Q라 하고 원 $(x-1)^2 + y^2 = 36$의 중심을 F$(1, 0)$, 점 $(-1, 0)$을 F$'$이라 하자.

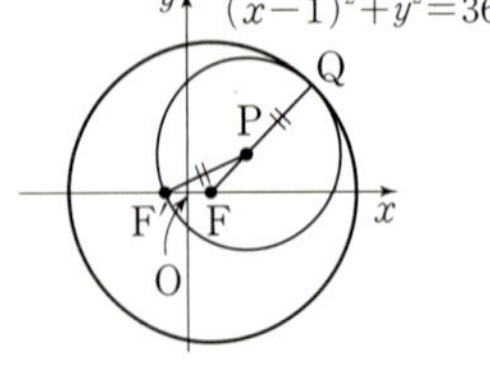

점 P를 중심으로 하는 원이 두 점 F$'$, Q를 지나므로

$\overline{PQ} = \overline{PF'}$

또한, 선분 FQ는 원 $(x-1)^2 + y^2 = 36$의 반지름이므로 $\overline{FQ} = 6$으로 일정하다.

$\therefore \overline{PF} + \overline{PF'} = \overline{PF} + \overline{PQ} = \overline{FQ} = 6$

따라서 점 P는 두 점 F$(1, 0)$, F$'(-1, 0)$을 초점으로 하고

타원의 정의에 의하여

장축의 길이가 6인 타원을 나타내므로 $\dfrac{x^2}{a^2} + \dfrac{y^2}{b^2} = 1$에서

$2a = 6$ $\therefore a = 3$

$a^2 - b^2 = 1^2$에서 $b^2 = 3^2 - 1^2 = 8$

$\therefore a^2 + b^2 = 3^2 + 8 = 17$

0161 답 ④

이등변삼각형의 성질에 의하여 삼각형 APQ는 $\overline{QA} = \overline{QP}$인 이등변삼각형이다.

또한, 선분 CP는 원 $(x+3)^2 + y^2 = 100$의 반지름이므로 $\overline{CP} = 10$으로 일정하다.

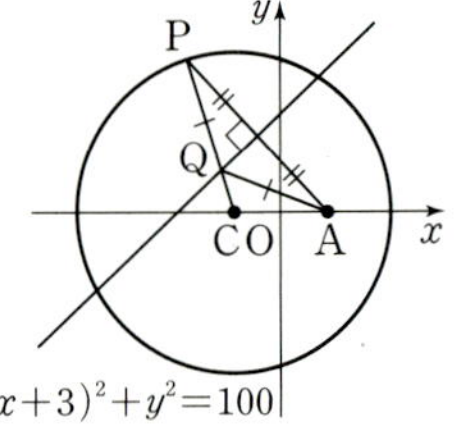

$\therefore \overline{QA} + \overline{QC} = \overline{QP} + \overline{QC}$
$\qquad\qquad = \overline{CP} = 10$

따라서 점 Q는 두 점 A$(3, 0)$, C$(-3, 0)$을 초점으로 하고 장축의 길이가 10인 타원을 나타내므로 방정식을 $\dfrac{x^2}{a^2} + \dfrac{y^2}{b^2} = 1$이라 하면

타원의 정의에 의하여

$2a = 10$에서 $a = 5$

$a^2 - b^2 = 3^2$에서 $b^2 = 5^2 - 3^2 = 16$

$\therefore \dfrac{x^2}{25} + \dfrac{y^2}{16} = 1$

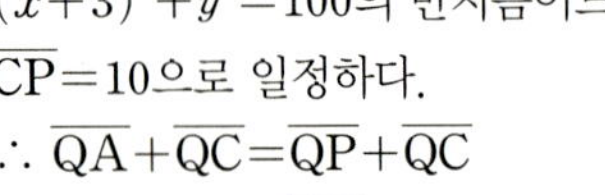

해설 속 칠판 **이등변삼각형의 성질**

이등변삼각형의 꼭지각의 이등분선은 밑변을 수직이등분한다.

즉, $\overline{AB} = \overline{AC}$, $\angle BAD = \angle CAD$이면

$\overline{BD} = \overline{CD}$, $\overline{AD} \perp \overline{BC}$

0162 답 8

오른쪽 그림과 같이 점 Q에서 x축에 내린 수선의 발을 I라 하면 두 삼각형 POH, QOI는 닮음비가

$\overline{OP} : \overline{OQ} = 5 : 3$인 닮은 도형이다.

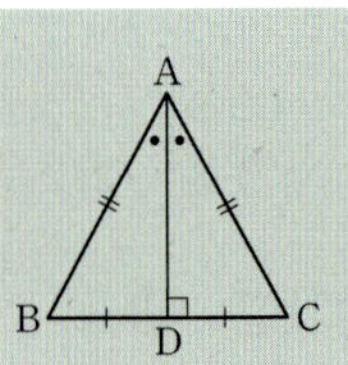

즉, $\overline{OH} : \overline{OI} = \overline{PH} : \overline{QI} = 5 : 3$이므로

점 Q의 좌표를 $(3a, 3b)$라 하면 점 P의 좌표는 $(5a, 5b)$라 할 수 있다.

이때 점 P$(5a, 5b)$는 원 $x^2 + y^2 = 25$ 위에 있으므로

$(5a)^2 + (5b)^2 = 25$

$\therefore a^2 + b^2 = 1$ ...... ㉠

점 R의 좌표를 (x, y)라 하면 점 R의 x좌표는 점 P의 x좌표와 같고 y좌표는 점 Q의 y좌표와 같으므로

$x = 5a$, $y = 3b$

$\therefore a = \dfrac{x}{5}$, $b = \dfrac{y}{3}$ ...... ㉡

㉡을 ㉠에 대입하면

$\dfrac{x^2}{25} + \dfrac{y^2}{9} = 1$

따라서 이 타원의 두 초점 사이의 거리는

$2\sqrt{25 - 9} = 2 \cdot 4 = 8$

0163 답 ③

0164 답 ③

$y = \sqrt{n}\,x + 4$를 $\dfrac{x^2}{2} + \dfrac{y^2}{4} = 1$에 대입하여 정리하면

$(n+2)x^2 + 8\sqrt{n}\,x + 12 = 0$

이 이차방정식의 판별식을 D라 하면
$$\frac{D}{4}=(4\sqrt{n})^2-(n+2)\cdot12<0$$
$4n-24<0$ $\therefore n<6$
따라서 자연수 n의 개수는 1, 2, 3, 4, 5의 5이다.

0165 답 16

$n(A\cap B)=1$이므로 타원 $x^2+4y^2=8$과 직선 $x+2y+k=0$은 한 점에서 만난다.
$x+2y+k=0$, 즉 $x=-2y-k$를 $x^2+4y^2=8$에 대입하여 정리하면
$8y^2+4ky+k^2-8=0$
이 이차방정식의 판별식을 D라 하면
$$\frac{D}{4}=(2k)^2-8(k^2-8)=0$$
$-4k^2+64=0$, $k^2=16$
$\therefore k=-4$ 또는 $k=4$
따라서 조건을 만족시키는 모든 실수 k의 값의 곱 m은
$m=(-4)\cdot4=-16$
$\therefore |m|=|-16|=16$

0166 답 ④
타원 $2x^2+y^2=12$와 직선 $x-y+3=0$, 즉 $y=x+3$이 만나는 점의 x좌표는
$2x^2+(x+3)^2-12=0$
$3x^2+6x-3=0$, $x^2+2x-1=0$
$\therefore x=-1\pm\sqrt{2}$
$x=-1-\sqrt{2}$를 $y=x+3$에 대입하면 $y=2-\sqrt{2}$
$x=-1+\sqrt{2}$를 $y=x+3$에 대입하면 $y=2+\sqrt{2}$
따라서 두 점 A, B의 좌표는 $(-1-\sqrt{2}, 2-\sqrt{2})$, $(-1+\sqrt{2}, 2+\sqrt{2})$이므로
$\overline{AB}=\sqrt{\{-1+\sqrt{2}-(-1-\sqrt{2})\}^2+\{2+\sqrt{2}-(2-\sqrt{2})\}^2}$
$=\sqrt{(2\sqrt{2})^2+(2\sqrt{2})^2}=4$

0167 답 ⑤
$y=x+k$를 $\dfrac{(x-1)^2}{15}+\dfrac{(y-3)^2}{10}=1$에 대입하여 정리하면
$5x^2+2(3k-11)x+3k^2-18k-1=0$
이 이차방정식의 판별식을 D라 하면
$$\frac{D}{4}=(3k-11)^2-5(3k^2-18k-1)=0$$
$-6k^2+24k+126=0$
$k^2-4k-21=0$
$(k+3)(k-7)=0$
$\therefore k=-3$ 또는 $k=7$
따라서 조건을 만족시키는 모든 실수 k의 값의 합은
$3+7=4$

● 다른 풀이 ●

타원 $\dfrac{(x-1)^2}{15}+\dfrac{(y-3)^2}{10}=1$은 타원 $\dfrac{x^2}{15}+\dfrac{y^2}{10}=1$을 x축의 방향으로 1만큼, y축의 방향으로 3만큼 평행이동한 것이다.

타원 $\dfrac{x^2}{15}+\dfrac{y^2}{10}=1$에 접하는 직선의 방정식을 $y=x+k'$ (k'은 상수)이라 하자.
$y=x+k'$을 $\dfrac{x^2}{15}+\dfrac{y^2}{10}=1$에 대입하여 정리하면
$5x^2+6k'x+3k'^2-30=0$
이 이차방정식의 판별식을 D라 하면
$$\frac{D}{4}=(3k')^2-5(3k'^2-30)=0$$
$-6k'^2+150=0$
$k'^2=25$
$\therefore k'=-5$ 또는 $k'=5$
즉, 두 직선 $y=x-5$, $y=x+5$가 타원 $\dfrac{x^2}{15}+\dfrac{y^2}{10}=1$에 접하므로
두 직선 $y=x-5$, $y=x+5$를 x축의 방향으로 1만큼, y축의 방향으로 3만큼 각각 평행이동한 두 직선
$y-3=(x-1)-5$, 즉 $y=x-3$,
$y-3=(x-1)+5$, 즉 $y=x+7$
은 타원 $\dfrac{(x-1)^2}{15}+\dfrac{(y-3)^2}{10}=1$에 접한다.
따라서 조건을 만족시키는 실수 k의 값은 -3, 7이므로 그 합은
$-3+7=4$

0168 답 ③

0169 답 ③

직선 $3x+y+2=0$, 즉 $y=-3x-2$와 평행한 직선의 기울기는 -3이므로 타원 $\dfrac{x^2}{6}+\dfrac{y^2}{2}=1$에 접하고 기울기가 -3인 직선의 방정식은
$y=-3x\pm\sqrt{6\cdot(-3)^2+2}$
$\therefore y=-3x\pm2\sqrt{14}$
이 직선이 점 $(0, k)$를 지나므로
$k=\pm2\sqrt{14}$
따라서 양수 k의 값은 $2\sqrt{14}$이다.

0170 답 ⑤

직선 $2x+3y+4=0$, 즉 $y=-\dfrac{2}{3}x-\dfrac{4}{3}$에 수직인 직선의 기울기는 $\dfrac{3}{2}$이므로 타원 $\dfrac{x^2}{12}+\dfrac{y^2}{9}=1$에 접하고 기울기가 $\dfrac{3}{2}$인 직선의 방정식은
$y=\dfrac{3}{2}x\pm\sqrt{12\cdot\left(\dfrac{3}{2}\right)^2+9}$
$\therefore y=\dfrac{3}{2}x\pm6$
이때 y절편 a가 양수이므로
$a=6$

$\therefore y=\dfrac{3}{2}x+6$
이 직선이 점 $(2, b)$를 지나므로
$b=\dfrac{3}{2}\cdot2+6=9$
$\therefore a+b=6+9$
$=15$

0171 답 ③

타원 $2x^2+3y^2=12$, 즉 $\dfrac{x^2}{6}+\dfrac{y^2}{4}=1$에 접하고 기울기가 $\sqrt{2}$인 직선
의 방정식은
$$y=\sqrt{2}x\pm\sqrt{6\cdot(\sqrt{2})^2+4}$$
$$\therefore y=\sqrt{2}x\pm4$$

따라서 두 직선 $y=\sqrt{2}x-4$, $y=\sqrt{2}x+4$ 사이의 거리는 직선
$y=\sqrt{2}x+4$ 위의 점 $(0,4)$와 직선 $y=\sqrt{2}x-4$, 즉
$\sqrt{2}x-y-4=0$ 사이의 거리와 같으므로
$$\frac{|0-4-4|}{\sqrt{(\sqrt{2})^2+(-1)^2}}=\frac{8\sqrt{3}}{3}$$

● 다른 풀이 ●

두 직선 $y=\sqrt{2}x-4$, $y=\sqrt{2}x+4$는 원점에 대하여 대칭이므로
두 직선 사이의 거리는 원점과 직선 $y=\sqrt{2}x+4$, 즉
$\sqrt{2}x-y+4=0$ 사이의 거리의 2배와 같다.
$$\therefore 2\cdot\frac{|0-0+4|}{\sqrt{(\sqrt{2})^2+(-1)^2}}=2\cdot\frac{4}{\sqrt{3}}=\frac{8\sqrt{3}}{3}$$

0172 답 ①

타원 $\dfrac{x^2}{5}+y^2=1$에 접하고 기울기가 $\sqrt{3}$인 직선의 방정식은
$$y=\sqrt{3}x\pm\sqrt{5\cdot(\sqrt{3})^2+1}$$
$$\therefore y=\sqrt{3}x\pm4$$
이때 주어진 직선 $y=\sqrt{3}x+k$에서 $k>0$이므로
$$k=4$$
한편, 타원 $\dfrac{x^2}{3}+\dfrac{y^2}{b^2}=1$에 접하고 기울기가 $\sqrt{3}$인 직선의 방정식은
$$y=\sqrt{3}x\pm\sqrt{3\cdot(\sqrt{3})^2+b^2}$$
$$\therefore y=\sqrt{3}x\pm\sqrt{b^2+9}$$
따라서 $\sqrt{b^2+9}=4$이어야 하므로
$$b^2+9=16 \quad \therefore b^2=7$$
$$\therefore k+b^2=4+7=11$$

0173 답 ①

0174 답 ②

점 $\mathrm{P}(a,3)$이 타원 $9x^2+4y^2=72$ 위에 있으므로
$$9a^2+4\cdot3^2=72, \quad 9a^2=36$$
$$a^2=4 \quad \therefore a=2 \ (\because a>0)$$

타원 $9x^2+4y^2=72$ 위의 점 $\mathrm{P}(2,3)$에서의 접선의 방정식은
$$9\cdot2x+4\cdot3y=72$$
$$\therefore \frac{x}{4}+\frac{y}{6}=1$$

이 직선은 x축, y축과 각각 점 $(4,0)$, $(0,6)$에서 만나므로
$$b=4, \quad c=6$$
$$\therefore a+b+c=2+4+6=12$$

0175 답 ①

점 $\mathrm{P}(1,3)$이 타원 $\dfrac{x^2}{a^2}+\dfrac{y^2}{b^2}=1$ 위에 있으므로
$$\frac{1}{a^2}+\frac{9}{b^2}=1 \quad \therefore 9a^2+b^2=a^2b^2 \quad \cdots\cdots ㉠$$

타원 $\dfrac{x^2}{a^2}+\dfrac{y^2}{b^2}=1$ 위의 점 $\mathrm{P}(1,3)$에서의 접선의 방정식은
$$\frac{x}{a^2}+\frac{3y}{b^2}=1$$
이 직선이 점 $(4,0)$을 지나므로
$$\frac{4}{a^2}=1 \quad \therefore a^2=4$$
$a^2=4$를 ㉠에 대입하면
$$9\cdot4+b^2=4b^2 \quad \therefore b^2=12$$
$$\therefore a^2+b^2=4+12=16$$

0176 답 ⑤

타원 $4x^2+3y^2=48$, 즉 $\dfrac{x^2}{12}+\dfrac{y^2}{16}=1$에서 $\sqrt{16-12}=2$이므로
초점의 좌표는 $(0,2)$, $(0,-2)$이다.
즉, $\mathrm{F}(0,2)$이므로 점 F를 지나고 x축에 평행한 직선은 $y=2$이
고, 이 직선이 타원 C와 제1사분면에서 만나는 점 P의 x좌표를 k
$(k>0)$라 하면 $\mathrm{P}(k,2)$이다.
점 $\mathrm{P}(k,2)$는 타원 $4x^2+3y^2=48$ 위의 점이므로
$$4k^2+3\cdot2^2=48, \quad 4k^2=36$$
$$k^2=9 \quad \therefore k=3 \ (\because k>0)$$
즉, 타원 $4x^2+3y^2=48$ 위의 점 $\mathrm{P}(3,2)$에서의 접선의 방정식은
$$4\cdot3x+3\cdot2y=48 \quad \therefore y=-2x+8$$
따라서 이 직선의 y절편은 8이다.

0177 답 2

타원 $\dfrac{x^2}{12}+\dfrac{y^2}{9}=1$과 직선 $x=t$ $(t>0)$가 제1사분면에서 만나는
점 P의 y좌표를 y_1 $(y_1>0)$이라 하면 $\mathrm{P}(t,y_1)$이다.
타원 $\dfrac{x^2}{12}+\dfrac{y^2}{9}=1$ 위의 점 $\mathrm{P}(t,y_1)$에서의 접선의 방정식은
$$\frac{tx}{12}+\frac{y_1y}{9}=1$$
이 직선이 x축과 만나는 점 Q의 x좌표는
$$\frac{tx}{12}=1 \quad \therefore x=\frac{12}{t}$$
$$\therefore \mathrm{Q}\!\left(\frac{12}{t},0\right)$$
따라서 $\overline{\mathrm{OA}}=t$, $\overline{\mathrm{AQ}}=\dfrac{12}{t}-t$이므로 $\overline{\mathrm{OA}}:\overline{\mathrm{AQ}}=1:2$에서
$$t:\left(\frac{12}{t}-t\right)=1:2, \quad \frac{12}{t}-t=2t$$
$$3t^2=12, \quad t^2=4$$
$$\therefore t=2 \ (\because t>0)$$

0178 답 12

0179 답 ④

점 $(3,5)$에서 타원 $\dfrac{x^2}{21}+\dfrac{y^2}{7}=1$에 그은 접선의 접점의 좌표를
(x_1,y_1)이라 하면 타원 위의 점 (x_1,y_1)에서의 접선의 방정식은
$$\frac{x_1x}{21}+\frac{y_1y}{7}=1$$
이 직선이 점 $(3,5)$를 지나므로
$$\frac{3x_1}{21}+\frac{5y_1}{7}=1 \quad \therefore x_1+5y_1=7 \quad \cdots\cdots ㉠$$

점 (x_1, y_1)은 타원 $\dfrac{x^2}{21}+\dfrac{y^2}{7}=1$ 위에 있으므로

$\dfrac{x_1^2}{21}+\dfrac{y_1^2}{7}=1$ $\therefore x_1^2+3y_1^2=21$ $\cdots\cdots$ ㉡

㉠, ㉡을 연립하여 풀면

$x_1=-3,\ y_1=2$ 또는 $x_1=\dfrac{9}{2},\ y_1=\dfrac{1}{2}$

$\therefore y=\dfrac{1}{2}x+\dfrac{7}{2}$ 또는 $y=-3x+14$

따라서 이 두 직선이 y축과 만나는 점의 좌표는 각각

$\left(0,\ \dfrac{7}{2}\right),\ (0,\ 14)$이므로

$a=14,\ b=\dfrac{7}{2}$

$\therefore ab=14\cdot\dfrac{7}{2}=49$

● 다른 풀이 ●

타원 $\dfrac{x^2}{21}+\dfrac{y^2}{7}=1$에 접하고 기울기가 m인 직선의 방정식은

$y=mx\pm\sqrt{21m^2+7}$ $\cdots\cdots$ ㉠

이 직선이 점 $(3, 5)$를 지난다고 가정하면

$5=3m\pm\sqrt{21m^2+7}$

$5-3m=\pm\sqrt{21m^2+7}$

위의 식의 양변을 제곱하면

$9m^2-30m+25=21m^2+7$

$2m^2+5m-3=0,\ (m+3)(2m-1)=0$

$\therefore m=-3$ 또는 $m=\dfrac{1}{2}$

$m=-3$일 때, ㉠에서 점 $(3, 5)$를 지나는 직선의 방정식은

$y=-3x+14$

$m=\dfrac{1}{2}$일 때, ㉠에서 점 $(3, 5)$를 지나는 직선의 방정식은

$y=\dfrac{1}{2}x+\dfrac{7}{2}$

↘ 기울기에 대한 문제이므로 [방법 2]를 이용하는 것이 더 좋을 수 있다.

0180 답 ②

타원 $\dfrac{x^2}{12}+\dfrac{y^2}{16}=1$에 접하고 기울기가 m인 직선의 방정식은

$y=mx\pm\sqrt{12m^2+16}$

이 직선이 점 $(1, 6)$을 지나므로

$6=m\pm\sqrt{12m^2+16}$

$6-m=\pm\sqrt{12m^2+16}$

위의 식의 양변을 제곱하면

$m^2-12m+36=12m^2+16$

$11m^2+12m-20=0,\ (m+2)(11m-10)=0$

$\therefore m=-2$ 또는 $m=\dfrac{10}{11}$

따라서 $m_1=\dfrac{10}{11},\ m_2=-2$이므로

$m_1-m_2=\dfrac{10}{11}-(-2)=\dfrac{32}{11}$

● 다른 풀이 ●

점 $(1, 6)$에서 타원 $\dfrac{x^2}{12}+\dfrac{y^2}{16}=1$에 그은 접선의 접점의 좌표를

(x_1, y_1)이라 하면 타원 위의 점 (x_1, y_1)에서의 접선의 방정식은

$\dfrac{x_1 x}{12}+\dfrac{y_1 y}{16}=1$

이 직선이 점 $(1, 6)$을 지나므로

$\dfrac{x_1}{12}+\dfrac{6y_1}{16}=1$ $\therefore 2x_1+9y_1=24$ $\cdots\cdots$ ㉠

점 (x_1, y_1)은 타원 $\dfrac{x^2}{12}+\dfrac{y^2}{16}=1$ 위에 있으므로

$\dfrac{x_1^2}{12}+\dfrac{y_1^2}{16}=1$ $\therefore 4x_1^2+3y_1^2=48$ $\cdots\cdots$ ㉡

㉠, ㉡을 연립하여 풀면

$x_1=-\dfrac{15}{7},\ y_1=\dfrac{22}{7}$ 또는 $x_1=3,\ y_1=2$

$\therefore y=\dfrac{10}{11}x+\dfrac{56}{11}$ 또는 $y=-2x+8$

↘ 기울기에 대한 문제이므로 [방법 2]를 이용하는 것이 더 좋을 수 있다.

0181 답 6

타원 $\dfrac{x^2}{36}+\dfrac{y^2}{9}=1$에 접하고 기울기가 m인 직선의 방정식은

$y=mx\pm\sqrt{36m^2+9}$

이 직선이 점 $(3, a)$를 지나므로

$a=3m\pm\sqrt{36m^2+9}$

$a-3m=\pm\sqrt{36m^2+9}$

위의 식의 양변을 제곱하면

$a^2-6am+9m^2=36m^2+9$

$\therefore 27m^2+6am+9-a^2=0$

이 이차방정식의 두 실근이 각각 두 접선의 기울기이고 두 접선이 서로 수직이므로 두 실근의 곱이 -1이어야 한다.

따라서 이차방정식의 근과 계수의 관계에 의하여

$\dfrac{9-a^2}{27}=-1,\ a^2=36$

$\therefore a=6\ (\because a>0)$

0182 답 45

타원 $16x^2+9y^2=144$, 즉 $\dfrac{x^2}{9}+\dfrac{y^2}{16}=1$에 접하고 기울기가 m인 직선의 방정식은

$y=mx\pm\sqrt{9m^2+16}$ $\cdots\cdots$ ㉠

이 직선이 점 $(3, 8)$을 지난다고 가정하면

$8=3m\pm\sqrt{9m^2+16}$

$8-3m=\pm\sqrt{9m^2+16}$

위의 식의 양변을 제곱하면

$9m^2-48m+64=9m^2+16$

$48m=48$ $\therefore m=1$

$m=1$일 때, ㉠에서 점 $(3, 8)$을 지나는 직선의 방정식은

$y=x+5$

한편, 점 $(3, 8)$에서 타원 $\dfrac{x^2}{9}+\dfrac{y^2}{16}=1$에 그은 두 접선 중 또 다른 접선은 오른쪽 그림과 같이 직선 $x=3$이다.

따라서 점 $(3, 8)$을 A, 직선 $y=x+5$가 x축과 만나는 점을 B, 점 $(3, 0)$을 C라 하면 $\angle\mathrm{ACB}=90°$이므로

$\angle\mathrm{ABC}=90°-a°$

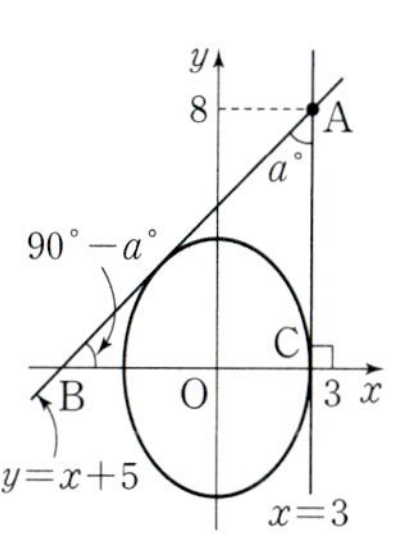

이때 직선 $y=x+5$의 기울기가 1이므로

$\tan(90°-a°)=1,\ 90°-a°=45°$

$a°=45°$ $\therefore a=45$

● 다른 풀이 ●

점 $(3, 8)$에서 타원 $16x^2+9y^2=144$에 그은 접선의 접점의 좌표를 (x_1, y_1)이라 하면 타원 위의 점 (x_1, y_1)에서의 접선의 방정식은
$16x_1 x+9y_1 y=144$
이 직선이 점 $(3, 8)$을 지나므로
$16 \cdot 3x_1+9 \cdot 8y_1=144$ $\therefore 2x_1+3y_1=6$ $\cdots\cdots$ ㉠
점 (x_1, y_1)은 타원 $16x^2+9y^2=144$ 위에 있으므로
$\therefore 16x_1^2+9y_1^2=144$ $\cdots\cdots$ ㉡
㉠, ㉡을 연립하여 풀면
$x_1=-\dfrac{9}{5}, y_1=\dfrac{16}{5}$ 또는 $x_1=3, y_1=0$
$\therefore y=x+5$ 또는 $x=3$

선생님 톡톡

이 문제와 같이 타원이 y축에 평행한 접선, 즉 기울기가 없는 접선을 갖는 경우에는 접선의 기울기를 미지수 m으로 놓고 풀면 m의 값이 하나만 구해져서 하나의 접선만 찾을 수 있어. 그래서 타원을 직접 좌표평면 위에 그려서 기울기가 정의되지 않는 직선, 즉 y축에 평행한 접선도 찾아야 해. 이때 접점은 타원의 네 꼭짓점 중 한 점과 일치해.

0183 답 ①

0184 답 ④

타원 $\dfrac{x^2}{6}+\dfrac{y^2}{27}=1$ 위의 점 $P(a, b)$에서의 접선의 방정식은
$\dfrac{ax}{6}+\dfrac{by}{27}=1$, $9ax+2by=54$
$\therefore y=-\dfrac{9a}{2b}x+\dfrac{27}{b}$
이 직선이 직선 $3x+y-10=0$, 즉 $y=-3x+10$과 평행해야 하므로
$-\dfrac{9a}{2b}=-3$ $\therefore 3a=2b$ $\cdots\cdots$ ㉠
점 $P(a, b)$는 타원 $\dfrac{x^2}{6}+\dfrac{y^2}{27}=1$ 위에 있으므로
$\dfrac{a^2}{6}+\dfrac{b^2}{27}=1$ $\therefore 9a^2+2b^2=54$ $\cdots\cdots$ ㉡
㉠, ㉡을 연립하여 풀면
$a=-2, b=-3$ 또는 $a=2, b=3$
$\therefore P(-2, -3)$ 또는 $P(2, 3)$
따라서 두 점 중 직선 $3x+y-10=0$에 더 가까운 점은 $P(2, 3)$이므로
$a=2, b=3$
$\therefore a+b=2+3=5$

0185 답 ③

타원 $\dfrac{x^2}{a^2}+\dfrac{y^2}{b^2}=1$ 위의 점 $P(2, 1)$에서의 접선의 방정식은
$\dfrac{2x}{a^2}+\dfrac{y}{b^2}=1$, $2b^2 x+a^2 y=a^2 b^2$
$\therefore y=-\dfrac{2b^2}{a^2}x+b^2$
이 직선이 직선 $x+2y+5=0$, 즉 $y=-\dfrac{1}{2}x-\dfrac{5}{2}$와 평행해야 하므로
$-\dfrac{2b^2}{a^2}=-\dfrac{1}{2}$ $\therefore a^2=4b^2$ $\cdots\cdots$ ㉠

점 $P(2, 1)$은 타원 $\dfrac{x^2}{a^2}+\dfrac{y^2}{b^2}=1$ 위에 있으므로
$\dfrac{4}{a^2}+\dfrac{1}{b^2}=1$ $\cdots\cdots$ ㉡
㉠, ㉡을 연립하여 풀면
$a^2=8, b^2=2$
$\therefore a^2+b^2=8+2=10$

0186 답 ③

타원 $\dfrac{x^2}{a^2}+\dfrac{y^2}{b^2}=1$ 위의 점 $P(3, 1)$에서의 접선을 l이라 하면 직선 l의 방정식은
$\dfrac{3x}{a^2}+\dfrac{y}{b^2}=1$ $\therefore y=-\dfrac{3b^2}{a^2}x+b^2$
선분 AP의 길이가 최소이려면 직선 AP와 직선 l이 수직으로 만나야 하므로
$\dfrac{1-4}{3-4}\cdot\left(-\dfrac{3b^2}{a^2}\right)=-1$
$\therefore a^2=9b^2$ $\cdots\cdots$ ㉠

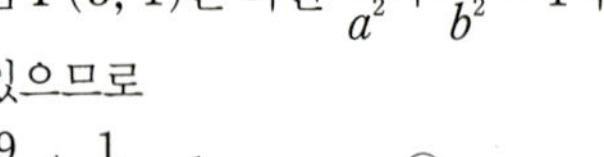

점 $P(3, 1)$은 타원 $\dfrac{x^2}{a^2}+\dfrac{y^2}{b^2}=1$ 위에 있으므로
$\dfrac{9}{a^2}+\dfrac{1}{b^2}=1$ $\cdots\cdots$ ㉡
㉠, ㉡을 연립하여 풀면
$a^2=18, b^2=2$
$\therefore a^2+b^2=18+2=20$

0187 답 18

> 삼각형 ABP의 밑변을 선분 AB라 할 때 이 삼각형의 높이와 같다.

삼각형 ABP의 넓이가 최대이려면 점 P와 직선 AB 사이의 거리가 최대이어야 한다.
두 점 $A(0, 4)$, $B(-3, -2)$에 대하여 직선 AB의 기울기는
$\dfrac{-2-4}{-3-0}=2$
타원 $\dfrac{x^2}{12}+\dfrac{y^2}{16}=1$에 접하고 기울기가 2인 직선의 방정식은
$y=2x\pm\sqrt{12 \cdot 2^2+16}$ $\therefore y=2x\pm 8$
이때 직선 AB와 더 멀리 떨어진 직선의 방정식은 $y=2x-8$, 즉 $2x-y-8=0$이므로 이 직선과 점 $A(0, 4)$ 사이의 거리는
$\dfrac{|0-4-8|}{\sqrt{2^2+(-1)^2}}=\dfrac{12\sqrt{5}}{5}$
따라서 삼각형 ABP의 넓이의 최댓값은
$\dfrac{1}{2}\cdot\overline{AB}\cdot\dfrac{12\sqrt{5}}{5}=\dfrac{1}{2}\cdot\sqrt{(-3-0)^2+(-2-4)^2}\cdot\dfrac{12\sqrt{5}}{5}$
$=\dfrac{1}{2}\cdot 3\sqrt{5}\cdot\dfrac{12\sqrt{5}}{5}=18$

0188 답 ①

0189 답 ③

점 P의 좌표를 (x_1, y_1) $(x_1>0, y_1>0)$이라 하면 $\overline{PH}=5$이고 점 H의 x좌표가 -3이므로
$x_1-(-3)=5$ $\therefore x_1=2$
점 $P(2, y_1)$은 포물선 $y^2=12x$ 위에 있으므로
$y_1^2=12 \cdot 2=24$ $\therefore y_1=2\sqrt{6}$ $(\because y_1>0)$
$\therefore P(2, 2\sqrt{6})$

한편, 타원 $\dfrac{x^2}{a^2}+\dfrac{y^2}{a^2-9}=1$의

초점을 F, F'이라 하면

$\sqrt{a^2-(a^2-9)}=3$에서

F$(3,\,0)$, F'$(-3,\,0)$이고, 포
물선 $y^2=12x=4\cdot3x$의 초점의
좌표는 $(3,\,0)$, 즉 점 F이다.

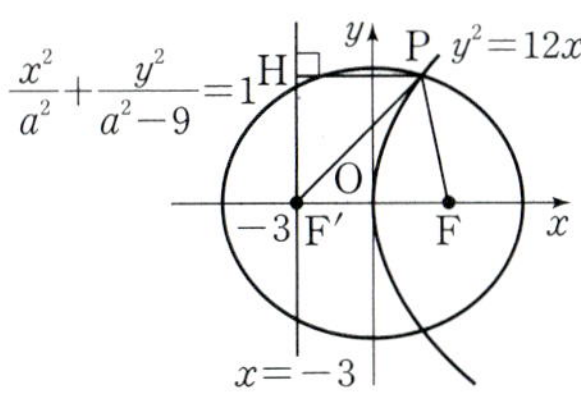

이때 직각삼각형 PHF'에서 $\overline{\text{PH}}=5$, $\overline{\text{HF}'}=2\sqrt{6}$이므로

$\overline{\text{PF}'}=\sqrt{\overline{\text{PH}}^2+\overline{\text{HF}'}^2}=\sqrt{5^2+(2\sqrt6)^2}=7$

또한, 타원의 정의에 의하여 $\overline{\text{PF}}+\overline{\text{PF}'}=2a$이고, 포물선의 정의에
의하여 $\overline{\text{PF}}=\overline{\text{PH}}=5$이므로

$2a=\overline{\text{PF}}+\overline{\text{PF}'}=5+7=12$ ←직선 $x=-3$이 포물선 $y^2=12x$의 준선이므로

에서 $a=6$

0190   탑 1

포물선의 초점이 F$(c,\,0)$이므로 준선의
방정식은 $x=-c$이다.
오른쪽 그림과 같이 점 P에서 직선
$x=-c$에 내린 수선의 발을 H라 하면
포물선의 정의에 의하여

$\overline{\text{PF}}=\overline{\text{PH}}$

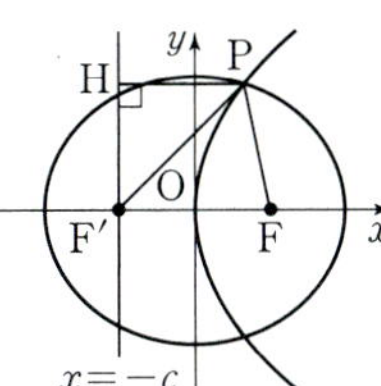

타원의 장축의 길이가 6이므로 타원의 정의에 의하여

$\overline{\text{PF}}+\overline{\text{PF}'}=6$ …… ㉠

또한, 점 P의 y좌표가 $\sqrt6$이므로

$\overline{\text{HF}'}=\sqrt6$

즉, 직각삼각형 PHF'에서

$\overline{\text{PF}'}^2=\overline{\text{PH}}^2+\overline{\text{HF}'}^2$, $\overline{\text{PF}'}^2=\overline{\text{PF}}^2+(\sqrt6)^2$

$\therefore\ \overline{\text{PF}'}^2=\overline{\text{PF}}^2+6$ …… ㉡

㉠에서 $\overline{\text{PF}'}=6-\overline{\text{PF}}$이므로 이를 ㉡에 대입하면

$(6-\overline{\text{PF}})^2=\overline{\text{PF}}^2+6$

$12\,\overline{\text{PF}}=30$ $\therefore\ \overline{\text{PF}}=\dfrac{5}{2}$

$\overline{\text{PF}}=\dfrac{5}{2}$를 ㉠에 대입하면

$\dfrac{5}{2}+\overline{\text{PF}'}=6$ $\therefore\ \overline{\text{PF}'}=\dfrac{7}{2}$

$\therefore\ \left|\overline{\text{PF}}-\overline{\text{PF}'}\right|=\left|\dfrac{5}{2}-\dfrac{7}{2}\right|=1$

0191   탑 8

점 P의 좌표를 $(x_1,\,y_1)$ $(x_1>0,\,y_1>0)$이라 하자.
포물선 $y^2=4x$ 위의 점 P$(x_1,\,y_1)$에서의 접선의 방정식은

$y_1y=2(x+x_1)$ $\therefore\ y=\dfrac{2}{y_1}x+\dfrac{2x_1}{y_1}$

타원 $\dfrac{x^2}{4}+\dfrac{y^2}{a}=1$ 위의 점 P$(x_1,\,y_1)$에서의 접선의 방정식은

$\dfrac{x_1x}{4}+\dfrac{y_1y}{a}=1$ $\therefore\ y=-\dfrac{ax_1}{4y_1}x+\dfrac{a}{y_1}$

두 접선이 서로 수직이므로

$\dfrac{2}{y_1}\cdot\left(-\dfrac{ax_1}{4y_1}\right)=-1$ $\therefore\ 2y_1^2=ax_1$ …… ㉠

또한, 점 P$(x_1,\,y_1)$은 포물선 $y^2=4x$ 위에 있으므로

$y_1^2=4x_1$ …… ㉡

㉠, ㉡을 연립하면

$8x_1=ax_1$ $\therefore\ a=8$

0192   탑 ④

점 F$(p,\,0)$을 초점으로 하고 직선 $x=-p$를 준선으로 하는 포물
선의 방정식은

$y^2=4px$

점 A의 좌표를 $(a,\,b)$ $(a>0,\,b>0)$라 하면 점 A는 포물선
$y^2=4px$ 위에 있으므로

$b^2=4pa$ …… ㉠

또한, 두 점 H$(-p,\,b)$, F$(p,\,0)$에 대하여 선분 HF의 중점의
y좌표가 4이므로   ←직선 AH는 x축에 평행하므로 두 점 A, H의 y좌표는 같다.

$\dfrac{b+0}{2}=4$ $\therefore\ b=8$

$b=8$을 ㉠에 대입하면

$8^2=4pa$ $\therefore\ a=\dfrac{16}{p}$ …… ㉡

즉, $\overline{\text{AH}}=\dfrac{16}{p}+p$이고 삼각형 AHF의 넓이가 40이므로

$\dfrac{1}{2}\cdot\left(\dfrac{16}{p}+p\right)\cdot8=40$, $\dfrac{16}{p}+p=10$

$p^2-10p+16=0$, $(p-2)(p-8)=0$

$\therefore\ p=2\ (\because\ 0<p<4)$

$p=2$를 ㉡에 대입하면 $a=8$

$\therefore\ \text{A}(8,\,8)$, F$(2,\,0)$, F'$(-2,\,0)$

따라서 포물선의 정의에 의하여 $\overline{\text{AF}}=\overline{\text{AH}}=8+2=10$이고

$\overline{\text{AF}'}=\sqrt{(-2-8)^2+(0-8)^2}=2\sqrt{41}$

이므로 타원의 장축의 길이는

$\overline{\text{AF}}+\overline{\text{AF}'}=10+2\sqrt{41}$

0193   탑 24

0194   탑 ②

오른쪽 그림과 같이 타원 모양의 터널을
중심이 좌표평면의 원점, 단축이 x축 위
에 오도록 놓자.

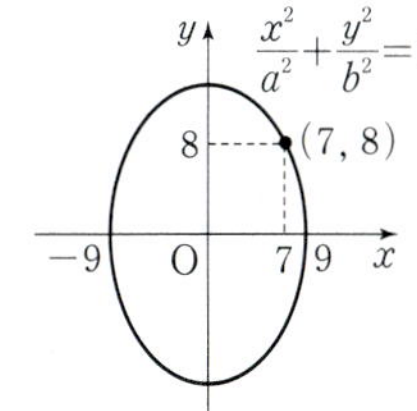

타원의 방정식을 $\dfrac{x^2}{a^2}+\dfrac{y^2}{b^2}=1$ $(b>a>0)$

이라 하면 단축의 길이가 18이므로

$2a=18$ $\therefore\ a=9$

또한, 점 $(9,\,0)$에서 왼쪽으로 2만큼 떨어진 점의 x좌표는 7이
고, 이때의 y좌표가 8이므로 이 타원은 점 $(7,\,8)$을 지난다. 즉,

$\dfrac{7^2}{9^2}+\dfrac{8^2}{b^2}=1$, $b^2=162$

$\therefore\ b=9\sqrt{2}$

따라서 지면에서부터 가장 높은 곳까지의 높이는 타원의 장축의
한 꼭짓점의 y좌표와 같으므로

$k=9\sqrt{2}$

0195   탑 14

오른쪽 그림과 같이 타원 궤도를
중심이 좌표평면의 원점, 초점이
x축 위에 오도록 놓자.
타원 궤도의 방정식을

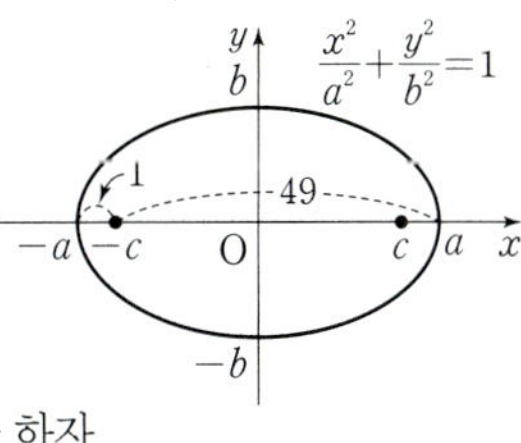

$\dfrac{x^2}{a^2}+\dfrac{y^2}{b^2}=1$ $(a>b>0)$,

태양의 좌표를 $(-c,\,0)$ $(c>0)$이라 하자.

장축의 양 끝 점의 좌표는 $(a, 0)$, $(-a, 0)$이고 장축의 양 끝 점에서 태양까지의 거리는 각각 1 AU, 49 AU이므로
$$-c-(-a)=1$$
$$\therefore a-c=1 \quad \cdots\cdots \ \boxdot$$
$$a-(-c)=49$$
$$\therefore a+c=49 \quad \cdots\cdots \ \boxdot$$
$\boxdot$, $\boxdot$을 연립하여 풀면
$$a=25, \ c=24$$
즉, $a^2-b^2=24^2$에서 $b^2=25^2-24^2=49$
$$\therefore b=7 \ (\because b>0)$$
따라서 타원 궤도의 단축의 길이는
$$2 \cdot 7=14 (AU)$$
$$\therefore k=14$$

0196 답 ④

오른쪽 그림과 같이 타원의 일부인 대성당의 천장을 장축과 단축이 각각 좌표평면의 x축, y축 위에 오도록 놓자.

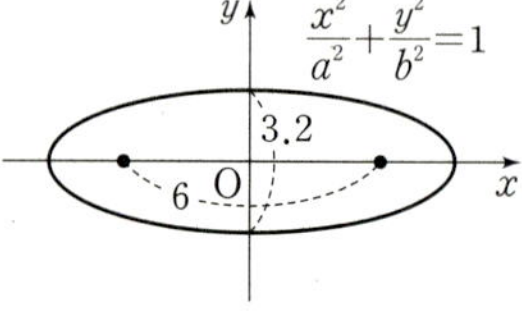

타원의 방정식을 $\dfrac{x^2}{a^2}+\dfrac{y^2}{b^2}=1$
$(a>b>0)$이라 하면 단축의 길이가 3.2이므로
$$2b=3.2 \quad \therefore b=1.6=\dfrac{8}{5} \quad \cdots\cdots \ \boxdot$$
두 초점 사이의 거리가 6이므로
$$2\sqrt{a^2-b^2}=6, \ \sqrt{a^2-b^2}=3$$
$$a^2-b^2=9, \ a^2-\left(\dfrac{8}{5}\right)^2=9 \ (\because \boxdot)$$
$$a^2=\dfrac{289}{25} \quad \therefore a=\dfrac{17}{5} \ (\because a>0)$$
따라서 타원의 장축의 길이는
$$2 \cdot \dfrac{17}{5}=\dfrac{34}{5}=6.8 (m)$$
$$\therefore k=6.8$$

0197 답 ③

오른쪽 그림과 같이 타원 모양의 원목을 장축과 단축이 각각 좌표평면의 x축, y축 위에 오도록 놓자.

타원의 방정식을 $\dfrac{x^2}{a^2}+\dfrac{y^2}{b^2}=1$
$(a>b>0)$이라 하면 장축의 길이가 100, 단축의 길이가 80이므로
$$2a=100 \quad \therefore a=50$$
$$2b=80 \quad \therefore b=40$$
$$\therefore \dfrac{x^2}{50^2}+\dfrac{y^2}{40^2}=1$$
한편, 거울의 한 꼭짓점의 좌표를 $(a, b) \ (a>0, b>0)$라 하면 점 (a, b)는 타원 $\dfrac{x^2}{50^2}+\dfrac{y^2}{40^2}=1$ 위에 있으므로
$$\dfrac{a^2}{50^2}+\dfrac{b^2}{40^2}=1 \quad \cdots\cdots \ \boxdot$$
또한, 거울의 가로의 길이는 $2a$, 세로의 길이는 $2b$이므로 그 넓이는
$$2a \cdot 2b=4ab$$

이때 $a^2>0$, $b^2>0$이므로 산술평균과 기하평균의 관계에 의하여
$$\dfrac{a^2}{50^2}+\dfrac{b^2}{40^2} \geq 2\sqrt{\dfrac{a^2}{50^2} \cdot \dfrac{b^2}{40^2}} \ \left(\text{단, 등호는 } \dfrac{a^2}{50^2}=\dfrac{b^2}{40^2}\text{일 때 성립}\right)$$
$$1 \geq 2 \cdot \dfrac{ab}{2000} \ (\because \boxdot)$$
$$1 \geq \dfrac{ab}{1000} \quad \therefore 4ab \leq 4000$$
즉, 거울의 넓이의 최댓값은 $4000 \ cm^2$이고 $\dfrac{a^2}{50^2}=\dfrac{b^2}{40^2}$일 때 최대이므로 $\boxdot$에서
$$\dfrac{a^2}{50^2}+\dfrac{a^2}{50^2}=1, \ a^2=\dfrac{50^2}{2}$$
$$\therefore a=25\sqrt{2} \ (\because a>0)$$
$a^2=\dfrac{50^2}{2}$ 을 $\dfrac{a^2}{50^2}=\dfrac{b^2}{40^2}$에 대입하면
$$\dfrac{1}{2}=\dfrac{b^2}{40^2}, \ b^2=\dfrac{40^2}{2}$$
$$\therefore b=20\sqrt{2} \ (\because b>0)$$
따라서 거울의 가로의 길이와 세로의 길이는 각각 $50\sqrt{2} \ cm$, $40\sqrt{2} \ cm$이므로
$$p=50\sqrt{2}, \ q=40\sqrt{2}$$
$$\therefore p+q=50\sqrt{2}+40\sqrt{2}=90\sqrt{2}$$

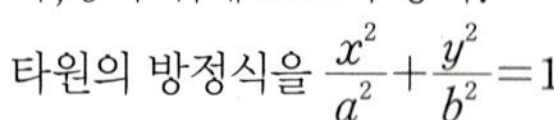

본문 039~041쪽

0198 답 ⑤

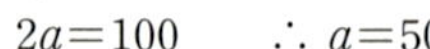

One Point Lesson

기울기가 주어진 타원의 접선의 방정식과 타원 위의 점을 이용하여 a, b 사이의 관계식을 구한다.

타원 $\dfrac{x^2}{a^2}+\dfrac{y^2}{b^2}=1$이 직선 $y=x+5$에 접하므로 이 타원에 접하고 기울기가 1, y절편이 양수인 직선의 방정식은
$$y=x+\sqrt{a^2+b^2}$$
이 직선이 직선 $y=x+5$와 일치하므로
$$\sqrt{a^2+b^2}=5 \quad \therefore a^2+b^2=25 \quad \cdots\cdots \ \boxdot$$
타원 $\dfrac{x^2}{a^2}+\dfrac{y^2}{b^2}=1$이 점 $(2, 2)$를 지나므로
$$\dfrac{2^2}{a^2}+\dfrac{2^2}{b^2}=1 \quad \therefore 4a^2+4b^2=a^2b^2 \quad \cdots\cdots \ \boxdot$$
$\boxdot$에서 $b^2=25-a^2$이므로 이를 $\boxdot$에 대입하면
$$4a^2+4(25-a^2)=a^2(25-a^2)$$
$$a^4-25a^2+100=0, \ (a^2-5)(a^2-20)=0$$
$$\therefore a^2=5 \text{ 또는 } a^2=20$$
이를 $\boxdot$에 대입하면
$$b^2=20 \text{ 또는 } b^2=5$$
이때 $b>a>0$에서 $b^2>a^2>0$이므로
$$a^2=5, \ b^2=20 \quad \therefore a=\sqrt{5}, \ b=2\sqrt{5}$$
$$\therefore ab=\sqrt{5} \cdot 2\sqrt{5}=10$$

0199 답 ②

One Point Lesson
$\overline{AB}+\overline{AC}=12$를 만족시키는 점 A는 두 점 B, C를 초점으로 하고 장축의 길이가 12인 타원 위의 점이다.

사다리꼴 ABCD에서 $\overline{AB}=\overline{CD}$, $\overline{AB}+\overline{AC}=12$이므로
$\overline{CD}+\overline{BD}=12$

즉, 두 점 A, D는 두 점 B, C를 초점으로 하고 장축의 길이가 12인 타원 위의 점이라 할 수 있다.

오른쪽 그림과 같이 사다리꼴 ABCD를 두 점 B, C가 각각 좌표평면의 점 $(-3, 0)$, $(3, 0)$ 위에 오도록 놓자.

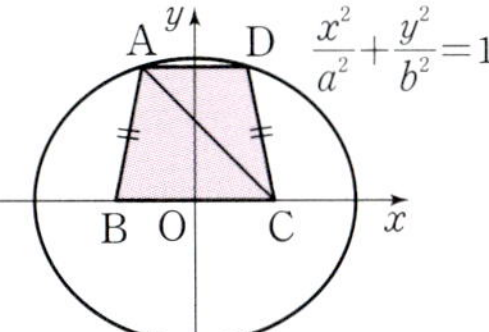

타원의 방정식을 $\dfrac{x^2}{a^2}+\dfrac{y^2}{b^2}=1$
$(a>b>0)$이라 하면 장축의 길이가 12이므로
$2a=12$ $\therefore a=6$
초점의 좌표가 $(-3, 0)$, $(3, 0)$이므로
$a^2-b^2=3^2$에서 $b^2=6^2-3^2=27$
$\therefore \dfrac{x^2}{36}+\dfrac{y^2}{27}=1$

또한, $\overline{AD}=4$이므로 점 D의 x좌표는 2이다.
점 D의 y좌표를 h $(h>0)$라 하면 점 D$(2, h)$는 타원
$\dfrac{x^2}{36}+\dfrac{y^2}{27}=1$ 위에 있으므로
$\dfrac{4}{36}+\dfrac{h^2}{27}=1$, $h^2=24$
$\therefore h=2\sqrt{6}$ →사다리꼴 ABCD의 높이와 같다.
따라서 사다리꼴 ABCD의 넓이는
$\dfrac{1}{2}\cdot(4+6)\cdot2\sqrt{6}=10\sqrt{6}$

0200 답 9

One Point Lesson
$a+b=k$ (k는 실수)라 하고 k의 최댓값을 구한다.

$a+b=k$ (k는 실수)라 하면 점 P(a, b)는 직선 $x+y=k$, 즉 $y=-x+k$ 위의 점이다.
또한, 점 P(a, b)는 타원 위의 점이므로 $a+b$는 직선
$y=-x+k$가 타원 $\dfrac{x^2}{45}+\dfrac{y^2}{36}=1$에 접할 때 최댓값 또는 최솟값을 갖는다.
$y=-x+k$와 $\dfrac{x^2}{45}+\dfrac{y^2}{36}=1$을 연립하면
$\dfrac{x^2}{45}+\dfrac{(-x+k)^2}{36}=1$
$4x^2+5(-x+k)^2=180$
$9x^2-10kx+5k^2-180=0$
이 이차방정식의 판별식을 D라 하면
$\dfrac{D}{4}=(-5k)^2-9(5k^2-180)=0$
$-20k^2+1620=0$
$k^2=81$
$\therefore k=-9$ 또는 $k=9$
따라서 $a+b$의 최댓값은 9이다.

● 다른 풀이 1 ●
$a+b=k$ (k는 실수)라 하면 점 P(a, b)는 직선 $x+y=k$, 즉 $y=-x+k$ 위의 점이다.
이때 직선 $y=-x+k$에서 k는 y절편이고 k의 최댓값 또는 최솟값은 이 직선이 타원에 접할 때이다.
타원 $\dfrac{x^2}{45}+\dfrac{y^2}{36}=1$에 접하고 기울기가 -1인 직선의 방정식은
$y=-x\pm\sqrt{45\cdot(-1)^2+36}$
$\therefore y=-x\pm9$
따라서 $a+b$의 최댓값은 9이다.

● 다른 풀이 2 ●
$a+b=k$ (k는 실수)라 하면 점 P(a, b)는 직선 $x+y=k$, 즉 $y=-x+k$ 위의 점이다.
이때 직선 $y=-x+k$에서 k는 y절편이고 k의 최댓값 또는 최솟값은 이 직선이 타원에 접할 때이다.
타원 $\dfrac{x^2}{45}+\dfrac{y^2}{36}=1$ 위의 점 P(a, b)에서의 접선의 방정식은
$\dfrac{ax}{45}+\dfrac{by}{36}=1$ $\therefore y=-\dfrac{4a}{5b}x+\dfrac{36}{b}$ ……㉠
직선 $y=-x+k$와 평행한 직선의 기울기는 -1이므로 ㉠의 기울기가 -1이어야 한다.
$-\dfrac{4a}{5b}=-1$ $\therefore 4a=5b$ ……㉡
점 P(a, b)는 타원 $\dfrac{x^2}{45}+\dfrac{y^2}{36}=1$ 위에 있으므로
$\dfrac{a^2}{45}+\dfrac{b^2}{36}=1$ ……㉢
㉡, ㉢을 연립하여 풀면
$a=-5$, $b=-4$ 또는 $a=5$, $b=4$
따라서 $a+b$의 최댓값은 $5+4=9$이다.

0201 답 ②

One Point Lesson
$\tan\theta=2$이므로 x축에 평행하지 않은 다른 한 접선의 기울기는 2이다.

타원 $\dfrac{x^2}{2^2}+\dfrac{y^2}{3^2}=1$의 네 꼭짓점 중 y축 위의 점은 $(0, 3)$, $(0, -3)$
이므로 점 P(a, b)에서 타원에 그은 두 접선 중 x축에 평행한 접선의 방정식은 $y=3$이다.
$\therefore b=3$
한편, $\tan\theta=2$이므로 다른 한 접선의 기울기는 2이다.
타원 $\dfrac{x^2}{4}+\dfrac{y^2}{9}=1$에 접하고 기울기가 2인 직선 중 y절편이 음수인
→한 접선이 x축에 평행하므로 다른 한 접선이 x축의 양의 방향과 이루는 각의 크기는 θ와 같다.
직선의 방정식은
$y=2x-\sqrt{4\cdot2^2+9}$
$\therefore y=2x-5$
이 직선이 점 P$(a, 3)$을 지나므로
$3=2a-5$ $\therefore a=4$
$\therefore a+b=4+3=7$

0202 답 ②

One Point Lesson
점 P의 좌표를 (a, b), 타원의 접선의 기울기를 m이라 하고 m에 대한 이차방정식을 세운다.

점 P의 좌표를 (a, b)라 하자.

타원 $\dfrac{x^2}{18}+\dfrac{y^2}{7}=1$에 접하고 기울기가 m인 직선의 방정식은

$y=mx\pm\sqrt{18m^2+7}$

이 직선이 점 $\mathrm{P}(a, b)$를 지나므로

$b=am\pm\sqrt{18m^2+7}$

$b-am=\pm\sqrt{18m^2+7}$

위의 식의 양변을 제곱하면

$b^2-2abm+a^2m^2=18m^2+7$

$(a^2-18)m^2-2abm+b^2-7=0$ $\quad$ …… ㉠

(ⅰ) $a^2-18\neq0$, 즉 $a\neq\pm3\sqrt{2}$일 때

이차방정식 ㉠의 두 실근이 접선의 기울기이고 두 접선이 서로
수직이므로 두 실근의 곱이 -1이어야 한다.

즉, 이차방정식의 근과 계수의 관계에 의하여

$\dfrac{b^2-7}{a^2-18}=-1$, $b^2-7=-a^2+18$

$\therefore a^2+b^2=25$

따라서 점 $\mathrm{P}(a, b)$는 원 $x^2+y^2=25$를 나타낸다.

(ⅱ) $a^2-18=0$, 즉 $a=\pm3\sqrt{2}$일 때

타원 $\dfrac{x^2}{18}+\dfrac{y^2}{7}=1$의 네 꼭짓점의 좌표가 각각 $(3\sqrt{2}, 0)$,
$(-3\sqrt{2}, 0)$, $(0, \sqrt{7})$, $(0, -\sqrt{7})$이므로 두 접선이 수직으로
만나도록 하는 점 P의 좌표는
$(3\sqrt{2}, \sqrt{7})$, $(3\sqrt{2}, -\sqrt{7})$, $(-3\sqrt{2}, \sqrt{7})$, $(-3\sqrt{2}, -\sqrt{7})$
이때 이 네 점은 모두 원 $x^2+y^2=25$ 위의 점이다.

(ⅰ), (ⅱ)에서 모든 실수 a에 대하여 점 P가 나타내는 도형의 방정
식은 $x^2+y^2=25$이므로 그 넓이는

$\pi\cdot5^2=25\pi$

0203 답 6

타원 $\dfrac{x^2}{a^2}+\dfrac{y^2}{b^2}=1$에서 $a>b>0$이면 타원의 두 초점은 x축 위에 있고,
$b>a>0$이면 두 초점은 y축 위에 있다.

타원 $\dfrac{x^2}{a^2}+\dfrac{y^2}{(\sqrt{2})^2}=1$에서 $a>\sqrt{2}$이므로 이 타원의 두 초점 A, B
는 x축 위에 있다.

두 초점 A, B를 각각 $\mathrm{A}(p, 0)$, $\mathrm{B}(-p, 0)$ $(p>0)$이라 하면

$p^2=a^2-2$ $\quad\therefore p=\sqrt{a^2-2}$

$\therefore \mathrm{A}(\sqrt{a^2-2}, 0)$, $\mathrm{B}(-\sqrt{a^2-2}, 0)$

타원 $\dfrac{x^2}{a^2}+\dfrac{y^2}{(3\sqrt{2})^2}=1$에서 $a<3\sqrt{2}$이므로 이 타원의 두 초점 C,
D는 y축 위에 있다.

두 초점 C, D를 각각 $\mathrm{C}(0, q)$, $\mathrm{D}(0, -q)$ $(q>0)$라 하면

$q^2=18-a^2$ $\quad\therefore q=\sqrt{18-a^2}$

$\therefore \mathrm{C}(0, \sqrt{18-a^2})$, $\mathrm{D}(0, -\sqrt{18-a^2})$

즉, 네 점 A, B, C, D를 좌표평면
위에 나타내면 오른쪽 그림과 같다.

네 점 A, B, C, D를 꼭짓점으로 하
는 사각형 ACBD는 두 선분 AB,
CD를 대각선으로 하는 마름모이고
그 넓이는 $4\sqrt{7}$이므로

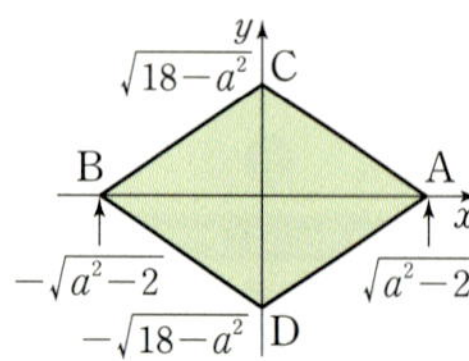

$\dfrac{1}{2}\cdot\overline{\mathrm{AB}}\cdot\overline{\mathrm{CD}}=4\sqrt{7}$, $\dfrac{1}{2}\cdot2\sqrt{a^2-2}\cdot2\sqrt{18-a^2}=4\sqrt{7}$

$\sqrt{(a^2-2)(18-a^2)}=2\sqrt{7}$

위의 식의 양변을 제곱하면

$(a^2-2)(18-a^2)=28$

$a^4-20a^2+64=0$, $(a^2-4)(a^2-16)=0$

$\therefore a^2=4$ 또는 $a^2=16$

이때 $\sqrt{2}<a<3\sqrt{2}$이므로

$a=2$ 또는 $a=4$

따라서 모든 실수 a의 값의 합은

$2+4=6$

0204 답 ②

삼각형의 각의 이등분선의 성질을 이용하여 타원의 장축의 길이를 구한 후
단축의 길이를 구한다.

점 $(2, 0)$을 A라 하면

$\overline{\mathrm{AF}}=6-2=4$, $\overline{\mathrm{AF'}}=2-(-6)=8$

삼각형의 각의 이등분선의 성질에 의하여

$\overline{\mathrm{PF'}}:\overline{\mathrm{PF}}=\overline{\mathrm{AF'}}:\overline{\mathrm{AF}}=8:4=2:1$

$\therefore \overline{\mathrm{PF'}}=2\overline{\mathrm{PF}}$

이때 두 선분 OF, PF는 원의 반지름이므로

$\overline{\mathrm{OF}}=\overline{\mathrm{PF}}=6$ $\quad\therefore \overline{\mathrm{PF'}}=2\overline{\mathrm{PF}}=2\cdot6=12$

즉, 타원의 장축의 길이는

$\overline{\mathrm{PF}}+\overline{\mathrm{PF'}}=6+12=18$

구하는 타원의 방정식을 $\dfrac{x^2}{a^2}+\dfrac{y^2}{b^2}=1$ $(a>b>0)$이라 하면

$2a=18$에서 $a=9$

$a^2-b^2=6^2$에서 $b^2=9^2-6^2=45$

$\therefore b=3\sqrt{5}$ $(\because b>0)$

따라서 타원의 단축의 길이는 $2\cdot3\sqrt{5}=6\sqrt{5}$

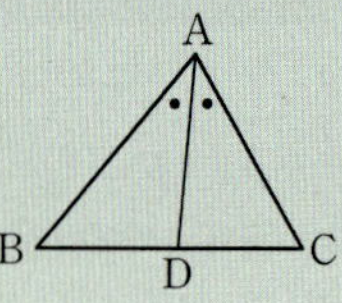

해설 속 칠판 **삼각형의 각의 이등분선의 성질**

삼각형 ABC에서 $\angle$A의 이등분선과 변 BC의 교
점을 D라 하면
$\overline{\mathrm{AB}}:\overline{\mathrm{AC}}=\overline{\mathrm{BD}}:\overline{\mathrm{CD}}$

0205 답 8

$\overline{\mathrm{PA}}+\overline{\mathrm{PB}}=8$을 만족시키는 점 P가 나타내는 도형을 찾는다.

두 점 $\mathrm{A}(2, 0)$, $\mathrm{B}(-2, 0)$에 대하여 $\overline{\mathrm{PA}}+\overline{\mathrm{PB}}=8$을 만족시키
는 점 P가 나타내는 도형은 초점이 A, B이고 장축의 길이가 8인
타원이다.

이때 이 타원 위의 점 P가 직선 $x+2y+k=0$ 위에 오직 하나 존
재하려면 타원과 직선 $x+2y+k=0$은 접해야 한다.

타원의 방정식을 $\dfrac{x^2}{a^2}+\dfrac{y^2}{b^2}=1$ $(a>b>0)$이라 하면

$2a=8$에서 $a=4$

$a^2-b^2=2^2$에서 $b^2=4^2-2^2=12$

$\therefore \dfrac{x^2}{16}+\dfrac{y^2}{12}=1$

$x+2y+k=0$, 즉 $x=-2y-k$를 $\dfrac{x^2}{16}+\dfrac{y^2}{12}=1$에 대입하여 정리

하면 $16y^2+12ky+3k^2-48=0$

이 이차방정식의 판별식을 D라 하면

$\dfrac{D}{4}=(6k)^2-16(3k^2-48)=0$

$-12k^2+768=0$, $k^2-64=0$

$k^2=64$ $\quad\therefore k=-8$ 또는 $k=8$

따라서 양수 k의 값은 8이다.

● **다른 풀이** ●

직선 $x+2y+k=0$, 즉 $y=-\dfrac{1}{2}x-\dfrac{k}{2}$와 평행한 직선의 기울기는

$-\dfrac{1}{2}$이므로 타원 $\dfrac{x^2}{16}+\dfrac{y^2}{12}=1$에 접하고 기울기가 $-\dfrac{1}{2}$인 직선의

방정식은

$y=-\dfrac{1}{2}x\pm\sqrt{16\cdot\left(-\dfrac{1}{2}\right)^2+12}$

$\therefore y=-\dfrac{1}{2}x\pm4$ $\quad\cdots\cdots$ ㉠

㉠이 직선 $y=-\dfrac{1}{2}x-\dfrac{k}{2}$와 일치하므로

$-\dfrac{k}{2}=4$ 또는 $-\dfrac{k}{2}=-4$

$\therefore k=-8$ 또는 $k=8$

따라서 양수 k의 값은 8이다.

0206 🅐 8

One Point Lesson

기울기가 주어진 타원의 접선의 방정식을 이용하는 것보다 타원과 접선의 접점의 좌표를 (a, b)로 놓고 푸는 것이 훨씬 수월하다.

타원 $\dfrac{x^2}{32}+\dfrac{y^2}{8}=1$과 직선 $y=mx+n$의 접선의 접점의 좌표를 (a, b)라 하자.

타원 $\dfrac{x^2}{32}+\dfrac{y^2}{8}=1$ 위의 점 (a, b)에서의 접선의 방정식은

$\dfrac{ax}{32}+\dfrac{by}{8}=1$ $\quad\cdots\cdots$ ㉠

직선 ㉠이 x축, y축과 만나는 점의 좌표는 각각

$\left(\dfrac{32}{a}, 0\right)$, $\left(0, \dfrac{8}{b}\right)$

즉, 직선 ㉠과 x축 및 y축으로 둘러싸인 삼각형의 넓이는

$\dfrac{1}{2}\times\left|\dfrac{32}{a}\right|\times\left|\dfrac{8}{b}\right|=\left|\dfrac{128}{ab}\right|$

한편, 점 (a, b)는 타원 $\dfrac{x^2}{32}+\dfrac{y^2}{8}=1$ 위에 있으므로

$\dfrac{a^2}{32}+\dfrac{b^2}{8}=1$ $\quad\cdots\cdots$ ㉡

이때 $a^2>0$, $b^2>0$이므로 산술평균과 기하평균의 관계에 의하여

$\dfrac{a^2}{32}+\dfrac{b^2}{8}\geq2\sqrt{\dfrac{a^2}{32}\times\dfrac{b^2}{8}}$ $\left(\text{단, 등호는 }\dfrac{a^2}{32}=\dfrac{b^2}{8}\text{일 때 성립}\right)$

$1\geq2\times\dfrac{|ab|}{16}$ $(\because$ ㉡$)$

$1\geq\dfrac{|ab|}{8}$ $\quad\therefore |ab|\leq8$

$\therefore \left|\dfrac{128}{ab}\right|\geq\dfrac{128}{8}=16$

즉, 삼각형의 넓이의 최솟값 S는 $S=16$

또한, $|ab|$는 $\dfrac{a^2}{32}=\dfrac{b^2}{8}$일 때 최대이므로 ㉡에서

$\dfrac{a^2}{32}+\dfrac{a^2}{32}=1$, $\dfrac{a^2}{16}=1$

$a^2=16$

$\therefore a=-4$ 또는 $a=4$

$a^2=16$을 $\dfrac{a^2}{32}=\dfrac{b^2}{8}$에 대입하면

$\dfrac{1}{2}=\dfrac{b^2}{8}$, $b^2=4$

$\therefore b=-2$ 또는 $b=2$

이때 직선 ㉠의 기울기는 $-\dfrac{a}{4b}$이고, $-\dfrac{a}{4b}>0$이어야 하므로

$a=-4$, $b=2$ 또는 $a=4$, $b=-2$ _{㉠이 직선 $y=mx+n$ $(m>0)$ 과 일치해야 하므로}

$\therefore m_1=-\dfrac{-4}{4\times2}=\dfrac{1}{2}$

$\therefore S\times m_1=16\times\dfrac{1}{2}=8$

0207 🅐 15

One Point Lesson

타원의 정의와 원의 성질, 삼각비를 이용한다.

초점이 F, F′인 타원 $\dfrac{x^2}{a^2}+\dfrac{y^2}{b^2}=1$ 위의 점 A가 이 타원의 한 꼭짓점이므로

$\overline{\text{AF}}=\overline{\text{AF}'}$

타원의 정의에 의하여

$\overline{\text{AF}}+\overline{\text{AF}'}=2a$

즉, $\overline{\text{AF}}+\overline{\text{AF}'}=\overline{\text{AF}}+\overline{\text{AF}}=2\overline{\text{AF}}=2a$이므로

$\overline{\text{AF}}=a$

또한, 두 선분 AB, AF는 원 C의 반지름이므로

$\overline{\text{AB}}=\overline{\text{AF}}=2b$

$\therefore 2b=a$ $\quad\cdots\cdots$ ㉠ _{원의 지름에 대한 원주각의 크기는 $90°$이므로}

한편, 오른쪽 그림과 같이 삼각형 BFC는 $\angle\text{BFC}=90°$인 직각삼각형이고 $\overline{\text{AB}}=\overline{\text{AF}}$, $\overline{\text{AF}}=\overline{\text{BF}}$이므로 삼각형 ABF는 정삼각형이다.

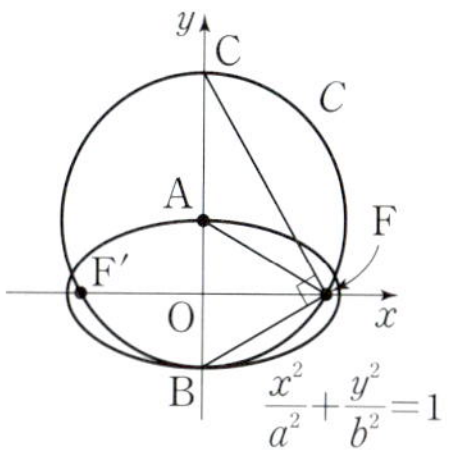

즉, 직각삼각형 BFC에서 $\overline{\text{BF}}=2b$, $\angle\text{ABF}=60°$이고 $\overline{\text{CF}}=6$이므로

$\overline{\text{BF}}=\dfrac{\overline{\text{CF}}}{\tan60°}=\dfrac{6}{\sqrt{3}}=2\sqrt{3}=2b=a$

$\qquad\qquad\qquad (\because$ ㉠$)$

따라서 $a=2\sqrt{3}$, $b=\sqrt{3}$이므로

$a^2+b^2=(2\sqrt{3})^2+(\sqrt{3})^2=15$

0208 🅐 360

One Point Lesson

타원의 정의와 삼각형의 성질, 삼각비를 이용한다.

삼각형 AF′F에 대하여 선분 FF′의 수직이등분선이 y축이고 꼭짓점 A가 y축 위에 있으므로

$\overline{\text{AF}}=\overline{\text{AF}'}$

두 선분 AF′, FF′은 원의 반지름이므로

$\overline{\text{AF}'}=\overline{\text{FF}'}=2c$

즉, $\overline{\mathrm{AF}}=\overline{\mathrm{AF'}}=\overline{\mathrm{FF'}}$이므로 삼각형 AF'F는 정삼각형이고, 점 M은 선분 AF'의 중점이므로

$\angle\mathrm{FMF'}=90°$

한편, 타원의 장축의 길이가 12이므로 $\overline{\mathrm{MF'}}=a$, $\overline{\mathrm{MF}}=b$ $(a<b)$ 라 하면 타원의 정의에 의하여

$a+b=12$ $\cdots\cdots$ ㉠

또한, 직각삼각형 FMF'에서 $\angle\mathrm{MF'F}=60°$이므로

$a:b=1:\sqrt{3}$ $\quad\therefore b=\sqrt{3}a$

$b=\sqrt{3}a$를 ㉠에 대입하면

$a+\sqrt{3}a=(1+\sqrt{3})a=12$

$\therefore a=\dfrac{12}{\sqrt{3}+1}=\dfrac{12(\sqrt{3}-1)}{(\sqrt{3}+1)(\sqrt{3}-1)}=6(\sqrt{3}-1)$

$a=6(\sqrt{3}-1)$을 $b=\sqrt{3}a$에 대입하면

$b=\sqrt{3}\cdot6(\sqrt{3}-1)=6(3-\sqrt{3})$

즉, 사각형 MF'NF의 넓이는

$ab=6(\sqrt{3}-1)\cdot6(3-\sqrt{3})$

$\quad=36(4\sqrt{3}-6)=144\sqrt{3}-216$

따라서 $p=144$, $q=216$이므로 $p+q=144+216=360$

0209 답 36

> 네 접선으로 이루어진 사각형 ACBD가 정사각형임을 이용하여 접선의 기울기를 추론한다.

포물선 $y^2=4px$와 타원 $\dfrac{x^2}{a^2}+\dfrac{y^2}{b^2}=1$은 각각 x축에 대하여 대칭이 므로 포물선 $y^2=4px$ 위의 두 점 A, B에서의 두 접선과 타원 $\dfrac{x^2}{a^2}+\dfrac{y^2}{b^2}=1$ 위의 두 점 A, B에서의 두 접선은 각각 x축에 대하여 대칭이다.

또한, 두 점 C, D가 x축 위에 있고 사각형 ACBD는 정사각형이므로 $\overline{\mathrm{AB}}=\overline{\mathrm{CD}}$이고, 두 대각선 AB, CD는 서로를 수직이등분한다.

정사각형 ACBD의 넓이가 32이므로

$\dfrac{1}{2}\cdot\overline{\mathrm{AB}}\cdot\overline{\mathrm{CD}}=32$, $\dfrac{1}{2}\cdot\overline{\mathrm{AB}}\cdot\overline{\mathrm{AB}}=32$

$\overline{\mathrm{AB}}^2=64$ $\quad\therefore \overline{\mathrm{AB}}=\overline{\mathrm{CD}}=8$

한편, 점 A의 좌표를 (x_1, y_1) $(x_1>0, y_1>0)$이라 하면 포물선 $y^2=4px$ 위의 점 $\mathrm{A}(x_1, y_1)$에서의 접선의 방정식은

$y_1y=2p(x+x_1)$ $\quad\therefore y=\dfrac{2p}{y_1}x+\dfrac{2px_1}{y_1}$ $\cdots\cdots$ ㉠

이 직선이 x축과 만나는 점 C의 x좌표는

$x=-x_1$ $\quad\therefore \mathrm{C}(-x_1, 0)$

이때 선분 CD의 중점을 M이라 하면 $\overline{\mathrm{CM}}=\dfrac{1}{2}\overline{\mathrm{CD}}=\dfrac{1}{2}\cdot8=4$

이고, 세 점 A, M, B의 x좌표는 모두 같으므로

$\overline{\mathrm{CM}}=x_1-(-x_1)=2x_1$

즉, $2x_1=4$이므로 $x_1=2$

점 $\mathrm{A}(2, y_1)$은 포물선 $y^2=4px$ 위에 있으므로

$y_1^2=4p\cdot2$ $\quad\therefore y_1=2\sqrt{2p}$ $(\because y_1>0)$

또한, 정사각형 ACBD에 대하여 직선 AC의 기울기가 1이므로 ㉠에서

$\dfrac{2p}{2\sqrt{2p}}=1$, $\sqrt{\dfrac{p}{2}}=1$ $\quad\therefore p=2$

$p=2$를 $y_1=2\sqrt{2p}$에 대입하면

$y_1=4$ $\quad\therefore \mathrm{A}(2, 4)$

한편, 타원 $\dfrac{x^2}{a^2}+\dfrac{y^2}{b^2}=1$ 위의 점 $\mathrm{A}(2, 4)$에서의 접선의 방정식은

$\dfrac{2x}{a^2}+\dfrac{4y}{b^2}=1$ $\quad\therefore y=-\dfrac{b^2}{2a^2}x+\dfrac{b^2}{4}$ $\cdots\cdots$ ㉡

점 $\mathrm{A}(2, 4)$는 타원 $\dfrac{x^2}{a^2}+\dfrac{y^2}{b^2}=1$ 위에 있으므로

$\dfrac{4}{a^2}+\dfrac{16}{b^2}=1$ $\cdots\cdots$ ㉢

또한, 정사각형 ACBD에 대하여 직선 AD의 기울기가 -1이므로 ㉡에서

$-\dfrac{b^2}{2a^2}=-1$ $\quad\therefore b^2=2a^2$ $\cdots\cdots$ ㉣

㉣을 ㉢에 대입하면

$\dfrac{4}{a^2}+\dfrac{16}{2a^2}=1$, $\dfrac{12}{a^2}=1$ $\quad\therefore a^2=12$

$a^2=12$를 ㉣에 대입하면 $b^2=2\cdot12=24$

$\therefore a^2+b^2=12+24=36$

0210 답 $x-3y+12=0$, $x=6$

점 $(6, 6)$에서 타원 $\dfrac{x^2}{36}+\dfrac{y^2}{12}=1$에 그은 접선의 접점의 좌표를 (x_1, y_1)이라 하면 타원 위의 점 (x_1, y_1)에서의 접선의 방정식은

$\dfrac{x_1x}{36}+\dfrac{y_1y}{12}=1$ $\cdots\cdots$ ㉠ ❶

이 직선이 점 $(6, 6)$을 지나므로

$\dfrac{6x_1}{36}+\dfrac{6y_1}{12}=1$ $\quad\therefore x_1+3y_1=6$ $\cdots\cdots$ ㉡

점 (x_1, y_1)은 타원 $\dfrac{x^2}{36}+\dfrac{y^2}{12}=1$ 위에 있으므로

$\dfrac{x_1^2}{36}+\dfrac{y_1^2}{12}=1$ $\quad\therefore x_1^2+3y_1^2=36$ $\cdots\cdots$ ㉢

㉡, ㉢을 연립하여 풀면

$x_1=-3$, $y_1=3$ 또는 $x_1=6$, $y_1=0$ ❷

따라서 구하는 접선의 방정식은 ㉠에서

$x-3y+12=0$, $x=6$ ❸

채점 기준	배점 비율
❶ 접선의 접점 (x_1, y_1)에서의 접선의 방정식 구하기	30%
❷ x_1, y_1의 값 각각 구하기	40%
❸ 접선의 방정식 구하기	30%

● 다른 풀이 ●

타원 $\dfrac{x^2}{36}+\dfrac{y^2}{12}=1$에 접하고 기울기가 m인 직선의 방정식은

$y=mx\pm\sqrt{36m^2+12}$ $\cdots\cdots$ ㉠ ❶

이 직선이 점 $(6, 6)$을 지난다고 가정하면

$6=6m\pm\sqrt{36m^2+12}$, $6=6m\pm2\sqrt{9m^2+3}$

$3-3m=\pm\sqrt{9m^2+3}$

위의 식의 양변을 제곱하면

$9m^2-18m+9=9m^2+3$

$18m=6$ $\quad\therefore m=\dfrac{1}{3}$

$m=\dfrac{1}{3}$일 때, ㉠에서 점 $(6, 6)$을 지나는 직선의 방정식은

$y=\dfrac{1}{3}x+4$ …… ㉡

                 ❷

한편, 타원 밖의 점에서 타원에 그은
접선은 항상 2개이므로 점 $(6, 6)$
에서 타원 $\dfrac{x^2}{36}+\dfrac{y^2}{12}=1$에 그은 두
접선 중 또 다른 접선은 오른쪽 그
림과 같이 직선 $x=6$이다.

                 ❸

따라서 구하는 접선의 방정식은

$y=\dfrac{1}{3}x+4,\ x=6$

                 ❹

채점 기준	배점 비율
❶ 기울기가 m인 접선의 방정식 구하기	30%
❷ 한 접선의 방정식 구하기	30%
❸ 기울기가 정의되지 않는 또 다른 접선의 방정식 구하기	30%
❹ 접선의 방정식 구하기	10%

0211   답 54

점 $(-5, 2)$가 타원 $ax^2+by^2=ab$ 위에 있으므로

$25a+4b=ab$ …… ㉠

                 ❶

타원 $ax^2+by^2=ab$ 위의 점 $(-5, 2)$에서의 접선의 방정식은

$-5ax+2by=ab$

$\therefore y=\dfrac{5a}{2b}x+\dfrac{a}{2}$

이 직선의 기울기가 2이므로

$\dfrac{5a}{2b}=2$ $\therefore 5a=4b$ …… ㉡

                 ❷

㉠, ㉡을 연립하여 풀면

$a=24,\ b=30\ (\because a>0,\ b>0)$

$\therefore a+b=24+30=54$

                 ❸

채점 기준	배점 비율
❶ 점 $(-5, 2)$가 타원 $ax^2+by^2=ab$ 위에 있음을 이용하여 a, b 사이의 관계식 구하기	20%
❷ 접선의 기울기가 2임을 이용하여 a, b 사이의 관계식 구하기	40%
❸ $a+b$의 값 구하기	40%

0212   답 $\dfrac{32}{5}$

직선 $4x-3y+6=0$, 즉 $y=\dfrac{4}{3}x+2$에 수직인 직선의 기울기는
$-\dfrac{3}{4}$이다.

타원 $7x^2+16y^2=112$, 즉 $\dfrac{x^2}{16}+\dfrac{y^2}{7}=1$에 접하고 기울기가 $-\dfrac{3}{4}$
인 직선의 방정식은

$y=-\dfrac{3}{4}x\pm\sqrt{16\cdot\left(-\dfrac{3}{4}\right)^2+7}$

$\therefore y=-\dfrac{3}{4}x\pm4$

                 ❶

이때 두 직선 m, n을 각각

$m:y=-\dfrac{3}{4}x+4,$

$n:y=-\dfrac{3}{4}x-4$

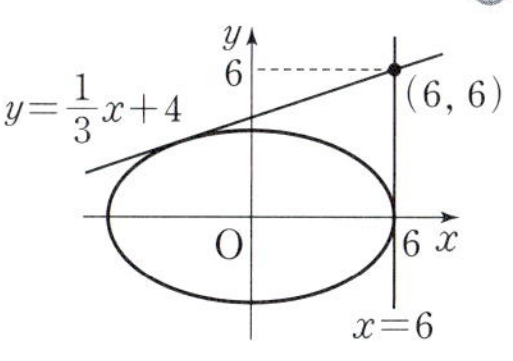

라 하면 m, n은 각각 직선 l과 수
직이므로 선분 AB의 길이는 두 직선 m, n 사이의 거리와 같다.

                 ❷

직선 $y=-\dfrac{3}{4}x+4$ 위의 점 $(0, 4)$와 직선 $y=-\dfrac{3}{4}x-4$, 즉
$3x+4y+16=0$ 사이의 거리는

$\dfrac{|3\cdot0+4\cdot4+16|}{\sqrt{3^2+4^2}}=\dfrac{32}{5}$

따라서 선분 AB의 길이는 $\dfrac{32}{5}$이다.

                 ❸

채점 기준	배점 비율
❶ 접선의 방정식 구하기	30%
❷ 선분 AB의 길이에 대하여 알기	40%
❸ 선분 AB의 길이 구하기	30%

0213   답 32

구하는 타원의 방정식을 $\dfrac{x^2}{a^2}+\dfrac{y^2}{b^2}=1\ (a>b>0)$이라 하면

$2b=4\sqrt{3}$에서 $b=2\sqrt{3}$

$a^2-b^2=2^2$에서 $a^2=(2\sqrt{3})^2+2^2=16$

$\therefore a=4\ (\because a>0)$

즉, 장축의 길이는 $2\cdot4=8$이므로 타원의 정의에 의하여

$\overline{PF}+\overline{PF'}=8$ …… ㉠

                 ❶

또한,

$$\begin{aligned}\overline{PF}^2+\overline{PF'}^2&=(\overline{PF}+\overline{PF'})^2-2\overline{PF}\cdot\overline{PF'}\\&=8^2-2\overline{PF}\cdot\overline{PF'}\\&=64-2\overline{PF}\cdot\overline{PF'}\quad\text{…… ㉡}\end{aligned}$$

이므로 $\overline{PF}^2+\overline{PF'}^2$은 $\overline{PF}\cdot\overline{PF'}$이 최대일 때 최솟값을 갖는다.

                 ❷

이때 $\overline{PF}>0$, $\overline{PF'}>0$이므로 산술평균과 기하평균의 관계에 의하여

$\overline{PF}+\overline{PF'}\geq2\sqrt{\overline{PF}\cdot\overline{PF'}}$ (단, 등호는 $\overline{PF}=\overline{PF'}$일 때 성립)

$8\geq2\sqrt{\overline{PF}\cdot\overline{PF'}}\ (\because ㉠)$

$4\geq\sqrt{\overline{PF}\cdot\overline{PF'}}$

$\therefore \overline{PF}\cdot\overline{PF'}\leq16$

                 ❸

따라서 ㉡에서

$$\begin{aligned}\overline{PF}^2+\overline{PF'}^2&=64-2\overline{PF}\cdot\overline{PF'}\\&\geq64-2\cdot16\\&=32\end{aligned}$$

이므로 $\overline{PF}^2+\overline{PF'}^2$의 최솟값은 32이다.

                 ❹

채점 기준	배점 비율
❶ 타원의 장축의 길이 구하기	30%
❷ $\overline{PF}^2+\overline{PF'}^2$이 최솟값을 가질 때의 조건 구하기	30%
❸ 산술평균과 기하평균의 관계를 이용하여 $\overline{PF}\cdot\overline{PF'}$의 값의 범위 구하기	30%
❹ $\overline{PF}^2+\overline{PF'}^2$의 최솟값 구하기	10%

● 다른 풀이 1 ●

$\overline{PF}=8-\overline{PF'}$이라 하면 $\overline{PF'}>0$이므로

$\overline{PF}<8$

$\therefore 0<\overline{PF}<8$

                               ❷

또한,

$$\overline{PF}^2+\overline{PF'}^2=\overline{PF}^2+(8-\overline{PF})^2$$
$$=2\overline{PF}^2-16\overline{PF}+64$$
$$=2(\overline{PF}-4)^2+32$$

이므로 $\overline{PF}^2+\overline{PF'}^2$은 $\overline{PF}=4$일 때 최솟값 32를 갖는다.

                               ❸

채점 기준	배점 비율
❶ 타원의 장축의 길이 구하기	30%
❷ 선분 PF의 길이의 범위 구하기	30%
❸ $\overline{PF}^2+\overline{PF'}^2$의 최솟값 구하기	40%

● 다른 풀이 2 ●

선분 FF'의 중점은 원점 O이고 $\overline{OF}=2$이므로 중선 정리에 의하여

$$\overline{PF}^2+\overline{PF'}^2=2(\overline{OP}^2+\overline{OF}^2)$$
$$=2(\overline{OP}^2+2^2)$$
$$=2\overline{OP}^2+8$$

즉, $\overline{PF}^2+\overline{PF'}^2$은 선분 OP의 길이가 최소일 때 최솟값을 갖는다.

                               ❶

선분 OP의 길이는 점 P가 단축 위에 있을 때 최소이고, 이때의 선분 OP의 길이는 단축의 길이의 $\frac{1}{2}$배이므로

$$\overline{PF}^2+\overline{PF'}^2=2\overline{PO}^2+8$$
$$\geq 2\cdot(2\sqrt{3})^2+8$$
$$=24+8$$
$$=32$$

따라서 $\overline{PF}^2+\overline{PF'}^2$의 최솟값은 32이다.

                               ❷

채점 기준	배점 비율
❶ 중선 정리를 이용하여 $\overline{PF}^2+\overline{PF'}^2$을 $\overline{OP}$에 대한 식으로 나타내기	50%
❷ $\overline{PF}^2+\overline{PF'}^2$의 최솟값 구하기	50%

0214   답 22

점 P의 좌표를 (x_1, y_1) $(x_1>0, y_1>0)$이라 하면 타원 $\frac{x^2}{10}+\frac{y^2}{12}=1$ 위의 점 $P(x_1, y_1)$에서의 접선의 방정식은

$$\frac{x_1x}{10}+\frac{y_1y}{12}=1$$

                               ❶

이 직선이 x축과 만나는 점 A의 x좌표는

$$\frac{x_1x}{10}=1 \qquad \therefore x=\frac{10}{x_1}$$

$$\therefore A\left(\frac{10}{x_1}, 0\right)$$

이 직선이 y축과 만나는 점 B의 y좌표는

$$\frac{y_1y}{12}=1 \qquad \therefore y=\frac{12}{y_1}$$

$$\therefore B\left(0, \frac{12}{y_1}\right)$$

                               ❷

또한, 두 점 H, I가 각각 $H(x_1, 0)$, $I(0, y_1)$이므로

$$m=\overline{OH}\times\overline{OA}+\overline{OI}\times\overline{OB}$$
$$=x_1\times\frac{10}{x_1}+y_1\times\frac{12}{y_1}$$
$$=10+12=22$$

                               ❸

채점 기준	배점 비율
❶ 점 $P(x_1, y_1)$에서의 접선의 방정식 구하기	30%
❷ 두 점 A, B의 좌표 각각 구하기	30%
❸ 두 점 H, I의 좌표를 각각 구하여 m의 값 구하기	40%

0215   답 $\frac{x^2}{16}+\frac{y^2}{12}=1$

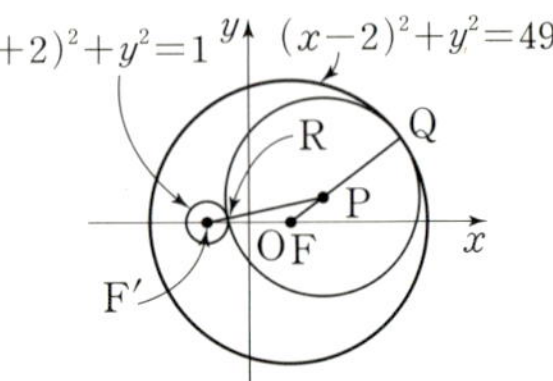

두 원 $(x-2)^2+y^2=49$, $(x+2)^2+y^2=1$의 중심을 각각 $F(2, 0)$, $F'(-2, 0)$이라 하자.

중심이 점 P인 원이 두 원 $(x-2)^2+y^2=49$, $(x+2)^2+y^2=1$과 접하는 점을 각각 Q, R라 하면 두 선분 PQ, PR는 점 P를 중심으로 하는 원의 반지름이므로

$$\overline{PQ}=\overline{PR} \qquad \cdots\cdots\ \bigcirc$$

                               ❶

또한, 선분 FQ는 원 $(x-2)^2+y^2=49$의 반지름이므로 $\overline{FQ}=7$로 일정하고, 선분 F'R는 원 $(x+2)^2+y^2=1$의 반지름이므로 $\overline{F'R}=1$로 일정하다.

$$\therefore \overline{PF}+\overline{PF'}=\overline{PF}+(\overline{PR}+\overline{F'R})$$
$$=\overline{PF}+\overline{PQ}+\overline{F'R}\ (\because\ \bigcirc)$$
$$=\overline{FQ}+\overline{F'R}$$
$$=7+1=8$$

즉, 점 P는 두 점 $F(2, 0)$, $F'(-2, 0)$을 초점으로 하고 장축의 길이가 8인 타원을 나타낸다.

                               ❷

따라서 구하는 타원의 방정식을 $\frac{x^2}{a^2}+\frac{y^2}{b^2}=1\ (a>b>0)$이라 하면

$2a=8$에서 $a=4$

$a^2-b^2=2^2$에서 $b^2=4^2-2^2=12$

$$\therefore \frac{x^2}{16}+\frac{y^2}{12}=1$$

                               ❸

채점 기준	배점 비율
❶ 점 P의 위치에 관계없이 길이가 같은 두 선분 찾기	30%
❷ 점 P가 나타내는 도형 구하기	40%
❸ 타원의 방정식 구하기	30%

본문 042~043쪽

0216 답 $\dfrac{x^2}{9}-\dfrac{y^2}{7}=1$

구하는 쌍곡선의 방정식을 $\dfrac{x^2}{a^2}-\dfrac{y^2}{b^2}=1$ $(a>0,\ b>0)$이라 하면

$2a=6$에서 $a=3$

$a^2+b^2=4^2$에서 $b^2=4^2-3^2=7$

$\therefore\ \dfrac{x^2}{9}-\dfrac{y^2}{7}=1$

0217 답 $\dfrac{x^2}{4}-\dfrac{y^2}{16}=-1$

구하는 쌍곡선의 방정식을 $\dfrac{x^2}{a^2}-\dfrac{y^2}{b^2}=-1$ $(a>0,\ b>0)$이라 하면

$2b=8$에서 $b=4$

$a^2+b^2=(2\sqrt{5})^2$에서 $a^2=(2\sqrt{5})^2-4^2=4$

$\therefore\ \dfrac{x^2}{4}-\dfrac{y^2}{16}=-1$

0218 답 $\dfrac{x^2}{9}-\dfrac{y^2}{4}=1$

구하는 쌍곡선의 방정식을 $\dfrac{x^2}{a^2}-\dfrac{y^2}{b^2}=1$ $(a>0,\ b>0)$이라 하면

$2a=6$에서 $a=3$

$a^2+b^2=(\sqrt{13})^2$에서 $b^2=(\sqrt{13})^2-3^2=4$

$\therefore\ \dfrac{x^2}{9}-\dfrac{y^2}{4}=1$

0219 답 $\dfrac{x^2}{11}-\dfrac{y^2}{25}=-1$

구하는 쌍곡선의 방정식을 $\dfrac{x^2}{a^2}-\dfrac{y^2}{b^2}=-1$ $(a>0,\ b>0)$이라 하면

$2b=10$에서 $b=5$

$a^2+b^2=6^2$에서 $a^2=6^2-5^2=11$

$\therefore\ \dfrac{x^2}{11}-\dfrac{y^2}{25}=-1$

0220 답 해설 참조

쌍곡선 $\dfrac{x^2}{2^2}-\dfrac{y^2}{(\sqrt{5})^2}=1$의 꼭짓점의 좌표는 $(2,\ 0)$, $(-2,\ 0)$이고

주축의 길이는 $2\cdot2=4$이다.

또한, $\sqrt{4+5}=3$이므로 초점의 좌표는 $(3,\ 0)$, $(-3,\ 0)$이고, 그 그래프는 오른쪽 그림과 같다.

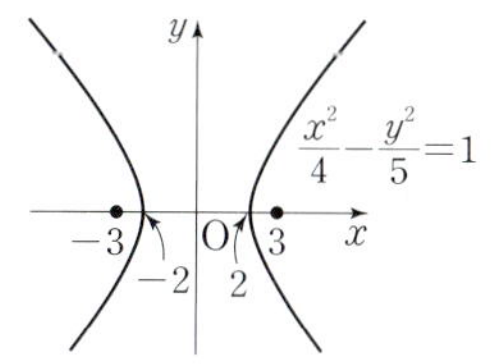

0221 답 해설 참조

쌍곡선 $\dfrac{x^2}{4^2}-\dfrac{y^2}{3^2}=-1$의 꼭짓점의 좌표는 $(0,\ 3)$, $(0,\ -3)$이고 주축의 길이는 $2\cdot3=6$이다.

또한, $\sqrt{16+9}=5$이므로 초점의 좌표는 $(0,\ 5)$, $(0,\ -5)$이고, 그 그래프는 오른쪽 그림과 같다.

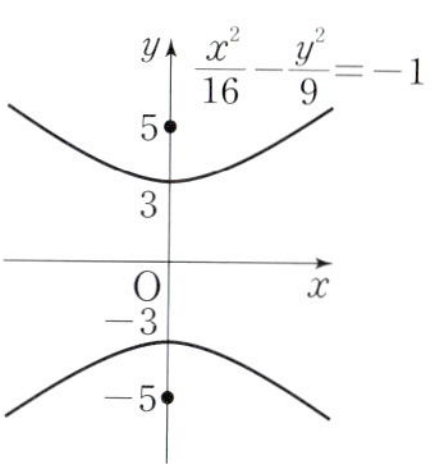

0222 답 $y=\pm\dfrac{4}{5}x$

쌍곡선 $\dfrac{x^2}{5^2}-\dfrac{y^2}{4^2}=1$의 점근선의 방정식은

$y=\pm\dfrac{4}{5}x$

0223 답 $y=\pm3x$

쌍곡선 $9x^2-y^2=-9$, 즉 $x^2-\dfrac{y^2}{3^2}=-1$의 점근선의 방정식은

$y=\pm3x$

0224 답 해설 참조

주어진 쌍곡선은 쌍곡선 $x^2-\dfrac{y^2}{4}=1$을 x축의 방향으로 1만큼, y축의 방향으로 -2만큼 평행이동한 것이다.

이때 쌍곡선 $x^2-\dfrac{y^2}{2^2}=1$의 중심의 좌표는 $(0,\ 0)$, 점근선의 방정식은 $y=\pm2x$이므로 주어진 쌍곡선의 중심의 좌표는 $(1,\ -2)$, 점근선의 방정식은 $y=2x-4$, $y=-2x$이다. 또한, 그 그래프는 오른쪽 그림과 같다.

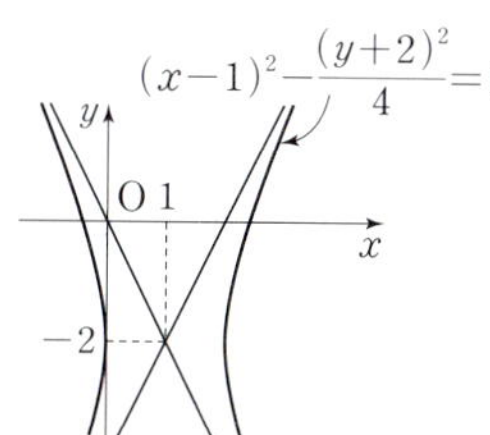

0225 답 해설 참조

주어진 쌍곡선은 쌍곡선 $\dfrac{x^2}{9}-\dfrac{y^2}{16}=-1$을 x축의 방향으로 3만큼, y축의 방향으로 2만큼 평행이동한 것이다.

이때 쌍곡선 $\dfrac{x^2}{3^2}-\dfrac{y^2}{4^2}=-1$의 중심의 좌표는 $(0,\ 0)$, 점근선의 방정식은 $y=\pm\dfrac{4}{3}x$이므로 주어진 쌍곡선의 중심의 좌표는 $(3,\ 2)$, 점근선의 방정식은 $y=\dfrac{4}{3}x-2$, $y=-\dfrac{4}{3}x+6$이다. 또한, 그 그래프는 오른쪽 그림과 같다.

0226 답 초점의 좌표: $(2,\ 0)$, $(-4,\ 0)$,
꼭짓점의 좌표: $(\sqrt{3}-1,\ 0)$, $(-\sqrt{3}-1,\ 0)$,
수축의 길이: $2\sqrt{3}$

$2x^2-y^2+4x-4=0$에서

$2(x^2+2x+1)-y^2-6=0$, $2(x+1)^2-y^2=6$

$\therefore\ \dfrac{(x+1)^2}{3}-\dfrac{y^2}{6}=1$

즉, 주어진 쌍곡선은 쌍곡선 $\dfrac{x^2}{3}-\dfrac{y^2}{6}=1$을 x축의 방향으로 -1만큼 평행이동한 것이다.

이때 쌍곡선 $\dfrac{x^2}{(\sqrt{3})^2}-\dfrac{y^2}{(\sqrt{6})^2}=1$의 꼭짓점의 좌표는 $(\sqrt{3},\,0)$, $(-\sqrt{3},\,0)$이고 주축의 길이는 $2\cdot\sqrt{3}=2\sqrt{3}$이다.

또한, $\sqrt{3+6}=3$이므로 초점의 좌표는 $(3,\,0)$, $(-3,\,0)$이다.

따라서 주어진 쌍곡선의 꼭짓점의 좌표는 $(\sqrt{3}-1,\,0)$, $(-\sqrt{3}-1,\,0)$, 주축의 길이는 $2\sqrt{3}$, 초점의 좌표는 $(2,\,0)$, $(-4,\,0)$이다.

0227 (답) 초점의 좌표: $(1,\,4)$, $(1,\,-6)$,
꼭짓점의 좌표: $(1,\,2)$, $(1,\,-4)$,
주축의 길이: 6

$9x^2-16y^2-18x-32y+137=0$에서
$9(x^2-2x+1)-16(y^2+2y+1)+144=0$
$9(x-1)^2-16(y+1)^2=-144$
$\therefore \dfrac{(x-1)^2}{16}-\dfrac{(y+1)^2}{9}=-1$

즉, 주어진 쌍곡선은 쌍곡선 $\dfrac{x^2}{16}-\dfrac{y^2}{9}=-1$을 x축의 방향으로 1만큼, y축의 방향으로 -1만큼 평행이동한 것이다.

이때 쌍곡선 $\dfrac{x^2}{4^2}-\dfrac{y^2}{3^2}=-1$의 꼭짓점의 좌표는 $(0,\,3)$, $(0,\,-3)$이고 주축의 길이는 $2\cdot3=6$이다.

또한, $\sqrt{16+9}=5$이므로 초점의 좌표는 $(0,\,5)$, $(0,\,-5)$이다.

따라서 주어진 쌍곡선의 꼭짓점의 좌표는 $(1,\,2)$, $(1,\,-4)$, 주축의 길이는 6, 초점의 좌표는 $(1,\,4)$, $(1,\,-6)$이다.

0228 (답) (1) 서로 다른 두 점에서 만난다.
(2) 한 점에서 만난다. (접한다.)
(3) 만나지 않는다.

(1) $y=x-2$를 $\dfrac{x^2}{3}-\dfrac{y^2}{9}=1$에 대입하여 정리하면
$2x^2+4x-13=0$
이 이차방정식의 판별식을 D라 하면
$\dfrac{D}{4}=2^2-2\cdot(-13)>0$
따라서 쌍곡선과 직선은 서로 다른 두 점에서 만난다.

(2) $y=2x+\sqrt{3}$ 을 $\dfrac{x^2}{3}-\dfrac{y^2}{9}=1$에 대입하여 정리하면
$x^2+4\sqrt{3}x+12=0$
이 이차방정식의 판별식을 D라 하면
$\dfrac{D}{4}=(2\sqrt{3})^2-12=0$
따라서 쌍곡선과 직선은 한 점에서 만난다. (접한다.)

(3) $y=3x$를 $\dfrac{x^2}{3}-\dfrac{y^2}{9}=1$에 대입하여 정리하면
$2x^2+3=0$
이 이차방정식의 판별식을 D라 하면
$\dfrac{D}{4}=0^2-2\cdot3<0$
따라서 쌍곡선과 직선은 만나지 않는다.

0229 (답) (1) $k<-\sqrt{2}$ 또는 $k>\sqrt{2}$
(2) $k=-\sqrt{2}$ 또는 $k=\sqrt{2}$
(3) $-\sqrt{2}<k<\sqrt{2}$

$y=x+k$를 $\dfrac{x^2}{4}-\dfrac{y^2}{2}=1$에 대입하여 정리하면
$x^2+4kx+2k^2+4=0$
이 이차방정식의 판별식을 D라 하면
$\dfrac{D}{4}=(2k)^2-(2k^2+4)=2k^2-4$

(1) $\dfrac{D}{4}=2k^2-4>0$에서 $k<-\sqrt{2}$ 또는 $k>\sqrt{2}$

(2) $\dfrac{D}{4}=2k^2-4=0$에서 $k=-\sqrt{2}$ 또는 $k=\sqrt{2}$

(3) $\dfrac{D}{4}=2k^2-4<0$에서 $-\sqrt{2}<k<\sqrt{2}$

0230 (답) $y=2x\pm\sqrt{7}$

$\dfrac{x^2}{3}-\dfrac{y^2}{5}=1$에서 $a^2=3$, $b^2=5$이고, $m=2$이므로 접선의 방정식은
$y=2x\pm\sqrt{3\cdot2^2-5}$ $\quad\therefore y=2x\pm\sqrt{7}$

0231 (답) $y=-x\pm3$

$\dfrac{x^2}{4}-\dfrac{y^2}{13}=-1$에서 $a^2=4$, $b^2=13$이고, $m=-1$이므로 접선의 방정식은
$y=-x\pm\sqrt{13-4\cdot(-1)^2}$
$\therefore y=-x\pm3$

0232 (답) $x+y+2=0$

$\dfrac{(-3)\cdot x}{6}-\dfrac{1\cdot y}{2}=1$
$\therefore x+y+2=0$

0233 (답) $x+y+1=0$

$5\cdot4x-4\cdot(-5)y=-20$
$\therefore x+y+1=0$

0234 (답) 원

$x^2+y^2+4x-5=0$에서 $(x+2)^2+y^2=9$
따라서 주어진 방정식은 원 $x^2+y^2=9$를 x축의 방향으로 -2만큼 평행이동한 원이다.

0235 (답) 포물선

$2x^2+4x-4y-9=0$에서 $2(x^2+2x+1)=4\left(y+\dfrac{11}{4}\right)$
$\therefore (x+1)^2=2\left(y+\dfrac{11}{4}\right)$
따라서 주어진 방정식은 포물선 $x^2=2y$를 x축의 방향으로 -1만큼, y축의 방향으로 $-\dfrac{11}{4}$만큼 평행이동한 포물선이다.

0236 (답) 타원

$x^2+4y^2-2x-15=0$에서 $x^2-2x+1+4y^2-16=0$
$(x-1)^2+4y^2=16$ $\quad\therefore \dfrac{(x-1)^2}{16}+\dfrac{y^2}{4}=1$

따라서 주어진 방정식은 타원 $\dfrac{x^2}{16}+\dfrac{y^2}{4}=1$을 x축의 방향으로 1만큼 평행이동한 타원이다.

0237　답 쌍곡선

$x^2-y^2+4x+2y+4=0$에서 $x^2+4x+4-(y^2-2y+1)+1=0$
$\therefore (x+2)^2-(y-1)^2=-1$
따라서 주어진 방정식은 쌍곡선 $x^2-y^2=-1$을 x축의 방향으로 -2만큼, y축의 방향으로 1만큼 평행이동한 쌍곡선이다.

본문 044~054쪽

0238　답 ②

0239　답 ⑤

두 점 $F(0, 7)$, $F'(0, -7)$에서의 거리의 차가 6인 점이 $P(x, y)$이므로
$|\overline{PF}-\overline{PF'}|=6$
$\sqrt{x^2+(y-7)^2}-\sqrt{x^2+\{y-(-7)\}^2}=\pm 6$
$\sqrt{x^2+(y-7)^2}=\pm 6+\sqrt{x^2+(y+7)^2}$
위의 식의 양변을 제곱하면
$x^2+(y-7)^2=36+x^2+(y+7)^2\pm 12\sqrt{x^2+(y+7)^2}$
$-7y-9=\pm 3\sqrt{x^2+(y+7)^2}$
위의 식의 양변을 제곱하면
$(-7y-9)^2=9\{x^2+(y+7)^2\}$
$49y^2+126y+81=9x^2+9y^2+126y+441$
$9x^2-40y^2=-360$　　　$\therefore \dfrac{x^2}{40}-\dfrac{y^2}{9}=-1$
따라서 $p=40$, $q=9$이므로
$p-q=40-9=31$

● 다른 풀이 ●

두 점 $F(0, 7)$, $F'(0, -7)$에서 점 P까지의 거리의 차가 일정하므로 쌍곡선의 정의에 의하여 점 P가 나타내는 도형은 초점이 F, F'이고 주축의 길이가 6인 쌍곡선이다.
따라서 구하는 쌍곡선의 방정식을 $\dfrac{x^2}{a^2}-\dfrac{y^2}{b^2}=-1$ $(a>0,\ b>0)$이라 하면
$2b=6$에서 $b=3$
$a^2+b^2=7^2$에서 $a^2=7^2-3^2=40$
$\therefore \dfrac{x^2}{40}-\dfrac{y^2}{9}=-1$

0240　답 ④

중심이 원점이고 한 꼭짓점의 좌표가 $(3, 0)$이므로 다른 한 꼭짓점의 좌표는 $(-3, 0)$이다.
구하는 쌍곡선의 방정식을 $\dfrac{x^2}{a^2}-\dfrac{y^2}{b^2}=1$ $(a>0,\ b>0)$이라 하면
$a=3$

점근선의 방정식이 $y=\pm 4x$이므로
$\dfrac{b}{a}=4$
$a=3$을 대입하면
$\dfrac{b}{3}=4$　　　$\therefore b=12$
따라서 쌍곡선 $\dfrac{x^2}{9}-\dfrac{y^2}{144}=1$이 점 $(3\sqrt{2}, k)$를 지나므로
$\dfrac{(3\sqrt{2})^2}{9}-\dfrac{k^2}{144}=1$, $2-\dfrac{k^2}{144}=1$
$k^2=144$　　　$\therefore k=12 \ (\because k>0)$

0241　답 4

타원 $3x^2+16y^2=48$, 즉 $\dfrac{x^2}{16}+\dfrac{y^2}{3}=1$에서 $\sqrt{16-3}=\sqrt{13}$이므로 초점의 좌표는 $(\sqrt{13}, 0)$, $(-\sqrt{13}, 0)$이다.
구하는 쌍곡선의 방정식을 $\dfrac{x^2}{a^2}-\dfrac{y^2}{b^2}=1$ $(a>0,\ b>0)$이라 하면
초점의 좌표가 $(\sqrt{13}, 0)$, $(-\sqrt{13}, 0)$이므로
$a^2+b^2=(\sqrt{13})^2$에서 $b^2=13-a^2$　　…… ㉠
이때 $a^2>0$, $b^2>0$이므로
$13-a^2>0$　　$\therefore 0<a^2<13$
또한, 쌍곡선 $\dfrac{x^2}{a^2}-\dfrac{y^2}{b^2}=1$이 점 $(4, 3\sqrt{3})$을 지나므로
$\dfrac{16}{a^2}-\dfrac{27}{b^2}=1$
$\therefore 16b^2-27a^2=a^2b^2$　　……㉡
㉠을 ㉡에 대입하면
$16(13-a^2)-27a^2=a^2(13-a^2)$, $a^4-56a^2+208=0$
$(a^2-4)(a^2-52)=0$, $a^2=4 \ (\because 0<a^2<13)$
$\therefore a=2 \ (\because a>0)$
따라서 쌍곡선의 주축의 길이는 $2\cdot 2=4$이다.

0242　답 32

중심이 원점이고 두 초점이 y축 위에 있으므로 구하는 쌍곡선의 방정식을 $\dfrac{x^2}{a^2}-\dfrac{y^2}{b^2}=-1$ $(a>0,\ b>0)$이라 하자.
두 점근선이 서로 수직으로 만나므로 → (두 직선의 기울기의 곱)$=-1$
$\dfrac{b}{a}\cdot\left(-\dfrac{b}{a}\right)=-1$, $-\dfrac{b^2}{a^2}=-1$
$a^2=b^2$　　$\therefore a=b \ (\because a>0,\ b>0)$
쌍곡선 $\dfrac{x^2}{a^2}-\dfrac{y^2}{a^2}=-1$이 점 $(2, -2\sqrt{5})$를 지나므로
$\dfrac{2^2}{a^2}-\dfrac{(-2\sqrt{5})^2}{a^2}=-1$, $-\dfrac{16}{a^2}=-1$
$a^2=16$　　$\therefore a=4 \ (\because a>0)$
따라서 쌍곡선의 방정식은 $\dfrac{x^2}{16}-\dfrac{y^2}{16}=-1$이므로
$p=16$, $q=16$
$\therefore p+q=16+16=32$

0243　답 ④

0244　답 ⑤

쌍곡선 $\dfrac{x^2}{5}-\dfrac{y^2}{k}=-1$의 주축의 길이가 $2\sqrt{11}$이므로
$2\sqrt{k}=2\sqrt{11}$　　$\therefore k=11$

즉, 쌍곡선 $\dfrac{x^2}{5}-\dfrac{y^2}{11}=-1$에서 $\sqrt{5+11}=4$이므로 초점의 좌표는 $(0,4)$, $(0,-4)$

따라서 두 초점을 지름의 양 끝 점으로 하는 원의 둘레의 길이는
$2\pi\cdot4=8\pi$

0245 답 ③

쌍곡선 $\dfrac{x^2}{4}-\dfrac{y^2}{12}=1$에서 $\sqrt{4+12}=4$이므로 초점 $F(4,0)$이다.

점 $F(4,0)$을 지나고 x축에 수직인 직선의 방정식은 $x=4$이므로 이 직선이 쌍곡선과 만나는 점의 y좌표는
$\dfrac{4^2}{4}-\dfrac{y^2}{12}=1$, $\dfrac{y^2}{12}=3$
$y^2=36$ $\therefore y=\pm6$

따라서 두 점 A, B의 좌표가 $(4,6)$, $(4,-6)$이므로 삼각형 OAB의 넓이는
$\dfrac{1}{2}\cdot\overline{AB}\cdot\overline{OF}=\dfrac{1}{2}\cdot\{6-(-6)\}\cdot4=24$

0246 답 4

쌍곡선 $\dfrac{x^2}{16}-\dfrac{y^2}{9}=-1$에서 $\sqrt{16+9}=5$이므로 초점 $F(0,5)$이다.

쌍곡선 $\dfrac{x^2}{4^2}-\dfrac{y^2}{3^2}=-1$의 점근선 중 기울기가 양수인 점근선 l의 방정식은 $y=\dfrac{3}{4}x$, 즉 $3x-4y=0$이므로 점 F와 직선 l 사이의 거리는
$\dfrac{|3\cdot0-4\cdot5|}{\sqrt{3^2+(-4)^2}}=4$

따라서 점 F를 중심으로 하고 반지름의 길이가 $2\sqrt{5}$인 원의 현의 길이는
$2\sqrt{(2\sqrt{5})^2-4^2}=2\cdot2=4$

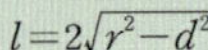 **현의 길이**

원의 중심에서 현에 내린 수선은 그 현을 이등분하므로 반지름의 길이가 r인 원의 중심에서 d만큼 떨어진 현의 길이 l은
$$l=2\sqrt{r^2-d^2}$$

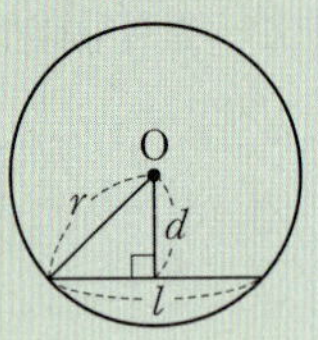

0247 답 3

쌍곡선 $\dfrac{x^2}{12}-\dfrac{y^2}{3}=1$에서 $\sqrt{12+3}=\sqrt{15}$이므로 두 초점은 $F(\sqrt{15},0)$, $F'(-\sqrt{15},0)$이다.
$\therefore \overline{FF'}=|\sqrt{15}-(-\sqrt{15})|=2\sqrt{15}$

제1사분면 위의 점 P의 좌표를 (x_1,y_1) $(x_1>0,y_1>0)$이라 하면 삼각형 PF'F의 넓이가 $\sqrt{15}$이므로
$\dfrac{1}{2}\cdot2\sqrt{15}\cdot y_1=\sqrt{15}$ $\therefore y_1=1$

점 $P(x_1,1)$은 쌍곡선 $\dfrac{x^2}{12}-\dfrac{y^2}{3}=1$ 위에 있으므로
$\dfrac{x_1^2}{12}-\dfrac{1}{3}=1$, $\dfrac{x_1^2}{12}=\dfrac{4}{3}$
$x_1^2=16$ $\therefore x_1=4$ $(\because x_1>0)$
$\therefore P(4,1)$

한편, 쌍곡선 $\dfrac{x^2}{(2\sqrt{3})^2}-\dfrac{y^2}{(\sqrt{3})^2}=1$의 점근선의 방정식은 $y=\pm\dfrac{1}{2}x$이므로 점 $P(4,1)$을 지나고 x축에 평행한 직선이 쌍곡선의 두 점근선과 만나는 두 점 Q, R는
$Q(2,1)$, $R(-2,1)$

따라서 $\overline{PQ}=|4-2|=2$, $\overline{PR}=|4-(-2)|=6$이므로
$\dfrac{\overline{PR}}{\overline{PQ}}=\dfrac{6}{2}=3$

0248 답 ②

0249 답 ①

쌍곡선 $\dfrac{x^2}{7}-\dfrac{y^2}{2}=-1$을 x축의 방향으로 -5만큼, y축의 방향으로 $\dfrac{a}{2}-7$만큼 평행이동하면
$$\dfrac{(x+5)^2}{7}-\dfrac{\left\{y-\left(\dfrac{a}{2}-7\right)\right\}^2}{2}=-1$$
$$2(x+5)^2-7\left\{y-\left(\dfrac{a}{2}-7\right)\right\}^2=-14$$
$$\therefore 2x^2-7y^2+20x+14\left(\dfrac{a}{2}-7\right)y-7\left(\dfrac{a}{2}-7\right)^2+64=0$$
$$\cdots\cdots ㉠$$

㉠이 쌍곡선 $2x^2-7y^2+ax+by+c=0$과 일치하므로
$a=20$, $b=42$, $c=1$
$\therefore a+b+c=20+42+1=63$

0250 답 ②

쌍곡선의 중심의 좌표가 $(-1,3)$이고 한 꼭짓점의 좌표가 $(1,3)$이므로 다른 한 꼭짓점의 좌표는 $(-3,3)$이다.

즉, 쌍곡선의 주축의 길이가 $|1-(-3)|=4$이므로 쌍곡선의 방정식을 $\dfrac{(x+1)^2}{4}-\dfrac{(y-3)^2}{k}=1$ $(k>0)$로 놓을 수 있다.

$\dfrac{(x+1)^2}{4}-\dfrac{(y-3)^2}{k}=1$에서
$k(x+1)^2-4(y-3)^2=4k$
$\therefore kx^2-4y^2+2kx+24y-36-3k=0$ $\cdots\cdots ㉠$

㉠이 쌍곡선 $ax^2-4y^2+10x+24y+b=0$과 일치하므로
$k=5$, $a=5$, $b=-51$
$\therefore 10a+b=10\cdot5+(-51)=-1$

0251 답 ②

쌍곡선 $\dfrac{(x-m)^2}{a^2}-\dfrac{(y-n)^2}{b^2}=-1$의 주축의 길이가 6이므로
$2b=6$ $\therefore b=3$

두 점근선 $y=x+5$, $y=-x+1$의 기울기가 ±1이므로
$\dfrac{b}{a}=1$
$b=3$을 대입하면 $a=3$

또한, 두 점근선 $y=x+5$, $y=-x+1$의 교점의 x좌표는
$x+5=-x+1$, $2x=-4$
$\therefore x=-2$
$x=-2$를 $y=x+5$에 대입하면 $y=3$

즉, 두 점근선의 교점 $(-2, 3)$은 쌍곡선의 중심이므로 주어진 쌍곡선은 쌍곡선 $\dfrac{x^2}{3^2}-\dfrac{y^2}{3^2}=-1$을 x축의 방향으로 -2만큼, y축의 방향으로 3만큼 평행이동한 것이다.

따라서 $\dfrac{(x+2)^2}{9}-\dfrac{(y-3)^2}{9}=-1$이므로

$a^2=9,\ b^2=9,\ m=-2,\ n=3$

$\therefore\ a^2+b^2+m+n=9+9+(-2)+3=19$

0252   답 ④

두 초점의 좌표가 $(5, 2)$, $(-3, 2)$이므로 주어진 쌍곡선의 중심의 좌표는 $\left(\dfrac{5+(-3)}{2},\ \dfrac{2+2}{2}\right)$, 즉 $(1, 2)$이다.

주어진 쌍곡선은 원점을 중심으로 하고 주축이 x축에 평행한 쌍곡선을 x축의 방향으로 1만큼, y축의 방향으로 2만큼 평행이동한 것이다.

평행이동하기 전의 쌍곡선의 방정식을 $\dfrac{x^2}{a^2}-\dfrac{y^2}{b^2}=1\ (a>0,\ b>0)$이라 하면 이 쌍곡선의 초점의 좌표는 $(4, 0)$, $(-4, 0)$이고 점 $(4, 6)$을 지난다.

$a^2+b^2=4^2$에서 $b^2=16-a^2$ $\cdots\cdots$ ㉠

이때 $a^2>0,\ b^2>0$이므로

$16-a^2>0$ $\therefore\ 0<a^2<16$

또한, 쌍곡선 $\dfrac{x^2}{a^2}-\dfrac{y^2}{b^2}=1$이 점 $(4, 6)$을 지나므로

$\dfrac{16}{a^2}-\dfrac{36}{b^2}=1$ $\cdots\cdots$ ㉡

㉠을 ㉡에 대입하면

$\dfrac{16}{a^2}-\dfrac{36}{16-a^2}=1$

$16(16-a^2)-36a^2=a^2(16-a^2)$

$a^4-68a^2+256=0,\ (a^2-4)(a^2-64)=0$

$a^2=4\ (\because\ 0<a^2<16)$ $\therefore\ a=2\ (\because\ a>0)$

따라서 쌍곡선의 주축의 길이는 $2\cdot2=4$이다.
← 평행이동하여도 주축의 길이는 변하지 않으므로

0253   답 ⑤

0254   답 ②

쌍곡선 $\dfrac{x^2}{4}-\dfrac{y^2}{5}=1$에서 $\sqrt{4+5}=3$이므로 두 초점은 $\mathrm{F}(3, 0)$, $\mathrm{F}'(-3, 0)$이다.

$\therefore\ \overline{\mathrm{FF}'}=|3-(-3)|=6$

쌍곡선 $\dfrac{x^2}{2^2}-\dfrac{y^2}{(\sqrt5)^2}=1$의 주축의 길이는 $2\cdot2=4$이므로

$\overline{\mathrm{PF}'}=k\ (k>0)$라 하면 쌍곡선의 정의에 의하여

$\overline{\mathrm{PF}}=k+4$

이때 삼각형 $\mathrm{PF}'\mathrm{F}$는 $\overline{\mathrm{PF}}=\overline{\mathrm{FF}'}$인 이등변삼각형이므로

$k+4=6$ $\therefore\ k=2$

오른쪽 그림과 같이 점 F에서 선분 PF'에 내린 수선의 발을 H라 하면

$\overline{\mathrm{PH}}=\dfrac{1}{2}\overline{\mathrm{PF}'}$

$\quad=\dfrac{1}{2}\cdot2=1$

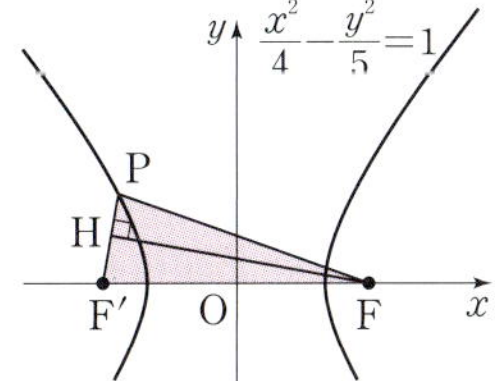

직각삼각형 FPH에서

$\overline{\mathrm{FH}}=\sqrt{\overline{\mathrm{PF}}^2-\overline{\mathrm{PH}}^2}$

$\quad=\sqrt{6^2-1^2}=\sqrt{35}$

따라서 삼각형 $\mathrm{PF}'\mathrm{F}$의 넓이는

$\dfrac{1}{2}\cdot\overline{\mathrm{PF}'}\cdot\overline{\mathrm{FH}}=\dfrac{1}{2}\cdot2\cdot\sqrt{35}=\sqrt{35}$

0255   답 3

쌍곡선 $\dfrac{x^2}{6}-\dfrac{y^2}{4}=-1$에서 $\sqrt{6+4}=\sqrt{10}$이므로

두 초점은 $\mathrm{F}(0, \sqrt{10})$, $\mathrm{F}'(0, -\sqrt{10})$이다.

$\therefore\ \overline{\mathrm{FF}'}=|\sqrt{10}-(-\sqrt{10})|=2\sqrt{10}$

쌍곡선 $\dfrac{x^2}{(\sqrt6)^2}-\dfrac{y^2}{2^2}=-1$의 주축의 길이는 $2\cdot2=4$이고,

$\overline{\mathrm{PF}'}>\overline{\mathrm{PF}}$이므로 $\overline{\mathrm{PF}}=x\ (x>0)$라 하면 쌍곡선의 정의에 의하여

$\overline{\mathrm{PF}'}=x+4$

이때 선분 FF'이 주어진 원의 지름이고 점 P가 원 위에 있으므로

$\angle\mathrm{FPF}'=90°$

즉, 직각삼각형 PFF'에서

$x^2+(x+4)^2=(2\sqrt{10})^2$

$2x^2+8x-24=0,\ x^2+4x-12=0$

$(x+6)(x-2)=0$ $\therefore\ x=2\ (\because\ x>0)$

$\therefore\ \tan(\angle\mathrm{PFF}')=\dfrac{\overline{\mathrm{PF}'}}{\overline{\mathrm{PF}}}=\dfrac{6}{2}=3$

0256   답 10

오른쪽 그림과 같이 원점에서 직선 PF'에 내린 수선의 발을 H라 하면

$\overline{\mathrm{OH}}=3$ ← 점과 직선 사이의 거리는 그 점에서 직선에 내린 수선의 발까지의 거리와 같으므로

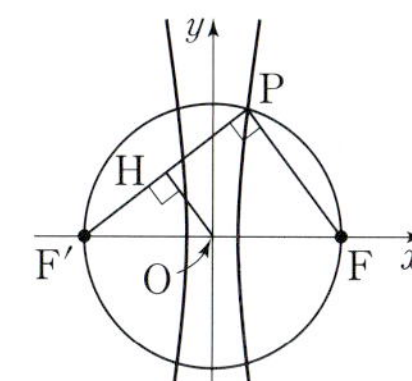

쌍곡선의 중심이 원점이므로 원의 중심도 원점이다.

$\therefore\ \overline{\mathrm{OF}}=\overline{\mathrm{OF}'}$

또한, 선분 FF'이 주어진 원의 지름이고 점 P가 원 위에 있으므로

$\angle\mathrm{FPF}'=90°$

즉, 두 직각삼각형 OHF', FPF'은 닮음비가 $\overline{\mathrm{OF}'}:\overline{\mathrm{FF}'}=1:2$인 닮은 도형이므로

$\overline{\mathrm{PF}}=6$

이때 쌍곡선의 주축의 길이가 2이므로 쌍곡선의 정의에 의하여

$\overline{\mathrm{PF}'}=\overline{\mathrm{PF}}+2=6+2=8$

따라서 직각삼각형 FPF'에서

$\overline{\mathrm{FF}'}=\sqrt{\overline{\mathrm{PF}}^2+\overline{\mathrm{PF}'}^2}$

$\quad=\sqrt{6^2+8^2}=10$

0257   답 ③

쌍곡선 $\dfrac{x^2}{2^2}-\dfrac{y^2}{(2\sqrt2)^2}=1$의 주축의 길이는 $2\cdot2=4$이므로
← $2\overline{\mathrm{PF}}=\overline{\mathrm{QF}'}$이므로

$\overline{\mathrm{PF}}=a,\ \overline{\mathrm{QF}}=2a\ (a>0)$라 하면 쌍곡선의 정의에 의하여

$\overline{\mathrm{PF}'}=a+4,\ \overline{\mathrm{QF}}=2a+4$

한편, $2\overline{\mathrm{PF}}=\overline{\mathrm{QF}'}$이고 두 직선 PF, QF'이 평행하므로 두 삼각형 FPR, $\mathrm{QF}'\mathrm{R}$는 닮음비가 $1:2$인 닮은 도형이다.

즉, $\overline{RF}:\overline{RQ}=1:2$이므로
$$\overline{RQ}=\frac{2}{3}\overline{QF}=\frac{2}{3}(2a+4)=\frac{4a+8}{3}$$
$\overline{RP}:\overline{RF'}=1:2$이므로
$$\overline{RF'}=\frac{2}{3}\overline{PF'}=\frac{2}{3}(a+4)=\frac{2a+8}{3}$$
$$\therefore\ \overline{RF'}-\overline{QF'}+\overline{RQ}=\frac{2a+8}{3}-2a+\frac{4a+8}{3}=\frac{16}{3}$$

0258 답 ③

0259 답 ①

쌍곡선 $x^2-y^2=-15$ 위의 점 P의 좌표를 $(x_1,\ y_1)$이라 하면
$$x_1{}^2-y_1{}^2=-15 \qquad \cdots\cdots\ \bigcirc$$
선분 AP의 중점 Q의 좌표를 $(x,\ y)$라 하면
$$x=\frac{x_1+1}{2},\ y=\frac{y_1+(-2)}{2}$$
$$\therefore\ x_1=2x-1,\ y_1=2y+2 \qquad \cdots\cdots\ \bigcirc$$
$\bigcirc$을 $\bigcirc$에 대입하면
$$(2x-1)^2-(2y+2)^2=-15$$
$$4x^2-4x-4y^2-8y=-12$$
$$\therefore\ \frac{1}{3}x^2-\frac{1}{3}y^2-\frac{1}{3}x-\frac{2}{3}y=-1$$
따라서 $a=\frac{1}{3},\ b=-\frac{1}{3},\ c=-\frac{1}{3},\ d=-\frac{2}{3}$이므로
$$a+b+c+d=\frac{1}{3}+\left(-\frac{1}{3}\right)+\left(-\frac{1}{3}\right)+\left(-\frac{2}{3}\right)=-1$$

0260 답 ③

점 P의 좌표를 $(x,\ y)$라 하자.
점 $P(x,\ y)$와 점 $A(2,\ 0)$ 사이의 거리 d_1은
$$d_1=\sqrt{(x-2)^2+y^2}$$
점 $P(x,\ y)$와 직선 $x=-1$ 사이의 거리 d_2는
$$d_2=|x+1|$$
이때 $d_1:d_2=2:1$에서 $2d_2=d_1$이므로
$$2|x+1|=\sqrt{(x-2)^2+y^2}$$
위의 식의 양변을 제곱하면
$$4(x+1)^2=(x-2)^2+y^2$$
$$3x^2+12x-y^2=0,\ 3(x+2)^2-y^2=12$$
$$\therefore\ \frac{(x+2)^2}{4}-\frac{y^2}{12}=1$$
따라서 이 쌍곡선의 주축의 길이는 $2\cdot2=4$이다.

0261 답 ⑤

쌍곡선 $\dfrac{(x+2)^2}{5}-\dfrac{(y-1)^2}{4}=1$ 위의 임의의 점을 $(a,\ b)$라 하면
$$\frac{(a+2)^2}{5}-\frac{(b-1)^2}{4}=1 \qquad \cdots\cdots\ \bigcirc$$
점 $(a,\ b)$를 점 $(2,\ 3)$에 대하여 대칭이동한 점을 $(x,\ y)$라 하면
$$x=2\cdot2-a,\ y=2\cdot3-b \quad\longrightarrow\ \frac{a+x}{2}=2,\ \frac{b+y}{2}=3$$
$$\therefore\ a=4-x,\ b=6-y \qquad \cdots\cdots\ \bigcirc$$
$\bigcirc$을 $\bigcirc$에 대입하면
$$\frac{(4-x+2)^2}{5}-\frac{(6-y-1)^2}{4}=1$$
$$\therefore\ \frac{(x-6)^2}{5}-\frac{(y-5)^2}{4}=1$$

따라서 구하는 도형은 쌍곡선 $\dfrac{x^2}{5}-\dfrac{y^2}{4}=1$을 x축의 방향으로 6만큼, y축의 방향으로 5만큼 평행이동한 것과 같으므로
$$m=6,\ n=5$$
$$\therefore\ m+n=6+5=11$$

● 다른 풀이 ●

쌍곡선 $\dfrac{(x+2)^2}{5}-\dfrac{(y-1)^2}{4}=1$의 중심의 좌표는 $(-2,\ 1)$이고 이 점을 점 $(2,\ 3)$에 대하여 대칭이동한 점은 $(2\cdot2-(-2),\ 2\cdot3-1)$, 즉 $(6,\ 5)$이다.

쌍곡선의 중심은 대칭이동한 후에도 쌍곡선의 중심이므로 쌍곡선 $\dfrac{(x+2)^2}{5}-\dfrac{(y-1)^2}{4}=1$을 점 $(2,\ 3)$에 대하여 대칭이동한 쌍곡선은 $\dfrac{(x-6)^2}{5}-\dfrac{(y-5)^2}{4}=1$이다.

0262 답 4

타원 $x^2+\dfrac{y^2}{3}=1$이 직선 $x=k\ (-1<k<1)$와 만나는 두 점을 $P(k,\ l)$, $P'(k,\ -l)\ (l>0)$이라 하자.

점 $P(k,\ l)$은 타원 $x^2+\dfrac{y^2}{3}=1$ 위에 있으므로
$$k^2+\frac{l^2}{3}=1 \quad \therefore\ k^2-1=-\frac{l^2}{3} \qquad \cdots\cdots\ \bigcirc$$
직선 AP'의 방정식은
$$y=\frac{-l}{k-1}(x-1) \qquad \cdots\cdots\ \bigcirc$$
직선 A'P의 방정식은
$$y=\frac{l}{k-(-1)}(x+1) \qquad \cdots\cdots\ \bigcirc$$
두 직선 AP', A'P의 교점 Q가 나타내는 도형을 구하기 위하여 $\bigcirc\times\bigcirc$을 하면
$$y^2=-\frac{l^2}{k^2-1}(x^2-1) \qquad \cdots\cdots\ \bigcirc$$
$\bigcirc$을 $\bigcirc$에 대입하면
$$y^2=-\frac{l^2}{-\dfrac{l^2}{3}}(x^2-1),\ y^2=3x^2-3$$
$$3x^2-y^2=3 \quad \therefore\ x^2-\frac{y^2}{3}=1$$

즉, 이 쌍곡선에서 $\sqrt{1+3}=2$이므로 두 초점은 $(2,\ 0)$, $(-2,\ 0)$이다.
따라서 두 초점 사이의 거리는 $|2-(-2)|=4$이다.

0263 답 ⑤

0264 답 ②

ㄱ. 쌍곡선 $\dfrac{x^2}{2^2}-\dfrac{y^2}{3^2}=-1$의 점근선의 방정식은 $y=\pm\dfrac{3}{2}x$이다.

직선 $3x+2y-1=0$, 즉 $y=-\dfrac{3}{2}x+\dfrac{1}{2}$의 기울기는 쌍곡선의 점근선의 기울기와 같다.

이때 $(y$절편$)=\dfrac{1}{2}\neq0$이므로 쌍곡선과 직선은 한 점에서 만난다. (거짓)   _{직선 $y=-\dfrac{3}{2}x+\dfrac{1}{2}$의 y절편이 0이 아니다.}

ㄴ. $x-y=0$에서 $y=x$이므로 이를 주어진 쌍곡선에 대입하여 정리하면
$5x^2+36=0$
이 이차방정식의 판별식을 D라 하면
$\dfrac{D}{4}=0^2-5\cdot36<0$
즉, 쌍곡선과 직선은 만나지 않는다. (거짓)

ㄷ. $3x-y-2=0$에서 $y=3x-2$이므로 이를 주어진 쌍곡선에 대입하여 정리하면
$27x^2-48x-20=0$
이 이차방정식의 판별식을 D라 하면
$\dfrac{D}{4}=24^2-27\cdot(-20)>0$
즉, 쌍곡선과 직선은 서로 다른 두 점에서 만난다. (참)
따라서 옳은 것은 ㄷ이다.

0265 **답** 6

직선 $y=2x$를 x축의 방향으로 n만큼 평행이동하면
$y=2(x-n)$ $\therefore y=2x-2n$
$y=2x-2n$을 $x^2-y^2=48$에 대입하여 정리하면
$3x^2-8nx+4n^2+48=0$
이 이차방정식의 판별식을 D라 하면
$\dfrac{D}{4}=(-4n)^2-3(4n^2+48)\geq0$
$4n^2-144\geq0$, $n^2-36\geq0$
$(n+6)(n-6)\geq0$
$\therefore n\leq-6$ 또는 $n\geq6$
따라서 자연수 n의 최솟값은 6이다.

0266 **답** ①

$y=x+k$를 $\dfrac{x^2}{4}-y^2=1$에 대입하여 정리하면
$3x^2+8kx+4k^2+4=0$ ……㉠
두 점 A, B의 x좌표를 각각 x_1, x_2라 하면 x_1, x_2는 이차방정식 ㉠의 두 실근이므로 이차방정식의 근과 계수의 관계에 의하여
$x_1+x_2=-\dfrac{8}{3}k$ ……㉡
또한, 점 A를 점 $(4,\ 1)$에 대하여 대칭이동한 점이 B이므로
$2\cdot4-x_1=x_2$ _{$\dfrac{x_1+x_2}{2}=4$}
$\therefore x_1+x_2=8$ ……㉢
따라서 ㉡, ㉢에서
$-\dfrac{8}{3}k=8$ $\therefore k=-3$

0267 **답** 9

$y=mx+n$을 $\dfrac{x^2}{6}-\dfrac{y^2}{150}=1$에 대입하여 정리하면
$(m^2-25)x^2+2mnx+n^2+150=0$ ……㉠
(i) $m^2-25=0$, 즉 $m=\pm5$인 경우
$n=0$일 때, 방정식 ㉠이 성립하지 않으므로 쌍곡선과 직선은 교점을 갖지 않는다.
  _{직선 $y=mx+n$의 y절편이 0이다.}

(ii) $m^2-25\neq0$, 즉 $m\neq\pm5$인 경우
이차방정식 ㉠의 판별식을 D라 하면
$\dfrac{D}{4}=(mn)^2-(m^2-25)(n^2+150)\geq0$
$25n^2-150m^2+3750\geq0$ ……㉡
부등식 ㉡이 n의 값에 관계없이 항상 성립해야 하므로
$-150m^2+3750\geq0$, $m^2-25\leq0$
$(m+5)(m-5)\leq0$
$\therefore -5\leq m\leq5$
그런데 $m\neq\pm5$이므로
$-5<m<5$
(i), (ii)에서 $-5<m<5$이므로 조건을 만족시키는 정수 m의 개수는 $-4,\ -3,\ -2,\ \cdots,\ 4$의 9이다.

● **다른 풀이** ●

쌍곡선 $\dfrac{x^2}{6}-\dfrac{y^2}{150}=1$의 점근선의 방정식은 $y=\pm5x$이므로 오른쪽 그림과 같이 직선 $y=mx+n$이 n의 값에 관계없이 항상 쌍곡선과 교점을 가지려면
$-5<m<5$

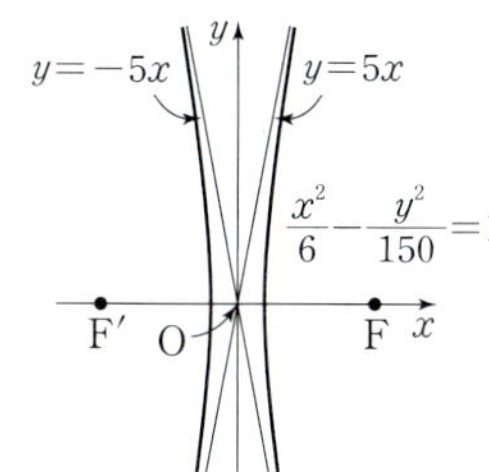

0268 **답** ③

0269 **답** ①

직선 $y=-2x$에 수직인 직선의 기울기는 $\dfrac{1}{2}$이므로 쌍곡선 $\dfrac{x^2}{8}-\dfrac{y^2}{6}=-1$에 접하고 기울기가 $\dfrac{1}{2}$인 직선의 방정식은
$y=\dfrac{1}{2}x\pm\sqrt{6-8\cdot\left(\dfrac{1}{2}\right)^2}$
$\therefore y=\dfrac{1}{2}x\pm2$
따라서 $m=\dfrac{1}{2}$, $n=\pm2$이므로
$4m^2+n^2=4\cdot\dfrac{1}{4}+4=5$

0270 **답** ③

쌍곡선 $\dfrac{x^2}{k}-\dfrac{y^2}{2}=1$에 접하고 기울기가 3인 직선의 방정식은
$y=3x\pm\sqrt{k\cdot3^2-2}$ $\therefore y=3x\pm\sqrt{9k-2}$
이때 $k>\dfrac{1}{2}$에서 $2k-1>0$이므로 직선 $y=3x+\sqrt{9k-2}$와 직선 $y=3x+2k-1$이 일치한다.
$\sqrt{9k-2}=2k-1$
위의 식의 양변을 제곱하면
$9k-2=4k^2-4k+1$
$4k^2-13k+3=0$
$(4k-1)(k-3)=0$
$\therefore k=3\left(\because k>\dfrac{1}{2}\right)$
따라서 쌍곡선 $\dfrac{x^2}{(\sqrt{3})^2}-\dfrac{y^2}{(\sqrt{2})^2}=1$의 주축의 길이는
$2\cdot\sqrt{3}=2\sqrt{3}$

0271 답 ④

두 점 $(1, a)$, $(-4, a-5)$를 지나는 직선의 기울기는
$\dfrac{a-5-a}{-4-1}=1$이므로 쌍곡선 $x^2-5y^2=5$, 즉 $\dfrac{x^2}{5}-y^2=1$에 접하고
기울기가 1인 직선의 방정식은
$y=x\pm\sqrt{5\cdot1^2-1}$ $\therefore y=x\pm2$
이 직선이 점 $(1, a)$를 지나므로
$a=1\pm2$ $\therefore a=3\;(\because a>0)$

0272 답 ②

직선 $y=3x+2$와 평행한 직선의 기울기는 3이므로 쌍곡선
$\dfrac{x^2}{3}-\dfrac{y^2}{2}=1$에 접하고 기울기가 3인 직선의 방정식은
$y=3x\pm\sqrt{3\cdot3^2-2}$ $\therefore y=3x\pm5$

<u>구하는 거리의 최솟값은 오른쪽 그</u>
<u>림과 같이 직선 $y=3x+5$와 직선</u>
<u>$y=3x+2$ 사이의 거리, 즉 직선</u>
$y=3x+5$ 위의 점 $(0, 5)$와 직선
$3x-y+2=0$ 사이의 거리와 같으
므로

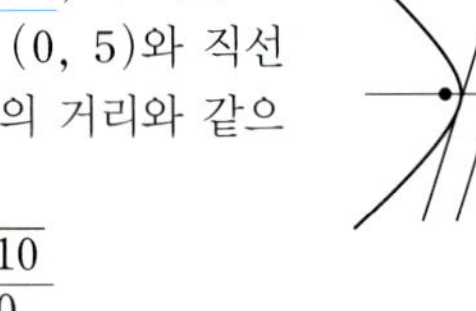

$\dfrac{|0-5+2|}{\sqrt{3^2+(-1)^2}}=\dfrac{3\sqrt{10}}{10}$

0273 답 ④

0274 답 ②

쌍곡선 $5x^2-y^2=-20$ 위의 점 $(-1, 5)$에서의 접선의 방정식은
$5\cdot(-1)x-5y=-20$ $\therefore y=-x+4$
구하는 직선은 기울기가 -1이고 점 $(2, 4)$를 지나므로
$y=-(x-2)+4$ $\therefore y=-x+6$
따라서 이 직선의 y절편은 6이다.

0275 답 ①

쌍곡선 $\dfrac{x^2}{4}-\dfrac{y^2}{2}=1$ 위의 점 (α, β)에서의 접선의 방정식은
$\dfrac{\alpha x}{4}-\dfrac{\beta y}{2}=1$ $\therefore y=\dfrac{\alpha}{2\beta}x-\dfrac{2}{\beta}$
이 직선이 직선 $y=-\dfrac{4}{3}x$에 수직이므로
$\dfrac{\alpha}{2\beta}\cdot\left(-\dfrac{4}{3}\right)=-1$ $\therefore 2\alpha-3\beta=0$ $\cdots\cdots$ ㉠
또한, 점 (α, β)는 쌍곡선 $\dfrac{x^2}{4}-\dfrac{y^2}{2}=1$ 위에 있으므로
$\dfrac{\alpha^2}{4}-\dfrac{\beta^2}{2}=1$ $\cdots\cdots$ ㉡
㉠, ㉡을 연립하여 풀면
$\alpha^2=36,\ \beta^2=16$
$\therefore \alpha^2+\beta^2=36+16=52$

0276 답 ①

쌍곡선 $x^2-y^2=3$ 위의 두 점 $P(2, 1)$, $Q(2, -1)$에서의 접선의 방정식은 각각
$2x-y=3,\ 2x+y=3$
$\therefore y=2x-3,\ y=-2x+3$

두 직선의 교점 R의 x좌표는
$2x-3=-2x+3,\ 4x=6$ $\therefore x=\dfrac{3}{2}$
$x=\dfrac{3}{2}$을 $y=2x-3$에 대입하면
$y=0$
$\therefore R\left(\dfrac{3}{2}, 0\right)$
따라서 삼각형 PQR의 넓이는
$\dfrac{1}{2}\cdot|1-(-1)|\cdot\left(2-\dfrac{3}{2}\right)=\dfrac{1}{2}$

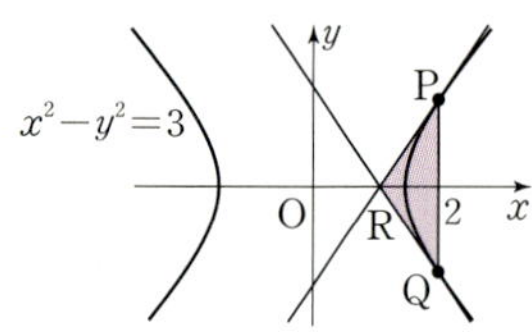

0277 답 ⑤

구하는 쌍곡선의 방정식을 $\dfrac{x^2}{a^2}-\dfrac{y^2}{b^2}=1\;(a>0,\ b>0)$이라 하자.
쌍곡선의 두 초점이 $F(5, 0)$, $F'(-5, 0)$이므로
$a^2+b^2=25$ $\cdots\cdots$ ㉠
두 삼각형 PQF, $PF'Q$의 넓이의 비가
2 : 3이므로 오른쪽 그림과 같이 점 Q
는 선분 FF'을 2 : 3으로 내분하는 점
이다.

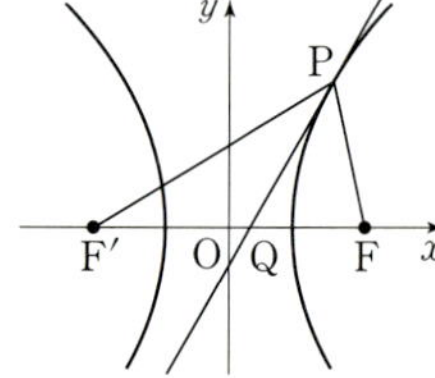

$Q\left(\dfrac{2\cdot(-5)+3\cdot5}{2+3},\ \dfrac{2\cdot0+3\cdot0}{2+3}\right)$
$\therefore Q(1, 0)$
한편, 쌍곡선 $\dfrac{x^2}{a^2}-\dfrac{y^2}{b^2}=1$ 위의 점 $P(12, k)$에서의 접선의 방정식은
$\dfrac{12x}{a^2}-\dfrac{ky}{b^2}=1$
이 직선이 점 $Q(1, 0)$을 지나므로
$\dfrac{12}{a^2}=1$ $\therefore a^2=12$
$a^2=12$를 ㉠에 대입하면 $b^2=13$
따라서 점 $P(12, k)$가 쌍곡선 $\dfrac{x^2}{12}-\dfrac{y^2}{13}=1$ 위에 있으므로
$12-\dfrac{k^2}{13}=1,\ \dfrac{k^2}{13}=11$
$\therefore k^2=143$

0278 답 ⑤

0279 답 ①

점 $\left(0, \dfrac{1}{2}\right)$에서 쌍곡선 $2x^2-y^2=2$에 그은 접선의 접점의 좌표를
(x_1, y_1)이라 하면 쌍곡선 위의 점 (x_1, y_1)에서의 접선의 방정식은
$2x_1x-y_1y=2$
이 직선이 점 $\left(0, \dfrac{1}{2}\right)$을 지나므로
$-\dfrac{1}{2}y_1=2$ $\therefore y_1=-4$ $\cdots\cdots$ ㉠
점 (x_1, y_1)은 쌍곡선 $2x^2-y^2=2$ 위에 있으므로
$2x_1^2-y_1^2=2,\ 2x_1^2-16=2\;(\because ㉠)$
$x_1^2=9$ $\therefore x_1=-3$ 또는 $x_1=3$
$\therefore y=\dfrac{3}{2}x+\dfrac{1}{2}$ 또는 $y=-\dfrac{3}{2}x+\dfrac{1}{2}$
따라서 기울기가 음수인 직선의 방정식은
$y=-\dfrac{3}{2}x+\dfrac{1}{2}$

이 직선이 점 $(5, k)$를 지나므로
$$k=-\frac{3}{2}\cdot5+\frac{1}{2}=-7$$

● 다른 풀이 ●

쌍곡선 $2x^2-y^2=2$, 즉 $x^2-\frac{y^2}{2}=1$에 접하고 기울기가 m $(m<0)$

인 직선의 방정식은 $y=mx\pm\sqrt{m^2-2}$

(i) 접선이 $y=mx+\sqrt{m^2-2}$인 경우

이 직선이 점 $\left(0, \frac{1}{2}\right)$을 지나므로

$$\frac{1}{2}=\sqrt{m^2-2}$$

위의 식의 양변을 제곱하면

$$\frac{1}{4}=m^2-2, \ m^2=\frac{9}{4} \qquad \therefore m=-\frac{3}{2} \ (\because m<0)$$

$$\therefore y=-\frac{3}{2}x+\frac{1}{2}$$

(ii) 접선이 $y=mx-\sqrt{m^2-2}$인 경우

이 직선이 점 $\left(0, \frac{1}{2}\right)$을 지나므로

$$\frac{1}{2}=-\sqrt{m^2-2}$$

양수── ──음수
그런데 이는 모순이다.

(i), (ii)에서 조건을 만족시키는 직선의 방정식은 $y=-\frac{3}{2}x+\frac{1}{2}$

0280 답 ①

쌍곡선 $\frac{x^2}{4}-\frac{y^2}{2}=1$에 접하고 기울기가 m인 직선의 방정식은

$$y=mx\pm\sqrt{4m^2-2}$$

이 직선이 점 $\left(-\frac{5}{2}, 2\right)$를 지나므로

$$2=-\frac{5}{2}m\pm\sqrt{4m^2-2}$$

$$4+5m=\pm2\sqrt{4m^2-2}$$

위의 식의 양변을 제곱하면

$$16+40m+25m^2=4(4m^2-2)$$

$$\therefore 9m^2+40m+24=0$$

이 이차방정식의 두 실근이 m_1, m_2이므로 이차방정식의 근과 계수의 관계에 의하여

$$m_1+m_2=-\frac{40}{9}$$

선생님 톡톡

이 문제를 접점의 좌표 (x_1, y_1)을 놓고 풀 수도 있지만 훨씬 복잡한 계산을 해야 될 거야. 문제에서 묻는 것이 기울기와 관련되어 있기 때문에 접선의 기울기 m을 놓고 푸는 방법을 자연스레 떠올리자.

0281 답 ④

점 $(4, 4)$에서 쌍곡선 $4x^2-5y^2=4$에 그은 접선의 접점의 좌표를 (x_1, y_1)이라 하면 쌍곡선 위의 점 (x_1, y_1)에서의 접선의 방정식은

$$4x_1x-5y_1y=4$$

이 직선이 점 $(4, 4)$를 지나므로

$$16x_1-20y_1=4 \qquad \therefore 4x_1-5y_1=1 \qquad \cdots\cdots \ \text{㉠}$$

점 (x_1, y_1)은 쌍곡선 $4x^2-5y^2=4$ 위에 있으므로

$$4x_1{}^2-5y_1{}^2=4 \qquad\qquad \cdots\cdots \ \text{㉡}$$

㉠, ㉡을 연립하여 풀면

$$x_1=-\frac{7}{2}, \ y_1=-3 \ \text{또는} \ x_1=\frac{3}{2}, \ y_1=1$$

따라서 두 점 P, Q의 좌표는 $\left(-\frac{7}{2}, -3\right)$, $\left(\frac{3}{2}, 1\right)$이므로 선분 PQ의 길이는

$$\sqrt{\left\{\frac{3}{2}-\left(-\frac{7}{2}\right)\right\}^2+\{1-(-3)\}^2}=\sqrt{41}$$

0282 답 3

점 $P(a, b)$가 직선 $y=x+1$ 위에 있으므로

$$b=a+1 \qquad\qquad \cdots\cdots \ \text{㉠}$$

쌍곡선 $\frac{x^2}{9}-\frac{y^2}{4}=1$에 접하고 기울기가 m인 직선의 방정식은

$$y=mx\pm\sqrt{9m^2-4}$$

이 직선이 점 $P(a, a+1)$을 지나므로

$$a+1=am\pm\sqrt{9m^2-4}$$

$$a+1-am=\pm\sqrt{9m^2-4}$$

위의 식의 양변을 제곱하여 정리하면

$$(a^2-9)m^2-2(a^2+a)m+a^2+2a+5=0$$

이 이차방정식의 두 실근이 각각 두 접선의 기울기이고 두 접선이 서로 수직이므로 두 실근의 곱이 -1이어야 한다.

따라서 이차방정식의 근과 계수의 관계에 의하여

$$\frac{a^2+2a+5}{a^2-9}=-1$$

$$a^2+2a+5=-a^2+9, \ 2a^2+2a-4=0$$

$$a^2+a-2=0, \ (a+2)(a-1)=0$$

$$\therefore a=1 \ (\because 0<a<3)$$

$a=1$을 ㉠에 대입하면

$$b=2$$

$$\therefore a+b=1+2=3$$

0283 답 14

0284 답 ①

쌍곡선 C_1의 두 꼭짓점 A, B에 대하여 $\overline{AB}=2$이므로 쌍곡선의 주축의 길이는 2이다.

이때 $\overline{PF}=5$이므로 쌍곡선의 정의에 의하여

$$\overline{PF'}=\overline{PF}+2=5+2=7$$

한편, 오른쪽 그림과 같이 점 F'은 포물선 C_2의 준선 위의 점이므로 점 P에서 포물선의 준선에 내린 수선의 발을 H라 하면 포물선의 정의에 의하여

$$\overline{PF}=\overline{PH}=5$$

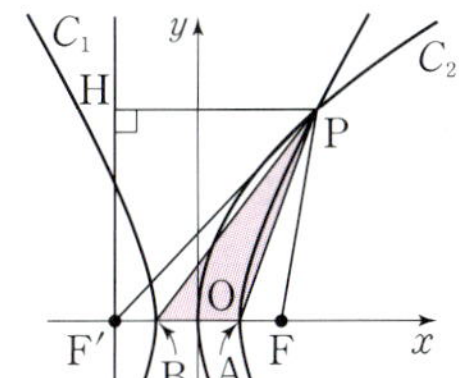

직각삼각형 PHF'에서

$$\overline{HF'}=\sqrt{\overline{PF'}^2-\overline{PH}^2}=\sqrt{7^2-5^2}=2\sqrt{6}$$

따라서 삼각형 APB의 넓이는

$$\frac{1}{2}\cdot2\cdot2\sqrt{6}=2\sqrt{6}$$

0285 답 2

포물선 $y^2=8x=4\cdot2x$의 초점을 B라 하면 B$(2, 0)$이고 준선의 방정식은 $x=-2$이다.

점 P는 포물선 $y^2=8x$ 위의 점이고, 직선 $x=-2$는 포물선의 준선이므로 점 P에서 직선 $x=-2$까지의 거리는 점 P에서 포물선의 초점 B까지의 거리와 같다.

즉, 원 C는 포물선의 초점 B$(2,\ 0)$을 지난다.

이때 점 Q도 원 C 위의 점이므로

$\overline{PB}=\overline{PQ}$

$\therefore\ \overline{AQ}=\overline{PA}-\overline{PQ}$

$\qquad\ =\overline{PA}-\overline{PB}\ \ \cdots\cdots\ \bigcirc$

한편, 쌍곡선 $x^2-\dfrac{y^2}{3}=1$에서 $\sqrt{1+3}=2$이

므로 두 점 A$(-2,\ 0)$, B$(2,\ 0)$은 쌍곡선의 초점이다.

즉, 쌍곡선 위의 점 P에 대하여 쌍곡선의 정의에 의하여

$\overline{PA}-\overline{PB}=2\cdot1=2$

따라서 $\bigcirc$에서 선분 AQ의 길이는 2이다.

0286 답 ①

포물선 $y^2=16x=4\cdot4x$에 접하고 기울기가 m인 직선의 방정식은

$y=mx+\dfrac{4}{m}$

이 직선이 직선 $y=mx+2$와 일치하므로

$\dfrac{4}{m}=2\qquad \therefore\ m=2$

쌍곡선 $\dfrac{x^2}{a^2}-\dfrac{y^2}{b^2}=-1$에 접하고 기울기가 2인 직선의 방정식은

$y=2x\pm\sqrt{b^2-4a^2}$

이 직선이 직선 $y=2x+2$와 일치하므로

$\sqrt{b^2-4a^2}=2$

위의 식의 양변을 제곱하면

$b^2-4a^2=4\ \ \cdots\cdots\ \bigcirc$

또한, 쌍곡선의 두 초점 사이의 거리가 6이므로 쌍곡선의 초점의 좌표는 $(0,\ 3)$, $(0,\ -3)$이다.

$\therefore\ a^2+b^2=9\ \ \cdots\cdots\ \bigcirc\!\!\!\bigcirc$

$\bigcirc$, $\bigcirc\!\!\!\bigcirc$을 연립하여 풀면

$a^2=1,\ b^2=8$

$\therefore\ a^2-b^2=1-8=-7$

0287 답 6

$\overline{PF}=s$, $\overline{PF'}=t\ (s<t)$라 하자.

타원 $\dfrac{x^2}{25}+\dfrac{y^2}{a^2}=1$의 장축의 길이는 $2\cdot5=10$이므로

타원의 정의에 의하여

$s+t=10\ \ \cdots\cdots\ \bigcirc$

쌍곡선 $x^2-\dfrac{y^2}{b^2}=1$의 주축의 길이는 $2\cdot1=2$이므로

쌍곡선의 정의에 의하여

$t-s=2\ \ \cdots\cdots\ \bigcirc\!\!\!\bigcirc$

$\bigcirc$, $\bigcirc\!\!\!\bigcirc$을 연립하여 풀면 $s=4$, $t=6$

$\therefore\ \overline{PF}=4,\ \overline{PF'}=6$

한편, 삼각형 PF'F에서 $\overline{OF}=\overline{OF'}$이므로 중선 정리에 의하여

$\overline{PF}^2+\overline{PF'}^2=2(\overline{OP}^2+\overline{OF}^2)$

$4^2+6^2=2\{(\sqrt{10})^2+\overline{OF}^2\}$

$\overline{OF}^2=16\qquad \therefore\ \overline{OF}=4$

즉, 초점 F의 x좌표가 4이므로

타원 $\dfrac{x^2}{25}+\dfrac{y^2}{a^2}=1$에서

$25-a^2=16\qquad \therefore\ a^2=9$

쌍곡선 $x^2-\dfrac{y^2}{b^2}=1$에서

$1+b^2=16\qquad \therefore\ b^2=15$

$\therefore\ b^2-a^2=15-9=6$

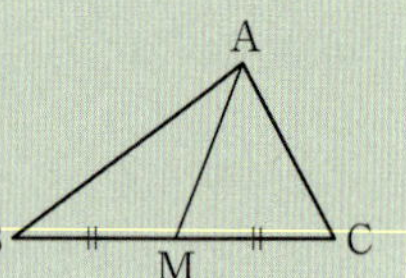

0288 답 ③

0289 답 ④

$x^2+2y^2-2x+8y+a=0$에서

$(x-1)^2+2(y+2)^2=9-a$

이 이차방정식이 나타내는 도형이 타원이 되려면

$9-a>0\qquad \therefore\ a<9$

따라서 자연수 a의 최댓값은 8이다.

타원의 방정식은 x^2의 계수와 y^2의 계수, 우변의 상수항의 부호가 모두 같다.

0290 답 ④

$2x^2+a^2y^2-ay-6y^2+4x-1=0$에서

$2x^2+(a^2-a-6)y^2+4x=1$

이 이차방정식이 나타내는 도형이 쌍곡선이 되려면 x^2, y^2의 계수의 부호가 서로 달라야 하므로

$a^2-a-6<0,\ (a+2)(a-3)<0$

$\therefore\ -2<a<3$

따라서 정수 a의 개수는 $-1,\ 0,\ 1,\ 2$의 4이다.

0291 답 ③

$(a-5)x^2+ay^2+2ay+2a-1=0$에서

$(a-5)x^2+a(y+1)^2=1-a$

이 이차방정식이 나타내는 도형이 쌍곡선이 되려면 x^2, y^2의 계수의 부호가 서로 달라야 하고 쌍곡선의 주축은 x축과 평행하므로

(ⅰ) $a-5>0$, $a<0$, $1-a>0$인 경우

　　이 경우는 성립하지 않는다.

(ⅱ) $a-5<0$, $a>0$, $1-a<0$인 경우

　　공통부분을 구하면 $1<a<5$

(ⅰ), (ⅱ)에서 조건을 만족시키는 실수 a의 값의 범위는 $1<a<5$이므로 자연수 a의 개수는 $2,\ 3,\ 4$의 3이다.

0292 답 ⑤

원점 O에 대하여 $x^2+y^2=\overline{OP}^2$이다.

x^2+y^2이 최댓값을 가지므로 이차곡선 위의 점 P가 원점으로부터 한없이 멀어지는 포물선과 쌍곡선은 조건을 만족시키지 않는다.

즉, x^2+y^2이 최댓값을 가지려면 주어진 이차곡선이 나타내는 도형은 원 또는 타원이어야 한다.

이차곡선이 원 또는 타원이 되려면 x^2, y^2의 계수의 부호가 서로 같아야 한다.

(ⅰ) $a+3>0$, $4-a>0$, 즉 $-3<a<4$인 경우

이차방정식 $(a+3)(x+3)^2+(4-a)(4-y)^2=a+2$에서

$a+2>0$이어야 하므로

$a>-2$

그런데 $-3<a<4$이므로

$-2<a<4$

(ⅱ) $a+3<0$, $4-a<0$인 경우

이 경우는 성립하지 않는다.

(ⅰ), (ⅱ)에서 조건을 만족시키는 실수 a의 값의 범위는 $-2<a<4$ 이므로 상수 a의 값인 것은 ㄴ, ㄷ, ㄹ이다.

본문 055~057쪽

0293 답 ①

> **One Point Lesson**
>
> 쌍곡선의 방정식을 $\dfrac{x^2}{a^2}-\dfrac{y^2}{b^2}=1$이라 하고 세 점 O, A, F의 x좌표 사이의 관계를 생각한다.

구하는 쌍곡선의 방정식을 $\dfrac{x^2}{a^2}-\dfrac{y^2}{b^2}=1$ $(a>0,\ b>0)$이라 하자.

점 A가 선분 OF의 중점이고 두 점 A, F의 x좌표가 양수이므로

A$(a,\ 0)$, F$(2a,\ 0)$

$a^2+b^2=(2a)^2$에서 $b^2=4a^2-a^2=3a^2$

즉, 쌍곡선 $\dfrac{x^2}{a^2}-\dfrac{y^2}{3a^2}=1$이 점 $(3,\ -3\sqrt{2})$를 지나므로

$\dfrac{9}{a^2}-\dfrac{18}{3a^2}=1$, $a^2=3$

$\therefore a=\sqrt{3}$ $(\because a>0)$

따라서 쌍곡선의 주축의 길이는 $2\cdot\sqrt{3}=2\sqrt{3}$이다.

0294 답 ⑤

> **One Point Lesson**
>
> 주어진 식을 정리하여 평행이동된 쌍곡선의 점근선의 방정식을 구한다.

$4x^2-a^2y^2-8ax+4a^3y-4a^4=0$에서

$4(x^2-2ax+a^2)-a^2(y^2-4ay+4a^2)=4a^2$

$4(x-a)^2-a^2(y-2a)^2=4a^2$

$\therefore \dfrac{(x-a)^2}{a^2}-\dfrac{(y-2a)^2}{4}=1$ ← 점근선의 방정식은 $y=\pm\dfrac{2}{a}x$

이 쌍곡선은 쌍곡선 $\dfrac{x^2}{a^2}-\dfrac{y^2}{4}=1$을 x축의 방향으로 a만큼, y축의

방향으로 $2a$만큼 평행이동한 것이므로 점근선의 방정식은

$y=\pm\dfrac{2}{a}(x-a)+2a$ ← 점근선의 방정식도 x축의 방향으로 a만큼, y축의 방향으로 $2a$만큼 평행이동하면 된다.

$\therefore y=\dfrac{2}{a}x+2a-2$, $y=-\dfrac{2}{a}x+2a+2$

두 직선이 y축과 만나는 두 점 P, Q의 좌표는

$(0,\ 2a-2)$, $(0,\ 2a+2)$

$\therefore \overline{PQ}=|2a+2-(2a-2)|=4$

따라서 삼각형 APQ의 넓이는

$\dfrac{1}{2}\cdot4\cdot5=10$ ← $\dfrac{1}{2}\cdot\overline{PQ}\cdot$(점 A의 x좌표)

0295 답 ②

> **One Point Lesson**
>
> 주어진 쌍곡선의 점근선의 기울기를 이용하여 부채꼴의 중심각의 크기를 구한다.

쌍곡선 $\dfrac{x^2}{15}-\dfrac{y^2}{5}=1$에서 $\sqrt{15+5}=2\sqrt{5}$이므로 초점의 좌표는

$(2\sqrt{5},\ 0)$, $(-2\sqrt{5},\ 0)$이다.

즉, 원 C의 반지름의 길이는 $2\sqrt{5}$이다.

또한, 쌍곡선 $\dfrac{x^2}{15}-\dfrac{y^2}{5}=1$의 점근선의 방정식은

$y=\pm\dfrac{\sqrt{3}}{3}x$

이때 $\tan 30°=\dfrac{\sqrt{3}}{3}$이므로 직선 $y=\dfrac{\sqrt{3}}{3}x$가 x축의 양의 방향과

이루는 각의 크기는 $30°$이고, 두 점근선은 x축에 대하여 대칭이므로

$\angle POQ=60°$

따라서 부채꼴 POQ의 넓이는

$\pi\cdot(2\sqrt{5})^2\cdot\dfrac{60}{360}=\dfrac{10}{3}\pi$

> **해설 속 칠판**   탄젠트함수와 직선의 기울기의 관계
>
> 좌표평면에서 직선 $y=mx+n$이 x축의 양의 방향과 이루는 각의 크기가 θ 일 때, 직선의 기울기 m은
> $$m=\tan\theta$$

0296 답 ①

> **One Point Lesson**
>
> 점근선의 방정식을 이용하여 쌍곡선의 방정식을 세운다.

쌍곡선의 초점이 x축 위에 있고 점근선의 방정식이 $y=\pm2x$이므로 구하는 쌍곡선의 방정식을 $\dfrac{x^2}{a^2}-\dfrac{y^2}{4a^2}=1$ $(a>0)$이라 하자.

쌍곡선 $\dfrac{x^2}{a^2}-\dfrac{y^2}{4a^2}=1$에 접하고 기울기가 $\sqrt{7}$인 직선의 방정식은

$y=\sqrt{7}x\pm\sqrt{7a^2-4a^2}$

$\therefore y=\sqrt{7}x\pm\sqrt{3}a$ $(\because a>0)$

즉, 직선 $y=\sqrt{7}x-\sqrt{3}a$는 직선 $y=\sqrt{7}x-3$과 일치하므로

$\sqrt{3}a=3$ $\therefore a=\sqrt{3}$

따라서 쌍곡선 $\dfrac{x^2}{3}-\dfrac{y^2}{12}=1$이 점 $(2,\ k)$를 지나므로

$\dfrac{4}{3}-\dfrac{k^2}{12}=1$, $k^2=4$

$\therefore k=2$ $(\because k>0)$

0297 답 ②

> **One Point Lesson**
>
> 접점을 이용하여 접선의 방정식을 구한 후 탄젠트함수와 직선의 기울기의 관계를 이용하여 a, b 사이의 관계식을 구한다.

쌍곡선 $\dfrac{x^2}{a^2}-\dfrac{y^2}{b^2}=1$ 위의 점 $(5,\ 3)$에서의 접선의 방정식은

$\dfrac{5x}{a^2}-\dfrac{3y}{b^2}=1$ $\therefore y=\dfrac{5b^2}{3a^2}x-\dfrac{b^2}{3}$

이 직선이 x축의 양의 방향과 이루는 각의 크기가 $45°$이므로 직선의 기울기는 $\tan 45°=1$이다.

즉, $\dfrac{5b^2}{3a^2}=1$이므로

$3a^2=5b^2$ ...... ㉠

또한, 점 $(5, 3)$은 쌍곡선 $\dfrac{x^2}{a^2}-\dfrac{y^2}{b^2}=1$ 위에 있으므로

$\dfrac{25}{a^2}-\dfrac{9}{b^2}=1$ ...... ㉡

㉠, ㉡을 연립하여 풀면 $a^2=10$, $b^2=6$

즉, $a^2+b^2=10+6=16$이므로 쌍곡선 $\dfrac{x^2}{a^2}-\dfrac{y^2}{b^2}=1$의 초점의 좌표는 $(4, 0)$, $(-4, 0)$이다.

따라서 쌍곡선의 두 초점 사이의 거리는 $|4-(-4)|=8$이다.

0298 답 ④

쌍곡선 $\dfrac{x^2}{16}-\dfrac{y^2}{9}=1$에서 $\sqrt{16+9}=5$이므로 초점의 좌표는 $(5, 0)$, $(-5, 0)$이고 주축의 길이는 $2\cdot4=8$이다.

오른쪽 그림과 같이 또 다른 초점을 F'이라 하고, 점 P에서 x축에 내린 수선의 발을 H, $\overline{PF}=2a$라 하자.

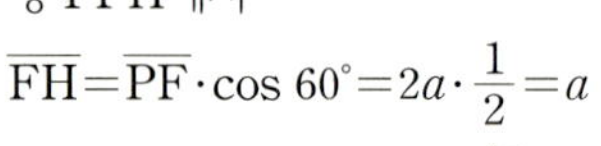

정삼각형 PFQ에 대하여 $\angle PFH=60°$이므로 직각삼각형 PFH에서

$\overline{FH}=\overline{PF}\cdot\cos 60°=2a\cdot\dfrac{1}{2}=a$

$\overline{PH}=\overline{PF}\cdot\sin 60°=2a\cdot\dfrac{\sqrt{3}}{2}=\sqrt{3}a$

$\therefore \overline{HF'}=\overline{FF'}+\overline{FH}=10+a$

또한, $\overline{PQ}=\overline{PF}=2a$이므로 쌍곡선의 정의에 의하여

$\overline{PF'}=2a+8$

즉, 직각삼각형 $PF'H$에서

$\overline{PF'}^2=\overline{HF'}^2+\overline{PH}^2$

$(2a+8)^2=(a+10)^2+(\sqrt{3}a)^2$

$4a^2+32a+64=a^2+20a+100+3a^2$

$12a=36$ $\therefore a=3$

따라서 $\overline{FQ}=2a=2\cdot3=6$이므로 점 Q의 x좌표는 $5+6=11$이다.

0299 답 ③

직선 $y=x+k$의 기울기가 1이므로 $\tan 45°=1$에서 직선 $y=x+k$가 x축의 양의 방향과 이루는 각의 크기는 $45°$이다.

즉, 오른쪽 그림과 같이 선분 PQ를 빗변으로 하는 직각이등변삼각형을 그릴 수 있다.

두 점 P, Q의 x좌표를 각각 x_1, x_2라 하면 직각이등변삼각형의 한 변의 길이가 $|x_1-x_2|$이고, $\overline{PQ}=2\sqrt{14}$이므로

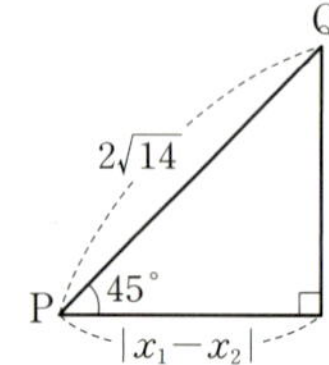

$|x_1-x_2|=2\sqrt{14}\cdot\cos 45°$

$\qquad\qquad=2\sqrt{14}\cdot\dfrac{\sqrt{2}}{2}=2\sqrt{7}$ ...... ㉠

㉠에서 $|x_1-x_2|=2\sqrt{7}$이므로 이 식의 양변을 제곱하면

$(x_1-x_2)^2=28$

$\therefore (x_1+x_2)^2-4x_1x_2=28$ ...... ㉡

한편, $y=x+k$를 $\dfrac{x^2}{2}-y^2=1$에 대입하여 정리하면

$x^2+4kx+2k^2+2=0$

이 이차방정식의 두 근이 x_1, x_2이므로 이차방정식의 근과 계수의 관계에 의하여

$x_1+x_2=-4k$, $x_1x_2=2k^2+2$ ...... ㉢

㉢을 ㉡에 대입하면

$(-4k)^2-4(2k^2+2)=28$

$8k^2-36=0$, $k^2=\dfrac{9}{2}$

$\therefore k=\dfrac{3\sqrt{2}}{2}$ ($\because k>0$)

0300 답 ①

타원 $\dfrac{x^2}{25}+\dfrac{y^2}{21}=1$에서 $\sqrt{25-21}=2$이므로 타원의 초점의 좌표는 $(2, 0)$, $(-2, 0)$이다.

$\therefore F_1(2, 0)$

쌍곡선 $\dfrac{(x-1)^2}{4}-\dfrac{y^2}{5}=1$은 쌍곡선 $\dfrac{x^2}{4}-\dfrac{y^2}{5}=1$을 x축의 방향으로 1만큼 평행이동한 것이고, $\sqrt{4+5}=3$이므로 쌍곡선의 초점의 좌표는 $(3+1, 0)$, $(-3+1, 0)$, 즉 $(4, 0)$, $(-2, 0)$이다.

$\therefore F_2(4, 0)$

$\therefore \overline{F_1F_2}=|4-2|=2$

한편, 점 $(-2, 0)$을 점 F_3이라 하면 타원의 정의에 의하여

$\overline{PF_1}+\overline{PF_3}=10$ ...... ㉠

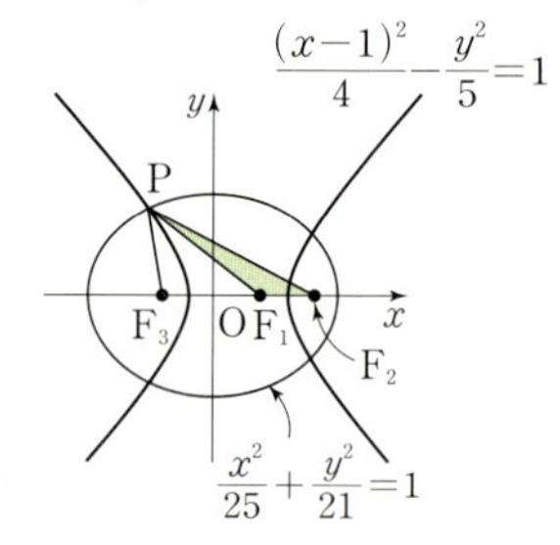

쌍곡선의 정의에 의하여

$\overline{PF_2}-\overline{PF_3}=4$ ...... ㉡

㉠+㉡을 하면

$\overline{PF_1}+\overline{PF_2}=14$

따라서 삼각형 PF_1F_2의 둘레의 길이는

$\overline{PF_1}+\overline{PF_2}+\overline{F_1F_2}=14+2=16$

0301 답 ②

쌍곡선 C_1: $\dfrac{x^2}{a^2}-\dfrac{y^2}{4}=1$의 점근선의 방정식은 $y=\pm\dfrac{2}{a}x$,

쌍곡선 C_2: $\dfrac{x^2}{4}-\dfrac{y^2}{b^2}=1$의 점근선의 방정식은 $y=\pm\dfrac{b}{2}x$

이므로 조건 (가)에 의하여
$$\frac{2}{a}=\frac{b}{2} \quad \therefore b=\frac{4}{a} \quad \cdots\cdots \ \text{㉠}$$
쌍곡선 $C_1 : \frac{x^2}{a^2}-\frac{y^2}{4}=1$의 두 초점 사이의 거리는 $2\sqrt{a^2+4}$,

쌍곡선 $C_2 : \frac{x^2}{4}-\frac{y^2}{b^2}=1$의 두 초점 사이의 거리는 $2\sqrt{4+b^2}$

이므로 조건 (나)에 의하여
$$2\sqrt{4+b^2}=2\cdot2\sqrt{a^2+4}$$
$$\sqrt{4+b^2}=2\sqrt{a^2+4}$$
위의 식의 양변을 제곱하면
$$4+b^2=4(a^2+4)$$
$$\therefore \ 4a^2-b^2+12=0 \quad \cdots\cdots \ \text{㉡}$$
㉠을 ㉡에 대입하면
$$4a^2-\frac{16}{a^2}+12=0$$
$$4a^4+12a^2-16=0$$
$$a^4+3a^2-4=0$$
$$(a^2+4)(a^2-1)=0$$
$$\therefore \ a^2=1 \quad \therefore a=1 \ (\because a>0)$$
$a=1$을 ㉠에 대입하면
$$b=4$$
$$\therefore \ a^2+b^2=1^2+4^2=17$$

0302 답 ①

쌍곡선 $x^2-y^2=k$ 위의 점 $\mathrm{P}(a, 2)$에서의 접선 l의 방정식은
$$ax-2y=k \quad \therefore y=\frac{a}{2}x-\frac{k}{2}$$
직선 l에 수직이고 원점을 지나는 직선 m의 방정식은
$$y=-\frac{2}{a}x$$
$y=-\frac{2}{a}x$를 $x^2-y^2=k$에 대입하여 정리하면
$$x^2-\frac{4}{a^2}x^2=k \quad \cdots\cdots \ \text{㉠}$$
또한, 점 $\mathrm{P}(a, 2)$는 쌍곡선 $x^2-y^2=k$ 위에 있으므로
$$a^2-4=k \quad \cdots\cdots \ \text{㉡}$$
㉠, ㉡에서
$$x^2-\frac{4}{a^2}x^2=a^2-4$$
$$(a^2-4)x^2=a^2(a^2-4)$$
$$\therefore \ x^2=a^2 \ (\because a^2-4=k>0)$$
$x^2=a^2$을 $x^2-y^2=k$에 대입하면
$$a^2-y^2=k, \ y^2=a^2-k$$
$$\therefore \ y=\pm\sqrt{a^2-k}$$
이때 점 Q는 제2사분면 위에 있으므로
$$\mathrm{Q}(-a, \sqrt{a^2-k}), \ \text{즉} \ \mathrm{Q}(-a, 2) \ (\because \text{㉡})$$
따라서 $\overline{\mathrm{PQ}}=|-a-a|=2a=8$이므로
$$a=4$$
$a=4$를 ㉡에 대입하면
$$k=12$$
$$\therefore \ a+k=4+12=16$$

0303 답 ④

쌍곡선 $\frac{x^2}{5}-\frac{y^2}{5}=1$에 접하고 기울기가 m인 직선의 방정식은
$$y=mx\pm\sqrt{5m^2-5} \ (m<-1 \ \text{또는} \ m>1)$$
이 직선이 점 $(1, k)$를 지나므로
$$k=m\pm\sqrt{5m^2-5}$$
직선 $x=1$ 위에 있는 서로 다른 두 점 P, Q를 나타낸다.
$$k-m=\pm\sqrt{5m^2-5}$$
위의 식의 양변을 제곱하면
$$k^2-2mk+m^2=5m^2-5$$
$$\therefore \ 4m^2+2km-k^2-5=0$$
$f(m)=4m^2+2km-k^2-5$라 하면 이차방정식 $f(m)=0$은
$m<-1$ 또는 $m>1$에서 오직 하나의 실근을 가져야 한다.
이때 이차방정식 $f(m)=0$의 판별식을 D라 하면
$$\frac{D}{4}=k^2-4(-k^2-5)=5k^2+20>0$$
이므로 $f(m)=0$은 실수 전체의 집합에서 서로 다른 두 실근을 갖는다.

(i) $m<-1$에서 오직 하나의 실근을 갖는 경우
$$f(-1)<0, f(1)\geq0\text{이어야 하므로}$$
$$4-2k-k^2-5<0, \ 4+2k-k^2-5\geq0$$
$$(k+1)^2>0, \ (k-1)^2\leq0$$
$$\therefore \ k=1$$

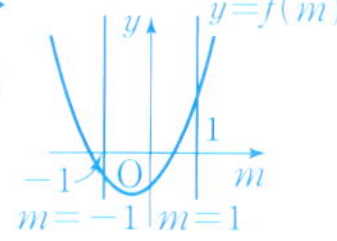

(ii) $m>1$에서 오직 하나의 실근을 갖는 경우
$$f(-1)\geq0, f(1)<0\text{이어야 하므로}$$
$$4-2k-k^2-5\geq0, \ 4+2k-k^2-5<0$$
$$(k+1)^2\leq0, \ (k-1)^2>0$$
$$\therefore \ k=-1$$

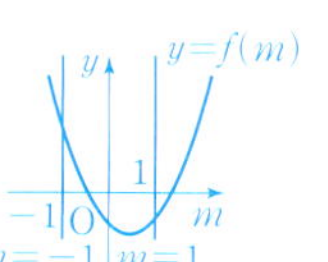

(i), (ii)에서 두 점 P, Q는 $(1, -1), (1, 1)$이므로
$$\overline{\mathrm{PQ}}=|1-(-1)|=2$$

0304 답 ④

쌍곡선 $\frac{x^2}{12}-\frac{y^2}{4}=1$에서 $\sqrt{12+4}=4$이므로 초점은 $\mathrm{F}(4, 0)$,

$\mathrm{F}'(-4, 0)$이고 점근선의 방정식은 $y=\pm\frac{\sqrt{3}}{3}x$이다.

이때 두 점 $\mathrm{F}(4, 0)$, $\mathrm{A}(8, 3)$에 대하여 직선 FA의 방정식은
$$y=\frac{3-0}{8-4}(x-4) \quad \therefore y=\frac{3}{4}x-3 \quad \cdots\cdots \ \text{㉠}$$

쌍곡선의 점근선 중 양의 기울기는 $\dfrac{\sqrt{3}}{3}$ …… ㉡

㉠, ㉡에서 직선의 기울기가 $\dfrac{3}{4}-\dfrac{\sqrt{3}}{3}=\dfrac{9-4\sqrt{3}}{12}>0$, 즉 $\dfrac{3}{4}>\dfrac{\sqrt{3}}{3}$

이므로 직선 FA와 쌍곡선 $\dfrac{x^2}{12}-\dfrac{y^2}{4}=1$은 제1사분면에서 교점을

갖는다.

다음 그림과 같이 이 교점을 P'이라 하자.

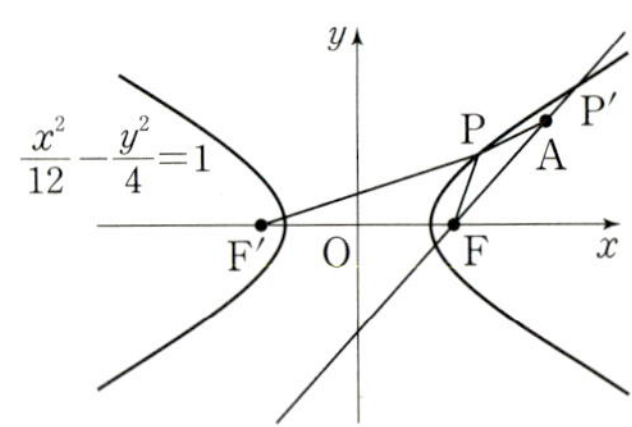

한편, 쌍곡선 위의 점 P에 대하여 쌍곡선의 정의에 의하여

$\overline{PF'}-\overline{PF}=2\cdot2\sqrt{3}=4\sqrt{3}$

또한, 삼각형 APF의 결정 조건에 의하여 $\overline{PA}+\overline{AF}>\overline{PF}$이고,

세 점 A, P, F가 일직선 위에 있을 때, 즉 $P=P'$일 때

$\overline{PA}+\overline{AF}=\overline{PF}$가 성립하므로

$\overline{PA}+\overline{AF}\geq\overline{PF}$

$\therefore \overline{PA}\geq\overline{PF}-\overline{AF}$

이때 $\overline{AF}=\sqrt{(4-8)^2+(0-3)^2}=5$이므로

$$\begin{aligned}\overline{PF'}-\overline{PA}&\leq\overline{PF'}-(\overline{PF}-\overline{AF})\\&=\overline{AF}+(\overline{PF'}-\overline{PF})\\&=5+4\sqrt{3}\end{aligned}$$

따라서 $\overline{PF'}-\overline{PA}$의 최댓값은 $5+4\sqrt{3}$이므로

$a=5$, $b=4$

$\therefore a+b=5+4=9$

0305   답 $y=mx\pm\sqrt{b^2-a^2m^2}$

기울기가 m인 직선의 방정식을 $y=mx+n$이라 하자.

$y=mx+n$을 $\dfrac{x^2}{a^2}-\dfrac{y^2}{b^2}=-1$에 대입하여 정리하면

$(a^2m^2-b^2)x^2+2a^2mnx+a^2(n^2-b^2)=0$

     ❶

이 이차방정식의 판별식을 D라 하면

$\dfrac{D}{4}=(a^2mn)^2-a^2(a^2m^2-b^2)(n^2-b^2)=0$

$a^2b^2(a^2m^2-b^2+n^2)=0$

     ❷

$b^2-a^2m^2>0$일 때, $n=\pm\sqrt{b^2-a^2m^2}$이므로 구하는 직선의 방정

식은 $y=mx\pm\sqrt{b^2-a^2m^2}$

     ❸

채점 기준	배점 비율
❶ 쌍곡선의 방정식과 직선의 방정식 연립하기	40%
❷ 판별식 D에 대하여 $D=0$ 구하기	30%
❸ 접선의 방정식 구하기	30%

0306   답 5

쌍곡선 $x^2-y^2=-k$, 즉 $\dfrac{x^2}{k}-\dfrac{y^2}{k}=-1$의 꼭짓점 중 y좌표가 양

수인 점의 좌표는 $(0,\sqrt{k})$이고 점근선의 방정식은 $y=\pm x$이다.

     ❶

두 점근선의 기울기 -1, 1에 대하여 $(-1)\cdot1=-1$이므로 두 점
근선은 서로 수직이다.

즉, 구하는 삼각형은 오른쪽 그림과
같이 한 변의 길이가 $\sqrt{2k}$인 직각이
등변삼각형이다.

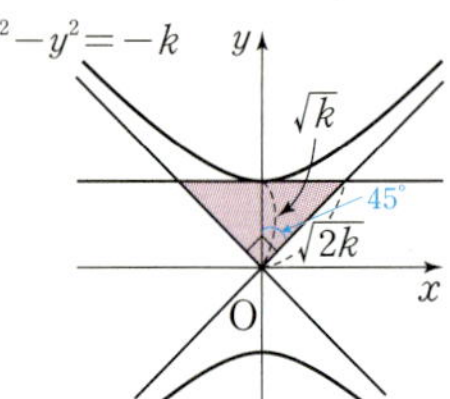

     ❷

이 삼각형의 넓이가 5이므로

$\dfrac{1}{2}\cdot\sqrt{2k}\cdot\sqrt{2k}=5$

$\therefore k=5$

     ❸

채점 기준	배점 비율
❶ 쌍곡선의 꼭짓점의 좌표와 점근선의 방정식 구하기	30%
❷ 구하는 삼각형이 직각이등변삼각형임을 알기	40%
❸ 양수 k의 값 구하기	30%

0307   답 $m=-\sqrt{3}$ 또는 $m=\sqrt{3}$

쌍곡선 $\dfrac{x^2}{7}-\dfrac{y^2}{9}=1$에서 $\sqrt{7+9}=4$이므로 두 초점 F, F'은

$F(4,0)$, $F'(-4,0)$이다.

선분 FF'을 $1:3$으로 내분하는 점의 좌표는

$\left(\dfrac{1\cdot(-4)+3\cdot4}{1+3},\ \dfrac{1\cdot0+3\cdot0}{1+3}\right)$

$\therefore (2,0)$

     ❶

한편, 쌍곡선 $\dfrac{x^2}{7}-\dfrac{y^2}{9}=1$에 접하고 기울기가 m인 직선의 방정

식은

$y=mx\pm\sqrt{7m^2-9}$

     ❷

(ⅰ) 접선이 $y=mx+\sqrt{7m^2-9}$인 경우

이 직선이 점 $(2,0)$을 지나므로

$0=2m+\sqrt{7m^2-9}$

$2m=-\sqrt{7m^2-9}$ $(m<0)$

위의 식의 양변을 제곱하면

$4m^2=7m^2-9$

$m^2=3$

$\therefore m=-\sqrt{3}$ $(\because m<0)$

(ⅱ) 접선이 $y=mx-\sqrt{7m^2-9}$인 경우

이 직선이 점 $(2,0)$을 지나므로

$0=2m-\sqrt{7m^2-9}$

$2m=\sqrt{7m^2-9}$ $(m>0)$

위의 식의 양변을 제곱하면

$4m^2=7m^2-9$

$m^2=3$

$\therefore m=\sqrt{3}$ $(\because m>0)$

(ⅰ), (ⅱ)에서 조건을 만족시키는 상수 m의 값은 $m=-\sqrt{3}$ 또는

$m=\sqrt{3}$이다.

     ❸

채점 기준	배점 비율
❶ 선분 FF'을 $1:3$으로 내분하는 점의 좌표 구하기	30%
❷ 기울기가 m인 접선의 방정식 구하기	20%
❸ 상수 m의 값 구하기	50%

0308 🅐 $\dfrac{(x+1)^2}{4}-\dfrac{(y-1)^2}{2}=1$

쌍곡선 위의 두 점 $(5, 5)$, $(5, -3)$의 x좌표가 서로 같으므로
쌍곡선의 주축은 직선 $y=\dfrac{5+(-3)}{2}$, 즉 $y=1$의 일부이다.
따라서 쌍곡선의 두 꼭짓점의 y좌표는 1이다.

❶

이때 쌍곡선이 점 $(1, 1)$을 지나므로 점 $(1, 1)$은 쌍곡선의 한 꼭
짓점이다.
쌍곡선의 중심의 x좌표가 -1이므로 다른 한 꼭짓점의 좌표는
$(-3, 1)$이다.
또한, 쌍곡선의 중심의 좌표는 $(-1, 1)$이고 쌍곡선의 주축의 길
이는 $|1-(-3)|=4$이다.

❷

즉, 구하는 쌍곡선의 방정식을 $\dfrac{(x+1)^2}{4}-\dfrac{(y-1)^2}{a}=1 \ (a>0)$
로 놓을 수 있다.
이 쌍곡선이 점 $(5, 5)$를 지나므로
$$\dfrac{36}{4}-\dfrac{16}{a}=1 \qquad \therefore a=2$$
따라서 쌍곡선의 방정식은 $\dfrac{(x+1)^2}{4}-\dfrac{(y-1)^2}{2}=1$이다.

❸

채점 기준	배점 비율
❶ 쌍곡선의 두 꼭짓점의 y좌표 구하기	30%
❷ 쌍곡선의 중심의 좌표와 주축의 길이 구하기	30%
❸ 쌍곡선의 방정식 구하기	40%

0309 🅐 초점: O, A, 주축의 길이: $2\sqrt{2}$

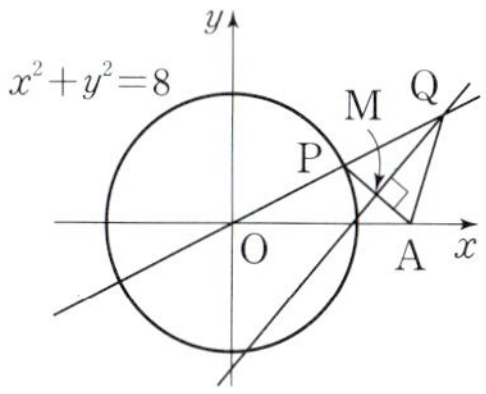

오른쪽 그림과 같이 선분 AP의 중점
을 M이라 하자.
두 삼각형 AQM, PQM에서
$\overline{\text{AM}}=\overline{\text{PM}}$,
$\angle \text{AMQ}=\angle \text{PMQ}=90°$이고
$\overline{\text{QM}}$은 공통이므로 두 삼각형
AQM, PQM은 합동(SAS 합동)이다.
$\therefore \overline{\text{AQ}}=\overline{\text{PQ}}$

❶

즉, 두 점 O, A에 대하여
$$|\overline{\text{OQ}}-\overline{\text{AQ}}|=|(\overline{\text{OP}}+\overline{\text{PQ}})-\overline{\text{AQ}}|=|\overline{\text{OP}}+(\overline{\text{PQ}}-\overline{\text{AQ}})|$$
$$=|2\sqrt{2}+0|=2\sqrt{2}$$

원 $x^2+y^2=(2\sqrt{2})^2$의 반지름의 길이와 같으므로

❷

따라서 점 Q가 나타내는 도형은 두 점 O, A를 초점으로 하고 주
축의 길이가 $2\sqrt{2}$인 쌍곡선이다.

❸

채점 기준	배점 비율
❶ 삼각형의 합동을 이용하여 $\overline{\text{AQ}}=\overline{\text{PQ}}$임을 알기	50%
❷ $|\overline{\text{OQ}}-\overline{\text{AQ}}|$의 값이 일정함을 알기	30%
❸ 쌍곡선의 초점과 주축의 길이 구하기	20%

선생님 톡톡

일반적으로 조건을 만족시키는 점이 나타내는 도형(이차곡선)의 방정
식 문제는 **Pattern**의 **유형 05**에서처럼 방정식을 세워서 푸는 경우가 많
지만 이 문제와 같이 도형의 성질만으로 푸는 문제도 출제될 수 있으니
연습해 두자.

0310 🅐 2π

쌍곡선 $\dfrac{x^2}{a^2}-\dfrac{y^2}{18}=1$의 한 점근선의 방정식이 $y=x$이므로
$$\dfrac{\sqrt{18}}{a}=1 \qquad \therefore a=\sqrt{18}$$
즉, 쌍곡선 $\dfrac{x^2}{18}-\dfrac{y^2}{18}=1$에서 $\sqrt{18+18}=6$이므로 초점 F의 좌표
는 $(6, 0)$이다.

❶

한편, 쌍곡선 $\dfrac{x^2}{18}-\dfrac{y^2}{18}=1$ 위의 점 P에 대하여 초점 F를 직선
OP에 대하여 대칭이동한 점이 X이므로 삼각형 OFX는
$\overline{\text{OF}}=\overline{\text{OX}}$인 이등변삼각형이다.
$$\therefore \overline{\text{OX}}=6$$

❷

즉, 원점과 점 X 사이의 거리는 6으로 일정하므로 점 X는 중심이
원점이고 반지름의 길이가 6인 원 위에 있다.
이때 $0°\le\angle \text{POF}\le30°$이므로
$$0°\le\angle \text{XOF}\le60°$$
따라서 점 X가 나타내는 도형은 반지름의 길이가 6이고 중심각의
크기가 60°인 부채꼴의 호이므로 그 길이는
$$2\pi\cdot6\cdot\dfrac{60}{360}=2\pi$$

❸

채점 기준	배점 비율
❶ 쌍곡선의 초점 F의 좌표 구하기	20%
❷ 선분 OX의 길이 구하기	30%
❸ 점 X가 나타내는 도형의 길이 구하기	50%

04 벡터의 연산

0311 답 시점: A, 종점: B

벡터 $\overrightarrow{AB}$는 점 A에서 점 B로 향하는 벡터이다.

0312 답 시점: B, 종점: A

벡터 $\overrightarrow{BA}$는 점 B에서 점 A로 향하는 벡터이다.

0313 답 4

$|\overrightarrow{BC}|=\overline{BC}=\overline{AD}=4$

0314 답 5

$|\overrightarrow{AC}|=\overline{AC}=\sqrt{3^2+4^2}=5$

0315 답 $\vec{a}$와 $\vec{b}$와 $\vec{d}$, $\vec{c}$와 $\vec{e}$와 $\vec{g}$

주어진 모눈 한 칸의 가로, 세로의 길이를 각각 1이라 할 때
$|\vec{a}|=\sqrt{1^2+2^2}=\sqrt{5}$
$|\vec{b}|=\sqrt{2^2+1^2}=\sqrt{5}$
$|\vec{c}|=\sqrt{1^2+3^2}=\sqrt{10}$
$|\vec{d}|=\sqrt{1^2+2^2}=\sqrt{5}$
$|\vec{e}|=\sqrt{3^2+1^2}=\sqrt{10}$
$|\vec{f}|=\sqrt{4^2+2^2}=2\sqrt{5}$
$|\vec{g}|=\sqrt{3^2+1^2}=\sqrt{10}$
이므로 $\vec{a}$와 $\vec{b}$와 $\vec{d}$는 크기가 모두 $\sqrt{5}$, $\vec{c}$와 $\vec{e}$와 $\vec{g}$는 크기가 모두 $\sqrt{10}$인 벡터이다.

0316 답 $\vec{b}$와 $\vec{f}$, $\vec{e}$와 $\vec{g}$

화살표 방향이 서로 같은 벡터는 $\vec{b}$와 $\vec{f}$, $\vec{e}$와 $\vec{g}$이다.

0317 답 $\vec{e}$와 $\vec{g}$

크기와 방향이 각각 같은 벡터는 $\vec{e}$와 $\vec{g}$이다.

0318 답 $\vec{a}$와 $\vec{d}$

크기가 같고 화살표 방향이 반대인 벡터는 $\vec{a}$와 $\vec{d}$이다.

0319 답 해설 참조

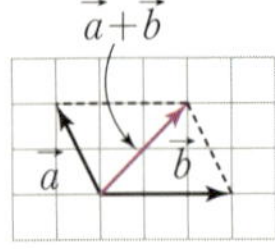

0320 답 해설 참조

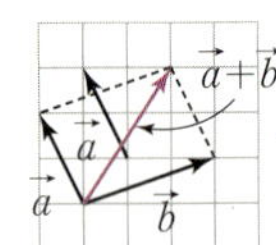

→ 벡터 $\vec{a}$를 평행이동하여 두 벡터 $\vec{a}$, $\vec{b}$의 시점을 일치시킨다.

0321 답 해설 참조

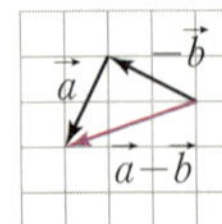

→ $\vec{a}-\vec{b}=\vec{a}+(-\vec{b})$이므로 벡터 $-\vec{b}$를 이용하면 쉽게 구할 수 있다.

0322 답 해설 참조

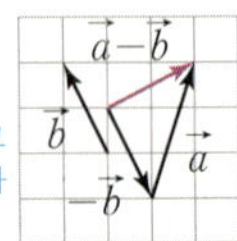

→ 벡터 $\vec{b}$를 평행이동하여 두 벡터 $\vec{a}$, $\vec{b}$의 시점을 일치시킨 후, $-\vec{b}$를 그려 구한다.

0323 답 $\overrightarrow{AD}$

$\overrightarrow{AB}+\overrightarrow{BC}+\overrightarrow{CD}=(\overrightarrow{AB}+\overrightarrow{BC})+\overrightarrow{CD}$
$\qquad =\overrightarrow{AC}+\overrightarrow{CD}$
$\qquad =\overrightarrow{AD}$

0324 답 $\overrightarrow{AC}$

$\overrightarrow{AD}-\overrightarrow{BD}+\overrightarrow{BC}=(\overrightarrow{AD}+\overrightarrow{DB})+\overrightarrow{BC}$
$\qquad =\overrightarrow{AB}+\overrightarrow{BC}$
$\qquad =\overrightarrow{AC}$

0325 답 $\vec{0}$

$\overrightarrow{BA}+\overrightarrow{CB}+\overrightarrow{DC}+\overrightarrow{AD}=\overrightarrow{BA}+\overrightarrow{AD}+\overrightarrow{DC}+\overrightarrow{CB}$
$\qquad =\overrightarrow{BD}+\overrightarrow{DC}+\overrightarrow{CB}$
$\qquad =\overrightarrow{BC}+\overrightarrow{CB}$
$\qquad =\overrightarrow{BB}$
$\qquad =\vec{0}$

0326 답 $-\vec{a}+\vec{b}$

$\overrightarrow{AD}=\overrightarrow{AO}+\overrightarrow{OD}$
$\qquad =(-\overrightarrow{OA})+\overrightarrow{OD}$
$\qquad =-\vec{a}+\vec{b}$

0327 답 $\vec{a}+\vec{b}$

$\overrightarrow{BA}=\overrightarrow{BO}+\overrightarrow{OA}$
$\qquad =\overrightarrow{OD}+\overrightarrow{OA}$
$\qquad =\vec{b}+\vec{a}$

0328 답 해설 참조

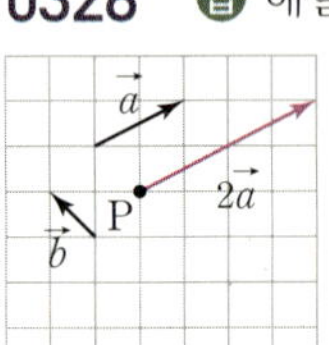

0329 답 해설 참조

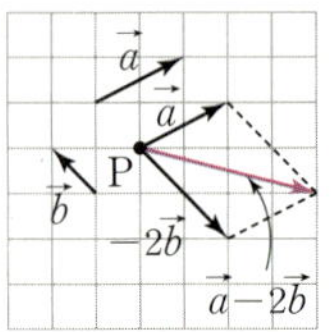

0330 답 $2\vec{a}+3\vec{b}$

점 B는 점 A를 기준으로 위로 2칸, 오른쪽으로 3칸 떨어진 점이므로
$\overrightarrow{AB}=2\vec{a}+3\vec{b}$

0331 답 $-3\vec{a}+\vec{b}$

점 D는 점 C를 기준으로 아래로 3칸, 오른쪽으로 1칸 떨어진 점이므로
$\overrightarrow{CD}=-3\vec{a}+\vec{b}$

0332 답 $8\vec{a}-7\vec{b}$

$2(\vec{a}+\vec{b})+3(2\vec{a}-3\vec{b})=2\vec{a}+2\vec{b}+6\vec{a}-9\vec{b}$
$\qquad =(2+6)\vec{a}+(2-9)\vec{b}$
$\qquad =8\vec{a}-7\vec{b}$

0333 답 $2\vec{a}+\vec{b}-3\vec{c}$

$4(\vec{a}+\vec{b}-2\vec{c})-(2\vec{a}+3\vec{b}-5\vec{c})$
$=4\vec{a}+4\vec{b}-8\vec{c}-2\vec{a}-3\vec{b}+5\vec{c}$
$=(4-2)\vec{a}+(4-3)\vec{b}+(-8+5)\vec{c}$
$=2\vec{a}+\vec{b}-3\vec{c}$

0334 답 $\vec{x}=\vec{a}-3\vec{b}$

$2\vec{a}-\vec{x}=\vec{a}+3\vec{b}$ 에서
$-\vec{x}=-\vec{a}+3\vec{b}$
$\therefore \vec{x}=\vec{a}-3\vec{b}$

0335 답 $\vec{x}=2\vec{a}-3\vec{b}$

$2(\vec{a}+\vec{x})=3(\vec{b}+\vec{x})$ 에서
$2\vec{a}+2\vec{x}=3\vec{b}+3\vec{x}$
$\therefore \vec{x}=2\vec{a}-3\vec{b}$

0336 답 $\vec{a}$, $\vec{d}$

벡터 $\vec{v}$ 와 방향이 같은 벡터는 $\vec{a}$ 이고, 방향이 반대인 벡터는 $\vec{d}$ 이므로 벡터 $\vec{v}$ 와 평행한 벡터는 $\vec{a}$, $\vec{d}$ 이다.

0337 답 $m=2$, $n=\dfrac{3}{2}$

$(m-2)\vec{a}+(2n-3)\vec{b}=\vec{0}$ 에서
$m-2=0$, $2n-3=0$
$\therefore m=2$, $n=\dfrac{3}{2}$

0338 답 $m=2$, $n=-1$

$(2m-1)\vec{a}+(3n+2)\vec{b}=3\vec{a}-\vec{b}$ 에서
$2m-1=3$, $3n+2=-1$
$\therefore m=2$, $n=-1$

0339 답 -3

두 벡터 $\vec{a}+t\vec{b}$, $3\vec{a}-9\vec{b}$ 가 서로 평행하므로
$\vec{a}+t\vec{b}=k(3\vec{a}-9\vec{b})$ (단, k는 0이 아닌 실수)라 하면
$\vec{a}+t\vec{b}=3k\vec{a}-9k\vec{b}$ 에서
$1=3k$
$t=-9k$
따라서 $k=\dfrac{1}{3}$ 이므로
$t=-9\cdot\dfrac{1}{3}=-3$

본문 062~070쪽

0340 답 ③

0341 답 ②

단위벡터는 크기가 1인 벡터이므로 벡터 $\overrightarrow{FE}$ 와 방향이 같은 단위벡터는 $\overrightarrow{BC}$ 이다.

0342 답 ③

직각삼각형 ABD에서
$\overline{BD}=\sqrt{\overline{AB}^2+\overline{AD}^2}$
$\quad\ =\sqrt{2^2+4^2}=2\sqrt{5}$
이때 $\dfrac{1}{2}\cdot\overline{AB}\cdot\overline{AD}=\dfrac{1}{2}\cdot\overline{BD}\cdot\overline{AH}$ 에서
$2\cdot4=2\sqrt{5}\cdot\overline{AH}$ ◀ 두 식 모두 삼각형 ABD의 넓이를 나타낸다.
$\therefore \overline{AH}=\dfrac{4\sqrt{5}}{5}$
$\therefore |\overrightarrow{AH}|=\overline{AH}=\dfrac{4\sqrt{5}}{5}$

0343 답 ③

크기가 1인 벡터	크기가 $\sqrt{3}$ 인 벡터	크기가 2인 벡터

위의 표와 같이 벡터의 크기가 1, $\sqrt{3}$, 2인 벡터가 존재하므로 서로 다른 모든 a의 값의 곱은
$1\cdot\sqrt{3}\cdot2=2\sqrt{3}$

> **해설 속 칠판** **정삼각형의 높이와 넓이**
>
> 한 변의 길이가 a인 정삼각형의 높이를 h, 넓이를 S라 하면
> (1) $h=\dfrac{\sqrt{3}}{2}a$
> (2) $S=\dfrac{\sqrt{3}}{4}a^2$

0344 답 ⑤

ㄱ. $\angle FAO=\angle AOB=60°$ $(\because$ 엇각$)$이므로
$\overrightarrow{AF}\,/\!/\,\overrightarrow{BE}$
따라서 두 벡터 $\overrightarrow{AF}$, $\overrightarrow{BE}$ 는 화살표 방향이 서로 같으므로 방향이 서로 같다. (참)

ㄴ. 두 삼각형 AOF, ODE는 모두 한 변의 길이가 2인 정삼각형이므로
$|\overrightarrow{AD}|=\overline{AD}=\overline{AO}+\overline{OD}=2+2=4$, $|\overrightarrow{OF}|=\overline{OF}=2$
$\therefore |\overrightarrow{AD}|=2|\overrightarrow{OF}|$ (참)

ㄷ. 오른쪽 그림과 같이 선분 CE와 선분 OD가 만나는 점을 H라 하면 삼각형 OCD는 한 변의 길이가 2인 정삼각형이므로
$\overline{CH}=2\cdot\dfrac{\sqrt{3}}{2}=\sqrt{3}$
$\therefore \overline{CE}=2\overline{CH}=2\sqrt{3}$
$\therefore |\overrightarrow{CE}|=\overline{CE}=2\sqrt{3}$ (참)
따라서 옳은 것은 ㄱ, ㄴ, ㄷ이다.

0345 답 ⑤

0346 답 ③

벡터 $\overrightarrow{AH}$와 크기와 방향이 각각 같은 벡터는 $\overrightarrow{BI}$이다.

0347 답 2

벡터 $\overrightarrow{DF}$와 크기와 방향이 각각 같은 벡터의 개수는
$\overrightarrow{BE}$, $\overrightarrow{EC}$의 2

0348 답 ③

벡터 $\overrightarrow{OB}$와 크기가 같고 방향이 반대인 벡터는 $\overrightarrow{AF}$, $\overrightarrow{BO}$, $\overrightarrow{OE}$, $\overrightarrow{CD}$
이다.

0349 답 ④

오른쪽 그림과 같이 반지름의 길이가 1인 원
의 중심을 O라 하면 삼각형 OAB는 정삼각
형이므로 정육각형 ABCDEF의 한 변의 길
이는 1이다.

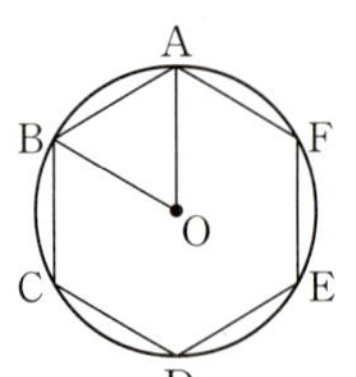

이때 $\overrightarrow{AB}=\overrightarrow{ED}$, $\overrightarrow{BC}=\overrightarrow{FE}$, $\overrightarrow{CD}=\overrightarrow{AF}$,
$\overrightarrow{BA}=\overrightarrow{DE}$, $\overrightarrow{CB}=\overrightarrow{EF}$, $\overrightarrow{DC}=\overrightarrow{FA}$이므로 서
로 다른 단위벡터의 개수는 6이다.

0350 답 ①

0351 답 ②

$\overrightarrow{AB}-\overrightarrow{AD}-\overrightarrow{CB}+\overrightarrow{AC}-\overrightarrow{DC}$
$=\overrightarrow{AB}+\overrightarrow{DA}+\overrightarrow{BC}+\overrightarrow{AC}+\overrightarrow{CD}$
$=(\overrightarrow{AB}+\overrightarrow{BC})+(\overrightarrow{DA}+\overrightarrow{AC})+\overrightarrow{CD}$ ⟩ 교환법칙, 결합법칙
$=\overrightarrow{AC}+(\overrightarrow{DC}+\overrightarrow{CD})$ ⟩ 결합법칙
$=\overrightarrow{AC}$ ⟶ $\overrightarrow{DD}=\vec{0}$

● 다른 풀이 ●

$\overrightarrow{AB}-\overrightarrow{AD}-\overrightarrow{CB}+\overrightarrow{AC}-\overrightarrow{DC}$
$=\overrightarrow{DB}-\overrightarrow{CB}+\overrightarrow{AC}-\overrightarrow{DC}$
$=\overrightarrow{DB}-\overrightarrow{DC}-\overrightarrow{CB}+\overrightarrow{AC}$
$=\overrightarrow{CB}-\overrightarrow{CB}+\overrightarrow{AC}$
$=\overrightarrow{AC}$

0352 답 ③

ㄱ. $\overrightarrow{AB}+\overrightarrow{BA}=\overrightarrow{AA}$
  $=\vec{0}$ (참)

ㄴ. $(\overrightarrow{AB}+\overrightarrow{BC})+\overrightarrow{CA}=\overrightarrow{AC}+\overrightarrow{CA}$
  $=\vec{0}$ (참)

ㄷ. $\overrightarrow{AB}-\overrightarrow{CA}+\overrightarrow{CB}+\overrightarrow{DA}-\overrightarrow{DB}=\overrightarrow{AB}-\overrightarrow{CA}+\overrightarrow{CB}+\overrightarrow{BA}$
  $=-\overrightarrow{CA}+\overrightarrow{CB}$ ⟶ $\overrightarrow{AB}+\overrightarrow{BA}=\vec{0}$
  $=-\overrightarrow{BA}$
  $=\overrightarrow{AB}$

이때 두 점 A, B는 서로 다른 점이므로
$\overrightarrow{AB}\neq\vec{0}$ (거짓)

따라서 옳은 것은 ㄱ, ㄴ이다.

0353 답 ③

오른쪽 그림과 같이 정혁이와 준식이
가 출발한 지점을 O, 출발한 지 1시
간 후에 정혁이와 준식이가 도착한
지점을 각각 A, B라 하면 정혁이가
걸어가면서 준식이를 바라볼 때 느끼
는 준식이의 속도는 $\overrightarrow{AB}$이므로

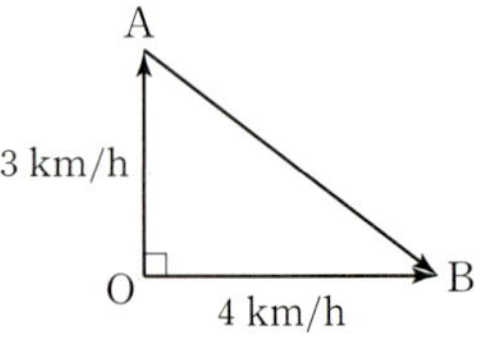

$|\overrightarrow{AB}|=\overline{AB}$
$\qquad =\sqrt{\overline{OA}^2+\overline{OB}^2}$
$\qquad =\sqrt{3^2+4^2}=5$

따라서 정혁이가 걸어가면서 준식이를 바라볼 때 느끼는 준식이
의 속력은 5 km/h이다.

0354 답 ②

조건 (가)의 $\overrightarrow{OP}-\overrightarrow{OQ}+\overrightarrow{OR}-\overrightarrow{OS}=\vec{0}$에서
$(\overrightarrow{OP}-\overrightarrow{OQ})+(\overrightarrow{OR}-\overrightarrow{OS})=\vec{0}$
$\overrightarrow{QP}+\overrightarrow{SR}=\vec{0}$
$\overrightarrow{QP}-\overrightarrow{RS}=\vec{0}$
$\therefore \overrightarrow{QP}=\overrightarrow{RS}$

즉, 두 벡터 $\overrightarrow{QP}$, $\overrightarrow{RS}$가 크기와 방향이 각각 같다.
$\therefore \overline{QP}=\overline{RS}$, $\overline{QP} /\!/ \overline{RS}$

따라서 사각형 PQRS는 한 쌍의 대변이 평행하고 그 길이가 서로
같으므로 평행사변형이다.

한편, 조건 (나)에서 $|\overrightarrow{PQ}|=|\overrightarrow{PS}|$이므로 사각형 PQRS는 마름
모이다.

이때 마름모 PQRS의 두 대각선 PR, QS의 길이가 각각
$\overline{PR}=|\overrightarrow{PR}|=3$, $\overline{QS}=|\overrightarrow{QS}|=6$
이므로 사각형 PQRS의 넓이는
$\dfrac{1}{2}\cdot\overline{PR}\cdot\overline{QS}=\dfrac{1}{2}\cdot 3\cdot 6=9$

해설 속 칠판   **여러 가지 사각형의 결정 조건**

(1) 평행사변형의 결정 조건
  ① 두 쌍의 대변이 각각 평행하다.
  ② 두 쌍의 대변의 길이가 각각 같다.
  ③ 두 쌍의 대각의 크기가 각각 같다.
  ④ 두 대각선이 서로 다른 것을 이등분한다.
  ⑤ 한 쌍의 대변이 서로 평행하고, 그 길이가 같다.
(2) 직사각형의 결정 조건
  평행사변형이 다음 중 어느 한 조건을 만족하면 직사각형이 된다.
  ① 한 내각이 직각이다.
  ② 두 대각선의 길이가 같다.
(3) 마름모의 결정 조건
  평행사변형이 다음 중 어느 한 조건을 만족하면 마름모가 된다.
  ① 이웃하는 두 변의 길이가 같다.
  ② 두 대각선이 직교한다.
(4) 정사각형의 결정 조건
  • 직사각형이 다음 중 어느 한 조건을 만족하면 정사각형이 된다.
  ① 이웃하는 두 변의 길이가 같다.
  ② 두 대각선이 직교한다.
  • 마름모가 다음 중 어느 한 조건을 만족하면 정사각형이 된다.
  ① 한 내각이 직각이다.
  ② 두 대각선의 길이가 같다.

0355 답 ②

0356 답 ⑤

$2(\vec{x}-3\vec{a}+2\vec{b})=-(2\vec{a}-\vec{x})+5\vec{b}$ 에서

$2\vec{x}-6\vec{a}+4\vec{b}=-2\vec{a}+\vec{x}+5\vec{b}$

$\therefore \vec{x}=4\vec{a}+\vec{b}$

따라서 $m=4$, $n=1$이므로

$m-n=4-1=3$

0357 답 ②

$2\vec{x}+3\vec{y}=\vec{a}$ ······ ㉠

$\vec{x}+2\vec{y}=\vec{b}$ ······ ㉡

$2\times㉠-3\times㉡$을 하면

$2(2\vec{x}+3\vec{y})-3(\vec{x}+2\vec{y})=2\vec{a}-3\vec{b}$

$4\vec{x}+6\vec{y}-3\vec{x}-6\vec{y}=2\vec{a}-3\vec{b}$

$\therefore \vec{x}=2\vec{a}-3\vec{b}$

㉠$-2\times㉡$을 하면

$2\vec{x}+3\vec{y}-2(\vec{x}+2\vec{y})=\vec{a}-2\vec{b}$

$2\vec{x}+3\vec{y}-2\vec{x}-4\vec{y}=\vec{a}-2\vec{b}$

$-\vec{y}=\vec{a}-2\vec{b}$

$\therefore \vec{y}=-\vec{a}+2\vec{b}$

$\therefore \vec{x}-\vec{y}=(2\vec{a}-3\vec{b})-(-\vec{a}+2\vec{b})=3\vec{a}-5\vec{b}$

0358 답 ②

$\vec{x}=\vec{p}+\vec{q}$ ······ ㉠

$\vec{y}=\vec{q}+\vec{r}$ ······ ㉡

$\vec{z}=\vec{r}+\vec{p}$ ······ ㉢

㉠$+$㉡$+$㉢을 하면

$\vec{x}+\vec{y}+\vec{z}=\vec{p}+\vec{q}+\vec{q}+\vec{r}+\vec{r}+\vec{p}$

$\therefore \vec{x}+\vec{y}+\vec{z}=2\vec{p}+2\vec{q}+2\vec{r}$ ······ ㉣

㉣$-2\times㉡$을 하면

$\vec{x}+\vec{y}+\vec{z}-2\vec{y}=2\vec{p}+2\vec{q}+2\vec{r}-2(\vec{q}+\vec{r})$

$\vec{x}-\vec{y}+\vec{z}=2\vec{p}$

$\therefore \vec{p}=\dfrac{1}{2}\vec{x}-\dfrac{1}{2}\vec{y}+\dfrac{1}{2}\vec{z}$

따라서 $a=\dfrac{1}{2}$, $b=-\dfrac{1}{2}$, $c=\dfrac{1}{2}$이므로

$a+2b+3c=\dfrac{1}{2}+2\times\left(-\dfrac{1}{2}\right)+3\times\dfrac{1}{2}=1$

0359 답 ②

벡터 $\vec{p}$는 벡터 $\overrightarrow{OP}$와 방향이 같고 크기가 4배이므로

$\vec{p}=4\overrightarrow{OP}=4(3\vec{a}-\vec{b})=12\vec{a}-4\vec{b}$

벡터 $\vec{q}$는 벡터 $\overrightarrow{OQ}$와 방향이 반대이고 크기가 같으므로

$\vec{q}=-\overrightarrow{OQ}=-(-2\vec{a}+3\vec{b})=2\vec{a}-3\vec{b}$

$\therefore \vec{p}+\vec{q}=(12\vec{a}-4\vec{b})+(2\vec{a}-3\vec{b})=14\vec{a}-7\vec{b}$

이때 $|\vec{p}+\vec{q}|=k|\overrightarrow{OR}|$에서

$|14\vec{a}-7\vec{b}|=k|-2\vec{a}+\vec{b}|$, $7|2\vec{a}-\vec{b}|=k|2\vec{a}-\vec{b}|$

$\therefore k=7$

← 벡터 $-2\vec{a}+\vec{b}$와 방향이 반대이고 크기가 같은 벡터이다.

0360 답 ①

0361 답 ④

$\vec{a}-(\vec{b}+\vec{c})=\overrightarrow{AB}-(\overrightarrow{BC}+\overrightarrow{CD})$

$=\overrightarrow{AB}-\overrightarrow{BD}$

$=\overrightarrow{AB}+\overrightarrow{DB}$ ← 도형에서 벡터 $\overrightarrow{AB}$와 같고, 종점이 D인 벡터를 찾아 간단히 한다.

$=\overrightarrow{ED}+\overrightarrow{DB}$

$=\overrightarrow{EB}$

0362 답 ①

오른쪽 그림과 같이 세 대각선 AD, BE, CF의 교점을 O라 하자.

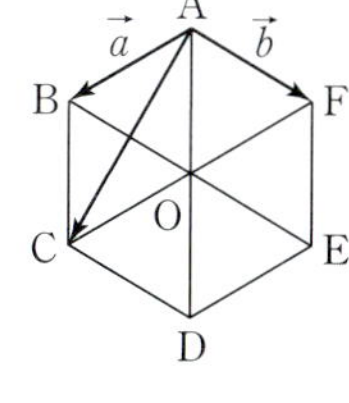

$\overrightarrow{AC}=\overrightarrow{AO}+\overrightarrow{OC}$

$=\overrightarrow{AO}+\overrightarrow{AB}$ ← 사각형 ABOF는 평행사변형이다.

$=(\overrightarrow{AB}+\overrightarrow{AF})+\overrightarrow{AB}$

$=(\vec{a}+\vec{b})+\vec{a}$

$=2\vec{a}+\vec{b}$

따라서 $m=2$, $n=1$이므로

$m+n=2+1=3$

0363 답 ②

$\vec{a}-\vec{b}=(\overrightarrow{AD}+\overrightarrow{BE})-(\overrightarrow{CE}+\overrightarrow{BF})$

$=(\overrightarrow{AD}+\overrightarrow{DF})-(\overrightarrow{EB}+\overrightarrow{BF})$

$=\overrightarrow{AF}-\overrightarrow{EF}$

$=\overrightarrow{AF}+\overrightarrow{FE}$

$=\overrightarrow{AE}$

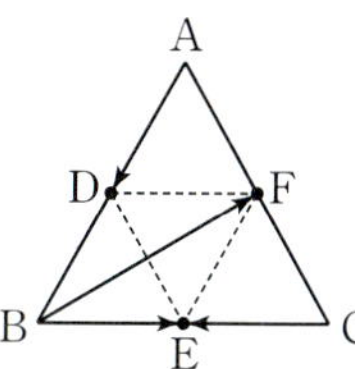

0364 답 4

오른쪽 그림과 같이 두 점 C, Q를 잡으면

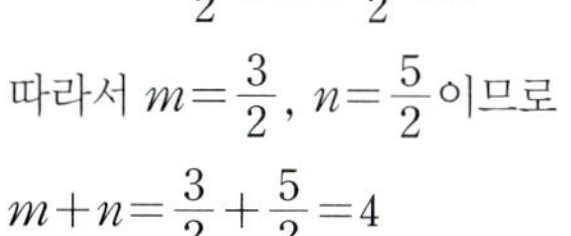

$\overrightarrow{OA}+\overrightarrow{OB}=2\overrightarrow{OC}=2\overrightarrow{QP}$

$\therefore \overrightarrow{OP}=\overrightarrow{OA}+\overrightarrow{AQ}+\overrightarrow{QP}$

$=\overrightarrow{OA}+2\overrightarrow{OB}+\overrightarrow{OC}$

$=\overrightarrow{OA}+2\overrightarrow{OB}+\dfrac{1}{2}(\overrightarrow{OA}+\overrightarrow{OB})$

$=\dfrac{3}{2}\overrightarrow{OA}+\dfrac{5}{2}\overrightarrow{OB}$

따라서 $m=\dfrac{3}{2}$, $n=\dfrac{5}{2}$이므로

$m+n=\dfrac{3}{2}+\dfrac{5}{2}=4$

0365 답 ⑤

0366 답 ④

$\overrightarrow{AB}+\overrightarrow{AC}-\overrightarrow{AD}=\overrightarrow{AB}+\overrightarrow{AC}+\overrightarrow{DA}$

$=\overrightarrow{AB}+\overrightarrow{DC}$

$=2\overrightarrow{AB}$

$\therefore |\overrightarrow{AB}+\overrightarrow{AC}-\overrightarrow{AD}|=2|\overrightarrow{AB}|=2\cdot3=6$

0367 답 ①

$\vec{a}+\vec{b}-\vec{c}=\vec{a}+(\vec{a}+\vec{c})-\vec{c}=2\vec{a}$

이때 $|\vec{a}+\vec{b}-\vec{c}|=2|\vec{a}|=6$이므로
$|\vec{a}|=3$
따라서 정사각형 ABCD의 한 변의 길이는 3이다.

0368 답 ④

오른쪽 그림과 같이 선분 BC의 중점을 M이
라 하면
$\overrightarrow{AB}+\overrightarrow{AC}=2\overrightarrow{AM}$

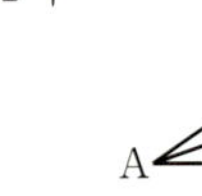

직각삼각형 ABM에서
$$\overrightarrow{AM}=\sqrt{\overrightarrow{AB}^2+\overrightarrow{BM}^2}$$
$$=\sqrt{6^2+2^2}=2\sqrt{10}$$
$$\therefore |\overrightarrow{AB}+\overrightarrow{AC}|=2|\overrightarrow{AM}|=2\cdot2\sqrt{10}=4\sqrt{10}$$

0369 답 ④

오른쪽 그림과 같이 선분 PC의 중점을
M이라 하면
$\overrightarrow{AP}+\overrightarrow{AC}=2\overrightarrow{AM}$

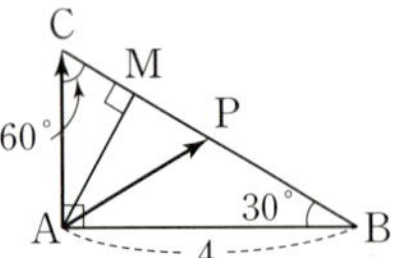

즉, $|\overrightarrow{AP}+\overrightarrow{AC}|$의 값이 최소가 되려면
$|\overrightarrow{AM}|$의 값이 최소이어야 한다.
$|\overrightarrow{AM}|$의 값이 최소일 때는 점 A에서 선분 BC에 내린 수선의 발
이 M일 때이다.
$$\therefore |\overrightarrow{AP}+\overrightarrow{AC}|=2|\overrightarrow{AM}|$$
$$\geq2\overrightarrow{AB}\sin30°$$
$$=2\cdot4\cdot\frac{1}{2}=4$$

0370 답 ⑤

0371 답 ②

$(3x-2y-6)\vec{a}+(-x+y+1)\vec{b}=\vec{0}$에서
$3x-2y-6=0,\ -x+y+1=0$
위의 두 식을 연립하여 풀면
$x=4,\ y=3$
$\therefore x+y=4+3=7$

0372 답 ③

$(m+n)(\vec{a}+\vec{b})=3(\vec{a}-2\vec{b})-n\vec{b}$에서
$(m+n)\vec{a}+(m+n)\vec{b}=3\vec{a}-(n+6)\vec{b}$
이므로
$m+n=3$ $\cdots\cdots$ ㉠
$m+n=-n-6$에서
$m+2n=-6$ $\cdots\cdots$ ㉡
㉠, ㉡을 연립하여 풀면
$m=12,\ n=-9$
$\therefore m-n=12-(-9)=21$

0373 답 ②

$$\overrightarrow{AC}=\overrightarrow{OC}-\overrightarrow{OA}$$
$$=(p\vec{a}+4\vec{b})-\vec{a}$$
$$=(p-1)\vec{a}+4\vec{b}$$

$$\overrightarrow{BC}=\overrightarrow{OC}-\overrightarrow{OB}$$
$$=(p\vec{a}+4\vec{b})-\vec{b}$$
$$=p\vec{a}+3\vec{b}$$
이때 $\overrightarrow{AC}=k\overrightarrow{BC}$에서
$$(p-1)\vec{a}+4\vec{b}=k(p\vec{a}+3\vec{b})$$
$$=kp\vec{a}+3k\vec{b}$$
이므로
$p-1=kp,\ 4=3k$
$\therefore k=\dfrac{4}{3}$

따라서 $k=\dfrac{4}{3}$이므로
$p-1=\dfrac{4}{3}p,\ \dfrac{1}{3}p=-1$
$\therefore p=-3$
$\therefore kp=\dfrac{4}{3}\cdot(-3)=-4$

● 다른 풀이 ●

$\overrightarrow{AC}=k\overrightarrow{BC}$에서
$$\overrightarrow{OC}-\overrightarrow{OA}=k(\overrightarrow{OC}-\overrightarrow{OB})$$
$$\overrightarrow{OA}-k\overrightarrow{OB}=(1-k)\overrightarrow{OC}$$
$$\vec{a}-k\vec{b}=(1-k)(p\vec{a}+4\vec{b})$$
$$=p(1-k)\vec{a}+4(1-k)\vec{b}$$
이므로
$1=p(1-k),\ -k=4(1-k)$
$\therefore k=\dfrac{4}{3},\ p=-3$

0374 답 ④

• 한 쌍의 대변이 서로 평행하고, 그 길이가 같다.

사각형 ABCD가 평행사변형이므로 $\overrightarrow{AB}=\overrightarrow{DC}$이다.
$$\overrightarrow{AB}=\overrightarrow{PB}-\overrightarrow{PA}$$
$$=\{(m+3)\vec{a}+(n+1)\vec{b}\}-\{(1-n)\vec{a}-m\vec{b}\}$$
$$=(m+n+2)\vec{a}+(m+n+1)\vec{b}$$
$$\overrightarrow{DC}=\overrightarrow{PC}-\overrightarrow{PD}$$
$$=(7\vec{a}+2m\vec{b})-(n\vec{a}+\vec{b})$$
$$=(7-n)\vec{a}+(2m-1)\vec{b}$$
이고
$(m+n+2)\vec{a}+(m+n+1)\vec{b}=(7-n)\vec{a}+(2m-1)\vec{b}$
이므로
$m+n+2=7-n$에서 $m+2n=5$ $\cdots\cdots$ ㉠
$m+n+1=2m-1$에서 $m-n=2$ $\cdots\cdots$ ㉡
㉠, ㉡을 연립하여 풀면
$m=3,\ n=1$
$\therefore m^2+n^2=3^2+1^2=10$

0375 답 ④

0376 답 ①

$\vec{p}+\vec{q}=(\vec{a}-3\vec{b})+(2\vec{a}+\vec{b})=3\vec{a}-2\vec{b}$
$\vec{q}-\vec{r}=(2\vec{a}+\vec{b})-(t\vec{a}+4\vec{b})=(2-t)\vec{a}-3\vec{b}$

이때 두 벡터 $\vec{p}+\vec{q}$와 $\vec{q}-\vec{r}$가 서로 평행하므로
$\vec{p}+\vec{q}=k(\vec{q}-\vec{r})$ (단, k는 0이 아닌 실수)라 하면
$$3\vec{a}-2\vec{b}=k\{(2-t)\vec{a}-3\vec{b}\}$$
$$=k(2-t)\vec{a}-3k\vec{b}$$
에서
$$3=k(2-t),\ 2=3k$$
따라서 $k=\dfrac{2}{3}$이므로
$$3=\dfrac{2}{3}(2-t),\ \dfrac{9}{2}=2-t$$
$$\therefore\ t=-\dfrac{5}{2}$$

0377 답 ②

$$\overrightarrow{AB}=\overrightarrow{OB}-\overrightarrow{OA}$$
$$=(-\vec{a}+3\vec{b})-(3\vec{a}+\vec{b})$$
$$=-4\vec{a}+2\vec{b}$$
이때 두 벡터 $\overrightarrow{AB}$, $\overrightarrow{OC}$가 서로 평행하므로
$\overrightarrow{AB}=k\overrightarrow{OC}$ (단, k는 0이 아닌 실수)라 하면
$$-4\vec{a}+2\vec{b}=k(\vec{a}+t\vec{b})$$
$$=k\vec{a}+kt\vec{b}$$
에서
$$-4=k,\ 2=kt$$
따라서 $k=-4$이므로
$$-4t=2$$
$$\therefore\ t=-\dfrac{1}{2}$$

0378 답 ③

$$\vec{b}-\vec{c}=\vec{b}-(\vec{a}+2\vec{b})=-\vec{a}-\vec{b}$$
ㄱ. $-\vec{a}-\vec{b}=-1\cdot(\vec{a}+\vec{b})$이므로 두 벡터 $\vec{b}-\vec{c}$, $\vec{a}+\vec{b}$는 서로
  평행하다.
ㄴ. $\vec{b}+\vec{c}=\vec{b}+(\vec{a}+2\vec{b})=\vec{a}+3\vec{b}$
  $-\vec{a}-\vec{b}=k(\vec{a}+3\vec{b})$ (단, k는 0이 아닌 실수)라 하면
  이 등식을 만족시키는 실수 k의 값은 존재하지 않는다.
  즉, 두 벡터 $\vec{b}-\vec{c}$, $\vec{b}+\vec{c}$는 서로 평행하지 않다.
ㄷ. $\vec{c}+\vec{a}=(\vec{a}+2\vec{b})+\vec{a}=2\vec{a}+2\vec{b}$
  $-\vec{a}-\vec{b}=-\dfrac{1}{2}\cdot(2\vec{a}+2\vec{b})$이므로 두 벡터 $\vec{b}-\vec{c}$, $\vec{c}+\vec{a}$는 서
  로 평행하다.
따라서 $\vec{b}-\vec{c}$와 평행한 벡터는 ㄱ, ㄷ이다.

0379 답 ②

두 벡터 $\vec{a}$, $\vec{b}$는 서로 평행하므로
$\vec{a}=k\vec{b}$ (단, k는 0이 아닌 실수)라 하면
$\vec{a}+2\vec{c}+t(2\vec{b}-\vec{c})=\vec{0}$에서
$k\vec{b}+2\vec{c}+t(2\vec{b}-\vec{c})=\vec{0}$
$$\therefore\ (k+2t)\vec{b}+(2-t)\vec{c}=\vec{0}\qquad\cdots\cdots\ \text{㉠}$$
이때 두 벡터 $\vec{b}$, $\vec{c}$는 서로 평행하지 않으므로 ㉠에서
$$k+2t=0,\ 2-t=0$$
$$\therefore\ t=2$$

즉, $t=2$이므로
$$k+2\cdot2=0$$
$$\therefore\ k=-4$$
따라서 $\vec{a}=-4\vec{b}$이므로
$$|\vec{a}|=|-4\vec{b}|=4|\vec{b}|$$
$$\therefore\ \dfrac{|\vec{a}|}{|\vec{b}|}=4$$

0380 답 ④

0381 답 ②

세 점 A, B, C가 한 직선 위에 있으므로
$\overrightarrow{AB}=k\overrightarrow{BC}$ (단, k는 0이 아닌 실수)라 하면
$$\vec{a}-3\vec{b}=k\{3\vec{a}+(2t-1)\vec{b}\}$$
$$=3k\vec{a}+k(2t-1)\vec{b}$$
에서
$$1=3k,\ -3=k(2t-1)$$
따라서 $k=\dfrac{1}{3}$이므로
$$-3=\dfrac{1}{3}\cdot(2t-1)$$
$$-9=2t-1$$
$$\therefore\ t=-4$$

0382 답 ③

세 점 A, B, C가 한 직선 위에 있으므로
$\overrightarrow{AC}=k\overrightarrow{AB}$ (단, k는 0이 아닌 실수)라 하면
$$\overrightarrow{AC}=\overrightarrow{OC}-\overrightarrow{OA}$$
$$=(t\vec{a}-\vec{b})-(\vec{a}+\vec{b})$$
$$=(t-1)\vec{a}-2\vec{b}$$
$$\overrightarrow{AB}=\overrightarrow{OB}-\overrightarrow{OA}$$
$$=(-\vec{a}+2\vec{b})-(\vec{a}+\vec{b})$$
$$=-2\vec{a}+\vec{b}$$
이므로
$$(t-1)\vec{a}-2\vec{b}=k(-2\vec{a}+\vec{b})$$
$$=-2k\vec{a}+k\vec{b}$$
에서
$$t-1=-2k,\ -2=k$$
따라서 $k=-2$이므로
$$t-1=-2\cdot(-2)$$
$$\therefore\ t=5$$

● 다른 풀이 ●

세 점 A, B, C가 한 직선 위에 있으므로
$\overrightarrow{OC}=(1-k)\overrightarrow{OA}+k\overrightarrow{OB}$ (단, k는 0이 아닌 실수)라 하면
$$t\vec{a}-\vec{b}=(1-k)(\vec{a}+\vec{b})+k(-\vec{a}+2\vec{b})$$
$$=(1-2k)\vec{a}+(1+k)\vec{b}$$
에서
$$t=1-2k,\ -1=1+k$$
따라서 $k=-2$이므로
$$t=1-2\cdot(-2)=5$$

0383 $\boxed{답}$ ①

점 P가 직선 BC 위에 있으므로 세 점 P, B, C는 한 직선 위에 있다.

$\overrightarrow{AP}=(1-k)\overrightarrow{AB}+k\overrightarrow{AC}$ (단, k는 0이 아닌 실수)라 하면

$\overrightarrow{AP}=m\overrightarrow{AB}+(m^2-1)\overrightarrow{AC}$이므로

$m\overrightarrow{AB}+(m^2-1)\overrightarrow{AC}=(1-k)\overrightarrow{AB}+k\overrightarrow{AC}$에서

$m=1-k,\ m^2-1=k$

$k=1-m$을 $m^2-1=k$에 대입하면

$m^2-1=1-m$

$m^2+m-2=0,\ (m+2)(m-1)=0$

$\therefore m=1$ 또는 $m=-2$

이때 $m=1$이면 $\overrightarrow{AP}=\overrightarrow{AB}$이므로 두 점 P, B가 일치한다.

$\therefore m=-2$

0384 $\boxed{답}$ ②

세 점 P, Q, R가 한 직선 위에 있으므로

$\overrightarrow{PR}=k\overrightarrow{PQ}$ (단, k는 0이 아닌 실수)라 하면

$\begin{aligned}\overrightarrow{PR}&=\overrightarrow{OR}-\overrightarrow{OP}\\&=(a\vec{x}+b\vec{y})-\vec{x}\\&=(a-1)\vec{x}+b\vec{y}\end{aligned}$

$\begin{aligned}\overrightarrow{PQ}&=\overrightarrow{OQ}-\overrightarrow{OP}\\&=2\vec{y}-\vec{x}\end{aligned}$

이므로

$\begin{aligned}(a-1)\vec{x}+b\vec{y}&=k(-\vec{x}+2\vec{y})\\&=-k\vec{x}+2k\vec{y}\end{aligned}$

에서

$a-1=-k,\ b=2k$

즉, $a=1-k,\ b=2k$이므로

$\begin{aligned}ab&=(1-k)\cdot 2k\\&=-2k^2+2k\\&=-2\left(k-\frac{1}{2}\right)^2+\frac{1}{2}\end{aligned}$

따라서 ab는 $k=\frac{1}{2}$일 때, 최댓값 $\frac{1}{2}$을 갖는다.

본문 071~073쪽

0385 $\boxed{답}$ ③

주어진 도형이 한 변의 길이가 1인 합동인 정삼각형 4개로 이루어진 도형임을 파악하여 벡터의 크기를 구한다.

ㄱ. $\overrightarrow{AD}-\overrightarrow{FD}=\overrightarrow{AD}+\overrightarrow{DF}=\overrightarrow{AF}$ 이므로

$\quad|\overrightarrow{AD}-\overrightarrow{FD}|=|\overrightarrow{AF}|=1$ (참)

ㄴ. $\overrightarrow{BC}=2\overrightarrow{BE}=2\overrightarrow{DF}\neq -2\overrightarrow{DF}$ (거짓)

ㄷ. 점 E는 선분 BC의 중점이므로 선분 AE는 정삼각형 ABC의 높이이다.

$\quad\therefore |\overrightarrow{AE}|=\overrightarrow{AE}=\dfrac{\sqrt{3}}{2}\cdot 2=\sqrt{3}$

또한, 점 D는 선분 AB의 중점이므로 선분 CD는 정삼각형 ABC의 높이이다.

$\quad\therefore |\overrightarrow{CD}|=\overrightarrow{CD}=\dfrac{\sqrt{3}}{2}\cdot 2=\sqrt{3}$

$\quad\therefore |\overrightarrow{AE}|=|\overrightarrow{CD}|$ (참)

따라서 옳은 것은 ㄱ, ㄷ이다.

0386 $\boxed{답}$ ③

벡터의 덧셈을 이용하여 그 크기가 다른 벡터를 찾는다.

① $\overrightarrow{CD}=-\overrightarrow{AB}$이므로

$\quad|\overrightarrow{CD}|=|-\overrightarrow{AB}|=|\overrightarrow{AB}|$

② $\overrightarrow{AD}+\overrightarrow{DB}=\overrightarrow{AB}$이므로

$\quad|\overrightarrow{AD}+\overrightarrow{DB}|=|\overrightarrow{AB}|$

③ $\overrightarrow{DA}=\overrightarrow{CB}$이므로

$\quad\overrightarrow{OC}+\overrightarrow{DA}=\overrightarrow{OC}+\overrightarrow{CB}=\overrightarrow{OB}$

$\quad\therefore |\overrightarrow{OC}+\overrightarrow{DA}|=|\overrightarrow{OB}|$

④ $\overrightarrow{DO}=\overrightarrow{OB}$이므로

$\quad\overrightarrow{AO}+\overrightarrow{DO}=\overrightarrow{AO}+\overrightarrow{OB}=\overrightarrow{AB}$

$\quad\therefore |\overrightarrow{AO}+\overrightarrow{DO}|=|\overrightarrow{AB}|$

⑤ $\overrightarrow{CO}+\overrightarrow{DO}+\overrightarrow{BD}=\overrightarrow{CO}+\overrightarrow{OB}+\overrightarrow{BD}$

$\qquad\qquad\qquad\qquad\quad=\overrightarrow{CD}=-\overrightarrow{AB}$

$\quad\therefore |\overrightarrow{CO}+\overrightarrow{DO}+\overrightarrow{BD}|=|-\overrightarrow{AB}|=|\overrightarrow{AB}|$

따라서 $|\overrightarrow{OB}|\neq |\overrightarrow{AB}|$이므로 크기가 다른 벡터는 ③이다.

0387 $\boxed{답}$ 5

두 벡터 $\overrightarrow{AB}$, $\overrightarrow{AC}$가 서로 평행함을 이용하여 m, n에 대한 식을 세우고, m, n이 자연수임을 이용한다.

$\begin{aligned}\overrightarrow{AB}&=\overrightarrow{OB}-\overrightarrow{OA}\\&=(2\vec{p}+m\vec{q})-(\vec{p}+2\vec{q})\\&=\vec{p}+(m-2)\vec{q}\end{aligned}$

$\begin{aligned}\overrightarrow{AC}&=\overrightarrow{OC}-\overrightarrow{OA}\\&=(n\vec{p}-\vec{q})-(\vec{p}+2\vec{q})\\&=(n-1)\vec{p}-3\vec{q}\end{aligned}$

이때 두 벡터 $\overrightarrow{AB}$, $\overrightarrow{AC}$가 서로 평행하므로

$\overrightarrow{AB}=k\overrightarrow{AC}$ (단, k는 0이 아닌 실수)라 하면

$\begin{aligned}\vec{p}+(m-2)\vec{q}&=k\{(n-1)\vec{p}-3\vec{q}\}\\&=k(n-1)\vec{p}-3k\vec{q}\end{aligned}$

에서

$1=k(n-1),\ m-2=-3k$

즉, $k=\dfrac{1}{n-1}$이므로 $m-2=-3k$에 대입하면

$\quad\quad\quad\quad\quad$ → $n=1$이면 $1\neq k(1-1)$이므로 $n\neq 1$이다.

$m-2=-3\cdot\dfrac{1}{n-1}$

$\therefore (m-2)(n-1)=-3$

이때 m, n이 자연수이므로 $m-2$, $n-1$의 값은 정수이다.

(ⅰ) $m-2=3,\ n-1=-1$일 때, $m=5,\ n=0$

(ⅱ) $m-2=-3,\ n-1=1$일 때, $m=-1,\ n=2$

(ⅲ) $m-2=1,\ n-1=-3$일 때, $m=3,\ n=-2$

(iv) $m-2=-1$, $n-1=3$일 때, $m=1$, $n=4$

(i)~(iv)에서 자연수 m, n의 값은 $m=1$, $n=4$

$\therefore m+n=1+4=5$

0388 　답 35

주어진 조건으로부터 벡터의 크기와 방향을 해석하여 삼각형 APQ의 넓이를 구한다.

조건 (가)에서 $|\overrightarrow{AB}|=|\overrightarrow{AQ}|$이므로

$\overrightarrow{AB}=\overrightarrow{AQ}=3$

또한, 조건 (나)에 의하여 두 선분 CB, QP는 서로 평행하다.

즉, 두 삼각형 APQ, ABC는 서로 닮음(AA 닮음)이고, 닮음비는 3 : 4이므로 넓이의 비는 9 : 16이다.

$\therefore$ (삼각형 APQ의 넓이)$=\dfrac{9}{16}\cdot$(삼각형 ABC의 넓이)

$$=\dfrac{9}{16}\cdot\left(\dfrac{1}{2}\cdot3\cdot4\right)=\dfrac{27}{8}$$

따라서 $p=8$, $q=27$이므로

$p+q=8+27=35$

● 다른 풀이 ●

오른쪽 그림과 같이 $\angle BCA=\theta$라 하면

$\tan\theta=\dfrac{\overline{AB}}{\overline{AC}}=\dfrac{3}{4}$

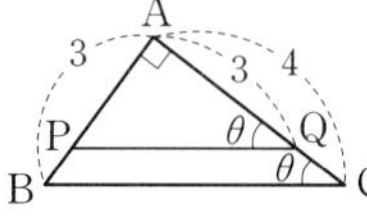

한편, 조건 (가)에 의하여

$\overline{AB}=\overline{AQ}=3$

조건 (나)에 의하여 두 선분 CB, QP는 서로 평행하므로

$\angle PQA=\angle BCA=\theta$

$\therefore \overline{AP}=\overline{QA}\tan\theta=3\cdot\dfrac{3}{4}=\dfrac{9}{4}$

따라서 삼각형 APQ의 넓이는

$\dfrac{1}{2}\cdot\overline{AP}\cdot\overline{QA}=\dfrac{1}{2}\cdot\dfrac{9}{4}\cdot3=\dfrac{27}{8}$

0389 　답 ①

$\overrightarrow{PB}=k\overrightarrow{PD}$에서 세 점 P, B, D는 한 직선 위에 있다.

$\overrightarrow{PB}=k\overrightarrow{PD}$에서 세 점 P, B, D는 한 직선 위에 있고, 점 P는 직사각형 ABCD의 내부에 있는 점이므로 점 P는 대각선 BD 위의 점이다.

이때 $\overrightarrow{PA}+\overrightarrow{PB}+\overrightarrow{PC}+\overrightarrow{PD}=\overrightarrow{BD}$에서

$\overrightarrow{PA}+\overrightarrow{PB}+\overrightarrow{PC}+\overrightarrow{PD}=\overrightarrow{PD}-\overrightarrow{PB}$
　　　　　　　좌변의 벡터가 모두 시점이 P이므로 벡터 BD를 시점이 P인 벡터로 나타내어 식을 간단히 한다.

$\overrightarrow{PA}+\overrightarrow{PC}=-2\overrightarrow{PB}$

$\therefore \dfrac{\overrightarrow{PA}+\overrightarrow{PC}}{2}=-\overrightarrow{PB}$

이때 오른쪽 그림과 같이 선분 AC의 중점을 M이라 하면

$\dfrac{\overrightarrow{PA}+\overrightarrow{PC}}{2}=\overrightarrow{PM}$이므로

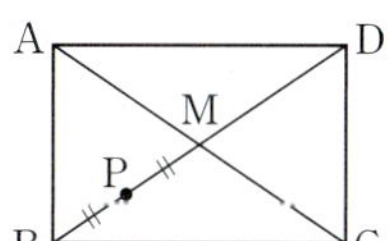

$-\overrightarrow{PB}=\overrightarrow{PM}$
　　　점 P가 선분 BD 위에 있으므로

즉, 점 P는 선분 BM의 중점이다.

따라서 $\overrightarrow{PB}=-\overrightarrow{PM}=-\dfrac{1}{3}\overrightarrow{PD}$이므로 $k=-\dfrac{1}{3}$이다.

0390 　답 ④

벡터 $\overrightarrow{OQ}$는 벡터 $\overrightarrow{OP}$의 단위벡터이므로 먼저 벡터 $\overrightarrow{OP}$를 구해 본다.

원 $(x+2)^2+y^2=3$ 위의 점 P에 대하여 벡터 $\overrightarrow{OQ}$는 벡터 $\overrightarrow{OP}$와 방향이 같고 크기가 1인 단위벡터이므로 점 Q가 나타내는 도형은 중심이 원점이고 반지름의 길이가 1인 부채꼴의 호이다.

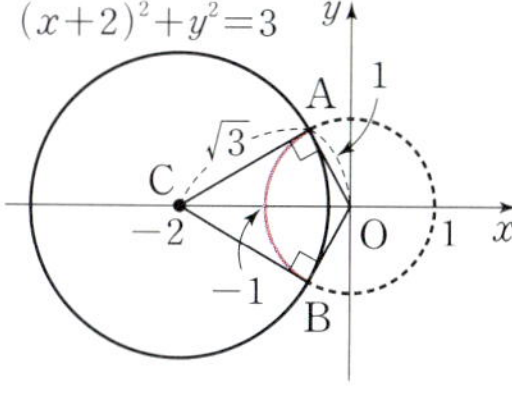

오른쪽 그림과 같이

원 $(x+2)^2+y^2=3$의 중심을 C라 하고, 원점 O에서

원 $(x+2)^2+y^2=3$에 그은 두 접선의 접점을 각각 A, B라 하면

$\angle AOC=60°$이다.　<span>$\cos(\angle AOC)=\dfrac{1}{2}$

따라서 $\angle AOB=120°$이므로 구하는 도형의 길이는

$2\pi\cdot\dfrac{120}{360}=\dfrac{2}{3}\pi$

0391 　답 2

두 조건 (나), (다)를 이용하여 두 점 C, D의 위치를 알아본다.

조건 (다)에서

$|\overrightarrow{OB}|:|\overrightarrow{CD}|=3:2$

$\therefore \overrightarrow{OB}:\overrightarrow{CD}=3:2$

조건 (나)에서 두 벡터 $\overrightarrow{OB}$, $\overrightarrow{CD}$는 서로 평행하므로 삼각형 OAB, CAD는 닮음(AA 닮음)이고, 닮음비는 3 : 2이다.

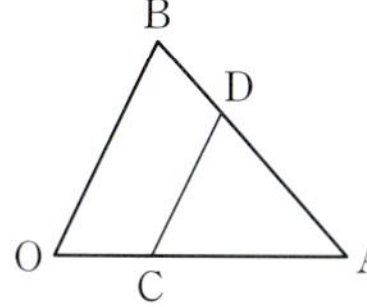

$\therefore \overrightarrow{BD}=\dfrac{1}{3}\overrightarrow{BA}$

$$=\dfrac{1}{3}(\overrightarrow{BO}+\overrightarrow{OA})$$

$$=\dfrac{1}{3}\{(-\vec{p}-2\vec{q})+3\vec{p}\}\ (\because \overrightarrow{BO}=-\overrightarrow{OB},\ \overrightarrow{OA}=3\overrightarrow{OC})$$
　　　　　　　$\overrightarrow{OA}:\overrightarrow{CA}=3:2$ 이므로 $\overrightarrow{OA}:\overrightarrow{OC}=3:1$ $\therefore \overrightarrow{OA}=3\overrightarrow{OC}$

$$=\dfrac{2}{3}\vec{p}-\dfrac{2}{3}\vec{q}$$

따라서 $a=\dfrac{2}{3}$, $b=-\dfrac{2}{3}$이므로

$a-2b=\dfrac{2}{3}-2\cdot\left(-\dfrac{2}{3}\right)=2$

0392 　답 ③

두 벡터 $\vec{a}+\vec{b}$, $\overrightarrow{OC}$는 서로 방향이 같고, 점 C가 원 위의 점임을 이용한다.

$\angle AOC=\angle BOC$이므로 벡터 $\overrightarrow{OC}$는 벡터 $\vec{a}+\vec{b}$와 방향이 같다.

이때 $|\overrightarrow{OC}|=|\vec{a}|$이므로

$$\overrightarrow{OC}=|\vec{a}|\cdot\dfrac{\vec{a}+\vec{b}}{|\vec{a}+\vec{b}|}=\dfrac{|\vec{a}|}{|\vec{a}+\vec{b}|}(\vec{a}+\vec{b})$$
　　　　　벡터 $\vec{a}+\vec{b}$와 방향이 같은 단위벡터

0393 　답 ②

배의 속도와 바닷물의 속도로 실제 이동하는 배의 위치를 벡터를 이용하여 나타낸다.

오른쪽 그림과 같이 바닷물이 흐르지 않
을 때 배가 A 지점에서 출발한 지 1시간
후의 배의 위치를 C′, 바닷물이 흐를 때
배가 A 지점에서 출발한 지 1시간 후의
배의 위치를 B′이라 하자.

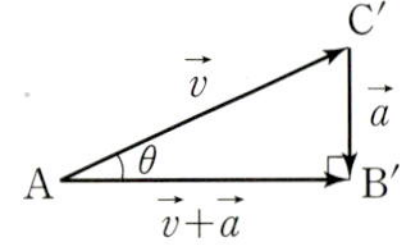

이때 바닷물이 흐르지 않을 때 배의 속도를 $\vec{v}$, 바닷물의 속도를 $\vec{a}$
라 하면 배의 실제 속도는 $\vec{v}+\vec{a}$이다.

$|\vec{v}|=13$, $|\vec{a}|=5$이므로

$|\vec{v}+\vec{a}|=\sqrt{|\vec{v}|^2-|\vec{a}|^2}$
$=\sqrt{13^2-5^2}=12$

즉, 배는 1시간에 12 km를 이동한다.

따라서 A 지점에서 30 km 떨어진 B 지점에 2시간 30분 후에 도
착한다. $\frac{30}{12}=2.5$이므로

0394 답 ⑤

두 삼각형 PAE, PFD가 서로 닮음임을 이용한다.

$\overline{AE}/\!/\overline{DF}$이므로 두 삼각형 PAE, PFD는 서로 닮음 (AA 닮
음)이다.

이때 $\overrightarrow{AE}=\frac{3}{4}\overrightarrow{AB}$, $\overrightarrow{DF}=\frac{1}{3}\overrightarrow{AB}$이므로 두 삼각형 PAE, PFD
의 닮음비는 $\frac{3}{4}:\frac{1}{3}$, 즉 9 : 4이다. $\overrightarrow{DC}=\overrightarrow{AB}$이므로

$\therefore \overrightarrow{AP}=\frac{9}{13}\overrightarrow{AF}$

$\overrightarrow{AF}=\frac{1}{3}\overrightarrow{AB}+\overrightarrow{AD}$이므로

$\overrightarrow{AP}=\frac{9}{13}\left(\frac{1}{3}\overrightarrow{AB}+\overrightarrow{AD}\right)=\frac{3}{13}\overrightarrow{AB}+\frac{9}{13}\overrightarrow{AD}$

따라서 $m=\frac{3}{13}$, $n=\frac{9}{13}$이므로

$m+n=\frac{3}{13}+\frac{9}{13}=\frac{12}{13}$

0395 답 12

주어진 조건으로부터 점 P의 위치를 파악한 후, 삼각형 PAB의 넓이를 구
한다.

$\overrightarrow{AB}+3\overrightarrow{AC}+5\overrightarrow{PA}=\vec{0}$에서

$-5\overrightarrow{PA}=\overrightarrow{AB}+3\overrightarrow{AC}$
$5\overrightarrow{AP}=\overrightarrow{AB}+3\overrightarrow{AC}$

$\therefore \overrightarrow{AP}=\frac{1}{5}\overrightarrow{AB}+\frac{3}{5}\overrightarrow{AC}$

오른쪽 그림과 같이 $\frac{1}{5}\overrightarrow{AB}=\overrightarrow{AD}$,

$\frac{3}{5}\overrightarrow{AC}=\overrightarrow{AE}$를 만족시키는 점을 각각

D, E라 하면 $\overrightarrow{AP}=\overrightarrow{AD}+\overrightarrow{AE}$이므로 사각
형 ADPE는 평행사변형이다.

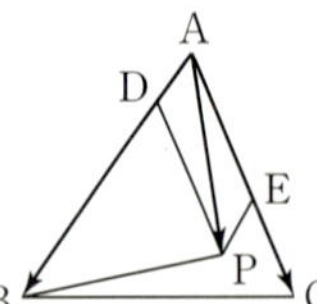

$\therefore$ (삼각형 PAB의 넓이)=(삼각형 EAB의 넓이)
$=\frac{3}{5}\cdot$(삼각형 ABC의 넓이) $\overline{AC}:\overline{AE}=5:3$이므로
$=\frac{3}{5}\cdot20=12$

0396 답 ③

벡터 $\overrightarrow{CP}$의 중점과 벡터 $\overrightarrow{EB}$의 시점을 일치시킨다.

오른쪽 그림과 같이 원의 중심을 O라 하
면 정삼각형의 외심과 무게중심은 일치하
므로 $\overrightarrow{AO}=2$이고

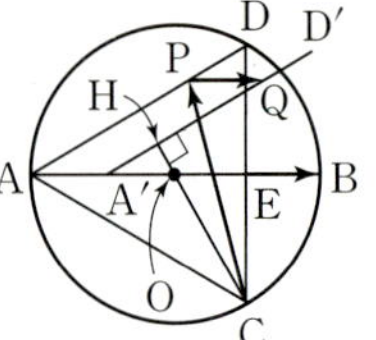

$\overrightarrow{AE}=\frac{3}{2}\overrightarrow{AO}=\frac{3}{2}\cdot2=3$,

$\overrightarrow{EB}=\overrightarrow{AB}-\overrightarrow{AE}=4-3=1$

한편, $\overrightarrow{PQ}=\overrightarrow{EB}$를 만족시키는 점을 Q라 하면 점 Q는 위의 그림
과 같이 선분 AD를 벡터 $\overrightarrow{AB}$와 같은 방향으로 1만큼 평행이동한
선분 A′D′ 위의 점이다. $|\overrightarrow{EB}|=1$이므로

이때 점 C에서 선분 A′D′ 위에 내린 수선의 발을 H라 하면

$|\overrightarrow{CP}+\overrightarrow{EB}|=|\overrightarrow{CP}+\overrightarrow{PQ}|=|\overrightarrow{CQ}|$이므로

$|\overrightarrow{CP}+\overrightarrow{EB}|$의 최솟값은 선분 CH의 길이와 같다.

$\overrightarrow{A'O}=1$, $\angle HA'O=\angle DAE=30°$이므로

$\overrightarrow{OH}=\overrightarrow{A'O}\cdot\sin30°=1\cdot\frac{1}{2}=\frac{1}{2}$

$\therefore |\overrightarrow{CP}+\overrightarrow{EB}|=|\overrightarrow{CQ}|$
$\geq|\overrightarrow{CH}|$
$=\overrightarrow{CO}+\overrightarrow{OH}$
$=2+\frac{1}{2}=\frac{5}{2}$

0397 답 -40

$(4+a)\vec{x}-2\vec{y}=b(\vec{x}+a\vec{y})$에서
$(4+a)\vec{x}-2\vec{y}=b\vec{x}+ab\vec{y}$이므로
$4+a=b$에서 $a-b=-4$
$-2=ab$에서 $ab=-2$ ❶

$\therefore a^3-b^3=(a-b)^3+3ab(a-b)$
$=(-4)^3+3\cdot(-2)\cdot(-4)$
$=-64+24=-40$ ❷

채점 기준	배점 비율
❶ a, b에 대한 관계식 구하기	60%
❷ a^3-b^3의 값 구하기	40%

0398 답 해설 참조

$\overrightarrow{AB}=\overrightarrow{OB}-\overrightarrow{OA}$
$=\vec{b}-\vec{a}$
$\overrightarrow{AC}=\overrightarrow{OC}-\overrightarrow{OA}$
$=(3\vec{a}-2\vec{b})-\vec{a}=2\vec{a}-2\vec{b}$ ❶

$\vec{b}-\vec{a}=-\frac{1}{2}\cdot(2\vec{a}-2\vec{b})$에서

$\overrightarrow{AB}=-\frac{1}{2}\overrightarrow{AC}$ $\overrightarrow{AB}=k\overrightarrow{AC}$를 만족시키는 0이 아닌 실수 k의 값이 존재한다.

따라서 세 점 A, B, C는 한 직선 위에 있다.   ❷

채점 기준	배점 비율
❶ 두 벡터 $\overrightarrow{AB}$, $\overrightarrow{AC}$를 $\vec{a}$와 $\vec{b}$로 나타내기	40%
❷ $\overrightarrow{AB}=k\overrightarrow{AC}$ (단, k는 0이 아닌 실수)임을 보이기	60%

0399 답 정사각형

조건 (가)의 $\overrightarrow{AB}+\overrightarrow{AD}=\overrightarrow{AC}$에서 사각
형 ABCD는 평행사변형이다.

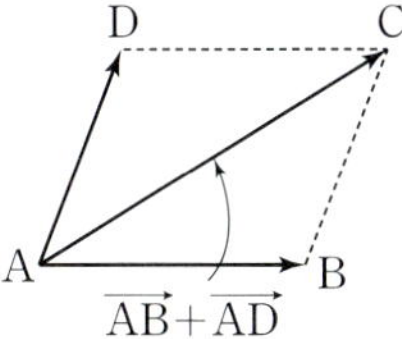

❶

조건 (나)의 $|\overrightarrow{AC}|=|\overrightarrow{BD}|$에서 평행사
변형의 두 대각선의 길이가 서로 같고,
조건 (다)의 $|\overrightarrow{AB}|=|\overrightarrow{AD}|$에서 이웃한
두 변의 길이가 같다.

❷

따라서 평행사변형 ABCD는 두 대각선의 길이가 서로 같고, 이
웃한 두 변의 길이가 서로 같으므로 정사각형이다.

❸

채점 기준	배점 비율
❶ 조건 (가)에서 사각형 ABCD가 평행사변형임을 알기	40%
❷ 두 조건 (나), (다)의 의미 알기	40%
❸ 사각형 ABCD가 정사각형임을 보이기	20%

0400 답 $\dfrac{4}{5}$

오른쪽 그림과 같이 두 벡터 $\vec{a}, \vec{b}$를 정하면
$\overrightarrow{OP}=-\vec{a}-\vec{b}$, $\overrightarrow{OQ}=-2\vec{a}+\vec{b}$,
$\overrightarrow{OR}=\vec{a}+2\vec{b}$

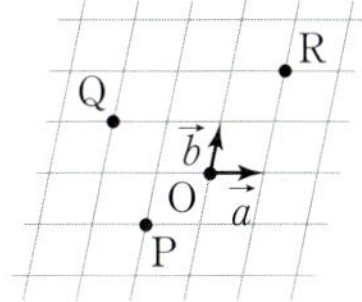

❶

$\overrightarrow{OP}=m\overrightarrow{OQ}+n\overrightarrow{OR}$에서
$$-\vec{a}-\vec{b}=m(-2\vec{a}+\vec{b})+n(\vec{a}+2\vec{b})$$
$$=(-2m+n)\vec{a}+(m+2n)\vec{b}$$
이므로
$$-1=-2m+n,\ -1=m+2n$$
위의 두 식을 연립하여 풀면 $m=\dfrac{1}{5}$, $n=-\dfrac{3}{5}$

❷

$$\therefore m-n=\dfrac{1}{5}-\left(-\dfrac{3}{5}\right)=\dfrac{4}{5}$$

❸

채점 기준	배점 비율
❶ 시점이 O인 서로 다른 두 벡터 $\vec{a}, \vec{b}$를 정하여 세 벡터 $\overrightarrow{OP}$, $\overrightarrow{OQ}$, $\overrightarrow{OR}$를 두 벡터 $\vec{a}, \vec{b}$를 이용하여 나타내기	30%
❷ m, n의 값 각각 구하기	60%
❸ $m-n$의 값 구하기	10%

0401 답 4

$\overrightarrow{OF}=\overrightarrow{F'O}$이므로
$$\overrightarrow{OF}+\overrightarrow{OP}=\overrightarrow{F'O}+\overrightarrow{OP}=\overrightarrow{F'P}$$

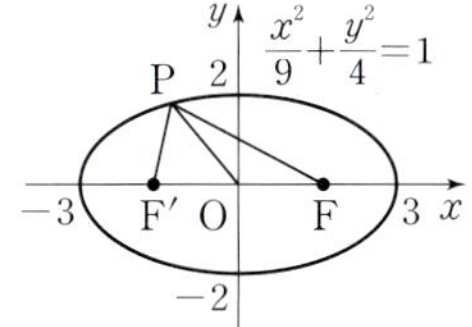

❶

즉, $|\overrightarrow{OF}+\overrightarrow{OP}|=2$에서
$$|\overrightarrow{F'P}|=2$$

❷

타원의 정의에 의하여
$$|\overrightarrow{F'P}|+|\overrightarrow{PF}|=2\cdot3=6$$
$$\therefore |\overrightarrow{PF}|=6-|\overrightarrow{F'P}|=6-2=4$$

❸

채점 기준	배점 비율
❶ $\overrightarrow{OF}+\overrightarrow{OP}=\overrightarrow{F'P}$임을 알기	30%
❷ $|\overrightarrow{F'P}|$의 값 구하기	30%
❸ $|\overrightarrow{PF}|$의 값 구하기	40%

0402 답 8

$y=\sqrt{12-x^2}$의 양변을 제곱하면
$$y^2=12-x^2$$
$$\therefore x^2+y^2=12\ (단,\ y\geq0)$$
즉, 함수 $y=\sqrt{12-x^2}$의 그래프는
오른쪽 그림과 같이 정의역이
$\{x\,|\,-2\sqrt{3}\leq x\leq2\sqrt{3}\}$, 치역이
$\{y\,|\,0\leq y\leq2\sqrt{3}\}$인 반원이다.
이때

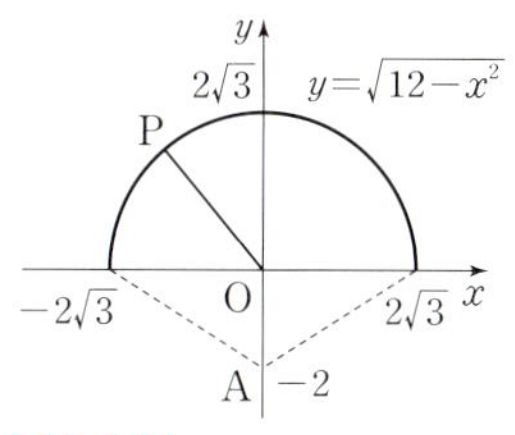

$$|\overrightarrow{AP}|=|\overrightarrow{AO}+\overrightarrow{OP}|$$
$$\leq|\overrightarrow{AO}|+|\overrightarrow{OP}|$$
점 P가 y축 위에 있을 때이다.
$$=2+2\sqrt{3}$$
$$\therefore M=2+2\sqrt{3}$$

❶

$$\therefore |\overrightarrow{AQ}|=2+2\sqrt{3}$$
조건 (나)에서 세 점 A, P, Q는
한 직선 위에 있고, 함수
$y=\sqrt{12-x^2}$의 그래프가 x축과
만나는 점을 각각 B$(-2\sqrt{3},\,0)$,
C$(2\sqrt{3},\,0)$이라 하면
$$\overline{AO}=2,\ \overline{BO}=2\sqrt{3}이므로$$

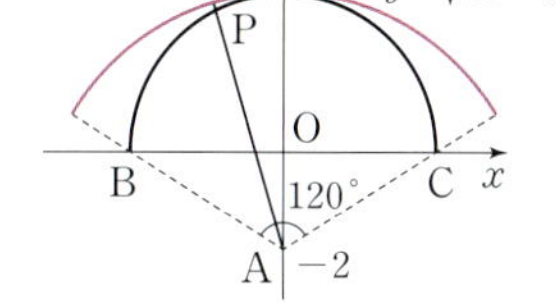

$$\angle BAO=60°$$
$$\therefore \angle BAC=120°$$
즉, 점 Q가 나타내는 도형의 길이는 반지름의 길이가 $2+2\sqrt{3}$이
고, 중심각의 크기가 120°인 부채꼴의 호의 길이와 같다.

❷

점 Q가 나타내는 도형의 길이는
$$2\pi\cdot(2+2\sqrt{3})\cdot\dfrac{120}{360}=\dfrac{4+4\sqrt{3}}{3}\pi$$

❸

따라서 $p=4$, $q=4$이므로
$$p+q=4+4=8$$

❹

채점 기준	배점 비율
❶ M의 값 구하기	30%
❷ 점 Q가 나타내는 도형 구하기	40%
❸ 점 Q가 나타내는 도형의 길이 구하기	20%
❹ $p+q$의 값 구하기	10%

05 평면벡터의 성분과 내적

0403 답 $-\vec{a}-\vec{b}$

$\overrightarrow{CA}=\overrightarrow{OA}-\overrightarrow{OC}$
$\quad=\vec{a}-(2\vec{a}+\vec{b})$
$\quad=-\vec{a}-\vec{b}$

0404 답 $2\vec{a}$

$\overrightarrow{BC}=\overrightarrow{OC}-\overrightarrow{OB}$
$\quad=(2\vec{a}+\vec{b})-\vec{b}$
$\quad=2\vec{a}$

0405 답 $\vec{p}=\dfrac{3\vec{a}+2\vec{b}}{5}$

$\vec{p}=\dfrac{2\cdot\vec{b}+3\cdot\vec{a}}{2+3}=\dfrac{3\vec{a}+2\vec{b}}{5}$

0406 답 $\vec{q}=-\vec{a}+2\vec{b}$

$\vec{q}=\dfrac{2\cdot\vec{b}-1\cdot\vec{a}}{2-1}=-\vec{a}+2\vec{b}$

0407 답 $\vec{m}=\dfrac{\vec{a}+\vec{b}}{2}$

선분 AB의 중점 M은 선분 AB를 $1:1$로 내분하는 점이므로
$\vec{m}=\dfrac{1\cdot\vec{b}+1\cdot\vec{a}}{1+1}=\dfrac{\vec{a}+\vec{b}}{2}$

0408 답 $\vec{g}=\dfrac{2\vec{a}-\vec{b}}{3}$

$\vec{g}=\dfrac{\vec{a}+\vec{b}+(\vec{a}-2\vec{b})}{3}=\dfrac{2\vec{a}-\vec{b}}{3}$

0409 답 $(2,\,-3)$

$\vec{a}=2\vec{e_1}-3\vec{e_2}$에서 x성분은 2, y성분은 -3이므로
$\vec{a}=(2,\,-3)$

0410 답 $(-1,\,4)$

$\vec{b}=-\vec{e_1}+4\vec{e_2}$에서 x성분은 -1, y성분은 4이므로
$\vec{b}=(-1,\,4)$

0411 답 $3\vec{e_1}+\vec{e_2}$

$\vec{c}=(3,\,1)$에서 x성분은 3, y성분은 1이므로
$\vec{c}=3\vec{e_1}+\vec{e_2}$

0412 답 $-4\vec{e_1}-3\vec{e_2}$

$\vec{d}=(-4,\,-3)$에서 x성분은 -4, y성분은 -3이므로
$\vec{d}=-4\vec{e_1}-3\vec{e_2}$

0413 답 $m=2,\,n=1$

$\vec{a}=\vec{b}$이므로
$(m+1,\,2)=(3,\,2n)$에서
$m+1=3,\,2=2n$
$\therefore\,m=2,\,n=1$

0414 답 $m=1,\,n=-2$

$\vec{a}=\vec{b}$이므로
$(m+1,\,n-1)=(n+4,\,-3m)$에서
$m+1=n+4,\,n-1=-3m$
$\therefore\,m-n=3,\,3m+n=1$
위의 두 식을 연립하여 풀면
$m=1,\,n=-2$

0415 답 4

$|\vec{a}|=\sqrt{0^2+4^2}=4$

0416 답 5

$|\vec{b}|=\sqrt{4^2+(-3)^2}=5$

0417 답 $(-1,\,4)$

$\vec{a}+\vec{b}=(1,\,3)+(-2,\,1)=(1+(-2),\,3+1)=(-1,\,4)$

0418 답 $(4,\,-2)$

$2\vec{c}=2(2,\,-1)=(2\cdot2,\,2\cdot(-1))=(4,\,-2)$

0419 답 $(7,\,0)$

$\vec{a}-2\vec{b}+\vec{c}=(1,\,3)-2(-2,\,1)+(2,\,-1)$
$\qquad=(1-2\cdot(-2)+2,\,3-2\cdot1+(-1))$
$\qquad=(7,\,0)$

0420 답 $(4,\,5)$

$2(\vec{a}-\vec{b})-(\vec{b}+2\vec{c})$
$=2\vec{a}-2\vec{b}-\vec{b}-2\vec{c}=2\vec{a}-3\vec{b}-2\vec{c}$
$=2(1,\,3)-3(-2,\,1)-2(2,\,-1)$
$=(2\cdot1-3\cdot(-2)-2\cdot2,\,2\cdot3-3\cdot1-2\cdot(-1))$
$=(4,\,5)$

0421 답 $\overrightarrow{AB}=(2,\,-3),\,|\overrightarrow{AB}|=\sqrt{13}$

$\overrightarrow{AB}=(3-1,\,-1-2)=(2,\,-3)$
$|\overrightarrow{AB}|=\sqrt{2^2+(-3)^2}=\sqrt{13}$

0422 답 $\overrightarrow{AB}=(-8,\,-6),\,|\overrightarrow{AB}|=10$

$\overrightarrow{AB}=(-6-2,\,-2-4)=(-8,\,-6)$
$|\overrightarrow{AB}|=\sqrt{(-8)^2+(-6)^2}=10$

0423 답 3

$0°\leq60°\leq90°$이므로
$\vec{a}\cdot\vec{b}=2\times3\times\cos60°=2\times3\times\dfrac{1}{2}=3$

0424 답 $-3\sqrt{2}$

$90°<135°\leq180°$이므로
$$\vec{a}\cdot\vec{b}=-2\times3\times\cos(180°-135°)$$
$$=-2\times3\times\cos45°$$
$$=-2\times3\times\frac{\sqrt{2}}{2}=-3\sqrt{2}$$

0425 답 1

$\vec{a}\cdot\vec{b}=1\times3+2\times(-1)=1$

0426 답 2

$\vec{a}\cdot\vec{b}=(-2)\times2+3\times2=2$

0427 답 -2

$$(\vec{a}+\vec{b})\cdot(\vec{a}-\vec{b})=\vec{a}\cdot\vec{a}-\vec{a}\cdot\vec{b}+\vec{b}\cdot\vec{a}-\vec{b}\cdot\vec{b}$$
$$=|\vec{a}|^2-\vec{a}\cdot\vec{b}+\vec{a}\cdot\vec{b}-|\vec{b}|^2$$
$$=|\vec{a}|^2-|\vec{b}|^2$$
$$=1^2-(\sqrt{3})^2=-2$$

0428 답 7

$$|2\vec{a}+\vec{b}|^2-4\vec{a}\cdot\vec{b}=(2\vec{a}+\vec{b})\cdot(2\vec{a}+\vec{b})-4\vec{a}\cdot\vec{b}$$
$$=4\vec{a}\cdot\vec{a}+2\vec{a}\cdot\vec{b}+2\vec{b}\cdot\vec{a}+\vec{b}\cdot\vec{b}-4\vec{a}\cdot\vec{b}$$
$$=4|\vec{a}|^2+4\vec{a}\cdot\vec{b}+|\vec{b}|^2-4\vec{a}\cdot\vec{b}$$
$$=4|\vec{a}|^2+|\vec{b}|^2$$
$$=4\times1^2+(\sqrt{3})^2=7$$

0429 답 5

$$(\vec{a}+\vec{b})\cdot(\vec{a}-2\vec{b})=\vec{a}\cdot\vec{a}-\vec{a}\cdot(2\vec{b})+\vec{b}\cdot\vec{a}-\vec{b}\cdot(2\vec{b})$$
$$=|\vec{a}|^2-2\vec{a}\cdot\vec{b}+\vec{a}\cdot\vec{b}-2|\vec{b}|^2$$
$$=|\vec{a}|^2-\vec{a}\cdot\vec{b}-2|\vec{b}|^2$$
$$=3^2-(-4)-2\times2^2=5$$

0430 답 $45°$

$\vec{a}\cdot\vec{b}=2\times1+1\times3=5\geq0$
이므로 두 벡터 $\vec{a}$, $\vec{b}$가 이루는 각의 크기를 θ라 하면
$$\cos\theta=\frac{5}{\sqrt{2^2+1^2}\sqrt{1^2+3^2}}$$
$$=\frac{5}{\sqrt{5}\sqrt{10}}=\frac{\sqrt{2}}{2}$$
$$\therefore \theta=45°$$

0431 답 $120°$

$\vec{a}\cdot\vec{b}=(-2\sqrt{3})\times\sqrt{3}+2\times1=-4<0$
이므로 두 벡터 $\vec{a}$, $\vec{b}$가 이루는 각의 크기를 θ라 하면
$$\cos(180°-\theta)=-\frac{-4}{\sqrt{(-2\sqrt{3})^2+2^2}\sqrt{(\sqrt{3})^2+1^2}}$$
$$=\frac{4}{4\times2}=\frac{1}{2}$$
$$\therefore 180°-\theta=60°$$
$$\therefore \theta=120°$$

0432 답 1

두 벡터 $\vec{a}$, $\vec{b}$가 서로 수직이 되려면 $\vec{a}\cdot\vec{b}=0$이므로
$2\times x+(-1)\times2=0$
$2x=2$　　$\therefore x=1$

0433 답 9

두 벡터 $\vec{a}$, $\vec{b}$가 서로 수직이 되려면 $\vec{a}\cdot\vec{b}=0$이므로
$3\times6+(-x)\times2=0$
$2x=18$　　$\therefore x=9$

0434 답 0

두 벡터 $\vec{a}$, $\vec{b}$가 서로 평행하면 $\vec{a}\cdot\vec{b}=\pm|\vec{a}||\vec{b}|$이다.
이때 $|\vec{a}|=\sqrt{x^2+9}$, $|\vec{b}|=1$이므로
$\vec{a}\cdot\vec{b}=\pm|\vec{a}||\vec{b}|$에서
$x\times0+3\times1=\pm\sqrt{x^2+9}$
$3=\pm\sqrt{x^2+9}$
위의 식의 양변을 제곱하면
$9=x^2+9$
$x^2=0$　　$\therefore x=0$

● 다른 풀이 ●

두 벡터 $\vec{a}$, $\vec{b}$가 서로 평행해야 하므로
$\vec{a}=k\vec{b}$ (단, k는 0이 아닌 실수)라 하면
$(x, 3)=(0, k)$에서
$x=0$, $k=3$

0435 답 6

두 벡터 $\vec{a}$, $\vec{b}$가 서로 평행하면 $\vec{a}\cdot\vec{b}=\pm|\vec{a}||\vec{b}|$이다.
이때 $|\vec{a}|=\sqrt{10}$, $|\vec{b}|=\sqrt{x^2+4}$이므로
$\vec{a}\cdot\vec{b}=\pm|\vec{a}||\vec{b}|$에서
$1\times2+3\times x=\pm\sqrt{10}\sqrt{x^2+4}$
$3x+2=\pm\sqrt{10}\sqrt{x^2+4}$
위의 식의 양변을 제곱하면
$(3x+2)^2=10(x^2+4)$
$9x^2+12x+4=10x^2+40$, $x^2-12x+36=0$, $(x-6)^2=0$
$\therefore x=6$

● 다른 풀이 ●

두 벡터 $\vec{a}$, $\vec{b}$가 서로 평행해야 하므로
$\vec{a}=k\vec{b}$ (단, k는 0이 아닌 실수)라 하면
$(1, 3)=(2k, kx)$에서
$k=\dfrac{1}{2}$, $x=6$

0436 답 $\dfrac{x-1}{2}=y-1$

$\dfrac{x-1}{2}=\dfrac{y-1}{1}$　　$\therefore \dfrac{x-1}{2}=y-1$

0437 답 $x+3=\dfrac{y+1}{2}$

$\dfrac{x+3}{1}=\dfrac{y+1}{2}$　　$\therefore x+3=\dfrac{y+1}{2}$

0438 답 $2x+3y-4=0$

$2(x-2)+3(y-0)=0$ ∴ $2x+3y-4=0$

0439 답 $3x-y-5=0$

$3\cdot(x-1)+(-1)\cdot(y+2)=0$ ∴ $3x-y-5=0$

0440 답 $\dfrac{\sqrt{2}}{2}$

두 직선 $x-2=\dfrac{y+1}{3}$, $\dfrac{x+1}{2}=y$의 방향벡터를 각각 $\vec{u_1}$, $\vec{u_2}$라 하면 $\vec{u_1}=(1,\ 3)$, $\vec{u_2}=(2,\ 1)$이므로

$$\cos\theta=\dfrac{|1\times2+3\times1|}{\sqrt{1^2+3^2}\sqrt{2^2+1^2}}=\dfrac{5}{\sqrt{10}\sqrt{5}}=\dfrac{\sqrt{2}}{2}$$

0441 답 $\dfrac{\sqrt{5}}{5}$

두 직선 $-x=\dfrac{y+3}{7}$, $\dfrac{x+2}{3}=4-y$의 방향벡터를 각각 $\vec{u_1}$, $\vec{u_2}$라 하면 $\vec{u_1}=(-1,\ 7)$, $\vec{u_2}=(3,\ -1)$이므로

$$\cos\theta=\dfrac{|(-1)\times3+7\times(-1)|}{\sqrt{(-1)^2+7^2}\sqrt{3^2+(-1)^2}}=\dfrac{10}{5\sqrt{2}\times\sqrt{10}}=\dfrac{\sqrt{5}}{5}$$

0442 답 -6

두 직선 $\dfrac{x+1}{4}=\dfrac{y-2}{a}$, $\dfrac{x-3}{2}=\dfrac{1-y}{3}$의 방향벡터를 각각 $\vec{u_1}$, $\vec{u_2}$라 하면 $\vec{u_1}=(4,\ a)$, $\vec{u_2}=(2,\ -3)$이다.

이때 두 직선이 서로 평행하므로
$\vec{u_1}=k\vec{u_2}$ (단, k는 0이 아닌 실수)라 하면
$(4,\ a)=(2k,\ -3k)$에서
$4=2k$, $a=-3k$
따라서 $k=2$이므로
$a=-3\times2=-6$

0443 답 $\dfrac{8}{3}$

두 직선 $\dfrac{x+1}{4}=\dfrac{y-2}{a}$, $\dfrac{x-3}{2}=\dfrac{1-y}{3}$의 방향벡터를 각각 $\vec{u_1}$, $\vec{u_2}$라 하면 $\vec{u_1}=(4,\ a)$, $\vec{u_2}=(2,\ -3)$이다.

이때 두 직선이 서로 수직이므로 $\vec{u_1}\cdot\vec{u_2}=0$에서
$4\times2+a\times(-3)=0$
$3a=8$ ∴ $a=\dfrac{8}{3}$

0444 답 $x^2+y^2=4$

점 P의 좌표를 $(x,\ y)$라 하고, 점 P의 위치벡터를 $\vec{p}$라 하면
$|\overrightarrow{OP}|=2$에서 $|\vec{p}|=2$
즉, $\vec{p}\cdot\vec{p}=2^2$이므로
$(x,\ y)\cdot(x,\ y)=4$ ∴ $x^2+y^2=4$

0445 답 $(x-1)^2+(y-2)^2=1$

점 P의 좌표를 $(x,\ y)$라 하고, 두 점 A, P의 위치벡터를 각각 $\vec{a}$, $\vec{p}$라 하면
$|\overrightarrow{AP}|=1$에서 $|\vec{p}-\vec{a}|=1$

즉, $(\vec{p}-\vec{a})\cdot(\vec{p}-\vec{a})=1^2$이므로
$(x-1,\ y-2)\cdot(x-1,\ y-2)=1$
∴ $(x-1)^2+(y-2)^2=1$

본문 077~099쪽

0446 답 ②

0447 답 ②

$\overrightarrow{AB}=\vec{b}-\vec{a}$, $\overrightarrow{BC}=(\vec{a}-2\vec{b})-\vec{b}=\vec{a}-3\vec{b}$
이므로

$$\begin{aligned}\overrightarrow{AB}-3\overrightarrow{BC}&=(\vec{b}-\vec{a})-3(\vec{a}-3\vec{b})\\&=\vec{b}-\vec{a}-3\vec{a}+9\vec{b}\\&=-4\vec{a}+10\vec{b}\end{aligned}$$

0448 답 ①

점 O에 대한 점 C의 위치벡터는 $\overrightarrow{OC}$이므로

$$\begin{aligned}\overrightarrow{OC}&=\overrightarrow{AB}\\&=(2\vec{a}-\vec{b})-(\vec{a}+2\vec{b})\\&=\vec{a}-3\vec{b}\end{aligned}$$

0449 답 ②

점 O에 대한 점 D의 위치벡터는 $\overrightarrow{OD}$이므로

$$\begin{aligned}\overrightarrow{OD}&=\overrightarrow{OC}+\overrightarrow{CD}=2\overrightarrow{AB}+\overrightarrow{AO}\\&=2(\vec{b}-\vec{a})+(-\vec{a})=-3\vec{a}+2\vec{b}\end{aligned}$$

0450 답 ④

한 직선 위에 있는 세 점 O, A, B가 $3\overrightarrow{AB}=\overrightarrow{OB}$를 만족시키는 경우는 다음 그림과 같이 두 가지 경우이다.

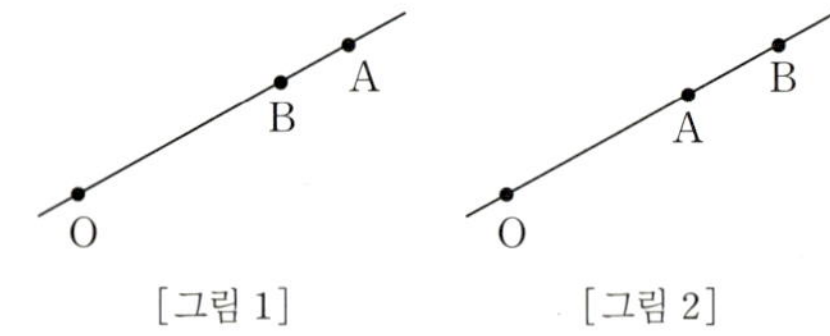

(i) [그림 1]의 경우
$\overrightarrow{OB}=\dfrac{3}{4}\overrightarrow{OA}$이므로 점 B의 위치벡터는 $\dfrac{3}{4}\vec{a}$이다.
∴ $k=\dfrac{3}{4}$

(ii) [그림 2]의 경우
$\overrightarrow{OB}=\dfrac{3}{2}\overrightarrow{OA}$이므로 점 B의 위치벡터는 $\dfrac{3}{2}\vec{a}$이다.
∴ $k=\dfrac{3}{2}$

(i), (ii)에서 모든 실수 k의 값의 합은
$\dfrac{3}{4}+\dfrac{3}{2}=\dfrac{9}{4}$

0451 답 ②

0452　답 ⑤

$$\vec{q}=\frac{1\cdot 3\vec{b}-2\cdot 2\vec{a}}{1-2}$$
$$=\frac{-4\vec{a}+3\vec{b}}{-1}$$
$$=4\vec{a}-3\vec{b}$$

따라서 $m=4$, $n=-3$이므로
$m-n=4-(-3)=7$

0453　답 ②

$$\vec{p}=\frac{m(\vec{a}+\vec{b})+2\vec{a}}{m+2}$$
$$=\vec{a}+\frac{m}{m+2}\vec{b}$$
$$=\vec{a}+\frac{3}{5}\vec{b}$$

에서 $\dfrac{m}{m+2}=\dfrac{3}{5}$

$5m=3m+6$, $2m=6$
$\therefore m=3$

0454　답 ⑤

오른쪽 그림과 같이 점 C는 선분 AB를 $1:4$
로 내분한 점이고, 점 E는 선분 AB를 $3:2$
로 내분한 점이므로

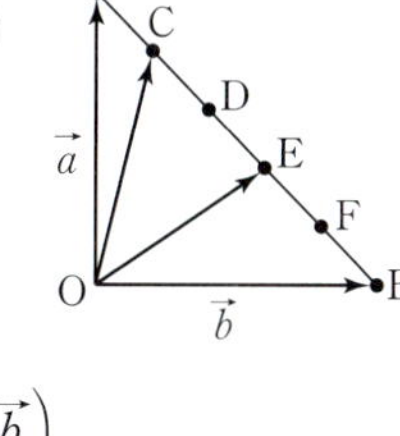

$$\overrightarrow{OC}=\frac{1\cdot\vec{b}+4\cdot\vec{a}}{1+4}=\frac{4}{5}\vec{a}+\frac{1}{5}\vec{b},$$
$$\overrightarrow{OE}=\frac{3\cdot\vec{b}+2\cdot\vec{a}}{3+2}=\frac{2}{5}\vec{a}+\frac{3}{5}\vec{b}$$
$$\therefore \overrightarrow{OC}+2\overrightarrow{OE}=\frac{4}{5}\vec{a}+\frac{1}{5}\vec{b}+2\left(\frac{2}{5}\vec{a}+\frac{3}{5}\vec{b}\right)$$
$$=\frac{8}{5}\vec{a}+\frac{7}{5}\vec{b}$$

0455　답 ③

$$\vec{c}=\frac{6}{5}\vec{a}-\frac{1}{5}\vec{b}=\frac{6\vec{a}-\vec{b}}{6-1}$$

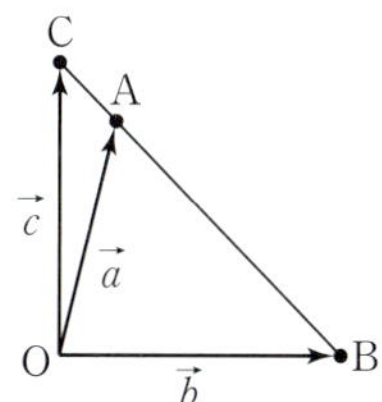

이므로 점 C는 선분 BA를 $6:1$로 외분한
점이다.
$|\overrightarrow{AB}|=|\vec{b}-\vec{a}|=5$에서 $\overline{AB}=5$이므로
$\overline{AC}=\dfrac{1}{5}\overline{AB}=\dfrac{1}{5}\cdot 5=1$

0456　답 ⑤

0457　답 ②

무게중심 G의 위치벡터를 $\vec{g}$라 하면
$$\vec{g}=\frac{\vec{a}+\vec{b}+\vec{c}}{3}$$

점 P의 위치벡터를 $\vec{p}$라 하면
$$\vec{p}=\frac{2\cdot\vec{c}+1\cdot\vec{a}}{2+1}=\frac{\vec{a}+2\vec{c}}{3}$$
$$\therefore \overrightarrow{GP}=\vec{p}-\vec{g}=\frac{\vec{a}+2\vec{c}}{3}-\frac{\vec{a}+\vec{b}+\vec{c}}{3}$$
$$=\frac{-\vec{b}+\vec{c}}{3}=-\frac{1}{3}\vec{b}+\frac{1}{3}\vec{c}$$

0458　답 ⑤

무게중심 G의 위치벡터가 $\vec{a}-4\vec{b}$이므로
$$\frac{(2m\vec{a}-n\vec{b})+(n\vec{a}-2m\vec{b})+(-m\vec{a}+2n\vec{b})}{3}$$
$$=\frac{m+n}{3}\vec{a}+\frac{-2m+n}{3}\vec{b}=\vec{a}-4\vec{b}$$

$\dfrac{m+n}{3}=1$에서 $m+n=3$　　　…… ㉠

$\dfrac{-2m+n}{3}=-4$에서 $2m-n=12$　　　…… ㉡

㉠, ㉡을 연립하여 풀면
$m=5$, $n=-2$
$\therefore m-n=5-(-2)=7$

0459　답 ⑤

$\overrightarrow{GA}+\overrightarrow{GB}+\overrightarrow{GC}=\vec{0}$에서
$$\overrightarrow{GC}=-\overrightarrow{GA}-\overrightarrow{GB}$$
$$=-(\vec{a}+2\vec{b})-(2\vec{a}-\vec{b})$$
$$=-3\vec{a}-\vec{b}$$
$$\therefore \overrightarrow{AC}=\overrightarrow{GC}-\overrightarrow{GA}$$
$$=-3\vec{a}-\vec{b}-(\vec{a}+2\vec{b})$$
$$=-4\vec{a}-3\vec{b}$$

따라서 $m=-4$, $n=-3$이므로
$mn=(-4)\cdot(-3)=12$

0460　답 ③

점 P의 위치벡터는
$$\frac{1\cdot\vec{b}+2\cdot\vec{a}}{1+2}=\frac{2\vec{a}+\vec{b}}{3}$$
점 Q의 위치벡터는
$$\frac{1\cdot(2\vec{a}+\vec{b})+2\cdot\vec{b}}{1+2}=\frac{2\vec{a}+3\vec{b}}{3}$$
점 R의 위치벡터는
$$\frac{1\cdot\vec{a}+2\cdot(2\vec{a}+\vec{b})}{1+2}=\frac{5\vec{a}+2\vec{b}}{3}$$
따라서 무게중심 G의 위치벡터는
$$\frac{\frac{2\vec{a}+\vec{b}}{3}+\frac{2\vec{a}+3\vec{b}}{3}+\frac{5\vec{a}+2\vec{b}}{3}}{3}=\frac{9\vec{a}+6\vec{b}}{9}=\vec{a}+\frac{2}{3}\vec{b}$$

따라서 $m=1$, $n=\dfrac{2}{3}$이므로 $m+n=1+\dfrac{2}{3}=\dfrac{5}{3}$

● 다른 풀이 ●

삼각형 PQR의 무게중심은 삼각형 ABC의 무게중심과 일치하므
로 점 G의 위치벡터는
$$\frac{\vec{a}+\vec{b}+(2\vec{a}+\vec{b})}{3}=\frac{3\vec{a}+2\vec{b}}{3}=\vec{a}+\frac{2}{3}\vec{b}$$

해설 속 칠판　**삼각형의 무게중심**

삼각형 ABC의 세 변 AB, BC, CA를
$m:n$ $(m>0, n>0)$으로 내분하는 점을 각각
D, E, F라 할 때, 삼각형 ABC와 삼각형 DEF
의 무게중심은 일치한다.

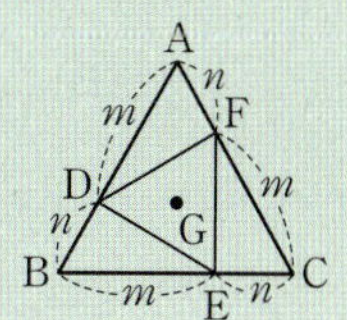

0461 답 -1

0462 답 ④

점 O에 대한 두 점 A, B의 위치벡터를 각각 $\vec{a}$, $\vec{b}$라 하면

$\overrightarrow{OP}=-\dfrac{1}{2}\vec{a}$, $\overrightarrow{OG}=\dfrac{\vec{a}+\vec{b}}{3}$이므로

(세 점 P, O, A가 일직선 위에 있으므로)

$\overrightarrow{PG}=\overrightarrow{OG}-\overrightarrow{OP}$

($\overrightarrow{OG}=\dfrac{\vec{a}+\vec{b}+\vec{0}}{3}=\dfrac{\vec{a}+\vec{b}}{3}$)

$\quad=\dfrac{\vec{a}+\vec{b}}{3}-\left(-\dfrac{1}{2}\vec{a}\right)$

$\quad=\dfrac{5}{6}\vec{a}+\dfrac{1}{3}\vec{b}$

$\quad=\dfrac{5}{6}\overrightarrow{OA}+\dfrac{1}{3}\overrightarrow{OB}$

에서

$m=\dfrac{5}{6}$, $n=\dfrac{1}{3}$

$\therefore m+n=\dfrac{5}{6}+\dfrac{1}{3}=\dfrac{7}{6}$

0463 답 2

점 O에 대한 두 점 A, B의 위치벡터를 각각 $\vec{a}$, $\vec{b}$라 하면

$\overrightarrow{OP}=\dfrac{2}{3}\vec{b}$, $\overrightarrow{OQ}=\dfrac{n\vec{a}+m\vec{b}}{m+n}$에서

$\overrightarrow{PQ}=\overrightarrow{OQ}-\overrightarrow{OP}$

$\quad=\dfrac{n\vec{a}+m\vec{b}}{m+n}-\dfrac{2}{3}\vec{b}$

$\quad=\dfrac{n}{m+n}\vec{a}+\left(\dfrac{m}{m+n}-\dfrac{2}{3}\right)\vec{b}$

$\quad=\dfrac{2}{3}\vec{a}-\dfrac{1}{3}\vec{b}$

이므로

$\dfrac{n}{m+n}=\dfrac{2}{3}$, $\dfrac{m}{m+n}-\dfrac{2}{3}=-\dfrac{1}{3}$

$\therefore 2m=n$

이때 m과 n은 서로소인 자연수이므로

$m=1$, $n=2$

$\therefore mn=1\cdot2=2$

0464 답 ③

점 A에 대한 두 점 B, C의 위치벡터를 각각 $\vec{a}$, $\vec{b}$라 하자.

선분 AD는 $\angle A$를 이등분하므로

$\overline{AB}:\overline{AC}=\overline{BD}:\overline{CD}$이고 $\overline{AB}:\overline{AC}=1:2$이므로

$\overline{BD}:\overline{CD}=1:2$

$\therefore \overrightarrow{AD}=\dfrac{1\cdot\vec{b}+2\cdot\vec{a}}{1+2}=\dfrac{2\vec{a}+\vec{b}}{3}$

$\therefore \overrightarrow{GD}=\overrightarrow{AD}-\overrightarrow{AG}$

($\overrightarrow{AG}=\dfrac{\vec{a}+\vec{b}+\vec{0}}{3}=\dfrac{\vec{a}+\vec{b}}{3}$)

$\quad=\dfrac{2\vec{a}+\vec{b}}{3}-\dfrac{\vec{a}+\vec{b}}{3}$

$\quad=\dfrac{1}{3}\vec{a}$

$\quad=\dfrac{1}{3}\overrightarrow{AB}$

따라서 $m=\dfrac{1}{3}$, $n=0$이므로

$m-n=\dfrac{1}{3}-0=\dfrac{1}{3}$

0465 답 ⑤

오른쪽 그림과 같이 두 선분 AC, BD의 교점을 E라 하면

$\overline{AD}=\sqrt{2}$, $\angle DAC=45°$이므로 $\overline{AE}=1$

이때 $\overline{AC}=4$이므로 $\overline{CE}=3$

즉, 점 E는 선분 AC를 $1:3$으로 내분하는 점이다.

점 D에 대한 두 점 A, C의 위치벡터를 각각 $\vec{a}$, $\vec{b}$라 하면

$\overrightarrow{DE}=\dfrac{1\cdot\vec{b}+3\cdot\vec{a}}{1+3}=\dfrac{3\vec{a}+\vec{b}}{4}$

한편, 두 삼각형 ACD, DBA는 합동 (ASA 합동)이므로

$\overline{DE}=1$, $\overline{DB}=4$

$\therefore \overrightarrow{DB}=4\overrightarrow{DE}=4\left(\dfrac{3\vec{a}+\vec{b}}{4}\right)=3\vec{a}+\vec{b}=3\overrightarrow{DA}+\overrightarrow{DC}$

따라서 $m=3$, $n=1$이므로 $mn=3\cdot1=3$

0466 답 ③

0467 답 ②

$\overrightarrow{BA}=\overrightarrow{PA}-\overrightarrow{PB}$이므로 $\overrightarrow{PA}+\overrightarrow{PB}+3\overrightarrow{PC}=\overrightarrow{BA}$에서

$\overrightarrow{PA}+\overrightarrow{PB}+3\overrightarrow{PC}=\overrightarrow{PA}-\overrightarrow{PB}$

$2\overrightarrow{PB}=-3\overrightarrow{PC}$

$\therefore \overrightarrow{PB}=-\dfrac{3}{2}\overrightarrow{PC}$

($\dfrac{3}{2}:1=3:2$)

즉, 점 P는 선분 BC를 $3:2$로 내분하는 점이다.

따라서 두 삼각형 ABP, APC의 넓이의 비는 $3:2$이므로 삼각형 APC의 넓이는

$12\cdot\dfrac{2}{3}=8$

● **다른 풀이** ●

$\overrightarrow{PA}+\overrightarrow{PB}+3\overrightarrow{PC}=\overrightarrow{BA}$에서

$-\overrightarrow{AP}+\overrightarrow{AB}-\overrightarrow{AP}+3\overrightarrow{AC}-3\overrightarrow{AP}=-\overrightarrow{AB}$

$\therefore \overrightarrow{AP}=\dfrac{3\overrightarrow{AC}+2\overrightarrow{AB}}{5}$

즉, 점 P는 선분 BC를 $3:2$로 내분하는 점이다.

0468 답 ①

$\overrightarrow{AC}=\overrightarrow{PC}-\overrightarrow{PA}$이므로 $4\overrightarrow{PA}+5\overrightarrow{PB}+6\overrightarrow{PC}=\overrightarrow{AC}$에서

$4\overrightarrow{PA}+5\overrightarrow{PB}+6\overrightarrow{PC}=\overrightarrow{PC}-\overrightarrow{PA}$

$5\overrightarrow{PA}+5\overrightarrow{PB}+5\overrightarrow{PC}=\vec{0}$

$\therefore \overrightarrow{PA}+\overrightarrow{PB}+\overrightarrow{PC}=\vec{0}$

즉, 점 P는 삼각형 ABC의 무게중심이다.

따라서 삼각형 PBC의 넓이는 $\dfrac{18}{3}=6$이다.

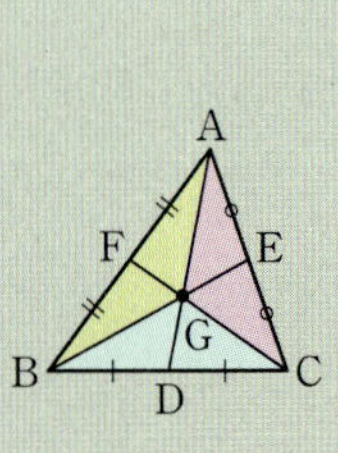

해설 속 칠판 삼각형의 무게중심과 넓이

삼각형 ABC의 무게중심을 G라 하면

(1) $\dfrac{1}{3}\triangle ABC=\triangle ABG=\triangle BCG=\triangle CAG$

(2) $\dfrac{1}{6}\triangle ABC=\triangle AFG=\triangle FBG$
$\qquad\qquad\quad=\triangle BDG=\triangle DCG$
$\qquad\qquad\quad=\triangle CEG=\triangle EAG$

0469 답 ②

$4\overrightarrow{PA}+2\overrightarrow{PB}+2\overrightarrow{PC}=\overrightarrow{CB}$에서

$-4\overrightarrow{AP}+2\overrightarrow{AB}-2\overrightarrow{AP}+2\overrightarrow{AC}-2\overrightarrow{AP}=\overrightarrow{AB}-\overrightarrow{AC}$

$3\overrightarrow{AC}+\overrightarrow{AB}=8\overrightarrow{AP}$

$\therefore 2\overrightarrow{AP}=\dfrac{3\overrightarrow{AC}+\overrightarrow{AB}}{4}$ → $2\overrightarrow{AP}=\overrightarrow{AD}$

즉, 오른쪽 그림과 같이 선분 BC를
3 : 1로 내분하는 점을 D라 하면 점 P
는 선분 AD의 중점이다.
따라서 삼각형 APC의 넓이는

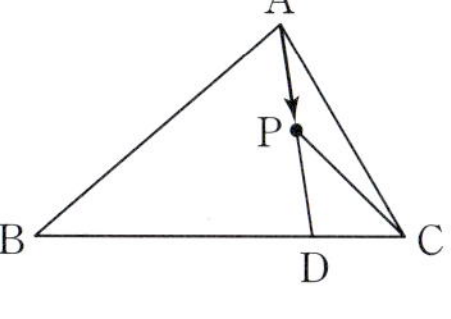

$\dfrac{1}{4}\cdot\dfrac{1}{2}\cdot S=\dfrac{S}{8}$ → $\triangle ADC=\dfrac{1}{4}S$,

$\therefore k=\dfrac{1}{8}$ $\triangle APC=\dfrac{1}{2}\triangle ADC$

0470 답 ②

$\overrightarrow{PA}+4\overrightarrow{PC}=\overrightarrow{PB}$에서 $-\overrightarrow{AP}+4\overrightarrow{AC}-4\overrightarrow{AP}=\overrightarrow{AB}-\overrightarrow{AP}$

$4\overrightarrow{AC}-\overrightarrow{AB}=4\overrightarrow{AP}$

$\therefore \dfrac{4}{3}\overrightarrow{AP}=\dfrac{4\overrightarrow{AC}-\overrightarrow{AB}}{3}$ → $\dfrac{4}{3}\overrightarrow{AP}=\overrightarrow{AD}$

즉, 오른쪽 그림과 같이 선분 BC를
4 : 1로 외분하는 점을 D라 하면 점 P는
선분 AD를 3 : 1로 내분하는 점이다.
이때 $\overline{AD}:\overline{PD}=4:1$이므로 두 삼각
형 ABC, PBC의 넓이의 비는 4 : 1이
다.

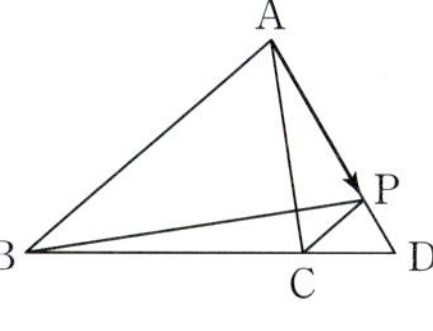

두 삼각형 ABC, PBC의 높이의 비가 4 : 1이다.

따라서 삼각형 PBC의 넓이는 $\dfrac{k}{4}$이므로 $\dfrac{k}{4}$가 자연수가 되기 위
한 자연수 k의 최솟값은 4이다.

0471 답 ①

0472 답 ④

점 P가 존재하는 영역은 오른쪽 그림과
같이 두 선분 AB, AC를 이웃한 변으로
하는 평행사변형의 내부와 둘레이므로 구
하는 도형의 넓이는

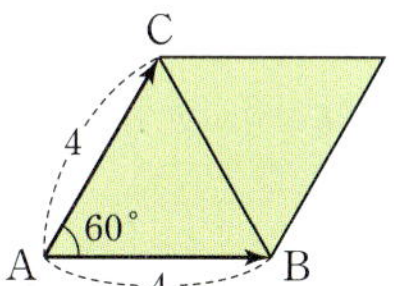

$2\cdot\dfrac{1}{2}|\overrightarrow{AB}||\overrightarrow{AC}|\sin 60°$

$=2\cdot\dfrac{1}{2}\cdot4\cdot4\cdot\dfrac{\sqrt{3}}{2}=8\sqrt{3}$

0473 답 ②

$m+n=2$에서 $\dfrac{m}{2}+\dfrac{n}{2}=1$이므로

$\overrightarrow{OP}=m\overrightarrow{OA}+n\overrightarrow{OB}$

$=\dfrac{m}{2}(2\overrightarrow{OA})+\dfrac{n}{2}(2\overrightarrow{OB})$

이때 오른쪽 그림과 같이 $2\overrightarrow{OA}=\overrightarrow{OC}$,
$2\overrightarrow{OB}=\overrightarrow{OD}$를 만족시키는 두 점을 각각
C, D라 하면 점 P가 나타내는 도형은 선
분 CD이다.
따라서 점 P가 나타내는 도형의 길이는

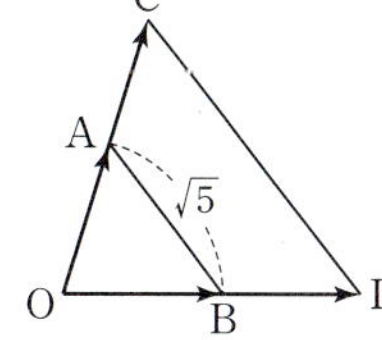

$\overline{CD}=2\overline{AB}=2\sqrt{5}$

0474 답 ②

$0\le m+n\le\dfrac{1}{2}$에서 $0\le2m+2n\le1$이므로

$\overrightarrow{AP}=m\overrightarrow{AB}+n\overrightarrow{AC}$

$=2m\left(\dfrac{1}{2}\overrightarrow{AB}\right)+2n\left(\dfrac{1}{2}\overrightarrow{AC}\right)$

이때 오른쪽 그림과 같이 $\dfrac{1}{2}\overrightarrow{AB}=\overrightarrow{AD}$,

$\dfrac{1}{2}\overrightarrow{AC}=\overrightarrow{AE}$를 만족시키는 두 점을 각각
D, E라 하면 점 P가 존재하는 영역은 삼
각형 ADE의 내부와 둘레이다.
따라서 점 P가 나타내는 도형의 넓이는

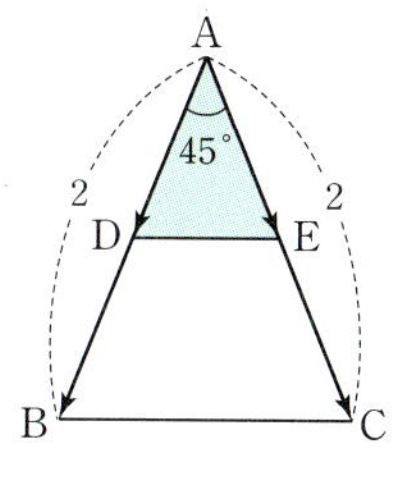

$\dfrac{1}{2}\cdot1\cdot1\cdot\sin 45°=\dfrac{1}{2}\cdot1\cdot1\cdot\dfrac{\sqrt{2}}{2}=\dfrac{\sqrt{2}}{4}$

0475 답 ④

$0\le n\le k$에서 $0\le\dfrac{n}{k}\le1$이므로

$\overrightarrow{OP}=2m\overrightarrow{OA}+n\overrightarrow{OB}$

$=m(2\overrightarrow{OA})+\dfrac{n}{k}(k\overrightarrow{OB})$

이때 오른쪽 그림과 같이 $2\overrightarrow{OA}=\overrightarrow{OC}$,
$k\overrightarrow{OB}=\overrightarrow{OD}$를 만족시키는 두 점을 각각
C, D라 하면 점 P가 나타내는 도형은 두
선분 OC, OD를 이웃한 변으로 하는 직
사각형의 내부와 둘레이다.
따라서 점 P가 나타내는 도형이 정사각형
의 내부와 둘레가 되려면 $|\overrightarrow{OC}|=|\overrightarrow{OD}|$이어야 하므로

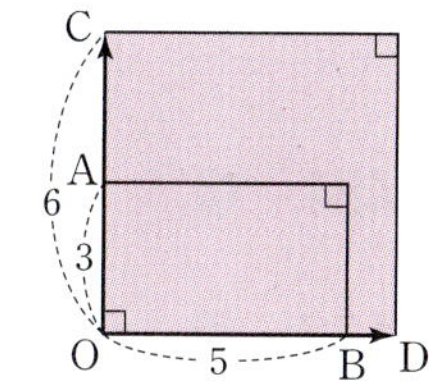

$2|\overrightarrow{OA}|=k|\overrightarrow{OB}|$에서

$2\cdot3=k\cdot5$ $\therefore k=\dfrac{6}{5}$

0476 답 ③

0477 답 ①

$2(\vec{a}-\vec{b}+2\vec{c})-(3\vec{a}-\vec{b}+2\vec{c})$

$=-\vec{a}-\vec{b}+2\vec{c}$

$=-(2,-1)-(1,-3)+2(2,-1)$

$=(1,2)$

따라서 $m=1$, $n=2$이므로

$mn=1\cdot2=2$

0478 답 ⑤

$2\vec{a}+\vec{x}=\vec{b}$에서 $\vec{x}=-2\vec{a}+\vec{b}$이므로

$\vec{x}=-2(2,-3)+(3,1)=(-1,7)$

$\therefore |\vec{x}|=\sqrt{(-1)^2+7^2}=5\sqrt{2}$

0479 답 ②

단위벡터는 크기가 1인 벡터이다.

$|\vec{a}|=\sqrt{(3x+1)^2+\left(\dfrac{3}{5}\right)^2}=1$에서

$(3x+1)^2+\left(\dfrac{3}{5}\right)^2=1$

$\therefore 9x^2+6x+\dfrac{9}{25}=0$ → $\left(3x+\dfrac{9}{5}\right)\left(3x+\dfrac{1}{5}\right)=0$

이때 위의 이차방정식의 판별식을 D라 하면

$$\frac{D}{4}=3^2-9\cdot\frac{9}{25}=\frac{144}{25}>0$$

이므로 이 이차방정식은 서로 다른 두 실근을 갖는다.

따라서 구하는 모든 실수 x의 값의 합은 이차방정식의 근과 계수의 관계에 의하여

$$-\frac{6}{9}=-\frac{2}{3}$$

0480 답 ③

$$3\vec{a}+2\vec{b}-\vec{c}=3(-1,\,2)+2(2,\,-1)-(-2,\,0)$$
$$=(3,\,4)$$

이고, 그 크기는

$$|3\vec{a}+2\vec{b}-\vec{c}|=\sqrt{3^2+4^2}=5$$

즉, 벡터 $3\vec{a}+2\vec{b}-\vec{c}$와 방향이 같은 단위벡터를 성분으로 나타내면 $\frac{1}{5}(3,\,4)=\left(\frac{3}{5},\,\frac{4}{5}\right)$이므로 벡터 $3\vec{a}+2\vec{b}-\vec{c}$와 방향이 같고, 크기가 10인벡터 $\vec{p}$는

$$\vec{p}=10\left(\frac{3}{5},\,\frac{4}{5}\right)=(6,\,8)$$

따라서 $m=6$, $n=8$이므로

$$m+n=6+8=14$$

0481 답 ⑤

0482 답 ⑤

$\vec{a}+m\vec{b}+n\vec{c}=\vec{0}$에서

$$(-2,\,-1)+m(4,\,-1)+n(5,\,-2)$$
$$=(-2+4m+5n,\,-1-m-2n)$$
$$=(0,\,0)$$

이므로

$$-2+4m+5n=0,\ -1-m-2n=0$$

위의 두 식을 연립하여 풀면

$$m=3,\ n=-2$$

$$\therefore\ m-n=3-(-2)=5$$

0483 답 ④

$\vec{c}=2\vec{a}+3\vec{b}$에서

$$(-5,\,12)=2(p-2,\,3)+3(2q+1,\,-q)$$
$$=(2p+6q-1,\,-3q+6)$$

이므로

$$-5=2p+6q-1,\ 12=-3q+6$$

$$\therefore\ p+3q=-2,\ -3q=6$$

위의 두 식을 연립하여 풀면

$$p=4,\ q=-2$$

$$\therefore\ p+q=4+(-2)=2$$

0484 답 ①

세 벡터 $\vec{a}$, $\vec{b}$, $\vec{c}$의 시점을 각각 좌표평면의 원점으로 생각하고 모눈 한 칸의 가로, 세로의 길이를 각각 1로 하여 세 벡터 $\vec{a}$, $\vec{b}$, $\vec{c}$를 성분을 이용하여 나타내면

$$\vec{a}=(-1,\,1),\ \vec{b}=(2,\,1),\ \vec{c}=(2,\,4)$$

이때 $\vec{c}=m\vec{a}+n\vec{b}$에서

$$(2,\,4)=m(-1,\,1)+n(2,\,1)$$
$$=(-m+2n,\,m+n)$$

이므로

$$2=-m+2n,\ 4=m+n$$

위의 두 식을 연립하여 풀면

$$m=2,\ n=2$$

$$\therefore\ m^2+n^2=2^2+2^2=8$$

0485 답 ③

점 C가 선분 AB를 $1:3$으로 내분한 점이므로

$$\vec{c}=\frac{1\cdot\vec{b}+3\cdot\vec{a}}{1+3}=\frac{3\vec{a}+\vec{b}}{4}$$

이고

$$(3,\,-1)=\frac{3(-2p-1,\,p+1)+(q-4,\,2q)}{4}$$
$$=\frac{1}{4}(-6p+q-7,\,3p+2q+3)$$

에서

$$12=-6p+q-7,\ -4=3p+2q+3$$

$$\therefore\ -6p+q=19,\ 3p+2q=-7$$

위의 두 식을 연립하여 풀면

$$p=-3,\ q=1$$

$$\therefore\ pq=(-3)\cdot1=-3$$

0486 답 ②

0487 답 ④

$$\overrightarrow{AC}=(-2-2,\,4-(-3))=(-4,\,7),$$
$$\overrightarrow{BD}=(x-1,\,y-2),$$
$$\overrightarrow{AB}=(1-2,\,2-(-3))=(-1,\,5)$$

이때 $\overrightarrow{AC}+2\overrightarrow{BD}=\overrightarrow{AB}$에서

$$(-4,\,7)+2(x-1,\,y-2)=(-1,\,5)$$
$$(2x-6,\,2y+3)=(-1,\,5)$$

이므로

$$2x-6=-1,\ 2y+3=5$$

$$\therefore\ x=\frac{5}{2},\ y=1$$

$$\therefore\ x+y=\frac{5}{2}+1=\frac{7}{2}$$

0488 답 ⑤

$$|\overrightarrow{AB}|=\sqrt{(5-2)^2+(0-4)^2}=5,$$
$$|\overrightarrow{CD}|=\sqrt{(3-p)^2+\{(p-3)-5\}^2}$$
$$=\sqrt{2p^2-22p+73}$$

이때 $|\overrightarrow{AB}|=|\overrightarrow{CD}|$에서 $|\overrightarrow{AB}|^2=|\overrightarrow{CD}|^2$이므로

$$25=2p^2-22p+73$$
$$p^2-11p+24=0$$
$$(p-3)(p-8)=0$$

$$\therefore\ p=3\ \text{또는}\ p=8$$

따라서 구하는 모든 실수 p의 값의 곱은

$$3\cdot8=24$$

0489 답 ③

$\overrightarrow{PA}=(-a,\ 1-b),\ \overrightarrow{PB}=(2-a,\ -2-b),$
$\overrightarrow{PC}=(4-a,\ 7-b),\ \overrightarrow{AB}=(2,\ -2-1)=(2,\ -3)$
이때 $\overrightarrow{PA}+\overrightarrow{PB}+\overrightarrow{PC}=3\overrightarrow{AB}$에서
$(-a,\ 1-b)+(2-a,\ -2-b)+(4-a,\ 7-b)=3(2,\ -3)$
$(6-3a,\ 6-3b)=(6,\ -9)$
이므로
$6-3a=6,\ 6-3b=-9$
$\therefore\ a=0,\ b=5$
$\therefore\ a+b=0+5=5$

0490 답 ⑤

무게중심 G의 좌표는
$\left(\dfrac{-x-1+2-1}{3},\ \dfrac{1+0+x}{3}\right)$, 즉 $\left(-\dfrac{x}{3},\ \dfrac{x+1}{3}\right)$
$\therefore\ |\overrightarrow{AG}|=\sqrt{\left\{-\dfrac{x}{3}-(-x-1)\right\}^2+\left(\dfrac{x+1}{3}-1\right)^2}$
$\qquad\qquad=\dfrac{1}{3}\sqrt{5x^2+8x+13}$
$\quad |\overrightarrow{BG}|=\sqrt{\left(-\dfrac{x}{3}-2\right)^2+\left(\dfrac{x+1}{3}\right)^2}$
$\qquad\qquad=\dfrac{1}{3}\sqrt{2x^2+14x+37}$
이때 $|\overrightarrow{AG}|=|\overrightarrow{BG}|$에서 $|\overrightarrow{AG}|^2=|\overrightarrow{BG}|^2$이므로
$\dfrac{1}{9}(5x^2+8x+13)=\dfrac{1}{9}(2x^2+14x+37)$
$x^2-2x-8=0,\ (x+2)(x-4)=0$
$\therefore\ x=-2$ 또는 $x=4$
따라서 구하는 모든 실수 x의 값의 합은
$-2+4=2$

0491 답 ②

0492 답 ⑤

두 벡터 $\vec{a},\ \vec{b}$가 서로 평행하므로
$\vec{b}=k\vec{a}$ (단, k는 0이 아닌 실수)라 하면
$(4,\ 1-x)=k(2x,\ -1)$
$\qquad\qquad=(2kx,\ -k)$
에서
$4=2kx,\ 1-x=-k$
즉, $k=x-1$이므로 $4=2kx$에 대입하면
$4=2(x-1)x$
$x^2-x-2=0,\ (x+1)(x-2)=0$
$\therefore\ x=-1$ 또는 $x=2$
따라서 구하는 모든 x의 값의 합은
$-1+2=1$

0493 답 ①

$\overrightarrow{AB}=(3-4,\ 1-x)=(-1,\ 1-x),$
$\overrightarrow{CD}=(2x+1-(x-2),\ 3-(-2))=(x+3,\ 5)$
이때 두 벡터 $\overrightarrow{AB},\ \overrightarrow{CD}$가 서로 평행하므로
$\overrightarrow{CD}=k\overrightarrow{AB}$ (단, k는 0이 아닌 실수)라 하면
$(x+3,\ 5)=k(-1,\ 1-x)$
$\qquad\qquad=(-k,\ k-kx)$
에서
$x+3=-k,\ 5=k-kx$
즉, $k=-x-3$이므로 $5=k-kx$에 대입하면
$5=(-x-3)-(-x-3)x$
$x^2+2x-8=0,\ (x+4)(x-2)=0$
$\therefore\ x=-4$ 또는 $x=2$
따라서 구하는 모든 x의 값의 곱은
$(-4)\cdot 2=-8$

0494 답 ⑤

두 벡터 $\vec{a}+m\vec{b},\ \vec{b}+m\vec{c}$가 서로 평행하므로
$\vec{b}+m\vec{c}=k(\vec{a}+m\vec{b})$ (단, k는 0이 아닌 실수)라 하면
$(mk-1)\vec{b}=m\vec{c}-k\vec{a}$
$(mk-1)(2,\ 1)=m(1,\ 0)-k(0,\ -1)$
$(2mk-2,\ mk-1)=(m,\ k)$
에서
$2mk-2=m,\ mk-1=k$
이때 $mk-1=k$에서 $k=\dfrac{1}{m-1}$이므로
$2mk-2=m$에 대입하면
$2m\cdot\dfrac{1}{m-1}-2=m$
$2m=(m+2)(m-1),\ m^2-m-2=0,\ (m+1)(m-2)=0$
$\therefore\ m=2\ (\because\ m>0)$

0495 답 ③

세 점 A, B, C가 한 직선 위에 있으려면 두 벡터 $\overrightarrow{AB},\ \overrightarrow{BC}$가 서로 평행해야 한다.
$\overrightarrow{AB}=(-1-1,\ 2-4)=(-2,\ -2),$
$\overrightarrow{BC}=(3-(-1),\ x+1-2)=(4,\ x-1)$
이므로 $\overrightarrow{BC}=k\overrightarrow{AB}$ (단, k는 0이 아닌 실수)라 하면
$(4,\ x-1)=k(-2,\ -2)$
$\qquad\qquad=(-2k,\ -2k)$
에서 $4=-2k,\ x-1=-2k$
따라서 $k=-2$이므로
$x-1=-2\cdot(-2)$
$\therefore\ x=5$

0496 답 ③

0497 답 ③

삼각형 ABC가 이등변삼각형이므로
$\angle C=\angle B=15°$
이때 두 벡터 $\overrightarrow{AB},\ \overrightarrow{AC}$가 이루는 각의 크기를 θ라 하면
$\theta=180°-15°-15°=150°$
이므로 $90°<\theta\le 180°$
$\therefore\ \overrightarrow{AB}\cdot\overrightarrow{AC}=-|\overrightarrow{AB}||\overrightarrow{AC}|\cos(180°-150°)$
$\qquad\qquad\quad=-4\times 4\times\cos 30°$
$\qquad\qquad\quad=-4\times 4\times\dfrac{\sqrt{3}}{2}=-8\sqrt{3}$

0498 답 ④

두 벡터 $\vec{a}$, $\vec{b}$가 이루는 각의 크기가 $60°$이므로

$$\vec{a}\cdot\vec{b}=|\vec{a}||\vec{b}|\cos 60°$$
$$=x(x-2)\cdot\frac{1}{2}$$
$$=12$$

에서 $x(x-2)=24$

$x^2-2x-24=0$, $(x+4)(x-6)=0$

$\therefore x=6 \ (\because x>0)$

0499 답 ②

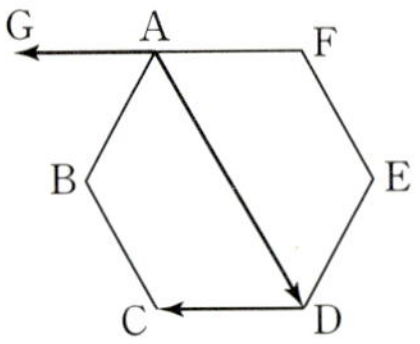

오른쪽 그림과 같이 $\overrightarrow{AG}=\overrightarrow{DC}$를 만족
시키는 점을 G라 하면 두 벡터 $\overrightarrow{AD}$,
$\overrightarrow{AG}$가 이루는 각의 크기는
$180°-60°=120°$이므로 두 벡터 $\overrightarrow{AD}$,
$\overrightarrow{DC}$가 이루는 각의 크기도 $120°$이다.

이때 $|\overrightarrow{AD}|=2|\overrightarrow{BC}|=2\cdot2=4$, $|\overrightarrow{DC}|=2$이므로

$$\overrightarrow{AD}\cdot\overrightarrow{DC}=-4\times2\times\cos(180°-120°)$$
$$=-4\times2\times\cos 60°$$
$$=-4\times2\times\frac{1}{2}=-4$$

0500 답 ④

삼각형 ABC는 직각삼각형이므로 → 반원에 대한 원주각의 크기는 $90°$이다.

$$\overline{BC}=\sqrt{\overline{AB}^2+\overline{AC}^2}$$
$$=\sqrt{(2\sqrt{2})^2+2^2}=2\sqrt{3}$$

이고, 반원의 반지름의 길이는 $\sqrt{3}$이다.

$\therefore |\overrightarrow{AO}|=\sqrt{3}$

이때 두 벡터 $\overrightarrow{AB}$, $\overrightarrow{AO}$가 이루는 각의 크기를 θ라 하면

$\theta=\angle BAO=\angle ABO$이므로 → 삼각형 ABO는 $\overline{OA}=\overline{OB}$인 이등변삼각형

$$\cos\theta=\frac{\overline{AB}}{\overline{BC}}=\frac{2\sqrt{2}}{2\sqrt{3}}=\frac{\sqrt{6}}{3}$$

$$\therefore \overrightarrow{AB}\cdot\overrightarrow{AO}=|\overrightarrow{AB}||\overrightarrow{AO}|\cos\theta$$
$$=2\sqrt{2}\times\sqrt{3}\times\frac{\sqrt{6}}{3}=4$$

0501 답 ④

0502 답 ②

$$\overrightarrow{AB}=(1-0, \ -3-2)=(1, \ -5),$$
$$\overrightarrow{CD}=(-2-4, \ -5-(-1))=(-6, \ -4)$$

이므로

$$\overrightarrow{AB}\cdot\overrightarrow{CD}=(1, \ -5)\cdot(-6, \ -4)$$
$$=1\times(-6)+(-5)\times(-4)=14$$

0503 답 ①

$$\vec{a}\cdot\vec{b}=(x+2)(x-1)+3\times(-2)$$
$$=x^2+x-8$$
$$=2$$

에서

$x^2+x-10=0$

이때 이차방정식의 근과 계수의 관계에 의하여

$\alpha+\beta=-1$, $\alpha\beta=-10$

$$\therefore \alpha^2+\beta^2=(\alpha+\beta)^2-2\alpha\beta$$
$$=(-1)^2-2\times(-10)=21$$

0504 답 ②

$|\vec{a}|=\sqrt{10}$에서 $\sqrt{3^2+(k-2)^2}=\sqrt{10}$

$k^2-4k+13=10$

$k^2-4k+3=0$, $(k-1)(k-3)=0$

$\therefore k=1$ 또는 $k=3$

(i) $k=1$일 때

$\vec{a}=(3, \ -1)$, $\vec{b}=(-2, \ -2)$이므로

$$\vec{a}\cdot\vec{b}=(3, \ -1)\cdot(-2, \ -2)$$
$$=3\times(-2)+(-1)\times(-2)=-4$$

(ii) $k=3$일 때

$\vec{a}=(3, \ 1)$, $\vec{b}=(-2, \ 4)$이므로

$$\vec{a}\cdot\vec{b}=(3, \ 1)\cdot(-2, \ 4)$$
$$=3\times(-2)+1\times4=-2$$

(i), (ii)에서 $\vec{a}\cdot\vec{b}$의 최댓값은 -2이다.

0505 답 ②

$$t\vec{a}+\vec{b}=t(3, \ -1)+(-1, \ 1)=(3t-1, \ -t+1),$$
$$\vec{a}-t\vec{b}=(3, \ -1)-t(-1, \ 1)=(3+t, \ -1-t)$$

이므로

$$f(t)=(t\vec{a}+\vec{b})\cdot(\vec{a}-t\vec{b})$$
$$=(3t-1, \ -t+1)\cdot(3+t, \ -1-t)$$
$$=(3t-1)(t+3)+(-t+1)(-t-1)$$
$$=4t^2+8t-4$$
$$=4(t+1)^2-8$$

따라서 함수 $f(t)$는 $t=-1$일 때, 최솟값 -8을 갖는다.

0506 답 ②

0507 답 ④

$|\vec{a}|=|\vec{b}|=2$이고, 두 벡터 $\vec{a}$, $\vec{b}$가 이루는 각의 크기가 $60°$이므로

$$\vec{a}\cdot\vec{b}=|\vec{a}||\vec{b}|\cos 60°=2\times2\times\frac{1}{2}=2$$

$$\therefore |\vec{a}+2\vec{b}|^2=|\vec{a}|^2+4\vec{a}\cdot\vec{b}+4|\vec{b}|^2$$
$$=2^2+4\times2+4\times2^2=28$$

$$\therefore |\vec{a}+2\vec{b}|=\sqrt{28}=2\sqrt{7}$$

0508 답 ②

$$\vec{a}\cdot(\vec{a}+2\vec{b})=|\vec{a}|^2+2\vec{a}\cdot\vec{b}$$
$$=2^2+2\{-|\vec{a}||\vec{b}|\cos(180°-135°)\}$$
$$=4-2\times2\times|\vec{b}|\times\frac{\sqrt{2}}{2}$$
$$=4-2\sqrt{2}|\vec{b}|$$
$$=-4$$

→ $90°<135°\leq180°$이므로

에서 $2\sqrt{2}|\vec{b}|=8$

$\therefore |\vec{b}|=2\sqrt{2}$

0509 답 ①

$|\vec{a}+\vec{b}|=\sqrt{17}$에서

$|\vec{a}+\vec{b}|^2=17$

$|\vec{a}|^2+2\vec{a}\cdot\vec{b}+|\vec{b}|^2=17$

$2^2+2\vec{a}\cdot\vec{b}+(\sqrt{5})^2=17$

$\therefore \vec{a}\cdot\vec{b}=4$

$\therefore (\vec{a}+\vec{b})\cdot(\vec{a}-2\vec{b})=|\vec{a}|^2-\vec{a}\cdot\vec{b}-2|\vec{b}|^2$

$\qquad\qquad\qquad\qquad\quad =2^2-4-2\times(\sqrt{5})^2=-10$

0510 답 ②

$|2\vec{a}+\vec{b}|=4$에서

$|2\vec{a}+\vec{b}|^2=16$

$4|\vec{a}|^2+4\vec{a}\cdot\vec{b}+|\vec{b}|^2=16$ ······ ㉠

또한, $|\vec{a}-2\vec{b}|=3$에서

$|\vec{a}-2\vec{b}|^2=9$

$|\vec{a}|^2-4\vec{a}\cdot\vec{b}+4|\vec{b}|^2=9$ ······ ㉡

㉠, ㉡의 양변을 각각 더하면

$5|\vec{a}|^2+5|\vec{b}|^2=25$

$\therefore |\vec{a}|^2+|\vec{b}|^2=5$

$\therefore |\vec{a}+\vec{b}|^2+|\vec{a}-\vec{b}|^2$

$\quad =|\vec{a}|^2+2\vec{a}\cdot\vec{b}+|\vec{b}|^2+|\vec{a}|^2-2\vec{a}\cdot\vec{b}+|\vec{b}|^2$

$\quad =2(|\vec{a}|^2+|\vec{b}|^2)$

$\quad =2\times5=10$

0511 답 ②

0512 답 ③

점 P의 좌표를 $(x,\ y)$라 하면

$\overrightarrow{PA}=(-x,\ 1-y),\ \overrightarrow{PB}=(1-x,\ -y),\ \overrightarrow{PC}=(2-x,\ -1-y)$

이므로

$\overrightarrow{PA}+\overrightarrow{PB}+\overrightarrow{PC}=(-x,\ 1-y)+(1-x,\ -y)+(2-x,\ -1-y)$

$\qquad\qquad\qquad\qquad =(3-3x,\ -3y)$

이때 $|\overrightarrow{PA}+\overrightarrow{PB}+\overrightarrow{PC}|=3\sqrt{6}$에서

$|\overrightarrow{PA}+\overrightarrow{PB}+\overrightarrow{PC}|^2=54$

$(3-3x)^2+(-3y)^2=54,\ 9(x-1)^2+9y^2=54$

$\therefore (x-1)^2+y^2=6$

따라서 점 P가 나타내는 도형은 중심의 좌표가 $(1,\ 0)$이고 반지름의 길이가 $\sqrt{6}$인 원이므로 구하는 넓이는

$\pi(\sqrt{6})^2=6\pi$

0513 답 ④

점 P의 좌표를 $(x,\ y)$라 하면

$\overrightarrow{OP}=(x,\ y),\ \overrightarrow{AP}=(x-2,\ y+2)$

이므로

$\overrightarrow{OP}\cdot\overrightarrow{AP}=(x,\ y)\cdot(x-2,\ y+2)$

$\qquad\qquad =x(x-2)+y(y+2)=k$

에서

$x^2-2x+y^2+2y=k$

$\therefore (x-1)^2+(y+1)^2=k+2$

따라서 점 P가 나타내는 도형은 중심의 좌표가 $(1,\ -1)$이고 반지름의 길이가 $\sqrt{k+2}$인 원이므로 둘레의 길이는 $2\pi\sqrt{k+2}$이다.

$2\pi\sqrt{k+2}=8\pi$에서

$\sqrt{k+2}=4,\ k+2=16$

$\therefore k=14$

0514 답 ②

점 P의 좌표를 $(x,\ y)$라 하면

$\overrightarrow{AP}=(x-1,\ y-1),\ \overrightarrow{BC}=(2-(-2),\ -6-(-3))=(4,\ -3)$

이므로

$\overrightarrow{AP}\cdot\overrightarrow{BC}=(x-1,\ y-1)\cdot(4,\ -3)$

$\qquad\qquad =4(x-1)-3(y-1)$

$\qquad\qquad =4x-3y-1=2$

에서

$4x-3y-3=0$

따라서 점 P가 나타내는 도형은 직선 $4x-3y-3=0$이다.

이때 두 점 A, P 사이의 거리의 최솟값은 점 A와 직선 $4x-3y-3=0$ 사이의 거리와 같으므로

$\dfrac{|4\times1-3\times1-3|}{\sqrt{4^2+(-3)^2}}=\dfrac{2}{5}$

0515 답 ③

점 P의 좌표를 $(x,\ y)$라 하면

$\overrightarrow{AB}=(-1-1,\ 1-3)=(-2,\ -2),\ \overrightarrow{AP}=(x-1,\ y-3),$

$\overrightarrow{OA}=(1,\ 3)$

이므로 $\overrightarrow{AB}\cdot\overrightarrow{AP}=|\overrightarrow{OA}|^2$에서

$(-2,\ -2)\cdot(x-1,\ y-3)=1^2+3^2$

$-2x+2-2y+6=10$

$\therefore x+y+1=0$

즉, 점 P가 나타내는 도형은 직선 $x+y+1=0$이다.

한편, 점 Q의 좌표를 $(x',\ y')$이라 하면

$\overrightarrow{AQ}=(x'-1,\ y'-3),\ \overrightarrow{BQ}=(x'+1,\ y'-1)$

이므로

$\overrightarrow{AQ}+\overrightarrow{BQ}=(x'-1,\ y'-3)+(x'+1,\ y'-1)$

$\qquad\qquad\qquad =(2x',\ 2y'-4)$

이때 $|\overrightarrow{AQ}+\overrightarrow{BQ}|=2\sqrt{2}$에서

$|\overrightarrow{AQ}+\overrightarrow{BQ}|^2=8$

$(2x')^2+(2y'-4)^2=8,\ 4x'^2+4(y'-2)^2=8$

$\therefore x'^2+(y'-2)^2=2$ ······ ㉠

즉, 점 Q가 나타내는 도형은 중심의 좌표가 $(0,\ 2)$, 반지름의 길이가 $\sqrt{2}$인 원이다.

이때 원 ㉠의 중심 $(0,\ 2)$와 직선 $x+y+1=0$ 사이의 거리는

$\dfrac{|0+2+1|}{\sqrt{1^2+1^2}}=\dfrac{3\sqrt{2}}{2}$

이고, 원의 반지름의 길이가 $\sqrt{2}$이므로 구하는 선분 PQ의 길이의 최솟값은 $\cdot\ \overline{P'C}-\overline{Q'C}$

$\dfrac{3\sqrt{2}}{2}-\sqrt{2}=\dfrac{\sqrt{2}}{2}$

두 점 P, Q가 각각 두 점 P', Q'과 일치할 때, 선분 PQ의 길이가 최솟값을 갖는다.

0516 답 ②

0517　답 ④

$\overrightarrow{OA}=(1, 2)$, $\overrightarrow{OB}=(4, 2)$이므로

$\overrightarrow{OA} \cdot \overrightarrow{OB}=(1, 2) \cdot (4, 2)$
$\qquad =1\times4+2\times2=8\geq0$

$\therefore \cos\theta=\dfrac{8}{\sqrt{1^2+2^2}\sqrt{4^2+2^2}}=\dfrac{8}{\sqrt{5}\times2\sqrt{5}}=\dfrac{4}{5}$

0518　답 ②

$|\vec{a}|=\sqrt{13}$ 에서 $|\vec{a}|^2=13$이므로
$x^2+2^2=13$, $x^2=9$
$\therefore x=-3$ 또는 $x=3$ ······ ㉠
한편, $90°<\theta\leq180°$에서 $\vec{a} \cdot \vec{b}<0$이므로
$\vec{a} \cdot \vec{b}=(x, 2) \cdot (-5, 1)$
$\qquad =x\times(-5)+2\times1$
$\qquad =-5x+2$
$\qquad <0$
에서
$5x>2$　$\therefore x>\dfrac{2}{5}$ ······ ㉡
㉠, ㉡에서 $x=3$이므로
$\vec{a}=(3, 2)$, $\vec{a} \cdot \vec{b}=-13$

$\therefore \cos(180°-\theta)=-\dfrac{-13}{\sqrt{3^2+2^2}\sqrt{(-5)^2+1^2}}$
$\qquad\qquad\qquad =\dfrac{13}{\sqrt{13}\sqrt{26}}=\dfrac{\sqrt{2}}{2}$

따라서 $180°-\theta=45°$이므로 $\theta=135°$이다.

0519　답 ④

$\vec{a}-\vec{b}=(x-(x+2), 2-x-2)=(-2, -x)$
$|\vec{a}-\vec{b}|=2\sqrt{2}$에서 $|\vec{a}-\vec{b}|^2=8$이므로
$(-2)^2+(-x)^2=8$, $x^2=4$
$\therefore x=2\ (\because x>0)$
따라서 $\vec{a}=(2, 0)$, $\vec{b}=(4, 2)$에서
$\vec{a} \cdot \vec{b}=(2, 0) \cdot (4, 2)=2\times4+0=8\geq0$
이므로
$\cos\theta=\dfrac{8}{\sqrt{2^2+0^2}\sqrt{4^2+2^2}}=\dfrac{8}{2\times2\sqrt{5}}=\dfrac{2\sqrt{5}}{5}$

0520　답 1

$90°<\theta\leq180°$이므로 $\vec{a} \cdot \vec{b}<0$이고
$\cos(180°-\theta)=-\dfrac{2(x-1)-x}{\sqrt{(x-1)^2+(-x)^2}\sqrt{2^2+1^2}}$
$\qquad\qquad\qquad =-\dfrac{x-2}{\sqrt{2x^2-2x+1}\sqrt{5}}$ ······ ㉠

한편, $\sin(180°-\theta)=\dfrac{2\sqrt{5}}{5}$이므로
$\cos(180°-\theta)=\sqrt{1-\sin^2(180°-\theta)}$　→ $180°-\theta$는 예각이므로
$\qquad\qquad\qquad =\sqrt{1-\dfrac{20}{25}}=\dfrac{\sqrt{5}}{5}$ ······ ㉡

㉠$=$㉡에서 $-x+2=\sqrt{2x^2-2x+1}$
위의 식의 양변을 제곱하면

$x^2-4x+4=2x^2-2x+1$, $x^2+2x-3=0$
$(x+3)(x-1)=0$　$\therefore x=1\ (\because x>0)$

0521　답 ②

0522　답 ③

$|\vec{a}+2\vec{b}|=|\vec{a}-2\vec{b}|$에서
$|\vec{a}+2\vec{b}|^2=|\vec{a}-2\vec{b}|^2$
$|\vec{a}|^2+4\vec{a} \cdot \vec{b}+4|\vec{b}|^2=|\vec{a}|^2-4\vec{a} \cdot \vec{b}+4|\vec{b}|^2$
$\therefore \vec{a} \cdot \vec{b}=0$
이때 두 벡터 $\vec{a}$, $\vec{b}$가 이루는 각의 크기를 θ라 하면
$\vec{a} \cdot \vec{b}=|\vec{a}||\vec{b}|\cos\theta=0$이므로
$\cos\theta=0\ (\because \vec{a}\neq\vec{0}, \vec{b}\neq\vec{0})$
$\therefore \theta=90°$　→ $|\vec{a}|\neq0, |\vec{b}|\neq0$
따라서 구하는 각의 크기는 $90°$이다.

0523　답 ⑤

$3\vec{a}-2\vec{b}+\vec{c}=\vec{0}$에서 $\vec{c}=-3\vec{a}+2\vec{b}$이고
$|\vec{c}|=|-3\vec{a}+2\vec{b}|$이므로
$|\vec{c}|^2=|-3\vec{a}+2\vec{b}|^2$
$|\vec{c}|^2=9|\vec{a}|^2-12\vec{a} \cdot \vec{b}+4|\vec{b}|^2$
$|\vec{c}|^2=9|\vec{a}|^2-12|\vec{a}||\vec{b}|\cos\theta+4|\vec{b}|^2\ (\because 0\leq\theta\leq90°)$
$(\sqrt{11})^2=9\times1-12\times1\times\sqrt{2}\cos\theta+4\times(\sqrt{2})^2$
$12\sqrt{2}\cos\theta=6$
$\therefore \cos\theta=\dfrac{1}{2\sqrt{2}}=\dfrac{\sqrt{2}}{4}$

0524　답 2

$|\overrightarrow{AB}|=\overline{AB}=2$, $|\overrightarrow{AC}|=\overline{AC}=3$
이때 두 벡터 $\overrightarrow{AB}$, $\overrightarrow{AC}$가 이루는 각의 크기를 θ라 하면
$\overrightarrow{AB} \cdot \overrightarrow{AC}=2\sqrt{5}\geq0$이므로
$\overrightarrow{AB} \cdot \overrightarrow{AC}=|\overrightarrow{AB}||\overrightarrow{AC}|\cos\theta$
$\qquad\qquad =2\times3\times\cos\theta$
$\qquad\qquad =6\cos\theta$
$\qquad\qquad =2\sqrt{5}$
에서 $\cos\theta=\dfrac{\sqrt{5}}{3}$
　　　→ $\overrightarrow{AB} \cdot \overrightarrow{AC}\geq0$이므로 $0\leq\theta\leq90°$
$\therefore \sin\theta=\sqrt{1-\cos^2\theta}=\sqrt{1-\dfrac{5}{9}}=\dfrac{2}{3}$

따라서 구하는 삼각형 ABC의 넓이는
$\dfrac{1}{2}\overline{AB}\times\overline{AC}\times\sin\theta=\dfrac{1}{2}\times2\times3\times\dfrac{2}{3}=2$

0525　답 ④

$|\vec{a}+\vec{b}|^2-|\vec{a}-2\vec{b}|^2$
$=(|\vec{a}|^2+2\vec{a} \cdot \vec{b}+|\vec{b}|^2)-(|\vec{a}|^2-4\vec{a} \cdot \vec{b}+4|\vec{b}|^2)$
$=6\vec{a} \cdot \vec{b}-3|\vec{b}|^2=6\times8-3|\vec{b}|^2$
$=48-3|\vec{b}|^2=21$
에서 $3|\vec{b}|^2=27$
$|\vec{b}|^2=9$　$\therefore |\vec{b}|=3$

따라서 $\vec{a} \cdot \vec{b} = 8 \geq 0$이므로
$$\vec{a} \cdot \vec{b} = |\vec{a}||\vec{b}| \cos \theta$$
$$= 4 \times 3 \times \cos \theta$$
$$= 12 \cos \theta = 8$$
$$\therefore \cos \theta = \frac{2}{3}$$

0526 답 ③

0527 답 2

$\vec{a}, \vec{b}$가 서로 평행하므로 $\vec{a} \cdot \vec{b} = \pm |\vec{a}||\vec{b}|$
(i) $\vec{a} \cdot \vec{b} = |\vec{a}||\vec{b}|$일 때
$$2x+2 = x(x+1)$$
$$2x+2 = x^2 + x, \; x^2 - x - 2 = 0$$
$$(x+1)(x-2) = 0 \quad \therefore x = 2 \; (\because x > 0)$$
(ii) $\vec{a} \cdot \vec{b} = -|\vec{a}||\vec{b}|$일 때
$$2x+2 = -x(x+1)$$
$$2x+2 = -x^2 - x, \; x^2 + 3x + 2 = 0$$
$$(x+2)(x+1) = 0$$
이때 위의 이차방정식을 만족시키는 $x > 0$인 실수 x는 존재하
지 않는다.
(i), (ii)에서 $x = 2$

0528 답 ③

$|\vec{a} + \vec{b}| = \sqrt{21}$에서 $|\vec{a} + \vec{b}|^2 = 21$이고
$$|\vec{a} + \vec{b}|^2 = |\vec{a}|^2 + 2\vec{a} \cdot \vec{b} + |\vec{b}|^2$$
$$= 3^2 + 2\vec{a} \cdot \vec{b} + 2^2$$
$$= 13 + 2\vec{a} \cdot \vec{b} = 21$$
이므로
$$2\vec{a} \cdot \vec{b} = 8 \quad \therefore \vec{a} \cdot \vec{b} = 4$$
이때 두 벡터 $\vec{a} - k\vec{b}$, $\vec{a} + \vec{b}$가 서로 수직이므로
$$(\vec{a} - k\vec{b}) \cdot (\vec{a} + \vec{b}) = 0$$에서
$$(\vec{a} - k\vec{b}) \cdot (\vec{a} + \vec{b}) = |\vec{a}|^2 + (1-k)\vec{a} \cdot \vec{b} - k|\vec{b}|^2$$
$$= 3^2 + (1-k) \times 4 - k \times 2^2$$
$$= 13 - 8k = 0$$
$$\therefore k = \frac{13}{8}$$

0529 답 ③

$|\overrightarrow{AB}| = |\overrightarrow{CD}|$이므로 $|\overrightarrow{AB}|^2 = |\overrightarrow{CD}|^2$에서
$$(x+2)^2 + 3^2 = (x+3)^2$$
$$x^2 + 4x + 4 + 9 = x^2 + 6x + 9$$
$$\therefore x = 2$$
$\overrightarrow{AB} /\!/ \overrightarrow{CD}$이므로
$$\overrightarrow{AB} \cdot \overrightarrow{CD} = -|\overrightarrow{AB}||\overrightarrow{CD}| = -5 \times 5 = -25$$
↳ 벡터 $\overrightarrow{AB}$와 벡터 $\overrightarrow{CD}$는 서로 반대 방향이다.

0530 답 ③

$$\overrightarrow{BC} = \overrightarrow{AC} - \overrightarrow{AB}$$
$$= (3, 1) - (p-1, p^2+3)$$
$$= (4-p, -p^2-2)$$

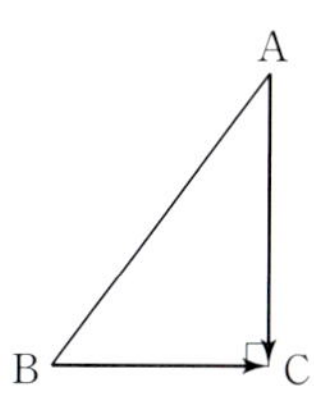

이때 $\overrightarrow{BC} \perp \overrightarrow{AC}$이므로 $\overrightarrow{BC} \cdot \overrightarrow{AC} = 0$이고
$$(4-p, -p^2-2) \cdot (3, 1)$$
$$= (4-p) \times 3 + (-p^2-2) \times 1$$
$$= -p^2 - 3p + 10$$
$$= 0$$
에서 $p^2 + 3p - 10 = 0$
$$(p+5)(p-2) = 0$$
$$\therefore p = 2 \; (\because p > 0)$$

0531 답 ①

0532 답 ②

직선 $\dfrac{x+3}{2} = \dfrac{2-y}{3}$의 방향벡터를 $\vec{u}$라 하면
$\vec{u} = (2, -3)$ ← $\frac{x+3}{2} = \frac{y-2}{-3}$이므로
이때 점 $(-1, 3)$을 지나고 방향벡터가 $\vec{u} = (2, -3)$인 직선의
방정식은
$$\frac{x+1}{2} = \frac{y-3}{-3}$$
위의 직선의 x절편은
$$\frac{x+1}{2} = \frac{-3}{-3}$$에서 $x = 1$이므로 $a = 1$
또한, y절편은
$$\frac{1}{2} = \frac{y-3}{-3}$$에서 $y = \frac{3}{2}$이므로 $b = \frac{3}{2}$
$$\therefore a - b = 1 - \frac{3}{2} = -\frac{1}{2}$$

0533 답 ①

$\overrightarrow{AB} = (-1-2, -1-(-3)) = (-3, 2)$
이고, 두 벡터 $\overrightarrow{AB}$, $\vec{u}$가 서로 평행하므로
$\overrightarrow{AB} = k\vec{u}$ (단, k는 0이 아닌 실수)라 하면
$$(-3, 2) = k(-3, a+1)$$
$$= (-3k, ak+k)$$
에서 $-3 = -3k, \; 2 = ak+k$
$$\therefore k = 1, \; a = 1$$
즉, $\vec{u} = (-3, 2)$이므로 두 점 A, B를 지나는 직선의 방정식은
$$\frac{x-2}{-3} = \frac{y+3}{2}$$
이때 위의 직선이 점 $(5, b)$를 지나므로
$$\frac{5-2}{-3} = \frac{b+3}{2}$$
$$-2 = b+3 \quad \therefore b = -5$$
$$\therefore a + b = 1 + (-5) = -4$$

0534 답 ④

직선 $\dfrac{x+1}{3a} = \dfrac{3-y}{2}$의 방향벡터를 $\vec{v}$라 하면 $\vec{v} = (3a, -2)$이고,
이 직선과 직선 l이 서로 평행하므로
$\vec{v} = k\vec{u}$ (단, k는 0이 아닌 실수)라 하면
$$(3a, -2) = k(2a-1, -1)$$
$$= (2ak-k, -k)$$
에서 $3a = 2ak-k, \; -2 = -k$
$$\therefore k = 2, \; a = 2$$

즉, 점 $(4, 3)$을 지나고 방향벡터가 $\vec{u}=(3, -1)$인 직선 l의 방정식은
$$\frac{x-4}{3}=\frac{y-3}{-1} \qquad \therefore x+3y-13=0$$
따라서 점 $(2, 2)$와 직선 l 사이의 거리는
$$\frac{|2+3\cdot2-13|}{\sqrt{1^2+3^2}}=\frac{5}{\sqrt{10}}=\frac{\sqrt{10}}{2}$$

0535 답 1

$\overrightarrow{OP}=(p, 2)$이고, 직선 l 위의 점 (x, y)에 대하여
$x=2t-1$, $y=t+2$이므로
$t=\dfrac{x+1}{2}$, $t=y-2$에서
$$\frac{x+1}{2}=y-2$$

         _{$(2t-1, t+2)$에서 각 성분의 t의 계수이다.}

이때 직선 l의 방향벡터를 $\vec{u}$라 하면 $\vec{u}=(2, 1)$이고, 두 벡터
$\overrightarrow{OP}$, $\vec{u}$는 서로 평행하므로
$\overrightarrow{OP}=k\vec{u}$ (단, k는 0이 아닌 실수)라 하면
$(p, 2)=k(2, 1)$
$=(2k, k)$
에서 $p=2k$, $2=k$
$\therefore k=2$, $p=4$
즉, 직선 l에 평행하고 점 $(4, 1)$을 지나는 직선의 방정식은
$$\frac{x-4}{2}=\frac{y-1}{1} \qquad \therefore \frac{x-4}{2}=y-1$$
위의 직선의 x절편은 $\dfrac{x-4}{2}=-1$에서 $x=2$
y절편은 $-2=y-1$에서 $y=-1$
따라서 구하는 도형의 넓이는

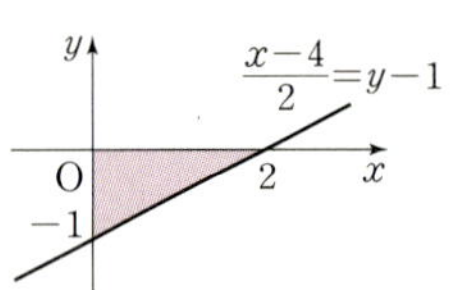

$$\frac{1}{2}\cdot2\cdot|-1|=1$$

0536 답 ④

0537 답 ⑤

$\overrightarrow{AB}=(1-(-1), 0-3)=(2, -3)$
즉, 점 A를 지나고 벡터 $\overrightarrow{AB}=(2, -3)$에 수직인 직선의 방정식은

     _{직선의 법선벡터}

$2(x+1)-3(y-3)=0 \qquad \therefore 2x-3y+11=0$
위의 직선이 점 $(a+1, a-1)$을 지나므로
$2(a+1)-3(a-1)+11=0$
$-a+16=0 \qquad \therefore a=16$

0538 답 ①

직선 $\dfrac{x+1}{a}=\dfrac{y-5}{2}$의 방향벡터를 $\vec{u}$라 하면
$\vec{u}=(a, 2)$
이때 점 $(0, 3)$을 지나고 벡터 $\vec{u}=(a, 2)$에 수직인 직선 l의 방정식은

     _{직선 l의 법선벡터}

$ax+2(y-3)=0 \qquad \therefore ax+2y-6=0$
위의 직선의 x절편은 $ax=6$에서 $x=\dfrac{6}{a}$ $(\because a>0)$
y절편은 $2y=6$에서 $y=3$

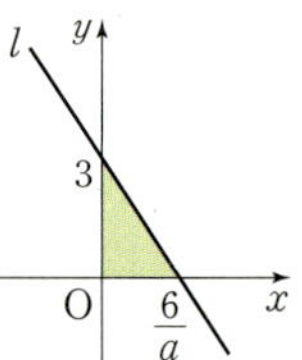

이때 직선 l과 x축 및 y축으로 둘러싸인 도형의 넓이가 3이므로
$$\frac{1}{2}\cdot\frac{6}{a}\cdot3=3$$
$$\therefore a=3$$

0539 답 ①

점 $(-1, -2)$를 지나고 방향벡터가 $\vec{u}=(-2, 1)$인 직선의 방정식은
$$\frac{x+1}{-2}=\frac{y+2}{1} \qquad \therefore x+2y=-5 \quad \cdots\cdots \ominus$$
점 $(4, -1)$을 지나고 법선벡터가 $\vec{n}=(1, 3)$인 직선의 방정식은
$(x-4)+3(y+1)=0 \qquad \therefore x+3y=1 \quad \cdots\cdots \ominus$
$\ominus$, $\ominus$을 연립하여 풀면
$x=-17$, $y=6$
따라서 $m=-17$, $n=6$이므로
$m+n=-17+6=-11$

0540 답 ②

$\vec{a}+m\vec{b}=(2, 0)+m(1, 1)=(m+2, m)$
이때 점 $(2, -2)$를 지나고 $\vec{a}+m\vec{b}=(m+2, m)$에 수직인 직선의 방정식은

     _{직선의 법선벡터}

$(m+2)(x-2)+m(y+2)=0$
위의 직선이 점 (m, m)을 지나므로
$(m+2)(m-2)+m(m+2)=0$
$2m^2+2m-4=0$
$(m+2)(m-1)=0$
$\therefore m=-2$ 또는 $m=1$
따라서 모든 m의 값의 합은
$(-2)+1=-1$

0541 답 ③

0542 답 3

두 직선 $\dfrac{x-1}{2}=y+2$, $\dfrac{x+3}{a}=5-y$의 방향벡터를 각각 $\vec{u}$, $\vec{v}$라 하면
$\vec{u}=(2, 1)$, $\vec{v}=(a, -1)$ _{$\dfrac{x+3}{a}=\dfrac{y-5}{-1}$이므로}
이때 두 직선이 이루는 각의 크기가 $45°$이므로
$$\frac{|\vec{u}\cdot\vec{v}|}{|\vec{u}||\vec{v}|}=\cos 45° \text{에서}$$
$$\frac{|2a-1|}{\sqrt{5}\sqrt{a^2+1}}=\frac{\sqrt{2}}{2}$$
$2|2a-1|=\sqrt{10}\sqrt{a^2+1}$
위의 식의 양변을 제곱하면
$4(2a-1)^2=10(a^2+1)$
$3a^2-8a-3=0$, $(3a+1)(a-3)=0$
$\therefore a=3$ $(\because a>0)$

0543 답 ④

두 직선 $y=mx-2$, $y=-3x+8$의 방향벡터를 각각 $\vec{u}$, $\vec{v}$라 하면

$y=mx-2$에서 $x=\dfrac{y+2}{m}$ $\quad\therefore\ \vec{u}=(1,\ m)$

$y=-3x+8$에서 $x=\dfrac{y-8}{-3}$ $\quad\therefore\ \vec{v}=(1,\ -3)$

이때 $\cos\theta=\dfrac{2\sqrt{5}}{5}$이므로

$\cos\theta=\dfrac{|\vec{u}\bullet\vec{v}|}{|\vec{u}||\vec{v}|}$

$\qquad=\dfrac{|1-3m|}{\sqrt{1+m^2}\sqrt{10}}$

$\qquad=\dfrac{2\sqrt{5}}{5}$

에서

$|1-3m|=2\sqrt{2}\sqrt{m^2+1}$

위의 식의 양변을 제곱하면

$(1-3m)^2=8(m^2+1)$

$m^2-6m-7=0,\ (m+1)(m-7)=0$

$\therefore\ m=7\ (\because\ m>0)$

0544 답 49

직선 $\dfrac{x-1}{5}=\dfrac{y+2}{3}$의 방향벡터를 $\vec{u}$, x축의 방향벡터를 $\vec{e_1}$,

y축의 방향벡터를 $\vec{e_2}$라 하면

$\vec{u}=(5,\ 3),\ \vec{e_1}=(1,\ 0),\ \vec{e_2}=(0,\ 1)$이므로

$\cos\alpha=\dfrac{|\vec{u}\bullet\vec{e_1}|}{|\vec{u}||\vec{e_1}|}=\dfrac{5}{\sqrt{5^2+3^2}\sqrt{1}}=\dfrac{5}{\sqrt{34}}$

$\cos\beta=\dfrac{|\vec{u}\bullet\vec{e_2}|}{|\vec{u}||\vec{e_2}|}=\dfrac{3}{\sqrt{5^2+3^2}\sqrt{1}}=\dfrac{3}{\sqrt{34}}$

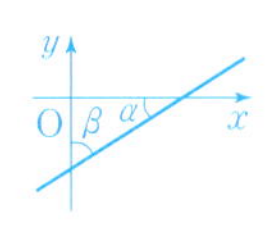

$\therefore\ \cos\alpha\cos\beta=\dfrac{5}{\sqrt{34}}\times\dfrac{3}{\sqrt{34}}=\dfrac{15}{34}$

따라서 $p=34,\ q=15$이므로

$p+q=34+15=49$

0545 답 ⑤

$x=4t-2$에서 $t=\dfrac{x+2}{4}$,

$y=-3t+3$에서 $t=\dfrac{y-3}{-3}$

이므로 이 직선의 방정식은 $\dfrac{x+2}{4}=\dfrac{y-3}{-3}$이고, 방향벡터를 $\vec{u}$라

하면

$\vec{u}=(4,\ -3)$ $\longrightarrow$ $\begin{cases}x=4t-2\\y=-3t+3\end{cases}$ 의 각각의 t의 계수와 같다.

또한, 직선 $y=1$의 방향벡터를 $\vec{v}$라 하면 직선 $y=1$은 x축과 평

행하므로

$\vec{v}=(1,\ 0)$

$\therefore\ \cos\theta=\dfrac{|\vec{u}\bullet\vec{v}|}{|\vec{u}||\vec{v}|}=\dfrac{|4|}{\sqrt{25}\sqrt{1}}=\dfrac{4}{5}$

0546 답 ①

0547 답 ③

두 점 $A(1,\ a)$, $B(a,\ 3)$을 지나는 직선의 방향벡터를 $\vec{u}$라 하면

$\vec{u}=\overrightarrow{AB}=(a-1,\ 3-a)$

또한, 직선 $y=2x-1$, 즉 $x=\dfrac{y+1}{2}$의 방향벡터를 $\vec{v}$라 하면

$\vec{v}=(1,\ 2)$

이때 주어진 두 직선이 서로 수직이므로

$\vec{u}\bullet\vec{v}=0$에서

$(a-1,\ 3-a)\bullet(1,\ 2)=0$

$a-1+2(3-a)=0$

$-a+5=0$

$\therefore\ a=5$

0548 답 ②

두 점 $A(-2,\ 3)$, $B(1,\ 5)$를 지나는 직선의 방향벡터를 $\vec{u}$라 하면

$\vec{u}=\overrightarrow{AB}=(1-(-2),\ 5-3)=(3,\ 2)$

또한, 직선 $x-2=\dfrac{3-y}{t}$의 방향벡터를 $\vec{v}$라 하면

$\vec{v}=(1,\ -t)$ $\bullet\ \dfrac{x-2}{1}=\dfrac{y-3}{-t}$이므로

이때 두 직선이 서로 평행하므로

$\vec{u}=k\vec{v}$ (단, k는 0이 아닌 실수)라 하면

$(3,\ 2)=k(1,\ -t)$

$\qquad\quad=(k,\ -kt)$

에서 $3=k,\ 2=-kt$

$\therefore\ t=-\dfrac{2}{3}$

0549 답 ④

두 직선 $x=1-ty$, $-tx=8y+2$의 방향벡터를 각각 $\vec{u},\ \vec{v}$라 하면

$x=1-ty$에서 $\dfrac{x-1}{-t}=y$ $\quad\therefore\ \vec{u}=(-t,\ 1)$

$-tx=8y+2$에서 $\dfrac{x}{8}=\dfrac{y+\frac{1}{4}}{-t}$ $\quad\therefore\ \vec{v}=(8,\ -t)$

이때 주어진 두 직선이 서로 평행하므로

$\vec{u}=k\vec{v}$ (단, k는 0이 아닌 실수)라 하면

$(-t,\ 1)=k(8,\ -t)$

$\qquad\qquad=(8k,\ -kt)$

에서 $-t=8k,\ 1=-kt$

$k=-\dfrac{t}{8}$를 $1=-kt$에 대입하면

$1=-\left(-\dfrac{t}{8}\right)\bullet t$

$t^2=8$

$\therefore\ t=\pm2\sqrt{2}$

따라서 모든 실수 t의 값의 곱은

$(-2\sqrt{2})\bullet2\sqrt{2}=-8$

0550 답 ②

세 직선 l_1, l_2, l_3의 방향벡터를 각각 $\vec{u_1}$, $\vec{u_2}$, $\vec{u_3}$이라 하면

$\vec{u_1}=(1,\ a),\ \vec{u_2}=(2,\ a^2),\ \vec{u_3}=(-b,\ 3)$ $\longrightarrow$ $3x=3-by$에서

이때 두 직선 l_1, l_2가 서로 평행하므로 $\dfrac{x-1}{b}=\dfrac{y}{3}$

$\vec{u_1}=k\vec{u_2}$ (단, k는 0이 아닌 실수)라 하면

$(1,\ a)=k(2,\ a^2)$

$\qquad\quad=(2k,\ a^2k)$

에서 $1=2k,\ a=a^2k$

$1=2k$에서 $k=\dfrac{1}{2}$이므로

$a=\dfrac{1}{2}a^2$, $a(a-2)=0$

$\therefore a=2\ (\because a\neq0)$

한편, 두 직선 l_1, l_3이 서로 수직이므로 $\vec{u_1}\cdot\vec{u_3}=0$에서

$(1,\,2)\cdot(-b,\,3)=0$

$-b+6=0$

$\therefore b=6$

$\therefore a+b=2+6=8$

0551 답 ④

0552 답 ⑤

점 P의 좌표를 $(x,\,y)$라 하면

$\overrightarrow{AP}=(x+2,\,y-3)$

이때 $|\overrightarrow{AP}|=6$에서 $|\overrightarrow{AP}|^2=36$이므로

$(x+2)^2+(y-3)^2=36$　……㉠

즉, 점 P가 나타내는 도형은 중심의 좌표가 $(-2,\,3)$이고 반지름의 길이가 6인 원이다.

이때 오른쪽 그림과 같이 원 ㉠
이 y축과 만나는 두 점을 각각
Q, R라 하자.

$x=0$을 ㉠에 대입하면

$4+(y-3)^2=36$

$y^2-6y-23=0$

$\therefore y=3\pm4\sqrt{2}$

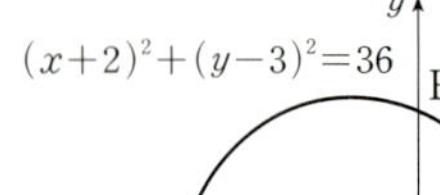

따라서 $Q(0,\,3-4\sqrt{2})$,
$R(0,\,3+4\sqrt{2})$이므로

$\overline{QR}=(3+4\sqrt{2})-(3-4\sqrt{2})=8\sqrt{2}$

0553 답 ⑤

점 P의 좌표를 $(x,\,y)$라 하면

$\overrightarrow{AP}=(x-2,\,y+3)$, $\overrightarrow{BP}=(x+4,\,y-9)$

이때 $\overrightarrow{AP}\cdot\overrightarrow{BP}=0$에서

$(x-2,\,y+3)\cdot(x+4,\,y-9)=0$

$(x-2)(x+4)+(y+3)(y-9)=0$

$x^2+2x-8+y^2-6y-27=0$

$\therefore (x+1)^2+(y-3)^2=45$

따라서 점 P가 나타내는 도형은 중심의 좌표가 $(-1,\,3)$이고 반지름의 길이가 $3\sqrt{5}$인 원이다.

$\therefore a=-1,\ b=3,\ r=3\sqrt{5}$

$\therefore a+b+r^2=-1+3+(3\sqrt{5})^2=47$

● 다른 풀이 ●

$\overrightarrow{AP}\cdot\overrightarrow{BP}=0$에서 $\angle APB=90°$이므로 점 P가 나타내는 도형은 두 점 A, B를 지름의 양 끝 점으로 하는 원이다.

이때 원의 중심은 선분 AB의 중점이므로

$\left(\dfrac{2-4}{2},\,\dfrac{-3+9}{2}\right)$, 즉 $(-1,\,3)$

이고, 반지름의 길이는

$\dfrac{1}{2}\overline{AB}=\dfrac{1}{2}\sqrt{(-4-2)^2+\{9-(-3)\}^2}=3\sqrt{5}$

0554 답 ⑤

$|\vec{p}|^2-2\vec{p}\cdot\vec{a}=|\vec{b}|^2-|\vec{a}|^2$에서

$|\vec{p}|^2-2\vec{p}\cdot\vec{a}+|\vec{a}|^2=|\vec{b}|^2$

$|\vec{p}-\vec{a}|^2=|\vec{b}|^2$

$\therefore |\vec{p}-\vec{a}|=|\vec{b}|$

따라서 점 P가 나타내는 도형은 중심의 좌표가 $(-1,\,1)$이고 반지름의 길이가 $|\vec{b}|$인 원이다.

이때 $|\vec{b}|=\sqrt{1^2+3^2}=\sqrt{10}$이므로 점 P가 나타내는 도형의 길이는

$2\pi\times\sqrt{10}=2\sqrt{10}\pi$

● 다른 풀이 ●

점 P의 좌표를 $(x,\,y)$라 하면

$|\vec{p}|^2-2\vec{p}\cdot\vec{a}=|\vec{b}|^2-|\vec{a}|^2$에서

$x^2+y^2-2(-x+y)=1^2+3^2-\{(-1)^2+1^2\}$

$x^2+2x+y^2-2y=8$

$\therefore (x+1)^2+(y-1)^2=10$

즉, 점 P가 나타내는 도형은 중심의 좌표가 $(-1,\,1)$이고 반지름의 길이가 $\sqrt{10}$인 원이다.

0555 답 ③

점 P의 좌표를 $(x,\,y)$라 하면

$\overrightarrow{AP}=(x+5,\,y-3)$, $\overrightarrow{BP}=(x-3,\,y-3)$

이때 $|\overrightarrow{AP}|=3|\overrightarrow{BP}|$에서 $|\overrightarrow{AP}|^2=9|\overrightarrow{BP}|^2$이므로

$(x+5)^2+(y-3)^2=9\{(x-3)^2+(y-3)^2\}$

$x^2+y^2-8x-6y+16=0$

$\therefore (x-4)^2+(y-3)^2=9$

따라서 점 P는 중심의 좌표가 $(4,\,3)$이고 반지름의 길이가 3인 원 위의 점이다.

이때 원점에서 원의 중심까지의 거리가 $\sqrt{4^2+3^2}=5$이므로 선분 OP의 길이의 최댓값은

$\underset{\underset{\overline{OC}+\overline{CP'}}{\downarrow}}{5+3}=8$

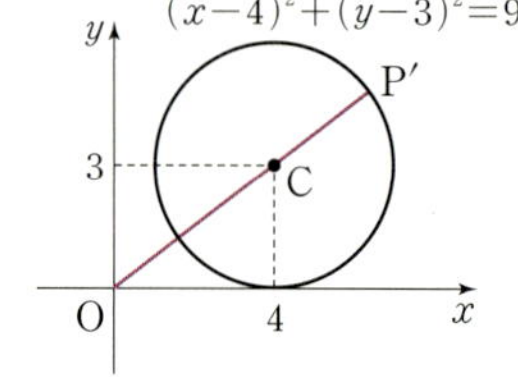

0556 답 ①

0557 답 3

점 P의 좌표를 $(x,\,y)$라 하면

$\overrightarrow{AP}=(x-1,\,y+1)$, $\overrightarrow{BP}=(x-1,\,y-3)$

이때 $\overrightarrow{AP}\cdot\overrightarrow{BP}=0$에서

$(x-1,\,y+1)\cdot(x-1,\,y-3)=0$

$(x-1)^2+(y+1)(y-3)=0$

$\therefore (x-1)^2+(y-1)^2=4$　……㉠

즉, 점 P는 중심의 좌표가 $(1,\,1)$이고 반지름의 길이가 2인 원 위의 점이다.

이때 점 P가 직선 $\dfrac{x+k}{3}=\dfrac{3-y}{4}$ 위에 오직 하나 존재하므로 원 ㉠과 이 직선이 접해야 한다.

따라서 원 ㉠의 중심 $(1,\,1)$과 직선 $\dfrac{x+k}{3}=\dfrac{3-y}{4}$, 즉

$4x+3y+4k-9=0$ 사이의 거리가 2이어야 하므로

(원의 중심과 직선 사이의 거리)=(원의 반지름의 길이)

$$\frac{|4+3+4k-9|}{\sqrt{4^2+3^2}}=2$$
$$|4k-2|=10$$
$$4k-2=\pm10$$
$$\therefore k=3 \ (\because k>0)$$

● 다른 풀이 ●

$\overrightarrow{AP}\cdot\overrightarrow{BP}=0$에서 $\angle APB=90°$이므로 점 P가 나타내는 도형은 두 점 A, B를 지름의 양 끝 점으로 하는 원이다.

이때 원의 중심은 선분 AB의 중점이므로

$\left(\dfrac{1+1}{2},\ \dfrac{-1+3}{2}\right)$, 즉 $(1,\ 1)$

이고, 반지름의 길이는

$$\frac{1}{2}\overrightarrow{AB}=\frac{1}{2}\sqrt{(1-1)^2+\{3-(-1)\}^2}=2$$

이므로 원의 방정식은

$$(x-1)^2+(y-1)^2=4$$

0558 답 2

점 P의 좌표를 $(x,\ y)$라 하면

$$\overrightarrow{AP}=(x+1,\ y-2),\ \overrightarrow{BP}=(x-3,\ y)$$

이때 $|\overrightarrow{AP}|=2$에서 $|\overrightarrow{AP}|^2=4$이므로

$$(x+1)^2+(y-2)^2=4 \quad\cdots\cdots\ \bigcirc$$

또한, $|\overrightarrow{BP}|=4$에서 $|\overrightarrow{BP}|^2=16$이므로

$$(x-3)^2+y^2=16 \quad\cdots\cdots\ \bigcirc$$

$\bigcirc$, $\bigcirc$을 변끼리 빼면

$$(x+1)^2+(y-2)^2-\{(x-3)^2+y^2\}=4-16$$
$$8x-4y+8=0$$
$$2x-y+2=0$$
$$\therefore x=\frac{y-2}{2}$$

따라서 직선 P_1P_2의 방정식은 $x=\dfrac{y-2}{2}$이고, 방향벡터는

$\vec{u}=(k,\ 2k)$ (단, k는 0이 아닌 실수)이므로

$$a=k,\ b=2k$$
$$\therefore \frac{b}{a}=\frac{2k}{k}=2$$

0559 답 ①

점 P의 좌표를 $(x,\ y)$라 하면

$$\overrightarrow{PA}=(-1-x,\ -y),\ \overrightarrow{PB}=(2-x,\ -y)$$

이때 $|\overrightarrow{PA}|^2=4|\overrightarrow{PB}|^2$에서

$$(-x-1)^2+(-y)^2=4\{(2-x)^2+(-y)^2\}$$
$$\therefore (x-3)^2+y^2=4$$

즉, 점 P는 중심의 좌표가 $(3,\ 0)$이고 반지름의 길이가 2인 원 위의 점이다.

이때 오른쪽 그림과 같이 삼각형 PAB의 넓이가 최대가 되기 위해서는 점 P의 좌표가 $(3,\ 2)$ 또는 $(3,\ -2)$이어야 한다.

따라서 삼각형 PAB의 넓이의 최댓값은

$$\frac{1}{2}\cdot3\cdot2=3$$

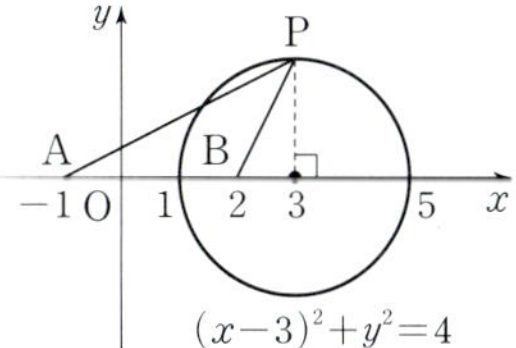

0560 답 ①

점 P의 좌표를 $(x,\ y)$라 하면

$$\overrightarrow{PA}=(-3-x,\ 4-y)$$

이때 $\overrightarrow{PA}\cdot\overrightarrow{PA}=1$에서

$$(-3-x,\ 4-y)\cdot(-3-x,\ 4-y)=1$$
$$(-3-x)^2+(4-y)^2=1$$
$$\therefore (x+3)^2+(y-4)^2=1$$

즉, 점 P가 나타내는 도형은 중심의 좌표가 $(-3,\ 4)$이고 반지름의 길이가 1인 원이다.

이때 두 점 Q, R가 원 위의 점이므로 선분 QR의 길이가 최대가 될 때는 선분 QR가 원의 지름일 때이다.

오른쪽 그림과 같이 선분 QR의 중점이 A이므로

$$\overrightarrow{OQ}+\overrightarrow{OR}=2\overrightarrow{OA}$$
$$\therefore |\overrightarrow{OQ}+\overrightarrow{OR}|=2|\overrightarrow{OA}|$$
$$=2\sqrt{(-3)^2+4^2}$$
$$=2\cdot5=10$$

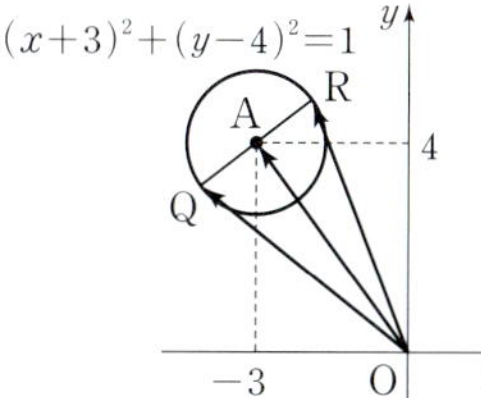

본문 100~103쪽

0561 답 ②

One Point Lesson

$\vec{p}$의 성분을 이용하여 $|\vec{p}|$를 구한다.

$\vec{p}=\vec{a}+k\vec{b}$에서

$$\vec{p}=(2,\ -1)+k(-1,\ 1)$$
$$=(2-k,\ -1+k)$$

이때 $|\vec{p}|=2k-1$에서 $k\geq\dfrac{1}{2}$이고, ($|\vec{p}|\geq0$이므로)

$|\vec{p}|^2=(2k-1)^2=4k^2-4k+1$이므로

$$|\vec{p}|^2=(2-k)^2+(-1+k)^2$$
$$=2k^2-6k+5$$
$$=4k^2-4k+1$$

즉, $2k^2+2k-4=0$에서

$$(k+2)(k-1)=0$$
$$\therefore k=1 \left(\because k\geq\frac{1}{2}\right)$$

0562 답 ①

One Point Lesson

두 벡터 $\overrightarrow{AP}$, $\overrightarrow{BP}$를 t에 대한 식으로 나타낸다.

$$\overrightarrow{AP}=(t-1,\ t),\ \overrightarrow{BP}=(t-1,\ t+4)$$

이므로

$$\overrightarrow{AP}+\overrightarrow{BP}=(t-1,\ t)+(t-1,\ t+4)$$
$$=(2t-2,\ 2t+4)$$

$$\therefore |\overrightarrow{AP}+\overrightarrow{BP}|$$
$$=\sqrt{(2t-2)^2+(2t+4)^2}$$
$$=\sqrt{8t^2+8t+20}$$
$$=\sqrt{8\left(t+\frac{1}{2}\right)^2+18}$$

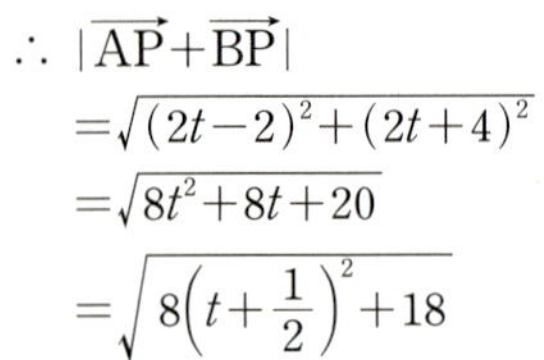

따라서 $|\overrightarrow{AP}+\overrightarrow{BP}|$는 $t=1$일 때 최
댓값 6을 갖는다.

0563 답 ④

방향벡터를 이용하여 직선 l의 방정식을 구한다.

직선 l 위의 한 점을 $(x_1,\ y_1)$이라 하면 직선 l의 방정식은
$$\frac{x-x_1}{1}=\frac{y-y_1}{-1} \qquad \therefore y=-x+(x_1+y_1)$$
$$\therefore m=-1$$
이때 점 $A(2,\ 1)$과 직선 $y=-x+n$, 즉 $x+y-n=0$ 사이의
거리는 $2\sqrt{2}$이므로
$$\frac{|2+1-n|}{\sqrt{1^2+1^2}}=2\sqrt{2}$$
$$\frac{|3-n|}{\sqrt{2}}=2\sqrt{2},\ |3-n|=4$$
$$3-n=\pm 4$$
$$\therefore n=7\ (\because n>0)$$
$$\therefore m+n=-1+7=6$$

0564 답 2

벡터 $\overrightarrow{BC}$를 시점이 A인 벡터로 나타내어 점 P의 위치를 알아본다.

$6\overrightarrow{AP}=3\overrightarrow{BC}+4\overrightarrow{AB}$에서
$$6\overrightarrow{AP}=3(\overrightarrow{AC}-\overrightarrow{AB})+4\overrightarrow{AB}=3\overrightarrow{AC}+\overrightarrow{AB}$$
$$\therefore \frac{3}{2}\overrightarrow{AP}=\frac{3\overrightarrow{AC}+\overrightarrow{AB}}{4} \quad \to \frac{3}{2}\,\overline{AP}=\overline{AE}$$

오른쪽 그림과 같이 선분 BC를 $3:1$
로 내분하는 점을 E라 하면 점 P는 선
분 AE를 $2:1$로 내분하는 점이다.
이때 직선 AP와 선분 BC의 교점이
D이므로 점 D와 점 E는 일치한다.
따라서 점 D는 선분 BC를 $3:1$로 내
분하는 점이므로
$$m=3,\ n=1$$
$$\therefore m-n=3-1=2$$

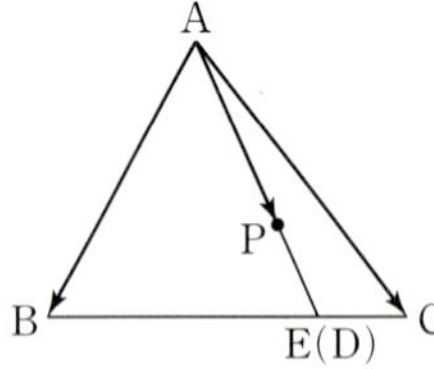

0565 답 ⑤

두 직선의 방향벡터를 이용하여 두 직선이 이루는 각의 크기를 구한 후 직
각삼각형을 이용하여 선분 AB의 길이를 구한다.

두 직선 $\dfrac{x-2}{3}=y,\ 1-x=\dfrac{y+3}{2}$의 방향벡터를 각각 $\vec{u},\ \vec{v}$라 하면
$$\vec{u}=(3,\ 1),\ \vec{v}=(-1,\ 2) \quad \tfrac{x-1}{-1}=\tfrac{y+3}{2}\text{이므로}$$
이고, 두 직선이 이루는 예각의 크기를 θ라 하면

$$\cos\theta=\frac{|\vec{u}\cdot\vec{v}|}{|\vec{u}||\vec{v}|}=\frac{|-3+2|}{\sqrt{10}\sqrt{5}}=\frac{\sqrt{2}}{10}$$

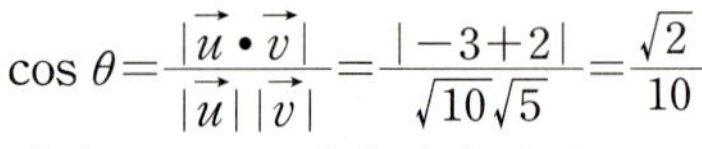

이때 오른쪽 그림과 같이 점 A
에서 선분 BB'에 내린 수선의
발을 H라 하면 $\overline{AH}=\overline{A'B'}$이
고, 직각삼각형 AHB에서
$\overline{AH}=\overline{AB}\cos\theta$이므로
$$2=\overline{AB}\times\frac{\sqrt{2}}{10}$$
$$\therefore \overline{AB}=10\sqrt{2}$$

0566 답 ④

$\vec{a}\cdot\vec{b}$의 값을 구하고, 이를 이용하여 $\vec{x}\cdot\vec{a},\ \vec{x}\cdot\vec{b}$를 $m,\ n$에 대한 식으로
나타낸다.

$$\vec{a}\cdot\vec{b}=1\times 1\times\cos 60°=\frac{1}{2}$$
이때 $\vec{x}\cdot\vec{a}=4$에서
$$(m\vec{a}+n\vec{b})\cdot\vec{a}=m|\vec{a}|^2+n\vec{a}\cdot\vec{b}$$
$$=m\times 1+n\times\frac{1}{2}$$
$$=m+\frac{1}{2}n=4 \qquad \cdots\cdots \ ㉠$$
또한, $\vec{x}\cdot\vec{b}=5$에서
$$(m\vec{a}+n\vec{b})\cdot\vec{b}=m\vec{a}\cdot\vec{b}+n|\vec{b}|^2$$
$$=m\times\frac{1}{2}+n\times 1$$
$$=\frac{1}{2}m+n=5 \qquad \cdots\cdots \ ㉡$$
㉠, ㉡을 연립하여 풀면 $m=2,\ n=4$
$$\therefore mn=2\times 4=8$$

0567 답 8

$\vec{a},\ \vec{b}$가 서로 수직이 아니면 $\vec{a}\cdot\vec{b}\neq 0$이다.

두 벡터 $\vec{a}=(t,\ k-3),\ \vec{b}=(t-k+3,\ -t-2k+5)$가 모든 실
수 t에 대하여 서로 수직이 되지 않으려면
$\vec{a}\cdot\vec{b}\neq 0$이어야 하므로
$$(t,\ k-3)\cdot(t-k+3,\ -t-2k+5)\neq 0$$
$$t(t-k+3)+(k-3)(-t-2k+5)\neq 0$$
$$t^2-2(k-3)t+(k-3)(-2k+5)\neq 0$$
즉, $\vec{a}\cdot\vec{b}\neq 0$이려면 t에 대한 이차방정식
$$t^2-2(k-3)t+(k-3)(-2k+5)=0 \qquad \cdots\cdots \ ㉠$$
이 실근을 갖지 않아야 한다.
이차방정식 ㉠의 판별식을 D라 하면
$$\frac{D}{4}=\{-(k-3)\}^2-(k-3)(-2k+5)<0$$
$$(3k-8)(k-3)<0$$
$$\therefore \frac{8}{3}<k<3$$
따라서 $\alpha=\dfrac{8}{3},\ \beta=3$이므로
$$\alpha\beta=\frac{8}{3}\times 3=8$$

0568　답 ①

두 점 P, Q의 좌표를 각각 $(s,\,s^2)$, $\left(t,\,-\dfrac{t^2}{4}\right)$이라 하면

$\overrightarrow{OP}=(s,\,s^2)$, $\overrightarrow{OQ}=\left(t,\,-\dfrac{t^2}{4}\right)$이므로

$\overrightarrow{OP}\cdot\overrightarrow{OQ}=(s,\,s^2)\cdot\left(t,\,-\dfrac{t^2}{4}\right)$

$\qquad=st-\dfrac{s^2t^2}{4}$

$\qquad=-\dfrac{1}{4}(st-2)^2+1$

st를 한 문자로 생각하고 st에 대한
이차함수의 표준형으로 나타낸다.

따라서 $\overrightarrow{OP}\cdot\overrightarrow{OQ}$는 $st=2$일 때 최댓값 1을 갖는다.

0569　답 ①

$\overrightarrow{PA}+3\overrightarrow{PB}+4\overrightarrow{PC}=k\overrightarrow{AB}$에서
$-\overrightarrow{AP}+3(\overrightarrow{AB}-\overrightarrow{AP})+4(\overrightarrow{AC}-\overrightarrow{AP})=k\overrightarrow{AB}$
$8\overrightarrow{AP}=(3-k)\overrightarrow{AB}+4\overrightarrow{AC}$
$\therefore \overrightarrow{AP}=\dfrac{3-k}{8}\overrightarrow{AB}+\dfrac{1}{2}\overrightarrow{AC}$

이때 점 P가 삼각형 ABC의 내부 또는 둘레에 존재하도록 하려면
$0\le\dfrac{3-k}{8}+\dfrac{1}{2}\le1$이어야 하므로

$-\dfrac{1}{2}\le\dfrac{3-k}{8}\le\dfrac{1}{2}$

$-4\le3-k\le4,\ -7\le-k\le1$
$\therefore -1\le k\le7$
따라서 실수 k의 최댓값은 7, 최솟값은 -1이므로 그 합은
$7+(-1)=6$

0570　답 ②

원 $(x-2)^2+y^2=4$의 중심을 $C(2,\,0)$이라 하면
원 위의 두 점 P, Q에서의 두 접선의 법선벡터는 각각
$\overrightarrow{CP}=(3-2,\,\sqrt{3}-0)=(1,\,\sqrt{3})$, $\overrightarrow{CQ}=(a-2,\,b)$
이때 두 접선이 서로 수직이므로 두 법선벡터도 서로 수직이다.
즉, $\overrightarrow{CP}\cdot\overrightarrow{CQ}=0$에서
$(1,\,\sqrt{3})\cdot(a-2,\,b)=0$
$a-2+b\sqrt{3}=0$
$\therefore a-2=-b\sqrt{3}$　　……　㉠
점 Q가 원 $(x-2)^2+y^2=4$ 위의 점이므로
$(a-2)^2+b^2=4$　　……　㉡
㉠을 ㉡에 대입하면
$(-b\sqrt{3})^2+b^2=4$
$4b^2=4$

$\therefore b=-1$ $(\because$ 점 Q는 제4사분면 위의 점$)$,
$\quad a=2-b\sqrt{3}=2+\sqrt{3}$
$\therefore a+b=(2+\sqrt{3})+(-1)=1+\sqrt{3}$

0571　답 ②

점 P의 좌표를 $(x,\,y)$라 하면
$\overrightarrow{PA}=(0,\,2)-(x,\,y)=(-x,\,2-y)$
$\overrightarrow{PB}=(4,\,2)-(x,\,y)=(4-x,\,2-y)$
$\therefore \overrightarrow{PA}+\overrightarrow{PB}=(-x,\,2-y)+(4-x,\,2-y)$
$\qquad\qquad\qquad=(4-2x,\,4-2y)$
이때 $|\overrightarrow{PA}+\overrightarrow{PB}|^2=4$에서
$(4-2x)^2+(4-2y)^2=4$
$\therefore (x-2)^2+(y-2)^2=1$
즉, 점 P는 중심의 좌표가 $(2,\,2)$이
고 반지름의 길이가 1인 원 위의 점
이다.
한편,
$\overrightarrow{AB}=(4-0,\,2-2)=(4,\,0)$, $\overrightarrow{AP}=(x,\,y-2)$
이므로
$\overrightarrow{AB}\cdot\overrightarrow{AP}=(4,\,0)\cdot(x,\,y-2)$
$\qquad\qquad=4x$
이때 $1\le x\le3$이므로
$4\le\overrightarrow{AB}\cdot\overrightarrow{AP}\le12$

위의 그림에서 원 $(x-2)^2+(y-2)^2=1$을
만족시키는 x의 값의 범위는 $1\le x\le3$이다.

따라서 $\overrightarrow{AB}\cdot\overrightarrow{AP}$의 최솟값은 4이다.

0572　답 ②

$\overrightarrow{OA}=\vec{a}$, $\overrightarrow{OB}=\vec{b}$에서
$\overrightarrow{OC}=\vec{a}+\vec{b}$
점 Q가 직선 OC 위의 점이므로
$\overrightarrow{OQ}=k\overrightarrow{OC}$ (단, k는 0이 아닌 실수)라 하면
$\overrightarrow{OQ}=k(\vec{a}+\vec{b})$
$\therefore \overrightarrow{AQ}=\overrightarrow{OQ}-\overrightarrow{OA}$
$\qquad\quad=k(\vec{a}+\vec{b})-\vec{a}$
$\qquad\quad=(k-1)\vec{a}+k\vec{b}$
한편, $|\vec{a}|=|\vec{b}|=1$, $\vec{a}\cdot\vec{b}=|\vec{a}||\vec{b}|\cos(\angle BOA)=\dfrac{1}{3}$이고,
두 벡터 $\overrightarrow{OP}$, $\overrightarrow{AQ}$가 서로 수직이므로
$\overrightarrow{OP}\cdot\overrightarrow{AQ}=0$에서
$(2\vec{a}+\vec{b})\cdot\{(k-1)\vec{a}+k\vec{b}\}$
$=2(k-1)|\vec{a}|^2+(3k-1)\vec{a}\cdot\vec{b}+k|\vec{b}|^2$
$=2(k-1)\times1+(3k-1)\times\dfrac{1}{3}+k\times1$
$=4k-\dfrac{7}{3}=0$
$\therefore k=\dfrac{7}{12}$

$\therefore \overrightarrow{PQ}=\overrightarrow{OQ}-\overrightarrow{OP}$

$=\frac{7}{12}(\vec{a}+\vec{b})-(2\vec{a}+\vec{b})$

$=-\frac{17}{12}\vec{a}-\frac{5}{12}\vec{b}$

따라서 $m=-\frac{17}{12}$, $n=-\frac{5}{12}$이므로

$m-n=-\frac{17}{12}-\left(-\frac{5}{12}\right)=-1$

0573 답 ⑤

One Point Lesson

주어진 도형을 좌표평면 위에 놓고 각 점을 성분으로 나타낸다.

주어진 도형을 점 C를 원점, 두 직선 CD, BC를 각각 x축, y축으로 하는 좌표평면 위에 놓으면

$A(\sqrt{3}, 3)$, $B(0, 2)$, $C(0, 0)$, $D(2\sqrt{3}, 0)$, $E(2\sqrt{3}, 2)$, $M(\sqrt{3}, 1)$

이때 두 삼각형 BCM, DEM의 무게중심을 각각 G_1, G_2라 하면

$G_1\left(\frac{0+0+\sqrt{3}}{3}, \frac{2+0+1}{3}\right)$, 즉 $G_1\left(\frac{\sqrt{3}}{3}, 1\right)$

$G_2\left(\frac{2\sqrt{3}+2\sqrt{3}+\sqrt{3}}{3}, \frac{0+2+1}{3}\right)$, 즉 $G_2\left(\frac{5\sqrt{3}}{3}, 1\right)$

$\therefore \vec{a}=\overrightarrow{AG_1}=\left(\frac{\sqrt{3}}{3}-\sqrt{3}, 1-3\right)=\left(-\frac{2\sqrt{3}}{3}, -2\right)$,

$\vec{b}=\overrightarrow{AG_2}=\left(\frac{5\sqrt{3}}{3}-\sqrt{3}, 1-3\right)=\left(\frac{2\sqrt{3}}{3}, -2\right)$

$\therefore \vec{a}\cdot\vec{b}=\left(-\frac{2\sqrt{3}}{3}, -2\right)\cdot\left(\frac{2\sqrt{3}}{3}, -2\right)$

$=\left(-\frac{2\sqrt{3}}{3}\right)\times\frac{2\sqrt{3}}{3}+(-2)\times(-2)=\frac{8}{3}$

● 다른 풀이 ●

직각삼각형 BCE에서 $\overline{BC}=2$, $\overline{BE}=2\sqrt{3}$이므로 $\angle BCM=60°$

즉, 삼각형 BCM은 정삼각형이므로 $\angle BME=120°$이고, 사각형 ABME는 마름모이므로

$\angle BAE=\angle BME=120°$

이때 삼각형 ABM은 정삼각형이므로 점 A와 삼각형 BCM의 무게중심을 연결한 선분과 선분 BM은 서로 수직이다.

$\therefore |\vec{a}|=\frac{4}{3}\times2\times\frac{\sqrt{3}}{2}=\frac{4\sqrt{3}}{3}$

같은 방법으로 $|\vec{b}|=\frac{4\sqrt{3}}{3}$

벡터 $\vec{a}$는 $\angle BAM$을 이등분하므로 두 벡터 $\vec{a}$, $\vec{b}$가 이루는 각의 크기는 60°이다.

$\therefore \vec{a}\cdot\vec{b}=|\vec{a}||\vec{b}|\cos 60°=\frac{4\sqrt{3}}{3}\times\frac{4\sqrt{3}}{3}\times\frac{1}{2}=\frac{8}{3}$

0574 답 24

One Point Lesson

먼저 주어진 식에서 점 P가 나타내는 도형을 구한 후 원과 직선 사이의 거리를 이용한다.

점 P의 좌표를 (x, y)라 하면

$\overrightarrow{AP}=(x, y-4)$, $\overrightarrow{BP}=(x+4, y-3)$

이때 $\overrightarrow{OP}\cdot\overrightarrow{AP}-\overrightarrow{OA}\cdot\overrightarrow{BP}=0$에서

$(x, y)\cdot(x, y-4)-(0, 4)\cdot(x+4, y-3)=0$

$x^2+y(y-4)-4(y-3)=0$

$\therefore x^2+(y-4)^2=4$

즉, 점 P는 중심의 좌표가 (0, 4)이고 반지름의 길이가 2인 원 위의 점이다.

한편,

$\overrightarrow{OB}\cdot\overrightarrow{OP}=(-4, 3)\cdot(x, y)=-4x+3y$

에서 $-4x+3y=k$ (단, k는 실수)라 하면

오른쪽 그림과 같이 원의 중심 (0, 4)에서 직선 $4x-3y+k=0$까지의 거리가 2일 때, $\overrightarrow{OB}\cdot\overrightarrow{OP}$가 최솟값 또는 최댓값을 갖는다.

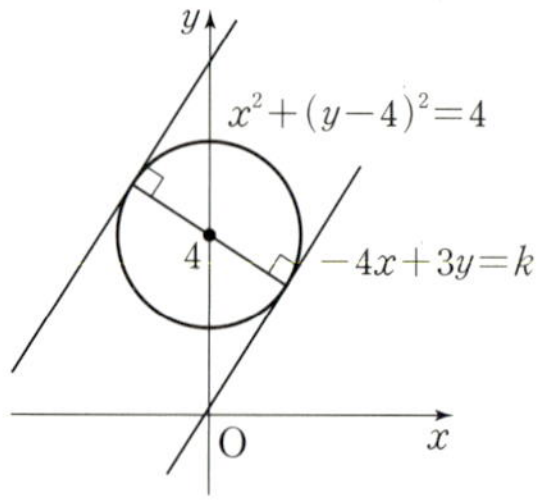

$\frac{|-12+k|}{\sqrt{4^2+(-3)^2}}=2$

$|-12+k|=10$

$-12+k=\pm10$

$\therefore k=2$ 또는 $k=22$

따라서 $\overrightarrow{OB}\cdot\overrightarrow{OP}$의 최댓값은 22, 최솟값은 2이므로 그 합은

$22+2=24$

0575 답 ③

One Point Lesson

$\overrightarrow{MP}\cdot\overrightarrow{PB}$를 시점이 O인 벡터를 이용하여 나타낸다.

$\overrightarrow{MP}=\overrightarrow{OP}-\overrightarrow{OM}$, $\overrightarrow{PB}=\overrightarrow{OB}-\overrightarrow{OP}$

이므로

$\overrightarrow{MP}\cdot\overrightarrow{PB}=(\overrightarrow{OP}-\overrightarrow{OM})\cdot(\overrightarrow{OB}-\overrightarrow{OP})$

$=\overrightarrow{OP}\cdot\overrightarrow{OB}-|\overrightarrow{OP}|^2-\overrightarrow{OM}\cdot\overrightarrow{OB}+\overrightarrow{OM}\cdot\overrightarrow{OP}$

$=\overrightarrow{OP}\cdot(\overrightarrow{OB}+\overrightarrow{OM})-2^2-1\times2\sqrt{2}\times\cos 45°$

$=\overrightarrow{OP}\cdot(\overrightarrow{OB}+\overrightarrow{OM})-6$ …… ㉠

이때 오른쪽 그림과 같이 $\overrightarrow{ON}=\overrightarrow{OB}+\overrightarrow{OM}$을 만족시키는 점을 N이라 하면

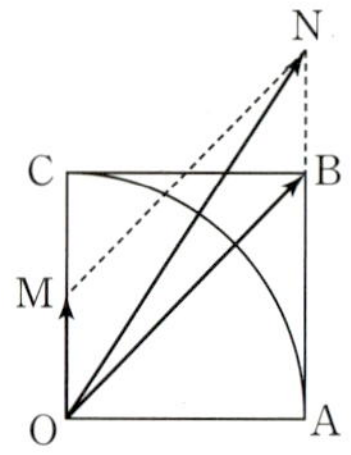

$|\overrightarrow{ON}|=\sqrt{2^2+3^2}=\sqrt{13}$

이고, 두 벡터 $\overrightarrow{OP}$, $\overrightarrow{ON}$이 이루는 각의 크기를 θ라 하면 ㉠에서

$\overrightarrow{MP}\cdot\overrightarrow{PB}=\overrightarrow{OP}\cdot(\overrightarrow{OB}+\overrightarrow{OM})-6$

$=\overrightarrow{OP}\cdot\overrightarrow{ON}-6$

$=|\overrightarrow{OP}||\overrightarrow{ON}|\cos\theta-6$

$\le2\times\sqrt{13}\times1-6$ ($\because 0<\cos\theta\le1$)

$=2\sqrt{13}-6$

점 P가 선분 ON 위의 점일 때 $\cos\theta=1$이다.

0576 답 ①

One Point Lesson

$\overrightarrow{AB}=\vec{a}$, $\overrightarrow{AC}=\vec{b}$라 하고, $\overrightarrow{GD}$, $\overrightarrow{GE}$를 $\vec{a}$, $\vec{b}$로 나타낸다.

$\overrightarrow{AB}=\vec{a}$, $\overrightarrow{AC}=\vec{b}$라 하고, $|\vec{a}|=|\vec{b}|=k$ $(k>0)$라 하면

$\vec{a}\cdot\vec{b}=k\times k\times\cos(\angle BAC)=k\times k\times\frac{3}{5}=\frac{3}{5}k^2$

점 D는 선분 BC를 1 : 3으로 내분하는 점이므로

$\overrightarrow{AD}=\frac{1\times\vec{b}+3\times\vec{a}}{1+3}=\frac{3\vec{a}+\vec{b}}{4}$

점 E는 선분 BC를 3 : 1로 내분하는 점이므로

$\overrightarrow{AE}=\frac{3\times\vec{b}+1\times\vec{a}}{3+1}=\frac{\vec{a}+3\vec{b}}{4}$

이때 $\overrightarrow{AG}=\dfrac{\vec{a}+\vec{b}}{3}$이므로

$$\overrightarrow{GD}=\overrightarrow{AD}-\overrightarrow{AG}=\frac{3\vec{a}+\vec{b}}{4}-\frac{\vec{a}+\vec{b}}{3}=\frac{5\vec{a}-\vec{b}}{12},$$

$$\overrightarrow{GE}=\overrightarrow{AE}-\overrightarrow{AG}=\frac{\vec{a}+3\vec{b}}{4}-\frac{\vec{a}+\vec{b}}{3}=\frac{-\vec{a}+5\vec{b}}{12}$$

$$\therefore\ \cos\theta=\frac{\overrightarrow{GD}\cdot\overrightarrow{GE}}{|\overrightarrow{GD}||\overrightarrow{GE}|}$$

$$=\frac{\frac{1}{12}(5\vec{a}-\vec{b})\cdot\frac{1}{12}(-\vec{a}+5\vec{b})}{\frac{1}{12}|5\vec{a}-\vec{b}|\times\frac{1}{12}|-\vec{a}+5\vec{b}|}$$

$$=\frac{(5\vec{a}-\vec{b})\cdot(-\vec{a}+5\vec{b})}{|5\vec{a}-\vec{b}||-\vec{a}+5\vec{b}|}\qquad\cdots\cdots\ ㉠$$

이때
$$(5\vec{a}-\vec{b})\cdot(-\vec{a}+5\vec{b})=-5|\vec{a}|^2+26\vec{a}\cdot\vec{b}-5|\vec{b}|^2$$
$$=-5k^2+26\times\frac{3}{5}k^2-5k^2=\frac{28}{5}k^2$$

$$|5\vec{a}-\vec{b}|^2=25|\vec{a}|^2-10\vec{a}\cdot\vec{b}+|\vec{b}|^2$$
$$=25k^2-10\times\frac{3}{5}k^2+k^2=20k^2$$

$$|-\vec{a}+5\vec{b}|^2=|\vec{a}|^2-10\vec{a}\cdot\vec{b}+25|\vec{b}|^2$$
$$=k^2-10\times\frac{3}{5}k^2+25k^2=20k^2$$

이므로 ㉠에서
$$\cos\theta=\frac{\frac{28}{5}k^2}{k\sqrt{20}\times k\sqrt{20}}=\frac{\frac{28}{5}k^2}{20k^2}=\frac{7}{25}$$

0577 답 1

두 집합 A, B의 의미를 알아본다.

두 벡터 $\dfrac{\vec{p}}{|\vec{p}|}$, $\dfrac{\vec{q}}{|\vec{q}|}$는 각각 방향이 $\vec{p}$, $\vec{q}$인 단위벡터이므로 두 점 P′, Q′은 반지름의 길이가 1인 원 위의 점이다.

이때 쌍곡선 $\dfrac{x^2}{4}-y^2=1$의 점근선의 방정식은 $y=\pm\dfrac{1}{2}x$이므로

$-\dfrac{1}{2}<$(직선 OP의 기울기)$<\dfrac{1}{2}$

즉, 오른쪽 그림과 같이 두 직선 $y=\dfrac{1}{2}x$, $y=-\dfrac{1}{2}x$가 이루는 각의 크기를 θ_1이라 하면 점 P′이 나타내는 도형은 반지름의 길이가 1이고, 중심각의 크기가 θ_1인 부채꼴의 호에서 양 끝 점을 제외한 도형이다.

같은 방법으로 오른쪽 그림과 같이 원점을 지나고 포물선 $y^2=x-k$에 접하는 두 직선이 이루는 각의 크기를 θ_2라 하면 점 Q′이 나타내는 도형은 반지름의 길이가 1이고 중심각의 크기가 θ_2인 부채꼴의 호이다.

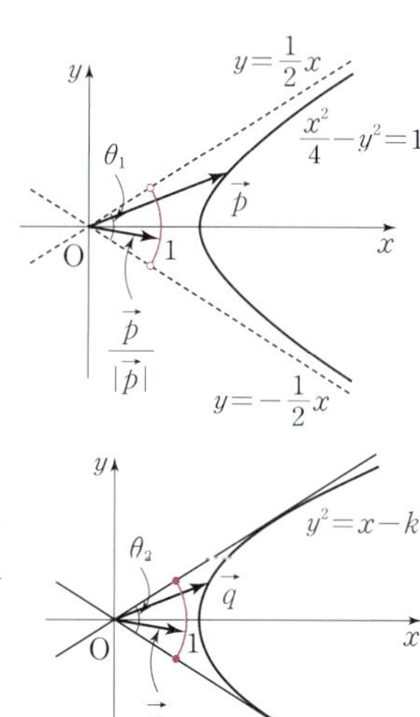

이때 $n(B-A)=2$이므로 포물선 $y^2=x-k$는 쌍곡선 $\dfrac{x^2}{4}-y^2=1$의 점근선인 $y=\pm\dfrac{1}{2}x$에 접해야 한다.

$y=\pm\dfrac{1}{2}x$를 $y^2=x-k$에 대입하면
$$\left(\pm\frac{1}{2}x\right)^2=x-k\qquad\therefore x^2-4x+4k=0$$
위의 이차방정식의 판별식을 D라 하면
$$\frac{D}{4}=(-2)^2-1\cdot4k=0$$
$$4-4k=0\qquad\therefore k=1$$

0578 답 21

변 BC의 중점을 M이라 하면 점 M은 원의 중심이다.

오른쪽 그림과 같이 변 BC의 중점을 M이라 하면 점 M은 원의 중심이고 원의 반지름의 길이는

$$\overline{DM}=\overline{BM}\cos30°=\sqrt{3}$$

이때 점 C에서 직선 DM에 내린 수선의 발을 E라 하면

$$\overline{DM}=\overline{ME}$$
$$\therefore |\overrightarrow{AE}|^2=\overline{AE}^2$$
$$=\overline{AD}^2+\overline{DE}^2$$
$$=(\overline{AB}-\overline{DB})^2+(2\overline{DM})^2$$
$$=(4-1)^2+(2\sqrt{3})^2=21$$

$$\therefore |\overrightarrow{AX}+\overrightarrow{DY}|^2$$
$$=|\overrightarrow{AM}+\overrightarrow{MX}+\overrightarrow{DM}+\overrightarrow{MY}|^2$$
$$=|\overrightarrow{AM}+\overrightarrow{MX}+\overrightarrow{ME}+\overrightarrow{MY}|^2\quad\big(\overrightarrow{AM}+\overrightarrow{ME}=\overrightarrow{AE}\big)$$
$$=|\overrightarrow{AE}+\overrightarrow{MX}+\overrightarrow{MY}|^2$$
$$=|\overrightarrow{AE}|^2+2\overrightarrow{AE}\cdot(\overrightarrow{MX}+\overrightarrow{MY})+|\overrightarrow{MX}+\overrightarrow{MY}|^2\ \cdots\cdots\ ㉠$$

이때 $|\overrightarrow{MX}+\overrightarrow{MY}|\leq|\overrightarrow{MX}|+|\overrightarrow{MY}|=\sqrt{3}+\sqrt{3}=2\sqrt{3}$이고, 두 벡터 $\overrightarrow{AE}$, $\overrightarrow{MX}+\overrightarrow{MY}$가 이루는 각의 크기를 θ라 하면 ㉠에서

$$|\overrightarrow{AX}+\overrightarrow{DY}|^2$$
$$=|\overrightarrow{AE}|^2+2|\overrightarrow{AE}||\overrightarrow{MX}+\overrightarrow{MY}|\cos\theta+|\overrightarrow{MX}+\overrightarrow{MY}|^2$$
$$\leq21+2\times\sqrt{21}\times2\sqrt{3}\times1+(2\sqrt{3})^2=33+12\sqrt{7}$$
따라서 $p=33$, $q=12$이므로
$$p-q=33-12=21$$

0579 답 해설 참조

오른쪽 그림과 같이 선분 BC의 중점을 M이라 하면 점 M의 위치벡터 $\vec{m}$은

$$\vec{m}=\frac{\vec{b}+\vec{c}}{2}$$

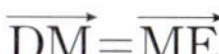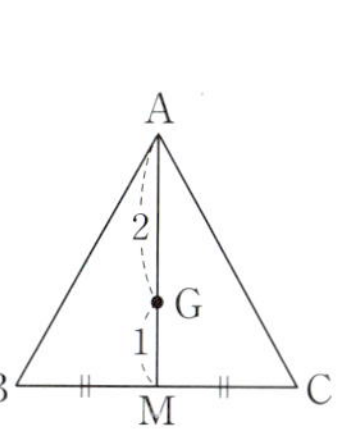

이때 삼각형 ABC의 무게중심 G는 선분 AM을 2 : 1로 내분하는 점이므로

$$\vec{g}=\frac{2\cdot\vec{m}+1\cdot\vec{a}}{2+1}=\frac{2\cdot\frac{\vec{b}+\vec{c}}{2}+\vec{a}}{3}=\frac{\vec{a}+\vec{b}+\vec{c}}{3}$$

채점 기준	배점 비율
❶ 삼각형의 한 변의 중점에 대한 위치벡터 구하기	50%
❷ $\vec{g}=\dfrac{\vec{a}+\vec{b}+\vec{c}}{3}$임을 증명하기	50%

0580 답 $x^2+(y-1)^2=8$

원 위의 임의의 점을 P(x, y)라 하면
$\overrightarrow{AP}=(x-2, y+1)$,
$\overrightarrow{BP}=(x+2, y-3)$ ······ ❶

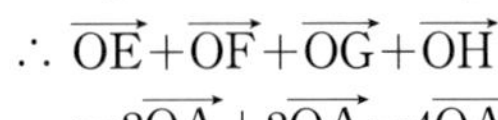

이때 두 벡터 $\overrightarrow{AP}$, $\overrightarrow{BP}$가 서로 수직이므로
$\overrightarrow{AP} \cdot \overrightarrow{BP}=0$에서
$(x-2, y+1) \cdot (x+2, y-3)=0$
$(x-2)(x+2)+(y+1)(y-3)=0$
$x^2-4+y^2-2y-3=0$
$\therefore x^2+(y-1)^2=8$ ······ ❷

채점 기준	배점 비율
❶ 원 위의 임의의 점 P(x, y)에 대하여 두 벡터 $\overrightarrow{AP}$, $\overrightarrow{BP}$를 각각 성분으로 나타내기	30%
❷ 두 벡터 $\overrightarrow{AP}$, $\overrightarrow{BP}$가 서로 수직임을 이용하여 원의 방정식 구하기	70%

0581 답 $\dfrac{7\sqrt{2}}{10}$

직선 m 위의 임의의 점 (x_1, y_1)에 대하여 점 (x_1, y_1)을 지나고
벡터 $\vec{n}=(3, -1)$에 수직인 직선의 방정식은
$$3(x-x_1)-(y-y_1)=0 \qquad \therefore x-x_1=\dfrac{y-y_1}{3}$$
······ ❶

즉, 직선 m의 방향벡터를 $\vec{v}$ 라 하면
$\vec{v}=(1, 3)$ ······ ❷

$$\therefore \cos\theta=\dfrac{|\vec{u} \cdot \vec{v}|}{|\vec{u}||\vec{v}|}=\dfrac{|(1, 2) \cdot (1, 3)|}{\sqrt{1^2+2^2}\sqrt{1^2+3^2}}=\dfrac{7}{\sqrt{5}\sqrt{10}}=\dfrac{7\sqrt{2}}{10}$$
······ ❸

채점 기준	배점 비율
❶ 직선 m의 방정식 구하기	40%
❷ 직선 m의 방향벡터 구하기	20%
❸ $\cos\theta$의 값 구하기	40%

0582 답 해설 참조

점 P의 좌표를 (x, y)라 하면
$\overrightarrow{AP}=(x-1, y)$, $\overrightarrow{OA}=(1, 0)$, $\overrightarrow{OP}=(x, y)$ ······ ❶

$|\overrightarrow{AP}|=\overrightarrow{OA} \cdot \overrightarrow{OP}+1$에서
$\sqrt{(x-1)^2+y^2}=(1, 0) \cdot (x, y)+1$
$\sqrt{(x-1)^2+y^2}=x+1$
위의 식의 양변을 제곱하면
$(x-1)^2+y^2=(x+1)^2$
$\therefore y^2=4x$ ······ ❷

따라서 점 P가 나타내는 도형은 초점이 $(1, 0)$, 준선이 $x=-1$
인 포물선이다. ······ ❸

채점 기준	배점 비율
❶ 점 P의 좌표를 (x, y)라 하고, 세 벡터 $\overrightarrow{AP}$, $\overrightarrow{OA}$, $\overrightarrow{OP}$를 성분으로 나타내기	30%
❷ 주어진 식을 이용하여 도형의 방정식 구하기	50%
❸ 점 P가 나타내는 도형 알기	20%

0583 답 $8\sqrt{5}$

$|\vec{p}-\vec{a}|=2$이므로 점 P가 나타내는 도형은 중심의 좌표가
A$(2, 4)$이고 반지름의 길이가 2인 원이다. ······ ❶

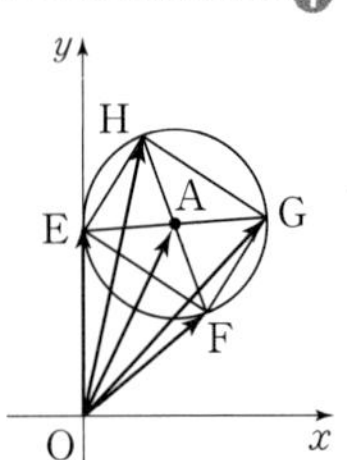

오른쪽 그림과 같이 원에 내접하는 직사각형
EFGH에 대하여 두 대각선의 교점이 A이
므로
$$\dfrac{\overrightarrow{OE}+\overrightarrow{OG}}{2}=\overrightarrow{OA}, \quad \dfrac{\overrightarrow{OF}+\overrightarrow{OH}}{2}=\overrightarrow{OA}$$
$$\therefore \overrightarrow{OE}+\overrightarrow{OF}+\overrightarrow{OG}+\overrightarrow{OH}$$
$$=2\overrightarrow{OA}+2\overrightarrow{OA}=4\overrightarrow{OA}$$
······ ❷

$$\therefore |\overrightarrow{OE}+\overrightarrow{OF}+\overrightarrow{OG}+\overrightarrow{OH}|=4|\overrightarrow{OA}|$$
$$=4\sqrt{2^2+4^2}$$
$$=8\sqrt{5}$$
······ ❸

채점 기준	배점 비율
❶ $|\vec{p}-\vec{a}|=2$ 해석하기	30%
❷ $\overrightarrow{OE}+\overrightarrow{OF}+\overrightarrow{OG}+\overrightarrow{OH}$를 간단히 하기	50%
❸ $|\overrightarrow{OE}+\overrightarrow{OF}+\overrightarrow{OG}+\overrightarrow{OH}|$의 값 구하기	20%

0584 답 2

$$\overrightarrow{OP}=t\overrightarrow{OA}+\dfrac{1-3t}{2}\overrightarrow{OB}$$
$$=3t\left(\dfrac{1}{3}\overrightarrow{OA}\right)+(1-3t)\left(\dfrac{1}{2}\overrightarrow{OB}\right) \quad \cdots\cdots \ \bigcirc$$
······ ❶

$\dfrac{1}{3}\overrightarrow{OA}=\overrightarrow{OC}$, $\dfrac{1}{2}\overrightarrow{OB}=\overrightarrow{OD}$라 하면 $\bigcirc$에서
$\overrightarrow{OP}=3t\overrightarrow{OC}+(1-3t)\overrightarrow{OD}$
이때 $3t+(1-3t)=1$, $3t\geq0$, $1-3t\geq0$이므로 점 P는 선분 CD
위의 점이다. ······ ❷

$$\overrightarrow{OC}=\dfrac{1}{3}\overrightarrow{OA}=\dfrac{1}{3}(3, 0)=(1, 0),$$
$$\overrightarrow{OD}=\dfrac{1}{2}\overrightarrow{OB}=\dfrac{1}{2}(2, 4)=(1, 2)$$
이므로 C$(1, 0)$, D$(1, 2)$
따라서 $\overline{CD}=2$이므로 점 P가 나타내는 도형의 길이는 2이다. ······ ❸

채점 기준	배점 비율
❶ $\overrightarrow{OP}=m\overrightarrow{OX}+n\overrightarrow{OY}$ $(m+n=1)$ 꼴로 나타내기	30%
❷ 점 P가 나타내는 도형 알기	40%
❸ 점 P가 나타내는 도형의 길이 구하기	30%

본문 106~107쪽

0585 답 7

5개의 꼭짓점 A, B, C, D, E 중 서로 다른 3개의 꼭짓점을 택하는 경우의 수는

$_5C_3=10$

이때 4개의 꼭짓점 B, C, D, E 중 서로 다른 3개의 꼭짓점을 택하여 결정되는 평면은 모두 같은 평면이고 그 경우의 수는

$_4C_3=4$

따라서 구하는 평면의 개수는

$10-4+1=7$

● 다른 풀이 ●

평면 ABC, ABD, ABE, ACD, ACE, ADE, BCDE의 7개이다.

0586 답 3

세 점 C, D, E가 모서리 AB 위에 있지 않은 점이므로
모서리 AB를 포함하는 평면의 개수는 3이다.

0587 답 0

두 모서리 AB, CD는 꼬인 위치에 있으므로 두 모서리 AB, CD를 포함하는 평면은 존재하지 않는다.

0588 답 1

두 모서리 BC, DE는 평행하므로 두 모서리 BC, DE를 포함하는 평면의 개수는 1이다.

0589 답 모서리 AC, AD, BC, BE

모서리 AB와 한 점에서 만나는 모서리는 두 꼭짓점 A, B 중 한 점을 지나므로
모서리 AC, AD, BC, BE

0590 답 모서리 BE, CF

모서리 AD와 평행한 모서리는 모서리 AD와 한 평면 위에 있으면서 만나지 않는 모서리이므로
모서리 BE, CF

0591 답 모서리 CF, DF, EF

모서리 AB와 꼬인 위치에 있는 모서리는 모서리 AB와 한 평면 위에 있지 않으면서 만나지 않는 모서리이므로
모서리 CF, DF, EF

0592 답 모서리 DE, DF, EF

면 ABC와 평행한 모서리는 평면 ABC와 만나지 않는 모서리이므로
모서리 DE, DF, EF

0593 답 면 DEF

면 ABC와 평행한 면은 면 ABC와 만나지 않는 면이므로
면 DEF

0594 답 45°

두 직선 AH, BC가 이루는 각의 크기는 두 직선 AH, AD가 이루는 각의 크기와 같다.

$\overline{BC} /\!/ \overline{AD}$, $\angle DAH=45°$이므로 직선 AH와 직선 BC가 이루는 각의 크기는 45°이다.

0595 답 90°

$\overline{AF} /\!/ \overline{DG}$, $\overline{DG}\perp\overline{CH}$이므로 직선 AF와 직선 CH가 이루는 각의 크기는 90°이다.

정사각형의 두 대각선은 서로 다른 것을 수직이등분한다.

0596 답 (가) $\overline{BM}$ (나) 90°

모서리 CD의 중점을 M이라 하면
△ACD, △BCD가 정삼각형이므로
$\overline{CD}\perp\overline{AM}$, $\overline{CD}\perp\boxed{\overline{BM}}$

즉, $\overline{CD}$는 평면 ABM 위의 평행하지 않은 두 직선과 각각 수직이므로
$\overline{CD}\perp$(평면 ABM)

따라서 $\overline{AB}$는 평면 ABM 위의 직선이므로 두 직선 AB, CD가 이루는 각의 크기는 $\boxed{90°}$이다.

0597 답 (가) l (나) PO (다) OH (라) POH

$\overline{PO}\perp\alpha$이고 직선 l은 평면 α에 포함되므로
$\overline{PO}\perp\boxed{l}$

한편, $\overline{OH}\perp l$이므로 직선 l은 두 직선 $\boxed{PO}$, $\boxed{OH}$를 포함하는 평면 $\boxed{POH}$에 수직이다.

이때 $\overline{PH}$는 평면 $\boxed{POH}$에 포함되므로
$\overline{PH}\perp l$

0598 답 $\dfrac{\sqrt{6}}{3}$

직각삼각형 PAB에서
$\overline{AP}=\sqrt{\overline{BP}^2-\overline{AB}^2}=\sqrt{2^2-1^2}=\sqrt{3}$

$\overline{PH}\perp\beta$, $\overline{AP}\perp l$이므로 삼수선의 정리에 의하여
$\overline{AH}\perp l$

직각삼각형 PHA에서
$\overline{AH}=\sqrt{\overline{AP}^2-\overline{PH}^2}=\sqrt{(\sqrt{3})^2-1^2}=\sqrt{2}$

두 평면 α, β가 이루는 각의 크기는 두 직선 AP, AH가 이루는 각의 크기와 같으므로

$\cos\theta=\dfrac{\overline{AH}}{\overline{AP}}=\dfrac{\sqrt{2}}{\sqrt{3}}=\dfrac{\sqrt{6}}{3}$

0599 답 $\dfrac{\sqrt{3}}{2}$

직각삼각형 HAB에서
$\overline{BH}=\sqrt{\overline{AH}^2+\overline{AB}^2}=\sqrt{(\sqrt{2})^2+1^2}=\sqrt{3}$

직선 BP와 평면 β가 이루는 각의 크기는 두 직선 BP, BH가 이

루는 각의 크기와 같으므로

$$\cos\theta=\frac{\overline{BH}}{\overline{BP}}=\frac{\sqrt{3}}{2}$$

0600 답 선분 EG
선분 AG의 평면 EFGH 위로의 정사영은 선분 EG이다.

0601 답 삼각형 EFH
선분 AB의 평면 EFGH 위로의 정사영은 선분 EF이고, 점 H는 평면 EFGH 위의 점이므로 삼각형 ABH의 평면 EFGH 위로의 정사영은 삼각형 EFH이다.

0602 답 $\frac{1}{4}$
$S'=S\cos\theta$에서

$3=12\cos\theta$ $\therefore \cos\theta=\frac{3}{12}=\frac{1}{4}$

본문 108~120쪽

0603 답 ⑤

0604 답 ③
네 점 중 어떤 세 점도 한 직선 위에 있지 않으므로

(i) 네 점 A, B, C, F 중 세 점으로 결정할 수 있는 서로 다른 평면은 평면 ABC, ABF, ACF, BCF의 4개이다.
(ii) 선분 EH와 네 점 A, B, C, F는 만나지 않으므로 선분 EH와 네 점 A, B, C, F로 결정할 수 있는 평면은 평면 EHA, EHB, EHC, EHF의 4개이다.
  이때 두 평면 EHB, EHC는 같은 평면이므로 직선 EH와 네 점 A, B, C, F로 결정할 수 있는 서로 다른 평면은 3개이다.
(iii) 네 점 A, B, C, F 중 선분 FG와 만나지 않는 점은 세 점 A, B, C이므로 선분 FG와 세 점 A, B, C로 결정할 수 있는 평면은 평면 FGA, FGB, FGC의 3개이다.
  이때 두 평면 FGB, FGC는 같은 평면이므로 선분 FG와 세 점 A, B, C로 결정할 수 있는 서로 다른 평면은 2개이다.
(iv) 두 선분 EH, FG는 평행하므로 두 선분 EH, FG로 결정할 수 있는 평면은 평면 EFGH의 1개이다.
(i)~(iv)에서 구한 평면 중 (i)에서의 평면 BCF와 (iii)에서의 평면 FGB는 같은 평면이고, (ii)에서의 평면 EHF와 (iv)에서의 평면 EFGH는 같은 평면이다.
따라서 구하는 서로 다른 평면의 개수는
$4+3+2+1-(1+1)=8$

0605 답 ②
ㄱ. 세 점 A, B, D는 한 직선 위에 있지 않은 서로 다른 세 점이므로 한 평면을 결정한다.
ㄴ. 직선 CE와 이 직선 위에 있지 않은 한 점 A는 한 평면을 결정한다.

ㄷ. 직선 AD와 직선 BC는 꼬인 위치에 있으므로 두 직선 AD, BC를 포함하는 평면은 존재하지 않는다.
따라서 한 평면이 결정되는 것은 ㄱ, ㄴ이다.

0606 답 ②
(i) 직선 l과 직선 l 위에 있지 않은 한 점을 택하는 경우의 수는
  $_3C_1=3$
(ii) 직선 l 위의 한 점과 직선 l 위에 있지 않은 서로 다른 2개의 점을 택하는 경우의 수는
  $_3C_1\cdot_3C_2=3\cdot3=9$
(iii) 직선 l 위에 있지 않은 서로 다른 3개의 점을 택하는 경우의 수는
  $_3C_3=1$
따라서 구하는 서로 다른 평면의 최대 개수는
$3+9+1=13$

0607 답 ⑤
5개의 점 A, B, C, D, P 중 어떤 4개의 점도 한 평면 위에 있지 않고 어떤 3개의 점도 한 직선 위에 있지 않으므로 5개의 점 A, B, C, D, P 중 일부로 결정할 수 있는 서로 다른 평면의 개수는
$_5C_3=10$

0608 답 ⑤

0609 답 3
직선 AB와 꼬인 위치에 있는 직선은 직선 AB와 만나지 않으면서 한 평면 위에 있지 않은 직선이다.
따라서 직선 CH, DI, EJ, GH, HI, IJ, JF의 7개이므로
$a=7$
직선 AF와 평행한 직선은 직선 AF와 만나지 않으면서 한 평면 위에 있는 직선이다.
따라서 직선 BG, CH, DI, EJ의 4개이므로
$b=4$
$\therefore a-b=7-4=3$

0610 답 ④
만나지 않는다.
직선 AB와 평행한 평면은 직선 AB를 포함하지 않고 직선 AB와 한 점에서 만나지 않는 평면이다.
따라서 평면 DHGC, EFGH의 2개이므로
$a=2$
만나지 않는다.
평면 ABCD와 평행한 직선은 평면 ABCD에 포함되지 않고 평면 ABCD와 한 점에서 만나지 않는 직선이다.
따라서 직선 EF, FG, GH, EH의 4개이므로
$b=4$
$\therefore a+b=2+4=6$

0611 답 ②
ㄱ. 직선 AB와 직선 CD는 평행하지 않고 한 평면 ABCDEF 위에 있으므로 한 점에서 만난다. (참)
ㄴ. 직선 EF와 직선 HI는 만나지 않고 한 평면 EFHI 위에 있으므로 평행하다. (참)

ㄷ. 평면 DEKJ와 평행한 직선은 평면 DEKJ에 포함되지 않고
평면 DEKJ와 만나지 않는 직선이므로 직선 CI, BH, AG,
FL, AB, GH의 6개이다. (거짓)
따라서 옳은 것은 ㄱ, ㄴ이다.

0612 답 ③

① 직선 PA는 평면 EFGH에 포함되지 않고 평행하지 않으므로
한 점에서 만난다. (참)
② 평면 PAB와 평면 CDHG는 평행하지 않으므로 만난다. (참)
③ 직선 PD와 직선 BF는 평면 PBFHD 위에 있고 두 직선 PD,
BF는 평행하지 않으므로 한 점에서 만난다. (거짓)
④ 직선 GH는 평면 PCD에 포함되지 않고 만나지 않으므로 평행
하다. (참)
⑤ 평면 PBC, 평면 PCD는 직선 PC를 포함하고, 평면 PAB,
평면 PAD는 직선 PC와 한 점 P에서 만나고, 평면 BFGC,
평면 CDHG는 직선 PC와 한 점 C에서 만난다.
또한, 평면 AEFB, 평면 AEHD, 평면 EFGH는 직선 PC를
포함하지 않고 평행하지 않으므로 한 점에서 만난다.
따라서 입체도형의 각 면을 포함하는 평면 중 직선 PC와 평행
한 평면은 없다. (참)

0613 답 ②

0614 답 ②

ㄱ. 오른쪽 그림과 같이
$l \perp \alpha$, $m /\!/ \alpha$이면 $l \perp m$이다. (참)

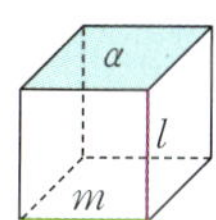

ㄴ. 오른쪽 그림과 같이
$l \perp \alpha$, $l /\!/ m$이면 $m \perp \alpha$이다. (참)

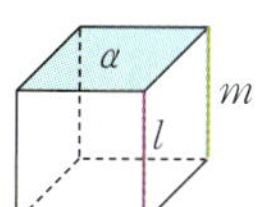

ㄷ. 오른쪽 그림과 같이
$\alpha \perp \beta$, $\beta \perp \gamma$이지만 두 평면 α, γ가 만날 수
도 있다. (거짓)
따라서 옳은 것은 ㄱ, ㄴ이다.

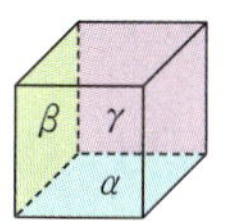

0615 답 ⑤

ㄱ. 평면 α 위의 임의의 직선 c에 대하여
점 O를 지나고 직선 c와 평행한 직선
을 c', 평면 α 위에서 점 O를 지나지
않고 세 직선 m, n, c'과 만나는 직선
을 그어 그 교점을 차례대로 A, B, C
라 하자.

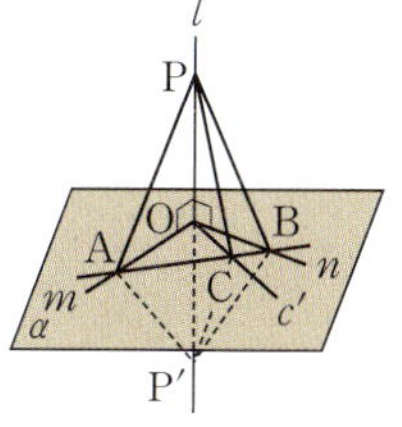

직선 l 위에 $\overline{PO}=\overline{P'O}$인 서로 다른
두 점 P, P'을 잡으면 두 직선 m, n은 모두 $\overline{PP'}$의 수직이등
분선이므로
$\overline{AP}=\overline{AP'}$, $\overline{BP}=\overline{BP'}$
따라서 $\triangle ABP \equiv \triangle ABP'$이므로
$\angle PAC = \angle P'AC$
또한, $\triangle PAC \equiv \triangle P'AC$이므로
$\overline{PC}=\overline{P'C}$

$\triangle CPP'$은 이등변삼각형이고 점 O는 $\overline{PP'}$의 중점이므로
$\overline{PP'} \perp \overline{OC}$, 즉 $l \perp c'$
그런데 $c' /\!/ c$이므로 $l \perp c$
따라서 직선 l은 점 O를 지나는 평면 α 위의 임의의 직선과
수직이므로 $l \perp \alpha$이다. (참)

ㄴ. 두 평면 α, β는 평행하므로 평면 α에 포함
된 직선 l과 평면 β에 포함된 직선 m은 만
나지 않는다.
그런데 두 직선 l, m은 모두 한 평면 γ 위
에 있으므로 $l /\!/ m$이다. (참)

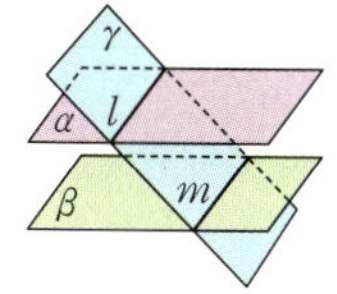

ㄷ. 두 평면 α, β가 평행하지 않다고 가정하자.
두 평면 α, β의 교선을 n이라 하면 $l /\!/ \alpha$,
$m /\!/ \alpha$이므로 두 직선 l, m은 평면 α에 포
함된 직선 n과 만나지 않는다.
그런데 세 직선 l, m, n은 모두 평면 β 위에 있으므로
$l /\!/ n$, $m /\!/ n$이 되어 $l /\!/ m$이다.
이것은 두 직선 l, m이 한 점 P에서 만난다는 조건에 모순이
므로 $\alpha /\!/ \beta$이다. (참)
따라서 옳은 것은 ㄱ, ㄴ, ㄷ이다.

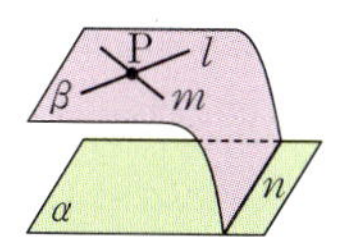

0616 답 ③

[명제]

'직선 l과 평면 α가 평행할 때, 직선 l을 포함하는 평면 β와 평면
α의 교선 m은 직선 l과 평행하다.'

[증명]

직선 l과 평면 α가 평행하므로 직선 l과 평면 α는 만나지 않는다.
이때 직선 m은 평면 α 위에 있으므로 두 직선 m, l은
만나지 않는다.
그런데 두 직선 m, l은 모두 한 평면 β 위에 있으므로 두 직선
m, l은 평행하다. → 두 직선이 만나지 않고 한 평면 위에 있으므로

0617 답 ④

0618 답 ⑤

꼭짓점 C에서 평면 ABFD에 내린 수선의 발은 정사각형 ABFD
의 두 대각선 AF, BD의 교점과 같다.
마찬가지로 꼭짓점 E에서 평면 ABFD에 내린 수선의 발은 정사
각형 ABFD의 두 대각선 AF, BD의 교점과 같다.
즉, 직선 CE와 평면 ABFD는 수직이고, 직선 AB는 평면
ABFD 위의 직선이므로 직선 CE와 수직이다.
따라서 구하는 각의 크기는 $90°$이다.

0619 답 ④

$\overline{EF} /\!/ \overline{HG}$이므로 두 직선 AG, EF가 이루는 각의 크기는 두 직
선 AG, HG가 이루는 각의 크기와 같다.
이때 직선 HG는 평면 AEHD와 수직이므로 평면 AEHD 위의
직선 AH는 직선 GH와 수직이다.
즉, 삼각형 AHG는 직각삼각형이다.
직각삼각형 AEH에서
$\overline{AH}=\sqrt{3^2+2^2}=\sqrt{13}$

직각삼각형 AHG에서
$$\overline{AG}=\sqrt{(\sqrt{13})^2+2^2}=\sqrt{17}$$
$$\therefore \cos\theta=\frac{\overline{HG}}{\overline{AG}}=\frac{2}{\sqrt{17}}=\frac{2\sqrt{17}}{17}$$

0620 답 ⑤

오른쪽 그림과 같이 합동인 두 정육면체
를 붙이면 $\overline{CF}\,/\!/\,\overline{AE'}$이므로 두 직선
AG, CF가 이루는 각의 크기는 두 직선
AG, AE'이 이루는 각의 크기와 같다.
정육면체의 한 모서리의 길이를 a라 하면

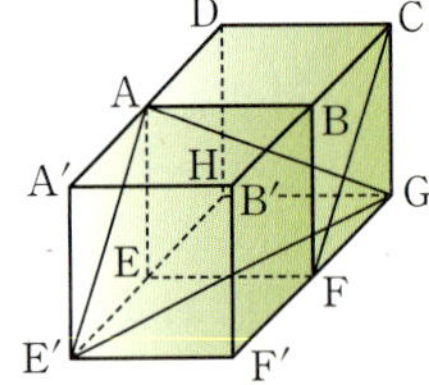

$$\overline{AG}=\sqrt{3}a,\quad \overline{AE'}=\sqrt{2}a$$
$$\overline{E'G}=\sqrt{a^2+(2a)^2}=\sqrt{5}a$$
이때 $\overline{E'G}^2=\overline{AG}^2+\overline{AE'}^2$이므로 삼각형 E'AG는 $\angle E'AG=90°$
인 직각삼각형이다.
따라서 구하는 각의 크기는 $90°$이다.

0621 답 ③

모서리 BD의 중점을 N이라 하면
$$\overline{BC}\,/\!/\,\overline{NM}$$
따라서 직선 AM과 직선 BC가 이루는 각
의 크기는 직선 AM과 직선 NM이 이루
는 각의 크기와 같으므로
$$\theta=\angle AMN$$
한편, $\overline{AM}=\overline{AN}$이므로 삼각형 ANM은 이등변삼각형이다.
정사면체의 한 모서리의 길이를 a, 이등변삼각형
ANM에서 선분 NM의 중점을 H라 하면

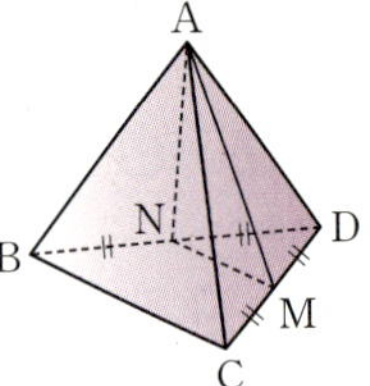

$$\overline{AM}=\frac{\sqrt{3}}{2}a$$
$$\overline{HM}=\frac{1}{2}\overline{NM}=\frac{1}{2}\cdot\frac{1}{2}a=\frac{1}{4}a$$
$$\therefore \cos\theta=\frac{\overline{HM}}{\overline{AM}}=\frac{\frac{1}{4}a}{\frac{\sqrt{3}}{2}a}=\frac{\sqrt{3}}{6}$$

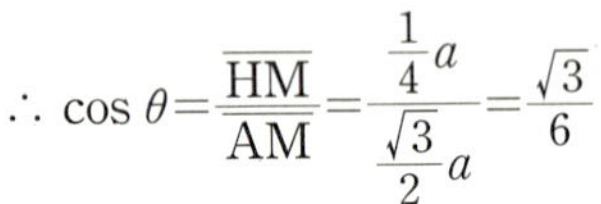

해설 속 칠판　**삼각형의 두 변의 중점을 연결한 선분의 성질**

삼각형 ABC에서
(1) $\overline{AM}=\overline{MB}$, $\overline{AN}=\overline{NC}$이면
　　$\overline{MN}\,/\!/\,\overline{BC}$, $\overline{MN}=\frac{1}{2}\overline{BC}$
(2) $\overline{AM}=\overline{MB}$, $\overline{MN}\,/\!/\,\overline{BC}$이면
　　$\overline{AN}=\overline{NC}$, $\overline{MN}=\frac{1}{2}\overline{BC}$

0622 답 ②

0623 답 ④

삼각형 POH가 직각삼각형이므로
$$\overline{PH}=\sqrt{(2\sqrt{5})^2+1^2}=\sqrt{21}$$
$\overline{PO}\perp\alpha$, $\overline{OH}\perp\overline{AB}$이므로 삼수선의 정리에 의하여
$$\overline{PH}\perp\overline{AB}$$
따라서 삼각형 AHP가 직각삼각형이므로
$$\overline{AH}=\sqrt{5^2-(\sqrt{21})^2}=2$$

0624 답 ③

직각삼각형 PHA에서
$$\overline{PH}=\sqrt{4^2-2^2}=2\sqrt{3}$$
$\overline{PO}\perp\alpha$, $\overline{PH}\perp\overline{AB}$이므로 삼수선의 정리에 의하여
$$\overline{OH}\perp\overline{AB}$$
따라서 점 O와 직선 AB 사이의 거리는 선분 OH의 길이와 같으
므로 직각삼각형 POH에서
$$\overline{OH}=\sqrt{(2\sqrt{3})^2-2^2}=2\sqrt{2}$$

0625 답 ⑤

$\overline{PO}\perp\alpha$, $\overline{PH}\perp\overline{AB}$이므로 삼수선의 정리에 의하여
$$\overline{OH}\perp\overline{AB}$$
직각삼각형 OHA에서
$$\overline{OH}=\sqrt{2^2-1^2}=\sqrt{3}$$
따라서 직각삼각형 POH에서
$$\overline{PO}=\sqrt{3^2-(\sqrt{3})^2}=\sqrt{6}$$

0626 답 ②

직각삼각형 APB에서
$$\overline{AB}=\sqrt{2^2+(2\sqrt{3})^2}=4$$
$\overline{PO}\perp\alpha$, $\overline{OH}\perp\overline{AB}$이므로
삼수선의 정리에 의하여
$$\overline{PH}\perp\overline{AB}$$

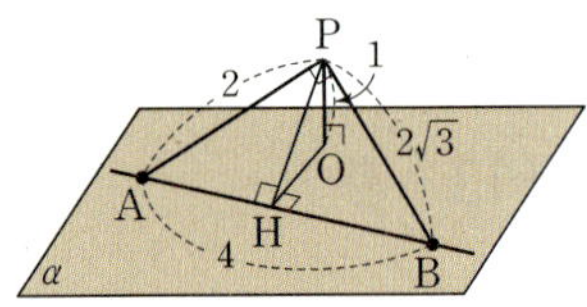

따라서 삼각형 PHA와 삼각형 PHB는 직각삼각형이다.
이때 두 직각삼각형 APB, BHP는 서로 닮음이므로
$$\overline{AB}:\overline{AP}=\overline{BP}:\overline{PH}$$
$$4:2=2\sqrt{3}:\overline{PH}\qquad\therefore \overline{PH}=\sqrt{3}$$
따라서 직각삼각형 POH에서
$$\overline{OH}=\sqrt{(\sqrt{3})^2-1^2}=\sqrt{2}$$

0627 답 ④

0628 답 ②

직각삼각형 MFG에서
$$\overline{MG}=\sqrt{5^2+10^2}=5\sqrt{5}$$
$\overline{DH}\perp$ (평면 EFGH), $\overline{DI}\perp\overline{MG}$이므로 삼수선의 정리에 의하여
$$\overline{HI}\perp\overline{MG}$$
이때 삼각형 HMG의 넓이에서
$$\frac{1}{2}\cdot\overline{HG}\cdot\overline{GF}=\frac{1}{2}\cdot\overline{MG}\cdot\overline{HI}$$
$$\frac{1}{2}\cdot10\cdot10=\frac{1}{2}\cdot5\sqrt{5}\cdot\overline{HI}\qquad\therefore \overline{HI}=4\sqrt{5}$$
따라서 직각삼각형 DHI에서
$$\overline{DI}=\sqrt{10^2+(4\sqrt{5})^2}=6\sqrt{5}$$

0629 답 ②

지면을 평면 α라 하면 $\overline{PA}\perp\alpha$, $\overline{AB}\perp\overline{BC}$이므로 삼수선의 정리
에 의하여
$$\overline{PB}\perp\overline{BC}$$
즉, 삼각형 PBC는 $\angle PBC=90°$, $\angle PCB=45°$인 직각이등변삼
각형이므로

$\overline{PB}=\overline{BC}=50\,(\mathrm{m})$

따라서 직각삼각형 PAB에서

$\overline{PA}=\sqrt{50^2-30^2}=40\,(\mathrm{m})$

이므로 구하는 건물의 높이는 40 m이다.

0630 답 ②

점 P에서 직선 AB에 내린 수선의 발을 H
라 하면

$\overline{PO}\perp\alpha$, $\overline{PH}\perp\overline{AB}$이므로 삼수선의 정리
에 의하여

$\overline{OH}\perp\overline{AB}$

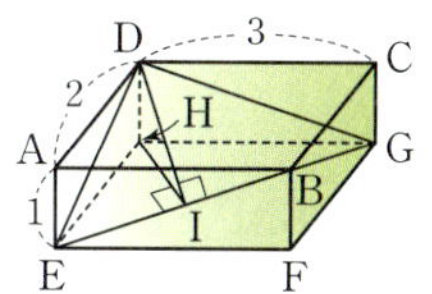

이때 두 직각삼각형 AOB, AHO는 서로 닮음이므로 삼각형
AHO는 $\overline{OH}=\overline{AH}$인 직각이등변삼각형이다.

따라서 $\overline{OH}=\overline{AH}=\dfrac{1}{2}\overline{AB}=2$이므로 직각삼각형 POH에서

$\overline{PH}=\sqrt{3^2+2^2}=\sqrt{13}$

0631 답 ①

직각삼각형 EHG에서

$\overline{EG}=\sqrt{2^2+3^2}=\sqrt{13}$

점 D에서 직선 EG에 내린 수선의 발을
I라 하면

$\overline{DH}\perp$(평면 EFGH), $\overline{DI}\perp\overline{EG}$이므로 삼수선의 정리에 의하여

$\overline{HI}\perp\overline{EG}$

이때 직각삼각형 EHG의 넓이에서

$\dfrac{1}{2}\cdot\overline{EH}\cdot\overline{HG}=\dfrac{1}{2}\cdot\overline{EG}\cdot\overline{HI}$

$\dfrac{1}{2}\cdot2\cdot3=\dfrac{1}{2}\cdot\sqrt{13}\cdot\overline{HI}$　∴ $\overline{HI}=\dfrac{6\sqrt{13}}{13}$

직각삼각형 DHI에서

$\overline{DI}=\sqrt{1^2+\left(\dfrac{6\sqrt{13}}{13}\right)^2}=\dfrac{7\sqrt{13}}{13}$

따라서 삼각형 DEG의 넓이는

$\dfrac{1}{2}\cdot\overline{EG}\cdot\overline{DI}=\dfrac{1}{2}\cdot\sqrt{13}\cdot\dfrac{7\sqrt{13}}{13}=\dfrac{7}{2}$

0632 답 ③

0633 답 ④

정육면체의 한 모서리의 길이를 $2a$라 하면

$\overline{HM}=a$

$\overline{EM}=\sqrt{a^2+(2a)^2}=\sqrt{5}\,a$

$\overline{DM}=\sqrt{a^2+(2a)^2}=\sqrt{5}\,a$

$\overline{DE}=\sqrt{(2a)^2+(2a)^2}=2\sqrt{2}\,a$

이므로 삼각형 EMD는 $\overline{DM}=\overline{EM}$인 이등변삼각형이다.

점 M에서 선분 DE에 내린 수선의 발을 I라
하면 점 I는 선분 DE의 수직이등분선이므
로

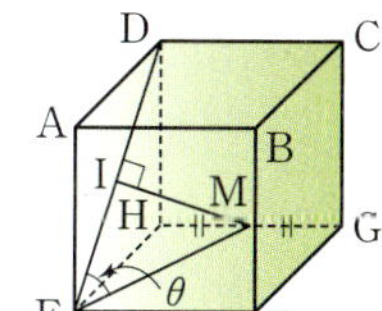

$\overline{DI}=\overline{EI}=\dfrac{1}{2}\overline{DE}=\sqrt{2}\,a$

따라서 직각삼각형 MIE에서

$\cos\theta=\dfrac{\overline{EI}}{\overline{EM}}=\dfrac{\sqrt{2}\,a}{\sqrt{5}\,a}=\dfrac{\sqrt{10}}{5}$

점 D에서 $\overline{EM}$에 내린 수선의 발을 I라 하면
$\overline{DH}\perp$(평면 EFGH), $\overline{DI}\perp\overline{EM}$이므로 삼
수선의 정리에 의하여

$\overline{HI}\perp\overline{EM}$

정육면체의 한 모서리의 길이를 $2a$라 하면

직각삼각형 EHM에서

$\overline{EM}=\sqrt{(2a)^2+a^2}=\sqrt{5}\,a$

두 직각삼각형 EHM, EIH는 서로 닮음이므로

$\overline{EM}:\overline{EH}=\overline{EH}:\overline{EI}$

$\sqrt{5}\,a:2a=2a:\overline{EI}$　∴ $\overline{EI}=\dfrac{4\sqrt{5}}{5}a$

$\overline{DE}=2\sqrt{2}\,a$이므로 직각삼각형 EID에서

$\cos\theta=\dfrac{\overline{EI}}{\overline{DE}}=\dfrac{\dfrac{4\sqrt{5}}{5}a}{2\sqrt{2}\,a}=\dfrac{\sqrt{10}}{5}$

> **선생님 톡톡**
>
> 입체도형에서 두 직선이 이루는 각의 크기를 구할 때, 두 직선을 변으로
> 하는 삼각형을 찾는 것이 우선이야. 이때 찾은 삼각형이 이등변삼각형이
> 거나 직각삼각형이면 이 문제와 같이 쉽게 구할 수 있지만 그렇지 않은
> 경우에는 삼수선의 정리를 이용하여 직각삼각형을 찾아야 해. 이등변삼
> 각형 또는 직각삼각형이 아닌 경우가 더 많으니 내 것으로 만드는 연습
> 이 필요해!

0634 답 ③

점 A에서 직선 BC에 내린 수선의 발을
H라 하면

$\overline{AO}\perp$(평면 BOC), $\overline{AH}\perp\overline{BC}$이므로
삼수선의 정리에 의하여

$\overline{OH}\perp\overline{BC}$

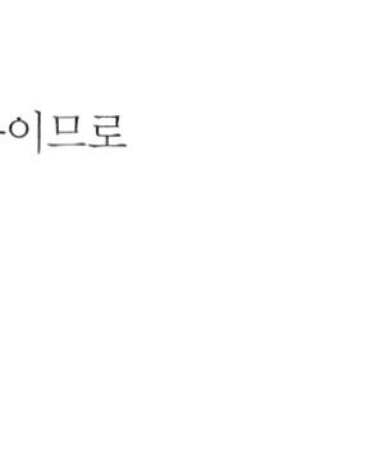

직각삼각형 BOC에서

$\overline{BC}=\sqrt{3^2+4^2}=5$

이고 두 직각삼각형 CHO, COB는 서로 닮음이므로

$\overline{HC}:\overline{OC}=\overline{OC}:\overline{BC}$

$\overline{HC}:4=4:5$　∴ $\overline{HC}=\dfrac{16}{5}$

직각삼각형 AOC에서

$\overline{AC}=\sqrt{2^2+4^2}=2\sqrt{5}$

∴ $\cos\theta=\dfrac{\overline{HC}}{\overline{AC}}=\dfrac{\dfrac{16}{5}}{2\sqrt{5}}=\dfrac{8\sqrt{5}}{25}$

0635 답 ①

점 P에서 직선 l에 내린 수선의 발
을 H라 하면

$\overline{PO}\perp\alpha$, $\overline{PH}\perp l$이므로 삼수선의
정리에 의하여

$\overline{OH}\perp l$

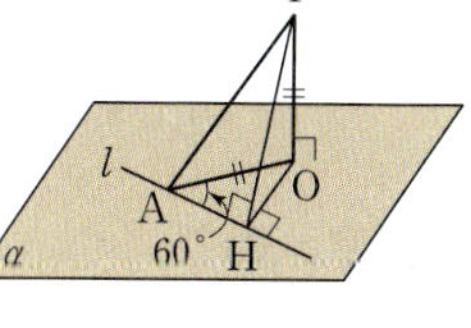

이때 $\overline{OP}=\overline{OA}=a$라 하면

직각삼각형 OHA에서

$\overline{AH}=\overline{OA}\cos60°=\dfrac{1}{2}a$

직각삼각형 POA에서
$$\overline{PA}=\sqrt{a^2+a^2}=\sqrt{2}a$$
따라서 직각삼각형 PHA에서
$$\cos\theta=\frac{\overline{AH}}{\overline{PA}}=\frac{\frac{1}{2}a}{\sqrt{2}a}=\frac{\sqrt{2}}{4}$$

0636 답 ③

직선 n_2 위의 한 점 P에서 평면 α 위에
내린 수선의 발을 O, 점 O에서 직선 n_1
에 내린 수선의 발을 H라 하면
$\overline{PO}\perp\alpha$, $\overline{OH}\perp n_1$이므로 삼수선의 정리
에 의하여
$$\overline{PH}\perp n_1$$
이때 $\overline{PA}=a$라 하면 직각삼각형 POA에서
$$\overline{AO}=\overline{PA}\cos 60°=\frac{a}{2}$$
직각삼각형 OAH에서
$$\overline{AH}=\overline{AO}\cos 30°=\frac{a}{2}\cdot\frac{\sqrt{3}}{2}=\frac{\sqrt{3}}{4}a$$
따라서 직각삼각형 PHA에서
$$\cos\theta=\frac{\overline{AH}}{\overline{PA}}=\frac{\frac{\sqrt{3}}{4}a}{a}=\frac{\sqrt{3}}{4}$$

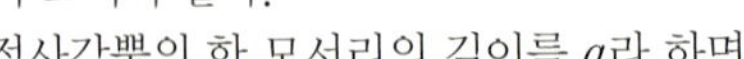

0637 답 ③

0638 답 ④

두 모서리 BF, DH의 중점을 각각 P, Q라
하면 평면 MPNQ와 평면 EFGH는 평행하
므로 평면 DMFN과 평면 EFGH가 이루는
각의 크기는 평면 DMFN과 평면 MPNQ
가 이루는 각의 크기와 같다.

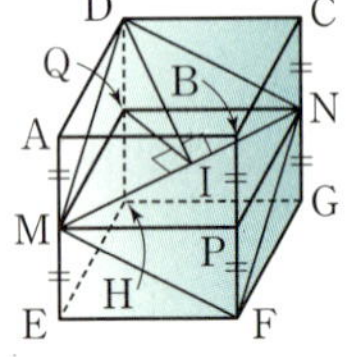

두 평면 DMFN, MPNQ의 교선은 직선
MN이고 삼각형 MQN은 $\angle MQN=90°$인 직각이등변삼각형이
므로 점 Q에서 직선 MN에 내린 수선의 발을 I라 하면 점 I는 선
분 MN의 중점이다.
$\overline{DQ}\perp$(평면 MPNQ), $\overline{QI}\perp\overline{MN}$이므로 삼수선의 정리에 의하여
$$\overline{DI}\perp\overline{MN}$$
즉, $\theta=\angle DIQ$이다.
$$\overline{QI}=\frac{1}{2}\cdot 2\sqrt{2}=\sqrt{2},\quad \overline{DQ}=1$$
이므로 직각삼각형 DQI에서
$$\overline{DI}=\sqrt{(\sqrt{2})^2+1^2}=\sqrt{3}$$
$$\therefore \cos\theta=\frac{\overline{QI}}{\overline{DI}}=\frac{\sqrt{2}}{\sqrt{3}}=\frac{\sqrt{6}}{3}$$

0639 답 ③

선분 BC의 중점을 M이라 하면
$\overline{AH}\perp\alpha$, $\overline{AM}\perp\overline{BC}$이므로 삼수선의
정리에 의하여
$$\overline{MH}\perp\overline{BC}$$

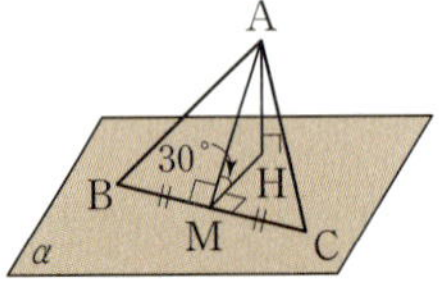

즉, $\angle AMH=30°$이다.
직각삼각형 AMB에서
$$\overline{AM}=\sqrt{4^2-2^2}=2\sqrt{3}$$
따라서 직각삼각형 AHM에서
$$\overline{AH}=\overline{AM}\sin 30°=2\sqrt{3}\cdot\frac{1}{2}=\sqrt{3}$$

0640 답 ③

모서리 AC의 중점을 M이라 하면
$$\overline{BM}\perp\overline{AC},\quad \overline{DM}\perp\overline{AC}$$
즉, 평면 ABC와 평면 ACD가 이루는 각
의 크기는 두 직선 BM, DM이 이루는 각
의 크기와 같다.
정사각뿔의 한 모서리의 길이를 a라 하면
$$\overline{BM}=\overline{DM}=\frac{\sqrt{3}}{2}a,\quad \overline{BD}=\sqrt{2}a$$
이때 $\overline{BM}^2+\overline{DM}^2$의 값과 $\overline{BD}^2$의 값의 크기를 비교하면
$$\overline{BM}^2+\overline{DM}^2=2\cdot\left(\frac{\sqrt{3}}{2}a\right)^2=\frac{3}{2}a^2$$
$$\overline{BD}^2=(\sqrt{2}a)^2=2a^2$$
에서 $\overline{BM}^2+\overline{DM}^2<\overline{BD}^2$이므로
$$90°<\angle BMD<180°$$
점 D에서 직선 BM에 내린 수선의 발을
H라 하면
$$\theta=\angle DMH$$
$\overline{MH}=k$라 하면 두 직각삼각형 DHB,
DHM에서
$$\overline{DB}^2-\overline{BH}^2=\overline{DM}^2-\overline{MH}^2 \quad\rightarrow\text{이 값은 }\overline{DH}^2\text{으로 서로 같다.}$$
$$(\sqrt{2}a)^2-\left(\frac{\sqrt{3}}{2}a+k\right)^2=\left(\frac{\sqrt{3}}{2}a\right)^2-k^2$$
$$\frac{5}{4}a^2-\sqrt{3}ak-k^2=\frac{3}{4}a^2-k^2$$
$$\frac{1}{2}a^2=\sqrt{3}ak \qquad \therefore k=\frac{\sqrt{3}}{6}a$$
$$\therefore \cos\theta=\frac{\overline{MH}}{\overline{DM}}=\frac{\frac{\sqrt{3}}{6}a}{\frac{\sqrt{3}}{2}a}=\frac{1}{3}$$

선생님 톡톡

두 평면이 이루는 각의 크기는 두 평면에 의하여 생기는 네 개의 이면각
중 크기가 작은 쪽의 각의 크기를 말해. 그러니까 두 평면이 이루는 각
의 크기를 θ라 할 때, θ의 범위는 $0°\leq\theta\leq 90°$임을 잊지 말자. 또, 이 문
제를 통해 구한 두 평면이 이루는 각의 크기는 정팔면체에서 이웃한 두
평면이 이루는 각의 크기와 같아.

해설 속 칠판

세 변의 길이가 각각 a, b, c인 삼각형 ABC에서
① $a^2+b^2>c^2$이면 $0°<\angle C<90°$
② $a^2+b^2=c^2$이면 $\angle C=90°$
③ $a^2+b^2<c^2$이면 $90°<\angle C<180°$

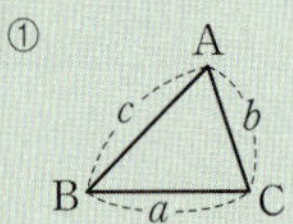 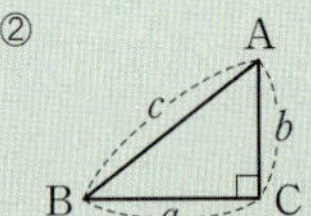 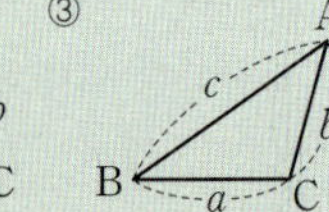

0641 답 ③

0642 답 ③

점 A에서 평면 BCDE에 내린 수선
의 발을 H라 하면
$\theta = \angle \text{ABH}$
모서리 BC의 중점을 M, 모서리 DE
의 중점을 N이라 하면
$\overline{\text{AM}} \perp \overline{\text{BC}}$, $\overline{\text{MN}} \perp \overline{\text{BC}}$
또한, $\overline{\text{AH}} \perp$ (평면 BCDE), $\overline{\text{AM}} \perp \overline{\text{BC}}$이므로 삼수선의 정리에
의하여
$\overline{\text{HM}} \perp \overline{\text{BC}}$
따라서 점 H는 $\overline{\text{MN}}$ 위에 있다.

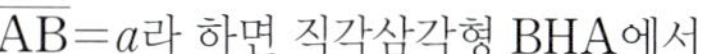

마찬가지로 점 H는 두 모서리 BE, CD의 중점을 이은 선분 위의
점이므로 점 H는 정사각형 BCDE의 두 대변의 중점을 이은 두
선분의 교점이다.
정사각뿔의 한 모서리의 길이를 $2a$라 하면
$\overline{\text{BM}} = \overline{\text{HM}} = a$, $\overline{\text{BH}} = \sqrt{a^2 + a^2} = \sqrt{2}a$
$\therefore \cos \theta = \dfrac{\overline{\text{BH}}}{\overline{\text{AB}}} = \dfrac{\sqrt{2}a}{2a} = \dfrac{\sqrt{2}}{2}$

0643 답 ⑤

점 H에서 평면 BCD에 내린 수선의 발
을 I라 하면
$\theta = \angle \text{HDI}$
모서리 BC의 중점을 M이라 하면
$\overline{\text{AM}} \perp \overline{\text{BC}}$, $\overline{\text{DM}} \perp \overline{\text{BC}}$
또한, $\overline{\text{DH}} \perp$ (평면 ABC), $\overline{\text{DM}} \perp \overline{\text{BC}}$
이므로 삼수선의 정리에 의하여
$\overline{\text{HM}} \perp \overline{\text{BC}}$
따라서 점 H는 $\overline{\text{AM}}$ 위에 있다.

마찬가지로 점 H는 점 B에서 $\overline{\text{AC}}$ 위에 내린 수선 위의 점이므로
점 H는 삼각형 ABC의 무게중심이다.
한편, 점 A에서 평면 BCD에 내린 수선의 발은 $\overline{\text{DM}}$ 위에 있으므
로 평면 AMD와 평면 BCD는 수직이다.
즉, 점 H에서 평면 BCD에 내린 수선의 발 I는 $\overline{\text{DM}}$ 위에 있다.
정사면체의 한 모서리의 길이를 $6a$라 하면
$\overline{\text{DM}} = \dfrac{\sqrt{3}}{2} \cdot 6a = 3\sqrt{3}a$, $\overline{\text{HM}} = \dfrac{1}{3} \cdot 3\sqrt{3}a = \sqrt{3}a$
따라서 직각삼각형 DHM에서
$\overline{\text{DH}} = \sqrt{(3\sqrt{3}a)^2 - (\sqrt{3}a)^2} = 2\sqrt{6}a$이므로
$\cos \theta = \dfrac{\overline{\text{DH}}}{\overline{\text{DM}}} = \dfrac{2\sqrt{6}a}{3\sqrt{3}a} = \dfrac{2\sqrt{2}}{3}$

0644 답 ③

점 B에서 평면 β에 내린 수선의 발을 I라
하면
$\theta = \angle \text{BAI}$
점 B에서 직선 l에 내린 수선의 발을 H라
하면

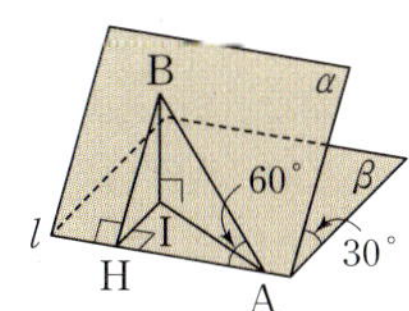

$\overline{\text{AB}} = a$라 하면 직각삼각형 BHA에서
$\overline{\text{BH}} = a \sin 60° = \dfrac{\sqrt{3}}{2}a$
$\overline{\text{BI}} \perp \beta$, $\overline{\text{BH}} \perp l$이므로 삼수선의 정리에 의하여
$\overline{\text{IH}} \perp l$
즉, $\overline{\text{BH}} \perp l$, $\overline{\text{IH}} \perp l$이므로
$\angle \text{BHI} = 30°$ → 두 평면 α, β가 이루는 각의 크기가 30°이므로
직각삼각형 BIH에서
$\overline{\text{BI}} = \overline{\text{BH}} \sin 30° = \dfrac{\sqrt{3}}{2}a \cdot \dfrac{1}{2} = \dfrac{\sqrt{3}}{4}a$
따라서 직각삼각형 BIA에서
$\overline{\text{AI}} = \sqrt{a^2 - \left(\dfrac{\sqrt{3}}{4}a\right)^2} = \dfrac{\sqrt{13}}{4}a$이므로
$\cos \theta = \dfrac{\overline{\text{AI}}}{\overline{\text{AB}}} = \dfrac{\dfrac{\sqrt{13}}{4}a}{a} = \dfrac{\sqrt{13}}{4}$

0645 답 12

0646 답 ③

직사각형 ABCD의 평면 β 위로의 정사영을 정사각형 A′B′C′D′이
라 하면 두 선분 AD, BC가 평면 β와 이루는 각의 크기는 0°이므로
→ 두 선분 AD, BC는 평면 β와 평행하다.
$\overline{\text{B′C′}} = \overline{\text{BC}} \cos 0°$
$1 = \overline{\text{BC}} \cdot 1$ $\therefore \overline{\text{BC}} = 1$
마찬가지로 $\overline{\text{AD}} = 1$
두 선분 AB, CD가 평면 β와 이루는 각의 크기는 45°이므로
$\overline{\text{A′B′}} = \overline{\text{AB}} \cos 45°$
→ 두 선분 AB, CD는 두 평면 α, β의 교선에 수직이므로 두 평면 α, β가 이루는 각의 크기와 같다.
$1 = \overline{\text{AB}} \cdot \dfrac{\sqrt{2}}{2}$ $\therefore \overline{\text{AB}} = \sqrt{2}$
마찬가지로 $\overline{\text{CD}} = \sqrt{2}$
따라서 직사각형 ABCD의 둘레의 길이는
$1 \cdot 2 + 2 \cdot \sqrt{2} = 2 + 2\sqrt{2}$

0647 답 ①

선분 FG의 중점을 M이라 하면 점 A의 평
면 EFGH 위로의 정사영은 점 E이고, 점
P의 평면 EFGH 위로의 정사영은 점 M
이다.
따라서 선분 AP의 평면 EFGH 위로의
정사영은 선분 EM이므로 직각삼각형
EFM에서
$\overline{\text{EM}} = \sqrt{2^2 + 1^2} = \sqrt{5}$

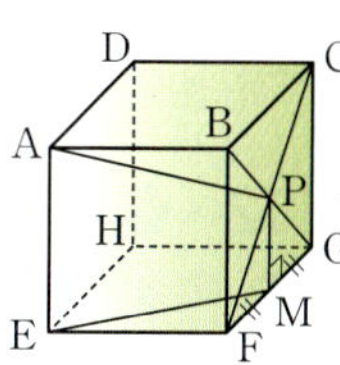

0648 답 ①

점 A에서 평면 BCD에 내린 수선의 발을
H, 모서리 CD의 중점을 N이라 하면
점 H는 삼각형 BCD의 무게중심이므로
$\overline{\text{BN}} = \dfrac{\sqrt{3}}{2} \cdot 6 = 3\sqrt{3}$에서
$\overline{\text{BH}} = \dfrac{2}{3} \cdot 3\sqrt{3} = 2\sqrt{3}$

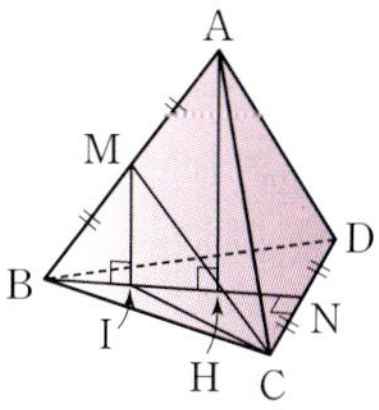

한편, 평면 ABH와 평면 BCD는 수직이고 점 M에서 평면 BCD에 내린 수선의 발을 I라 하면 선분 CM의 평면 BCD 위로의 정사영은 선분 CI이다.

두 직각삼각형 ABH, MBI는 서로 닮음이고 닮음비가 $2:1$이므로

$$\overline{BI}=\frac{1}{2}\overline{BH}=\frac{1}{2}\cdot2\sqrt{3}=\sqrt{3}$$

$$\overline{IN}=3\sqrt{3}-\sqrt{3}=2\sqrt{3}$$

$$\overline{CN}=\frac{1}{2}\cdot6=3$$

따라서 직각삼각형 INC에서

$$\overline{CI}=\sqrt{(2\sqrt{3})^2+3^2}=\sqrt{21}$$

0649 답 ⑤

선분 AB의 중점을 M, 점 C의 평면 β 위로의 정사영을 C′이라 하면 선분 AC의 평면 β 위로의 정사영은 선분 AC′이고 $\overline{CM}\perp\overline{AB}$, $\overline{CC'}\perp\beta$이므로 삼수선의 정리에 의하여

$$\overline{C'M}\perp\overline{AB}$$

즉, $\angle CMC'=\theta$이므로

$$\overline{C'M}=\overline{CM}\cos\theta=\left(\frac{\sqrt{3}}{2}\cdot6\right)\cdot\frac{\sqrt{2}}{3}=\sqrt{6}$$

따라서 직각삼각형 AMC′에서

$$\overline{AC'}=\sqrt{3^2+(\sqrt{6})^2}=\sqrt{15}$$

0650 답 ③

0651 답 ③

밑면의 반지름의 길이를 a라 하면 밑면의 지름의 길이와 높이는 모두 $2a$이므로 잘린 단면과 밑면이 이루는 각의 크기는 $45°$이다.

잘린 단면의 넓이를 S, 원기둥의 밑면의 넓이를 S'이라 하면

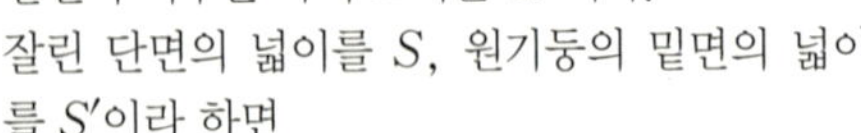

$$S'=S\cos45°$$

$$a^2\pi=4\sqrt{2}\pi\cdot\frac{\sqrt{2}}{2}$$

$$a^2=4 \qquad \therefore a=2\ (\because a>0)$$

따라서 원기둥의 높이는 4이다.

0652 답 ④

두 점 M, P의 평면 EFGH 위로의 정사영을 각각 M′, P′이라 하면 삼각형 EPM의 평면 EFGH 위로의 정사영은 삼각형 EP′M′이다. → 두 점 M′, P′은 두 모서리 GH, FG의 중점이다.

직각삼각형 M′GP′에서

$$\overline{P'M'}=\sqrt{2^2+2^2}=2\sqrt{2}$$

두 직각삼각형 EFP′, EHM′에서

$$\overline{EP'}=\overline{EM'}=\sqrt{4^2+2^2}=2\sqrt{5}$$

즉, 삼각형 EP′M′은 이등변삼각형이고 점 E에서 선분 P′M′에 내린 수선의 발을 N이라 하면

$$\overline{P'N}=\overline{M'N}=\sqrt{2}$$

직각삼각형 EP′N에서

$$\overline{EN}=\sqrt{(2\sqrt{5})^2-(\sqrt{2})^2}=3\sqrt{2}$$

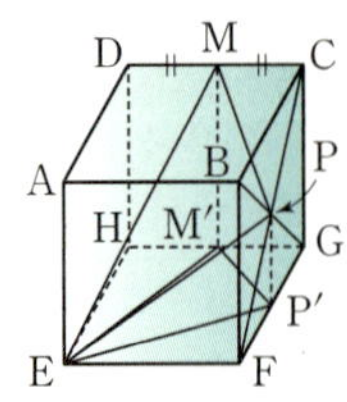

따라서 구하는 정사영의 넓이는

$$\frac{1}{2}\cdot2\sqrt{2}\cdot3\sqrt{2}=6$$

0653 답 ③

모서리 BC의 중점을 N이라 하면

$$\overline{MN}\perp\overline{BC},\ \overline{DN}\perp\overline{BC}$$

이므로 두 평면 BCM, BCD가 이루는 각의 크기는 두 직선 MN, DN이 이루는 각의 크기와 같다.

즉, 두 직선 MN, DN이 이루는 각의 크기를 θ라 하면

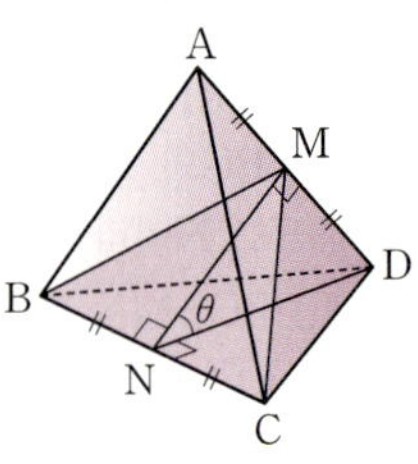

$$\theta=\angle MND$$

$$\overline{DM}=\frac{1}{2}\cdot6=3,\ \overline{DN}=\frac{\sqrt{3}}{2}\cdot6=3\sqrt{3}$$

이므로 직각삼각형 DMN에서

$$\overline{MN}=\sqrt{(3\sqrt{3})^2-3^2}=3\sqrt{2}$$

$$\therefore \cos\theta=\frac{\overline{MN}}{\overline{DN}}=\frac{3\sqrt{2}}{3\sqrt{3}}=\frac{\sqrt{6}}{3}$$

삼각형 BCM의 넓이를 S, 구하는 정사영의 넓이를 S'이라 하면

$$S=\frac{1}{2}\cdot6\cdot3\sqrt{2}=9\sqrt{2}$$

이므로 구하는 정사영의 넓이 S'은

$$S'=S\cos\theta=9\sqrt{2}\cdot\frac{\sqrt{6}}{3}=6\sqrt{3}$$

● 다른 풀이 ●

점 M에서 평면 BCD에 내린 수선의 발을 I라 하면 삼각형 BCM의 평면 BCD 위로의 정사영은 삼각형 BCI이다.

모서리 BC의 중점을 N, 점 A에서 평면 BCD에 내린 수선의 발을 H라 하면 점 H는 삼각형 BCD의 무게중심과 같다.

$$\overline{DH}=\frac{2}{3}\cdot\left(\frac{\sqrt{3}}{2}\cdot6\right)=2\sqrt{3}$$

두 직각삼각형 AHD, MID는 서로 닮음이고 닮음비가 $2:1$이므로

$$\overline{DI}=\frac{1}{2}\cdot2\sqrt{3}=\sqrt{3}$$

$$\overline{IN}=3\sqrt{3}-\sqrt{3}=2\sqrt{3}$$

따라서 구하는 정사영의 넓이는

$$\frac{1}{2}\cdot6\cdot2\sqrt{3}=6\sqrt{3}$$

0654 답 9

세 점 O, M, N의 평면 ABCD 위로의 정사영을 각각 O′, M′, N′이라 하면 사각형 MNCD의 평면 ABCD 위로의 정사영은 사다리꼴 M′N′CD이다.

이때 점 O′은 정사각형 ABCD의 두 대각선의 교점이고, 두 삼각형 AM′M, AO′O는 서로 닮음이고 닮음비가 $1:2$이므로 점 M′은 선분 AO′의 중점이다.

마찬가지로 점 N′은 선분 BO′의 중점이다.

따라서 두 삼각형 ABO′, M′N′O′은 서로 닮음이고 닮음비가
$2:1$이므로
$$\overline{M'N'}=\frac{1}{2}\overline{AB}=\frac{1}{2}\cdot 4=2$$
선분 M′N′의 중점을 E, 선분 CD의 중점을 F라 하면
$$\overline{O'E}=1,\ \overline{O'F}=2$$
이므로 $\overline{EF}=3$
따라서 구하는 정사영의 넓이는
$$\frac{1}{2}\cdot(4+2)\cdot 3=9$$

0655 답 ③

0656 답 ⑤

두 점 M, N의 평면 EFGH 위로의 정사영을 각각 M′, N′이라
하면 직사각형 MHGN의 평면 EFGH 위로의 정사영은 직사각
형 M′N′GH이므로
$$(\square\text{M′N′GH의 넓이})=(\square\text{MHGN의 넓이})\cdot\cos\theta$$
정육면체의 한 모서리의 길이를 $2a$라 하면
$$\overline{MH}=\sqrt{(2a)^2+a^2}=\sqrt{5}a$$
$$\overline{MN}=2a,\ \overline{M'H}=a$$
이므로
$$\cos\theta=\frac{(\square\text{M′N′GH의 넓이})}{(\square\text{MHGN의 넓이})}=\frac{a\cdot 2a}{\sqrt{5}a\cdot 2a}=\frac{\sqrt{5}}{5}$$

0657 답 ③
선분 DF의 평면 EFGH 위로의 정사영은 선분 HF이므로
$$\overline{HF}=\overline{DF}\cos\theta$$
정육면체의 한 모서리의 길이를 a라 하면
$$\overline{DF}=\sqrt{a^2+a^2+a^2}=\sqrt{3}a$$
$$\overline{HF}=\sqrt{a^2+a^2}=\sqrt{2}a$$
$$\therefore\ \cos\theta=\frac{\overline{HF}}{\overline{DF}}=\frac{\sqrt{2}a}{\sqrt{3}a}=\frac{\sqrt{6}}{3}$$

0658 답 ⑤
밑면의 넓이가 4이므로 밑면은 한 변의 길
이가 2인 정사각형이다.
즉, $\overline{PS}=\overline{EH}=2$이고 $\overline{SQ}=3$이므로 직각
삼각형 SPQ에서
$$\overline{PQ}=\sqrt{3^2-2^2}=\sqrt{5}$$
선분 PQ의 평면 EFGH 위로의 정사영은
선분 EF이므로
$$\overline{EF}=\overline{PQ}\cos\theta$$
$$\therefore\ \cos\theta=\frac{\overline{EF}}{\overline{PQ}}=\frac{2}{\sqrt{5}}=\frac{2\sqrt{5}}{5}$$

0659 답 4
$\overline{AB}=4$이므로 정삼각형 ABC의 넓이는
$$\frac{\sqrt{3}}{4}\cdot 4^2=4\sqrt{3}$$
삼각형 A′B′C′은 직각이등변삼각형이고 $\overline{A'B'}=\overline{AB}=4$이므로
$$\overline{A'C'}=\overline{B'C'}=2\sqrt{2}$$

삼각형 A′B′C′의 넓이는
$$\frac{1}{2}\cdot(2\sqrt{2})^2=4$$
$$\therefore\ \cos\theta=\frac{\triangle\text{A′B′C′}}{\triangle\text{ABC}}=\frac{4}{4\sqrt{3}}=\frac{\sqrt{3}}{3}$$
$$\therefore\ \cos^2\theta=\left(\frac{\sqrt{3}}{3}\right)^2=\frac{1}{3}$$
따라서 $p=3,\ q=1$이므로
$$p+q=4$$

0660 답 ①

0661 답 ③
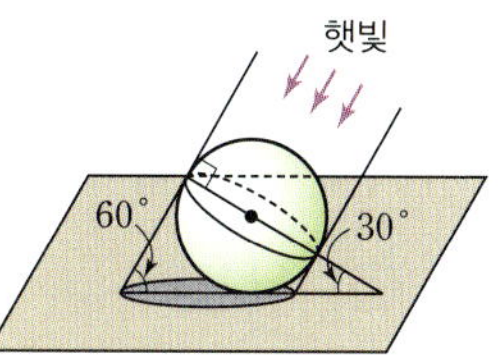

오른쪽 그림과 같이 햇빛과 수직으
로 만나는 구의 지름이 지면과 이루
는 각의 크기는 30°이다.
구의 중심을 지나고 햇빛에 수직인
평면으로 구를 잘랐을 때 생기는 원
의 넓이를 S', 구하는 그림자의 넓
이를 S라 하면
$$S'=S\cos 30°$$
$$9\pi=\frac{\sqrt{3}}{2}S$$
$$\therefore\ S=6\sqrt{3}\pi$$

0662 답 ②
오른쪽 그림과 같이 햇빛과 수직을 이
루는 평면을 α라 하자.
전광판과 평면 α가 이루는 각의 크기
가 60°이므로 전광판의 평면 α 위로의
정사영의 넓이를 S'이라 하면
$$S'=6^2\cdot\cos 60°=36\cdot\frac{1}{2}=18$$
이때 평면 α와 지면이 이루는 각의 크기가 30°이므로 전광판의 그
림자의 넓이를 S라 하면
$$18=S\cos 30°=S\cdot\frac{\sqrt{3}}{2}$$
$$\therefore\ S=18\cdot\frac{2}{\sqrt{3}}=12\sqrt{3}$$

0663 답 ③
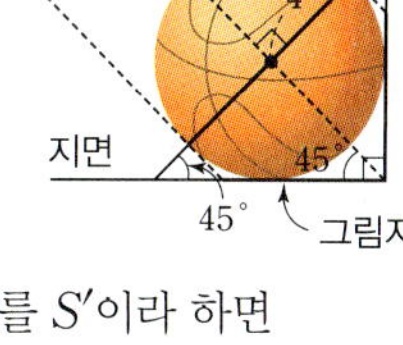

오른쪽 그림과 같이 농구공의 중심을 지나
고 햇빛에 평행한 직선은 벽면과 지면의 교
선과 만나고, 햇빛에 수직으로 만나는 농
구공의 지름이 지면과 이루는 각의 크기는
45°이다.
지면에 생기는 그림자의 넓이를 S, 농구
공의 중심을 지나고 햇빛에 수직인 평면으
로 농구공을 잘랐을 때 생기는 반원의 넓이를 S'이라 하면
$$S'=S\cos 45°$$
$$\frac{1}{2}\cdot 16\pi=S\cdot\frac{\sqrt{2}}{2}$$
$$\therefore\ S=8\sqrt{2}\pi$$
마찬가지로 벽면에 생기는 그림자의 넓이도 $8\sqrt{2}\pi$이다.

따라서 지면과 벽면에 생기는 농구공의 그림자의 넓이의 합은
$8\sqrt{2}\pi+8\sqrt{2}\pi=16\sqrt{2}\pi$

0664 답 ⑤

오른쪽 그림과 같이 구조물의 밑변 BC의 중점을 M, 선분 AM을 지나고 태양 광선에 평행한 직선이 지면과 벽면의 교선과 만나는 점을 P, 이 직선이 선분 AM과 만나는 점을 H라 하면

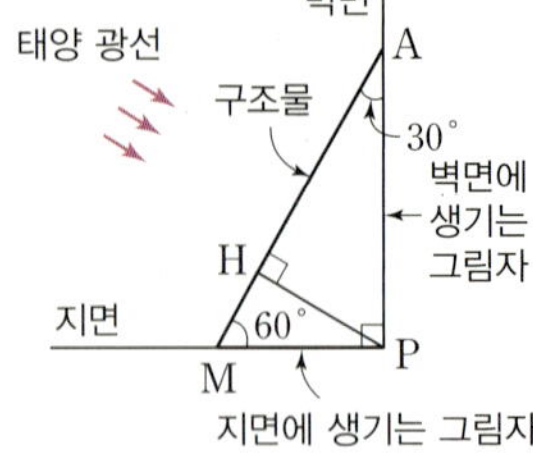

$\overline{AM}=\dfrac{\sqrt{3}}{2}\cdot 8=4\sqrt{3}$

$\overline{MP}=\overline{AM}\cos 60°=4\sqrt{3}\cdot\dfrac{1}{2}=2\sqrt{3}$

$\overline{MH}=\overline{MP}\cos 60°=2\sqrt{3}\cdot\dfrac{1}{2}=\sqrt{3}$

즉, $\overline{MH}=\dfrac{1}{4}\overline{AM}$이다.

오른쪽 그림과 같이 점 H를 지나고 선분 BC와 평행한 직선이 두 선분 AB, AC와 만나는 점을 각각 D, E라 하면 두 삼각형 ABC, ADE는 서로 닮음이고 닮음비는 4 : 3이므로

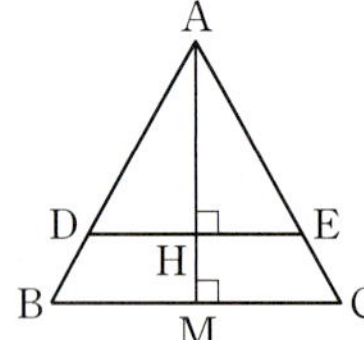

$\overline{DE}=\dfrac{3}{4}\overline{BC}=\dfrac{3}{4}\cdot 8=6$

지면에 생기는 그림자의 넓이를 S_1, 사다리꼴 DBCE의 넓이를 $S_1{}'$이라 하면
$S_1{}'=S_1\cos 60°$
$\dfrac{1}{2}\cdot(6+8)\cdot\sqrt{3}=S_1\cdot\dfrac{1}{2}$
$\therefore S_1=14\sqrt{3}$

벽면에 생기는 그림자의 넓이를 S_2, 삼각형 ADE의 넓이를 $S_2{}'$이라 하면
$S_2{}'=S_2\cos 30°$
$\dfrac{1}{2}\cdot 6\cdot 3\sqrt{3}=S_2\cdot\dfrac{\sqrt{3}}{2}$
$\therefore S_2=18$

따라서 지면과 벽면에 생기는 이 구조물의 그림자의 넓이의 합은
$14\sqrt{3}+18$

본문 121~123쪽

0665 답 5

One Point Lesson
세 점으로 만들 수 있는 세 직선과 주어진 직선의 위치 관계를 모두 생각해 본다.

세 점 A, B, C가 한 직선 위에 있지 않고 두 직선 l, m이 세 직선 AB, BC, CA 중 어떤 직선과도 평행하지 않고 만나지 않을 때 서로 다른 평면의 개수는 최대이다.

이 경우, 세 점 A, B, C가 한 직선 위에 있지 않으므로 세 점 A, B, C로 만들 수 있는 평면의 개수는 1이다.
또한, 두 직선 l, m이 세 직선 AB, BC, CA 중 어떤 직선과도 평행하지 않고 만나지 않으므로 직선 l과 세 점 A, B, C로 만들 수 있는 평면의 개수는 3이고, 직선 m과 세 점 A, B, C로 만들 수 있는 평면의 개수는 3이다.
따라서 만들 수 있는 서로 다른 평면의 개수의 최댓값 M은
$M=1+3+3=7$

오른쪽 그림과 같이 세 점 A, B, C가 한 직선 n 위에 있고, 두 직선 l, n이 평행하며, 두 직선 m, n이 한 점에서 만날 때 서로 다른 평면의 개수는 최소이다.

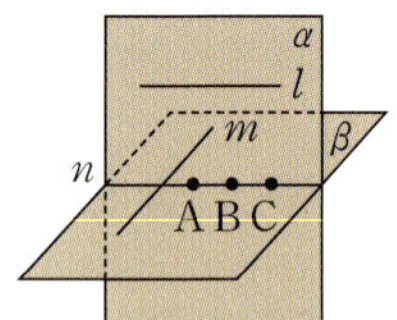

이 경우, 평행한 두 직선 l, n이 한 평면 α를 결정하고, 한 점에서 만나는 두 직선 m, n이 한 평면 β를 결정하므로 두 직선 l, m과 한 직선 위의 세 점 A, B, C로 만들 수 있는 서로 다른 평면의 개수는 2이다.
따라서 만들 수 있는 서로 다른 평면의 개수의 최솟값 m은
$m=2$
$\therefore M-m=7-2=5$

0666 답 ③

One Point Lesson
모서리 BC를 평행이동한 직선을 생각해 본다.

점 A에서 평면 BCDE에 내린 수선의 발을 H, 두 선분 BE, CD의 중점을 각각 M, N이라 하면 두 직선 BC, MN은 평행하므로
$\theta=\angle ANH$
주어진 정팔면체의 한 모서리의 길이를 $2a$라 하면

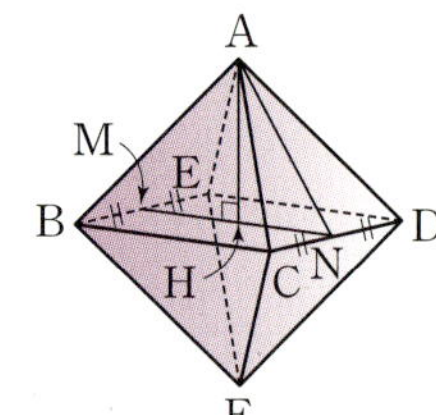

$\overline{AN}=\sqrt{(2a)^2-a^2}=\sqrt{3}a,\ \overline{HN}=a$

$\therefore \cos\theta=\dfrac{\overline{HN}}{\overline{AN}}=\dfrac{a}{\sqrt{3}a}=\dfrac{\sqrt{3}}{3}$

0667 답 ⑤

One Point Lesson
직선 DF와 직선 EM이 만나도록 직선 EM을 평행이동한다.

오른쪽 그림과 같이 직선 EM을 평행이동한 직선 E′F를 밑면의 대각선으로 하는 직육면체를 붙이면

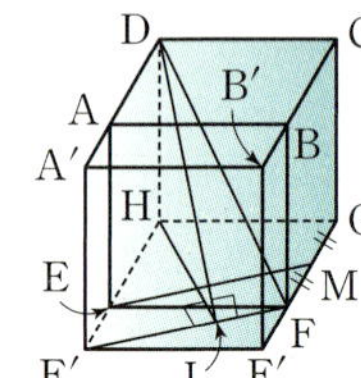

$\overline{EM}\,/\!/\,\overline{E′F}$
이므로
$\theta=\angle DFE′$
점 D에서 직선 E′F에 내린 수선의 발을 I라 하면
$\overline{DH}\perp$ (평면 E′F′GH), $\overline{DI}\perp\overline{E′F}$이므로 삼수선의 정리에 의하여
$\overline{HI}\perp\overline{E′F}$
두 직각삼각형 E′IH, FF′E′은 서로 닮음이므로
$\overline{HE′}:\overline{IE′}=\overline{E′F}:\overline{F′F}$
$3:\overline{IE′}=\sqrt{5}:1 \qquad \therefore \overline{IE′}=\dfrac{3}{\sqrt{5}}=\dfrac{3\sqrt{5}}{5}$

따라서 직각삼각형 DIF에서

$$\overline{IF}=\overline{E'F}-\overline{E'I}=\sqrt{5}-\frac{3\sqrt{5}}{5}=\frac{2\sqrt{5}}{5}$$

$$\overline{DF}=\sqrt{2^2+2^2+2^2}=2\sqrt{3}$$

$$\therefore \cos\theta=\frac{\overline{IF}}{\overline{DF}}=\frac{\dfrac{2\sqrt{5}}{5}}{2\sqrt{3}}=\frac{\sqrt{15}}{15}$$

0668 답 ⑤

정사영을 이용하여 두 평면이 이루는 각의 크기를 구한다.

두 평면 BDE, EFGH가 이루는 각의 크기를 θ라 하면
삼각형 BDE의 평면 EFGH 위로의 정사영은 삼각형 FHE이므로
$\triangle FHE=\triangle BDE\cdot\cos\theta$

$$\frac{1}{2}\cdot3\cdot3=\frac{\sqrt{3}}{4}\cdot(3\sqrt{2})^2\cdot\cos\theta$$

$$\frac{9}{2}=\frac{9\sqrt{3}}{2}\cdot\cos\theta \qquad \therefore \cos\theta=\frac{\sqrt{3}}{3}$$

따라서 사각형 EFGH의 평면 BDE 위로의 정사영의 넓이는

$$(\square EFGH의\ 넓이)\cdot\cos\theta=9\cdot\frac{\sqrt{3}}{3}=3\sqrt{3}$$

0669 답 25

공간에서의 위치 관계를 생각하여 잘린 단면이 어떤 도형인지 추측해 본다.

모서리 AB, BC, CD, DA와 자른 평면
과의 교점을 각각 P, Q, R, S라 하자.
$\overline{PQ}\,/\!/\,\overline{AC},\ \overline{SR}\,/\!/\,\overline{AC}$에서 $\overline{PQ}\,/\!/\,\overline{SR}$
$\overline{PS}\,/\!/\,\overline{BD},\ \overline{QR}\,/\!/\,\overline{BD}$에서 $\overline{PS}\,/\!/\,\overline{QR}$
이므로 사각형 PQRS는 평행사변형이다.
한편, $\overline{AC},\ \overline{BD}$가 이루는 각의 크기가 $90°$
이므로 $\overline{PQ},\ \overline{PS}$가 이루는 각의 크기도 $90°$이다.
즉, 사각형 PQRS는 직사각형이다.
$\overline{AP}=x,\ \overline{BP}=y$라 하면
$x+y=10$
두 삼각형 APS, ABD는 서로 닮음이므로
$\overline{PS}:\overline{BD}=\overline{AP}:\overline{AB}$
$\overline{PS}:10=\overline{AP}:10 \qquad \therefore \overline{PS}=\overline{AP}$
마찬가지로 $\overline{PS}=\overline{AS}$이므로 삼각형 APS는 정삼각형이다.
같은 방법으로 삼각형 BPQ도 정삼각형이다.
$\overline{PS}=x,\ \overline{PQ}=y$이므로
직사각형 PQRS의 넓이는 xy이고 산술평균과 기하평균의 관계
에 의하여
$\quad$ • $x>0,\ y>0$이므로

$$\sqrt{xy}\leq\frac{x+y}{2}$$

$$\sqrt{xy}\leq5 \qquad \therefore xy\leq25$$

따라서 구하는 사각형의 넓이의 최댓값은 25이다.

0670 답 ④

잘린 단면을 밑면에 정사영한 도형을 추측해 본다.

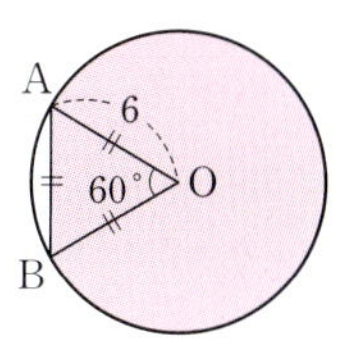

원기둥의 밑면의 중심을 O라 하면 삼각형
ABO는 정삼각형이므로 잘린 단면을 밑면에
정사영한 도형의 넓이 S'은

$$S'=6^2\pi\cdot\frac{300}{360}+\frac{\sqrt{3}}{4}\cdot6^2=30\pi+9\sqrt{3}$$

따라서 잘린 단면의 넓이 S는
$S'=S\cos60°$

$$30\pi+9\sqrt{3}=S\cdot\frac{1}{2}$$

$$\therefore S=60\pi+18\sqrt{3}$$

0671 답 ②

두 직선이 이루는 각의 크기를 구한다.

선분 FH의 중점을 M이라 하면 두 삼각형 BHF, DHF는 한 변
의 길이가 $2\sqrt{2}$인 정삼각형이므로
$\overline{BM}\perp\overline{FH},\ \overline{DM}\perp\overline{FH}$
즉, $\theta=\angle BMD$이다.
점 B에서 선분 MD에 내린 수선의 발을 I라
하고 $\overline{MI}=k$라 하자.

$$\overline{BM}=\overline{DM}=\frac{\sqrt{3}}{2}\cdot2\sqrt{2}=\sqrt{6}$$

두 직각삼각형 BIM, BID에서
$$\overline{BM}^2-\overline{MI}^2=\overline{BD}^2-\overline{DI}^2 \quad \text{• 이 값은 } \overline{BI}^2 \text{으로 서로 같다.}$$
$$(\sqrt{6})^2-k^2=(2\sqrt{2})^2-(\sqrt{6}-k)^2$$
$$6-k^2=2+2\sqrt{6}k-k^2$$
$$2\sqrt{6}k=4 \qquad \therefore k=\frac{\sqrt{6}}{3}$$

$$\therefore \cos\theta=\frac{\overline{MI}}{\overline{BM}}=\frac{\dfrac{\sqrt{6}}{3}}{\sqrt{6}}=\frac{1}{3}$$

0672 답 7

점 C에서 평면 β에 수선의 발을 내려 직각삼각형을 찾는다.

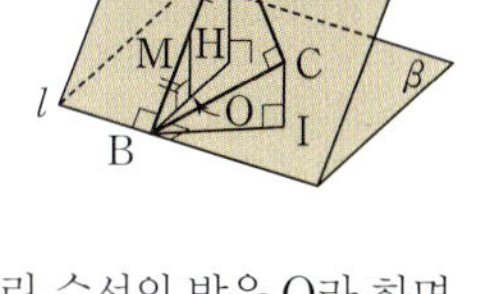

점 C에서 평면 β에 내린 수선의 발을 I
라 하면
$\theta=\angle CBI$
두 삼각형 ABH, ABC가 서로 합동
이므로 삼각형 ABC는 $\overline{AC}=\overline{BC}$이고
$\angle ACB=90°$인 직각이등변삼각형이다.
$\overline{AB}$의 중점을 M, 점 M에서 평면 β에 내린 수선의 발을 O라 하면
$\overline{CM}\perp\overline{AB}$에서 $\overline{CM}\,/\!/\,l$이므로
$\overline{MO}=\overline{CI}$
이때 $\overline{BC}=2a$라 하면
두 직각삼각형 ABH, MBO는 서로 닮음이고 닮음비가 $2:1$이
므로

$$\overline{MO}=\frac{1}{2}\overline{AH}=\frac{1}{2}\overline{BC}=a,\ 즉\ \overline{CI}=a$$

직각삼각형 CIB에서
$$\overline{BI}=\sqrt{(2a)^2-a^2}=\sqrt{3}a$$

$$\therefore \cos^2\theta = \left(\frac{\overline{\mathrm{BI}}}{\overline{\mathrm{BC}}}\right)^2 = \left(\frac{\sqrt{3}}{2a}a\right)^2 = \frac{3}{4}$$

따라서 $p=4$, $q=3$이므로

$$p+q=7$$

0673 답 ③

오른쪽 그림과 같이 합동인 정사각
뿔을 붙이면 두 평면 ABE, ACD
가 이루는 각의 크기는 두 평면
A′CD, ACD가 이루는 각의 크기
와 같다. →두 평면 ABE, A′CD는 평행하므로

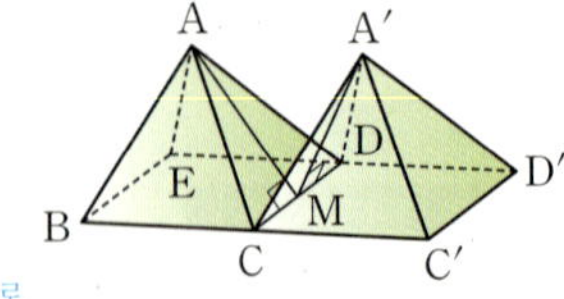

모서리 CD의 중점을 M이라 하면 두 삼각형 ACD, A′CD는 정
삼각형이므로

$$\overline{\mathrm{AM}}\perp\overline{\mathrm{CD}},\ \overline{\mathrm{A'M}}\perp\overline{\mathrm{CD}}$$

즉, $\theta=\angle\mathrm{AMA'}$이다.

점 A에서 선분 A′M에 내린 수선의 발을
H, 정사각뿔의 한 모서리의 길이를 $2a$라
하면

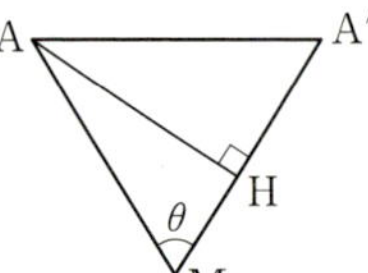

$$\overline{\mathrm{AM}}=\overline{\mathrm{A'M}}=\frac{\sqrt{3}}{2}\cdot 2a=\sqrt{3}a$$

$$\overline{\mathrm{AA'}}=2a$$

$\overline{\mathrm{MH}}=k$라 하면 두 직각삼각형 AHM, AHA′에서

$$\overline{\mathrm{AM}}^2-\overline{\mathrm{MH}}^2=\overline{\mathrm{AA'}}^2-\overline{\mathrm{A'H}}^2$$

$$(\sqrt{3}a)^2-k^2=(2a)^2-(\sqrt{3}a-k)^2$$

$$3a^2-k^2=a^2+2\sqrt{3}ak-k^2$$

$$2\sqrt{3}ak=2a^2$$

$$\therefore k=\frac{\sqrt{3}}{3}a$$

$$\therefore \cos\theta=\frac{\overline{\mathrm{MH}}}{\overline{\mathrm{AM}}}=\frac{\frac{\sqrt{3}}{3}a}{\sqrt{3}a}=\frac{1}{3}$$

0674 답 2

모서리 BC의 중점을 M, 점 P에서 평면
BCD에 내린 수선의 발을 N이라 하면

$$\theta=\angle\mathrm{PMN}$$

점 A에서 평면 BCD에 내린 수선의 발을
H라 하자.

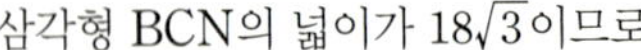

삼각형 BCN의 넓이가 $18\sqrt{3}$이므로

$$18\sqrt{3}=\frac{1}{2}\cdot 12\cdot\overline{\mathrm{MN}}$$

$$\therefore \overline{\mathrm{MN}}=3\sqrt{3}$$

점 H는 삼각형 BCD의 무게중심이므로

$$\overline{\mathrm{MH}}=\frac{1}{3}\overline{\mathrm{DM}}=\frac{1}{3}\cdot\left(\frac{\sqrt{3}}{2}\cdot 12\right)=2\sqrt{3}$$

$$\overline{\mathrm{DH}}=6\sqrt{3}-2\sqrt{3}=4\sqrt{3}$$

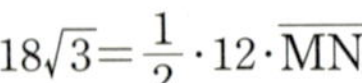

직각삼각형 AHM에서

$$\overline{\mathrm{AH}}=\sqrt{(6\sqrt{3})^2-(2\sqrt{3})^2}=4\sqrt{6}$$

두 삼각형 AHD, PND는 서로 닮음이므로

$$\overline{\mathrm{AH}}:\overline{\mathrm{PN}}=\overline{\mathrm{DH}}:\overline{\mathrm{DN}}$$

$$4\sqrt{6}:\overline{\mathrm{PN}}=4\sqrt{3}:3\sqrt{3}$$

$$\therefore \overline{\mathrm{PN}}=3\sqrt{6}\qquad \text{→} \overline{\mathrm{DN}}=\overline{\mathrm{DM}}-\overline{\mathrm{NM}}=6\sqrt{3}-3\sqrt{3}=3\sqrt{3}$$

$$\therefore \tan^2\theta=\left(\frac{\overline{\mathrm{PN}}}{\overline{\mathrm{MN}}}\right)^2=\left(\frac{3\sqrt{6}}{3\sqrt{3}}\right)^2=(\sqrt{2})^2=2$$

0675 답 7

사각기둥 8개의 꼭짓점 A, B, C, D, E,
F, G, H의 평면 α 위로의 정사영을 각
각 A′, B′, C′, D′, E′, F′, G′, H′이라
하면 주어진 도형의 정사영은 오른쪽
그림과 같다.

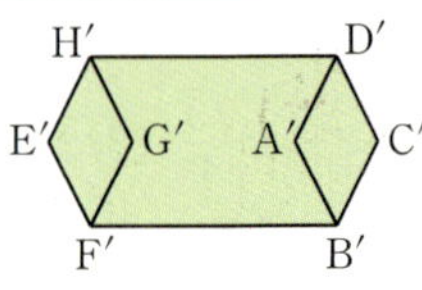

선분 FB와 평면 α가 이루는 각의 크기가 30°이므로

$$\overline{\mathrm{F'B'}}=\overline{\mathrm{FB}}\cos 30°=2\sqrt{3}\cdot\frac{\sqrt{3}}{2}=3$$

마찬가지로 $\overline{\mathrm{H'D'}}=3$

$\overline{\mathrm{BD}}=2$이고 $\overline{\mathrm{BD}}\ /\!/\ \alpha$이므로

$$\overline{\mathrm{B'D'}}=2 \qquad \text{→} \overline{\mathrm{AB}}=\sqrt{2}\text{이므로 } \overline{\mathrm{BD}}=\sqrt{(\sqrt{2})^2+(\sqrt{2})^2}=2\text{이다.}$$

마찬가지로 $\overline{\mathrm{F'H'}}=2$

한편, 두 선분 AC, BD의 교점을 M, 점 M의 평면 α 위로의 정
사영을 M′이라 하면 선분 MC와 평면 α가 이루는 각의 크기는
60°이므로

$$\overline{\mathrm{M'C'}}=\overline{\mathrm{MC}}\cos 60°=1\cdot\frac{1}{2}=\frac{1}{2}$$

마찬가지로 두 선분 EG, FH의 교점을 N, 점 N의 평면 α 위로
의 정사영을 N′이라 하면

$$\overline{\mathrm{E'N'}}=\frac{1}{2}$$

따라서 구하는 정사영의 넓이는

$$3\cdot 2+2\cdot\left(\frac{1}{2}\cdot 2\cdot\frac{1}{2}\right)=7$$

→ □H′F′B′D′의 넓이   → △B′C′D′의 넓이 ($=$△E′F′H′의 넓이)

0676 답 4

점 P의 평면 α 위로의 정사영을 P′이라
하면 점 M의 평면 α 위로의 정사영은
점 O_2이므로 삼각형 PMQ의 평면 α
위로의 정사영은 삼각형 $\mathrm{P'O_2Q}$이다.

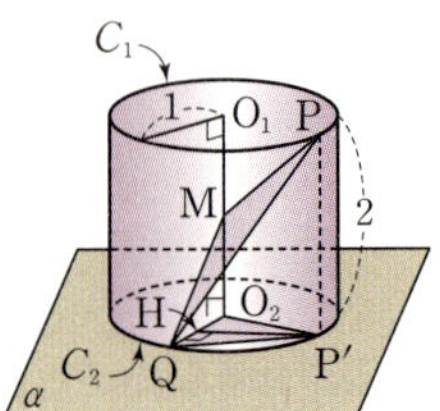

점 P′에서 직선 QO_2에 내린 수선의 발
을 H라 하자.

삼각형 $\mathrm{P'O_2Q}$의 넓이는

$$\frac{1}{2}\cdot\overline{\mathrm{QO_2}}\cdot\overline{\mathrm{P'H}}=\frac{1}{2}\overline{\mathrm{P'H}}$$

즉, 삼각형 PMQ의 평면 α 위로의 정사영의 넓이는 $\overline{\mathrm{P'H}}$가 최대
일 때 최대가 되므로 점 H가 점 O_2일 때 최대이다.

직선 PM이 평면 α와 만나는 점을 M′
이라 하면
$\overline{PP'}\perp\alpha$, $\overline{P'Q}\perp\overline{QM'}$이므로 삼수선의
정리에 의하여
$\overline{PQ}\perp\overline{QM'}$
즉, $\theta=\angle PQP'$이다.
직각삼각형 P′O₂Q에서
$\overline{QP'}=\sqrt{1^2+1^2}=\sqrt{2}$
직각삼각형 QP′P에서
$\overline{PQ}=\sqrt{(\sqrt{2})^2+2^2}=\sqrt{6}$
$\therefore \cos^2\theta=\left(\dfrac{\overline{QP'}}{\overline{PQ}}\right)^2=\left(\dfrac{\sqrt{2}}{\sqrt{6}}\right)^2=\dfrac{1}{3}$
따라서 $p=3$, $q=1$이므로
$p+q=4$

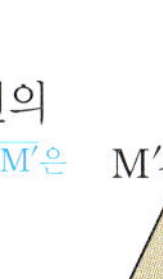

0677 답 $\dfrac{\sqrt{5}}{5}$

직각삼각형 AOB에서
$\overline{AB}=\sqrt{2^2+1^2}=\sqrt{5}$
$\overline{OC}\perp$(평면 AOB), $\overline{CH}\perp\overline{AB}$이므로 삼수선의 정리에 의하여
$\overline{OH}\perp\overline{AB}$

─────────────────────────── ❶

직각삼각형 AOB의 넓이에서
$\dfrac{1}{2}\cdot\overline{AO}\cdot\overline{BO}=\dfrac{1}{2}\cdot\overline{AB}\cdot\overline{OH}$
$\dfrac{1}{2}\cdot2\cdot1=\dfrac{1}{2}\cdot\sqrt{5}\cdot\overline{OH}$
$\therefore \overline{OH}=\dfrac{2}{\sqrt{5}}=\dfrac{2\sqrt{5}}{5}$

─────────────────────────── ❷

직각삼각형 COH에서
$\overline{OC}=\sqrt{1^2-\left(\dfrac{2\sqrt{5}}{5}\right)^2}=\dfrac{\sqrt{5}}{5}$

─────────────────────────── ❸

채점 기준	배점 비율
❶ $\overline{OH}\perp\overline{AB}$임을 알기	20%
❷ $\overline{OH}$의 길이 구하기	40%
❸ $\overline{OC}$의 길이 구하기	40%

0678 답 2

한 변의 길이가 a인 정사각형 모양의 창의 넓이를 S'이라 하면
$S'=a^2$
지면과 이 구조물 ABCD가 이루는 각의 크기가 60°이므로
이 창을 통해 들어온 태양 광선에 의하여 지면에 생기는 영역의
넓이를 S라 하면
$\dfrac{S'}{S}=\cos 60°=\dfrac{1}{2}$

─────────────────────────── ❶

$\dfrac{a^2}{8}=\dfrac{1}{2}$, $a^2=\dfrac{1}{2}\cdot8=4$
$\therefore a=2$ $(\because a>0)$

─────────────────────────── ❷

채점 기준	배점 비율
❶ $\cos\theta$의 값 구하기	50%
❷ a의 값 구하기	50%

0679 답 $\dfrac{2}{3}$

$\overline{AB}=\sqrt{3}$, $\angle PAB=30°$, $\overline{PB}\perp\overline{AB}$이므로
$\overline{PB}=\overline{AB}\tan 30°=\sqrt{3}\cdot\dfrac{\sqrt{3}}{3}=1$
$\angle QAB=60°$, $\overline{QB}\perp\overline{AB}$이므로
$\overline{QB}=\overline{AB}\tan 60°=\sqrt{3}\cdot\sqrt{3}=3$

─────────────────────────── ❶

$\overline{PQ}=\sqrt{14}$이므로
$\overline{PB}^2+\overline{QB}^2$의 값과 $\overline{PQ}^2$의 값의 크기를 비교하면
$\overline{PB}^2+\overline{QB}^2=1^2+3^2=10$
$\overline{PQ}^2=(\sqrt{14})^2=14$
에서 $\overline{PB}^2+\overline{QB}^2<\overline{PQ}^2$이므로
$90°<\angle PBQ<180°$

─────────────────────────── ❷

점 P에서 평면 β에 내린 수선의 발을 H라 하자.
$\overline{HB}=k$라 하면 $\overline{HQ}=k+3$이고 두 직각
삼각형 PHB, PHQ에서
$\overline{PB}^2-\overline{HB}^2=\overline{PQ}^2-\overline{HQ}^2$
$1^2-k^2=(\sqrt{14})^2-(k+3)^2$
$1-k^2=14-(k^2+6k+9)$
$1-k^2=5-k^2-6k$
$6k=4$　　$\therefore k=\dfrac{2}{3}$
$\therefore \cos\theta=\dfrac{\overline{HB}}{\overline{PB}}=\dfrac{\frac{2}{3}}{1}=\dfrac{2}{3}$

─────────────────────────── ❸

채점 기준	배점 비율
❶ $\overline{PB}$, $\overline{QB}$의 길이 각각 구하기	20%
❷ $\angle PBQ$가 둔각임을 파악하기	30%
❸ $\cos\theta$의 값 구하기	50%

0680 답 $\dfrac{\sqrt{14}}{7}$

모서리 BC를 1 : 2로 내분하는 점을 G라 하면
$\overline{BC}:\overline{GC}=\overline{CD}:\overline{CF}=3:2$
이므로 삼각형 BCD와 삼각형 GCF
는 서로 닮음이다.
즉, 두 직선 BD, GF는 평행하므로
$\theta=\angle AFG$

─────────────────────────── ❶

점 A에서 선분 CD에 내린 수선의 발을 M이라 하면
$\overline{AM}=\dfrac{\sqrt{3}}{2}\cdot6=3\sqrt{3}$
$\overline{FM}=\overline{DM}-\overline{DF}=\dfrac{1}{2}\cdot6-\dfrac{1}{3}\cdot6=1$
직각삼각형 AMF에서
$\overline{AF}=\sqrt{(3\sqrt{3})^2+1^2}=2\sqrt{7}$

─────────────────────────── ❷

$\overline{GC}=\overline{CF}=\dfrac{2}{3}\cdot6=4$이므로 직각이등변삼각형 GCF에서
$\overline{GF}=\sqrt{4^2+4^2}=4\sqrt{2}$
한편, $\overline{AG}=\overline{AF}$이므로 삼각형 AGF는 이등변삼각형이고 점 A
에서 선분 GF에 내린 수선의 발을 H라 하면

$$\overline{FH}=\frac{1}{2}\cdot 4\sqrt{2}=2\sqrt{2}$$

$$\therefore \cos\theta=\frac{\overline{FH}}{\overline{AF}}=\frac{2\sqrt{2}}{2\sqrt{7}}=\frac{\sqrt{14}}{7}$$ ❸

채점 기준	배점 비율
❶ 점 F를 지나고 직선 BD에 평행한 직선 찾기	30 %
❷ $\overline{AF}$의 길이 구하기	30 %
❸ $\cos\theta$의 값 구하기	40 %

0681 답 $\dfrac{4}{5}$

점 A에서 평면 β에 내린 수선의 발을
O, 두 평면 α, β의 교선을 l이라 하면
$\overline{AO}\perp\beta$, $\overline{AH}\perp l$이므로 삼수선의 정리
에 의하여

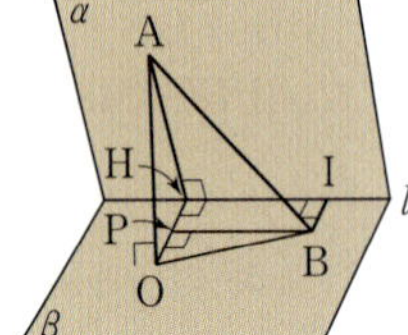

$$\overline{OH}\perp l$$

즉, $\theta=\angle AHO$이다. ❶

$\overline{OH}=a$, $\overline{OB}=b$, $\overline{OA}=c$라 하고, 점 B에서 직선 OH에 내린 수
선의 발을 P라 하면

$$\overline{OP}=|a-1|$$ ·□HPBI는 직사각형이므로

$\overline{BP}=\overline{HI}=3\sqrt{2}$이고 직각삼각형 OPB에서

$$b^2=(3\sqrt{2})^2+|a-1|^2$$
$$\qquad=a^2-2a+19 \quad\cdots\cdots\ \text{㉠}$$

직각삼각형 AOB에서

$$36=b^2+c^2$$
$$\qquad=(a^2-2a+19)+c^2\ (\because\ \text{㉠})$$
$$2a+17=a^2+c^2 \quad\cdots\cdots\ \text{㉡}$$

직각삼각형 AOH에서

$$25=a^2+c^2 \quad\cdots\cdots\ \text{㉢}$$

㉡, ㉢에서

$$2a+17=25$$
$$2a=8 \qquad \therefore a=4$$

$$\therefore \cos\theta=\frac{\overline{OH}}{\overline{AH}}=\frac{4}{5}$$ ❷

채점 기준	배점 비율
❶ 두 평면이 이루는 각 구하기	40 %
❷ $\cos\theta$의 값 구하기	60 %

0682 답 $2\sqrt{5}$

점 D에서 선분 AB에 내린 수선의 발
을 H라 하면
$\overline{CD}\perp\alpha$, $\overline{DH}\perp\overline{AB}$이므로 삼수선의 정
리에 의하여

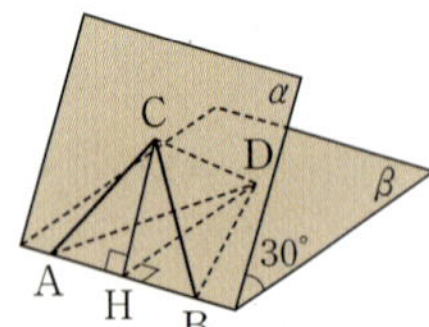

$$\overline{CH}\perp\overline{AB}$$

두 평면 α, β가 이루는 각의 크기가 30°이므로 $\angle CHD=30$°이다.
한편, 정삼각형 ABC에서

$$\overline{CH}=\sqrt{2^2-1^2}=\sqrt{3}$$

이므로 직각삼각형 DCH에서

$$\frac{\overline{CH}}{\overline{HD}}=\cos 30° \qquad \therefore \overline{HD}=\sqrt{3}\cdot\frac{2}{\sqrt{3}}=2$$ ❶

직각삼각형 DHB에서

$$\overline{BD}=\sqrt{2^2+1^2}=\sqrt{5}$$

직각삼각형 DHA에서

$$\overline{AD}=\sqrt{2^2+1^2}=\sqrt{5}$$

$$\therefore \overline{AD}+\overline{BD}=2\sqrt{5}$$ ❷

채점 기준	배점 비율
❶ $\overline{HD}$의 길이 구하기	60 %
❷ $\overline{AD}+\overline{BD}$의 값 구하기	40 %

본문 124~125쪽

0683 답 $(0, 3, 3)$
x좌표가 0, y좌표가 3, z좌표가 3이므로
$(0, 3, 3)$

0684 답 $(4, 3, 3)$
x좌표가 4, y좌표가 3, z좌표가 3이므로
$(4, 3, 3)$

0685 답 $(3, 0, 0)$
x축에 내린 수선의 발은 y좌표, z좌표가 0이므로
$(3, 0, 0)$

0686 답 $(0, 0, -1)$
z축에 내린 수선의 발은 x좌표, y좌표가 0이므로
$(0, 0, -1)$

0687 답 $(-1, 5, 0)$
xy평면에 내린 수선의 발은 z좌표가 0이므로
$(-1, 5, 0)$

0688 답 $(0, 5, -4)$
yz평면에 내린 수선의 발은 x좌표가 0이므로
$(0, 5, -4)$

0689 답 $(-1, 0, -4)$
zx평면에 내린 수선의 발은 y좌표가 0이므로
$(-1, 0, -4)$

0690 답 $(3, -1, 4)$
x축에 대하여 대칭이동한 점은 x좌표는 같으나 y좌표와 z좌표는
절댓값은 같고 부호가 반대이므로
$(3, -1, 4)$

0691 답 $(-3, 1, 4)$
y축에 대하여 대칭이동한 점은 y좌표는 같으나 x좌표와 z좌표는
절댓값은 같고 부호가 반대이므로
$(-3, 1, 4)$

0692 답 $(-3, -1, -4)$
z축에 대하여 대칭이동한 점은 z좌표는 같으나 x좌표와 y좌표는
절댓값은 같고 부호가 반대이므로
$(-3, -1, -4)$

0693 답 $(-7, 11, -3)$
xy평면에 대하여 대칭이동한 점은 x좌표와 y좌표는 같으나 z좌
표는 절댓값은 같고 부호가 반대이므로
$(-7, 11, -3)$

0694 답 $(7, 11, 3)$
yz평면에 대하여 대칭이동한 점은 y좌표와 z좌표는 같으나 x좌표
는 절댓값은 같고 부호가 반대이므로
$(7, 11, 3)$

0695 답 $(-7, -11, 3)$
zx평면에 대하여 대칭이동한 점은 x좌표와 z좌표는 같으나 y좌
표는 절댓값은 같고 부호가 반대이므로
$(-7, -11, 3)$

0696 답 $(2, 3, -8)$
원점에 대하여 대칭이동한 점은 각 좌표의 절댓값은 같고 부호가
반대이므로
$(2, 3, -8)$

0697 답 3
$\overline{AB} = \sqrt{(2-1)^2 + \{1-(-1)\}^2 + (3-5)^2} = 3$

0698 답 4
$\overline{OA} = \sqrt{3^2 + (-2)^2 + (\sqrt{3})^2} = 4$

0699 답 $(-2, -1, 3)$
선분 AB를 $2:3$으로 내분하는 점 P의 좌표는
$\left(\dfrac{2 \cdot (-8) + 3 \cdot 2}{2+3}, \dfrac{2 \cdot 2 + 3 \cdot (-3)}{2+3}, \dfrac{2 \cdot 0 + 3 \cdot 5}{2+3} \right)$
$\therefore\ (-2, -1, 3)$

0700 답 $(12, -8, 10)$
선분 AB를 $1:2$로 외분하는 점 Q의 좌표는
$\left(\dfrac{1 \cdot (-8) - 2 \cdot 2}{1-2}, \dfrac{1 \cdot 2 - 2 \cdot (-3)}{1-2}, \dfrac{1 \cdot 0 - 2 \cdot 5}{1-2} \right)$
$\therefore\ (12, -8, 10)$

0701 답 $\left(-3, -\dfrac{1}{2}, \dfrac{5}{2} \right)$
선분 AB의 중점 M의 좌표는
$\left(\dfrac{2+(-8)}{2}, \dfrac{(-3)+2}{2}, \dfrac{5+0}{2} \right)$
$\therefore\ \left(-3, -\dfrac{1}{2}, \dfrac{5}{2} \right)$

0702 답 $(4, 2, -3)$
삼각형 ABC의 무게중심 G의 좌표는
$\left(\dfrac{7+5+0}{3}, \dfrac{(-2)+6+2}{3}, \dfrac{(-2)+(-6)+(-1)}{3} \right)$
$\therefore\ (4, 2, -3)$

0703 답 중심의 좌표: $(2, -3, 1)$, 반지름의 길이: 4
$(x-2)^2 + \{y-(-3)\}^2 + (z-1)^2 = 4^2$이므로
중심의 좌표는 $(2, -3, 1)$, 반지름의 길이는 4

0704 답 중심의 좌표 : $(-3, 2, 0)$, 반지름의 길이 : 3

$\{x-(-3)\}^2+(y-2)^2+z^2=3^2$이므로

중심의 좌표는 $(-3, 2, 0)$, 반지름의 길이는 3

0705 답 $(x+1)^2+(y-4)^2+(z-3)^2=1$

$\{x-(-1)\}^2+(y-4)^2+(z-3)^2=1^2$이므로

$(x+1)^2+(y-4)^2+(z-3)^2=1$

0706 답 $x^2+y^2+(z-2)^2=7$

$x^2+y^2+(z-2)^2=(\sqrt{7})^2$이므로

$x^2+y^2+(z-2)^2=7$

0707 답 $x^2+y^2+z^2=14$

주어진 구의 반지름의 길이는 원점과 점 $A(2, 1, 3)$ 사이의 거리
와 같으므로

$\overline{OA}=\sqrt{2^2+1^2+3^2}=\sqrt{14}$

따라서 구하는 구의 방정식은

$x^2+y^2+z^2=14$

0708 답 $(x-4)^2+y^2+(z-2)^2=30$

주어진 구의 중심은 선분 AB의 중점이므로

$\left(\dfrac{3+5}{2}, \dfrac{2+(-2)}{2}, \dfrac{7+(-3)}{2}\right)$, 즉 $(4, 0, 2)$

또한, 주어진 구의 반지름의 길이는 구의 중심 $(4, 0, 2)$와 점
$A(3, 2, 7)$ 사이의 거리와 같으므로

$\sqrt{(3-4)^2+(2-0)^2+(7-2)^2}=\sqrt{30}$

따라서 구하는 구의 방정식은

$(x-4)^2+y^2+(z-2)^2=30$

0709 답 중심의 좌표 : $(-2, 3, -1)$, 반지름의 길이 : 4

$x^2+y^2+z^2+4x-6y+2z-2=0$에서

$(x+2)^2+(y-3)^2+(z+1)^2=16$

따라서 주어진 구의 중심의 좌표는 $(-2, 3, -1)$, 반지름의 길
이는 4이다.

0710 답 중심의 좌표 : $(-3, 0, 5)$, 반지름의 길이 : 5

$x^2+y^2+z^2+6x-10z+9=0$에서

$(x+3)^2+y^2+(z-5)^2=25$

따라서 주어진 구의 중심의 좌표는 $(-3, 0, 5)$, 반지름의 길이
는 5이다.

본문 126~140쪽

0711 답 ②

0712 답 ⑤

점 $P(-1, 3, 6)$을 y축에 대하여 대칭이동한 점 Q는

$Q(1, 3, -6)$

이 점을 원점에 대하여 대칭이동한 점 R는

$R(-1, -3, 6)$

0713 답 ②

점 $P(a, b, c)$에서 xy평면에 내린 수선의 발 Q는

$Q(a, b, 0)$

이 점을 원점에 대하여 대칭이동한 점의 좌표는

$(-a, -b, 0)$

즉, $-a=2$, $-b=6$이므로 $a=-2$, $b=-6$

또한, 점 $P(a, b, c)$에서 z축에 내린 수선의 발의 좌표는

$(0, 0, c)$이므로 $c=3$

$\therefore a+b+c=-2+(-6)+3=-5$

0714 답 ⑤

점 C의 좌표는 $(3, -4, 2)$이므로 이 점을 원점에 대하여 대칭이
동한 점의 좌표는

$(-3, 4, -2)$

따라서 $a=-3$, $b=4$, $c=-2$이므로

$a+2b+c=(-3)+2\cdot4+(-2)=3$

0715 답 18

꼭짓점 A를 yz평면에 대하여 대칭이동한 점의 좌표가 $(a, 0, 3)$
이므로 꼭짓점 A의 좌표는

$(-a, 0, 3)$

꼭짓점 C를 원점에 대하여 대칭이동한 점의 좌표가 $(0, -5, b)$
이므로 꼭짓점 C의 좌표는

$(0, 5, -b)$

이때 사각형 AEOD가 정사각형이므로

$|-a|=3$에서 $a^2=9$

또한, 두 꼭짓점 A, C의 z좌표는 같으므로

$-b=3$에서 $b^2=9$

$\therefore a^2+b^2=9+9=18$

0716 답 ④

0717 답 ②

점 $A(2, -3, 4)$를 x축에 대하여 대칭이동한 점 P는

$P(2, 3, -4)$

이 점을 원점에 대하여 대칭이동한 점 Q는

$Q(-2, -3, 4)$

$\therefore \overline{AQ}=\sqrt{(-2-2)^2+\{-3-(-3)\}^2+(4-4)^2}=4$

0718 답 ⑤

점 P의 좌표를 (a, b, c)라 하면 점 P를 yz평면에 대하여 대칭이
동한 점 R는

$R(-a, b, c)$

이때 $\overline{PR}=6$이므로

$\sqrt{(-a-a)^2+(b-b)^2+(c-c)^2}=6$

$\sqrt{4a^2}=6$, $4a^2=36$

$a^2=9$ $\quad \therefore a=\pm3$

점 P에서 yz평면에 내린 수선의 발 Q는

$Q(0, b, c)$

점 Q의 좌표가 $(0, 4, 2)$이므로
$b=4$, $c=2$
즉, 점 P의 좌표는
$(3, 4, 2)$ 또는 $(-3, 4, 2)$
따라서 원점과 점 P 사이의 거리는
$\sqrt{9+16+4}=\sqrt{29}$

0719 답 ①

꼭짓점 B의 좌표를 (a, b, c)라 하면 두 꼭짓점 B, E에서 x축에 내린 수선의 발이 일치하므로 두 꼭짓점 B, E의 x좌표는 같다.
즉, 꼭짓점 E의 좌표는 $(2, -2, 0)$이므로
$a=2$
두 꼭짓점 B, C에서 yz평면에 내린 수선의 발이 일치하므로 두 꼭짓점 B, C의 y좌표와 z좌표는 같다.
즉, 꼭짓점 C의 좌표는 $(-1, 2, 4)$이므로
$b=2$, $c=4$
따라서 꼭짓점 B의 좌표는 $(2, 2, 4)$이므로 원점과 꼭짓점 B 사이의 거리는
$\sqrt{2^2+2^2+4^2}=2\sqrt{6}$

0720 답 ③

주어진 도형을 오른쪽 그림과 같이 좌표공간에 놓으면
점 P의 좌표는 $(3, 0, 0)$
점 Q의 좌표는 $(0, 2, 3)$
$\therefore \overline{PQ}=\sqrt{(0-3)^2+(2-0)^2+(3-0)^2}$
$\qquad =\sqrt{22}$

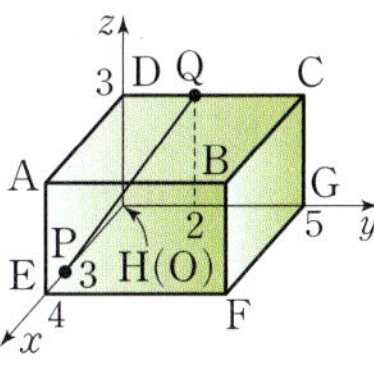

0721 답 ④

0722 답 ⑤

$\overline{AB}=\sqrt{\{0-(-2)\}^2+(1-3)^2+(3-2)^2}=3$
$\overline{BC}=\sqrt{(k-0)^2+(2-1)^2+\{(7-k)-3\}^2}=\sqrt{2k^2-8k+17}$
$\overline{AB}=\overline{BC}$이므로
$\sqrt{2k^2-8k+17}=3$
$2k^2-8k+17=9$, $k^2-4k+4=0$
$(k-2)^2=0$ $\therefore k=2$

0723 답 ④

두 점 A, B에서 같은 거리에 있는 y축 위의 점을 $P(0, a, 0)$이라 하면 ▸ x좌표, z좌표가 0이다.
$\overline{AP}=\sqrt{\{0-(-4)\}^2+\{a-(-2)\}^2+(0-3)^2}$
$\qquad =\sqrt{a^2+4a+29}$
$\overline{BP}=\sqrt{(0-1)^2+\{a-(-4)\}^2+\{0-(-2)\}^2}$
$\qquad =\sqrt{a^2+8a+21}$
$\overline{AP}=\overline{BP}$이므로
$\sqrt{a^2+4a+29}=\sqrt{a^2+8a+21}$
$a^2+4a+29=a^2+8a+21$
$4a=8$ $\therefore a=2$
따라서 구하는 점의 y좌표는 2이다.

0724 답 ① ▸ y좌표, z좌표가 0이다.

x축 위의 점 P의 좌표를 $(a, 0, 0)$이라 하면
$\overline{AP}=\sqrt{(a-1)^2+(0-0)^2+(0-2)^2}$
$\qquad =\sqrt{a^2-2a+5}$
$\overline{BP}=\sqrt{(a-1)^2+\{0-(-1)\}^2+(0-0)^2}$
$\qquad =\sqrt{a^2-2a+2}$
$\overline{AP}+\overline{BP}=3$이므로
$\sqrt{a^2-2a+5}+\sqrt{a^2-2a+2}=3$
$\sqrt{a^2-2a+5}=3-\sqrt{a^2-2a+2}$
$a^2-2a+5=9-6\sqrt{a^2-2a+2}+(a^2-2a+2)$
$\sqrt{a^2-2a+2}=1$, $a^2-2a+1=0$
$(a-1)^2=0$ $\therefore a=1$
따라서 구하는 점의 x좌표는 1이다.

0725 답 ②

조건 (가)에서 점 $P(a, b, c)$가 xy평면 위에 있는 직선 $y=x+3$ 위의 점이므로
$b=a+3$, $c=0$
즉, 점 P의 좌표는 $(a, a+3, 0)$이다.
조건 (나)에서 $\overline{AP}=\overline{BP}$이므로
$\overline{AP}=\sqrt{\{a-(-1)\}^2+\{(a+3)-2\}^2+(0-3)^2}$
$\qquad =\sqrt{2a^2+4a+11}$
$\overline{BP}=\sqrt{(a-4)^2+\{(a+3)-1\}^2+(0-\sqrt{7})^2}$
$\qquad =\sqrt{2a^2-4a+27}$
$\sqrt{2a^2+4a+11}=\sqrt{2a^2-4a+27}$
$2a^2+4a+11=2a^2-4a+27$
$8a=16$ $\therefore a=2$
따라서 점 P의 좌표는 $(2, 5, 0)$이므로
$a+b+c=2+5+0=7$

0726 답 ③

0727 답 ④

$\overline{OA}=\sqrt{(4-0)^2+(2-0)^2+(-2-0)^2}=\sqrt{24}=2\sqrt{6}$
$\overline{OB}=\sqrt{(-2-0)^2+(5-0)^2+(1-0)^2}=\sqrt{30}$
$\overline{AB}=\sqrt{(-2-4)^2+(5-2)^2+\{1-(-2)\}^2}=\sqrt{54}=3\sqrt{6}$
즉, $\overline{AB}^2=\overline{OA}^2+\overline{OB}^2$이므로 삼각형 OAB는 변 AB를 빗변으로 하는 직각삼각형이다.
직각삼각형 OAB에서
$\dfrac{1}{2}\cdot\overline{OA}\cdot\overline{OB}=\dfrac{1}{2}\cdot\overline{AB}\cdot\overline{OH}$
$\dfrac{1}{2}\cdot2\sqrt{6}\cdot\sqrt{30}=\dfrac{1}{2}\cdot3\sqrt{6}\cdot\overline{OH}$
$\therefore \overline{OH}=\dfrac{2\sqrt{30}}{3}$

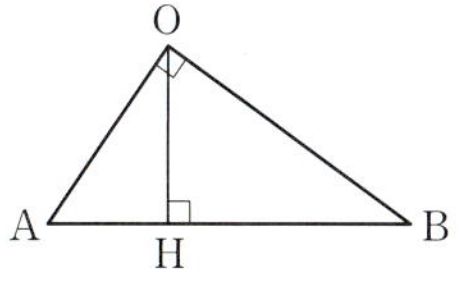

0728 답 ⑤

x축 위의 점 C의 좌표를 $(a, 0, 0)$이라 하면 주어진 조건에서 삼각형 ABC는 $\overline{AC}=\overline{BC}$인 이등변삼각형이므로

$$\overline{AC}=\sqrt{(a-5)^2+(0-2)^2+\{0-(-2)\}^2}$$
$$=\sqrt{a^2-10a+33}$$
$$\overline{BC}=\sqrt{(a-1)^2+\{0-(-4)\}^2+(0-0)^2}$$
$$=\sqrt{a^2-2a+17}$$
$$\sqrt{a^2-10a+33}=\sqrt{a^2-2a+17}$$
$$a^2-10a+33=a^2-2a+17$$
$$8a=16 \qquad \therefore a=2$$
따라서 구하는 점 C의 x좌표는 2이다.

0729 답 ③

오른쪽 그림과 같이 점 A$(10, 5, \sqrt{6})$에서 xy평면에 내린 수선의 발을 H라 하면

H$(10, 5, 0)$

직각삼각형 AHP에서 $\overline{AH}=\sqrt{6}$이므로

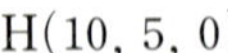

$$\overline{AP}=\sqrt{\overline{PH}^2+6}$$

즉, 선분 AP의 길이는 선분 PH의 길이가 최대일 때 최댓값을 가지므로 위의 그림과 같이 점 P의 좌표가 $(-2, 0, 0)$일 때 선분 PH의 길이가 최대이다.

따라서 선분 AP의 길이의 최댓값은

$$\sqrt{(-2-10)^2+(0-5)^2+(0-0)^2+6}=5\sqrt{7}$$

0730 답 ③

점 P$(1, -3, \sqrt{2})$를 xy평면에 대하여 대칭이동한 점 Q는

Q$(1, -3, -\sqrt{2})$

점 P$(1, -3, \sqrt{2})$에서 xy평면에 내린 수선의 발을 H라 하면

H$(1, -3, 0)$

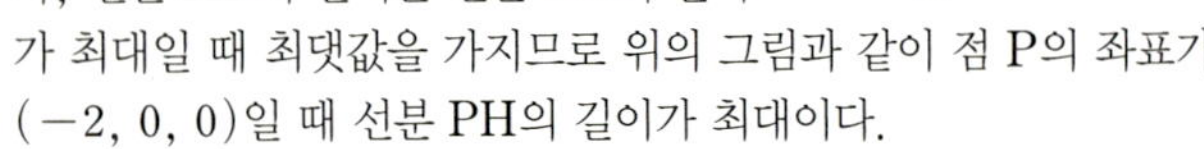

$\overline{PH}\perp(xy$평면$)$, $\overline{PR}\perp l$이므로 삼수선의 정리에 의하여

$$\overline{HR}\perp l$$

따라서 xy평면 위의 점 H와 직선 $3x-4y+5=0$ 사이의 거리는

$$\overline{HR}=\frac{|3\cdot1-4\cdot(-3)+5|}{\sqrt{3^2+(-4)^2}}=4$$

직각삼각형 PHR에서 $\overline{PH}=\sqrt{2}$이므로

$$\overline{PR}=\sqrt{(\sqrt{2})^2+4^2}=3\sqrt{2}$$

한편, 점 R에서 선분 PQ에 내린 수선의 발 H는 선분 PQ를 수직이등분하므로 삼각형 PQR는 $\overline{QR}=\overline{PR}=3\sqrt{2}$인 이등변삼각형이다.

따라서 구하는 삼각형 PQR의 둘레의 길이는

$$\overline{PR}+\overline{QR}+\overline{PQ}=3\sqrt{2}+3\sqrt{2}+2\sqrt{2}=8\sqrt{2}$$

0731 답 ④

0732 답 ②

두 점 A$(6, 4, 0)$, B$(4, 3, 5)$의 yz평면 위로의 정사영을 각각 A$'$, B$'$이라 하면

A$'(0, 4, 0)$, B$'(0, 3, 5)$

따라서 구하는 정사영의 넓이는 삼각형 OA$'$B$'$의 넓이이므로

$$\frac{1}{2}\cdot4\cdot5=10$$

0733 답 ④

$$\overline{AB}=\sqrt{(5-2)^2+\{4-(-1)\}^2+(1-5)^2}=5\sqrt{2}$$

두 점 A$(2, -1, 5)$, B$(5, 4, 1)$의 zx평면 위로의 정사영을 각각 A$'$, B$'$이라 하면

A$'(2, 0, 5)$, B$'(5, 0, 1)$

$$\therefore \overline{A'B'}=\sqrt{(5-2)^2+(0-0)^2+(1-5)^2}=5$$

따라서 $\overline{A'B'}=\overline{AB}\cos\theta$이므로

$$\cos\theta=\frac{\overline{A'B'}}{\overline{AB}}=\frac{5}{5\sqrt{2}}=\frac{\sqrt{2}}{2}$$

0734 답 ④

꼭짓점 B의 좌표가 $(2, 4, 2)$이므로 두 꼭짓점 D, E는 각각 D$(0, 0, 2)$, E$(2, 0, 0)$이다.

$$\overline{BD}=\sqrt{(0-2)^2+(0-4)^2+(2-2)^2}=2\sqrt{5}$$
$$\overline{BE}=\sqrt{(2-2)^2+(0-4)^2+(0-2)^2}=2\sqrt{5}$$
$$\overline{DE}=\sqrt{(2-0)^2+(0-0)^2+(0-2)^2}=2\sqrt{2}$$

이므로 삼각형 BDE는 $\overline{BD}=\overline{BE}$인 이등변삼각형이다.

변 DE의 중점을 M이라 하면

$$\overline{BM}=\sqrt{(2\sqrt{5})^2-(\sqrt{2})^2}=3\sqrt{2}$$

이므로 삼각형 BDE의 넓이는

$$\frac{1}{2}\cdot2\sqrt{2}\cdot3\sqrt{2}=6$$

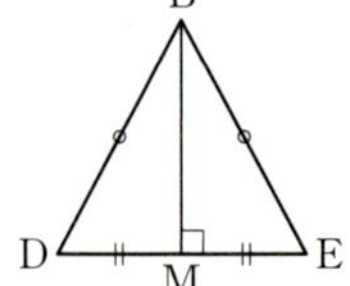

세 점 B$(2, 4, 2)$, D$(0, 0, 2)$, E$(2, 0, 0)$의 xy평면 위로의 정사영은 각각 F$(2, 4, 0)$, O$(0, 0, 0)$, E$(2, 0, 0)$이므로 직각삼각형 OEF의 넓이는

$$\frac{1}{2}\cdot2\cdot4=4$$

따라서 $\triangle OEF=\triangle BDE\cdot\cos\theta$이므로

$$\cos\theta=\frac{\triangle OEF}{\triangle BDE}=\frac{4}{6}=\frac{2}{3}$$

0735 답 ⑤

$$\overline{AB}=\sqrt{(3-2)^2+\{-2-(-1)\}^2+(b-a)^2}$$
$$=\sqrt{2+(b-a)^2}$$

두 점 A$(2, -1, a)$, B$(3, -2, b)$의 xy평면 위로의 정사영을 각각 A$'$, B$'$이라 하면

A$'(2, -1, 0)$, B$'(3, -2, 0)$

$$\therefore \overline{A'B'}=\sqrt{(3-2)^2+\{-2-(-1)\}^2+(0-0)^2}=\sqrt{2}$$

이때 직선 AB와 xy평면이 이루는 각의 크기가 $60°$이므로

$$\overline{A'B'}=\overline{AB}\cos60°$$
$$\sqrt{2}=\frac{1}{2}\sqrt{2+(b-a)^2} \qquad \therefore (b-a)^2=6 \quad \cdots\cdots ㉠$$

즉, $\overline{AB}=\sqrt{2+(b-a)^2}=\sqrt{2+6}=2\sqrt{2}$이다.

두 점 A$(2, -1, a)$, B$(3, -2, b)$의 yz평면 위로의 정사영을 각각 A$''$, B$''$이라 하면

A$''(0, -1, a)$, B$''(0, -2, b)$

$$\therefore \overline{A''B''}=\sqrt{(0-0)^2+\{-2-(-1)\}^2+(b-a)^2}$$
$$=\sqrt{(0-0)^2+\{-2-(-1)\}^2+6}=\sqrt{7}$$

따라서 $\overline{A''B''}=\overline{AB}\cos\theta$이므로

$$\cos\theta=\frac{\overline{A''B''}}{\overline{AB}}=\frac{\sqrt{7}}{2\sqrt{2}}=\frac{\sqrt{14}}{4}$$

0736　답 ①

0737　답 ②

선분 PQ를 $2 : 3$으로 외분하는 점 R의 좌표는
$$\left(\frac{2 \cdot b - 3 \cdot a}{-1}, \frac{2 \cdot 2a - 3 \cdot 5}{-1}, \frac{2 \cdot (-1) - 3 \cdot (-3)}{-1}\right)$$
점 R의 좌표가 $(-4, 7, c)$이므로
$$\frac{4a - 15}{-1} = 7, \frac{-2 + 9}{-1} = c$$
$$\therefore a = 2, c = -7$$
$$\frac{2b - 3a}{-1} = -4 \text{에서 } \frac{2b - 6}{-1} = -4 \text{이므로}$$
$$b = 5$$
$$\therefore a - b + c = 2 - 5 + (-7) = -10$$

0738　답 ①

→ 점 Q는 x축 위의 점이므로 y좌표, z좌표가 0이다.

점 Q의 좌표를 $(c, 0, 0)$이라 하면 점 A는 선분
PQ의 중점이므로
$$A\left(\frac{(a-7)+c}{2}, \frac{b+0}{2}, \frac{a+0}{2}\right)$$
점 A의 좌표가 $(-b, a, 5-b)$이므로
$$\frac{b+0}{2} = a, \frac{a+0}{2} = 5 - b$$
$$b = 2a, a = 10 - 2b$$
위의 두 식을 연립하여 풀면
$$a = 2, b = 4$$
$$\frac{(a-7)+c}{2} = -b \text{에서 } \frac{-5+c}{2} = -4 \text{이므로}$$
$$c = -3$$
따라서 구하는 점 Q의 x좌표는 -3이다.

● 다른 풀이 ●

점 Q는 선분 PA를 $2 : 1$로 외분하는 점이므로
$$Q(2 \cdot (-b) - 1 \cdot (a-7), 2 \cdot a - 1 \cdot b, 2 \cdot (5-b) - 1 \cdot a)$$
이때 점 Q는 x축 위의 점이므로
$$2a - b = 0, 2(5-b) - a = 0$$
위의 두 식을 연립하여 풀면
$$a = 2, b = 4$$
따라서 구하는 점 Q의 x좌표는
$$2 \cdot (-4) - 1 \cdot (2-7) = -3$$

0739　답 ②

선분 AB를 $m : n$으로 내분하는 점이 yz평면 위에 있으므로 내분점의 x좌표는 0이다.
즉, $\dfrac{m \cdot 4 + n \cdot (-3)}{m+n} = 0$이므로
$$4m - 3n = 0, 4m = 3n$$
따라서 $m = 3, n = 4$이므로　← m과 n은 서로소인 자연수이므로
$$m - n = -1$$

0740　답 ⑤

점 P가 선분 BC를 $m : n$ (m과 n은 서로소인 자연수)으로 내분한다고 하면 점 P의 좌표는

$$\left(\frac{n}{m+n}, \frac{4m}{m+n}, \frac{am-n}{m+n}\right) \quad \cdots\cdots \ \text{㉠}$$
점 P의 좌표가 $\left(\dfrac{7}{10}, \dfrac{6}{5}, b\right)$이므로
$$\frac{n}{m+n} = \frac{7}{10} \text{에서}$$
$$7m = 3n \quad \therefore m = 3, n = 7 \quad \cdots\cdots \ \text{㉡}$$
즉, $\overline{BP} : \overline{PC} = 3 : 7$이므로 삼각형의
각의 이등분선의 성질에 의하여
$\overline{AB} : \overline{AC} = \overline{BP} : \overline{PC}$에서
$$\overline{AB} : \overline{AC} = 3 : 7$$
$$\overline{AB} = \sqrt{(1-2)^2 + \{0-(-2)\}^2 + (-1-1)^2} = 3$$
$$\overline{AC} = \sqrt{(0-2)^2 + \{4-(-2)\}^2 + (a-1)^2} = \sqrt{a^2 - 2a + 41}$$
$3 : \sqrt{a^2 - 2a + 41} = 3 : 7$이므로
$$\sqrt{a^2 - 2a + 41} = 7$$
$$a^2 - 2a + 41 = 49, a^2 - 2a - 8 = 0$$
$$(a+2)(a-4) = 0$$
$$\therefore a = 4 \ (\because a > 0) \quad \cdots\cdots \ \text{㉢}$$
또한, ㉠의 z좌표에서
$$\frac{am-n}{m+n} = b \text{이므로}$$
㉡, ㉢에서
$$\frac{4 \cdot 3 - 7}{3 + 7} = \frac{1}{2} \quad \therefore b = \frac{1}{2}$$
$$\therefore a + b = 4 + \frac{1}{2} = \frac{9}{2}$$

0741　답 ⑤

0742　답 ①

두 선분 AB, CD가 평행하고, $\overline{AB} = \overline{CD}$이므로 사각형 ABCD
는 평행사변형이다. ← 한 쌍의 대변이 평행하고 그 길이가 같은 사각형은 평행사변형이다.
선분 AC의 중점의 좌표는
$$\left(\frac{a+3}{2}, \frac{2+0}{2}, \frac{-3+c}{2}\right), \text{ 즉 } \left(\frac{a+3}{2}, 1, \frac{c-3}{2}\right)$$
선분 BD의 중점의 좌표는
$$\left(\frac{2+6}{2}, \frac{b+3}{2}, \frac{3+1}{2}\right), \text{ 즉 } \left(4, \frac{b+3}{2}, 2\right)$$
평행사변형의 두 대각선의 중점은 일치하므로
$$\frac{a+3}{2} = 4, \frac{b+3}{2} = 1, \frac{c-3}{2} = 2$$
$$\therefore a = 5, b = -1, c = 7$$
$$\therefore a + b + c = 5 + (-1) + 7 = 11$$

0743　답 ⑤

점 A의 좌표를 (a, b, c)라 하면 선분 AC의 중점의 좌표는
$$\left(\frac{a+5}{2}, \frac{b+2}{2}, \frac{c-2}{2}\right)$$
선분 AC의 중점은 두 대각선의 교점이므로
$$\frac{a+5}{2} = 2, \frac{b+2}{2} = 0, \frac{c-2}{2} = -3$$
$$\therefore a = -1, b = -2, c = -4$$
즉, $A(-1, -2, -4)$이므로
$$\overline{AB} = \sqrt{\{1-(-1)\}^2 + \{1-(-2)\}^2 + \{-8-(-4)\}^2} = \sqrt{29}$$

● 다른 풀이 ●

평행사변형 ABCD의 두 대각선의 교점을 M이라 하면 점 A는
선분 CM을 $2 : 1$로 외분하는 점이므로
$A(2 \cdot 2 - 1 \cdot 5, \ 2 \cdot 0 - 1 \cdot 2, \ 2 \cdot (-3) - 1 \cdot (-2))$, 즉
$A(-1, \ -2, \ -4)$
$\therefore \ \overline{AB} = \sqrt{\{1-(-1)\}^2 + \{1-(-2)\}^2 + \{(-8)-(-4)\}^2}$
$\qquad\quad = \sqrt{29}$

> **해설 속 칠판** **평행사변형의 성질**
>
> (1) 두 쌍의 대변의 길이는 각각 같다.
> (2) 두 쌍의 대각의 크기는 각각 같다.
> (3) 두 대각선은 서로 다른 것을 이등분한다.

0744 답 2

점 C의 좌표를 $(a, \ b, \ c)$라 하면 선분 AC의 중점의 좌표는
$\left(\dfrac{3+a}{2}, \ \dfrac{1+b}{2}, \ \dfrac{4+c}{2} \right)$
선분 AC의 중점은 두 대각선의 교점이므로
$\dfrac{3+a}{2} = 1, \ \dfrac{1+b}{2} = 2, \ \dfrac{4+c}{2} = 1$
$\therefore \ a = -1, \ b = 3, \ c = -2$
즉, $C(-1, \ 3, \ -2)$이다.
한편, 마름모의 네 변의 길이는 모두 같으므로
$\overline{AB} = \overline{BC}$에서 $\overline{AB}^2 = \overline{BC}^2$
$(-2-3)^2 + (-1-1)^2 + (k-4)^2$
$= \{-1-(-2)\}^2 + \{3-(-1)\}^2 + (-2-k)^2$
$k^2 - 8k + 45 = k^2 + 4k + 21$
$12k = 24 \qquad \therefore \ k = 2$

● 다른 풀이 ●

마름모 ABCD의 두 대각선의 교점을 M이라 하면 점 C는 선분
AM을 $2 : 1$로 외분하는 점이므로
$C(2 \cdot 1 - 1 \cdot 3, \ 2 \cdot 2 - 1 \cdot 1, \ 2 \cdot 1 - 1 \cdot 4)$, 즉 $C(-1, \ 3, \ -2)$

0745 답 ③

선분 AC의 중점의 좌표는
$\left(\dfrac{0+(-2)}{2}, \ \dfrac{2+0}{2}, \ \dfrac{a+b}{2} \right)$, 즉 $\left(-1, \ 1, \ \dfrac{a+b}{2} \right)$
선분 BD의 중점의 좌표는
$\left(\dfrac{-4+c}{2}, \ \dfrac{2+0}{2}, \ \dfrac{0+2}{2} \right)$, 즉 $\left(\dfrac{c-4}{2}, \ 1, \ 1 \right)$
마름모의 두 대각선의 중점은 일치하므로
$\dfrac{c-4}{2} = -1, \ \dfrac{a+b}{2} = 1$
$\therefore \ c = 2, \ a+b = 2 \quad \cdots\cdots \ ㉠$
마름모의 네 변의 길이는 모두 같으므로
$\overline{AB} = \overline{BC}$에서 $\overline{AB}^2 = \overline{BC}^2$
$(-4-0)^2 + (2-2)^2 + (0-a)^2$
$= \{-2-(-4)\}^2 + (0-2)^2 + (b-0)^2$
$a^2 + 16 = b^2 + 8$
$a^2 + 16 = (2-a)^2 + 8 \ (\because \ ㉠)$
$a^2 + 16 = a^2 - 4a + 12$
$4a = -4 \qquad \therefore \ a = -1$

㉠에서 $b = 3$
$\therefore \ abc = (-1) \cdot 3 \cdot 2 = -6$

0746 답 ③

0747 답 ⑤

삼각형 ABC의 무게중심의 좌표는
$\left(\dfrac{a+b+2}{3}, \ \dfrac{b+a+(-4)}{3}, \ \dfrac{1+3+(-1)}{3} \right)$, 즉
$\left(\dfrac{a+b+2}{3}, \ \dfrac{a+b-4}{3}, \ 1 \right)$
이때 이 무게중심의 좌표가 $(4, \ 2, \ c)$이므로
$a+b = 10, \ c = 1$
$\therefore \ a+b-c = 10-1 = 9$

0748 답 ③

점 A는 선분 MG를 $3 : 2$로 외분하는 점이므로
$A(3 \cdot 4 - 2 \cdot (-3), \ 3 \cdot 1 - 2 \cdot 2, \ 3 \cdot (-2) - 2 \cdot 5)$
$\therefore \ A(18, \ -1, \ -16)$

● 다른 풀이 ●

$A(x_1, \ y_1, \ z_1)$, $B(x_2, \ y_2, \ z_2)$, $C(x_3, \ y_3, \ z_3)$이라 하면
선분 BC의 중점 M의 좌표는
$\left(\dfrac{x_2+x_3}{2}, \ \dfrac{y_2+y_3}{2}, \ \dfrac{z_2+z_3}{2} \right)$
이 점은 점 $(-3, \ 2, \ 5)$와 일치하므로
$\dfrac{x_2+x_3}{2} = -3, \ \dfrac{y_2+y_3}{2} = 2, \ \dfrac{z_2+z_3}{2} = 5$
$x_2+x_3 = -6, \ y_2+y_3 = 4, \ z_2+z_3 = 10 \qquad \cdots\cdots \ ㉠$
한편, 삼각형 ABC의 무게중심 G의 좌표는
$\left(\dfrac{x_1+x_2+x_3}{3}, \ \dfrac{y_1+y_2+y_3}{3}, \ \dfrac{z_1+z_2+z_3}{3} \right)$
이 점은 점 $(4, \ 1, \ -2)$와 일치하므로
$\dfrac{x_1+x_2+x_3}{3} = 4, \ \dfrac{y_1+y_2+y_3}{3} = 1, \ \dfrac{z_1+z_2+z_3}{3} = -2$
$x_1+x_2+x_3 = 12, \ y_1+y_2+y_3 = 3, \ z_1+z_2+z_3 = -6 \qquad \cdots\cdots \ ㉡$
㉠, ㉡을 연립하여 풀면
$x_1 = 18, \ y_1 = -1, \ z_1 = -16$
$\therefore \ A(18, \ -1, \ -16)$

0749 답 ②

꼭짓점 B의 좌표가 $(3, \ 4, \ 3)$이므로
$A(3, \ 0, \ 3), \ C(0, \ 4, \ 3), \ F(3, \ 4, \ 0)$
두 점 P, Q는 각각 선분 AF, CF의 중점이므로 삼각형 ACF에
서 두 중선의 교점 R는 삼각형 ACF의 무게중심이다.
따라서 삼각형 ACF의 무게중심 R의 좌표는
$\left(\dfrac{3+0+3}{3}, \ \dfrac{0+4+4}{3}, \ \dfrac{3+3+0}{3} \right)$, 즉 $\left(2, \ \dfrac{8}{3}, \ 2 \right)$
이므로 점 R의 x좌표는 2이다.

0750 답 ②

$\overline{AB} = \sqrt{(1-a)^2 + (a-b)^2 + (b-1)^2}$
$\overline{BC} = \sqrt{(b-1)^2 + (1-a)^2 + (a-b)^2}$
$\overline{CA} = \sqrt{(a-b)^2 + (b-1)^2 + (1-a)^2}$

이므로 삼각형 ABC는 정삼각형이다.
정삼각형의 외접원의 중심과 무게중심은 일치하므로 삼각형
ABC의 무게중심의 x좌표는 $\dfrac{2}{3}$이다.

즉, $\dfrac{a+1+b}{3}=\dfrac{2}{3}$에서

$a+b=1$

$\therefore \overline{AB}=\sqrt{(1-a)^2+(a-b)^2+(b-1)^2}$
$\qquad\quad=\sqrt{(1-a)^2+\{a-(1-a)\}^2+\{(1-a)-1\}^2}$ ⟩ $b=1-a$이므로
$\qquad\quad=\sqrt{6a^2-6a+2}$
$\qquad\quad=\sqrt{6\left(a-\dfrac{1}{2}\right)^2+\dfrac{1}{2}}\geq\dfrac{\sqrt{2}}{2}$ → $a=\dfrac{1}{2}$일 때, 최솟값 $\dfrac{\sqrt{2}}{2}$를 갖는다.

따라서 선분 AB의 길이의 최솟값은 $\dfrac{\sqrt{2}}{2}$이다.

해설 속 칠판

(1) 정삼각형의 외심, 내심, 무게중심은 모두 일치한다.
(2) 이등변삼각형의 외심, 내심, 무게중심은 모두 꼭지각의 이등분선 위에 있다.

0751 답 ③

0752 답 ⑤

두 점 A, B의 y좌표의 부호가 같으므로 두 점 A, B는 zx평면을 기준으로 같은 쪽에 있다.
점 A를 zx평면에 대하여 대칭이동한 점을 A′이라 하면
$A'(2,\ 4,\ -1)$
이때 $\overline{AP}=\overline{A'P}$이므로
$\overline{AP}+\overline{PB}=\overline{A'P}+\overline{PB}\geq\overline{A'B}$
$\qquad\qquad\qquad=\sqrt{(-3-2)^2+(-1-4)^2+\{2-(-1)\}^2}$
$\qquad\qquad\qquad=\sqrt{59}$

0753 답 ②

두 점 A, B의 x좌표의 부호가 같으므로 두 점 A, B는 yz평면을 기준으로 같은 쪽에 있다.
점 A를 yz평면에 대하여 대칭이동한 점을 A′이라 하면
$A'(1,\ 1,\ -2)$
이때 $\overline{AP}=\overline{A'P}$이므로
$\overline{AP}+\overline{PB}=\overline{A'P}+\overline{PB}\geq\overline{A'B}$
$\qquad\qquad\qquad=\sqrt{(-1-1)^2+(a-1)^2+\{2-(-2)\}^2}$
$\qquad\qquad\qquad=\sqrt{a^2-2a+21}$
즉, $\sqrt{a^2-2a+21}=2\sqrt{6}$이므로
$a^2-2a+21=24,\ a^2-2a-3=0$
$(a+1)(a-3)=0$
$\therefore a=3\ (\because\ a>0)$

0754 답 ⑤

두 점 A, B의 z좌표의 부호가 같으므로 두 점 A, B는 xy평면을 기준으로 같은 쪽에 있고, 두 점 A, B의 y좌표의 부호가 다르므로 두 점 A, B는 zx평면을 기준으로 서로 반대쪽에 있다.

점 A를 xy평면에 대하여 대칭이동한 점을 A′이라 하면
$A'(2,\ 1,\ -2)$
이때 $\overline{AP}=\overline{A'P}$이므로
$\overline{AP}+\overline{PQ}+\overline{QB}=\overline{A'P}+\overline{PQ}+\overline{QB}\geq\overline{A'B}$
$\qquad\qquad\qquad\qquad=\sqrt{(3-2)^2+(-1-1)^2+\{1-(-2)\}^2}$
$\qquad\qquad\qquad\qquad=\sqrt{14}$

0755 답 ①

점 P는 xy평면 위의 점이므로
$c=0$ ······ ㉠
두 점 A, B의 z좌표의 부호가 같으므로 두 점 A, B는 xy평면을 기준으로 같은 쪽에 있다.
점 A를 xy평면에 대하여 대칭이동한 점을 A′이라 하면
$A'(1,\ -1,\ -2)$
이때 $\overline{AP}=\overline{A'P}$이므로
$\overline{AP}+\overline{PB}=\overline{A'P}+\overline{PB}\geq\overline{A'B}$
즉, $\overline{AP}+\overline{PB}$의 값이 최소가 되도록 하는 점 P는 선분 A′B 위에 있다.
점 P가 선분 A′B를 $m:n$ (m과 n은 서로소인 자연수)으로 내분하는 점이라 하면 점 P의 좌표는
$\left(\dfrac{7m+n}{m+n},\ \dfrac{8m-n}{m+n},\ \dfrac{4m-2n}{m+n}\right)$
점 P의 좌표는 $(a,\ b,\ c)$이므로
$\dfrac{7m+n}{m+n}=a,\ \dfrac{8m-n}{m+n}=b,\ \dfrac{4m-2n}{m+n}=c$
이때 ㉠에서 $c=0$이므로
$\dfrac{4m-2n}{m+n}=0$
$4m-2n=0,\ n=2m$
$\therefore m=1,\ n=2$ → m과 n은 서로소인 자연수이므로
따라서 $a=\dfrac{7\cdot1+2}{1+2}=3,\ b=\dfrac{8\cdot1-2}{1+2}=2$이므로
$a+b+c=3+2+0=5$

0756 답 ②

0757 답 ①

두 점 A, B와 x축 위를 움직이는 점 P는 모두 zx평면 위의 점이고 두 점 A, B의 z좌표의 부호가 다르므로 x축을 기준으로 서로 반대쪽에 있다.
$\therefore \overline{AP}+\overline{PB}\geq\overline{AB}$
$\qquad\qquad\quad=\sqrt{(-1-3)^2+(0-0)^2+(-2-3)^2}$
$\qquad\qquad\quad=\sqrt{41}$

0758 답 ③

두 점 A, B와 z축 위를 움직이는 점 P가 z축을 포함하는 하나의 좌표평면 위에 있지 않으므로 점 A에서 z축에 내린 수선의 발을 H라 하면
$H(0,\ 0,\ 5)$
$\overline{AH}=\sqrt{(0-3)^2+(0-4)^2+(5-5)^2}=5$

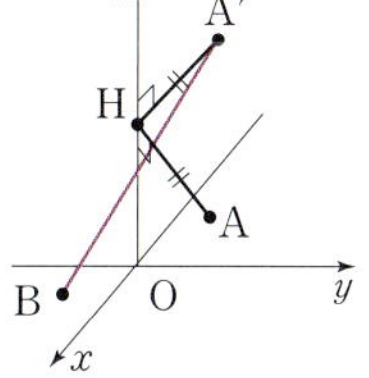

점 A에서 z축까지의 거리가 5이므로 점 $(-5, 0, 5)$를 점 A$'$이라 하면 점 A$'$은 zx평면 위의 점이고 점 A$'$에서 z축까지의 거리가 5이므로 점 A에서 z축까지의 거리와 같다.

즉, 두 직각삼각형 AHP, A$'$HP는 서로 합동(SAS 합동)이므로
$$\overline{AP}=\overline{A'P}$$
두 점 A$'(-5, 0, 5)$, B$(4, 0, 2)$는 모두 zx평면 위의 점이고 두 점 A$'$, B의 x좌표의 부호가 다르므로 z축을 기준으로 서로 반대쪽에 있다.

$$\therefore \overline{AP}+\overline{PB}=\overline{A'P}+\overline{PB}\geq\overline{A'B}$$
$$=\sqrt{\{4-(-5)\}^2+(0-0)^2+(2-5)^2}$$
$$=3\sqrt{10}$$

0759 답 2

두 점 A, B와 z축 위를 움직이는 점 P가 z축을 포함하는 하나의 좌표평면 위에 있지 않으므로 점 B에서 z축에 내린 수선의 발을 H라 하면
$$H(0, 0, -1)$$
$$\overline{BH}=\sqrt{\{0-(-1)\}^2+(0-1)^2+\{-1-(-1)\}^2}$$
$$=\sqrt{2}$$

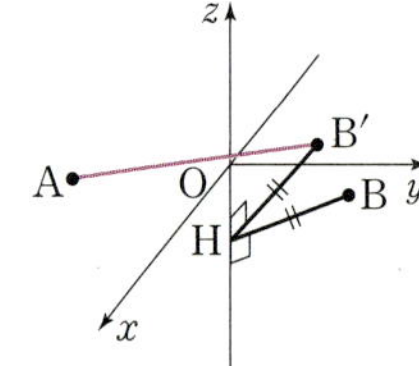

점 B에서 z축까지의 거리가 $\sqrt{2}$이므로 점 $(-\sqrt{2}, 0, -1)$을 점 B$'$이라 하면 점 B$'$은 zx평면 위의 점이고 점 B$'$에서 z축까지의 거리가 $\sqrt{2}$이므로 점 B에서 z축까지의 거리와 같다.

즉, 두 직각삼각형 BHP, B$'$HP는 서로 합동(SAS 합동)이므로
$$\overline{PB}=\overline{PB'}$$
두 점 A$(2\sqrt{2}, 0, a)$, B$'(-\sqrt{2}, 0, -1)$은 모두 zx평면 위의 점이고 x좌표의 부호가 다르므로 z축을 기준으로 서로 반대쪽에 있다.

$$\therefore \overline{AP}+\overline{PB}=\overline{AP}+\overline{PB'}\geq\overline{AB'}$$
$$=\sqrt{(-\sqrt{2}-2\sqrt{2})^2+(0-0)^2+(-1-a)^2}$$
$$=\sqrt{a^2+2a+19}$$

즉, $\sqrt{a^2+2a+19}=3\sqrt{3}$이므로
$$a^2+2a+19=27, \quad a^2+2a-8=0$$
$$(a+4)(a-2)=0$$
$$\therefore a=2 \ (\because a>0)$$

0760 답 ②

두 점 A, B와 y축 위를 움직이는 점 P가 y축을 포함하는 하나의 좌표평면 위에 있지 않으므로 점 A에서 y축에 내린 수선의 발을 H$_1$이라 하면
$$H_1(0, -1, 0)$$
$$\overline{AH_1}=\sqrt{\{0-(-3)\}^2+\{-1-(-1)\}^2+(0-4)^2}$$
$$=5$$

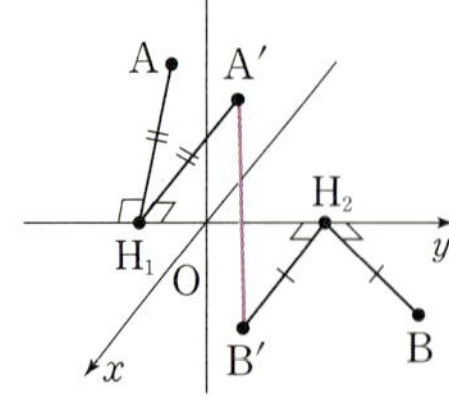

점 A에서 y축까지의 거리가 5이므로 점 $(-5, -1, 0)$을 점 A$'$이라 하면 점 A$'$은 xy평면 위의 점이고 y축까지의 거리가 5이다.

즉, 두 직각삼각형 AH$_1$P, A$'$H$_1$P는 서로 합동(SAS 합동)이므로
$$\overline{AP}=\overline{A'P} \quad \cdots\cdots \ \text{㉠}$$
마찬가지로 점 B에서 y축에 내린 수선의 발을 H$_2$라 하면
$$H_2(0, 2, 0)$$

$$\overline{BH_2}=\sqrt{\{0-(-2)\}^2+(2-2)^2+\{0-(-\sqrt{5})\}^2}=3$$
점 B에서 y축까지의 거리가 3이므로 점 $(3, 2, 0)$을 점 B$'$이라 하면 점 B$'$은 xy평면 위의 점이고 y축까지의 거리가 3이다.

즉, 두 직각삼각형 BH$_2$P, B$'$H$_2$P는 서로 합동(SAS 합동)이므로
$$\overline{PB}=\overline{PB'} \quad \cdots\cdots \ \text{㉡}$$
두 점 A$'(-5, -1, 0)$, B$'(3, 2, 0)$은 모두 xy평면 위의 점이고 x좌표의 부호가 다르므로 y축을 기준으로 서로 반대쪽에 있다.
㉠, ㉡에서
$$\overline{AP}+\overline{PB}=\overline{A'P}+\overline{PB'}\geq\overline{A'B'}$$
$$=\sqrt{\{3-(-5)\}^2+\{2-(-1)\}^2+(0-0)^2}$$
$$=\sqrt{73}$$

이 문제의 해설에서는 두 점 A$'$, B$'$을 xy평면 위의 점으로 정했지만 y축을 포함하는 yz평면 위의 점으로 정해도 결과는 같아.

0761 답 ③

0762 답 ②

$x^2+y^2+z^2+4x-6y+2kz+k=0$에서
$$(x+2)^2+(y-3)^2+(z+k)^2=k^2-k+13$$
반지름의 길이가 5이므로
$$k^2-k+13=25$$
$$k^2-k-12=0, \quad (k+3)(k-4)=0$$
$$\therefore k=4 \ (\because k>0)$$

0763 답 ①

두 점 A$(2, 0, 1)$, B$(0, 4, -3)$을 지름의 양 끝 점으로 하는 구의 중심은 선분 AB의 중점이고 반지름의 길이는 $\frac{1}{2}\overline{AB}$이므로 중심의 좌표는 $\left(\dfrac{2+0}{2}, \dfrac{0+4}{2}, \dfrac{1+(-3)}{2}\right)$, 즉 $(1, 2, -1)$

반지름의 길이는 $\dfrac{1}{2}\overline{AB}=\dfrac{1}{2}\sqrt{2^2+4^2+4^2}=3$

따라서 주어진 구의 방정식은
$$(x-1)^2+(y-2)^2+(z+1)^2=9$$
이 구가 점 $(a, 0, -2)$를 지나므로
$$(a-1)^2+4+1=9$$
$$a^2-2a-3=0, \quad (a+1)(a-3)=0$$
$$\therefore a=3 \ (\because a>0)$$

0764 답 ④

구의 방정식을 $x^2+y^2+z^2+Ax+By+Cz+D=0$이라 하면
점 $(0, 0, 0)$을 지나므로
$$D=0 \quad \rightarrow x^2+y^2+z^2+Ax+By+Cz=0$$
점 $(0, 2, 0)$을 지나므로
$$4+2B=0 \qquad \therefore B=-2 \quad \rightarrow x^2+y^2+z^2+Ax-2y+Cz=0$$
점 $(-4, 2, 0)$을 지나므로
$$16-4A=0 \qquad \therefore A=4 \quad \rightarrow x^2+y^2+z^2+4x-2y+Cz=0$$
점 $(-3, 3, 4)$를 지나므로
$$16+4C=0 \qquad \therefore C=-4$$

$x^2+y^2+z^2+4x-2y-4z=0$에서
$(x+2)^2+(y-1)^2+(z-2)^2=9$
따라서 $a=-2$, $b=1$, $c=2$, $r=3$이므로
$a+b+c+r=-2+1+2+3=4$

0765 답 ①

$x^2+y^2+z^2+2kx+y+z+k=0$에서
$(x+k)^2+\left(y+\dfrac{1}{2}\right)^2+\left(z+\dfrac{1}{2}\right)^2=k^2-k+\dfrac{1}{2}$
즉, 주어진 구의 반지름의 길이는

$\sqrt{k^2-k+\dfrac{1}{2}}$

이고 반지름의 길이가 최소일 때 구의 부피가 최소이다.

$\sqrt{k^2-k+\dfrac{1}{2}}=\sqrt{\left(k-\dfrac{1}{2}\right)^2+\dfrac{1}{4}}\geq\dfrac{1}{2}$

따라서 $k=\dfrac{1}{2}$일 때, 반지름의 길이의 최솟값은 $\dfrac{1}{2}$이므로 주어진

구의 부피의 최솟값은

$\dfrac{4}{3}\pi\cdot\left(\dfrac{1}{2}\right)^3=\dfrac{\pi}{6}$

> **해설 속 칩판** **구의 겉넓이와 부피**
>
> 반지름의 길이가 r인 구의 겉넓이를 S, 부피를 V라 하면
> $$S=4\pi r^2,\ V=\dfrac{4}{3}\pi r^3$$

0766 답 ⑤

0767 답 ③

$x^2+y^2+z^2+4x-4y-2z+k+4=0$에서
$(x+2)^2+(y-2)^2+(z-1)^2=5-k$
이 구가 zx평면에 접하므로 반지름의 길이는 2이다.
$5-k=2^2$ → (중심의 y좌표)이다.
$\therefore k=1$

0768 답 ①

점 $(1, 2, -1)$을 지나고 xy평면, yz평면, zx평면에 동시에 접하는 구의 반지름의 길이를 r라 하면 구의 중심의 좌표는
$(r, r, -r)$
이므로 구의 방정식은
$(x-r)^2+(y-r)^2+(z+r)^2=r^2$
이 구가 점 $(1, 2, -1)$을 지나므로
$(1-r)^2+(2-r)^2+(-1+r)^2=r^2$
$r^2-4r+3=0$
$(r-1)(r-3)=0$
$\therefore r=1$ 또는 $r=3$
따라서 구하는 두 구의 반지름의 길이의 합은
$1+3=4$

0769 답 ③

주어진 구의 방정식에 $x=0$을 대입하면 → yz평면 위의 점은 x좌표가 0이므로
$(y+2)^2+(z-3)^2=9$

따라서 주어진 구와 yz평면이 만나서 생기는 도형은 반지름의 길이가 3인 원이므로 구하는 도형의 둘레의 길이는 6π이다.

0770 답 ②

주어진 구의 방정식에 $z=0$을 대입하면 → xy평면 위의 점은 z좌표가 0이므로
$(x+1)^2+(y-2)^2=9$
즉, 주어진 구와 xy평면이 만나서 생기는 원은 중심의 좌표가
$(-1, 2, 0)$이고 반지름의 길이가 3이므로 원의 넓이는 9π이다.

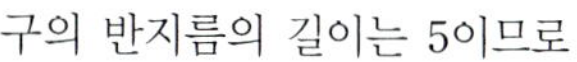

구의 반지름의 길이는 5이므로 구의 중심으로부터 xy평면까지의 거리는
$\sqrt{5^2-3^2}=4$
따라서 부피가 최대가 되도록 하는 원뿔의 높이는
$5+4=9$
이므로 부피의 최댓값은
$\dfrac{1}{3}\cdot9\pi\cdot9=27\pi$

0771 답 ⑤

0772 답 ④

중심의 좌표가 $(-2, k, 5)$이고 z축에 접하므로 구의 중심에서 z축에 내린 수선의 발의 좌표는
$(0, 0, 5)$
따라서 구의 반지름의 길이는 3이므로
$\sqrt{(-2)^2+k^2}=\sqrt{k^2+4}=3$
$k^2+4=9$ $\therefore k=\sqrt{5}\ (\because k>0)$

0773 답 ③

주어진 구의 방정식에 $x=0$, $z=0$을 대입하면 → y축 위의 점은 x좌표, z좌표가 모두 0이므로
$y^2+8y-9=0$
$(y+9)(y-1)=0$
$\therefore y=-9$ 또는 $y=1$
따라서 주어진 구와 y축이 만나는 두 점 A, B의 좌표는
$(0, -9, 0)$, $(0, 1, 0)$이므로
$\overline{\text{AB}}=\sqrt{(0-0)^2+\{1-(-9)\}^2+(0-0)^2}=10$

0774 답 ③

구가 x축, y축, z축에 동시에 접하기 위해서는 구의 중심에서 x축, y축, z축에 이르는 거리가 모두 같아야 한다.
따라서 구의 중심의 좌표를 $(a, a, a)\ (a>0)$라 하면 구의 중심에서 x축에 내린 수선의 발의 좌표는 $(a, 0, 0)$이므로 구의 반지름의 길이는
$\sqrt{a^2+a^2}=\sqrt{2}a$
이때 구의 반지름의 길이는 6이므로
$\sqrt{2}a=6$ $\therefore a=3\sqrt{2}$
따라서 주어진 구의 중심의 좌표는 $(3\sqrt{2}, 3\sqrt{2}, 3\sqrt{2})$이므로 원점과 구의 중심 사이의 거리는
$\sqrt{(3\sqrt{2})^2+(3\sqrt{2})^2+(3\sqrt{2})^2}=3\sqrt{6}$

0775 답 ①

구의 중심을 $C(5a, 3a, 5)$라 하면 구의 중심에서 y축에 내린 수
선의 발이 점 R이므로 점 R의 좌표는
$R(0, 3a, 0)$
이고 구의 반지름의 길이는
$\overline{CR}=\sqrt{25a^2+25}$
이때 구의 반지름의 길이는 $5\sqrt{5}$이므로
$\sqrt{25a^2+25}=5\sqrt{5}$
$25a^2+25=125, \ a^2=4$
$\therefore a=2 \ (\because a>0)$
따라서 주어진 구의 방정식은
$(x-10)^2+(y-6)^2+(z-5)^2=125$
한편, x축 위의 점은 y좌표와 z좌표가 모두 0이므로 이 구의 방정
식에 $y=0, z=0$을 대입하면
$(x-10)^2+36+25=125$
$x^2-20x+36=0$
$(x-2)(x-18)=0$
$\therefore x=2 \ 또는 \ x=18$
따라서 주어진 구와 x축이 만나는 두 점 P, Q의 좌표는
$(2, 0, 0), (18, 0, 0)$
이고 y축과 접하는 점 R의 좌표는 $(0, 6, 0)$이므로
$S=\frac{1}{2} \cdot 16 \cdot 6=48$
$\therefore a+S=2+48=50$

0776 답 ⑤

0777 답 ③

$x^2+y^2+z^2-2x-2y+4z-3=0$에서
$(x-1)^2+(y-1)^2+(z+2)^2=9$
주어진 구의 중심을 C라 하면 $C(1, 1, -2)$이므로
$\overline{AC}=\sqrt{(1-6)^2+(1-1)^2+(-2-2)^2}$
$\qquad =\sqrt{41}$
점 $A(6, 1, 2)$에서 구에 그은 접선의
접점을 P라 하면 삼각형 APC는 직각
삼각형이므로 구하는 접선의 길이는
$\overline{AP}=\sqrt{(\sqrt{41})^2-3^2}=4\sqrt{2}$

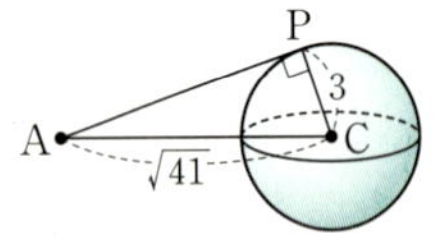

0778 답 ②

$x^2+y^2+z^2-2x+2y+k=0$에서
$(x-1)^2+(y+1)^2+z^2=2-k$
주어진 구의 중심을 C라 하면 $C(1, -1, 0)$이므로
$\overline{AC}=\sqrt{\{1-(-3)\}^2+\{-1-(-1)\}^2+(0-3)^2}$
$\qquad =\sqrt{25}=5$
점 $A(-3, -1, 3)$에서 구에 그은 접선의
접점을 P라 하면 접선의 길이가 4이므로
$\overline{AP}=4$
삼각형 APC는 직각삼각형이므로
$\sqrt{2-k}=\sqrt{5^2-4^2}$
$2-k=9 \quad \therefore k=-7$

0779 답 ④

구의 중심을 C라 하면 $C(0, 0, 0)$이므로
$\overline{PC}=\sqrt{4^2+(-4)^2}=4\sqrt{2}$
또한, 점 $P(4, 0, -4)$에서 구에 그은
접선의 접점을 Q라 하면 삼각형 PQC는
직각삼각형이므로
$\overline{PQ}=\sqrt{(4\sqrt{2})^2-(2\sqrt{2})^2}=2\sqrt{6}$
점 Q에서 선분 PC에 내린 수선의 발을 H라 하면
삼각형 PQC에서
$\overline{PQ} \cdot \overline{QC}=\overline{PC} \cdot \overline{QH}$
$2\sqrt{6} \cdot 2\sqrt{2}=4\sqrt{2} \cdot \overline{QH} \quad \therefore \overline{QH}=\sqrt{6}$
따라서 접점이 나타내는 도형은 중심이 H이고 반지름의 길이가
$\sqrt{6}$인 원이므로 구하는 도형의 넓이는
$\pi \cdot (\sqrt{6})^2=6\pi$

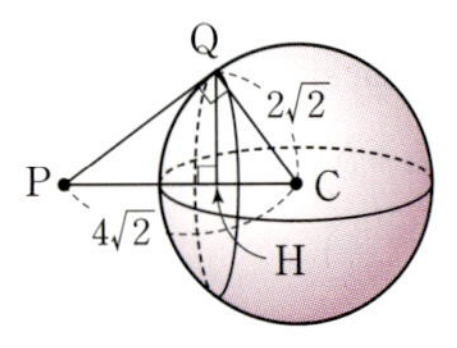

0780 답 ①

구의 중심을 C라 하면
$C(0, 0, 2)$
점 P에서 구에 그은 접선의 접점을 Q라 하면
$\overline{PC}=5, \overline{QC}=2$
이므로
$\overline{PQ}=\sqrt{5^2-2^2}=\sqrt{21}$
오른쪽 그림에서 두 삼각형 PQC와
POR는 서로 닮음이므로
$\overline{PQ} : \overline{QC}=\overline{PO} : \overline{OR}$에서
$\sqrt{21} : 2=7 : \overline{OR} \quad \therefore \overline{OR}=\frac{2\sqrt{21}}{3}$
따라서 그림자가 나타내는 도형은 원이
므로 구하는 둘레의 길이는
$2\pi \cdot \frac{2\sqrt{21}}{3}=\frac{4\sqrt{21}}{3}\pi$

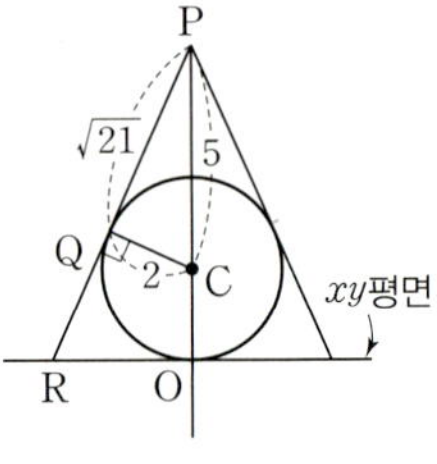

0781 답 ②

0782 답 ④

$x^2+y^2+z^2-2x+6y-4z+12=0$에서
$(x-1)^2+(y+3)^2+(z-2)^2=2$
주어진 구의 중심을 C라 하면
$C(1, -3, 2)$
$\overline{CA}=\sqrt{(-1-1)^2+\{-2-(-3)\}^2+(5-2)^2}=\sqrt{14}$
점 A와 구의 중심 사이의 거리가 반지름의 길이인 $\sqrt{2}$보다 크므로
점 A는 구의 외부에 있다.
즉, 선분 AP의 길이의 최댓값과 최솟값은 각각
$\sqrt{14}+\sqrt{2}, \sqrt{14}-\sqrt{2}$
따라서 구하는 최댓값과 최솟값의 곱은
$(\sqrt{14}+\sqrt{2})(\sqrt{14}-\sqrt{2})=14-2=12$

0783 답 ③

$x^2+y^2+z^2-2x+2y-2z-9=0$에서
$(x-1)^2+(y+1)^2+(z-1)^2=12$
주어진 구의 중심을 C라 하면
$C(1, -1, 1)$

$x^2+y^2+z^2$은 구 위의 임의의 점 $P(x, y, z)$와 원점 O 사이의 거리의 제곱이므로 원점 O와 $C(1, -1, 1)$ 사이의 거리는
$$\overline{OC}=\sqrt{1^2+(-1)^2+1^2}=\sqrt{3}$$
원점과 구의 중심 사이의 거리가 반지름의 길이인 $2\sqrt{3}$보다 작으므로 원점 O는 구의 내부에 있다.
즉, $\sqrt{x^2+y^2+z^2}$의 최댓값과 최솟값은 각각
$$2\sqrt{3}+\sqrt{3}=3\sqrt{3}, \quad 2\sqrt{3}-\sqrt{3}=\sqrt{3}$$
따라서 $x^2+y^2+z^2$의 최댓값과 최솟값의 합은
$$(3\sqrt{3})^2+(\sqrt{3})^2=30$$

0784 답 ③

$x^2+y^2+z^2+2x-2y-6z-k+1=0$에서
$$(x+1)^2+(y-1)^2+(z-3)^2=10+k$$
주어진 구의 중심을 C라 하면
$$C(-1, 1, 3)$$
$$\overline{PC}=\sqrt{(-1-0)^2+\{1-(-1)\}^2+(3-5)^2}=3$$
점 P와 구의 중심 사이의 거리가 반지름의 길이인 $\sqrt{10+k}\ (k>0)$ 보다 작으므로 점 P는 구의 내부에 있다.
즉, $\overline{PQ}$의 길이의 최솟값은
$$\sqrt{10+k}-3$$
따라서 $\overline{PQ}$는 구하는 구의 반지름이고, 이 반지름의 길이의 최솟값이 2이므로
$$\sqrt{10+k}-3=2, \quad \sqrt{10+k}=5$$
$$10+k=25 \quad \therefore k=15$$

0785 답 ④

구 $x^2+y^2+z^2=4$의 중심을 C_1이라 하면 $C_1(0, 0, 0)$이고 반지름의 길이가 2인 구이다.
$x^2+y^2+z^2+6x-4y+12z+33=0$에서
$$(x+3)^2+(y-2)^2+(z+6)^2=16$$
구 $(x+3)^2+(y-2)^2+(z+6)^2=16$의 중심을 C_2라 하면 $C_2(-3, 2, -6)$이고 반지름의 길이가 4인 구이다.
$$\overline{C_1C_2}=\sqrt{(-3)^2+2^2+(-6)^2}=7$$
중심 C_1과 중심 C_2 사이의 거리가 구 $x^2+y^2+z^2=4$의 반지름의 길이인 2보다 크므로 중심 C_2는 이 구의 외부에 있다.

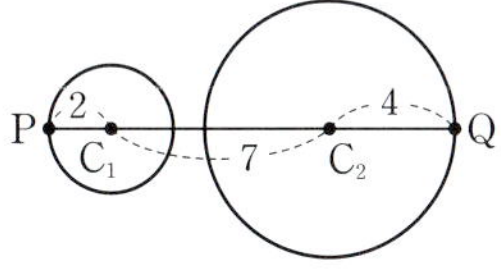

즉, 선분 PC_2의 길이의 최댓값은
$$7+2=9$$
따라서 선분 PQ의 길이의 최댓값은
$$9+4=13$$

본문 141~143쪽

0786 답 ③

One Point Lesson
수선의 발의 좌표로부터 점 B의 좌표를 추론한다.

점 $B(a, b, c)$에서 z축에 내린 수선의 발의 좌표는
$$(0, 0, c)$$
이 점의 좌표가 $(0, 0, 5)$이므로 → 조건 (나)
$$c=5$$
직육면체의 부피는 45이므로 → 조건 (다)
$$a \cdot b \cdot 5=45 \quad \therefore ab=9$$
이때 a, b는 2보다 큰 자연수이므로 → 조건 (가)
$$a=3, b=3$$
$$\therefore a+b-c=3+3-5=1$$

0787 답 2

One Point Lesson
점 P가 zx평면 위의 점임을 이용하여 b의 값을 구한다.

점 P가 zx평면 위의 점이므로
$$b=0 \quad \therefore P(a, 0, c)$$
$\overline{AP}=2\sqrt{2}$에서 $\overline{AP}^2=8$이므로
$$(a-1)^2+(0-2)^2+(c-3)^2=8$$
$$a^2+c^2-2a-6c+6=0 \quad \cdots\cdots ㉠$$
$\overline{BP}=3\sqrt{2}$에서 $\overline{BP}^2=18$이므로
$$(a-3)^2+(0-1)^2+(c-2)^2=18$$
$$a^2+c^2-6a-4c-4=0 \quad \cdots\cdots ㉡$$
㉠$-$㉡을 하면
$$4a-2c+10=0 \quad \therefore c=2a+5 \quad \cdots\cdots ㉢$$
㉢을 ㉠에 대입하여 정리하면
$$5a^2+6a+1=0$$
$$(a+1)(5a+1)=0 \quad \therefore a=-1\ (\because a는 정수)$$
$a=-1$을 ㉢에 대입하면
$$c=3$$
$$\therefore a+b+c=-1+0+3=2$$

0788 답 ①

One Point Lesson
점 P가 xy평면 위의 점이므로 선분 AB의 내분을 이용하여 점 P의 좌표를 구해 본다.

점 P가 선분 AB를 $m:n$ (m과 n은 서로소인 자연수)으로 내분한다고 하면 점 P의 좌표는
$$\left(\frac{3m-3n}{m+n}, \frac{km+5n}{m+n}, \frac{-2m+4n}{m+n}\right)$$
이때 점 P는 xy평면 위의 점이므로 점 P의 z좌표는 0이다.
즉, $\dfrac{-2m+4n}{m+n}=0$이므로
$$-2m+4n=0, \ m=2n \quad \therefore m=2, n=1 \quad \text{→ } m\text{과 } n\text{은 서로소인 자연수이므로}$$
$$\therefore P\left(1, \frac{2k+5}{3}, 0\right)$$
$\overline{AP}=6$에서 $\sqrt{\{1-(-3)\}^2+\left(\dfrac{2k+5}{3}-5\right)^2+(0-4)^2}=6$
$$\sqrt{\left(\frac{2k+5}{3}-5\right)^2+32}=6$$
$$\left(\frac{2k+5}{3}-5\right)^2+32=36$$
$$\left(\frac{2k+5}{3}-5\right)^2=4, \ \frac{2k+5}{3}-5=\pm 2$$
$$\frac{2k+5}{3}=3 \ 또는 \ \frac{2k+5}{3}=7 \quad \therefore k=2 \ 또는 \ k=8$$

따라서 구하는 모든 실수 k의 값의 합은 10이다.

0789 답 ②

주어진 조건에 의하여 세 점 B, C, D의 좌표를 각각
$(8, -2, a)$, $(2, b, -1)$, $(c, 0, 3)$이라 하면
선분 AC의 중점의 좌표는
$\left(\dfrac{4+2}{2}, \dfrac{1+b}{2}, \dfrac{5+(-1)}{2} \right)$, 즉 $\left(3, \dfrac{b+1}{2}, 2 \right)$
선분 BD의 중점의 좌표는
$\left(\dfrac{8+c}{2}, \dfrac{-2+0}{2}, \dfrac{a+3}{2} \right)$, 즉 $\left(\dfrac{8+c}{2}, -1, \dfrac{a+3}{2} \right)$
마름모의 두 대각선의 중점은 일치하므로
$\dfrac{8+c}{2}=3$, $\dfrac{b+1}{2}=-1$, $\dfrac{a+3}{2}=2$
$\therefore a=1$, $b=-3$, $c=-2$
따라서 구하는 마름모 ABCD의 한 변의 길이는
$\overline{\text{AB}}=\sqrt{(8-4)^2+(-2-1)^2+(1-5)^2}=\sqrt{41}$

0790 답 ②

주어진 구의 중심을 C(a, b, c)라 하면 구의 방정식은
$(x-a)^2+(y-b)^2+(z-c)^2=25$
이 구가 xy평면에 접하므로
$c^2=25$ $\therefore c=-5$ 또는 $c=5$
이때 $c=-5$이면 점 P$(-3, 0, 2)$를 지나면서 xy평면과 z축에
동시에 접할 수 없으므로 $\longrightarrow$ 점 P와 구의 중심 C$(a, b, -5)$이 xy평면을 기준으로 서로 반대쪽에 있으므로
$c=5$
또한, 이 구가 z축에 접하므로
$a^2+b^2=25$ ...... ㉠
주어진 구가 점 P$(-3, 0, 2)$를 지나므로
$(-3-a)^2+(0-b)^2+(2-5)^2=25$
$a^2+b^2+6a-7=0$
$6a+18=0 \ (\because ㉠)$ $\therefore a=-3$
$a=-3$을 ㉠에 대입하면
$b=\pm 4$
따라서 구의 중심의 좌표는
$(-3, 4, 5)$ 또는 $(-3, -4, 5)$
이므로 구의 중심과 원점 사이의 거리는
$\sqrt{9+16+25}=5\sqrt{2}$

0791 답 ③

오른쪽 그림과 같이 주어진 입체도형
을 좌표공간에 놓으면 점 P의 좌표는
$(2, 6, 2)$
한 모서리의 길이가 2인 정육면체에
내접하는 구의 반지름의 길이는 1이

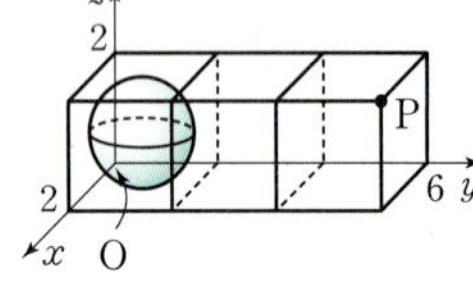

고, 주어진 구는 xy평면, yz평면, zx평면에 동시에 접하므로 구
의 중심의 좌표는
$(1, 1, 1)$
즉, 구의 중심 $(1, 1, 1)$과 점 P$(2, 6, 2)$ 사이의 거리는
$\sqrt{(2-1)^2+(6-1)^2+(2-1)^2}=3\sqrt{3}$
따라서 선분 PQ의 길이의 최솟값은
$3\sqrt{3}-1$

0792 답 ⑤

점 P(a, b, c)에서 y축에 내린 수선의 발 Q는
Q$(0, b, 0)$
점 P는 xy평면 위의 점이므로 $\longrightarrow$ 조건 (나)
$c=0$ $\therefore$ P$(a, b, 0)$
$|a|+|b|=a+b$이므로 $\longrightarrow$ 조건 (가)
$a\geq 0$, $b\geq 0$
삼각형 OPQ는 빗변의 길이가 $3\sqrt{2}$인
직각이등변삼각형이므로 $\longrightarrow$ 조건 (다)
$a=b$, $\sqrt{a^2+b^2}=3\sqrt{2}$
위의 두 식을 연립하여 풀면
$a=3$, $b=3 \ (\because a\geq 0, b\geq 0)$
따라서 점 P의 좌표는 $(3, 3, 0)$이므로
$\overline{\text{PR}}=\sqrt{(-2-3)^2+(1-3)^2+(4-0)^2}=3\sqrt{5}$

0793 답 ①

꼭짓점 B의 좌표가 $(3, 3, 3)$이므로 세 꼭짓점 A, F, C는 각각
A$(3, 0, 3)$, F$(3, 3, 0)$, C$(0, 3, 3)$
$\overline{\text{AF}}=\sqrt{(3-3)^2+(3-0)^2+(0-3)^2}=3\sqrt{2}$
$\overline{\text{FC}}=\sqrt{(0-3)^2+(3-3)^2+(3-0)^2}=3\sqrt{2}$
$\overline{\text{CA}}=\sqrt{(3-0)^2+(0-3)^2+(3-3)^2}=3\sqrt{2}$
에서 삼각형 AFC는 한 변의 길이가 $3\sqrt{2}$인 정삼각형이므로 삼각
형 AFC의 넓이는
$\dfrac{\sqrt{3}}{4} \cdot (3\sqrt{2})^2=\dfrac{9\sqrt{3}}{2}$
또한, 세 점 A, F, C의 xy평면 위로의 정사영 E, F, G는 각각
E$(3, 0, 0)$, F$(3, 3, 0)$, G$(0, 3, 0)$이므로 삼각형 EFG의 넓이
는
$\dfrac{1}{2} \cdot 3 \cdot 3=\dfrac{9}{2}$
두 평면 AFC, EFG가 이루는 각의 크기를 θ라 하면
$\triangle \text{EFG}=\triangle \text{AFC} \cdot \cos \theta$
$\dfrac{9}{2}=\dfrac{9\sqrt{3}}{2} \cdot \cos \theta$
$\therefore \cos \theta=\dfrac{\sqrt{3}}{3}$
따라서 구하는 정사영의 넓이는
$\triangle \text{EFG} \cdot \cos \theta=\dfrac{9}{2} \cdot \dfrac{\sqrt{3}}{3}=\dfrac{3\sqrt{3}}{2}$

0794 · 답 ④

주어진 구가 xy평면과 만나서 생기는 도형을 추측해 본다.

$x^2+y^2+z^2-4x+2y+6z-11=0$에서
$(x-2)^2+(y+1)^2+(z+3)^2=25$
이므로 중심이 $C_1(2, -1, -3)$이고 반지름의 길이가 5인 구이다.
주어진 구의 방정식에 $z=0$을 대입하면 → xy평면 위의 점은 z좌표가 0이므로
$(x-2)^2+(y+1)^2=16$
이므로 주어진 구가 xy평면과 만나서 생기는 도형은 중심이
$C_2(2, -1, 0)$이고 반지름의 길이가 4인 원이다.

오른쪽 그림과 같이 주어진 구의 중심
C_1에서 접선에 내린 수선의 발을 H라
하면 두 직각삼각형 HC_2C_1, AHC_1은
서로 닮음이므로

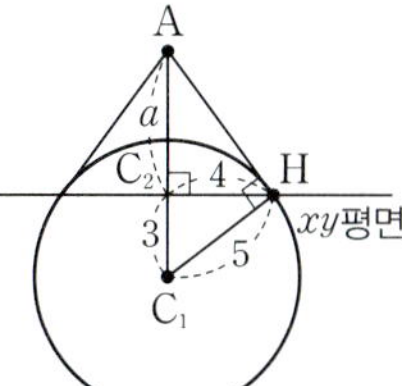

$\overline{HC_1} : \overline{C_1C_2} = \overline{AC_1} : \overline{C_1H}$
$5 : 3 = \overline{AC_1} : 5$
$\therefore \overline{AC_1} = \dfrac{25}{3}$
$\therefore a = \overline{AC_2} = \dfrac{25}{3} - 3 = \dfrac{16}{3}$

0795 · 답 ②

주어진 정육면체를 좌표공간에 그려 두 점 P, Q의 좌표를 구해 본다.

그림과 같이 주어진 정육면체를 좌표공간에
놓으면 시각 $t\,(0\leq t\leq 2)$에 따른 두 점 P,
Q의 좌표는 다음과 같다.

시각 t	$0\leq t\leq 1$	$1\leq t\leq 2$
점 P의 좌표	$(0, 0, 2-t)$	$(0, 0, 2-t)$
점 Q의 좌표	$(2t, 0, 0)$	$(2, 2t-2, 0)$

→ 선분 HE를 따라 이동한다.　→ 선분 EF를 따라 이동한다.

(i) $0\leq t\leq 1$에서 선분 PQ의 길이는
$\overline{PQ}=\sqrt{(2t)^2+(2-t)^2}=\sqrt{5t^2-4t+4}$
$\qquad=\sqrt{5\left(t-\dfrac{2}{5}\right)^2+\dfrac{16}{5}}$
이므로 $t=\dfrac{2}{5}$일 때, 최솟값 $\dfrac{4\sqrt{5}}{5}$를 갖는다.

(ii) $1\leq t\leq 2$에서 선분 PQ의 길이는
$\overline{PQ}=\sqrt{2^2+(2t-2)^2+(2-t)^2}=\sqrt{5t^2-12t+12}$
$\qquad=\sqrt{5\left(t-\dfrac{6}{5}\right)^2+\dfrac{24}{5}}$
이므로 $t=\dfrac{6}{5}$일 때, 최솟값 $\dfrac{2\sqrt{30}}{5}$을 갖는다.

(i), (ii)에서 선분 PQ의 길이는 $t=\dfrac{2}{5}$일 때, 최솟값 $\dfrac{4\sqrt{5}}{5}$를 갖는다.

0796 · 답 ①

구의 중심과 점 Q 사이의 거리를 바탕으로 추론해 본다.

구 $(x-3)^2+(y-4)^2+(z-6)^2=9$의 중심을 C_1이라 하면 점 P
는 중심이 $C_1(3, 4, 6)$이고 반지름의 길이가 3인 구 위의 점이다.

구의 방정식 $(x+2)^2+(y-4)^2+(z+6)^2=45$에 $z=0$을 대입
하면 → xy평면 위의 점은 z좌표가 0이므로
$(x+2)^2+(y-4)^2=9$
이므로 이 구와 xy평면이 만나서 생기는 도형은 중심이
$C_2(-2, 4, 0)$이고 반지름의 길이가 3인 원이다.
한편, 점 C_1에서 xy평면에 내린 수선의 발을 H라 하면
$H(3, 4, 0)$
선분 PQ의 길이는 다음 그림과 같이 직선 PQ가 점 C_1을 지나고,
직선 QH가 점 C_2를 지날 때, 최대가 된다.

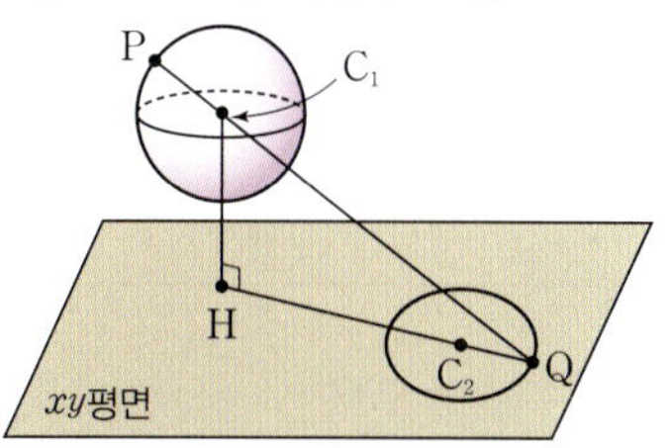

$\overline{C_2H}=\sqrt{\{3-(-2)\}^2+(4-4)^2+(0-0)^2}=5$
이므로 선분 QH의 길이의 최댓값은
$5+3=8$
한편, $\overline{C_1H}=6$이므로 직각삼각형 C_1HQ에서
$\overline{QC_1}=\sqrt{8^2+6^2}=10$
따라서 선분 PQ의 길이의 최댓값은
$10+3=13$

0797 · 답 ⑤

삼각형 APB가 정삼각형임을 이용하여 a, b 사이의 관계식을 추론한다.

$ab>0$에서 두 점 A, B는 z좌표의 부호가 같으므로 두 점 A, B
는 xy평면을 기준으로 같은 쪽에 있다.
점 A를 xy평면에 대하여 대칭이동한 점을 A'이라 하면
$A'(1, 3, -a)$
이때 $\overline{AP}=\overline{A'P}$이므로 삼각형 APB의 둘레의 길이는
$\overline{AP}+\overline{PB}+\overline{AB}\geq\overline{A'P}+\overline{PB}+\overline{AB}$
$\qquad\qquad\qquad=\overline{A'B}+\overline{AB}$
오른쪽 그림과 같이 선분 $A'B$가 xy평면
과 만나는 점을 P'이라 하면 삼각형
$AP'B$는 정삼각형이므로 점 P'은 선분
$A'B$의 중점이다.

$P'\left(\dfrac{1+(-1)}{2}, \dfrac{3+(-1)}{2}, \dfrac{-a+b}{2}\right)$
즉, $P'\left(0, 1, \dfrac{-a+b}{2}\right)$이다.
이때 점 P'은 xy평면 위의 점이므로
$\dfrac{-a+b}{2}=0 \qquad \therefore a=b \qquad \cdots\cdots\ \bigcirc$
한편, 삼각형 $AP'B$는 정삼각형이므로
$\overline{AB}=\overline{AP'}$에서
$\sqrt{2^2+4^2+0^2}=\sqrt{1^2+2^2+a^2}$, $\sqrt{20}=\sqrt{5+a^2}$
$a^2=15 \qquad \therefore a=\pm\sqrt{15}$
$\bigcirc$에서 $a=b$이므로
$b=\pm\sqrt{15} \qquad \therefore ab=15$

0798 답 2

$$\overline{AB}^2=(3-1)^2+(0-a)^2+\{4-(-2)\}^2=a^2+40$$
$$\overline{BC}^2=(5-3)^2+(2-0)^2+(0-4)^2=24$$
$$\overline{CA}^2=(1-5)^2+(a-2)^2+(-2-0)^2=a^2-4a+24$$

❶

$\overline{AB}^2=\overline{BC}^2+\overline{CA}^2$이므로
$$a^2+40=24+(a^2-4a+24)$$
$$4a=8$$
$$\therefore a=2$$

❷

채점 기준	배점 비율
❶ $\overline{AB}^2$, $\overline{BC}^2$, $\overline{CA}^2$의 값 구하기	60%
❷ a의 값 구하기	40%

0799 답 $\sqrt{6}$

주어진 구의 중심을 $C(a, b, c)$, 반지름의 길이를 r라 하자.
점 C에서 xy평면에 내린 수선의 발의 좌표와 yz평면에 내린 수선의 발의 좌표는 각각
$$(a, b, 0), (0, b, c)$$
이 점의 좌표가 각각 $(-1, 1, 0)$, $(0, 1, -2)$이므로
$$a=-1, b=1, c=-2$$

❶

따라서 주어진 구의 방정식은
$$(x+1)^2+(y-1)^2+(z+2)^2=r^2$$이고
이 구가 원점 $(0, 0, 0)$을 지나므로
$$1^2+(-1)^2+2^2=r^2, r^2=6$$
$$\therefore r=\sqrt{6} \ (\because r>0)$$

❷

채점 기준	배점 비율
❶ a, b, c의 값 구하기	40%
❷ 구의 반지름의 길이 구하기	60%

0800 답 2

주어진 구의 방정식에 $y=0$, $z=0$을 대입하면
$$(x-a)^2+9+4=16$$
$$(x-a)^2=3$$
$$\therefore x=a\pm\sqrt{3}$$
따라서 주어진 구와 x축이 만나는 두 점 A, B의 좌표는
$$(a-\sqrt{3}, 0, 0), (a+\sqrt{3}, 0, 0)$$
$$\therefore \overline{AB}=(a+\sqrt{3})-(a-\sqrt{3})=2\sqrt{3}$$

❶

주어진 구의 방정식에 $x=0$, $y=0$을 대입하면
$$a^2+9+(z-2)^2=16$$
$$(z-2)^2=7-a^2$$
$$\therefore z=2\pm\sqrt{7-a^2}$$
따라서 주어진 구와 z축이 만나는 두 점 C, D의 좌표는
$$(0, 0, 2-\sqrt{7-a^2}), (0, 0, 2+\sqrt{7-a^2})$$
$$\therefore \overline{CD}=(2+\sqrt{7-a^2})-(2-\sqrt{7-a^2})=2\sqrt{7-a^2}$$

❷

따라서 $\overline{AB}=\overline{CD}$이므로
$$2\sqrt{3}=2\sqrt{7-a^2}$$
$$3=7-a^2, a^2=4$$

$$\therefore a=2 \ (\because a>0)$$

❸

채점 기준	배점 비율
❶ 선분 AB의 길이 구하기	35%
❷ 선분 CD의 길이 구하기	35%
❸ 양수 a의 값 구하기	30%

0801 답 해설 참조

점 P의 좌표를 (a, b, c)라 하면
점 P는 구 $(x-1)^2+(y+2)^2+(z-3)^2=1$ 위의 점이므로
$$(a-1)^2+(b+2)^2+(c-3)^2=1 \quad \cdots\cdots \ \text{㉠}$$
선분 OP를 $2:1$로 외분하는 점 Q의 좌표를 (x, y, z)라 하면
$$x=2\cdot a-1\cdot 0=2a$$
$$y=2\cdot b-1\cdot 0=2b$$
$$z=2\cdot c-1\cdot 0=2c$$
$$\therefore a=\frac{x}{2}, b=\frac{y}{2}, c=\frac{z}{2} \quad \cdots\cdots \ \text{㉡}$$

❶

㉡을 ㉠에 대입하면
$$\left(\frac{x}{2}-1\right)^2+\left(\frac{y}{2}+2\right)^2+\left(\frac{z}{2}-3\right)^2=1$$
따라서 점 Q가 나타내는 도형의 방정식은
$$(x-2)^2+(y+4)^2+(z-6)^2=4$$

❷

채점 기준	배점 비율
❶ 두 점 P, Q의 좌표의 관계식 구하기	60%
❷ 점 Q가 나타내는 도형의 방정식 구하기	40%

0802 답 해설 참조

삼각형 ABC의 무게중심 G는
$$G\left(\frac{x_1+x_2+x_3}{3}, \frac{y_1+y_2+y_3}{3}, \frac{z_1+z_2+z_3}{3}\right)$$

❶

삼각형 ABG의 무게중심 P는
$$P\left(\frac{x_1+x_2+\dfrac{x_1+x_2+x_3}{3}}{3}, \frac{y_1+y_2+\dfrac{y_1+y_2+y_3}{3}}{3}, \frac{z_1+z_2+\dfrac{z_1+z_2+z_3}{3}}{3}\right)$$

즉, $P\left(\dfrac{4x_1+4x_2+x_3}{9}, \dfrac{4y_1+4y_2+y_3}{9}, \dfrac{4z_1+4z_2+z_3}{9}\right)$이다.
마찬가지로 두 점 Q, R는
$$Q\left(\frac{x_1+4x_2+4x_3}{9}, \frac{y_1+4y_2+4y_3}{9}, \frac{z_1+4z_2+4z_3}{9}\right)$$
$$R\left(\frac{4x_1+x_2+4x_3}{9}, \frac{4y_1+y_2+4y_3}{9}, \frac{4z_1+z_2+4z_3}{9}\right)$$

❷

따라서 구하는 삼각형 PQR의 무게중심 G′은
$$G'\left(\frac{x_1+x_2+x_3}{3}, \frac{y_1+y_2+y_3}{3}, \frac{z_1+z_2+z_3}{3}\right)$$

❸

채점 기준	배점 비율
❶ 삼각형 ABC의 무게중심 G의 좌표 구하기	20%
❷ 세 점 P, Q, R의 좌표 구하기	50%
❸ 삼각형 PQR의 무게중심 G′의 좌표 구하기	30%

0803 📗 $5\sqrt{2}$

두 점 A, B와 x축 위를 움직이는 두 점 P, Q가 x축을 포함하는 하나의 좌표평면 위에 있지 않으므로 점 B에서 x축에 내린 수선의 발을 H라 하면

H$(-2, 0, 0)$

$\overline{BH}=\sqrt{\{-2-(-2)\}^2+(0-\sqrt{2})^2+(0-\sqrt{2})^2}=2$

즉, 점 B에서 x축까지의 거리가 2이므로 점 $(-2, 0, -2)$를 점 B′이라 하면 점 B′은 zx평면 위의 점이고 점 B′에서 x축까지의 거리가 2이므로 점 B에서 x축까지의 거리와 같다.

또한, 직선 BB′은 x축에 수직이므로

$\overline{QB}=\overline{QB'}$

❶

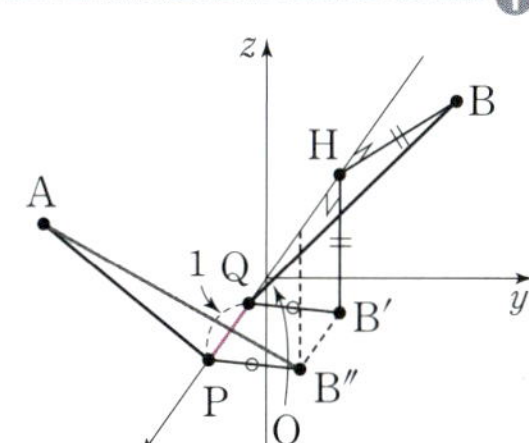

두 점 A$(4, 0, 3)$, B′$(-2, 0, -2)$는 모두 zx평면 위의 점이고 두 점 A, B′의 z좌표의 부호가 다르므로 x축을 기준으로 서로 반대쪽에 있다.

$\therefore \overline{AP}+\overline{QB}=\overline{AP}+\overline{QB'}$

또한, $\overline{PQ}=1$이므로

점 $(-1, 0, -2)$를 점 B″이라 하면

$\overline{QB'}=\overline{PB''}$

❷

$\therefore \overline{AP}+\overline{QB}=\overline{AP}+\overline{QB'}$
$\qquad\qquad\quad =\overline{AP}+\overline{PB''}\geq\overline{AB''}$
$\qquad\qquad\quad =\sqrt{(-1-4)^2+(0-0)^2+\{(-2)-3\}^2}$
$\qquad\qquad\quad =5\sqrt{2}$

❸

채점 기준	배점 비율
❶ 점 B′의 좌표를 정하여 $\overline{QB}=\overline{QB'}$임을 확인하기	40%
❷ 점 B″의 좌표를 정하여 $\overline{QB'}=\overline{PB''}$임을 확인하기	40%
❸ $\overline{AP}+\overline{QB}$의 최솟값 구하기	20%

MEMO

메가스터디 문제기본서
CPR
기하

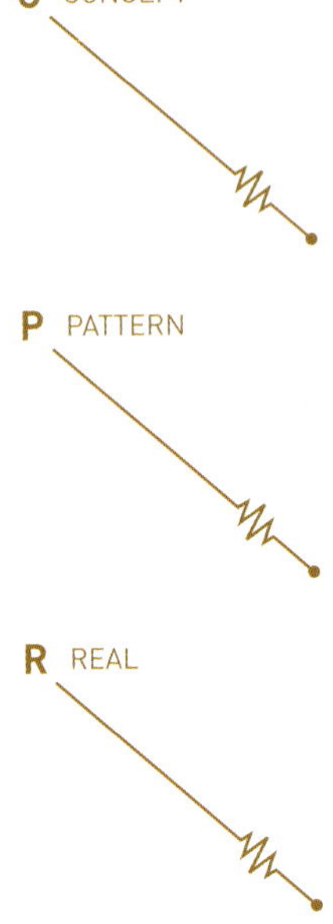

www.megabooks.co.kr

1661-5431

메가스터디 문제기본서
CPR
기하

펴낸날 2019년 4월 30일
펴낸곳 메가스터디(주)
펴낸이 구우진
개발 총괄 이달현
개발 책임 배경윤
개발 오성한, 정지윤, 김지원, 김민, 박수미, 신상희, 김혜원, 길신영
디자인 이정숙
마케팅 총괄 박성인
마케팅 책임 임승규
마케팅 손준오, 박상운, 김미희, 이종혁, 임유경, 이혜림, 김진경, 김지인
제작 신심철, 이성재, 장병미, 고영진
주소 서울시 마포구 상암산로 34(상암동) 디지털큐브빌딩 15층
대표전화 1661-5431
홈페이지 http://www.megabooks.co.kr
출판사 신고 번호 제 2015-000159호

이 책의 저작권은 메가스터디 주식회사에 있으므로 무단으로 복사, 복제할 수 없습니다. 잘못된 책은 바꿔 드립니다.